이 책은 성경 전체를 아우르는 메시지의 윤곽과 질감을 놀라우리만큼 풍성하게 탐구한 결과물이다. 짐 해밀턴은, 성경의 저자들이 하나님의 통제 아래서 자신들이 하고 있는 일을 정확히 알고 있었으며 처음부터 그리스도가 오실 길을 의식적으로 닦고 있었다는 주장을 뒷받침하는 산더미만 한 증거를 세심하게 모았다. 지적 호기심을 자극하는 (그리고 반짝이는) 통찰로 가득하기 때문에 한 장 한 장 주의 깊게 연구할 만한 가치가 있다. 특정 결론들에 동의하지 않는다 하더라도(이 책에서 다루는 범위가 워낙 넓기에 거의 불가피한 일이다) 통찰의 깊이와 주장의 섬세함은 독서의 즐거움을 선사해 줄 것이다.

—게리 밀러(퀸즈랜드신학교 학장)

짐 해밀턴은 성경의 구원 이야기가 하나님의 메시아 약속에 어떻게 뿌리 내리고 있는지를 보여 주는 모형론에 관한 명료하고도 신학적으로 풍성한 작품을 썼다. 『모형론: 약속으로 형성된 패턴 이해하기』는 성경의 통일성과 진리의 아름다운 면면을 모두 보여 주며, 무엇보다도 우리 구원자의 영광을 바라보는 신선한 렌즈를 제공해 준다. 여기서 독자들은 마지막 아담이신 분, 모세와 같은 예언자, 레위의 제사를 실현하시는 신실한 대제사장, 다윗왕가의 자손, 고난받는 의로우신 종, 그리고 우리와 함께하신 하나님에 관한 성경의 가르침에 기뻐 춤추게 될 것이다—읽고 즐거워하라!

—L. 마이클 모랄레스(그린빌장로신학교 성서학 교수)

짐 해밀턴은 자신의 앞선 저서에서 제자들로 하여금 성경의 상징적 세계에 관해 사고하고 살아 내는 방법을 배우게끔 하기 위해 성경신학이 필요하다고 나를 설득했다. 『모형론』을 통해 해밀턴은 성경이 무엇에 관한 것인가라는 본질에 대한 미시 차원의 단서에 민감하게 반응함으로써 성경적인 문해력을 갖추게끔 독자들을 계속해서 돕는다. 하나님의 선언("~이 있으라")이 창조 질서를 형성한 것처럼 하나님의 약속은 구속사를 형성한다. 이러한 약속과 그리스도 안에서의 실현, 그리고 그것들이 만들어 내는 의미 있는 패턴 사이의 모형론적 연결을 식별하는 일은 성경적 세계관을 형성하는 것—성경 저자의 관점에서 하나님, 하나님의 세계, 하나님의 백성을 보는 일—의 일부다. 신학이 이해를 추구하는 믿음이라면, 모형론 자체 및 모형론이 만들어 내는 독특한 성경의 상상력을 파악하는 일은 신학의 본질적인 과제다.

—케빈 J. 밴후저(트리니티복음주의신학교 조직신학 연구 교수)

모형론:
약속으로 형성된 패턴 이해하기

제임스 M. 해밀턴 Jr. 지음

이영욱 옮김

**모형론:
약속으로 형성된 패턴 이해하기**

지음　제임스 M. 해밀턴 Jr.
옮김　이영욱
편집　김덕원, 이찬혁

발행처　감은사
발행인　이영욱
전화　070-8614-2206
팩스　050-7091-2206
주소　서울특별시 강동구 암사동 아리수로 66, 401호
이메일　editor@gameun.co.kr

종이책
초판발행　2025.03.31.
ISBN　9791193155868
정가　44,000원

전자책
초판발행　2025.04.04.
ISBN　9791193155882
정가　36,800원

TYPOLOGY:
UNDERSTANDING THE BIBLE'S
PROMISE-SHAPED PATTERNS

JAMES M. HAMILTON JR.

Copyright © 2022 by James M. Hamilton Jr.
Originally published in English as *Typology—Understanding the Bible's Promise-Shaped Patterns*
Published by arrangement with HarperCollins Christian Publishing, Inc. through rMaeng2, Seoul, Republic of Korea.
This Korean translation edition © 2025 by Gameun Publishers, Seoul, Republic of Korea

이 한국어판의 저작권은 알맹2를 통하여 HarperCollins Christian Publishing, Inc.와 독점 계약한 감은사에 있습니다. 신 저작권법에 의하여 한국 내에서 보호받는 저작물이므로 무단 전재와 무단 복제를 금합니다.

아이제이어 존 해밀턴(Isaiah John Hamilton)에게,

네가 그리스도 안에서 영으로
야훼가 구원의 하나님이자
모든 좋은 선물을 주시는 분이라는 사실을 알고,
네 이름(이사야)을 가진 사람들의 발자취를 따라
성경 안에서 강건하게 자라나기를 바라며.

옮긴이의 일러두기

1. 본서의 핵심 용어, typology는, '모형론'으로 옮겼습니다. '모형'이란 우리말 사전에서 다음과 같은 뜻을 가집니다.

   모형(模型·模形) | 명사
   ① 같은 형상의 물건을 만들기 위한 틀. 모본(模本). 순화어는 '틀', '본', '거푸집'. ~을 뜨다.
   ② 실물을 모방하여 만든 물건. ~ 비행기 | 인체 ~.

   흥미롭게도 본서의 핵심 용어인 Typology에도 저 두 개념이 모두 포함되어 있습니다. 하지만 모형론을 지배하는 핵심 개념은 ②에 함의된 뜻인 그림자(모형)와 실체라는 관계에서 대두되는 개념이 아니라, ①의 의미로서 '틀', '패턴' 개념이라고 볼 수 있습니다. 본서에서 길을 잃지 않기 위해서는 '모형-실체' 구도보다는 '패턴'으로서의 모형론 이해를 가지고 있는 것이 좋습니다.

2. 이와 같은 노선에서 fulfill(ment)는 '성취하다(성취)'가 아닌 (주로) '실현하다(실현)'(또는 '이행하다[이행]')으로 옮겼습니다. '성취'란 '그림자와 실체' 관계를 암시하는 듯한 느낌을 줄 수 있기 때문입니다(그렇게 되면 구약성경은 신약성경의 들러리로 전락하게 됩니다. 이는 본서 저자가 극도로 반대하는 개념입니다). 실제로 저자는 본서에서 몇 차례 fulfillment를 realization과 교호적으로 사용하기도 했습니다. 이런 측면에서 accomplish(ment)와 achieve(ment)는 주로 '이루다(이룸)'로 옮겼습니다(간혹 목적어에 따라 '성취하다[성취]'로 옮기기도 했습니다[총 16회]).

3. 모형(type)과 관련한 단어는 다음과 같이 옮깁니다: archetype, "원형"; prototypical, "본형", ectype, "모사형", antitype, "대형".

4. 저자는 성경 본문을 인용할 때 주로 ESV를 사용했는데, ESV를 옮길 때에는 개역개정의 어휘와 문장 구조를 토대로 문체만 수정했습니다. 저자 사역의 경우는 어색하더라도 문자 그대로 옮겼습니다(예, multiplying I will multiply your seed, "내가 네 씨를 번성하고 번성하게 하여"; 참조, 제1장 각주 2).

5. 각 페이지의 하단에는 원서 페이지를 기록해 놓았습니다. 본서의 색인을 이용하실 때에 참고하시면 됩니다.

| 간략한 목차 |

옮긴이의 일러두기 / 9

감사의 글 / 23

약어 / 27

제1장　약속으로 형성된 모형론에 대한 서론:
　　　　저자의 의도를 확증하기 위한 미시 차원의 지표 / 29

제1부　인물 / 75
제2장　아담 / 77
제3장　제사장 / 119
제4장　예언자 / 163
제5장　왕 / 243
제6장　의로운 고난자 / 283

제2부　사건 / 353
제7장　창조 / 355
제8장　출애굽 / 399

제3부　제도 / 443
제9장　레위 제의 / 445
제10장　결혼 / 473

제11장　약속으로 형성된 패턴의 결론:
　　　　저자의 의도를 결정하기 위한 거시 차원의 지표 / 509

참고 문헌 / 553

성구 색인 / 569

주제 색인 / 595

인명 색인 / 605

| 상세한 목차 |

옮긴이의 일러두기 / 9
감사의 글 / 23
약어 / 27

제1장　약속으로 형성된 모형론에 대한 서론:
　　　저자의 의도를 확증하기 위한 미시 차원의 지표 / 29
　§1 창세기 3:15, 패턴을 형성하는 약속 / 36
　　§1.1 창세기의 자기-참조적 특성 / 38
　　　§1.1.1 일함과 지킴, 살인과 저주 / 43
　　　§1.1.2 창세기 3장에 비추어 본 창세기 4장 / 45
　　　§1.1.3 뱀의 저주받은 씨 / 48
　　　§1.1.4 모형의 흔적 / 50
　　　§1.1.5 가나안에 대한 저주와 아브라함을 모욕한 사람들에 대한 저주 / 51
　　§1.2 창세기의 기본 성격 / 52
　§2 저자가 의도한 모형론 / 53
　　§2.1 인간 저자의 의도 / 54
　　§2.2 모형론의 특징 / 56
　　　§2.2.1 사료(史料)적 대응 / 57
　　　§2.2.2 중요한 의미의 확대 / 61
　　§2.3 '모형론'이라는 용어 정의하기 / 65
　　§2.4 신적 저자의 의도 / 68
　§3 이후에 다룰 내용 미리 보기 / 68

제1부　인물　/　75

제2장　아담　/　77

　§1 새 아담인 노아　/　79

　§2 새 아담인 아브라함, 이삭, 야곱　/　85

　　§2.1 아브라함, 이삭, 야곱의 언약적 중요성　/　86

　　§2.2 주요 용어와 인용문　/　87

　　　§2.2.1 그리고 나는 내 언약을 세울 것이다　/　87

　　　보충 설명: 이스마엘은 모형론 패턴의 한 조각인가?　/　88

　　　§2.2.2 생육하고 번성하라　/　92

　　§2.3 사건의 동일 형태　/　95

　　　§2.3.1 예상되던 죽음을 전복하는 생명에 관한 약속　/　95

　　　§2.3.2 언약적 문맥에서의 깊은 잠　/　96

　　　§2.3.3 보호의 실패　/　97

　　§2.4 아담의 모사형: 노아, 아브라함, 이삭, 야곱　/　100

　§3 새 아담인 이스라엘　/　101

　　§3.1 집단적 인격　/　102

　　§3.2 생육하고 번성하라　/　103

　　§3.3 이스라엘은 나의 맏아들이다　/　103

　§4 새 아담인 다윗　/　105

　§5 새 아담인 그리스도　/　109

　　§5.1 다니엘 7장의 사람의 아들　/　110

　　§5.2 누가복음과 로마서에 나타난 아담의 아들　/　114

　　　§5.2.1 아담의 아들, 하나님의 아들　/　115

　　　§5.2.2 오실 자의 모형　/　116

제3장　제사장　/　119

　§1 (왕) 제사장인 아담　/　121

　　§1.1 범죄 이전　/　121

§1.2 범죄 이후 / 124

　　§2 (왕) 제사장인 멜기세덱 / 126

　　§3 (왕) 제사장 국가인 이스라엘 / 130

　　§4 아론과 제사장들 / 132

　　§5 신실한 제사장에 대한 약속 / 133

　　　　§5.1 사무엘상 2:35에 나오는 신실한 제사장 / 134

　　　　§5.2 미래의 제사장과 레위인에 대해 말하는 이사야 / 140

　　　　§5.3 미래의 레위계 제사장들에 대해 말하는 예레미야 / 142

　　　　　　§5.3.1 예레미야 33:14-26의 문학적 구조 / 144

　　　　　　§5.3.2 사무엘상 2:27-35과의 어휘상의 접촉점 / 146

　　　　　　§5.3.3 열왕기상 8:25과의 접점 / 151

　　　　　　§5.3.4 예레미야서(와 이사야서)의 레위인과 제사장 / 153

　　　　　　§5.3.5 스가랴 6:9-15 / 155

　　　　§5.4 다가올 제사장(왕)의 패턴 / 158

제4장　예언자 / 163

　　§1 아담 / 166

　　§2 노아 / 166

　　§3 아브라함 / 167

　　§4 이삭 / 170

　　　　§4.1 예언자 이삭 / 171

　　　　§4.2 이삭의 놀라운 출생 / 182

　　　　§4.3 제물 이삭과 그의 부활 / 185

　　§5 모세 / 191

　　　　§5.1 노아와 모세 / 191

　　　　§5.2 예언자인 모세 / 196

　　　　§5.3 모세와 같은 예언자들 / 200

　　§6 여호수아 / 202

§6.1 미래를 내다보기 / 202

§6.2 과거를 돌아보기 / 205

§7 엘리야와 엘리사 / 208

§7.1 열왕기의 문학적 구조 / 208

§7.2 엘리야와 엘리사의 사료적 대응 / 210

§7.2.1 과부를 위한 공급과 아들의 부활(왕상 17장과 왕하 4장) / 212

§7.2.2 물, 우상 숭배자, 모세(왕상 17-19장과 왕하3장) / 213

§7.2.3 야훼의 예언자가 없느냐?(왕상 22장과 왕하 3장) / 216

§7.2.4 요단강에 선 두 예언자(왕하 1-2장) / 218

§7.3 모세-여호수아와 엘리야-엘리사 / 219

§7.4 말라기서에 나오는 엘리야와 주님의 날 / 222

§7.5 신약성경의 엘리야와 엘리사 / 223

§7.5.1 엘리야와 세례 요한 / 224

§7.5.2 요단강의 두 예언자(요 1장) / 226

§7.6 모세와 같은 예언자 / 227

§7.6.1 예수와 세례 요한 / 227

§7.6.2 예수와 엘리야 / 227

§7.6.3 예수와 엘리사 / 228

§7.6.4 변형 / 229

§7.6.5 요한계시록 11장의 두 증인 / 230

§8 이사야 / 231

§8.1 이사야와 그의 아들들 / 232

§8.2 예수와 제자들 / 235

§8.3 화자 중심론 또는 모형론? / 237

§9 예수 / 240

제5장 왕 / 243

§1 아담의 지배권 / 245

§1.1 지배권을 갖다 / 245

　　　§1.2 패턴화된 왕의 약속 / 246

　　　§1.3 솔로몬에 대한 약속으로 형성된 패턴 / 250

　　　§1.4 솔로몬의 패턴화된 약속 / 251

　§2 아담의 아들 됨 / 254

　　　§2.1 그의 아들의 이름은 무엇인가? / 255

　　　　　§2.1.1 신명기 6장과 17장에 비추어 본 잠언 / 255

　　　　　§2.1.2 사무엘하 7:14에 비추어 본 잠언 / 256

　　　　　§2.1.3 하늘에 올라간 사람이 누구인가? / 257

　　　§2.2 예수가 아굴의 질문에 대답하시다 / 263

　§3 아담의 지킴과 명명 / 264

　　　§3.1 왕인 목자 / 265

　　　§3.2 왕의 이름들 / 266

　§4 왕들에 대한 아브라함의 정복 / 268

　　　§4.1 창세기 14장의 문학적 구조 / 269

　　　§4.3 창세기 14장과 사무엘상 30장 / 274

　　　§4.4 창세기 14장과 시편 110편 / 276

　　　§4.5 요약 / 278

　§5 에베소서에 나타난 그리스도, 왕의 실현 / 278

제6장　의로운 고난자 / 283

　§1 패턴: 배척당한 후 높여짐 / 283

　§2 배척당한 후 높여지는 요셉 / 287

　§3 배척당한 후 높여지는 모세 / 289

　§4 배척당한 후 높여지는 다윗 / 290

　　　§4.1 사도행전 4장의 시편 2편 / 295

　　　§4.2 요한복음 12장의 시편 6편 / 296

　　　§4.3 사도행전 2장의 시편 16편 / 300

§4.4 히브리서와 복음서의 시편 22편 / 308

　　§4.5 시편 31:5과 35:19 / 313

　　§4.6 시편 69편 / 315

　　　　§4.6.1 네 집에 대한 열심 / 315

　　　　§4.6.2 당신을 비방하는 자들의 비방 / 318

　　　　§4.6.3 음식으로 독을, 마실 것으로 신 포도주를 / 321

§5 배척당한 후 높여지는 고난받는 종 / 322

　　§5.1 새 출애굽의 배경 / 323

　　§5.2 고난받는 종이 패턴을 반복하다 / 324

§6 배척당한 후 높여지는 예수 / 340

　　§6.1 누가복음 24:26, 먼저 고난을 당하고 영광을 받음 / 341

　　§6.2 요한복음 1:10-11, 그들이 그를 영접하지 않음 / 343

　　§6.3 사도행전 7장, 스데반의 설교 / 343

　　§6.4 마가복음 12:1-12, 악한 소작인 비유 / 345

　　§6.5 사도행전 8:32-33, 이사야 53장 인용 / 348

　　§6.6 요한복음 3:14; 8:28; 12:32, 38, 이사야서의 종이 들어 올려짐 / 349

　　§6.7 베드로전서 1:10-11; 2:22-25, 먼저 고난을 당하고 영광을 받음 / 351

제2부　사건 / 353

제7장　창조 / 355

　　§1 우주적 성전의 창조 / 358

　　　　§1.1 끝을 미리 내다보는 시작 / 359

　　　　§1.2 에덴과 성막/성전의 대응 관계 / 361

　　§2 소우주로서의 성막과 성전 / 364

　　　　§2.1 성막과 창조 / 364

　　　　§2.2 새 에덴으로서의 이스라엘 진영 / 368

　　　　§2.3 새 에덴으로서의 이스라엘 땅 / 370

　　　　§2.4 성전과 창조 / 375

§2.4.1 열왕기상 6-8장에 나오는 창조 이미지와 영광으로 가득 찬 성전 / 375

§2.4.2 시편 29편에 나오는 모든 창조물, 하나님의 성전 / 376

§2.4.3 시편 23편에 나오는 하나님의 집에 영원히 거하는 것 / 377

§2.4.4 시편 104편에 나오는 창조 세계에 대한 천막과 방 이미지 / 377

§2.4.5 학개 2:7에 나오는 "나는 이 집을 영광으로 채울 것이다" / 377

§3 성전의 실현인 그리스도 / 378

§3.1 말씀이 (성막을 치고) 거하심 / 380

§3.2 천사들이 오르락내리락함 / 382

§3.3 이 성전을 헐어라 / 384

§3.4 내 아버지 집에는 많은 방들이 있다 / 386

§3.5 나는 그들 안에서 영광을 받는다 / 388

§4 성령의 성전으로서의 교회 / 390

§4.1 오순절, 사도행전 2:1-4 / 391

§4.2 성령의 성전, 고린도전서 3:16 / 392

§4.3 죄의 용서, 요한복음 20:22-23 / 393

§4.4 영적 집의 살아 있는 돌, 베드로전서 2:5 / 394

§4.5 영광을 위한 거처, 에베소서 2:19-22; 3:10 / 395

§5 새 창조의 우주적 성전 / 396

§5.1 시작의 실현인 마지막 / 397

§5.2 에덴과 새 창조 사이의 대응 / 397

제8장 출애굽 / 399

§1 토라의 출애굽 / 402

§1.1 아브라함 / 402

§1.2 야곱 / 405

§1.3 출애굽 / 409

§1.4 출애굽과 정복 / 412

§2 여호수아서의 출애굽 / 413

§2.1 이스라엘의 새 출애굽인 가나안 정복 / 413

　　　§2.2 라합의 유월절 / 417

　§3 복음서의 출애굽 / 421

　　　§3.1 예수의 삶 / 421

　　　§3.2 예수의 죽음과 부활에서 / 424

　§4 바울서신의 출애굽 / 426

　§5 요한계시록의 출애굽 / 436

제3부　제도 / 443

제9장　레위 제의 / 445

　§1 성전 / 447

　§2 제사장과 레위인 / 450

　　　§2.1 그리스도가 제사장직을 실현하심 / 450

　　　　　§2.1.1 제사장직 임명 / 451

　　　　　§2.1.2 제사장직 이행을 통해 달성되는 것 / 453

　　　　　§2.1.3 바쳐진 제물 / 456

　　　§2.2 그리스도가 백성을 제사장으로 삼으신다 / 460

　§3 모세의 토라 / 461

　§4 언약 / 463

　§5 도래할 왕 / 464

　§6 죄, 제사, 절기 / 466

　　　§6.1 그리스도가 백성을 위해 절기를 실현하신다 / 466

　　　§6.2 찬송의 제사 / 468

　　　§6.3 용서와 정결하게 함 / 468

　§7 하나님의 임재 / 469

제10장　결혼 / 473

　§1 언약적 창조 규례로서의 결혼 / 474

§2 결혼과 영적인 충실함 / 476

　　§2.1 토라가 말하는 영적 간음 / 478

　　§2.2 토라에 나타난 영적 간음의 결과 / 480

§3 이혼과 재혼: 포로 귀환과 새 언약 / 480

　　§3.1 후기 예언서: 이사야, 예레미야, 호세아 / 481

　　　　§3.1.1 이사야 / 481

　　　　§3.1.2 예레미야 / 488

　　　　§3.1.3 호세아 / 491

　　§3.2 성문서에서: 아가서 / 496

§4 신랑의 오심 / 500

　　§4.1 신랑 / 501

　　§4.2 나는 그 말씀이 그리스도와 교회를 가리키고 있다고 말한다 / 504

　　§4.3 바벨론의 음녀 / 505

§5 어린양의 혼인 잔치에서의 결혼의 완성 / 507

제11장 약속으로 형성된 패턴의 결론:
　　　　저자의 의도를 결정하기 위한 거시 차원의 지표 / 509

§1 키아스무스란 무엇이며 무엇을 하는가 / 511

　　§1.1 확대된 평행법 / 511

　　§1.2 구조와 경계 제공 / 513

　　§1.3 기억을 돕기 / 514

　　§1.4 협력 효과 창출 / 515

　　§1.5 예술적 아름다움을 위한 수단 / 515

§2 창세기 전체의 키아스무스 구조 / 517

§3 창세기 하위 단위의 키아스무스 구조 / 519

　　§3.1 창세기 1:1-11:26 / 521

　　§3.2 창세기 11:27-22:24 / 523

　　§3.3 창세기 23:1-25:11 / 525

§3.4 창세기 25:12-36:43 / 526

　　§3.5 창세기 37:1-50:26 / 531

§4 하위 단위의 비교로부터 파생된 주제 / 533

　　§4.1 복과 씨 / 534

　　§4.2 죄와 적대감 / 536

　　§4.3 가족 갈등, 중재, 용서 / 539

　　§4.4 믿음, 일부다처제, 속임, 계시 / 541

§5 키아스무스 구조와 모형론 구조 / 543

참고 문헌 / 553

성구 색인 / 569

주제 색인 / 595

인명 색인 / 605

감사의 글

책을 쓴다는 것은 신나면서도 고된 일입니다(전 1:18; 12:12). 진리는 너무나도 아름답고 장엄한 데 반해 책에 기록되어 있는 언어는 너무나도 미약하고 보잘것없습니다. 성경은 생명과 능력으로 넘치지만 성경을 탐구하여 각각이 상호 연결되어 있음을 보았던 경험을 전달하는 일은 임의로 부는 바람(요 3:8)을 잡으려는 것과 같습니다(전 2:11). 하지만 이를 시도하는 일 자체가 얼마나 복된 기쁨이자 특권인지 모르겠습니다.

제가 이 책의 목차, 곧 책의 메시지를 전달하는 매개체이자 메시지의 핵심 구성 요소의 역할을 하는 구조를 짜기까지, 어떤 한계들이 저를 괴롭혔습니다. 참으로 괴로웠던 것은 모형론 논의의 주제적 성격—먼저 사람을 다루고, 다음에는 사건, 그리고 나서 제도를 다루어야 하는—으로 인해 이 모든 것을 한데 모아 설명하기가 어려웠다는 점입니다. 저는 사실 독자들로 하여금 창세기부터 요한계시록까지 성경 전체를 절별로, 장별로, 책별로 여유롭게 산책하게끔 인도하기를 바랐습니다. 하지만 그런 방식은 비실용적이고 불가능했기 때문에(그러면 출판사의 분량 제한과 마감

날짜가 어떻게 됐을까요!) 주제별 배열 방식으로 작업하기로 타협했습니다. 그러던 중, 2020년 추수감사절 연휴 때 이 책의 목차를 들여다보다가 획기적인 해결책이 간단한 질문의 형태로 떠올랐습니다. '나는 왜 성경의 저자들이 자주 사용하는 형태로 이 책을 구성하지 않았을까?' 제가 아주 흡족하게 여긴 방식에 대한 자세한 내용은 본서의 서론과 결론에서 확인하실 수 있을 것입니다.

저와 함께 성경을 절별로, 장별로 살펴보고 싶은 독자분들은 9Marks의 BibleTalk 팟캐스트를 이용하시면 됩니다. 거기서 저는 친구 알렉스 듀크(Alex Duke)와 샘 이마디(Sam Emadi)와 함께 성경을 대화식으로 해설하는데, 이때 모형론과 성경신학에 많은 관심을 둡니다. 또한 저는 감사하게도 빅토리 메모리얼의 켄우드침례교회에서 목회를 하고 있으며 켄터키주 루이빌의 남침례신학교에서 가르치고 있습니다. 제가 켄우드침례교회에서 설교했던 성경 해설 영상은 교회 웹사이트와 팟캐스트에서 무료로 접근이 가능하며, 남침례신학교에서는 (공부하기를 바라는 학생들의) 지원서를 받고 있습니다. 성경을 함께 탐구하는 가장 좋은 방법은 직접 만나 얼굴을 맞대고 대화하는 것입니다. 그래서 더욱 많은 것들을 원하시는 분들은 루이빌로 이사하시거나, 켄우드침례교회를 방문하시거나, 남침례신학교에 등록하셔서 교회와 수업에 참여하여 함께 성경을 탐구해 보도록 초대하고 싶습니다.

주님이 베푸신 모든 선하심에 제가 어떻게 감사를 드릴 수 있을까요?(참조, 시 116:12). 복음에 대해, 가족에 대해, 선생님들에 대해, 성경에 대해, 그리고 결코 모두 열거할 수 없는 훨씬 더 많은 것들에 대해 말입니다(시 40:5).

저는 이 책을 제가 가장 좋아하는 두 선생님의 이름과 동일한 이름을 가진 막내 아들에게 헌정합니다. 그의 눈이 스승을 보고, 그의 귀가 뒤에서 울리는 "이것이 바른 길이니 이리로 가라"라는 말소리를 듣기를 기도합니다(사 30:20-21).

 아무쪼록 이 책이 성경 이해에 대한 여러분의 열정을 자라나게 하면서 하나님과 이웃에 대한 사랑을 키워 줄 수 있기를 기대합니다.

2021년 부활절에
루이빌, 켄터키주에서
짐 해밀턴

약어

히브리 성경의 그리스어 번역본에서 인용할 경우, 다음과 같이 (칠십인역을 표시하는) LXX라는 약어를 참조 구절 앞에 붙였습니다: 예, LXX 말 3:1.

마소라 본문(MT)에서 1절에 해당하지만 영어 번역판에서는 절 번호가 부여되지 않은 시편의 표제를 언급할 때, 시편의 그 1절을 "표제"(superscription)를 의미하는 ss라는 약어로 인용할 것입니다. 그래서 (통상 시 18:1로 지칭되는) 시편 18편의 표제를 18:ss로 표시했습니다.

본서 각주에서는 학술 논문과 연구서 시리즈의 이름을 약어로 쓰지 않고 그대로 표기했습니다.

- BHS   *Biblia Hebraica Stuttgartensia*
- ET   English Translation(영어 번역판)
- LXX   Septuagint(칠십인역)
- MT   Masoretic Text(마소라 본문)
- NA28   *Novum Testamentum Graece*, Nestle-Aland, 28th ed. New Testament

제1장
약속으로 형성된 모형론에 대한 서론:
저자의 의도를 확증하기 위한 미시 차원의 지표

> 모형론은 신약성경에서 지배적이고도 특징적인 성경 해석 방법이다.
>
> —레온하르트 고펠트(LEONHARD GOPPELT)[1]

아내 사라의 죽음 이야기 이후에(창 23:1-20), 나이가 많은 아버지는 종(עֶבֶד)에게 "내 허벅지 아래에 네 손을 넣으라"라고 명한다(24:12). 그리고 "가나안 족속의 딸 중에서 내 아들을 위하여 아내를 택하지 말라"라면서 "하늘의 하나님, 땅의 하나님이신 야훼를 가리켜 맹세"하게 하고(24:3), 그의 고향 친족에게로 가서 아들 이삭을 위해 아내를 택하라고 말한다(24:4; 참조, 22:2).[2] 이 종이 만일 그 여자가 약속의 땅으로 따라오지 않을

---

1 Leonhard Goppelt, *Typos: The Typological Interpretation of the Old Testament in the New* (Grand Rapids: Eerdmans, 1982), 198 [=『모형론』, 새순출판사, 1987].

2 별도로 언급하지 않는 한, 이 책에 인용한 성경 본문 번역은 내가 직접 한 것이다. 이때 일반적으로 텍스트의 상호 연결성을 유지하고 히브리 성경 저자가 세계를 개념화하고 묘사하는 방식을 영어로 전달하기 위해, 어색한 영어가 되더라도 가능한 한 문자적으로 번역할 것이다. 이러한 매우 문자적인 번역에서 나는 매끄러운 영어(대상 청중에게 주요한 관심을 두고 있는 영어)를 만들려고 하지 않았다. 이렇게 지

경우 이삭을 그 땅으로 데려가야 하는지 묻자(24:5), 아버지 아브라함은 이삭을 결코 그곳으로 데려가서는 안 된다고 답한다(24:6). 그리고 나서 아브라함은 본토, 친족, 아버지의 집을 떠나 하나님이 보여 주실 땅(12:1), 그의 씨에게 주겠다고 약속하신 땅(12:7)으로 가라고 부름받은 것을 언급하고, 종에게 "그가 그의 천사를 네 앞에 보내실 것"(24:7, ESV)을 약속한다.

모세가 이 이야기를 전할 때 사용한 어구들 사이의 유사성에 주목해 보라.

- 창 12:1, "너는 너의 본토와 너의 친족과 너의 아버지의 집을 떠나 그 땅으로 가라."
- 창 24:7, "나를 나의 아버지의 집과 나의 친족의 땅에서 데리고 …"
- 창 12:7, "너의 자손에게 내가 이 땅을 줄 것이다."
- 창 24:7, "너의 자손에게 내가 이 땅을 줄 것이다."

이 내러티브 안에서 끝이 없는 연수(years)를 가지신 분(시 102:27)이 그의 종에게 "가까이 오지 말라. 네가 선 곳은 거룩한 땅이니 네 발에서 신을 벗으라"(출 3:5, ESV)라고 명령하시는 때로 빠르게 넘어가 보자. 그때 그는 자신을 "나는 네 아버지의 하나님, 아브라함의 하나님, 이삭의 하나

나치게 문자적인 번역에 있어서 내가 가장 관심을 두고 있는 바는 현대 영어 구사자들이 성경 저자의 사물 표현 방식을 엿볼 수 있게끔 하는 것이다. 이는 이 책을 읽는 모든 사람이 주로 원어로 성경을 읽었다면 필요하지 않았을 작업이다. 아직 그리스어, 히브리어, 아람어를 공부해 본 적 없는 독자들이 이 책을 읽기를 바라는 마음에 때로 매우 문자적인 번역이 제시될 것이다.

님, 야곱의 하나님"(3:6)이라고 밝히고, 자신의 종(עֶבֶד)[3] 모세를 애굽으로 돌려보내신다. 아브라함은 종을 보내 이삭의 아내를 찾게 하고, 야훼는 모세를 보내 결혼 언약을 맺을 민족을 애굽에서 데려와서 아브라함에게 약속된 땅에 거하게 했다. 야훼는 이 백성의 남편이 되고자 했다(렘 31:32). 결국 그는 창세기 24:7("그가 그의 천사를 네 앞에 보내실 것이다")에서 아브라함이 종에게 했던 말을 연상시키는 방식으로 모세에게 말씀하신다. 곧, 출애굽기 23:20에서 주님은 모세에게 이렇게 말씀하신다. "보라, 내가 천사를 네 앞에 보낸다."

- 창 24:7, הוּא יִשְׁלַח מַלְאָכוֹ לְפָנֶיךָ
- 출 23:20, הִנֵּה אָנֹכִי שֹׁלֵחַ מַלְאָךְ

이 진술을 재사용함으로써 모세는 청중으로 하여금 이삭의 신부를 찾기 위한 아브라함의 종 파송과 언약 상대자를 찾기 위한 야훼의 모세 파송을 연관시키도록 촉구하는 것처럼 보인다. 모세의 의도를 이렇게 이해하는 것은 그런 의향을 내비치는 말라기의 방식으로 확인되는 것 같다. 말라기 3:1에서 주님은 저 패턴의 또 다른 조각, 즉 종을 신부에게 보내시겠다고 약속하시는데, 말라기는 이 시나리오를 놀랍게 조정한다.

- 말 3:1, הִנְנִי שֹׁלֵחַ מַלְאָכִי וּפִנָּה־דֶרֶךְ לְפָנָי

---

3 Stephen G. Dempster는 "이 정확한 표현['야훼의 종']은 주로 모세에 대해 사용된다(18회). 또한 모세의 후계자 여호수아(수 24:29; 삿 2:8), 다윗(시 18:1; 36:1: 표제를 의미함—편주), 이스라엘(사 42:19)을 묘사할 때도 사용된다." Stephen G. Dempster, *Dominion and Dynasty: A Biblical Theology of the Hebrew Bible*, New Studies in Biblical Theology 15 (Downers Grove, IL: InterVarsity, 2003), 123 n. 25.

"보라, 내가 나의 사자(messenger)를 보내는데, 그가 내 앞에 길을 준비할 것이다." (ESV)

주님은 다시 한번 그의 "사자"를 보내겠다 약속하셨는데, 여기서 "사자"로 번역된 단어는 ESV 창세기 24:7과 출애굽기 23:20에서 "천사"로 번역된 것과 동일한 히브리어 단어지만, 이번에는 주님이 직접 오시겠다 약속하신다. "그가 내 앞에 길을 준비할 것이다"(말 3:1, ESV). 그리고 나서 이와 동일 형태의 사건은 하나님 아버지가 사랑하는 아들의 신부를 구하도록 그 아들을 종으로 보내셨을 때 극적으로 반복된다. 이때를 준비하면서는 이렇게 선언된다. "보라, 내가 나의 사자를 네 얼굴 앞에 보내는데, 그가 네 길을 준비할 것이다"(막 1:2, ESV).

우리는 이런 사건들의 패턴을 어떻게 이해해야 하며, 하나님의 약속과 그런 패턴 사이에는 어떤 관계가 있는가? 이 서론의 나머지 부분에서는 하나님의 약속과 성경에서 발견되는 패턴 사이의 관계를 살펴볼 것이며, "저자의 의도를 확증하기 위한 미시 차원의 지표"에 대해서도 살펴보고자 한다. 나는 방금 우리가 살펴본 것과 같은 것들, 곧 어구의 인용, 핵심 용어의 재사용, 동일 형태 사건의 반복, 그리고 우리가 특정 본문에 초점을 둘 때 발견되는 언약적·구원사적 의미의 유사성 등을 염두에 두고 있다. 이러한 '미시 차원' 지표는 이 책의 마지막 장에서 논의될 '거시 차원'의 지표와 대조되는데, 나는 '거시 차원'이라는 용어를 광각(wide-angle) 문학 구조(큰 단위의 문학 구조—역주)를 뜻하는 데 사용한다. 이 책의 결론부의 끝, 곧 마지막 장의 마지막 부분에서 우리는 창세기의 문학 구조에 있어서 중심을 차지하고 있는 삽화들을 다루면서 창세기 24장으로 돌아가 이 서론과 인클루지오(inclusio: 일종의 '수미쌍관' 구조—역주)를 형성

하게끔 할 것이다.⁴

'약속으로 형성된 모형론'은 하나님을 알고 있는 사람들이 하나님의 약속에 들어 있거나 그 약속에 의해 가정된 용어나 범주로 세상을 해석할 때, 어떤 일이 일어나는지 포착하려고 시도한다. 창세기 1장에서 하나님의 말씀은 세상을 형성하고, 하나님의 약속은 성경이 펼쳐짐에 따라 그의 백성의 인식과 기대를 형성한다. 이는 성령의 영감 아래 활동하는 성경의 저자들의 경우 특히 그러하다.

나는 이 책에서 하나님의 약속이 성경 저자들의 인식, 이해, 저술 방식을 형성했다고 주장할 것이다. 이러한 일들이 성경 전반에 걸쳐 이야기와 이야기, 책과 책, 저자와 저자 사이에서 반복적으로 일어남에 따라, 약속에 의해 형성된 패턴이 점차 분별되기 시작한다.

그런 이해를 증명하기 위해 우리는 저자가 전달하고자 의도한 바를 분별했음을 내보일 것이다.⁵ 나는 지금 성경 저자들이 이 책에서 논의될 모형들(types)을 전달하고자 **의도했다**고 주장하고 있다. 이는 "성경의 표상적 읽기는 구약성경 저자들—또는 그들이 이야기하는 등장인물들—이 그리스도를 예측하거나 기대했음을 가정할 필요가 없다"라고 쓴 리처드 B. 헤이스의 접근 방식과는 대조된다.⁶ 여기서 나는 창조 사건에서부터

---

4   지금 제11장의 §5로 넘어가는 독자들이 있더라도 그 또한 괜찮다. 처음부터 끝까지 읽는 것도 좋다. 그러면 그 사이에 있는 모든 것들을 알게 될 것이다.

5   E. D. Hirsch, *Validity in Interpretation* (New Haven: Yale University Press, 1967); 그리고 Kevin J. Vanhoozer, *Is There a Meaning in This Text? The Bible, the Reader, and the Morality of Literary Knowledge* (Grand Rapids: Zondervan, 1998) [=『이 텍스트에 의미가 있는가』, IVP, 2003]을 보라.

6   Richard B. Hays, *Echoes of Scripture in the Gospels* (Waco, TX: Baylor University Press, 2018), 2 [=『바울서신에 나타난 구약의 반향』, 여수룬, 2017]. 표상적 해석에 관한 강력한 비판에 대해서는, Aubrey Sequeira and Samuel C. Emadi, "Biblical-Theological Exegesis and the Nature of Typology," *Southern Baptist Journal of*

성경 문서가 저작되기까지 이것이 어떻게 작동했을지 그 단계별 과정을 간략히 설명하려 한다. 물론 성경 저자들에게 있어서 그런 논리적 단계 과정이 동시적, 직관적, 본능적이었을 수 있음을 인정하면서 말이다. 말하자면, 나는 성경 저자들이 직접 그런 과정의 윤곽을 그렸다고 주장하는 것이 아니라, 이 과정이 성경 저자들의 글에서 발견되는 내용을 설명할 수 있다고 주장하는 셈이다.[7]

첫째, 하나님은 인간의 경험과 인식에 관한 모든 것을 형성하는 말씀으로 세상을 창조하셨고, 그다음에 경험과 인식을 형성하는 약속을 말씀하셨다. 나의 주장은 (모세로부터 시작하는) 초기 성경 저자들이 하나님의 창조의 말씀과 약속의 말씀으로 인해 그들이 가지고 있던 자료에서 특정 패턴을 인지하게 됐다는 것이다. 이 약속과 패턴은 함께 작동하기 시작했고, 약속뿐 아니라 그들이 만들어 낸 패턴도 이후의 성경 저자들의 인식에 영향을 주었다. 후대의 저자들은 초기 성경의 저자들이 의도한, 약속으로 형성된 패턴을 인지하고 그와 유사한 패턴을 발견하여 이를 그들의 자료에 포함시켰다.

성경 저자들은 글을 쓰면서 약속으로 형성된 패턴의 존재를 청중에게 알리고자 했다. 따라서 그들이 패턴의 의미 및/또는 약속의 실현 방식을 충분히 이해하지 못했다 하더라도(그리고 엡 3:5과 벧전 1:10-12을 보라),

---

Theology 21, no. 1 (2017): 25-28을 보라.

[7] 나의 목표는 Emadi와 Sequeira가 글을 쓸 때 이루고자 했던 목적과 비슷하다(나는 구약 저자를 포함하고자 한다): "우리는, 신약 저자들의 해석을 뒷받침하고 모형론을 신적 계시의 특징으로 해석하도록 그들을 인도하는 주해의 논리를 밝히려고 노력하고 있다. 그 논리를 이해하는 일은 신약 저자들이 모형들의 성질을 어떻게 이해했는지에 관해 많은 것들을 드러내 줄 것이다. 간단히 말하자면, 우리는 신약의 모형론이 어떻게 '작동'하고 있는지를 설명하려 한다." Sequeira and Emadi, "Nature of Typology," 11-12.

동일 형태의 사건에 주의를 기울이고자 했고, 미래를 염두에 두고서 그렇게 했다.[8] 이러한 동일 형태의 사건들 자체가 약속에 의해 형성됐기 때문에, 약속은 사건 패턴 안에 새롭게 도입될 때마다 강화됐고, 약속과 패턴 둘 모두의 중요성에 대한 인식이 점차로 커졌다.

성경 서두에서 모세는 성경 문학의 이런 특징을 확립한다. 모세를 따르는 성경 저자들은 그로부터 이를 배우고 그의 관습 사용 방식을 모방한다. 곧, 저들의 세계관은 모세의 말들에 의해 형성됐다.[9] 모세 자신에게 있어서 하나님의 말씀—즉 약속—은 모세의 세계관(그리고 가정과 전제, 인식과 해석)을 형성했고, 그 결과 그는 약속에 의해 형성된 패턴을 자신의 기사들에 도입하게 됐다. 아마도 이런 패턴들 중 일부는 모세가 부모 또는 아론과 미리암에게서 배운 구술전승을 통해 전해졌을 것이다. 또한 그는 자신에게 전해진 자료를 해석하고, 토라(성경에서 늘상 모세가 쓴 것으로 여겨지는 토라, 곧 오경)에 무엇을 포함할지 그리고 어떻게 정리할지를 결정하면서 성령의 인도를 받았을 것이다(벧후 1:20-21).[10]

---

8 참조, 카이사레아의 바실레오스(주후 330-약 379년)는 모형론을 이렇게 정의한다: "모형론은 기대되는 바를 가리키고, 일어날 일을 모방을 통해 그 일이 일어나기 전에 나타낸다." Saint Basil, *On the Holy Spirit*, trans. David Anderson (Crestwood, N.Y: St Vladimir's Seminary Press, 1980), 53.

9 나는 Gibson이 말라기에 관해 쓸 때 묘사한 것과 같은 식의 것을 염두에 두고 있다: "예언자의 상상력의 핵(core)은 권위 있는 문서의 모음에 대한 그의 성찰에 의해 형성된다." Jonathan Gibson, *Covenant Continuity and Fidelity: A Study of Inner-Biblical Allusion and Exegesis in Malachi*, Library of Hebrew Bible/Old Testament Studies 625 (Edinburgh: T&T Clark, 2019), xiii. 또한 "말라기의 상상력의 핵"이라는 부제를 붙인 그 책의 제1장(1-23)을 보라.

10 신 31:9, 24; 33:4; 수 8:31, 32; 22:5; 23:6; 왕상 2:3; 왕하 14:6; 21:8; 23:25; 대하 23:18; 25:4; 30:16; 33:8; 34:14; 스 3:2; 7:6; 느 8:1, 14; 10:29; 단 9:11, 13; 말 4:4을 보라. 이러한 참조 구절들과 예수가 토라를 모세의 글로 여겼다는 사실(예, 막 12:26; 눅 24:44; 요 5:45-47)은 나로 하여금 모세가 토라를 썼다는 입장으로 인도

약속에 의한 패턴 형성은 매우 자기-참조적인 책인 창세기 서두에서 확인할 수 있다. '약속으로 형성된 패턴'이라는 용어로 내가 의미하고자 하는 바를 설명하기 위해 우리는 먼저 창세기 3:15의 영향을 고려해 볼 수 있다. 창세기 3:15에 나타난 하나님의 말씀의 영향은 모세가 가인과 아벨 사이에서 일어난 일을 제시하는 방식에서, 그 후 가나안에 대한 저주에서, 또다시 아브라함에 대한 복에서 확인할 수 있다. 이번 장의 세 부분은 다음과 같이 진행될 것이다.

§1 창세기 3:15, 패턴을 형성하는 약속
§2 저자가 의도한 모형론
§3 이후에 다룰 내용 미리 보기

§1 창세기 3:15, 패턴을 형성하는 약속

창세기 3:14-15에서 주님이 뱀에게 심판을 선언하실 때 우리는 다음의 대화를 보게 된다.

그리고 야훼 하나님이 뱀에게 말씀하셨다.

한다. 오경의 저자 문제에 대해 다른 견해를 가진 사람들은 이 문서를 최종 정경 형태의 본문으로 만든 사람의 것으로 여길 수도 있다. 나는 모세의 토라가 문학적 걸작이자 천재의 작품으로 확신하고, 그러한 문학은 어떤 집단이 아니라 개인들, 문학적 천재들에 의해 작성된다. 이는 자격 있다고 인정된 사람들이 문서를 새롭게 만들었다는 것을 부인하는 것은 아니다. 하지만 증거들은 이 새로운 편집이 광범위하다거나 구조에까지 영향을 미치기보다는 사소하고 한정적임을 나타낸다.

6

"네가 이것을 했기 때문에,

너는 모든 짐승으로부터[즉, "모든 짐승보다 더욱", 비교급 מִן]

그리고 들판의 모든 생물로부터[즉, "모든 생물보다 더욱", 또다시 비교급 מִן]

저주를 받을 것이다.

네가 네 배로 걸어 다닐 것이며,

네가 사는 날 동안 흙을 먹을 것이다.

그리고 나는 너와 그 여자 사이에,

네 씨와 그 여자의 씨 사이에 적대감을 둘 것이다.

그는 너를 머리를 상하게 할 것이며,

너는 그를 발꿈치를 상하게 할 것이다."

이 심판의 언어에 담긴, 약속의 형성적 특징은 창세기에서 모세가 제시하는 광범위한 자기-참조성을 고려할 때 분명해진다. 창세기 3:15의 의미를 탐사하기 위해, 우리는 자기-참조성에서 시작하고 그 기본적인 성격으로 끝나는, 창세기의 성질을 고려하는 것으로 이 하위 부분을 시작하고 마무리할 것이다. 거울 구조로 된 이 부분(§1)에서, 아담의 죄가 그의 아들들의 삶에 드러난 이야기는 노아의 죄가 그의 아들들과 그들의 아들들의 삶에서 드러난 이야기와 마주 보고 있다. 그리고 나서 우리는 모세가 창세기 3장에 비추어 4장을 읽는 방식과 모형들이 우리의 사고에 영향을 미치는 방식을 나란히 놓고 다룰 것이다. 이 논의의 중심에서는 저주받은 뱀의 씨를 고려한다. 이 하위 단위들의 틀은 다음과 같이 구분된다.

§1.1 창세기의 자기-참조적 특성
　　§1.1.1 일함과 지킴, 살인과 저주
　　§1.1.2 창세기 3장에 비추어 본 창세기 4장
　　§1.1.3 뱀의 저주받은 씨
　　§1.1.4 모형의 흔적
　　§1.1.5 가나안에 대한 저주와 아브라함을 모욕한 사람들에 대한 저주
§1.2 창세기의 기본 성격

§1.1 창세기의 자기-참조적 특성

창세기 3:14-15에서 모세는 독자들에게 창세기의 앞선 두 장에서 소개한 내용을 다시 언급한다. 즉, 3:14에서 우리는 "모든 짐승들"(כָּל־הַבְּהֵמָה)과 "들판의 모든 생물들"(כֹּל חַיַּת הַשָּׂדֶה)에 관한 정보를 읽는다. 이것들은 모두, 1:24-25에 나타난 여섯 번째 날의 창조에 관한 소개("짐승들", בְּהֵמָה)와 2:18-20에 나타난 이들의 기원에 대한 확장된 묘사("들판의 모든 생물", כֹּל חַיַּת הַשָּׂדֶה)를 통해 독자들에게 알려졌다. 마찬가지로 뱀이 흙을 먹게 될 것이라는 3:14의 진술은 "모든 푸른 풀을 먹거리"로 허락한다는 1:30을 되짚어 낸 것이다. 그 먹거리는 주님이 3:14에서 뱀에게서 빼앗으신 것이다. 앞선 본문에 대한 더욱 가까운 참조는 뱀이 여자와 남자로 하여금 금지된 열매를 먹게끔 유혹한 방식에서 엿볼 수 있는데(3:1-5), 곧 뱀에게 주어진 형벌은 그가 먹을 수 있는 것에까지 영향을 미친다(3:14)—그의 형벌은 그의 범죄에 상응한다.[11]

11　Gage는 이를 범죄에 상응하게끔 응보함으로써 풍자하는 처벌 패턴의 첫 번째 사례로 간주한다. Warren Austin Gage, *The Gospel of Genesis: Studies in Protology and Eschatology* (Winona Lake, IN: Eisenbrauns, 1984), 46을 보라.

모형론 패턴을 보기 위해서는 이전과 이후 패턴에 비추어 생각해야 하는데, 우리가 내러티브를 읽을 때는 본능적으로 그런 식의 성찰을 가까운 맥락에 적용하게 된다. 곧, 내러티브에서 앞에 나오는 진술은 나중에 나오는 진술에 대한 정보를 제공하고, 나중에 나오는 진술은 앞에 나오는 진술을 명확하게 하면서 그 앞선 진술을 토대로 세워진다.[12] 따라서 모형과 패턴을 이해하려는 노력은 우리가 직접 맥락에서 직관적으로 행하던 일을 더욱 넓은 맥락으로 확장하는 일이다. 모형론 연구는 한 구절에 비추어 다른 구절을 적극적으로 숙고하는 일과 같다.[13]

창세기의 자기-참조성을 계속 고려하면서, 2:17에서 야훼 하나님이 나무의 열매를 먹으면 죽게 될 것이라고 경고하셨다는 점에 주목해 보자. 이 경고는 죽음의 공포를 불러일으켜, 3:8에서 남자와 여자가 범죄한 후 숨고, 3:9-13에서 자백을 거부하게끔 만든다. 야훼가 저들을 불러내 죄를 드러내셨을 때, 남자와 여자는 그들이 살게 될 것이라고 생각할 만한 근거가 없다—하나님이 뱀에게 말씀하실 때까지 말이다.

하나님은 창세기 3:15에서 뱀과 여자 사이에 적대감을 둘 것이라고 (개역개정에서는 "원수"가 될 것이라고—편주) 약속하셨는데, 이 적대감은 지속적인 갈등을 수반한다. 지속적인 갈등에는 지속적인 삶이 필요하다.

---

12 Elizabeth Robar, *The Verb and the Paragraph in Biblical Hebrew: A Cognitive-Linguistic Approach*, Studies in Semitic Languages and Linguistics (Boston: Brill, 2015), 1-18에 진술된바, 정보가 어떻게 저자에 의해 암호화되고(encoded) 또한 독자에 의해 해석되는지에 관한 논의를 보라.

13 나는 이 일이 "성경 본문들에 기록된 사건, 인물, 제도 사이의 관계에 대한 신학적 숙고"를 포함한다는 David L. Baker의 말에 동의하지만, "모형론은 주해(exegesis)가 아니다"라는 그의 주장에는 동의하지 않는다. *Two Testaments, One Bible: The Theological Relationship Between the Old and New Testaments*, 3rd ed. (Downers Grove, IL: InterVarsity, 2010), 181.

이 지속적인 삶 가운데서 여자는 야훼를 대적하는 뱀의 편에 서지 않고 뱀에 대적하는 야훼의 편에 서게 될 것이다. 하나님은 그렇게 될 것이라고 말씀하신다. 이 시점에서 여자는 아직 뱀과의 싸움에 참여하지 않았지만 하나님은 그들이 서로 적대감을 가지게 될 것이라고 선언하신다. 하나님이 "여자의 씨"를 언급하신 것은 이 갈등이 그 여자와 뱀에게만 한정되지 않을 것임을 의미한다—곧, 남자 역시 관여하게 될 것이다. 여자에게서 태어나는 모든 '씨'는 남자의 개입을 전제로 하기 때문이다. 뱀에게 대한 하나님의 말씀은 남자와 여자가 그의 편에 서서 뱀에게 대항하게 될 것을 나타낸다.

이는 남자와 여자가 창세기 2:17에서 표현된 결과를 피하게 됐음을 의미하는가? 조금도 그렇지 않다. 2:25에서 벌거벗고도 부끄러움이 없었던 것과 비교해 볼 때, 3:7에서 서로에 대해 숨고, 3:8에서 하나님에 대해 숨었던 것은 저들에게 더 이상 거리낌 없는 순수함이 없음을 보여 준다. 남자와 여자는 파괴적이고 영적인 재앙을 경험했다. 그들은 범죄했다. 죄의 결과로 그들은 영적으로 죽게 됐다. 이들의 영적인 무감각은 하나님이 부르실 때 죄를 고백하고 회개하기를 거부한 데서 볼 수 있다. 몇 줄뒤, 3:19에서 하나님은 그들이 육체적으로 죽을 것임을 명확히 하셨다.

그러나 창세기 3:15에 나타난 씨에 대한 약속은 그들이 아무 희망 없이 죽지는 않게 될 것임을 의미한다(참조, 롬 8:20-21). 뱀과 여자 사이의 적대감은 인류가 뱀의 목적에 완전히 동참하지는 않았음을 의미한다. 여자와 (또다시 말하자면 남자의 참여가 필요한) 그 씨는 뱀에 저항할 것이다. 그래서 적대감인 것이다.

그리고 이는 우리를 창세기 3:15의 마지막 행으로 인도한다. 나는 저 부분을 간결하게, "그는 너를 머리를 상하게 할 것이고, 너는 그를 발꿈치를 상하게 할 것이다"라고 번역했다. 히브리어 원문에서 대명사 "너를"과 "그를"이 명사 "머리"와 "발꿈치"(즉, "그의 발꿈치")를 수식(즉, "너의 머리"나 "그의 발꿈치"처럼)하지 않기 때문이다. 각각의 경우에 대명사는 반복되는 동사 "상하게 하다"를 받는다. 따라서 하나님의 진술은 "그는 너를 … 상하게 할 것이고, 너는 그를 … 상하게 할 것이다"가 되는 셈이다. 조금 더 매끄럽게 표현하자면, "그는 너를 상하게 하되 머리**에 대해**(또는 아마도 '**머리와 관련하여**') 그렇게 할 것이며, 너는 그를 상하게 하되 발꿈치**에 대해**(또는 '**발꿈치와 관련하여**') 그렇게 할 것이다"가 될 수 있다. 발꿈치에 입은 상처는 머리의 상처만큼 생명에 위협이 되지 않기 때문에 남자와 여자가 뱀에 대한 하나님의 말씀을 그들의 씨가 뱀을 이기게 될 것이라는 약속으로 이해할 만한 충분한 근거를 가졌음을, 모세는 청중에게 전한다.

우리는 창세기 1장에서, 하나님이 세상을 창조하셨을 때 생명이 하나님의 말씀으로 시작됐음을 주목해야 한다. 이제 창세기 3장에서 생명은 하나님의 말씀으로 계속된다. 뱀에 대한 주님의 심판의 말씀은, 3:20("그리고 남자가 그의 아내의 이름을 '하와'라고 불렀는데, 이는 그녀가 모든 살아 있는 것의 어머니가 됐기 때문이다")에서 남자가 여자의 이름을 불렀던 것으로 입증된 바와 같이, 인류의 생명의 지속에 대한 선포다.

여자의 씨와 뱀의 씨 사이의 생명과 죽음의 투쟁은 성경 내러티브 전체에 영향을 미치는, 줄거리의 갈등(the plot conflict)이다. 뱀은 죄를 부추겨 저주를 받았다. 그리고 사람은 범죄했지만 유혹한 뱀이 패배하고 죄뿐 아니라 죄의 결과(죽음과 하나님 앞에서의 추방)까지도 극복될 것이라는 하나님의 말씀을 듣게 된다.[14]

---

14 Mitchell L. Chase, "The Genesis of Resurrection Hope: Exploring Its Early 9-10

창세기 5:29에서 노아가 태어날 때 라멕이 한 말은, 모세가 청중으로 하여금 이 내러티브를 그 줄거리 갈등의 궁극적인 해결책으로 이해하도록 의도했다는 발상을 뒷받침하면서, 하나님의 심판의 결과를 해소할 희망을 내비친다. 근접 맥락에서 모세는 하와를, 가인과 셋이 태어났을 때 뱀을 깨뜨릴 씨에 대한 희망을 표현하고 있는 것처럼 그린다(4:1, 25). 그러고 나서 그는 창세기 5장 족보에서 아담으로부터 시작하는 후손의 계보를 주의 깊게 제시하면서, "그리고 그는 죽었다"라는 반복 어구로 여자의 씨의 흐름을 추적한다. 하나님과 동행한 에녹이 죽음을 피했다는 서술은 희망을 실어 주고(5:21-24), 그리고 이후에 5:29에서 라멕이 자신의 아이(참조, 3:15), 곧 노아가 (수고로이 일하는 자들에게) 위로를 가져올 것이라는 희망을 표했을 때, 우리는 3:17-19의 심판 언어("수고하여야 그 소산을 먹으리라"—역주)가 재사용되고 있음을 보게 된다.

하나님의 약속이 성경 내러티브 안에서 패턴을 형성하고 있는 방식을 고려할 때, 우리는 창세기 3:14-19의 심판 선언에서 뱀은 저주를 받고, 땅도 저주를 받지만, 남자나 여자는 "네가 저주를 받았다"라는 식의 말씀을 들은 적이 없다는 것을 알 수 있다. 하나님은 1:28에서 남자와 여자에게 복 주셨는데(또다시 자기-참조성), 이 복이 파기되는 일은 없을 것이다. 남자와 여자는 뱀 및 그 씨와 원수가 되겠지만 저주받지는 않는다. 뱀의 씨는 누구, 또는 무엇인가? 하나님은 뱀을 저주하셨지만 아담이나 하와를 저주하지는 않으셨다는 관찰은 뱀의 씨를 어떻게 이해해야 하는지에 대한 질문을 해결하는 데 도움을 준다. 내러티브의 자기-참조성은 모세의 청중으로 하여금, 내러티브가 진행됨에 따라, 내러티브가 내러티브

Presence and Deep Roots," *Journal of the Evangelical Theological Society* 57 (2014): 467-80을 보라.

자체를 해석하는 일을 보게끔 인도한다. 우리는 교차-참조 진술을 서로에 비추어 읽어 각각의 경우를 명확하게 확인한다. 뱀의 씨에 관한 창세기 3:15 진술은 문자적인 뱀에 관한 것이 아니다. 이는 창세기 4장을 계속 읽어 내려가면 분명하게 드러난다.

§1.1.1 일함과 지킴, 살인과 저주

내러티브는 온통 자기-참조적인 방식으로 계속된다. 창세기 1:28에서 남자와 여자는 생육하고 번성하라는 명령을 받고, 4:1-2에서 그렇게 하기를 시작한다. 4:1에서 하와가 가인을 출산하면서 보인 반응은, 그녀가 3:15에서 약속된 씨를 찾고 있었음을 보여 주며, 아벨이 "양 떼를 치는 목자가 됐고, 가인은 땅을 일구고[עבד, working] 있었다"라는 4:2의 진술은 에덴동산을 "일구고[עבד, working] 지켜야[שמר] 할" 아담의 책임을 상기시킨다(본서에서 '[땅을] 일구다'로 번역된 단어는 모두 work/working으로 '일하다'로 번역된 단어와 동일하다—역주). 2:15에서 아담이 에덴동산과 관련하여 "일구고 지키는 것"은 1:28에서 땅을 "정복"하고 동물을 "다스리는" 그의 책임을 묘사하는 또 다른 방식이었다.[15] 창세기 4:2에서 땅을 "일구는" 아담의 책임("땅을 정복하라", 1:28)은 가인이 했던 바로 그 일로 이어지고, 에덴동산을 "지키는" 아담의 책임("다스려라", 1:28)은 양 떼를 치는 아벨의 일로 실현된다(참조, 2:15).

---

15 Gage는, "인간은 신적 명령에 따라 창조 세계에서 하나님 본연의 활동, 즉 땅을 정복하고 채우는 일을 재현하도록 위임받았다"라고 말한다. Gage, *Gospel of Genesis*, 28.

<표 1.1 일함과 지킴>

땅을 일구라	동물을 다스려라
1:28, 땅을 정복하라(כָּבַשׁ)	1:28, 동물을 다스려라(רָדָה)
2:15, 일구다(עָבַד)	2:15, 동산을 지키다(שָׁמַר)
	(즉, 동물로부터 보호하다)
4:2, 가인이 땅을 일구고 있었다(עָבַד)	4:2, 아벨이 양 떼를 치고 있었다(רָעָה)

창세기 2:15의 두 히브리어 용어, "일구다/일하다"(עָבַד)와 "지키다"(שָׁמַר)는 창세기 3장과 4장에 모두 나타난다. 3:23에서 야훼는 아담으로 하여금 "에덴동산에서 땅을 일구게" 하셨고, 3:24에서는 그룹들과 불 칼이 "생명나무로 가는 길을 지켰다." 그 후 창세기 4장에 가서, 우리는 4:2에서 가인이 땅을 "일군 것"(עָבַד)과 4:9에서 그가 아벨을 살해한 이후에 자신이 아우를 "지키는 자"(שָׁמַר)냐고 묻는 것을 보게 된다.[16] 그러

---

16 R. W. L. Moberly는 "재맥락화"(recontextualization)를 선택하고서 다음을 제안한다: "해석자가 저자-해석학으로 제시하는 것은, 그것이 형식적으로 무엇이라 불리든 간에, 사실 일반적으로, 통제되고 역사를 지향하는 방식으로 표현된, 그럴듯한 텍스트-해석학과 독자-해석학일 수 있다." 그러고 나서 그는 자신이 "신앙의 규칙"을 채택한다면서, "이 용어를 느슨하게 사용하여 '사물이 진행되는 방식에 대한 감각'—즉, 성경적이고 기독교적인 참조 틀과 공명하는지 여부와 관계없는 의식(sense)의 종류와 관련하여, 상호 연관된 일련의 도덕적·신학적 판단—을 지칭하기를 선호한다"고 진술한다. R. W. L. Moberly, *The God of the Old Testament: Encountering the Divine in Christian Scripture* (Grand Rapids: Baker, 2020), 8-9. Moberly는 재맥락화와 "신앙의 규칙"(Moberly는 이를 매우 주관적인 방식으로 묘사한다—"사물이 진행되는 방식에 대한 의식"과 "공명하는지 여부와 관계없는 의식의 종류")을 받아들임으로써, 그리고 저자의 의도를 상대화함으로써(그것이 단지 독자-반응에 대한 엄격한 설명일 뿐이라고 제안한다), "성경에 대한 신학적 해석"의 일부 실천가들을 특징짓는 움직임을 만든다. 이는 인간 저자의 의도를 찾기를 노력하고 정경적 맥락에서 문법적-역사적 해석을 실천하는, 여기서 추구되는 성경신학 같은 기조와 대조를 이룬다. 그리고 그 차이는 해석학적 결론에 중대한 영향을 미친다. Moberly의 가인과 에서에 대한 설명(ibid., 125-64)과 본서『모형론』

고 나서 4:12에서 주님은 가인에게 그가 땅을 "일굴"(עָבַד) 때 땅이 힘을 내주지 않을 것이라고 말씀하시는데, 이는 독자로 하여금 아담을 향한 심판의 말씀에 땅의 저주(3:17), 가시와 엉겅퀴(3:18), 에덴동산에서의 추방(3:23)이 포함되어 있다는 사실을 기억하게 한다. 이렇게 "일구다/일하다"와 "지키다" 용어의 재사용은 2:15을 떠올리게 하고, 청중에게 에덴동산에서의 아담을 향한 하나님의 목적을 상기시키며, 가인이 그 목적으로부터 얼마나 타락했는지를 강조한다.

이 반복은 또다시 청중으로 하여금 각각의 진술이 상호 간에 정보를 제공하게끔 내러티브를 읽도록 인도한다. 모세는 폭넓은 내러티브의 서로 다른 장면이 각각에 비추어 읽히도록 의도했으며, 하나님이 말씀하신 바가 창조뿐 아니라 그 안에서 일어나는 사건들을 형성하도록 내러티브를 제시한다.

어떤 내러티브도 전달되어야 할 모든 것을 포괄적으로 제시할 수는 없다. 저자들은 계속 새로운 정보를 제공하면서도 청중의 이해의 공백을 메워야 한다. 약속이 창세기 3:15에서 내러티브에 도입됐는데, 이 약속은 모세의 이해를 형성하는 데 결정적이었다. 모세는 가인의 죄를 다루는 창세기 4장의 내레이션에서 3:15의 약속으로 형성한 이해를 청중에게 전달한다.

§1.1.2 창세기 3장에 비추어 본 창세기 4장

창세기 4장에서 가인의 아벨 살해 이야기 전체는 창세기 3장을 끊임

및 James M. Hamilton Jr., *Work and Our Labor in the Lord*, Short Studies in Biblical Theology (Wheaton, IL: Crossway, 2017), 45-48에 나오는 나의 논지 사이의 비교에서 드러나는 것처럼 말이다.

없이 참조한다. 이는 창세기 3장의 단어와 어구가 4장에서 널리 반복되는 것을 통해 확인된다. 4:5에서 야훼는 가인의 제물을 기뻐하지 않고 가인의 분노(4:6)에 대한 대답으로 "죄가 문에 웅크리고 있다. 그리고 죄는 너를 욕망하지만 너는 죄를 다스려야 한다"(4:7)라고 경고한다. 이 진술은 3:16에서 하나님이 여자에게 한 심판의 말씀을 떠올리게 한다. "그리고 너는 네 남편을 욕망하지만 그는 너를 다스릴 것이다."

- 창 3:16, וְאֶל־אִישֵׁךְ תְּשׁוּקָתֵךְ וְהוּא יִמְשָׁל־בָּךְ
- 창 4:7, וְאֵלֶיךָ תְּשׁוּקָתוֹ וְאַתָּה תִּמְשָׁל־בּוֹ

이 진술들을 나란히 놓으면 두 경우 모두에 묘사되어 있는 "욕망"과 "다스림"의 성질을 이해하는 데 도움이 된다. 남편에 대한 여자의 욕망은 가인에 대한 죄의 욕망—행동에 영향을 미치고 심지어 통제하려는 욕망—과 유사하다. 남자가 여자를 다스리는 경우에도 마찬가지로 죄에 대해 가인이 **보여야 했던** 반응과 유사하다. 그 밖에 용어의 재사용은 그 의미를 이해하는 데 도움이 될 뿐 아니라 어구들의 평행은 우리가 창세기 4장을 3장에 비추어 읽어야 함을 시사한다.

이 본문 저자의 그런 해석적 힌트를 취하면서 우리는 가인의 아벨 살해(4:8)를 최초의 부부가 금지된 열매를 먹은 일(3:6)과 나란히 놓았다. 아담과 하와가 범죄한 후, 야훼는 "어디에"에 관한 질문으로 아담을 마주하셨다—"네가 어디에 있느냐?" 가인이 범죄한 후, 야훼는 "어디에"에 관한 질문으로 가인을 마주하셨다—"네 형제 아벨은 어디 있느냐?" 이 두 질문의 문구는 유사하다.

- 창 3:9, וַיִּקְרָא יְהוָה אֱלֹהִים אֶל־הָאָדָם וַיֹּאמֶר לוֹ אַיֶּכָּה

  "그리고 야훼 하나님이 그 남자를 부르고, 말씀하셨다. '네가 어디에 있느냐?'"

- 창 4:9, וַיֹּאמֶר יְהוָה אֶל־קַיִן אֵי הֶבֶל אָחִיךָ

  "그리고 야훼 하나님이 가인에게 말씀하셨다. '네 형제 아벨 어디에 있느냐?'"

창세기 3:10에서 야훼의 질문에 대한 아담의 대답은 그의 죄책감을 드러낸다. 곧, 그는 자신이 범죄한 줄을 알았기 때문에 두려워했고, 열매를 먹었기 때문에 벌거벗었다는 것을 알게 됐다. 그리고 4:9에서 야훼의 질문에 대한 가인의 대답은 마찬가지로 그의 죄책감을 드러낸다. 곧, 아벨이 어디에 있는지 알지 못한다는 그의 주장과 자신이 아벨을 지키는 자이냐며 분개한 질문은 가까이 있는 사람에 대한 사랑의 결여를 드러낸다.

창세기 3:13에서 "야훼 하나님은 여자에게 말씀하셨다. '네가 한 이것이 무엇이냐?'" 그리고 창세기 4:10에서 주님은 가인에게 말씀하신다. "네가 무슨 일을 했느냐?"

- 창 3:13, מַה־זֹּאת עָשִׂית וַתֹּאמֶר
- 창 4:10, וַיֹּאמֶר מֶה עָשִׂיתָ

창세기 3:9-13에서 범죄자를 마주한 야훼는 3:14에서 다음과 같은 말로 뱀을 저주하신다. "네가 이를 행했기 때문에, 너는 … 저주를 받는다." 4:9-10에서 범죄한 가인을 마주하고서 야훼는 4:11에서 다음과 같은 말로 가인을 저주하신다. "그리고 이제, 너는 … 저주를 받는다."

- 창 3:14, כִּי עָשִׂיתָ זֹּאת אָרוּר אַתָּה מִכָּל־הַבְּהֵמָה
- 창 4:11, וְעַתָּה אָרוּר אָתָּה מִן־הָאֲדָמָה

창세기 3장과 4장 사이의 유사성은 이 두 장이 서로에게 정보를 제공하고 있으며, 따라서 우리는 이들을 비교하고 대조해야 한다는 사실을 알려 준다. 창세기 3:14과 4:11 사이의 유사성은 가인과 **뱀** 사이의 연관성을 상정하고 있기 때문에 충격적이다. 3:16-19에서 하나님이 아담과 하와에 대해 심판을 말씀하셨을 때 그 둘 중 어느 누구에도 "너는 저주받는다"라는 말을 결단코 하신 적이 없다. 창세기 3장에서 이 말을 들은 유일한 등장인물은 바로 3:14의 뱀이다. 모세는 하나님이 이 문장을 가인에게 하고 계신 것으로 제시하면서 3:15에서 제기되는 질문에 대한 내러티브상의 대답을 제공하는 셈이다—누가 뱀의 씨인가? 대답하자면 이렇다: 뱀이 했던 것과 동일한 방식으로 하나님의 저주를 받을 만하게 행동한, 가인과 같은 사람들.

§1.1.3 뱀의 저주받은 씨

창세기 3장과 4장 사이의 이 연결이 어떻게 창세기, 성경, 세상에서 전개되는 플롯에 대한 우리의 이해를 돕는가? 창세기 3:15의 약속은 뱀과 여자 사이에, 뱀의 씨와 여자의 씨 사이에 적대감이 있을 것이라는 심판의 말씀이다. 4:1과 4:25에서 아들들에 대한 하와의 반응은 뱀의 머리를 상하게 할 여자의 씨로 일어나게 될 남성 후손을 기대하고 있음을 보여 준다. 4:11의 가인에 대한 저주는 가인과 그의 **표상적인**(figurative) 아버지, 곧 마귀를 동일시한다(창 3:14; 참조, 요 8:44-47; 요일 3:8-15).

창세기 3:15의 하나님의 약속은 다음과 같은 생각을 포함하는 일련의 기대들을 창출한다.

- 야훼와 그의 목적에 반역한 자들은 뱀과 동일시될 것이다.
- 야훼와 그의 목적을 받아들이는 자들은 여자(하와) 및 그녀의 씨와 동일시될 것이다.
- 여자의 씨와 뱀의 씨 사이에 계속되는 갈등이 있을 것이다.
- 그리고 여자의 씨는 뱀의 씨와 관련하여 머리를 상하게 할 것이고, 그 자신은 단지 발꿈치만 상하게 될 것이다.

이러한 일련의 기대들이 뱀에 대한 하나님의 심판의 말씀이자 여자와 그녀의 씨에 대한 약속의 말씀에 의해 창출된다. 더 나아가 약속의 말씀은 이를 믿는 사람들의 기대를 형성한다. 창세기 4장에서 모세는 가인의 아벨 살해를 3장에 나타난 죄와 그에 따른 심판 언어에 비추어 이해될 수 있는 사건으로 제시한다. 이는 창세기 4장에 있는 수많은 3장 어구들의 반복으로 입증된다. 창세기 1-3장에 있는 하나님의 말씀은 모세가 4장 및 이어지는 장들의 사건들을 인식하고 서술하는 방식을 형성해 낸다.[17]

---

17 기대를 형성하는 창 3장의 역할은 또한 하나님이 3:17(ESV)에서 아담에게 "네가 네 아내의 음성을 들었기 때문에 …"라고 말씀하신 방식에서도 확인할 수 있다. 나중에 사래가 하갈과 관련하여 믿음 없는 계획을 세울 때 "아브람은 사래의 음성을 들었다"(창 16:2, ESV)라고 한다. 반대로 이 패턴은, 보디발의 아내가 "요셉에게 날마다 말해도 그가 그녀[의 말]를 들으려 하지 않았다"(39:10, ESV)라는 대목에서 깨진다. 창 16장의 사건은 또한 창 3장의 죄와 연관되기도 하는데, 3:6에서는 "… 그녀가 그 열매를 **가져다가** 먹었고, 그녀는 또한 그녀의 남편에게 조금 **주었다**. …"라고 말하고, 16:3에서는 "사래가 … 하갈을 **가져다가(데려다가)** … 그녀를 아브람에게 **주었다**. …"(ESV)라고 말한다. 모세는 창 16장의 사래와 아브람의 죄를 창 3장의 남자와 여자의 죄와 유사하게 이해하려고 한다. 이를 요셉이 보디발의 아내의 말 듣기를 거부한 이야기와 연결하는 것은 아담과 아브람이 실패한 부분을 요셉이 극

§1.1.4 모형의 흔적

지금까지 우리가 살펴본 내용을 바탕으로 그리스어 단어 τύπος의 문자적 의미와 표상적 의미 사이의 관계를 제안하고자 한다. 영어 단어 type("모형")이라는 단어는 그리스어 단어 τύπος에서 왔다(롬 5:14; 고전 10:6을 보라; 그리고 고전 10:11의 τυπικῶς[τύπος의 형용사형—역주]를 참조하라). BDAG는[18] τύπος의 첫 번째 실제적 의미를 "타격이나 압력의 결과로 갖게 된 표식"(1019)이라고 정의하고, 그 후에 이 실제적인 의미가 메타포적이고 표상적으로 확장된 것으로서, 예컨대, "모델로 기능하는 원형(archetype)"(1020)이라고 제시한다.[19] 실제적 의미와 메타포적 확장 사이의 관계는 다음과 같은 선상에 있는 것 같다. 즉, 사람은 자신의 인식에 흔적을 남기는 것들을 보고, 그 흔적에 따라 다른 것들을 해석한다.[20]

복했음을 나타낸다.

18 Walter Bauer, *A Greek-English Lexicon of the New Testament and Other Early Christian Literature*, ed. Frederick William Danker, trans. W. F. Arndt and F. W. Gingrich, 3rd ed. (Chicago: University of Chicago Press, 2001).

19 또한 Franco Montanari, *The Brill Dictionary of Ancient Greek*, ed. Madeleine Goh and Chad Schroeder (Boston: Brill, 2015)에서 능동태 "치다"(to beat), 수동태 "찍히다"(to be stamped)의 τυπάζω(2166-67쪽)로 시작하는 항목들을 보라. 관련 용어로는 드럼/북(τυπάνον), 딱따구리(τυπάνος), 망치(τυπάς) 같은 사물들이 있고, 또한 τυπίδιον, 곧 "모델"은 "두드려진 것"(what is beaten out) 또는 "찍힌 흔적"(impression stamped) 개념으로 확장된 것으로 보인다. 전체적인 어휘론적 분석에 대해서는, Richard M. Davidson, *Typology in Scripture: A Study of Hermeneutical Typos Structures* (Berrien Springs, MI: Andrews University Press, 1981), 115-90을 보라.

20 Leonhard Goppelt는 τύπος라는 용어에 대해, "어원[론적]으로는 τύπτω, '치다'(to strike)에서 왔지만 헤로도토스 I. 67, 4¹에 나오는 고대 경구에서만 '타격'의 의미를 지니고 있다. … 다른 곳에서는 항상 타격에 의해 만들어진 흔적(impress), 형성된 것, 흔적을 남기는 것, 형태를 만드는 형태, 따라서 윤곽으로서 형태를 생성하는 것을 가리킨다. 그 표현력 덕분에 거의 모든 유럽어에서 차용어로 사용됐다"(τύπος κτλ., in *Theological Dictionary of the New Testament* 8:246-47).

나는 하나님의 말씀이 이를 믿는 사람들의 인식 안에 압착됐고(pressed), 그 압력의 흔적들(impress)이 실제로 하나님의 말씀에 비추어 해석되는 결과를 낳는다고 제안하는 바다. 하나님의 약속은 이 과정을 통해 패턴을 생성하는 해석을 형성하고, 그런 패턴은 어떤 일이 발생했는지, 그리고 미래에 어떤 일이 일어날지에 대한 성경 저자의 모형론적 이해를 반영한다.

§1.1.5 가나안에 대한 저주와 아브라함을 모욕한 사람들에 대한 저주

창세기 3:15의 (패턴/기대를) 형성하는 영향력은 창세기 내러티브 전반에 걸쳐 계속된다. 함이 노아에게 죄를 범한 후에, 노아는 창세기 9:25에서, 하나님이 뱀(창 3:14)과 가인(4:11)을 저주할 때 사용한 것과 동일한 언어, 곧 אָרוּר כְּנָעַן("가나안이 저주받는다")로 자신의 아들의 후손을 저주한다. 이는 함의 후손 가나안을 뱀과 동일시하며 그를 뱀의 씨로 표식하면서, 여호수아서에서 여자의 씨인 이스라엘이 뱀의 씨인 가나안의 땅을 정복할 때 가나안인들에게 임할 하나님의 정의의 토대를 놓는다(참조, 창 15:16; 10:15-16).[21]

몇 장 후에 모세는 야훼가 아브라함에게 약속하신 이야기를 서술한다. "너를 축복하는 자에게 내가 복을 주고, 너를 모욕하는 자를 내가 저주할 것이다[אָאֹר]"(창 12:3). 하나님은 뱀, 가인, 가나안을 저주했던 것처럼, 아브라함을 존중하지 않는 사람들은 저주를 받게 될 것이라고 선언하신다. 여기서 모세는 청중에게 앞으로 아브라함을 반대하는 사람은 뱀

---

21 이러한 역학 관계는 아브라함이 이삭과 가나안 사람 사이의 결혼을 원하지 않는 이유(창 24:3) 및 동일하게 이삭과 리브가가 야곱을 걱정하는 이유(28:1, 6-9; 참조 26:34-35)도 설명해 준다.

의 씨로, 아브라함의 편에 서는 사람은 여자의 씨로 확인될 것이라고 말한다.

12:3 말미에 나오는, 땅의 모든 족속이 아브라함 안에서 복을 받게 될 것이라는 하나님의 약속의 함의는 뱀과 그의 씨가 아브라함과 그의 씨를 통해 패배하고(참조, 22:17-18), 아브라함의 편에 선 모든 사람이 창세기 5장과 11장에서 아담으로까지 거슬러 올라가는 혈통을 지닌 아브라함의 씨의 승리로 인해 복된 평화를 경험하게 될 것이라는 점이다. 여자의 씨는 뱀의 씨의 패배를 통해 세상을 축복할 것이다(3:15; 12:1-3; 22:17-18).

§1.2 창세기의 기본 성격

창세기의 시작은 나머지 책들에 대한 조건(parameters)과 기대를 설정한다. 그리고 하나님이 말씀으로 세상을 창조하신 것, 모든 것이 보시기에 좋다고 하신 것, 사람을 자신의 형상을 따라 만드시고 에덴동산에 두어 일하고 지키게 하신 것, 생명나무의 열매 먹기를 금하신 것, 남자와 여자를 만드시고 결혼을 통해 서로 하나가 되게 하신 것, 그리고 이들의 범죄와 하나님의 소망이 담긴 심판을 내리신 것, 이 이야기들은 창세기의 시작일 뿐 아니라 모세의 토라 전체(창세기, 출애굽기, 레위기, 민수기, 신명기)를 설정한다. 이후의 모든 성경 저자는 모세의 토라를 받아들이고 창세기에서 시작된 이야기를 계속 써 내려간다.

창세기의 내용은 토라의 나머지 이야기를 이해하는 데 필요하며, 창세기에서 모세는 자신을 따르는 성경 저자들에게 해석 방식, 전달 방식, 자료 구성 방식, 상징화 방식, 모형화 방식을 가르친다. 이 첫 장에서 우리는 모세가 단어, 문장, 동일 형태 사건, 중요한 소재를 가지고 미시 차원에서 이를 어떻게 수행하는지 살펴보고 있다. 이 책의 마지막 장에서 우리는 모세가 창세기 전체를 아우르는 문학 구조를 가지고 거시 차원에서 이를 어떻게 수행하는지 살펴볼 것이다. 내가 주장하는바, 성경의 모든 저자들은 모세의 그런 가르침을 받아들임으로써 세상을 이해하는 방식과 그들의 표현을 구성하는 방식을 배웠다.

§2 저자가 의도한 모형론

창세기 3:15의 약속은 패턴을 형성하는 것으로 시작한다. 이 패턴이 바로 본서에서 설명하려는 바다. 패턴을 다루기 전에 먼저 모형론에 대한 중요한 질문들에 주의를 기울일 필요가 있다: 우리는 "모형론"을 어떻게 정의하는가? 모형론의 특징은 무엇인가? 우리가 성경 본문에서 확인할 수 있는 모형론 패턴을 성경 저자들이 전달하고자 했음을 평가하고 확립할 수 있는 해석적 통제 장치는 무엇인가? 나는 이 핵심 용어를 정의하고 성경의 신적 저자의 의도에 관한 성찰을 결론짓기 전에, 이 질문들을 거꾸로 살펴서 먼저 저자의 의도에 관한 해석적 통제 장치에서 시작한 후, 모형론의 특징으로 이동하려 한다.

 §2.1 인간 저자의 의도
  §2.2 모형론의 특징
   §2.2.1 사료적 대응
   §2.2.2 중요한 의미의 확대
  §2.3 '모형론'이라는 용어 정의하기
 §2.4 신적 저자의 의도

§2.1 인간 저자의 의도

텍스트가 의미하는 바를 결정하는 가장 중요한 기준은 인간 저자의 의도를 파악하는 것이다.[22] 엘리자베스 로바(Elizabeth Robar)가 말한 것처럼, "독자가 저자의 의도대로 텍스트를 해석했다면 성공적인 의사소통이 이루어진 셈이다."[23] 우리는 저자가 쓴 텍스트에 대한 역사적-문법적 해석을 통해 저자의 의도를 파악한다.[24] 우리는 저자가 사용한 단어와 구의 문법적 의미를 이해하려 하며, 그 문법적 의미를 역사적 맥락에서 이해하려 한다. 이 연구에서는 성경 본문의 인간 저자의 의도를 찾기 위해 문법적-역사적 해석 방식을 사용할 것이다.[25]

모든 텍스트에는 문맥이 있으며, 모든 저자는 자신의 글이 이해되기를 바라는 이데올로기적 문맥들을 가지고 있다. 나의 작업 가설은 최초의 성경 저자인 모세가 토라 전체를 그의 다섯 권의 책 안에 있는 단발적

---

22 Dale C. Allison Jr., *The New Moses: A Matthean Typology* (Minneapolis: Fortress, 1994), 1-8에 나타난, 저자의 의도를 옹호하는 미묘한 논의를 보라. 저자의 의도를 "개연성 있는 첫 청중의 생각(concept)"으로 대체한 Ounsworth의 주장은 설득력이 떨어진다. Richard Ounsworth, *Joshua Typology in the New Testament*, Wissenschaftliche Untersuchungen zum Neuen Testament 2/328 (Tübingen: Mohr Siebeck, 2012), 3, 참조, 19-28. 청중은 저자/화자가 전달하려고 의도한 바를 오해하거나 거부하기 쉽다(예, 신 31:29; 마 13:10; 16:22을 보라).
23 Robar, *The Verb and the Paragraph in Biblical Hebrew*, 41. 반대로, Moberly, *The God of the Old Testament*, 9.
24 이 연구에서 나는 구약과 신약의 표준 원어 본문으로부터 시작해서 영역본으로 이동하면서, 개신교의 성경인 정경 66권을 해석할 것이다. 주로 *BHS* 구약 본문, NA[28] 신약 본문, Rahlfs의 구약 그리스어 역본(LXX), 그리고 ESV를 바탕으로 작업하겠지만, 위에서 언급한 대로 개인 사역도 함께 제시할 것이다.
25 E. D. Hirsch는 이렇게 썼다: "의도의 오류(작가의 의도나 목적을 추정하여 작품을 판단할 때의 문제를 가리키는 용어—역주)는 **오직** 예술적 성공과 심도, 일관성, 기타 등등과 같은 다른 규범적 기준**에만** 적절하게 적용될 수 있다. … 의도의 오류가 언어의 의미에 적용되는 것은 적절하지 않다." Hirsch, *Validity in Interpretation*, 12.

인(isolated) 진술들과 관련된 맥락으로 제시한다는 것이다.[26] 이런 생각을 확장해서 보자면, 후대의 성경 저자들은 그들보다 앞서 기록된 성경을 더 넓은 맥락으로 가정하고, 그들의 글이 그 안에서 이해되기를 바라고 있다. 비일(Beale)이 쓴 것과 같이,

> 모형론은 주로 성경 뒷부분에서 앞부분의 의미를 해석하고 설명하는 일을 포함하기 때문에 정경이라는 틀 내에서의 맥락적 주해라고 할 수 있다. … 이제 우리는 어떤 책 내의 문학적인 근접 맥락에 비추어 한 본문을 주해하기보다 더욱 넓은 정경적 맥락을 고려하여 그 구절을 주해한다.[27]

이제 우리가 주목할 모형론의 특징은 인간 저자의 의도를 규명하는

---

[26] 모세는 청중들이 자신의 자료를 반복적으로 접하기를 기대하는 것 같다. 그래서 그들이 처음 읽을 때, 모세가 앞서 소개하지만 나중에 가서야 설명하는 내용을 알게 된다. 예컨대, 모세는 창 13:10에서 19장에 가서야 서술될 소돔의 멸망을 "주님이 소돔과 고모라를 멸망시키기 전이었다"(창 13:10, ESV)라는 말로 가정하는 방식을 볼 수 있다. 마찬가지로, 정결하고 부정한 동물은 레위기에 가서야 묘사되지만 창 7장의 노아에게 주어진 지시 사항에 이미 그런 분류가 가정되어 있다. 정결/부정의 구분은 창 8:6-12의 까마귀와 비둘기를 내보낸 것에 영향을 미치는 것 같으며, 비둘기가 희생 제물로 사용된다는 사실(예, 창 15:9; 레 12:6)과 올리브기름이 성막의 기름 부음과 메노라의 연료로 사용된다는 사실(출 27:20; 30:24-25)은 비둘기가 갓 딴 올리브 잎을 물고 돌아온 것(창 8:11)을 다시 조명하는 것처럼 보인다. 모세가 오경 전체를 함께 읽도록 의도했다는 확신이 커질수록, 나중에 부정하다고 선언될 뱀(레 11:42-44)이 정결한 삶의 영역을 지키도록 임명된 사람(아담)을 통과해 에덴동산으로 들어가 여자를 유혹하여 죄를 짓게끔 했다는 사실이 더욱 의미심장해진다. 이와 유사한 예를 위해서는 본서 원서 66쪽의 각주 4을 보라.

[27] G. K. Beale, "Did Jesus and His Followers Preach the Right Doctrine from the Wrong Texts? An Examination of the Presuppositions of Jesus' and the Apostles' Exegetical Method," in *The Right Doctrine from the Wrong Texts? Essays on the Use of the Old Testament in the New*, ed. G. K. Beale (Grand Rapids: Baker, 1994), 401.

데 도움이 될 것이다.

§2.2 모형론의 특징

모형론의 두 가지 본질적인 특징은 성경의 구원사 전개에서 사건, 인물, 제도 사이의 **사료적 대응** 및 그 패턴의 반복에 따라 일어나는 **중요한 의미의 확대**다.[28] 성경 저자들이 실천하는 모형론 해석에서는 패턴의 최초 사례와 그 반복, 둘 모두의 역사성을 확고히 인정한다.[29] 사르디스의 멜리토(Melito)가 2세기에 주장했듯이, "모형은 발생된 일이다."[30] 즉, 성경 저자들은 그런 평행과 패턴을 창출하는 문학적 발명에 관여하지 않는다.[31] 멜리토는 또한 실현을 통해 두각을 드러내는 모형에 대해, "크기가 더욱 커지고 힘이 더욱 강해지며 또한 형태가 아름다워지고 구조가 풍성

---

28 E. Earle Ellis, "Foreword," in *Typos: The Typological Interpretation of the Old Testament in the New*, by Leonhard Goppelt, trans. Donald H. Madvig (Grand Rapids: Eerdmans, 1982), x.

29 Joshua Philpot, "See the True and Better Adam: Typology and Human Origins," *Bulletin of Ecclesial Theology* 5, no. 2 (2018): 79-103은 이 원리를 설득력 있게 적용하여 아담의 역사성을 입증한다. 그렇지 않다면 성경 저자들은 그를 장차 올 자에 대한 모형으로 다루지 않았을 것이다: "아담은 장차 올 자에 대한 모형이지만(롬 5:14), 그 구절은 신화적인 것으로 이해되어야 한다"라는 Bell의 주장은 구원의 의미와의 연관성을 부정한다. Richard H. Bell, *The Irrevocable Call of God: An Inquiry into Paul's Theology of Israel*, Wissenschaftliche Untersuchungen zum Neuen Testament 184 (Tübingen:Mohr Siebeck, 2005), 186 n. 139.

30 그리스어로 된 행, ὁ μὲν γὰρ τύπος[ἐγένετο]에 대한 나의 번역은 M. A. G. Haykin과 상의한 것이다. Melito, *Peri Pascha* 4. Hall은 "모델은 실제로 존재했다"라고 옮겼다. Stuart George Hall, ed., *Melito of Sardis on Pascha and Fragments: Texts and Translations* (Oxford: Clarendon Press, 1979), 4-5을 보라.

31 Robert Alter, *The Art of Biblical Narrative*, 2nd ed. (New York: Basic, 2011), 55-78 [=『성서의 이야기 기술』, 아모르문디, 2023]에서 이를 제안하는 것처럼 보인다.

해진다"라고 말함으로써 (중요한 의미의) 확대를 주장했다.³²

§2.2.1 사료(史料)적 대응

우리는 역사와의 일치를 어떻게 확립할 수 있는가?³³ 우리는 후대의 성경 저자들이 중요한 용어를 재사용하고, 전체 어구나 문장을 통째로 인용하며, 동일 형태 사건들을 반복하고, 언약적·구원사적 의미와의 평행을 확립하면서 앞선 성경 본문들과의 사료적 대응을 확립하려 한 것에 대한 증거를 가지고 있다. 거의 사용되지 않는 용어나 독특한 표현은 자연스레 독자의 주의를 끌고 마음속에서 연관성들을 확립하게 되는데, 이는 앞선 자료들을 인용할 때도 마찬가지다. 우리는 반복되는 동일 형태 사건들을 인지하기 위해 때로는 숙고해야만 하지만, 일단 인지가 되고 나면 간과하고 지나칠 수 없다. 구원사적 의미를 설명하는 또 다른 방법은 언약적 연결에 관해 말하는 것이다.

다음의 예들을 고려해 보자.

중요한 용어. "방주"(תֵּבָה)라는 단어는 구약에서 단 두 개의 내러티브 안에서만 나타난다: 창세기 6-9장에서 노아의 방주를 묘사할 때와 출애굽기 2:3과 2:5에서 모세의 어머니가 모세를 담은 "바구니"(ESV)를 묘사할 때. 이러한 언어학적 연결점은 흔히 언급된다. 나는 본서 제4장에서 이것이 노아와 모세 사이의 사료적 대응의 한 가지 특징이라고 주장할 것이다. 여기서는 (히브리 성경이나 그 대응 관계를 보존하고 있는 문자적 번역본의) 사실상 모든 독자가 모세를 태운 갈대 방주-바구니에 관해 읽을 때 자

---

32 Melito, *Peri Pascha*, 36. Hall, *Melito on Pascha and Fragments*, 18-19.
33 "텍스트 사이의 대응에 관한 증거 평가: 확립된 기준"(Evaluating the Evidence for Correspondence Between Texts: Established Criteria)에 대한 자세한 논의를 위해서는, Gibson, *Covenant Continuity and Fidelity*, 33-44을 보라.

연스럽게 노아의 방주를 떠올린다는 사실을 관찰하는 것으로 충분하다. 더 나아가 나는 모세가 이 용어를 그의 어머니가 그를 넣은 바구니를 설명하는 데 사용한 것은 청중이 모세 자신과 노아 사이의 연관성을 보기를 의도했기 때문이라고 제안하고자 한다.[34]

재사용된 용어의 또 다른 예로 출애굽기 15:5에서 파라오의 병거와 군대가 "돌처럼"(ESV) 바다에 가라앉았다고 표현된 부분을 살펴볼 수 있다. 바로 몇 절 후인 15:16에 나오는 바다의 노래(the Song of the Sea)는 이스라엘 강을 건널 때 가나안의 거주민들이 "돌처럼"(ESV) 잠잠할 것이라고 노래한다. 듀안 개럿은 다음과 같이 설명한다.

> 이 기도에서, 미래의 가나안 정복 사건 가운데 반복될 하나님의 행동을 보게 된다. 애굽인들이 "돌처럼" 바다 밑으로 가라앉았을 때(15:5b), 이 기도는 이스라엘이 가나안으로 "건너갈" 때까지 가나안 사람들이 돌처럼 움직이지 않을 것이라는 점을 시사한다(15:16b). 약속의 땅으로 건너가는 (עָבַר) 일은 이스라엘이 얌 수프(Yam Suph: 홍해—편주)를 건넌 일을 반영한다. 둘 모두 하나님의 행사다(수 3장에서 이스라엘이 요단을 건너는[עָבַר] 일에 대한 설명도 보라).[35]

이런 식의 언어 사용과 재사용을 바탕으로, 나는 본서 제8장에서 모세가 출애굽기 15장의 홍해 도하를 기념하면서 가나안 정복이 새로운 출

---

34 Duane A. Garrett, *A Commentary on Exodus*, Kregel Exegetical Library (Grand Rapids: Kregel, 2014), 168은 바르게 관찰했다: "모세는 하나님의 백성을 악한 세대로부터 구원하기 위해 역청이 칠해진 방주 안에서 물을 통과하는, 새로운 노아다."

35 Ibid., 405.

애굽이 될 것임을 가리키고 있다고 주장할 것이다.

어구와 문장의 인용. 우리는 위에서 창세기 3:14의 "너는 저주를 받았다"라는 어구가 4:11에서 인용되면서 뱀과 그의 표상적인 씨, 가인 사이의 '친족 관계'를 확립하는 방식을 살펴보았다. 성경 저자들은 앞서 기록된 성경을 널리 언급하고 인용한다. 또 다른 예로, 모세가 창세기 15:7과 출애굽기 20:2에서 모두, "나는 너희를 … 인도해 낸 야훼다"라는 주님의 말씀을 제시하면서 아브라함의 경험과 출애굽 사이에 연결 고리를 만든 방식을 생각해 보라. 동일 형태의 내러티브를 직면한 모세는 야훼가 아브라함과 언약을 맺을 때 하셨던 것과 동일한 말씀을 시내산 언약을 맺을 때 인용하신 것으로 제시한다.

- 창 15:7, אֲנִי יְהוָה אֲשֶׁר הוֹצֵאתִיךָ מֵאוּר כַּשְׂדִּים
- 출 20:2, אָנֹכִי יְהוָה אֱלֹהֶיךָ אֲשֶׁר הוֹצֵאתִיךָ מֵאֶרֶץ מִצְרַיִם

어딘가에서 주장됐듯,[36] 그리고 본서 제8장에서 다시 제시하겠지만, 아브라함은 일종의 출애굽 예고편의 역할을 하는, 연결된 사건들을 경험한다. 인용문이 재사용되면서 우리는 같은 꼴 사건들을 나란히 놓는 데 이목을 집중하게 된다.

반복되는 동일 형태 사건들. 이 경우에서처럼 종종 수많은 특징들이

---

[36] 예를 들어, 다음을 보라. L. Michael Morales, *Exodus Old and New: A Biblical Theology of Redemption*, Essential Studies in Biblical Theology 2 (Downers Grove, IL: InterVarsity, 2020), 19-36 [= 『출애굽 성경신학: 구약과 신약의 출애굽』, 부흥과개혁사, 2021]; James M. Hamilton Jr., *With the Clouds of Heaven: The Book of Daniel in Biblical Theology*, New Studies in Biblical Theology 32 (Downers Grove, IL: InterVarsity, 2014), 225-26.

함께 작용한다. 아브라함과 이스라엘이 경험한 애굽으로부터의 탈출 사이의 평행을 생각해 보자.

1. 아브라함과 야곱(과 그의 자손들)은 모두 애굽으로 내려간다.
2. 이는 약속의 땅에 기근이 있었기 때문이다.
3. 두 경우 모두 히브리인들은 애굽인들에게 압제를 당하고, 사라는 파라오의 하렘(harem)으로 끌려가며, 이스라엘 자손들은 (결국) 노예가 된다.
4. 두 경우 모두 포로들은 해방된다.
5. 주님이 파라오와 애굽에 재앙을 내리신다.
6. 그때 두 경우 모두 히브리인은 애굽인들에 의해 부유해진다.
7. 애굽을 떠나 광야를 통과하기 전에,
8. 야훼와의 언약 의식을 행한다.
9. 야훼는 아브라함에게는 연기 나는 불 화로와 쪼갠 조각 사이로 지나가는 횃불로 나타나셨고, 이스라엘에게는 시내산에서 짙은 어둠과 불 가운데 나타나셨다.
10. 모세가 이런 반복을 포함시키고 출애굽기 20:2에서 창세기 15:7을 인용함으로써 주의를 끈 것은 이 반복 패턴에서 점차로 중요해지는 의미를 분간하고 청중 역시도 이를 확인할 수 있도록 노력했음을 보여 준다.

출애굽기 15장의 바다의 노래에 나오는 "돌" 언어와 관련해서 앞서 언급했듯이, 모세는 아브라함의 삶과 출애굽 때 일어난 사건의 패턴이 나중에 이스라엘이 가나안을 정복할 때에도 반복될 것으로 예상한 것 같다.

구원사적 의미(즉, 언약적 함의). 앞서 모세가 노아의 배와 그가 어머니에 의해 담긴 바구니를 지칭하는 데 תֵּבָה, "방주"라는 용어를 사용했음을 언급했다. 모세는 분명 언약에 있어서 중요한 인물이었다. 예컨대, 모세는 야훼가 시내산에서 이스라엘과 언약을 맺을 때 인간 중재자였다. 우리가 위의 인용문들을 고려할 때 창세기 9:1에서 1:28이 인용된 방식을 살필 수 있었는데, 본서 제2장에서 우리는 또한 아담의 범죄와 관련된 사건이 노아의 술 취함 이야기에서 동일 형태로 반복되는 것을 보게 된다. 그런 특징들이 함께 나타나는 와중에, 모세가 가진 **언약적 함의**를 염두에 두고서 야훼가 노아와 **언약을 세운다**고 선언하신 것에 주목해 보자(창 9:9, 11, 12, 17). (1) 재사용된 용어 "방주"는 (2) 창세기 9:1에 있는 1:28에 대한 어구나 전체 문장 인용 및 (3) 반복된 동일 형태의 사건(본서 제2장에서 다룰 것이다)과 함께 작용하며, (4) 이 모든 것은 구원사적·언약적 유사성과 결합되어 노아와 모세 사이의 **사료적 대응 관계**를 확립한다. 이 사료적 대응의 요소들이 확립되고 또한 반복됨에 따라, 우리는 그것들이 그 자체를 넘어 미래를 가리키고 있지는 않을까 상상하게 되고, 이는 모형론의 두 번째 본질적인 특징에 대한 논의를 예비하게 한다.

§2.2.2 중요한 의미의 확대

"예언은 미래적(prospective)이지만 모형론은 회고적(retrospective)"이라는 생각에 반대하여,[37] 나는 성경 저자들이 패턴을 알아차리고서 기록한 데에 두 가지 이유가 있다고 제안하고자 한다. 첫째, 그들은 패턴(이전 패턴의 반복이나 사건 간의 유사성)에서 중요한 무언가를 보았다. 둘째, 그들이 보았던 중요한 의미는 그들에게 미래에 그런 식의 사건이 더 많이 있을 것임을 예상하게 했다. 출애굽식 구원의 반복은 그 패턴이 구체적으로 예측할 만한 세부 내용을 제공하지 않더라도 미래에 있을 출애굽식

---

37 Baker, *Two Testaments, One Bible*, 181.

구원을 예고했다. 예컨대, 아브라함의 삶에 있었던 출애굽의 사전 경험, 실제 출애굽 사건, 가나안 정복 사이의 차이점은 구약성경 저자가 출애굽 모형론을 사용하여 하나님이 미래에 구원하실 방식을 가리킬 수는 있었지만, 정확히 무슨 일이 일어날지에 대한 세부 내용을 기록한 것은 아님을 보여 준다.

여기서 핵심적인 개념은 다음과 같다:

1. 성경 저자들이 직접 이 패턴을 인식했다.[38]
2. 성경 저자들은 사료적 대응을 통해 청중에게 이 패턴의 존재를 알리고자 의도했다.[39]
3. 따라서 반복은 사건 패턴에서 새로운 조각이 증가함에 따라 기대 역시 축적되도록 의도됐다.[40]

요약하자면 이렇다. 모형론의 주요 특징은 사료적 대응과 확대인데, 사료적 대응은 다음에 의해 확립된다: (1) 핵심 용어의 재사용, (2) 어구나 문장의 인용, (3) 동일 형태 사건의 반복, (4) 구원사적 의미 또는 언약적

---

38 "모형은 중요한 의미를 가지고 있는데, 이 의미는 어떤 인간의 매체와도 관계없이 그리고 순전히 객관적인 사실적 실재를 통해 미래를 가리킨다"라는 Walther Eichrodt의 주장에 반대된다: "Is Typological Exegesis an Appropriate Method," in *Essays on Old Testament Interpretation*, ed. Claus Westermann, trans. James Barr (London: SCM, 1963), 229.

39 Hays, *Echoes of Scripture in the Gospels*, 2에 반대된다. 나는 구약의 저자들이 세부적인 내용을 알지 못했다는 점은 인정하지만(참조, 엡 3:5; 벧전 1:10-12), 그들이 창 3:15의 여자의 씨를 찾고 있었고, 그 씨가 죄와 그 모든 결과를 극복할 결정적인 새 출애굽식 구원을 가져올 것임을 기대했다는 점과 더 나아가 그들이 의도적으로 주목한 패턴에 대한 이해가 하나님의 약속에 의해 형성됐다는 점을 주장한다.

40 Baker, *Two Testaments, One Bible*, 183과는 반대된다.

함의의 유사성. 사료적 대응 관계를 확립해 주는 이런 수단들은 후대 성경 저자가 앞선 성경 본문에 놓인 자료와의 모형론적 관계를 **알리고자** 할 때 이를 판단할 수 있는 기준을 제공한다. 후대 저자가 모형론 패턴에 주목하려고 의도했음을 확립할 수 있다면, 우리는 사료적 대응, 중요한 의미의 확대, 그리고 그 결과 모형론의 발전을 **성경 본문을 기록한 인간 저자의 의도로** 간주할 수 있는 근거를 갖게 된다. 이러한 기준은 모형론을 다루는 초기 저작들에 나타나는바, 많은 사람들의 인식의 결여를 바로잡으려 할 때 적용할 만한 엄밀한 방법론을 개발하려는 나의 시도다. 예컨대, S. 루이스 존슨(S. Lewis Johnson)은 이렇게 썼다.

> 페어베언(Fairbairn)의 작업의 약점은 주로, 성경 언어 연구의 기술적 (technical) 발전에서 얻은 지식을 활용하지 못한, 그리고 지난 세기 어간의 성경 연구에서 얻은 지식을 활용하지 못한 성서학의 약점이다.[41]

그러나 우리가 기준을 갖춘다는 사실이 모든 질문이 대답된다는 것을 의미하지는 않는다. 데일 앨리슨(Dale Allison)이 이와 유사한 논의 끝에 결론 내린 것처럼, "그렇게 해서 모든 불확실성이 … 사라지는 것은 아니다."[42] 원어로 된 본문을 오랫동안, 천천히, 인내심을 가지고 읽고, 더하여 잠잠히 숙고하는 것을 대체할 수 있는 것은 없다. 그래서 앨리슨은

---

41 Patrick Fairbairn, *Typology of Scripture* (1845; repr., Grand Rapids: Kregel, 1989)을 언급하는, S. Lewis Johnson, "A Response to Patrick Fairbairn and Biblical Hermeneutics as Related to the Quotations of the Old Testament in the New," in *Hermeneutics, Inerrancy, and the Bible: Papers from ICBI Summit II*, ed. Earl D. Radmacher and Robert D. Preus (Grand Rapids: Zondervan, 1984), 796.
42 Allison, *The New Moses*, 21.

이렇게 말한다.

> 오직 친숙한 전통에서 비롯한 섬세하고도 성숙한 판단만이 제안된 인유(allusion) 또는 모형론이 견고한 것인지 아니면 실체가 없는 것인지 느낄 수 있게 한다. 진리는 "통제적인 방법론보다도 안목(taste), 감각(tact), 직관으로 통찰하고 모색해야만 한다."[43]

나는 성경 저자들이 모형론적 발전이 다음과 같이 기능함을 직관적으로 파악했다고 제안하는 바다. 즉, 사료적으로 대응하는 패턴이 내러티브 전반에 반복될 때, 기대는 축적되고, 반복된 유사점과 인식된 패턴의 중요한 의미가 확대된다. 저들이 직관적으로 파악하고 전달한 것을 우리는 그런 기준들을 통해 검증할 수 있다.

<모형론의 주요 특징>

사료적 대응	중요한 의미의 확대
1. 핵심 용어 2. 인용 3. 동일 형태 사건의 반복 4. 구원사적·언약적 함의에 있어서의 유사성	핵심 용어, 이전 자료의 인용, 구원사적·언약적인 함의의 유사성이 사건 패턴에서 반복되는 조각들에 우리의 주의를 기울이게 하면, 해당 패턴의 중요도에 대한 우리의 인식이 커진다.

이러한 모형론의 주요 특징을 통해 확인할 수 있는 것은 구약의 저자들이 사료적 대응과 (중요한 의미의) 확대를 통해 신약 저자들의 실현 주장

---

43 Ibid. 거기서 인용한 참고 문헌은 M. H. Abrams, "Rationality and Imagination in Cultural History," in *Critical Understanding: The Powers and Limits of Pluralism*, by Wayne C. Booth (Chicago: University of Chicago Press, 1979), 176.

을 위한 모형론의 요점들을 창출하고자 **의도했다**는 것이다. 말하자면, 후대의 성경 저자들이 앞서 기록된 성경을 해석한 것이 **유효하다**는 뜻이다. 그러나 나는 후대의 성경 저자들이 앞서 기록된 성경을 올바르게 해석했다고 말하는 데에서 한 걸음 더 나아가 그들의 읽기가 **타당할** 뿐만 아니라 **규범적**이라는 사실을 주장하고자 한다. 즉, 후대 성경 저자들은 앞서 기록된 성경을 해석함으로써 청중에게 성경 해석 방식을 가르친다는 것이다.[44] **규범적** 해석학이란 성경 저자들이 직접 채택한 해석학이다. 우리가 성경을 읽을 때 우리의 읽기가 타당하려면 우리의 읽기가 성경 저자 자신에 의해 제공된 규범적 해석과 일치해야 한다. 이러한 개념을 바탕으로 나는 모형론에 관한 정의를 내릴 준비가 됐다.

§2.3 '모형론'이라는 용어 정의하기

지금까지 논의한 모형론의 특징을 취합하면 이 용어에 대한 잠정적인 정의를 제공할 수 있다.

> 모형론은 성경의 구속사 이야기(즉, 언약적 맥락에 있는 이야기) 전반에 등장하는 인물, 사건, 제도 사이에서, 하나님이 정하시고 저자가 의도한 사료적 대응과 중요한 의미의 확대를 뜻한다.[45]

---

44 Richard N. Longenecker, *Biblical Exegesis in the Apostolic Period*, 2nd ed. (Grand Rapids: Eerdmans, 1999), xxxiv-ix에 반대된다.

45 이는 "성경 해석에서 모형론은 구약에 있는 일부 등장인물과 이야기를 신약의 사건을 전조하는 알레고리로 이해하는 것을 포함한다"라고 쓴 David Crump에 반대된다. David Crump, *Encountering Jesus, Encountering Scripture: Reading the Bible Critically in Faith* (Grand Rapids: Eerdmans, 2013), 26 n. 36. 모형론과 알레고리를 동일시해서는 안 된다. Mitchell Chase는 "알레고리란 어떤 것을 말하기 위해 다른 어떤 것을 말하는 통로(passage)다"라고 설명한다. Mitchell L. Chase, *40 Questions*

이 정의 가운데서 앞서 논의하지 않은 유일한 부분은 "하나님이 정하신"(God-ordained)이라는 문구다. 나는 이 어구로 성경의 주권자인 하나님이 역사를 통제하셔서 성경 저자들이 인지하고 강조했던 평행들이 **실제로 일어났음**을 뜻한다. 얼 엘리스(Earle Ellis)가 쓴 것처럼, "모형론적 해석은 역사에 대한 신적 주권을 전제로 한다."46 모형론은 단순히 문학적 고안품이 아니며 성경 저자들이나 이를 해석하는 사람들의 상상력 넘치는 창의성의 결과도 아니다. 하나님은 평행점들이 실제로 일어나도록 정하셨고, 또한 성경 저자들이 이를 인지할 수 있도록 섭리하에 확실시하셨다. 성령이 그 과정을 지휘하셔서, 성경 저자들이 관찰한 역사와 그들이 접할 수 있었던, 앞서 기록된 성경을 모두 올바르게 해석할 수 있었다.

모형론에 대해 이 잠정적인 정의를 제시했기 때문에, 우리는 '모형론적 해석'이라는 어구에 대해서도 동일한 정의를 내릴 수 있다.

> 모형론적 해석은 언어학적 접점(즉, 중요한 용어의 재사용), 인용문, 반복되는 동일 형태 사건, 구원사적 중요성과 언약적 맥락에서의 유사점을 바탕으로 사료적 대응을 확립한다. 이러한 특징들이 본문에서 인식되면서 해석자들은 인물, 사건, 제도 사이에서 저자가 의도한 평행점들을 감지하고, 반복되는 패턴에서 점차로 중요해지는 의미를 인식할 수 있는 근거를 본문에서 가지게 된다. 성령의 영감은 성경 저자가 앞서 기록된 성

About Typology and Allegory (Grand Rapids: Kregel, 2020), 193. Chase는 알레고리의 예로서, 포도원으로 이스라엘을 가리키는 사 5장을 든다. Peter J. Gentry and Stephen J. Wellum, *Kingdom through Covenant: A Biblical-Theological Understanding of the Covenants*, Second Ed. (Wheaton, IL: Crossway, 2018), 129-30에서는 알레고리와 모형론을 구분하면서 모형론에 관한 유사한 정의를 내린다.

46 Ellis, "Foreword," xv.

> 경을 절대 옳게(infallible) 해석하고 오류 없이(inerrant) 제시하도록 보장
> 한다. 성령의 영감을 받은 것도, 성경을 쓴 것도 아닌 후대의 해석자는
> 절대 옳지 않고 오류가 있을 수도 있지만, 그럼에도 성경 저자들이 가르
> 치려 의도한 바에 따라 생각하고 읽고 해석하려고 노력해야 한다.

내가 이 마지막 진술(우리는 성경 저자들이 가르치려 의도한 바에 따라 생각하고 읽고 해석하려고 노력해야 한다는 것)로 의미하는 바를 명확히 하자면, 후대 성경 저자들이 앞서 기록된 성경을 해석하듯이 그들은 청중에게 그렇게 하라고 가르친다. 그들의 가르침을 받아들이는 사람들은 또한 성경 저자들이 자신들의 글에서 모델로 삼는 사고 습관, 생각 패턴, 해석 관습을 받아들이려고 할 것이다. 버나드 엘러(Vernard Eller)의 책, 첫 장의 첫 문장은 이렇다.

> 내 생각에, 기독교인들은 모든 것이 **우리의** 언어(즉, 현대적 사고 형태)로 번역되어야 한다고 단순히 요구하기보다는 '가나안의 언어'(즉, 성경적 사고 방식과 말하기 방식)에 능숙해져야 한다고 말한 것은 바로 카를 바르트(Karl Barth)이다.[47]

나는 이것이 성경신학의 과제라고 생각한다—성경 저자들의 해석 관점을 이해하고 받아들이는 것 말이다.[48] 이 모든 것은 성경 저자들의 해석 관점이 타당하고 규범적이라는 생각으로부터 나온다.

---

47 Vernard Eller, *The Language of Canaan and the Grammar of Feminism* (Grand Rapids: Eerdmans, 1982), 1.
48 이에 관한 간략한 서론에 대해서는, James M. Hamilton Jr., *What Is Biblical Theology?* (Wheaton, IL: Crossway, 2014)을 보라.

§2.4 신적 저자의 의도

성경의 신적 저자의 의도에 관해서는 어떤가? 성경이 성령의 영감을 받았다는 것(딤후 3:16)과 인간 저자들이 "성령에게 이끌려 하나님으로부터 받아 말했다"(벧후 1:21, ESV)는 것을 믿는다면, 우리는 성경의 인간 저자의 의도를 확인함으로써 성경의 신적 저자의 의도를 확인할 수 있다. 게다가 우리는 영의 영감을 받은 이후의 해석을 통해 신적 저자가 앞서 기록된 성경 안에서 전달하려 의도한 바를 알 수 있다. 다시 말해, 후대의 성경 저자들이 앞서 기록된 성경 본문을 해석한 곳에서, 우리는 신적 저자—나는 그가 일관성이 있다고 생각한다—가 앞서 기록된 본문에서 전달하려고 했던 바를 알 수 있다. 이 원칙은 반대 방향으로도 작용하는데, 이는 신적 저자가 후대의 성경 저자들을 통해 전달하고자 했던 바가 이전의 저자들을 통해 전달한 내용과 일치할 것이라고 가정해야 하기 때문이다.[49]

§3 이후에 다룰 내용 미리 보기

지금까지 이 장에서 살펴본 바와 같이 모형론은 반복 현상을 다룬다. 이 책의 내용은 마치 원형(archetype)과 그 모사형들(ectypes)이[50] 미래의 대형(antitype)을 가리키는 것과 같은 방식으로 이 서론 장에서 그 윤곽이 그려졌다.

---

49 Sequeira and Emadi, "Nature of Typology," 15-18에 있는 이 주제에 관한 훌륭한 견해를 보라.

50 Dictionary.com에서는 ectype을 "복제; (본형[prototype]과 대조되는) 복사/사본"으로 정의한다. 나는 이 용어를 원형(또는 본형) 및 초기 사례와 대형, 곧 원형과 모사형(들)이 가리키는 최종 실현 사이의 모형론 패턴 안에 있는 조각을 가리키는 데 사용한다.

성경 저자들은 독자가 그런 반복을 볼 수 있도록 인도하기 위해 문학적 구조를 사용했고, 따라서 그들이 전달하려 의도한 바를 이해하기 위해서는 본문의 문학적 구조를 이해하는 일이 필요하다. 이 책은 성경 저자들이 사용한 방법을 모방하여 키아스무스(chiasm: 일종의 교차 대칭 구조—역주)로 구성됐는데, 이 키아스무스는 내가 의도한 중요한 의미를 전달하는 데 도움이 된다.

이 서론에서는 모형론이 무엇이며 저자가 이를 전달하려 의도했는지 여부를 우리가 어떻게 검증할 수 있는지에 초점을 두었다. 우리는 저자가 의도한 모형론을 확립하기 위한 기준을 미시 차원에서 살펴보았다: 단어와 어구의 재사용, 이전 자료의 인용, 동일 형태 사건의 반복, 중요도에 있어서의 유사성. 모형론 패턴에 대한 저자의 또 다른 주요 단서는 거시 차원, 곧 본서의 마지막 장, 결론에서 다룰 더욱 넓은 내러티브에 대한 문학 구조 안에서 발견할 수 있다. 그러므로 이 책은 독자로 하여금 성경 저자들이 전달하려 의도한 바를 검증하고 입증할 수 있게끔 추구하는 논의로 시작하고 끝맺는다. 성경 저작들에 나오는 모든 키아스무스처럼, 서로 짝을 이루는 단위들이 본래 의도된 바와 같이 서로를 해석하게끔 하는 것이 도움이 된다. 독자들은 서론부와 결론부를 먼저 읽음으로써 도움을 받을 수 있을 것이다. 이는 결론부에서 다루어지는 문학적 구조들의 종류가 책 전체에 걸쳐 논의되기 때문이다.

제2장과 제10장에서는 성경의 시작 부분과 끝부분을 다루는데, 거기서 우리는 첫 아담의 결혼과 마지막 아담의 결혼을 보게 될 것이다. 제2장은 성경 저자들이 아담을 원형적 인간으로 간주하는 방식에 초점을 두고, 창세기 1-2장에 나오는 아담의 창조와 결혼 및 성경 곳곳에 나오는 아담의 역할을 모사한 조각들을 다룬다. 제10장은 결혼 제도와 그것이 어린양의

혼인 잔치 및 마지막 아담의 결혼으로 절정에 이르는 방식을 다룬다.

그 장들은 키아스무스 구조로 서로 대응될 뿐 아니라 직선형으로 전개된다. 아담은 제사장, 예언자, 왕과 같은 인물이었고, 제3장, 제4장, 제5장에서는 이런 모형론적 실체를 발전시켜 다룬다. 더욱이 이 책의 키아스무스 구조에서 제사장을 다루는 장은 레위 제의를 다루는 장과 짝을 이룬다(Leviticus[레위기]를 Leviticult[레위 제의]로 잘못 입력했는데 이 형태가 마음에 들어서 그대로 사용하기로 했다). 제사장직과 제의의 이행은 당연히 서로 관련된 개념이지만, 그리스도는 제사장들이 **사람으로서** 의미했던 것과 그 제의가 **제도로서** 이룩하기 위해 기능했던 것을 모두 실현하신다.

이와 유사하게 제4장은 예언자를 다룬다. 이스라엘을 애굽에서 인도해 낸 사람은 예언자, 모세였다. 그리스도는 새 출애굽(의 사건)을 성취할 때 모세의 역할을 수행하고, 그의 백성을 새롭고도 더 좋은 약속의 땅으로 인도한다. 따라서 예언자에 관한 장은 출애굽에 관한 장과 짝을 이룬다.

왕에 관한 제5장은 창조에 관한 제7장과 짝을 이룬다. 하나님은 아담에게 자신이 만든 세상에 대한 통치권을 주셨고, 그리스도는 새 창조 가운데서 왕으로 통치할 것이다.[51]

이 책의 키아스무스 구조의 중심에는 구원자, 곧 배척과 굴욕을 통해 승리의 부활과 왕위를 얻는 의로운 고난자가 서 있는데, 그는 (여러 사람 중에서도) 요셉, 모세, 다윗의 삶에서 볼 수 있는 모형론 패턴을 실현한다.

---

51 Christopher A. Beetham은 "창조 주제는 신적 왕권 및 인간적 대리권과 불가분의 관계로 얽혀 있으며 … 창조를 새롭게 하려는(renew) 신적 계획은 찬탈된 세상 왕국에 대한 인간적 대리권 회복을 통해 정당한 신적 통치를 재천명하는 것에 불과하다"라고 말했다: "From Creation to New Creation: The Biblical Epic of King, Human Vicegerency, and Kingdom," in *From Creation to New Creation: Essays in Honor of G. K. Beale*, ed. Daniel M. Gurtner and Benjamin L. Gladd (Peabody, MA: Hendrickson, 2013), 235.

하나님은 성경의 실현의 일환으로 주 예수의 죽음과 부활로 이루어진, 심판을 통한 구원 안에서 자신의 영광을 확립하셨다. 이 사실은 단순히 성경신학만의 중심이 아니다. 이는 인간 역사 중앙에 놓인 순간이며, 마치 죽임당한 것처럼 서 있는 어린양은 장차 올 시대에 구원받은 자들의 찬양의 중심이 될 것이다.

이 책의 키아스무스 구조는 다음과 같다.[52]

 1. 약속으로 형성된 패턴 소개: 저자의 의도를 확인하기 위한 미시 차원의 지표
  2. 아담
   3. 제사장
    4. 예언자
     5. 왕
      6. 의로운 고난자
     7. 창조
    8. 출애굽
   9. 레위 제의
  10. 결혼
 11. 약속으로 형성된 패턴의 결론: 저자의 의도를 확인하기 위한 거시 차원의 지표

---

52 너무 상세히 설명하는 것 같지만, 첫 장과 마지막 장의 문자를 맞추었고, 가운데 있는 장의 제목은 유일하게 한 단어로 이루어지지 않았다는 점(The Righteous Sufferer)을 독자들이 인지했으면 한다. 마찬가지로, 이 책의 각 장은 비문체의 시로 시작하며, 유일하게 성경에서 인용한 비문체 시는 중앙에 놓인 장에서 발견할 수 있다.

성경신학은 성경 저자들의 해석 관점을 이해하고 수용하려는 시도이며, 그들이 **무엇을** 전달하는지 이해하려는 시도는 그들이 **어떻게** 전달하는지 이해함으로써 촉진되고 또한 그것에 의존한다. 다른 많은 사람들처럼 나 역시도 성경 저자들이 키아스무스 구조를 폭넓게 사용한다는 사실을 확인해 왔고,[53] 여기서 그들의 의사소통 방식을 모방하고자 했다. 마지막 장에 가서 키아스무스가 어떻게 작동하고 무엇을 이루는지에 대해 더 자세히 설명할 것이다.

이 책은 또한 모형론이 종종 하나님이 그의 백성을 구원하심에 있어서 하실 일들을 예표하는 인물, 사건, 제도로 묘사되는 것과 상응하도록 세 부분으로 나뉜다.

> 서론: 제1장
> 제1부: 인물, 제2-6장
> 제2부: 사건, 제7-8장
> 제3부: 제도, 제9-10장

---

[53] 참조, John W. Welch and Daniel B. McKinlay, eds., *Chiasmus Bibliography* (Provo: Research Press, 1999). L. Michael Morales, *Who Shall Ascend the Mountain of the Lord? A Biblical Theology of the Book of Leviticus*, New Studies in Biblical Theology 37 (Downers Grove, IL: InterVarsity, 2015), 23-38에서는 오경 전체에 키아스무스 구조가 나타난다고 제안한다. 내가 요한계시록, 다니엘서, 요한복음, 시편에서 확인한 키아스무스 구조를 위해서는 다음을 보라. James M. Hamilton Jr., *Revelation: The Spirit Speaks to the Churches*, Preaching the Word (Wheaton, IL: Crossway, 2012), 165; Hamilton, *With the Clouds of Heaven*, 83; James M. Hamilton Jr., "John," in *ESV Expository Commentary: John-Acts*, ed. Ian M. Duguid, James M. Hamilton Jr., and Jay Sklar (Wheaton, IL: Crossway, 2019), 28-29; 그리고 James M. Hamilton Jr., *Psalms*, 2 vols., Evangelical Biblical Theology Commentary (Bellingham, WA: Lexham, 2021)에서 시편의 문학적 구조를 다루는 부분과 각 시편의 배경을 논하는 부분을 보라.

결론: 제11장

제1부(제2-6장)에서 인물들을 살펴보면서 우리는 핵심 인물들이 장차 올 사람들을 모형화하는 여러 방식을 보게 될 텐데, 그중 일부는 겹칠 것이다. 제2장에서는 첫 사람, 원형, "오실 자의 모형"(롬 5:14, ESV)인 아담을 다루면서 시작한다. 그리고 수많은 모사형, 패턴의 반복을 통해 이야기를 추적하여, 마지막 아담, 그리스도(고전 15:45)로 정점에 이를 것이다. 제3-5장에서의 제사장, 예언자, 왕에 대한 논의 역시 아담으로부터 시작한다. 아담은 그런 역할을 처음으로 수행한 사람이기 때문이다. 그러고 나서 제6장에서 의로운 고난자를 다룬다.

제2부(제7-8장)에서 우리는 (인물들에서) 사건들로 주의를 돌리고, 제7장의 창조로 시작해서 제8장에서는 출애굽을 다룰 예정이다. 이 전체적인 일련의 사건들은 새 출애굽, 새 광야 체류, 약속의 땅의 새 정복으로 실현될 것인데, 그 땅에는 새 하늘과 새 땅으로 이루어진 새로운 우주적 성전의 새 지성소인 새 예루살렘이 있다.

제3부(제9-10장)에서는 레위 제의(제9장)와 결혼(제10장)을 검토한다. 여기서 또다시 우리는 멜기세덱계 대제사장직을 실현하는 그리스도의 모습을 보게 될 것이다. 이 그리스도는 십자가의 죽음으로 희생 제도를 실현하고 어린양의 혼인 잔치로 기념될 새 결혼 언약을 맺으시는 분이시다.

이 책의 결론, 제11장에서는 키아스무스가 무엇이고 어떤 일을 하는지, 그리고 창세기에서 어떻게 기능하는지를 살핀다. 문학적 구조는 모형론 패턴 작업을 용이하게 하고, 저자들이 이를 저술에 도입하게 되면 그런 구조가 의식적으로 인지되지 않는다 하더라도 독자들에게 영향을 미치게 된다. 즉, 사람들은 왜 그런지 정확히 설명하지 못한다 하더라도 전개, 절정, 결말에 대한 감각뿐 아니라 고조되는 기대감에 대한 의식을 가지게 된다.

제1부
인물

바울은 어떤 근거로 아담이 "오실 자의 모형"(롬 5:14)이라고 주장하는가? 이 문제에 주요한 해석학적 질문을 적용해 보자. 모세는 청중으로 하여금 아담을 이후에 올 자를 모형화하는 존재로 생각하게끔 의도했는가? 그렇다면 모세는 어떻게 그런 현실을 확증하는가? 이와 관련된 일련의 질문은 모세가 아담을 어떻게 제시하는지, 그리고 모세가 아담에 대한 서술을 이스라엘 민족과 관련하여 전개하는지 여부와 관련이 있다. 아담과 이스라엘 민족 사이에 족보 관계 그 이상의 것이 있는가? 만일 그렇다면, 어떻게 그것이 발전되는가? 우리는 아담과 다윗의 관계에 대해서도 비슷한 질문을 할 수 있다. 아담과 다윗의 관계에 대한 서술에 족보를 통해 추적되는 혈통 관계 그 이상의 것이 있는가? 성경 저자들은 다윗에게 약속된 미래의 왕이 하나님의 아들이라면 그가 새 아담일 것이라는 사실을 전달하고자 의도했을까?

이 책의 다음 다섯 장(제2-6장)은 '인물'을 다루는데, 첫 네 장(제2-5장)은 긴밀히 연관되어 있다. 제2장에서는 모세가 의도했던 청중의 아담 이해 방식을 파헤치고, 제3-5장에서는 제사장, 예언자, 왕을 다룬다. 통치권을 부여받은 방식(창 1:26, 28) 때문에 아담을 왕 같은 인물로 볼 수 있으며, 따라서 제2장에서 왕권에 대해 자연스럽게 논의할 수 있다. 하지만 다루어야 할 자료의 양 때문에 그런 주제들을 각기 개별적으로 다룰 수밖에 없고, 그래서 결국 실현 가능한 구조를 본서에서 추구하게 됐다(제1장의 §3을 보라). 제사장, 예언자, 왕은 각기 다른 장에서 논의되지만, 아담이 본형적 인물로서 이 직분들을 구현했다는 점에서 서로 관련된다.

우리는 이제 제1장의 논의를 모세의 아담 제시 방식에서 시작해서 토라를 거쳐 예언서와 성문서로 발전하여 신약의 새 아담으로 실현되는 방식에 적용해 보려 한다.

제2장
아담

구약에 대한 신약의 이해와 설명은 신학의 중심에 있으며 이는 주로 모형론적 해석의 틀 안에서 표현된다.

—E. 얼 엘리스(E. EARLE ELLIS)[1]

모세는 아담을 모형으로 제시하기를 의도했을까? 만일 그렇다면 그는 어떻게 그 현실을 확증하고 발전시켰을까? 이 장에서 나는 모세가 아담을 오실 자의 모형으로 제시할 뿐만 아니라 아담 뒤에 등장하는 핵심 인물들의 모형으로 제시했고, 인용된 구절, 반복된 어구, 동일 형태 사건의 반복, 언약적이고 구원사적인 주요 유사성을 통해 이를 수행했다고 주장할 것이다.[2]

모세가 자신의 글에서 후대의 등장인물들을 아담과 어떻게 연결하는

---

1 Ellis, "Foreword," xx.
2 "이레네우스가 말하는 아담과 그리스도"에 관한 논의를 위해서는 Jean Daniélou, *From Shadows to Reality: Studies in the Biblical Typology of the Fathers*, trans. Wulstan Hibberd (London: Burns and Oates, 1960), 30-47을 보라.

지 보인 후, 우리는 그 이후의 성경 저자들이 모세의 의도를 어떻게 분별했는지 살펴볼 것이다. 미리 말하자면, 그들은 모세를 올바르게 해석하고 그의 기대에 따라 그의 생각을 발전시켰다. 여기서 나는 모세가 그 기대가 정확히 **어떻게** 실현될지 알고 있었음을 말하는 것이 아니라, 다만 실현되기를 기대하고 있었음을 말하는 것이다.

이 장은 노아를 새 아담으로 보는 것으로 시작해서, 원형 아담과 그의 모든 모사형이 실패한 곳에서 성공한 새 아담으로서의 그리스도로 끝난다. 이 장의 두 번째와 네 번째 부분은 한편으로는 족장 아브라함, 이삭, 야곱을 다루고 다른 한편으로는 다윗을 다룬다. 이 장의 중앙에 놓인 세 번째 부분은 새 아담으로서의 이스라엘 민족을 다룬다. 겹겹으로 된 이 장의 구조는 다음과 같이 묘사될 수 있다.

§1 새 아담인 노아
　§2 새 아담인 아브라함, 이삭, 야곱
　　§3 새 아담인 이스라엘
　§4 새 아담인 다윗
§5 새 아담인 그리스도

이 장은 모세가 먼저 족장들을, 그러고 나서 이스라엘 민족을 아담에게 거꾸로 연결하는 방식을 탐구하는 것으로 시작한다. 거기에서부터 우리는 사무엘서 내러티브가 다윗을 이스라엘, 아브라함, 아담과 연결하는 방식으로 이동하는데, 그런 이해는 시편 8편에도 반영되어 있다. 그런 다음 우리는 다니엘서 7장에 나오는, 새 아담이자 다윗계에서 나온 왕으로서, 영원한 왕국에서 짐승을 다스릴 "사람의 아들과 같은 이"에 대한 기대를 다룰 것이다.³ 이 장은 누가와 바울이 예수와 아담을 비교하고 대조하는 방식을 살펴봄으로써 마무리된다.

명확히 말하자면, 나는 모세가 오경에 나오는 아담 이후의 인물들을 거꾸로 아담과 연결 지음으로써 청중에게, 아담 이후에 등장하는 인물들을 아담 패턴의 모사형 조각들로서 제시하고 여자의 **바로 그** 씨가 아담이 패배하고 정복됐던 면에서 승리하고 구원해 낼 때 이루어질 원형의 실현에 대한 기대와 더불어, 아담이 본형적 인간이라는 사실을 가르치려 의도했다고 주장하는 바다. 다윗 및 기대되어 왔던 사람의 아들에 대한 서술을 보자면, 이후의 구약 저자들이 모세에게서 그런 관점을 배웠음을 알 수 있다. 우리는 이를 또다시 누가와 바울의 신약 저작들 가운데서 확인하게 될 것이다.

§1 새 아담인 노아

제1장에서 나는 성경 저자들이 하나님의 약속으로 인해 패턴을 인지하게 됐음을 보여 주려 했다. 창세기 3:15에 나오는 여자의 씨와 뱀의 씨 사이에 적대감이 있을 것이라는 약속은 아벨을 죽인 후의 가인을 뱀의 씨로 제시하는 해석을 형성했다. 모세는 자료를 해석했고, 그의 해석은 하나님의 말씀하신 바에 따라 인도됐다. 이 경우 창세기 3:14과 4:11에 따

---

3   하나님이 아담에게 통치권을 수여하여 사실상 창조물의 왕이 되게 하셨다는 사실은 왕권과 땅이 모두 하나님의 계획에서 동등하게 중요했음을 보여 준다. 따라서 Bell이 "예를 들어, 땅에 대한 약속은 이스라엘이 왕을 갖게 될 것이라는 약속보다 더욱 근본적이다"라고 주장한 것은 옳지 않다. Bell, *The Irrevocable Call of God*, 377 n. 3.

르면 하나님은 가인을 뱀과 동일시하신 셈이다. 그때 모세가 이들을 서로 동일시한 것은 주님으로부터 받은 해석적 단서를 취한 데서 비롯했다—하나님의 말씀이 모세에게 임했을 때, 그는 하나님의 말씀이 가르치는 관점을 배워서 자신의 글에 반영했다. 모세는 노아를 소개하면서 자신의 독자에게 새 언약으로 이루어진 새 창조 안의 새 아담을 제시하는데, 그는 새로운 죄에 빠진다.

창세기 3:15에 나오는 여자의 씨에 대한 약속은 또한 창세기 5장의 족보와 5:29의 노아 출생에 대한 소망의 말씀의 근거를 제공한다. 이 첫 약속은 여자의 씨의 혈통에 대한 주의를 반영하기 때문에 족보를 기대하게 한다. 그 약속은 창세기 5:29의 근거가 되는데, 노아의 아버지 라멕의 소망이 창세기 3:15의 하나님의 약속에 근거하기 때문이다. 창세기 3:17과 5:29의 문구의 유사성에 주목해 보자:

- 창 3:17, אֲרוּרָה הָאֲדָמָה בַּעֲבוּרֶךָ בְּעִצָּבוֹן תֹּאכֲלֶנָּה
  "땅은 너 때문에 저주를 받고, 너는 고된 수고로 그것을 먹을 것이다."
- 창 5:29, וּמֵעִצְּבוֹן יָדֵינוּ מִן הָאֲדָמָה אֲשֶׁר אֵרְרָהּ יְהוָה
  "그리고 야훼가 저주하신 땅에서 우리의 손이 고된 수고를 …"[4]

모세는 노아가 태어날 때 했던 라멕의 말을 회상하면서 하나님의 말씀에서 얻은 소망을 묘사한다. 즉, 라멕은 하나님의 말씀에서 인지한 위로를 바라고 있다. 그뿐 아니라, 그가 극복하기를 바랐던 난관은 하나님

---

4 עִצָּבוֹן, "고된 수고"는 창 3:16에서도 나타나며, אָרוּר, "저주를 받은"은 3:14에 나타난다.

의 심판의 말씀에 등장했던 것이다. 하나님의 말씀은 세상을 형성했다. 창세기 5장에 나오는 열 명으로 구성된 족보는 아담에서 노아까지의 가계를 추적한다. 어째서 이 혈통을 그렇게 주의 깊게 추적하는가? 나의 가족사는 내가 기억하고 있는 바를 넘어서지 않는다. 족보 연구를 한 적이 없기 때문에 조상에 대한 나의 지식은 아버지의 아버지의 아버지의 이름을 넘어서지 않는다. 그렇다면 왜 이 가계가 그토록 부단히 보존되어 모세에게까지 내려와, 그는 자신의 다섯 권의 책 중 첫 번째 책에 포함시키는 것이 적절하다고 생각하기에 이른 걸까? 그럴 법한 답은 여자의 씨에 대한 약속으로 인해 후손의 가계에 주의가 집중됐다는 것이다. 창세기 5:29에서 하나님의 약속으로 인해 그의 백성이 **소망과 믿음**을 가지게 됐다면, 족보는 또한 약속으로 인해 가계 기록을 유지하는 **행동**이 형성됐음을 보여 준다.

하지만 가계의 족보보다 더 중요한 것이 있었을까? 모세가 노아를 원형의 모사형인 새 아담으로 제시하려 했다는 증거가 있을까?

독자가 아담과 노아 둘 모두를 만나게 되는 창조 사건에 대한 유사한 묘사를 생각해 보자. 창세기 1:2에서 하나님의 영(אֱלֹהִים רוּחַ)이 물 위를 덮었고, 그런 다음 1:9에서는 물이 모여 마른 땅이 드러났다. 하나님이 홍수를 일으키실 때 모였던 물이 풀려 마른 땅을 다시 덮는다(7:10-12). 그러고 나서 1:2에서처럼, 8:1에서 하나님(אֱלֹהִים)이 바람(רוּחַ)을 땅 위로 지나가게(עָבַר) 하시자 물이 줄어들었다. 홍수 후에 물이 줄어들었을 때, 1:9에서 마른 땅이 나타났던 것처럼, 8:5에서도 마른 땅이 다시 나타난다. 독자가 두 사람을 만나는 배경 사이에 이와 같은 연결을 만들어 냄으로써, 모세는 노아를 새로운 아담으로 이해해야 함을 암시한다. 비섬(Beetham)은 "홍수로 인한 파괴가 탈창조(de-creation)로 묘사되듯이, 대홍수 이후의

갱생은 재창조(re-creation), 즉 새 창조로 묘사된다"라고 썼다.[5]

아담과 노아를 유사한 일이 일어나는 배경에 배치하는 것보다 더 중요한 것은 하나님이 아담에게 말씀하셨던 **바로 그 말씀**을 노아에게도 하시는 것을 모세가 보여 주는 장면이다. 창세기 9:1은 1:28을 재진술하여, 저자가 의도한 사료적 대응의 또 다른 특징—이전 자료의 인용—을 제공한다.

- 창 1:28, וַיְבָ֣רֶךְ אֹתָם֮ אֱלֹהִים֒ וַיֹּ֨אמֶר לָהֶ֜ם אֱלֹהִ֗ים פְּר֥וּ וּרְב֛וּ וּמִלְא֥וּ אֶת־הָאָ֖רֶץ
  "그리고 하나님이 그들에게 복을 주시고, 하나님이 그들에게 말씀하셨다. '생육하고 번성하여 땅을 채우라.'"

- 창 9:1, וַיְבָ֣רֶךְ אֱלֹהִ֔ים אֶת־נֹ֖חַ וְאֶת־בָּנָ֑יו וַיֹּ֧אמֶר לָהֶ֛ם פְּר֥וּ וּרְב֖וּ וּמִלְא֥וּ אֶת־הָאָֽרֶץ
  "그리고 하나님이 노아와 그의 아들들에게 복을 주시고, 그들에게 말씀하셨다. '생육하고 번성하여 땅을 채우라.'" (ESV)

"생육하고 번성하여 땅을 채우라"라는 표현은 창세기 전반에 걸쳐 중요한 의미를 지닌다. 그리고 다시 모세는 9:7에서 주님이 노아에게 하신 말씀을 그 어구로 제시한다. 아담과 관련한 이전 자료의 인용(9:1에서 1:28)과 더불어 창세기 6:18(הֲקִמֹתִ֥י אֶת־בְּרִיתִ֖י)과 9:9(מֵקִ֥ים אֶת־בְּרִיתִ֖י)은 틀림없이 야훼가 아담과 암묵적으로 **자르신**(כָּרַת, *cut*: 한국어로 통상, "맺으신"으로 번역됨—역주) 그 언약을 노아와 **세우고 있는** 것으로 제시한다. 구약 성경에 나타난 "언약"(בְּרִית) 용어에 관한 철저한 분석을 바탕으로, 나의

---

5 Beetham, "From Creation to New Creation," 242.

동료 피터 젠트리(Peter Gentry)는 언약을 체결할 때 "자른다"(כָּרַת)고 표현하는 것이 일반적인 패턴이며, 이미 맺어진 기존의 언약이 다시 언급될 때에는 언약이 유지된다거나 "세워진다"(הֵקִים)는 식으로 표현된다고 주장했다.[6] 이것이 맞다면, 하나님이 노아와 언약을 **세울** 것이라고 말씀하실 때, 이 진술은 이미 **잘린** 언약—추정컨대 아담과 맺은—을 암시한다. 하나님이 노아와 아담 언약을 세우셨다면, 노아는 아담이 이전에 누렸던 것과 동일한, 야훼와의 **언약적 관계**에 서게 된다. **자르는 것과 세우는 것** 사이의 관계에 대한 이러한 이해를 받아들이지 않더라도, 내러티브 관점에서 초점은 주요 인간 대리자로 서 있는 아담에게서 마찬가지로 그렇게 하는 노아에게로 옮겨 간다. 성경의 스토리라인이 아담에게서 노아에게로 이동한다.

창세기는 아담의 창조로부터 창세기 5장에서 아담의 죽음이 기록될 때까지 내러티브의 주요 등장인물인 아담으로부터, 6-9장에서 중심 무대에 오르는 노아에게로 이동한다. 구원사 관점에서 보자면, 하나님은 창세기 1:28에서 아담에게 명령하신 것을 9:1에서 노아에게도 명령하신다. 9:1에서 1:28이 인용됨에 따라 1:28에서 아담에게 주신 하나님의 복은 9:1에서 노아에게 전달됐다. 아담과 노아의 상황은 정확히 같지는 않지만(아담은 범죄 이전에 에덴동산에 있었고, 노아는 홍수 이후에 세상에 있는 상황이다), 우리가 하나님과 아담 사이의 관계를 언약이라고 부르든 그렇지 않든, 하나님은 아담과 노아 둘 모두와 관계를 맺으셨다. 둘 모두에게 복을 주셨고, 생육하고 번성하여 땅을 채우라고 명령하셨다. 뱀과 그의 씨

---

6 Gentry and Wellum, *Kingdom through Covenant*, 187-95. 841-904에서 주석이 달린 '베리트'(בְּרִית)에 대한 어휘론적 분석 전체를 보라. 나는 이 점에 대한 Gentry의 주장이 설득력 있다고 생각하지만, 모세가 노아를 아담 패턴의 모사형으로 제시한다는 나의 주장은 그것과 큰 상관이 없다.

를 물리칠 여자의 씨에 대한 소망은 아담이 낳은 아이(셋)로 시작해서 노아가 낳은 아이(셈)를 통해 이어진다. 이때 우리는 이전 자료의 인용과 더불어 아담과 노아의 서로 유사한 구원사적·언약적 의미를 보게 된다.

또한 우리는 노아를 묘사할 때 아담에 관한 묘사의 중요한 용어가 재사용되고 있음을 본다. 창세기 1-2장에서는 아담을 묘사하는 데 "사람/아담"을 가리키는 몇몇 히브리어가 등장한다. 1:26에서 아담은 "사람/아담"(אָדָם)으로, 1:27에서는 "남성"(זָכָר)으로, 2:23에서는 "남자"(אִישׁ)로 지칭된다. 창세기 2:7에서 야훼는 "아담"(אָדָם)을 땅(אֲדָמָה)의 먼지로부터 형성했다. 여기서 "땅"(אֲדָמָה, '아다마')과 "사람"(אָדָם, '아담') 사이의 연결은, 만일 우리가 ground("땅")를 manland같이 man이 포함된 형태로 번역하거나, man("사람") 대신 groundling이나 ground 또는 earth가 포함된 다른 표현으로 번역한다면(earthling[?], grounder[?]), 그것을 번역에서도 살릴 수 있다. 핵심은 창세기 2장에서 사람이 무엇으로부터 만들어졌는지에 따라 이름이 지어지는 것처럼 보인다는 것이다. 마치 여자가 그러했듯이 말이다(2:23에서 אִשָּׁה ['잇샤'], "여자"는 אִישׁ ['이쉬'], "남자"의 갈비뼈로 형성됐다). 사람은 땅에서 왔을 뿐 아니라 땅을 일구도록 지어졌다. 창세기 2:5은 "땅[אֲדָמָה, '아다마']을 일굴 사람[אָדָם, '아담']이 없었던 때"를 언급한다. 이런 현실은 우리가 "노아가 땅의 사람[אִישׁ הָאֲדָמָה]이기를 시작했다"(개역개정은 "노아가 농사를 시작하여"—역주)라는 9:20을 읽을 때 아담을 다시금 떠올리게끔 하고, 아담과 노아 사이에 평행하는 동일 형태 사건을 확인하게 해 준다.

2:8에서 야훼 하나님은 동쪽의 에덴에 동산을 창설하셨고(וַיִּטַּע), 9:20에서 노아는 포도원을 창설했다(וַיִּטַּע). 아담은 금지된 열매를 먹었고(창 3:6), 그때 그의 벌거벗음이 드러났으며(3:7), 심판의 말씀이 뒤따랐

39-40

다(3:14-19). 마치 아담이 동산에서 금지된 나무 열매를 먹었던 것처럼, 노아는 포도원의 포도주에 취했다(9:21a). 아담의 벌거벗은 몸이 드러난 것처럼, 노아는 천막 안에서 벌거벗은 채로 누워 있었다(9:21b). 하나님이 아담이 범죄한 후에 뱀을 저주하셨듯이, 노아도 함의 후손인 가나안을 저주하면서(9:25), 애굽인(함)과 가나안인을 모두 뱀의 씨와 동일시했다(3:15; 참조, 10:6).

핵심 용어의 재사용, 문장 전체의 인용, 반복되는 동일 형태 사건, 구속사 속 언약적 실현에서의 유사한 역할을 통해 모세는 노아를 아담의 패턴에 따라 제시한다. 아담은 원형적 인간이고, 노아는 아담의 패턴에 따른 모사형 조각이다.[7]

§2 새 아담인 아브라함, 이삭, 야곱

아브라함, 이삭, 야곱 사이에 확립된 언약적·구원사적 관계는 그들이 아담의 모형론 패턴에 따른 모사형 조각임을 보여 준다. 창세기 5장과 11장의 족보는 아담으로부터 아브라함으로까지 이어지는 직계 혈통을 추적한다. 그리고 하나님은 창세기 1:28에서 아담에게 복을 주셨듯, 12:1-3에서 아브라함에게도 복을 주신다. 이 내러티브는 아브라함의 복을 그의 삶 전반에 걸쳐 계속 반복하고(창 12:7; 13:15-18; 14:19-20; 15:5, 18-20; 17:4-8; 18:18-19; 22:16-18; 24:1, 7, 35), 그 후에 주님은 아브라함의 복을 이삭에게 직접 전달하신다(26:2-4, 24). 주님이 이를 직접 반복하시기 전에(28:13-15) 이

---

7   그렇게 또한 Kenneth A. Mathews, *Genesis 1-11:26*, New American Commentary (Nashville: Broadman & Holman, 1996), 351을 보라.

삭은 야곱에게 아브라함의 복을 선언한다(28:3-4).

§2.1 아브라함, 이삭, 야곱의 언약적 중요성

아브라함의 복은 아담(창 1:28)과 노아(9:1)에 대한 하나님의 복을 단지 확장하고 자세히 설명하는 것뿐 아니라 3:14-19에서 범죄 후에 선언한 심판에 대한 답변이기도 하다. 창세기 3:14-19에서 드러난 문제에는 세 가지 범주가 있다: 첫째, 여자의 씨와 뱀의 씨 사이의 적대감; 둘째, 남성과 여성에게 주어진 출산의 고통과 갈등; 셋째, 땅에 대한 저주. 아브라함과 하나님의 약속은 그런 문제들을 직접적으로 다룬다. 첫째, 저주받은 뱀의 씨와 여자의 씨 사이의 적대감(3:14-15)은 하나님이 아브라함을 업신여기는 모든 사람을 저주하고, 그를 축복하는 모든 사람에게 복을 주심으로써 극복될 것이다—그럼으로써 땅의 모든 족속이 아브라함과 그의 씨 안에서 복을 받게 될 것이다(12:3; 18:18; 22:18; 26:4; 28:14). 둘째, 사라의 불임(11:30)은 출산의 고통(3:16a)의 한 과정(outworking)이고, 하갈을 통해 씨를 가지려는 계획(16:2)은 그 관계에서 주도권을 잡으려는 시도의 예이지만(3:16b), 하나님은 아브라함의 큰 민족을 만들겠다고 약속하셨고(12:2), 이 씨에 대한 약속은 이삭의 출생으로 실현된다(21:1-3). 그리고 셋째, 3:17-19의 땅에 대한 저주로부터 비롯한 기근 속에서도(예, 12:10) 아브라함에게 땅을 주시겠다는 하나님의 약속은 땅에 대한 저주가 땅의 선물(12:1-2에는 암시적으로, 12:7에는 명시적으로 나타남)을 통해 극복될 것임을 시사한다. 이는 하나님이 자신의 장소에서 자신의 백성에게 복 주시겠다는 약속을 의미한다. 뎀스터(Dempster)는 이렇게 말했다. "아브람과 함께한, 아브람을 통한 하나님의 계획은 창세기 1-2장에 묘사된 본래 창조의 상태를 회복하는 것이다(창 14:19-20)."[8]

창세기에서 온 땅(earth)이 곡식을 사러 요셉에게 왔을 때(41:57), 지혜롭고 분별력 있는 경영으로 복을 받은(41:33, 39) 요셉은 그 약속들의 초기 실현을 나타낸다. 또한 요셉은 뱀의 씨와의 적대감을 극복할 아브라함의 씨를 모형화한다. 즉, 요셉은 죽은 것으로 여겨지지만(37:33-35), 살아나서 이방인들을 통치하고(45:8), 그의 생명을 노리는 사람들을 용서함으로써 적대감을 극복해 낸다(45:3-15; 50:15-21).

언약적·구원사적 관점에서, 하나님이 아담과 더불어 이루고자 하셨던 일, 노아와 더불어 이어 가고자 하셨던 일은 아브라함, 이삭, 야곱을 통해 계속된다. 더 나아가 이런 주요 인물들의 역할의 중요성 외에도 주요 용어의 풍부한 재사용, 전체 어구와 문장의 인용, 중요한 의미를 가진 동일 형태 사건의 반복을 확인할 수 있다.

§2.2 주요 용어와 인용문

§2.2.1 그리고 나는 내 언약을 세울 것이다

하나님은 아담에게 복 주시고(1:28), 그 후에 노아와 언약을 세우셨다(6:18; 9:9). 이와 유사하게, 하나님은 아브라함에게 복 주시고(12:1-3), 그 후에 그와 언약을 자르셨다(15:7-20, 특히 15:18, כָּרַת יְהוָה אֶת אַבְרָם בְּרִית, "야훼가 아브람과 언약을 자르셨다"). 6:18과 9:11에서 노아에게 하신 바로 그 말씀("그리고 내가 내 언약을 세우리라")은 17:7에서 아브라함에게, 17:19에서는 이삭에게 주어진다.

- 창 6:18, וַהֲקִמֹתִי אֶת בְּרִיתִי

---

8   Dempster, *Dominion and Dynasty*, 79.

- 창 9:11, וַהֲקִמֹתִי אֶת בְּרִיתִי
- 창 17:7, וַהֲקִמֹתִי אֶת בְּרִיתִי
- 창 17:19, וַהֲקִמֹתִי אֶת בְּרִיתִי

"그리고 내가 나의 언약을 세울 것이다."

이는 하나님이 아브라함과 맺으신 언약과 노아와 맺으신 언약이 동일한 형태(coterminous)라는 말이 아니라, 이 두 언약을 통해 생명을 유지하시고, 아담을 동산에 두셨을 때 이루려 하셨던 목적을 계속 이어 가시며, 그의 백성에게 자비로운 복을 베풀어 정의로운 진노에서 구원하심을 뜻한다.

모세는 하나님이 아담, 노아, 아브라함에게 **복 주시고 언약을 맺으신 일**을 보여 줌으로써 이 인물들을 연결할 뿐만 아니라, 창세기 1:28에서 하나님이 첫 남자와 여자에게 "생육하고 번성하라"고 명령하셨을 때 처음 나타났던 언어를 재사용한다. 아담처럼 노아도 복을 받고 생육하고 번성하여 땅을 채우라는 말씀을 들었다(9:1, 7). 이 모든 경우(1:28; 9:1, 7)와 1:22에서의 그 히브리어 어구는 פְּרוּ וּרְבוּ이다(참조, 또한 8:17).

보충 설명: 이스마엘은 모형론 패턴의 한 조각인가?

"생육하고 번성하라"는 언어에 대해 고려할 때, 우리는 그 자체로 아담 및 약속의 혈통과의 모형론적 관계를 지지하지 않는 중요한 언어의 재사용을 보게 된다. 곧, 주님의 천사는 하갈에게 "내가 네 씨를 번성하고 번성하게 하여(הַרְבָּה אַרְבֶּה אֶת־זַרְעֵךְ), 그 수가 많아 셀 수 없게 할 것이다"(16:10)라고 말하고, 하나님은 아브라함에게도 "이스마엘에 대하여는 내가 네 말을 들었다. 보라, 내가 그에게 복을 주어 그를 심히 생육하고 번성하게 할 것이다. …"(17:20)라고 말씀하셨다. 하지만 야훼는 이스마엘과 언약 관계를 맺으신 적이 없다. 사실, 이스마엘을 향한 **복 및 생육과 번성**에 관한 진술인 17:20 전후에서 주님은 이스마엘이 아닌 이삭과 언약을 맺을 것이라고 단언한다(17:19, 21). 내러티브의 또 다른 특징들과 함께, 이런 현실은 이스마엘이 모형론 패턴의 일부**이지만** 약속된 씨는 **아님**을 나타낸다.

이스마엘의 경우, 우리는 반복되는 언어와 어구를 가지고 있지만, 언약적·구원사적 의미 또는 여자의 씨 및 아담과의 반복되는 동일 형태 사건을 가지고 있지는 않다. 이스마엘은 단순히 아브라함의 육체적 후손이라는 이유로 복을 받고 번성한 것 같다. 하나님은 아브라함과의 관계 때문에 이스마엘에게 복 주셨지만, 하나님은 이스마엘이 아닌 이삭과 언약을 맺으셨다(창 17:20-21). 이스마엘은 아담에서 노아를 거쳐 아브라함, 이삭, 야곱으로 이어지는 전개 안에 드러난 모형론 패턴에 참여하지 않는다.

그러나 이스마엘의 이야기가 (모형론의) 조각들을 구성하는 다른 패턴이 있다: 맏아들을 거르는 것; 일부다처제에서 야기된 문제; 여자의 씨와 뱀의 씨 사이의 적대감. 아담의 맏아들 가인은 걸러졌다. 하나님은 아벨의 제물을 기뻐하셨고(창 4:4-5), 그 이후에 셋이 야훼의 이름을 불렀다(4:26). 아브라함의 맏아들 이스마엘은 사라에게서 태어난 약속의 자녀인 이삭을 위해 걸러졌다(17:15-21). 이삭의 맏아들 에서는 리브가가 큰 자가 작은 자를 섬길 것이라는 말을 들은 것과 같이 야곱을 위해 걸러졌다(25:23). 이런 일은 야곱의 맏아들 르우벤이 복을 받지 못하면서 다시 일어나는데, 한참 어린 요셉이 아버지의 총애를 받았기 때문이다(37:3). 그리고 창세기에서 마지막으로 이런 일이 일어나는 것은 야곱이 두 손을 교차하여 오른손을 요셉의 맏아들 므낫세가 아닌 동생 에브라임의 머리에 얹었을 때다(48:13-20). 창세기에서 계속해서 큰 아들은 무시당하고, 작은 아들이 복을 받는다. 모세가 이 패턴을 내러티브에 포함시킨 것은 야훼가 세상과 문화의 기대에 따라 선택하는 것이 아니라 자신의 은밀한 뜻에 따라 선택하는 분이라고 모세가 이해했음을 보여 준다.

야훼가 예상치 못한 방식으로 선택하신 사람들과 대조적으로, 모세는 세상의 기준으로 볼 때 자랑하기를 좋아하고 인상적인, 일련의 자신감 넘치고 힘이 센 인물들을 소개한다. 가인의 혈통에서 라멕은 자신의 살인을 자랑하고 극단적인 복수를 약속한다(창 4:23-24). 함의 씨 니므롯은 강한 사냥꾼이었다(10:8-11). 그리고 마찬가지로 이스마엘은 "사람 중에 들나귀같이 되어, 그의 손이 모든 사람을 치겠고, 모든 사람의 손이 그를 치게 될 것"이었다(16:12, ESV). 나중에는 "그가 광야에 거주하며 활을 쏘는 데 능숙해졌다"(21:20, ESV)라고 기록한다. 이는 에서와 다르지 않다. "숙련된 사냥꾼, 들판의 사람"(25:27, ESV). 이삭은 야곱이 훔쳐 내긴 했지만 에서를 축복할 잔치를 준비하라고 명하면서 이스마엘의 무기인 활을 가지고 나가게 한다(27:3). 하갈은 이스마엘을 위해 애굽에서 아내를 얻었고(21:21), 에서는 먼저 헷 족속, 곧 히타이트인의 딸들(26:34)과 결혼한 다음 이스마엘의 딸과 결혼한다(28:9). 이 여인들은 모두 함의 후손인데, 노아는 함의 아들 가나안을 저주한 적이 있었다(9:25; 10:6-15).[9]

이스마엘의 이야기는 또한 일부다처제에서 문제들이 비롯됨을 보여

---

[9] Moberly가 모세의 전달 의도를 이해하지 못했다는 사실은 "유감스럽게도 에서는 해석사에서 일반적으로 좋지 못한 평가를 받아 왔다"라는 언급에 반영되어 있다. R. W. L. Moberly, *The Theology of the Book of Genesis*, Old Testament Theology (New York: Cambridge University Press, 2009), 98 n. 13. 에서는 일반적으로 뱀의 씨로 인식되어 왔기 때문에, 그리고 축복을 이어받으려고 했지만 회개할 기회를 얻지 못했기 때문에(히 12:17) 좋지 못한 평가를 받아 왔다.

주는 사건 패턴에 기여한다. 사래는 아브람을 하갈에게 들어가게 하는 것이 좋은 생각이라고 여겼지만, 하갈이 임신했을 때 어떻게 반응해야 할지 알지 못했다(창 16:1-6). 야곱은 레아와 라헬 모두와 결혼하고 끊이지 않는 가정의 갈등을 겪게 된다(창 29-35장을 보라). 나중에 아브람, 사래, 하갈의 이야기와 놀랍도록 비슷한 이야기에서 엘가나라는 남자는 한나와 브닌나와 결혼한다.[10] 사래처럼 한나도 자녀가 없었다(삼상 1:2). 그러나 사래처럼 하나님은 그녀에게 아들을 주셨다(삼상 1:19-20). 놀랍게도 한나는 이스마엘의 이름과 같은 의미인 "하나님이 들으신다"라는 이름을 아들에게 준다. 사무엘(שְׁמוּאֵל)과 이스마엘(יִשְׁמָעֵאל)이라는 이름은 모두 "듣다"(שָׁמַע)와 "하나님"(אֵל)이라는 단어에서 만들어졌다. 사무엘서의 저자는 사무엘의 이야기를 다음과 같은 방식으로 말함으로써 여러 가지를 이루어 낸다. 예컨대, 그는 일부다처제가 문제들을 낳는다는 생각을 강화한다. 그리고 그는 한때 아이를 낳지 못했던 한나의 잉태를 한때 아이를 낳지 못했던 사라의 잉태와 연결한다(한편 다산했던 하갈은 다산했던 브닌나와 동일시된다). 그럼으로써 사무엘과 이삭의 기적적인 출생 이야기를 연결 짓는다. 이와 같은 사례는 불임 여성의 출산 패턴의 조각들을 구성한다(사라, 리브가, 라헬, 삼손의 어머니, 한나, 수넴 여인, 엘리사벳).

우리가 이스마엘의 사례에서 배운 바에 따르면 성경의 모형론을 이해하는 일은 기초적인 수학 공식을 이해하는 것과는 다르다. 그런 기준을 적용하는 것이 단순히 숫자로 만드는 등식과 같은 것이라면,[11] 창세기 16:10과 17:20에 근거하여 이스마엘이 선한 사람에 속할 것이라고 기대할 수 있다. 주님은 아담, 아브라함, 이삭, 야곱처럼 이스마엘의 자손의 번

---

10 우리는 본서 제4장, §4.2에서 사무엘과 이스마엘의 출생 이야기를 다시 살필 것이다.
11 나는 수학적 역설을 알려 준, 처남이자 수학 교수인 Clint Armani에게 감사를 전한다.

성을 약속하시는데(창 16:10), 곧 그에게 복을 주어 생육하고 번성하게 할 것이라고 말씀하셨다(창 17:20). 주님은 그를 열두 지파의 두령의 아버지로 삼으셨다(17:20; 25:12-17; 참조, 22:20-24에 나오는 나홀의 열두 자손과 야곱의 열두 아들). 그리고 우리는 나중에 이스마엘에 대해 "하나님이 그 소년과 함께 계셨다"(21:20, ESV)라는 묘사를 읽게 된다. 그러나 성경 해석이란 단순히 규칙을 따르고 기준을 적용하는 것 그 이상의 것이다. 우리는 문학을 다루고 있다. 우리는 저자의 의도를 이해하려고 애쓰면서—가급적 원어로, 큰 덩어리로, 반복해서, 공감하며—그것을 **읽어야** 한다.

이 이야기의 이스마엘 부분은 그를 여자의 씨와 반대 위치에 놓으며 뱀의 씨와 연결한다. 곧, 가인은 아벨을 죽이며, 이스마엘은 이삭을 조롱하고, 에서는 야곱을 죽이려 하며, 요셉의 형제들은 요셉을 노예로 팔아넘긴다. 여자의 씨와 뱀의 씨 사이에는 적대감이 있는데(창 3:15), "사람 중에 들나귀"인 이스마엘은 "그의 손으로 모든 사람을 치고" "그의 모든 친족에게 대항"하면서 그 적대감을 실천한다(16:12; 25:18).

모세가 여자의 씨에 관한 아담 모형론 패턴 안에 있는 조각들을 만들려 한다는 증거로 돌아가서, 창세기 1:28에서 처음 등장한 언어 사용을 생각해 보자. 거기서 하나님은 남자와 여자에게 복을 주신 후 "생육하고 번성하라"고 명령하셨다.

§2.2.2 생육하고 번성하라

주님은 아브라함의 자손을 땅의 티끌과 같이(창 13:16) 하늘의 별과 같이(15:5) 셀 수 없이 많게 하겠다 약속하신 후, 언약을 주시고 그를 "넘치고 넘치도록"(בִּמְאֹד מְאֹד) 번성하게(רָבָה) 하겠다고 말씀하셨다(17:2). 단 몇 구절 지나서, 주님은 아브라함에게 "넘치고 넘치도록"(בִּמְאֹד מְאֹד)

… "생육하게"(פָּרָה) 하겠다 약속하셨다(17:6). 그다음에 주님은 아브라함에게 "내가 너에게 복을 주고 복을 주며, 네 씨가 번성하고 번성하게 할 것이다"(22:17)라고 말씀하신다. 모세는 **생육하고 번성하라**는 언어를 재사용할 때마다 청중에게 하나님이 첫 남자와 여자에게 복 주시며 그렇게 하라 명하셨을 때 이루려 하신 바를 상기시킨다(1:28).

하나님의 형상과 모양을 따라 만들어진 첫 남자와 여자는 주님이 만드신 우주적 성전 안에서 비가시적인 하나님의 가시적인 대리자였다.[12] 하나님은 그들에게 생육하고 번성하여 땅을 채우라고 명령하시면서 세상이 자신을 대리하는 사람들, 즉 그의 성품, 권위, 임재, 통치를 모든 창조물에 미치게 하는 데 책임 있는 사람들로 가득 차기를 바라는 마음을 암시하셨다. 쉽게 말해, 하나님은 남자와 여자가 생육하고 번성하기를 원하셨는데, 그 이유는 세상이 자신의 영광으로 가득 차기를 원하셨기 때문이다. 하나님의 창조 목적의 그런 측면은 하나님의 백성이 **번성**하고 **생육**한다는 언급을 접할 때 더욱 강조된다.

아브라함의 종이 리브가를 발견하고 리브가가 이삭의 아내가 되기로 결정했을 때, 모세는 리브가의 가족 작별 인사 장면을 서술한다. "그들이 리브가를 축복하여 이르되, '우리 누이여, 네가 수천[רְבָבָה]의 어머니가 되고 네 씨가 그를 미워하는 자의 문을 차지하기를 바란다"(24:60). 그러고 나서 주님은 이삭에게, "내가 네게 복을 주고 … 내가 네 아버지 아브라함에게 맹세한 것을 이루어, 네 씨를 하늘의 별과 같이 번성하게 하며 … 땅의 모든 민족이 네 씨로 인해 복을 받을 것이다"(26:3-4)라고 말씀하신

---

12 또한 본서 제3장과 제7장의 제사장과 창조에 관한 내용, 그리고 다음을 참조하라. John H. Walton, "Creation," in *Dictionary of the Old Testament: Pentateuch*, ed. T. Desmond Alexander and David W. Baker (Downers Grove, IL: InterVarsity, 2003), 164-65.

다. 이삭은 르호봇에 이르러, 그와 그의 사람들이 그 땅에서 "생육할 것"(פָּרָה)이라는 확신을 진술한다(26:22). 그리고 바로 몇 문장 뒤에 야훼가 그에게 나타나셔서, 그에게 "복을 주시며" 그의 "씨"를 "번성하게 할 것"(רָבָה)을 보증하신다(26:24).

이삭은 야곱을 축복하면서 "엘 샤다이[전능하신 하나님]가 네게 복을 주시어 네가 생육하고 번성하게 하여 …"(28:3)라고 말한다. 나중에 하나님은 야곱에게 나타나셔서 "나는 엘 샤다이[전능하신 하나님]이다. 생육하고 번성하여 …"(35:11; 참조, 48:4)라고 말씀하셨다. 요셉의 둘째 아들이 애굽에서 태어났을 때, 요셉은 그에게 "생육함" 개념과 어원적으로 연관된 에브라임(אֶפְרַיִם)이라는 이름을 주면서, "하나님이 나를 생육하게(פָּרָה) 하셨다"(41:52, ESV; 참조, 49:22)라는 설명을 덧붙였다.

지금까지 우리는 아브라함, 이삭, 야곱의 언약적 의미를 살펴보았고, "생육하고 번성하라"는 언어가 어떻게 그들을 아담과 연결 짓는지 확인했다. 더욱이 언약적 의미와 이전 자료의 핵심 어구와 인용문을 재사용한 것은 모세가 청중의 주의를 반복되는 사건 패턴의 조각들로 끌어들이기 위한 의도였다. 비섬이 다음과 같이 주장한 것처럼 말이다.

> 창세기 1장의 본래의 대리권 언어를 의도적으로 사용하고 이를 족장의 가족에게 적용한 것은 하나님의 본래의 창조 의도가 아브라함의 씨에게 집중되어 왔고, 그를 통해 이루어지고 있음을 더욱 잘 보여 준다.[13]

---

13 Beetham, "From Creation to New Creation," 246.

§2.3 사건의 동일 형태

§2.3.1 예상되던 죽음을 전복하는 생명에 관한 약속

늘 맏아들이 아닌 작은 아들을 택하시는 하나님은 또한 죽음에 대해 씨―자손―를 약속하심으로 대답하신다. 하나님은 창세기 2:17에서 아담에게 금지된 열매를 먹은 날에 반드시 죽게 될 것이라고 경고하셨다. 남자와 여자는 그것을 먹었으며, 죽을 것을 예상하고 하나님에게서 도망쳤다. 하나님은 뱀을 저주하시면서 남자와 여자가 씨, 곧 뱀의 머리를 상하게 할 아이를 갖게 될 것이라고 선언하셨다(3:15). 하나님은 씨에 대한 약속을 죽음이라는 국면 안에 던지셨다.

아브라함의 경우도 비슷하다. 일단 이 내러티브가 창세기 5장과 11장의 족보를 통해 그에게까지 전개되면, 우리는 아브라함의 아내가 잉태하지 못한다는 사실을 읽게 된다(11:30). 잉태하지 못하는 아내는 가계의 죽음과 같다. 존 D. 레벤슨(Jon D. Levenson)이 주목했듯이, "불임과 자녀의 상실은 기능적으로 죽음과 동일한 역할을 한다."[14] 그러나 죽음에 대해 하나님은 생명을 말씀하시며, 아브라함을 큰 민족으로 만들고(12:2) 그의 씨를 번성하게 하실 것(예, 13:16)이라고 약속하셨으며, 그리고 그 아이가 불임이었던 사라를 통해 나올 것이라고 구체적으로 말씀하셨다(17:16). 두 경우 모두 죽음에 대한 예상(3:8; 18:11)은 하나님이 씨를 약속하시면서 전복된다(3:15; 17:21; 18:10, 14).

불임이었던 여인이 출산으로 예상됐던 죽음을 뒤집는 일은 사라의 경우(21:1-7)뿐 아니라 이삭의 아내 리브가(25:21)와 야곱의 아내 라헬(30:23)에게도 일어난다. 죽음에 대한 예상이 생명을 주시는 하나님에 의

---

14 Jon D. Levenson, *Resurrection and the Restoration of Israel: The Ultimate Victory of the God of Life* (New Haven: Yale University Press, 2008), 119.

해 전복되는 일은 창세기 3:15에서 약속된 여자의 씨를 불임 여성이 가계 속에서 낳는 것과 묶고, 이 사건의 패턴을 언약의 중요한 의미, 인용문, 핵심 용어의 재사용과 연결한다. 우리는 위에서 창세기 전반에 걸쳐 "생육하고 번성하라"는 언어를 고찰했는데, 이는 지금 다루고 있는 사건의 동일 형태와 분명하게 연결되어 있다. 이 내러티브에서 상호 연관된 세 가지 특징(하나님이 생육하고 번성하게 하겠다는 약속/명령, 불임 여성의 잉태, 예상됐던 죽음의 전복)은 이 모든 경우에 죽음 외에는 아무것도 기대할 수 없는 상황에서 하나님이 새로운 출생과 새로운 생명을 가져다주셨음을 보여 준다.

§2.3.2 언약적 문맥에서의 깊은 잠

모세가 그의 모든 저작 가운데 "깊은 잠"으로 번역된 용어(תַּרְדֵּמָה)를 창세기 2:21과 15:12에서, 총 두 차례만 사용한 것을 우리가 인지할 때처럼, 핵심 용어는 어떤 경우에 우리의 주의를 동일 형태 사건으로 이끈다. 하나님은 아담의 옆구리에서 갈비뼈를 빼내어 여자를 만드시고 그 여자를 남자에게 데려오셔서 두 사람이 언약적 결합을 맺게 하셨을 때, 아담을 "깊은 잠"에 빠지게 하셨다. 우리가 창세기 15:12에서 다시 "깊은 잠"이라는 이 드문[15] 용어를 만나게 될 때, 우리는 또다시 언약적 맥락을 보게 된다. 여기서 주님은 아브라함에게 출애굽과 정복에 대해 예고하기 전에(15:13-16) 그가 "깊은 잠"에 빠지게 하셨고 반으로 자른 동물들 사이로 연기 나는 불화로와 불타는 횃불을 지나가게 하심으로써 언약을 자르

---

15 이 용어는 창세기 전체에서 위에서 언급한 두 곳에서만 사용되고, 오경의 다른 곳에는 등장하지 않으며, 구약의 나머지 부분에서는 삼상 26:12; 사 29:10; 욥 4:13; 33:15; 잠 19:15에서 총 다섯 차례 더 나온다.

신다(15:17-18).¹⁶

창세기 2장에서 남자와 여자 사이의 결혼 언약은 15장의 언약과 분명히 다르지만, "깊은 잠"(תַּרְדֵּמָה)이라는 드문 용어가 사용되면서 자연스럽게 2장과 15장 사이에 연관성이 생긴다. 창세기 15장에서 이 드문 단어를 만난 독자들은 이 단어를 2장에서만 보았다는 사실을 떠올리게 된다. 이 용어가 오경 전체에서 이 두 곳에서만 사용됐기 때문에 독자들은 주님이 아담과 아브라함에게 복을 주신 언약들을 서로 연관 짓게 된다. 주님은 두 사람 모두가 "깊은 잠"에 빠지게 하셨고, 그 결과 이들은 주님이 그들을 위한 언약의 복을 준비하는 동안 수동적인 참여자가 됐다. 창세기 28:11-12에서 야곱의 잠을 묘사하는 데에는 같은 용어가 사용되지 않았지만, 세일해머(Sailhamer)는 아담, 아브라함, 야곱의 경우에 "하나님의 공급의 수혜자는 하나님이 행동하시는 동안 잠을 잔다. … 신적 활동에 직면한 사람의 잠은 수동성과 신적 공급의 수용을 묘사하기 위해 의도된 것으로 보인다(참조, 시 127:2)"라고¹⁷ 기록했다. 창세기 2장과 15장의 연결은 또한 결혼, 언약, 출애굽, 그리고 씨에 의한 죽음의 전복을 연결하는데, 이는 성경 안에서 복음이 품고 있는 의미로 채워진 각각의 개념과 관련되어 있다.

§2.3.3 보호의 실패

아담은 하나님의 명령—생육하고 번성하라—을 아내 없이 이룰 수

---

16 여기서 내가 강조하고 있는, 창 2:21과 15:12 사이의 주해적 연결은 교부의 주석에 나오는 아담의 잠에 대한 관심을 설명할 수 있을 것이다. 이에 대해서는 Daniélou, *From Shadows to Reality*, 48-56을 보라.

17 John H. Sailhamer, "Genesis," in *The Expositor's Bible Commentary*, ed. Frank E. Gaebelein, vol. 2 (Grand Rapids: Zondervan, 1990), 46.

없었다.[18] 아담은 또한 동산을 "보호하라"(guard)는 명령을 받았는데, 여기서 "보호하라"라는 것은 "일하고/일구고 지키라(keep)"(2:15)는 어구에서 "지키라"라는 어구에 함축된 또 다른 의미다. 따라서 어떤 의미에서 아담은 하나님의 명령을 행하기 위해서는 여자를 보호해야 했다. 뱀이 레위기(레 11:42-44)에 등장할 때까지는 아직 부정한 것으로 여겨지지 않았지만, 모세는 아마도 청중으로 하여금 그 정보를 가지고 창세기 3:1의 동산의 뱀을 생각하게끔 의도했을 것이다.[19]

아담은 뱀이 여자를 유혹하는 동안 거기에 계속 있었지만(3:6b), 뱀을 상대하기보다는 뱀이 하나님에 대해 의문을 제기하고(3:1), 하나님을 반박하고(3:4), 하나님의 성품을 의심하도록(3:5) 내버려두었다. 정원을 "지킬"(keep) 책임이 있었던 남자는 오래전에 이미 거짓의 아비를 방해하며 떠나라고 정중히 요구해야 했고, 뱀이 떠나기를 거부하더라도 죽음을 불사하고 여자의 마음이 해를 입지 않게끔 해야 했다. 말하자면, 아담은 여자를 보호해야 했고, 필요하다면 뱀과 죽기 살기로 싸워야 했다. 안타깝게도 아담은 그렇게 하지 않았다.[20]

우리는 족보, 언약, 인용, 핵심 용어를 통해 아담의 내러티브가 아담에서 아브라함으로 어떻게 이동했는지 보았다. 그런데 아담만이 하나님의 목적에 필수였던 아내를 보호하지 못한 것은 아니었다. 하나님이 아브라함에게 땅, 씨, 복을 약속하신 직후에(12:1-3), 아브라함은 사라를 파

---

18 더 자세한 내용은, James M. Hamilton Jr., "A Biblical Theology of Motherhood," *Journal of Discipleship and Family Ministry* 2, no. 2 (2012): 6-13을 보라.
19 본서 제1장 각주 26과 제3장 각주 4을 보라. 거기서는 모세가 자신의 또 다른 글에서 제시하는 내용을 청중이 알게 될 것이라고 가정하는 방식에 대해 논한다.
20 Michael Barber, *Singing in the Reign: The Psalms and the Liturgy of God's Kingdom* (Steubenville, OH: Emmaus Road, 2001), 43-46.

라오에게 하렘(후궁)으로 넘겨줄 수 있게끔 했다(12:10-16). 사라는 하와만큼이나 하나님의 목적에 필요한 존재였다. 하나님은 사라만을 통해 아브라함에게 씨를 주고자 하셨고, 남편으로서 아브라함의 책임은 사라를 인도하고, 부양하고, 보호하는 것이었다. 아브라함은 사라를 위험에 빠뜨리고서, 그녀를 보호하기는커녕 자신을 보호하기 위해 그녀를 이용했다(12:12-13).

이 내러티브는 아브라함의 또 다른 선택지(다른 곳으로 가는 것, 자신의 생명을 보호할 다른 방법을 찾는 것 등)에 대해서는 언급하지 않지만, 그가 취한 행동의 방향이 유일하게 가능한 선택지는 아니었을 것이다. 설령 그랬다 하더라도, 아브라함은 야훼가 생명을 보존해 주시고 무슨 일이 있든지 사라를 보호해 주실 것을 믿어야 했다. 그렇게 하기보다도, 그는 자신의 안전을 사라의 안전보다 우선시하고 그녀를 희생시켜도 되는 사람으로 취급했다. 그런데 그는 이런 일을 한 번이 아니라 두 번이나 행했다! 두 번째 사건(20:1-7)이 발생할 즈음에는 하나님이 사라를 통해 이삭을 일으키시겠다고 분명히 약속한 후인지라(17:16-21), 그리고 이 시점(20장)에는 심지어 사라가 이미 이삭을 잉태했을 수도 있었기 때문에(참조, 18:10, 14; 21:1-7) 그 상황은 더욱 바람직하지 않았음이 틀림없다.

아담처럼 아브라함은 하나님이 주신 아내, 하나님의 약속을 실현하는 데 필요한 아내를 보호하지 못했다. 이삭이 동일한 방식으로 리브가에 대해 죄를 지었을 때(26:6-11), 우리는 자기 희생적 사랑의 표현으로서 보호의 책임을 포기하는 남성의 확실한 패턴을 보게 된다. 남자들은 "나를 찾거든 이 사람들이 가는 것은 용납하라"(요 18:8)라고 말하는 사람이 올 때까지 계속해서 차지하고 이용하고 거짓말하고 포기할 권리를 행사할 것이다. 이는 예수 이전의 어떤 남자들도 저들의 돌봄 아래 있는 여성들을 보호한 적이 없음을 의미하는 것은 아니다. 하지만 룻기에 나오는 보아스와 같은 좋은 실례조차도 그런 일을 완벽하게 할 사람을 가리키고 있다. 예수는 아담, 아브라함, 이삭, 다윗, 그리고 다른 많은 사람들이[21] 하지 못한 방식으로 자신의 돌봄 아래 있는 사람들을 보호하기 위해 자기 자신을 내어 주셨다.

아담이 아내를 보호하지 못할 것이라는 사실에도 불구하고(3:1-6), 하나님은 그에게 복을 주고(1:28), 언약 체결 상황에서 그를 깊은 잠에 빠뜨렸으며(2:21), 여자의 씨가 그의 혈통에서 일어나 정복하게 될 것을 약속하셨다(3:15). 놀랍게도 운명의 계보는 맏아들을 통해서가 아니라 작은 아들을 통해 내려온다(4:25-26). 그렇게 예상치 못한 방식으로 주님은 세상의 소망이 실현될 이야기를 형성하신다.

아브라함이 아내를 보호하지 못하는 모습을 거듭해서 내보이게 될 것임에도(12:10-16; 20:1-7), 하나님은 그에게 복을 주고(12:1-3), 언약을 맺는 상황에서 그를 깊은 잠에 빠뜨렸으며(15:12), 불임인 아내가 약속의 씨를 낳을 것이라고 약속하셨다(17:16). 놀랍게도 운명의 계보는 아브라함의 맏아들 이스마엘을 통해서가 아니라 작은 아들 이삭을 통해 내려온다(17:18-21). 그렇게 예상치 못한 방식으로 주님은 세상의 소망이 실현될 이야기를 형성하신다.

§2.4 아담의 모사형: 노아, 아브라함, 이삭, 야곱

모세는 왜 그런 에피소드를 포함시켰고, 왜 그런 방식으로 표현했을까? 창세기에서 모세는 노아, 아브라함, 이삭, 야곱을 의도적으로 아담 패턴

---

21 예를 들어, 비열하게도 롯은 자신의 딸들을 이용해 손님들을 보호할 의사를 전했다 (창 19:8; 참조, 삿 19:24-25).

의 조각들로 제시한다. 이 주장은 창세기 전반에 걸쳐 반복되는 사건의 동일 형태, 즉 핵심 용어의 재사용, 이전 자료의 인용, 그리고 하나님이 약속을 지키겠다고 언약을 맺으실 때 저 남자들이 하는 유사한 역할에 의해 확립되거나 부각된 동일 형태를 설명해 준다. 핵심 용어가 재사용되고 인용이 반복되는 것은 저자가 반복되는 사건 패턴으로 청중의 주의를 끌고자 했기 때문이다. 우리가 성경 이야기의 '중추'를 이루는 언약들을 따라 구원사 내러티브를 추적하면서 성경을 계속 탐구할 때,[22] 이 발전하는 패턴들이 **해석 도식**과 **예측 패러다임**으로 기능하기 시작하는 것을 보게 될 것이다.

§3 새 아담인 이스라엘

"사람"이 가장 처음 언급된 창세기 1:26-27에서 아담을 지칭한 것은 곧 인류를 지칭하는 것이었다. "우리가 **사람을**[אָדָם] 만들자. … 그리고 **그들로 하여금** 다스리게 하자[וְיִרְדּוּ]. … 하나님이 **그 사람을**[הָאָדָם] 창조하시되 남자와 여자를 창조하시고, **그들을** 창조하셨다. …" 여기서 내가 지적하려는 것은 단수와 복수, 하나와 다수 사이의 역학 관계다. 첫 번째 남자는 인간의 대표자이기에, 그는 한편으로는 개인으로서, 다른 한편으로는 일종의 '모든 사람'의 대표자로서, 이 둘 사이를 쉽게 오가며 묘사된다.

창세기 3:15에서의 여자의 "씨"에 대한 언급에서도 동일한 역학 관계

---

22 Gentry and Wellum, *Kingdom through Covenant*, 31. 저 책의 첫 장 첫 페이지에서 저자는 "**언약의 발전**(*progression*)이 성경의 메타 내러티브의 중추를 형성한다"고 주장한다(강조는 본래의 것).

를 발견할 수 있다. "씨"라는 단어는 한 개인의 후손 또는 하늘의 별만큼 많은 후손을 가리킬 수 있는 집합적 단수다. 창세기 3:15의 단수 대명사와 동사는 하나의 특정 씨가 고려되고 있음을 가리키지만,[23] 다른 한편으로 주님이 아브라함에게 그의 "씨"가 땅의 먼지와 같게 되리라 말씀하셨을 때에는(13:16) 집합적 씨가 고려되고 있다.

이런 상황에 주목하는 이유는 창세기를 읽어 나가는 과정에서 '이스라엘'이라는 이름이 족장 야곱 또는 그에게서 나온 민족을 지칭하게 된다는 사실과 관련이 있다. 야곱의 이름은 창세기 32:28(MT 32:29)에서 이스라엘로 바뀌었지만, 34:7에서는 디나의 굴욕적인 사건이 "이스라엘 안에서의" 수치로 언급된다. 이 **족장**의 이름으로 **사람들**을 지칭하는 방식은 첫 **사람**을 가리키는 용어로 **인류**를 지칭하는 방식과 같다.

§3.1 집단적 인격

첫 **사람**과 **인류** 사이의 역학 관계 그리고 **야곱-이스라엘**과 **민족-이스라엘** 사이의 역학 관계는 '집단적 인격'(corporate personality)이라는 문구로 포착될 수 있는데, 이는 구약성경에서 민족들이 그 왕들과 동일시되거나 남성이든 여성이든 개별 인간으로 인격화되는 방식과 관련이 있다. 이 '집단적 인격' 개념은, "**이스라엘**은 애굽 땅, 고센 땅에 거주했고, **그들은** 그곳을 차지했으며, **그들은** 생육하고 크게 번성했다"라고 읽는 창세기 47:27 같은 본문에 영향을 미친다. 창세기에서 언급되는 "이스라엘"이란 대부분 야곱을 계속 지칭하고 있으며, 47:27 직전인 46:30에서 이스라엘, 곧 야곱이 요셉에게 말할 때에도 마찬가지다. 따라서 우리는 47:27의

---

23 Jack Collins, "A Syntactical Note (Genesis 3:15): Is the Woman's Seed Singular or Plural?," *Tyndale Bulletin* 48 (1997): 139–48.

이스라엘을 야곱으로 기대할 수 있겠지만, 하반절에 나오는 복수형을 보면 이것이 **개인** 이스라엘이 아닌 **집단** 이스라엘을 의미하고 있음을 알 수 있다.

§3.2 생육하고 번성하라

창세기 47:27에서 사람들이 생육하고 번성했다는 묘사는 이들을 아담과 연결 짓고, 또한 창세기 1:28에서 그가 받은 명령과 연결 짓는다. 아담과 **집단적** 이스라엘 사이의 이러한 연결은 출애굽기 1:7에서 강화된다. "그리고 이스라엘 자손들은 생육하고 떼를 이루어 번성했고 심히 크게 성장하여, 땅은 그들로 가득 찼다"(참조, 출 1:12). "땅"이 이스라엘 자손으로 "가득 찼다"는 언급은 "떼를 이루어" **생육하고 번성했다**는 언어와 더불어 창세기 1:28로 거슬러 올라간다. 아담의 이야기는 **집단적** 이스라엘에 의해 이어지는데, 다른 말로 하자면 이스라엘 민족은 곧 새 아담이라 할 수 있다.

§3.3 이스라엘은 나의 맏아들이다

창세기 5장의 족보는 암묵적으로 아담을 하나님의 아들로 제시하는데, 이는 누가가 예수의 족보를 쓸 때 예수에게서 첫 사람으로 거슬러 올라가 아담에게 이르러 그를 "하나님의 아들"(눅 3:38)이라고 부른 것에서 분명히 확인할 수 있다. 이런 발상은 창세기 5장에서 모세가, "하나님이 사람[아담]을 창조하시던 날, 하나님의 형상대로 그를 만드시고 … 그들을 창조하신 날에 그들의 이름을 사람[아담]이라고 부르셨다"(창 5:1-2)라고 쓰면서 전달된다. 족보는 3절에서 계속된다. "그리고 사람[아담]이 130세가 됐을 때, 자기의 모양과 자기의 형상을 따라 아이를 낳고 그의 이름을 셋이라고 불렀다." 핵심을 강조하기 위해 이 부분의 구절들을 시각적으로 나란히 배열해 보면 이렇다.

5:1-2	5:3
하나님이 사람[아담]을 창조하시던 날, 하나님의 형상대로 그를 만드시고 …	그리고 사람[아담]이 130세가 됐을 때에, 자기의 모양과 자기의 형상을 따라 아이를 낳고
그들을 창조하신 날에 그들의 이름을 사람[아담]이라고 부르셨다	그의 이름을 셋이라고 불렀다.

아담의 형상과 모습에 따라 태어난 셋이 **아담의 아들**이라면, 하나님의 형상과 모습대로 창조된 아담도 **하나님의 아들**인 것처럼 보인다. 본문은 이를 명백히 언급하지는 않지만, 암시는 하고 있는 듯하다.[24] 이 암시는 다시 한번 누가복음 3:38에서 아담을 하나님의 아들로 언급할 때 반영되어 있다.

아담이 하나님의 아들이라는 발상은 출애굽기 4:22-23에서 야훼가 모세에게 이스라엘에 대해 말하라고 명한 방식에서 이 논의와 관련된다.

> 그리고 너는 파라오에게 말해라. "야훼가 이렇게 말씀하셨다. 이스라엘은 내 아들, 내 맏아들이다. 그리고 나는 네게 말한다. 내 아들을 보내어 나를 섬기게 하라. 그리고 네가 그를 보내기를 거절하면, 보거라, 내가 네 아들, 네 맏아들을 죽일 것이다."

---

24 마찬가지로 Beetham도 이렇게 썼다: "셋이 아담의 아들인 것처럼, 그렇게 아담도 하나님의 아들이다." "From Creation to New Creation," 239.

출애굽기 4:22-23은 생육하고 번성하여 땅을 가득 채웠던 이스라엘(출 1:7)이 새 아담이라는 사실을 보여 준다. 하나님의 아들인 이스라엘은 하나님의 아들인 아담의 역할을 이어받는다. 아담과 이스라엘의 동일시는 또한 약속의 땅과 에덴동산의 동일시 그리고 에덴동산에서 추방된 아담과 (이스라엘) 땅에서 떠나게 된 이스라엘의 동일시를 시사한다.[25] 그러나 아담과 이스라엘만이 구약성경에서 하나님의 아들로 등장하는 것은 아니다.

§4 새 아담인 다윗

아담이 가진 집단적 인격과 하나님의 아들 됨은 사무엘하 7장에서 하나님이 다윗에게 하신 약속을 내다보고 있다. 이 약속은 왕권과 관련이 있는데, 이는 본서 제5장에서 살펴볼 것이다. 여기서는 하나님이 예언자 나단을 통해 다윗에게 하신 말씀이 다윗과 그의 혈통에서 나올 미래의 왕을 아담과 어떻게 연결 짓는지 다룬다.

이 본문의 맥락에서는 아담과 아브라함을 가리키는 수많은 손가락이 등장한다. 사무엘하 7:1의 "안식"은 창세기 2:2-3에서 언급된 하나님의 안식을 떠올리게 한다.[26] 다윗이 하나님을 위해 집을 건축하고자 했던 것은 또한 주님이 창조 시 자신의 우주적 성전을 지으신 일을 떠올리게 한다(본서 제7장을 보라). 사무엘하 7:9에서 다윗의 "이름을 위대하게" 만들겠

---

25 Ibid., 246-47.
26 창 2:2-3에서는 שבת를 사용하여 하나님의 안식을 묘사하지만, 출 20:11에서는 하나님이 일곱째 날에 쉬셨다고 말하면서 삼하 7:11에서 사용된 것과 동일한 동사 נוח를 사용한다.

다는 주님의 약속은 창세기 12:2에서 아브라함의 이름을 위대하게 만들겠다는 약속을 떠올리게 한다. 사무엘하 7:12에서 주님이 다윗에게 그의 "씨"를 세우겠다고 말씀하실 때, 창세기 3:15에서 시작하여 아브라함의 씨에 대한 하나님의 약속(예, 창 22:17-18)을 통해 이어지는, 씨라는 주제부(theme)에서 발전한 소리가 울린다. 아브라함과의 연관성은 사무엘하 7:12의 "네 몸에서 나올"이라는 어구에 의해 강화되는데, 이 전체 문구는 구약성경에서 단 한 차례, 곧 창세기 15:4에만 나타난다.

- 창 15:4, אֲשֶׁר יֵצֵא מִמֵּעֶיךָ
- 삼하 7:12, אֲשֶׁר יֵצֵא מִמֵּעֶיךָ
  "네 몸에서 나올"

따라서 하나님이 다윗에게 일으키겠다고 약속하신 씨는 하나님이 아브라함에게서 일으키겠다고 약속하신 씨와 견고하게 연결되어 있으며, 그러므로 여자에게 약속된 씨와도 연결된다. 그러고 나서 사무엘하 7:14에서 주님은 "나는 그에게 아버지가 되고 그는 나에게 아들이 되리라"라고 약속하셨다. 이렇게 다윗계 왕의 하나님의 **아들 됨**이란 그 왕이 하나님처럼 통치하게 될 것을 의미하며, 아담과 같이 대리 통치자(vice-regency)로서의 아들 됨을 뜻한다. 이것이 주님이 다윗의 씨에 관해 말씀하신 바다. 다윗의 혈통에서 나올 왕은 새 아담이 될 뿐 아니라 구약성경에서 말하는 하나님의 집단적 아들, 곧 이스라엘의 대표자가 될 것이다.

이스라엘의 왕으로서 다윗의 씨는 새 아담이자 이스라엘의 대표자가 될 것이다. 그는 다윗이 이스라엘을 위해 골리앗과 싸웠던 것처럼(삼상 17장) 이스라엘 백성 편에 설 것이다.

다윗왕을 이스라엘인의 대표자이자 하나님의 아들인 새 아담으로 이해하면 다윗이 시편 8편에서 말한 내용과 일맥상통하게 된다.[27] 다윗은 하나님이 세상을 창조하실 때 이루려고 했던 바—그의 이름을 모든 땅에서 장엄하게 하시는 것—를 실현하셨음을 확언하면서 시작하고 끝맺는다(시 8:1, 9). 그리고 다윗은 야훼가 아기들과 유아들의 입으로 자신의 권능을 세우셨는데, 이는 "대적과 보복자를 잠잠하게 하시기 위함"(8:2, ESV)이라고 단언한다. 여기서 단수형 "대적"과 "보복자"에 대한 언급은 모든 대적자 뒤에 있는 본래의 대적을 가리키는 듯하며, 아기들에게서 권능을 세우신다는 언급은 여자의 씨가 뱀의 머리를 상하게 할 것이라는 하나님의 약속을 가리키고(창 3:15), 그 후 혈통에 있던 어머니들이 계속해서 불임이었음에도 불구하고 씨의 계통을 보존하신 일을 가리키는 듯하다.

창조에 대한 언급이 등장하는 시편 8:3은 시편 8편과 창세기의 초반 장들 사이의 상호 작용을 강화한다. 이 상호 작용은 미묘하게 8:4에서 계속되는 것처럼 보인다. 앞서 언급했듯이, 첫 사람의 이름인 아담은 또한 인류를 지칭하는 방식이었기 때문에 히브리어 용어(אָדָם)가 나올 때 우리는 문맥에 의존하여 그것이 아담을 뜻하는지, 아니면 인류를 뜻하는지 파악할 수 있다. 비슷한 현상이 아담의 아들의 아들의 이름에서도 발생하는 것 같다: 아담은 셋을 낳았고, 셋은 에노스(אֱנוֹשׁ, '에노쉬')를 낳는다. 우리는 에노스의 이름을 또 다른 히브리어 용어의 복수형에서 확인할 수

---

[27] 더 자세한 내용은 다음을 보라. Hamilton, *Psalms* ad loc. 그리고 James M. Hamilton Jr., "David's Biblical Theology and Typology in the Psalms: Authorial Intent and Patterns of the Seed of Promise," in *Reading the Psalms Theologically*, ed. David M. Howard and Andrew J. Schmutzer (Bellingham, WA: Lexham, 2023).

있다: 단수 אִישׁ('이쉬'), 남자/사람; 복수 אֲנָשִׁים('아나쉼'), 남자들/사람들. 우리가 시편 8:4을 히브리어로 살펴보면 아담의 족보에 대한 미묘한 언급을 보게 된다.

- 히브리어 시 8:5, מָה אֱנוֹשׁ ... וּבֶן אָדָם
- 영어(ESV) 시 8:4, "사람이 무엇이기에 ⋯ 사람의 아들이 무엇이기에 ⋯"

영역본에서는 "사람"과 "아담" 및 "에노스"라는 이름 사이의 연관성을 보존할 수 없다. 하지만 우리는 "사람"이라는 뜻으로 옮기는 대신 다음과 같이 이름들에 대한 음역을 제시할 수 있다.

시 8:4/5(이름들을 보존하여), "에노스가 무엇이며 ⋯ 아담의 아들이 무엇이기에 ⋯"

이 이름들이 의미하는 바를 끌어내자면 이렇다. 이 구절은 아담의 3세손인 에노스로 시작하여, 아담에 대한 언급 이전에(히브리어나 영어로는 아담에 대한 언급 이전에 등장하지만 한국어로는 그 이후에 등장한다—역주), 암묵적으로 "-의 아들", 곧 셋을 언급한다. 8:2의 아기들과 유아들에 대한 언급과 더불어 협주(concert)로 듣자면, 당면한 사안은 여자의 씨가 나온 혈통을 암시하는 것으로 이해될 수 있다.[28]

---

28 Joachim Schaper는 자신의 책, *Eschatology in the Greek Psalter*에서 시편의 그리스어 번역이 메시아적이고 종말론적이라고 주장한다. 여기서 제안한 시 8편의 접근 방식은 시편의 히브리 원문을 메시아적이고 종말론적인 것으로 이해하며, 또한 Schaper가 주장하는 바 그리스어 번역자가 시 8편을 민 24:7, 17과 연결 지었다는

시편 8:6-8에서 창세기 1:26과 1:28의 용어들이 나팔이 울리듯 명백하게 등장하기 전에, 8:5에서는 사람이 어떻게 하늘에 있는 존재보다 조금 못하게 만들어지고 영광과 존귀로 관을 쓰게 됐는지 말한다(시 8:5). 하나님은 창세기 1:26과 1:28에서 사람에게 동물에 대한 지배권을 주셨는데, 시편 8:6-8에서 언급된 것과 동일한 종류의 동물에 대한 지배권을 주셨다.[29]

나는 시편 8편이 다윗이 자신을 새 아담, 이스라엘의 왕, 야훼의 대리 통치자로 이해했음을 증명한 것이라고 말하고 싶다. 앞으로 우리는 아담에서 시작하여 아브라함, 유다, 다윗을 거쳐 이어지는 혈통이 하나님의 **바로 그** 아들, 마지막 아담, 참 이스라엘, 곧 보이지 않는 하나님의 형상으로 절정에 다다르게 되는 것을 보게 될 것이다.

§5 새 아담인 그리스도

첫 사람 아담은 동물을 다스리는 권세를 받았다(창 1:28). 이 첫 사람은 또한 동산을 일구고 지키라는 명령을 받았다(2:15)—그는 이를 보호해야 했

사실은 모세 및 다윗의 의도와의 일치를 나타낼 수 있다. 참조, Joachim Schaper, *Eschatology in the Greek Psalter*, Wissenschaftliche Untersuchungen zum Neuen Testament 2/76 (Tübingen: J.C.B. Mohr [Paul Siebeck], 1995), 76-78.

29 고전 15:27과 히 2:8에서 만물이 그리스도의 발 아래 놓였다는 언급과 관련하여 시 8:6(MT 8:7)이 인용된 것에 주목하라. Jamieson은, "바울은 죽음이 부활하신 그리스도에게 복종하는 '만물' 가운데 포함되며, 만물을 그리스도에게 복종시킨 하나님 자신은 그리스도에게 복종하시지 않는다고 결론지었다([고전] 15:27)"라고 말한다. R. B. Jamieson, "1 Corinthians 15.28 and the Grammar of Paul's Christology," *New Testament Studies* 66 (2020): 189.

다. 하지만 성경 뒷부분(레 11장—편주)에서 부정한 동물로 지정된 뱀이 에덴동산에 침투하여 여자를 유혹하고 남자를 죄로 이끌었다.

§5.1 다니엘 7장의 사람의 아들

다니엘 7장에 등장하는 묵시적 상징에서, 약속의 땅을 연이어 통치하는 세상 왕국들은 짐승으로 확인된다(단 7:1-8). 이 이미지는 그 왕국들을 하나님이 아닌 뱀과 연결 짓는다. 마치 우상을 숭배하는 이 권세들이 저들의 아버지인 마귀와 동일시되는 것 같다. 반면에 하나님의 왕국은 마지막 짐승이 죽임을 당하고, 다른 짐승들의 통치권이 빼앗기며, "사람의 아들과 같은 이"에게 영원한 통치권이 주어질 때 도래한다(7:11-14).[30]

다니엘 7장은 히브리어가 아닌 아람어로 기록됐기 때문에 "사람의 아들"이라는 표현에는 아담에 대한 명확한 언급이 나오지 않는다(그러나 에노스에 대해서는 다르다!). "사람의 아들"을 가리키는 아람어 표현은 아담의 손자이자 셋의 아들의 이름인 에노스('에노쉬')에서 유래한 것으로 보이는 용어로 구성되어 있다: כְּבַר אֱנָשׁ ('크바르 에나쉬'). 다니엘 7:13에서 하늘의 구름과 함께 와서 태곳적부터 항상 계신 분 앞에 나타난 "사람의 아들과 같은 이"는 7:14에서 영원한 통치권을 받고 결코 멸망하지 않을 왕국을 받는다.[31] 구약성경에서 말하는 영원히 지속될 왕국은 단 하나뿐

---

30 참조, Beetham, "From Creation to New Creation," 240.
31 대속죄일에 대제사장이 "하나님의 하늘의 알현실에 대응하는 제의 장소인 지성소에 들어가서" 향에 불을 피우고 "향의 연기가 언약궤 위에 있는 속죄소를 덮어 죽지 않도록"(레 16:12-13) 분향하는 장면에 대해, Morales는 이렇게 썼다: "대제사장이 실제로 구름과 함께 '하늘'에 들어갔음을 알 수 있다. 그렇다면 우리는 포로기에 예언자 다니엘이 아담과 같은 인물이 하늘의 구름과 함께 하나님의 보좌에 다가가는 것을 상상할 때, 아마도 이것을 제사장 이미지로 이해해야 할 것이다." Morales, *Who Shall Ascend the Mountain of the Lord?*, 172.

이다—사무엘하 7장에서 하나님이 다윗에게 약속하신 왕국 말이다. 앤드류 체스터(Andrew Chester)가 지적했듯이, "히브리 성경에서 시편 110:1과 다니엘 7:9-14 사이에도 명확한 유사점이 있다."³²

따라서 이 사람의 아들과 같은 이는 다윗의 혈통에서 나올 미래의 왕으로 간주되어야 한다. 다니엘 7장을 해석하는 일부 학자들은 그런 결론에 의문을 제기했다. 이는 그들이 7장을 읽어 본 결과 (환상을 해석해 주는) 이 장의 뒷부분에서 그런 해석이 제시되지 않기 때문이다. 다니엘의 환상은 7:1-14에서 서술되고, 7:15-28에서 그는 하늘 군대 중 한 명이 와서 알려 준 환상 해석을 이야기한다(7:16; 참조, 7:10).³³

다니엘 7:13-14의 환상에서는 "사람의 아들과 같은 이"가 왕국을 받는 반면, 환상의 해석에서는 "사람의 아들과 같은 이"라는 표현이 반복되지 않고 "지극히 높으신 분의 거룩한 자들"이 왕국을 받는다(7:18, 22, 25, 27). 이로 인해 어니스트 루카스(Ernest Lucas)가 설명한 것과 같은 "7:13에 대한 집단적 해석"이 생겨났다.

> 집단적 해석은 19세기까지 매우 소수의 의견이었다. 20세기 중반에는 일반적인 견해가 됐다. 이 해석의 기초는 '사람의 아들과 같은 이'를 '지극히 높으신 분의 거룩한 자들'(18, 22, 25) 및 '지극히 높으신 분의 거룩한 자들의 백성'(27)과 동일시하는 것인데, 저 둘 모두 유대 민족으로 간주

---

32 Andrew Chester, *Messiah and Exaltation: Jewish Messianic and Visionary Traditions and New Testament Christology*, Wissenschaftliche Untersuchungen zum Neuen Testament 207 (Tübingen: Mohr Siebeck, 2007), 37.
33 다니엘서의 연대와 저자 문제에 대해서는, Hamilton, *With the Clouds of Heaven*, 30-40을 보라.

된다.[34]

그러나 집단적 해석은 다니엘 7장에서 "지극히 높으신 분"을 가리키는 두 가지 다른 용어(עֶלְיוֹנִין와 עִלָּאָה—역주)가 사용된 이유를 설명하지 못한다.[35] 다니엘서의 아람어 부분 전체에서(단 2:4-7:28) "지극히 높으신 분"(Most High)을 가리키는 일반적인 아람어 용어(עִלָּאָה)는 이스라엘의 하나님(3:26; 4:2, 4:17, 24, 25, 32, 34[MT 3:32; 4:14, 21, 22, 29, 31]; 5:18, 21; 7:25)과 7:9에서 보좌에 앉으신 태곳적부터 항상 계신 분을 가리키는 데 사용된다. 하지만 "지극히 높으신 분의 거룩한 자들"이라는 어구가 나타날 때마다 "지극히 높으신 분"을 가리키는 또 다른 용어가 사용된다(7:18, 22, 25, 27): 히브리어 복수형 עֶלְיוֹן에 아람어 복수형 어미가 덧붙어 이중 복수형이 되어(BDB와 HALOT), 그 결과 עֶלְיוֹנִין라는 형태가 나왔다(참조, BDB ad loc., 1106). NASB는 두 가지 다른 용어를 인지하고서 아람어 용어(עִלָּאָה)를 "지극히 높으신 분"(Most High)으로, 아람어화된 히브리어 용어(עֶלְיוֹנִין)를 "가장 높으신 분"(the Highest One)으로 옮겼다.

---

34 Ernest C. Lucas, *Daniel*, Apollos Old Testament Commentary 20 (Downers Grove, IL: InterVarsity, 2002), 186.

35 주석가들은 단 7장에 나오는 "지극히 높으신 분"을 가리키는 서로 다른 표현을 보통 설명하려 하지 않는다. John J. Collins, *Daniel: A Commentary on the Book of Daniel*, Hermeneia (Minneapolis: Fortress, 1993); Lucas, *Daniel*; Andrew E. Steinmann, *Daniel*, Concordia Commentary (SaintLouis: Concordia, 2008)을 보라. 여기서 제공한 것과 유사한 해석에 대해서는, Chrys Caragounis, *The Son of Man: Vision and Interpretation*, Wissenschaftliche Untersuchungen zum Neuen Testament 38 (Tübingen: Mohr Siebeck, 1986), 66–67, 75–81; Peter J. Gentry, "The Son of Man in Daniel 7: Individual or Corporate?," in *Acorns to Oaks: The Primacy and Practice of Biblical Theology*, ed. Michael A. G. Haykin (Toronto: Joshua Press, 2003), 59–75; Hamilton, *With the Clouds of Heaven*, 147–53을 보라.

"지극히 높으신 분"을 지칭하는 서로 다른 두 용어는 다니엘 7:25의 한 구절에 모두 등장한다. "그리고 그가 장차 지극히 높으신 분(עִלָּאָ, Most High)에 대적하는 말을 할 것이며 또 지극히 높으신 분(עֶלְיוֹנִין, Most High)의 거룩한 자들을 괴롭게 할 것이며 …." 다니엘이 아람어 용어로 언급하는 바 태곳적부터 항상 계신 분과 아람어화된 히브리어 용어로 언급하는 바 거룩한 자들과 동일시되는 그 사람과 같은 이를 구분하는 이유는 무엇인가?

다니엘 7:14과 7:27을 비교해 보면 이 질문에 대한 해답을 찾을 수 있다(**굵은 글씨체**, 고딕체, 작은 글씨, 밑줄은 서로 일치하는 문구를 뜻한다).

7:14	7:27
그리고 그[사람의 아들 같은 이]에게 **권세**와 영광과 **왕국**이 주어질 것이다. 그리고 모든 백성과 나라들과 다른 언어를 말하는 모든 자들이 그를 섬길 것이다.	그리고 **왕국**과 **권세**와 온 천하 나라들의 위세가 지극히 높으신 분(עֶלְיוֹנִין)의 거룩한 백성에게 주어질 것이다.
그의 권세는 소멸되지 아니하는 <u>영원한 권세</u>다. 그리고 **그의 왕국**은 멸망하지 아니할 것이니라	**그의 왕국**은 <u>영원한</u> 왕국이다. 그리고 모든 권세 있는 자들이 다 그를 섬길 것이며 복종할 것이다.

다니엘 7:27에서는 "지극히 높으신 분의 거룩한 백성"이 받을 왕국에 대해, 7:13-14에서 사람의 아들과 같은 이의 왕국에 대해 묘사했던 것과 동일하게 진술한다. 이는 다니엘이 **사람의 아들과 같은 이**를 아람어화된 히브리어 단어 עֶלְיוֹנִין, 곧 지극히 높으신 분으로 언급하면서 아람어 단어 עִלָּאָ, 곧 지극히 높으신 분이라고 부르는바 태곳적부터 항상 계신 분과 구별하고 있음을 나타낸다. 이러한 이해에 따르면, "거룩한 자들"은 지극히 높으신(עֶלְיוֹנִין) 사람의 아들이 통치할 왕국의 백성으로 이해될 것

이다. 다니엘은 천사 해석자(7:16)가 이 용어를 7:18에서 소개한 것으로 제시하고, 다니엘 자신이 7:22에서 반복한 후, 천사 해석자가 이를 다시 7:25과 7:27에서 언급한 것으로 보여 주는데, 이는 주목할 만한 가치가 있다. 곧, 천사 해석자가 사람의 아들과 같은 이를 "지극히 높으신 분"(עֶלְיוֹנִין)이라고 불렀고, 다니엘은 그로부터 그렇게 부르는 법을 배웠던 것 같다.

다니엘의 환상을 요약하자면 이렇다. 다니엘은 세상의 왕국들이 그들의 아버지 마귀와 동일하게 짐승과 같다는 것, 그들이 파멸한다는 것, 다니엘의 환상 당시에 이미 하늘의 궁정에 있던 사람의 아들과 같은 이에게 통치권이 주어지는 것을 보았다. 더욱이 이 인물은 구약성경의 다른 곳에서 하나님이 행하시듯 구름 위를 다니고, 하나님처럼 지극히 높으신 분으로 언급되지만, 태곳적부터 항상 계신 분을 지칭하는 데 사용된 아람어 용어가 아닌 아람어화된 히브리어 단어의 형태로 언급된다. 이는 마치 사람의 아들과 같은 이가 태곳적부터 항상 계신 분과 동등한 지위를 부여받은 것 같지만, 둘 모두 "지극히 높으신 분"을 뜻하는 다른 용어로 지칭되면서 서로 구분된다.

다니엘의 사람의 아들은 에노스의 아들이자 아담의 아들이며 하나님의 형상과 모양으로서, 짐승과 그들의 왕국들을 포함한 온 땅 가운데 다윗계 왕으로서 아담의 통치권을 행사할 것이다.[36]

§5.2 누가복음과 로마서에 나타난 아담의 아들

이 논의의 목적을 위해 아담과 예수를 비교 대조하고 있는 것처럼 보이는 신약성경의 두 구절에 주목하고자 한다. 거기서는 예수를 아담의 실

---

36 신약성경에 나오는 몇몇 '사람의 아들'이라는 표현은 예수를 단 7:13-14에 나오는 인물의 실현으로 제시한다(예, 마 26:64; 막 10:45; 요 3:13-14을 보라).

패를 극복하신 분으로 제시한다.³⁷ 먼저 사탄의 유혹을 받는 예수에 관한 누가의 기사를 살펴보고, 그 후에 로마서 5장에서 아담과 예수를 비교 대조한 바울의 기록을 살펴보려 한다. 바울과 누가는 제자를 삼고 교회를 세우기 위해 함께 여행하고 사역했는데(골 4:14; 딤후 4:11; 몬 24절; 그리고 사도행전의 "우리" 본문), 그 본문들은 아담과 그리스도의 모형론적 관계에 대한 저들 사이의 기본적인 일치를 보여 준다.³⁸

§5.2.1 아담의 아들, 하나님의 아들

마태복음의 족보는 아브라함에게서 예수에게까지 내려가는 반면, 누가복음의 족보는 예수에게서 아담에게까지 거슬러 올라간다. 누가복음 3장의 마지막 구절은 "에노스의 아들, [에노스, 곧] 셋의 아들, [셋, 곧] 아담의 아들, [아담, 곧] 하나님의 아들이다"(the son of Enos, the son of Seth, the son of Adam, the son of God, 눅 3:38, ESV)라고 쓰여 있고, 곧이어 누가복음 4장에서는 마귀가 예수에게 "만일 네가 하나님의 아들이라면"(4:3, 9, ESV)이라고 되풀이해서 말하는 유혹 이야기로 넘어간다.

누가복음은 "아담, 곧 하나님의 아들이다"(Adam, the son of God, 3:38)라는 족보의 결론과 마귀가 예수에게 "만일 네가 하나님의 아들이라면"

---

37 신약성경에서 아담이 직접 명명된 부분(눅 3:38; 롬 5:14; 고전 15:22, 45; 딤전 2:13-14; 유 14절)과 암시적으로 언급된 부분 모두에 대한 논의에 관해서는, Robert W. Yarbrough, "Adamin the New Testament," in *Adam, the Fall, and Original Sin: Theological, Biblical, and Scientific Perspectives*, ed. Hans Madueme and Michael Reeves (Grand Rapids: Baker, 2014), 33-52을 보라.

38 Kavin Rowe는 "누가의 기독론을 이렇게 읽으면 누가를 현대 신약학에서 흔히 볼 수 있는 것보다 바울과 요한에 더 가깝게 위치시킬 수 있게 된다"고 썼다. C. Kavin Rowe, *Early Narrative Christology: The Lord in the Gospel of Luke* (Grand Rapids: Baker, 2009), 28.

(4:3, 9)이라고 도전하는 유혹 이야기를 병치시킨다. 유혹 이야기에 족보를 나란히 놓음으로써 누가는 독자들을 예수와 아담을 비교 대조하도록 초대한다.[39]

- 아담은 푸른 에덴동산에 있었다. 예수는 광야에 있었다.
- 아담은 홀로가 아니라 그를 적절하게 돕는 배필과 함께 있었다. 예수는 홀로 있었다.
- 에덴동산에서 아담은 한 나무 외 모든 나무에서 자유롭게 먹을 권리가 있었다(창 2:16). 예수는 사십 일 동안 아무것도 먹지 않았다.
- 아담은 유혹되어 범죄했다. 마귀는 예수를 도전했고, 예수는 성경으로 대답했으며, 하나님의 계명에 신실하게 반응했다.

얼 엘리스는 예수에게 세상의 왕국을 주겠다는 사탄의 제안에 대해 이렇게 언급한다. "제안을 받아들이는 것은 사탄의 주권을 [예수에게로] 옮겨 놓는 것이 아니라, 아담처럼 사탄의 주권에 속박되는 것이다."[40]

§5.2.2 오실 자의 모형

로마서 5장에서 바울은 아담을 가리켜 "오실 자의 모형"(5:14)이라고 주장한다. 그는 한 사람 아담을 통해 죄가 세상에 들어와서 모든 사람에게 죽음을 퍼뜨린 방식(5:12)과 한 사람 예수 그리스도의 순종을 통해 값없이 의의 선물이 온 방식(5:15)을 비교한다. 많은 사람이 아담의 죄로 인

---

[39] E. Earle Ellis, *The Gospel of Luke*, New Century Bible Commentary (Grand Rapids: Eerdmans, 1981), 93-94.
[40] Ibid., 95.

해 죽었지만, 많은 사람이 예수로 인해 풍성한 은혜를 경험하게 됐다. 아담의 범법함은 많은 사람에게 정죄와 심판을 가져왔지만, 많은 사람들이 지은 모든 죄 이후에 주어진 예수의 값없는 선물은 의롭다 칭함을 가져온다(5:16). 아담의 죄는 죽음이 통치하게끔 만들었다(5:17a, 14). 그러나 예수의 순종은 풍성한 은혜와 값없는 의의 선물을 받는 사람들이 그를 통해 생명 안에서 통치하게끔 만들었다(5:17b). 아담을 통해 정죄와 죽음이 도래했다. 예수를 통해 의롭다 칭함과 생명이 도래했고(5:18), 의롭다 칭함을 받은 자들을 의롭게 만드는 데까지 확장된다(5:19).[41]

이 경우 아담과 예수는 인류를 대표하는 머리로 기능한다. 모든 사람은 아담이 행한 일의 영향을 받으며(5:12), 이와 동일하게 그리스도가 행하신 일은 풍성한 은혜와 값없는 의의 선물을 받는 모든 자에게 영향을 미친다(5:17). 구원이란 이 관계에 달려 있다. 즉, 아담의 역할이 그리스도 안에서 모형론적으로 실현됐기 때문에 은혜와 의의 선물을 받는 사람들은 아담이 행한 일로 인해 초래된 정죄에서 구원받을 수 있다.

바울은 고린도전서 15:21-22에서 이 관계를 더욱 간명하게 설명한다. "사람에 의해 죽음이 왔고 사람에 의해 죽은 자의 부활도 왔다. 아담 안에서 모든 사람이 죽는 것같이 그리스도 안에서 모든 사람이 살게 될 것이다"(ESV). 고린도전서 15:45에서 바울은 창세기 2:7에서 하나님이 아담에게 생명을 불어 넣으신 순간을 그리스도가 생명을 주시는 방식에 비교하기도 한다. "이처럼 기록됐다. '첫 사람 아담은 산 존재가 됐고 마지막 아담은 생명을 주는 영이 됐다'"(ESV).

이 장의 목표는 모세를 뒤따르는 성경 저자들이 애초부터 그의 의도

---

41 Thomas R. Schreiner, "Original Sin and Original Death: Romans 5:12-19," in *Adam, the Fall, and Original Sin*, 271-88의 해석을 보라.

를 파악했음을 보여 주는 데 있다. 창세기에서 모세는 본형적 인간인 아담과 아담 패턴 안에서 그를 뒤따르는 모사형 조각들, 곧 노아, 아브라함, 이삭, 야곱, 그리고 출애굽기에서는 이스라엘 민족, 그 사이에 연결망을 구축한다. 아담에 대한 모세의 그런 표현 방식은 이후의 성경 저자들에게 영향을 미쳤는데, 이는 사무엘서에 나오는 다윗에게 주어진 약속, 시편 8편에 나오는 다윗의 말들, 다니엘 7장에 나오는 사람의 아들 같은 이에 대한 서술에서 확인할 수 있다. 장 다니엘루(Jean Daniélou)는 다음과 같이 옳게 진술했다.

> 다니엘서의 사람의 아들이 우상 숭배 국가들을 나타내는 동물들에 대해 승리자로 표현된 것은 특히 눈여겨볼 만하다. 이는 확실히 첫 아담 및 동물 세계에 대한 그의 지배권을 떠올리게 한다. 시편 8편은 분명 창세기와 다니엘서의 연결 고리가 되며, 창조물과 특히 동물 세계를 통치해야 할 사람의 아들을 있는 그대로 보여 준다.[42]

그러므로 누가와 바울은 모세 자신으로부터, 구약성경의 후대 저자들로부터, 그리고 예수의 말씀을 "들은 자들"(히 2:3)로부터 모세의 글을 해석하는 방식을 배웠고, 또한 그들이 영에 감동받아 예수를 새롭고도 더욱 나은 아담으로 제시한 것은 그리스도가 율법서, 예언서, 성문서에서 그에 관해 기록된 모든 것을 실현했다는 더 광범위한 주장과 들어맞는다(예, 눅 24:44; 요 5:39, 46; 고후 1:20; 엡 1:10).

---

42 Daniélou, *From Shadows to Reality*, 15.

제3장
제사장

> 20세기 학계가 산출한 기쁜 결과물 중 하나는 성경을 이해하는 데 모형론의 중요성을 재발견하게 된 것이다.
>
> —S. L. 존슨(S. L. JOHNSON)[1]

제사장과 관련한 논의를 시작하면서, 아담이 에덴동산에서 맡은 역할의 제사장적 특징과 그것이 인류의 제사장적 특징에 대해 함의하는 바를 살펴보려 한다. 이때 우리는 멜기세덱 및 그가 아담에 어떻게 상응하는지 다룬 후에, 하나님이 어떻게 이스라엘을 제사장 왕국으로 만드셨는지에 주의를 기울일 것이다. 그다음 아론의 제사장직에 대한 구약성경의 비판과 더불어 주님이 백성을 위해 제사장을 주신 방법에 관한 주요 약속들을 검토해 보고, 그런 약속에 의해 형성된 패턴을 살펴보면서 이 장을 마무리할 것이다. 이 논의는 주로 약속에 의해 형성된 패턴과 관련하여, **인물로서의 제사장**에 대해 다룬다. 레위 제의 제도에 대해서는 본서 제9장

---

1 Johnson, "A Response to Patrick Fairbairn," 794.

에서 다룰 것이다. 이 장의 개요는 다음과 같다.

§1 (왕) 제사장인 아담

§2 (왕) 제사장인 멜기세덱

§3 (왕) 제사장 국가인 이스라엘

§4 아론과 제사장들

§5 신실한 제사장에 대한 약속

히브리서 7장은 그리스도가 멜기세덱의 반차/서열(order)에 따른 제사장이라고 주장한다. 멜기세덱은 예수가 제사장-왕으로서의 역할을 실현하실 방식을 모형화하고 있다. 멜기세덱의 제사장직은 옛 언약과 시내산의 율법 수여보다 먼저 일어났으며, 히브리서 저자는 시편 110:4을 읽되, 하나님의 백성 역시 옛 언약과 구별되는 새 언약으로 직무를 감당하는 비(非)레위계 제사장을 가질 것으로 이해한다(히 7-8장, 특히 7:12을 보라). 이 장에서는 이와 같은 방향을 가리키는 또 다른 구약의 증거, 곧 아론계 제사장직이 실패하게 될 것이라는 토라의 암시에서부터, 아론의 가문이 제거될 것이라는 전기 예언서의 선언, 그리고 모세의 율법과 시내산 언약에서 승인한 적이 없었던 새로운 종류의 제사장직을 소개하는 후기 예언서의 예언까지 살펴볼 것이다.

약속에 따른, 신실한 제사장에 대한 기대와 관련하여 제사장으로 섬긴 사람들은 모형론 패턴의 조각들이었다. 이 인물들 중 몇몇은 왕의 역할까지도 감당했기 때문에 이하의 소제목에서는 괄호를 사용하여 저들의 왕적 지위를 가리키려 했다. 왕들이 오실 분을 어떻게 모형화하는지는 본서 제5장에서 논의할 것이다.

§1 (왕) 제사장인 아담

본서 제7장에서 창조를 다루면서 나는 모세가 청중으로 하여금 창세기 1-2장의 창조 세계와 출애굽기 25-40장의 성막 사이를 상상으로 연결하기 원했다는 견해를 지지하는 증거를 제시할 것이다.[2] 내가 여기서 이를 언급하는 이유는, 창조 세계가 우주적 성전으로 이해되도록 의도됐다면, 저 사실은 아담이 본형적 제사장이라는 개념을 뒷받침해 주기 때문이다. 이후에 다툴 주제를 언급하면서 나는 창조 세계가 지성소와 유사한 에덴동산을 가진 우주적 성전으로 이해된다는 가정하에 이 장을 진행하려 한다. 이는 아담에게 명백한 함의를 가질 것이다. 만약 에덴동산이 나중에 등장할 지성소에 해당하고, 오직 이스라엘의 대제사장만이 지성소에 들어갈 수 있다면, 이 사실은 동산을 일구고 지키는 자의 지위와 관련하여 무엇을 함의하게 될까?

§1.1 범죄 이전

하나님이 세상을 우주적 성전으로 창조하셨다는 발상은 또한 인간 존재가 하나님의 형상과 모양을 따라 지어졌다는 바로 그 개념에 영향을 미친다(창 1:26-28). 다른 신들을 숭배하는 자들은 우주를 상징하는 성전을 짓고, 그 안에 돌, 나무, 또는 주조한 금속으로 만든 상을 두어 신의 존재, 성품, 권위를 나타내지만, 이와는 달리 성경은 참된 이야기를 들려준다. 곧, 야훼는 **창조 세계**를 우주적 성전으로 지으시고, 그 우주적 성전 안에 살아 있고, 숨 쉬며, 예배하는 자기 자신의 대표자, 그리고 자신의 권위,

---

2 또한 R. E. Averbeck, "Tabernacle," in *Dictionary of the Old Testament: Pentateuch*, 816-18을 보라.

성품, 존재, 통치를 대표할 자를 두셨다.

아담을 우주적 성전의 지성소에 있는 대제사장으로 개념화하는 이유는 그의 역할을 이해하기 위한 것이다. 하나님은 첫 남자와 여자에게 복을 주시고 그들에게 생육하고 번성하여 땅을 채우고, 일구고 지키며, 야훼 자신의 성품대로 창조 세계 전체에 통치권을 행사하라 명하셨다(1:26-28; 2:15).

생육하고 번성하여 땅을 채우고 통치하라(1:28)는 명령은 모든 곳에서 하나님의 형상과 모양을 지닌 자들이 생명을 배가시키고, 이로써 하나님의 형상을 나타내야 함을 의미한다. 정복하라는 것은 모든 살아 있는 것들을 더욱 좋은 상태로 만드는 것을 암시하는 듯하며, 이는 사람들의 번성과 더불어 거주하는 땅의 경계를 확장하고, 동산 외부를 동산과 더욱 비슷하게 만들며, 창조물을 인간의 필요에 복종시키고, 동물을 그의 통치에 복종시키는 것을 의미한다. 아담의 책임은 창조주 하나님에 대한 지식을 모든 창조물에 전달하고, 창조주의 성품을 모든 창조 세계 안에 그리고 모든 창조물에 적용하는 것이다. 아담이 생육하고 번성함에 따라 하나님의 형상을 지닌 자들은 더욱 많아질 것이며, 이들은 땅을 채우고 정복하며 통치권을 행사하는 과업에 합류하여 야훼의 영광으로 마른 땅을 바다를 덮고 있는 물과 같이 덮을 것이다. 이로써 야훼의 이름이 해 뜨는 데부터 해 지는 데까지 찬양받을 것이다.

하나님은 아담을 동산에 두시고 "그것을 일구고 그것을 지키게 하셨다"(2:15). 이 두 용어의 의미는 서로 다른 본문에서 서로 다른 방식으로 번역됐기에 설명이 필요하다. 여기서 "일구다"(work)로 번역된 용어(עָבַד)는 "섬기다"(serve) 또는 "성직자로서 직무를 행하다"(minister)로도 번역될 수도 있고, "지키다"(keep)로 번역된 용어(שָׁמַר)는 때때로 "보호하다"(guard)로 번역된다. 오경의 다른 곳에서 이 단어들은 함께 사용되어 레위인들의 성막에서의 의무를 묘사하는데(민 3:8), 이는 성막에 레위인과 그 지파의 제사장이 있듯이(1:53; 3:38), 하나님의 거처인 우주와 지성소인 에덴동산에, '보호자'와 '성직자'(minister)가 임명되어 있음을 반영한다.[3]

- 창 2:15, "주 하나님이 그 사람을 데려다가 에덴동산에 두어 그것을 **일구고**(work) **지키게**(keep) 하셨다." (ESV, 강조는 첨가됨)
- 민 3:8, "그들은 회막의 모든 기구를 맡아 **보호하며**(guard)[지키며(keep)], 성막에서 **직무를 행하면서**(minister)[일하면서(work)] 이스라엘 백성을 보호할 것이다." (ESV, 강조는 첨가됨)

이때 아담의 제사장으로서의 역할은 야훼의 형상을 지닌 자들, 곧 야훼의 세상에서 야훼의 성품을 가지고 살아 낼 자들로 세상을 채우는 것이다. 그는 일하고, 섬기며, 직무를 행하고, 창조주와 창조물 사이를 중재하여, 모든 창조물이 창조주의 통치의 손길을 알게끔 해야 한다. 아담의 책임—그리고 그의 후손들의 책임—은 확실히 제사장의 요소로 구성되어 있다. 우리는 나중에 왕("지배권"을 가진 자, 창 1:26, 28)으로서의 아담을 다루겠지만, 여기서는 사람이 **제사장**-왕이 되어, 하나님의 세상을 통치하고, 세상과 하나님 사이를 중재하며, 전체 창조 세계에 창조주를 알리도록 창조됐다는 점을 관찰하게 될 것이다.

---

3   Gordon J. Wenham, "Sanctuary Symbolism in the Garden of Eden Story," in *I Studied Inscriptions from Before the Flood: Ancient Near Eastern, Literary, and Linguistic Approaches to Genesis 1–11*, ed. Richard Hess and David Toshio Tsumura (Winona Lake, IN: Eisenbrauns, 1994), 399–404.

창세기가 나중에 주어지게 될 지식을 가정하는 방식을 염두에 두자면,[4] 모세는 오경 전체를 함께 읽도록 의도한 것으로 보이는데, 이는 곧 앞에 있는 내러티브에서 나중에 가서야 제공될 정보를 가정했음을 의미한다. 부정한 뱀(레위기의 정보)이 지성소에 들어온 것은 남자가 동산을 **지키지 못했음을 암시한다**(창 3:1; 참조, 2:15). 아담이 부정한 뱀의 침입에 맞서 동산을 지키지 못함으로써 제사장의 직무에 실패한 것은 여자가 먼저 금지된 열매를 먹었음에도 하나님이 남자에게 실패와 범죄에 대해 책임을 물으셨던 이유를 설명해 준다(창 3:9; 롬 5:12).

§1.2 범죄 이후

남자와 여자가 범죄한 후(창 3:1-7), 하나님 앞에 소환되어(3:8-13), 심판과 약속의 말씀을 듣고(3:14-19), 남자는 믿음의 행동으로서 아내의 이름을 지어 준다. 그는 죽어야 마땅했지만 하나님이 생명을 주실 것이라 믿었다(3:20). 창세기 3:21(ESV)에서 "주 하나님이 아담과 그의 아내를 위하여 가죽옷(כָּתְנֹת)을 만드시고 그들을 입히셨다(וַיַּלְבִּשֵׁם)."

나는 이 구절을 학교의 수업과 교회에서 여러 차례 가르쳤는데, 사람들은 이 가죽이라는 것이 제물로 죽인 동물로부터 취한 것인지를 늘상 묻곤 한다. 내가 말할 수 있는 것은 본문이 그러하다고 명백하게 말하지

---

[4] 예컨대, 그 땅의 사람들과 결혼하지 말라는 명령(신 7:3-5)은 이스마엘이 애굽인과 결혼한 것(창 21:21), 아브라함이 이삭으로 하여금 가나안인과 결혼하지 말라고 단언한 것(창 24:3), 부모를 괴롭게 만든 에서의 결혼(26:34-35; 28:6-9)과 야곱이 헷 사람과 결혼하지 않기를 바랐던 것(27:46)을 특징짓는다. 이와 비슷하게 레 18:7-8의 명령은 르우벤이 창 35:22에서 아버지의 첩에 대해 범죄한 것을 특징짓고, 신 25:5-10의 레위인과의 결혼에 대한 명령은 창 38:6-14에 나오는 유다의 아들들과 다말의 이야기 안에 가정되어 있다. 또 다른 예를 위해서는 본서 원서 18쪽 각주 26을 보라.

않는다는 사실이다. 내가 말하고자 하는 바는 창세기 3:21 및 동저자(모세)가 쓴 희생 제물을 다룬 이후의 본문 사이에 직접적인 연관성을 찾을 수 없다는 점이다.[5] 만일 우리가 그러한 연관성을 찾을 수 있다면, 모세는 야훼가 아담과 하와에게 입힌 가죽을 나중에 레위기에 묘사된 동물의 희생 제사로서의 죽음과 연결시키려고 했음을 확신하게 될 것이다. 그러나 나는 **희생 제사**와의 명백한 연관성을 알지 못한다. 그렇지만 **제사장**과의 연관성은 암시적으로 존재한다.

하나님은 남자와 여자에게 **가죽옷**을 **입히셨다**. 어떤 경우에는 희생 동물의 가죽(עוֹר)을 불태워야 했지만(레 4:11-12; 8:17), 레위기 7:8은 "그리고 어떤 사람의 번제를 드리는 제사장은 그가 드린 번제물의 가죽을 자기에게 돌릴 것이다"라고 기록하고 있다. 창세기 3:21에서 "옷"(כְּתֹנֶת)과 "입은"(לָבַשׁ)으로 번역된 단어는 오경의 다른 책에서 주로 제사장들이 입는 "옷"과 직무를 수행할 때 "입는" 방식을 묘사하는 데 사용된다.[6] 오경에서 "옷"으로 번역된 단어(כְּתֹנֶת)는 다음과 같은 경우에만 사용된다: 창세기 3:21에서 주님이 남자와 여자를 위해 제공하신 옷; 요셉의 아버지가 요셉을 위해 만들어 준 특별한 겉옷(창 37:3, 23, 31, 32, 33); 제사장들의 의복(출 28:4, 39, 40; 29:5, 8; 39:27; 40:14; 레 8:7, 13; 10:5; 16:4). 이 용어의 오경에서의 용례는 아담(과 요셉)과 제사장들 사이에 중요한 연결 고리를 형성한다. 마찬가지로, 제사장들이 의복을 입는 경우에만 사용되는 것은 아니지만 창세기 3:21에서 "옷을 입다"로 번역된 동사(לָבַשׁ)는 압도적으로 많게 제사장들의 의복과 관련하여 사용된다(출 28:41; 29:5, 8, 30; 40:13,

---

[5] 여기서 또다시 모세가 오경을 전체로서 읽히도록 의도했다면, 레위기의 희생 제물에 대해 떠올리는 것은 가죽과 도살되어 가죽을 제공했을 법한 동물 사이에 논리적 연결 고리를 제공한다.

[6] 나는 이 점을 Mathews, *Genesis 1–11:26*, 254-55에 의해 처음으로 주목했다.

14; 레 6:10, 11[MT 6:3, 4]; 8:7, 13; 16:4, 23, 24, 32; 21:10; 민 20:26, 28).[7]

아담은 공공연하게 제사장이라고 불리지는 않았지만, (1) 우주와 성전, 에덴동산과 지성소 사이의 밀접한 연결점을 보자면 그가 에덴동산에서 지성소의 대제사장과 유사함을 암시한다. (2) 아담의 역할은 하나님에 대한 지식과 그의 존재를 하나님의 창조 세계에 중재하는 것이다. (3) 에덴동산을 일구고(working) 지키라는 "직무 묘사"에 사용된 용어(창 2:15)는 레위 사람들이 성막을 일하고(working) 지키라(성막에서 직무를 행하고 그것을 보호하라)는 것을 말하는 데 사용된 것(민 3:8)과 동일하다. (4) 아담의 옷과 이를 입는 것을 표현하는 데 사용된 용어는 제사장들과 관련하여 사용된 것과 동일하다. 이런 특징들은 아담이 본형적인 (왕) 제사장임을 시사한다.

§2 (왕) 제사장인 멜기세덱

노아와 아브라함의 기록에는 제사장과 관련한 특징이 있다(예, 노아는 정한 동물과 부정한 동물을 구별하고, 노아와 아브람은 모두 예배를 드리기 위한 제단을 쌓는다). 그러나 창세기 내러티브에서 가장 처음으로 "제사장"이라 불리는 인물은 멜기세덱이다(창 14:18). 히브리서의 저자는 멜기세덱이라는 이름을 매우 중요하게 여겼다. 히브리어로 "왕"(מֶלֶךְ)과 "의"(צֶדֶק)의 합성어인 멜기세덱이라는 이름(מַלְכִּי־צֶדֶק)은 "의의 왕"을 의미한다(창 14:18;

---

[7] 이 동사, "옷을 입다"는 창세기에서도 야곱(창 27:15, 16; 28:20), 다말(38:19), 요셉과 관련하여 사용됐으며, 신명기에서는 남녀 의복 교차 착용(신 22:5)과 양털과 베실을 섞어 짠 옷(22:11)을 금지하는 데 나타난다.

히 7:2). 더 나아가 그는 "살렘의 왕"(14:18)으로도 지칭되는데, "살렘"은 예루살렘과 동일시된다. "살렘"(שָׁלֵם, '샬렘')과 "평화"(שָׁלוֹם, '샬롬') 사이의 연관성 때문에 히브리서에서 멜기세덱은 "의의 왕"뿐 아니라 "평화의 왕"(히 7:2; 참조, 삼하 12:24; 사 9:6[MT 9:5])으로도 불린다.

모세는 아담, 노아, 아브람을 공공연히 제사장-왕이라고 부르지는 않았지만, 자신의 내러티브 안에 멜기세덱이라는 왕-제사장을 포함했으며, 나중에는 이스라엘이 야훼의 "제사장 왕국"(מַמְלֶכֶת כֹּהֲנִים, 출 19:6)이 될 것이라고 선언했다. 다윗은 모세보다 훨씬 이후에 예루살렘에서 통치하게 되기 때문에, 모세는 멜기세덱과 미래 이스라엘의 왕 사이에 접점을 기대하지 않았을지 모르지만, 우리가 그의 기록에서 볼 수 있는바, 모세는 (1) 이스라엘의 왕이 아브라함의 혈통에서 나올 것(창 17:6, 16), (2) 하나님이 가나안 땅을 아브라함에게 약속해 주셨다는 것, (3) 왕-제사장인 멜기세덱이 아담에게 주어진 역할(본서 §2.1을 보라), 말하자면 "제사장 왕국"(출 19:6)을 대표하는 자, 또는 "하나님의 아들"(출 4:22-23)인 이스라엘 국가(참조, 삼하 7:14, 그리고 본서 제5장에서 왕에 대한 논의를 보라) 안에서 실현될 역할을 구현했다는 것을 확신했다. 멜기세덱이 살렘에서 통치했다는 사실은 다윗의 시편 110편 저작에 영향을 미쳤을 수 있다. 이 단락의 요지는 아담이 본형적인 제사장-왕이고, 멜기세덱은 그 역할을 구현한 사람들의 모사형이며, 이스라엘 국가가 제사장 왕국이 됐다는 사실이다.

아브람이 롯을 납치한 왕들을 정복하고 포로를 되찾아 왔을 때(본서 제5장 §1.2을 보라), 창세기 14:18에서 멜기세덱은 빵과 포도주를 가져왔다. 이와 동일 형태 사건은 야훼가 애굽의 신들을 정복하고(출 12:12) 무교병(12:8)과 추정컨대 포도주 역시도 동반하여 유월절 밤을 지낸 것에서 확인할 수 있다.[8] 이 유월절은 야훼가 백성을 위해 행한 일(12:1-27)을 기념하기 위해 매년 거행하며, 예수가 배반당한 밤에 제정한 주의 만찬에서 실현된다.[9] 이렇게 우리는 대적들에 대한 영웅다운 정복, 포로들의 해방, 그리고 빵과 포도주를 동반한 제사장적인 승리 기념으로 이어지는 하나의 패턴을 보게 된다. 모세는 유월절뿐 아니라 출애굽기 24:11에 나오는 언약의 식사에서 먹고 마시는 것과의 평행을 보고 나서, 창세기 14:18 가운데 멜기세덱이 빵과 포도주를 가져온 세부 내용을 포함시켰을 수 있다.

창세기 14:18에서 멜기세덱은 "지극히 높으신 하나님의 제사장"으로 확인되고, 14:19에서는 아브람을 축복하면서 "지극히 높으신 하나님, 하늘과 땅의 주재"를 언급한다. 몇 구절 뒤, 14:22에서 아브람이 "지극히 높으신 하나님, 하늘과 땅의 주재"에 대해 언급할 때 독자는 아브람이 멜기세덱이 썼던 표현으로 하나님을 인지했음을 알게 되고, 이는 아브람과 멜기세덱이 동일한 하나님을 경배했음을 보여 준다. 이로써 우리는 야훼가 아브람과 언약을 맺는 반면(15, 17장) 멜기세덱이 제사장으로서 섬기는 언약에 대해서는 아무 정보도 나오지 않는다는 사실을 자연스레 인지하게 된다. 창세기 안에서 그 지점까지 직접적으로 언급된 유일한 언약은 노아 언약이다(6:18; 9:8-17을 보라). 아마도 노아 언약과 멜기세덱의 제사

---

8 포도주는 유월절에 관한 지시 사항에 특별히 포함되어 있지는 않지만, 신 16:1-8과 더불어 14:24-26을 읽어 보면 포도주의 포함이 당연한 것으로 여겨졌음을 알 수 있다. 예수가 제자들과 함께 유월절을 기념할 당시에는 포도주가 절기 축하 의식에 확고히 자리 잡은 것으로 보인다(마 26:27-29; 막 14:23-25; 눅 22:20; 고전 11:25-26).

9 그리스도 안에서 실현된 유월절에 대한 바울의 모형론적 이해에 대해서는, James M. Hamilton Jr., "The Lord's Supper in Paul: An Identity-Forming Proclamation of the Gospel," in *The Lord's Supper: Remembering and Proclaiming Christ Until He Comes*, ed. Thomas R. Schreiner and Matthew R. Crawford (Nashville: Broadman & Holman, 2010), 68-102을 보라.

장직에 대한 추론이 멜기세덱을 노아의 아들 셈과 동일시하려는 시도에 기여했던 것 같다.¹⁰ 그러나 창세기 본문은 멜기세덱을 셈이라고 지칭하지도, 멜기세덱이 노아 언약 아래서 제사장으로 섬기는 것이라고 명시하지도 않는다. 아론계 제사장직은 야훼가 나중에 시내산에서 이스라엘과 맺은 언약의 일부분으로 확립된다(참조, 출 4:14-16; 28:1 등).

히브리서 저자는 창세기가 종종 주요 등장인물의 족보와 이들이 죽을 때의 정보를 모두 기록한 방식에 주목하고서 모세가 멜기세덱에 대해 그런 정보를 포함하지 않았다는 사실에 착안하여 그를 "아버지도 없고 어머니도 없고 족보도 없고 시작한 날도 없고 생명의 끝도 없는"(히 7:3, ESV) 하나님의 아들과 같은 이로 만든다. 히브리서는 또한 아브라함이 멜기세덱에게 십일조를 바쳤고(창 14:20; 히 7:4-10) 그에게 축복을 받았다는 사실(창 14:19; 히 7:6)을 강조한다.

모세는 내러티브에 멜기세덱을 포함시킴으로써 창세기에서 아담과 같은 인물을 제시한다. 곧, 제사장으로서 사람과 하나님 사이에서 중재하며 왕으로서 통치하는 인물 말이다. 멜기세덱 이후에 우리는 "하나님의 아들"로 지명된 이스라엘 민족에 대한 하나님의 목적이 이들을 제사장 왕국 삼는 것이라는 사실을 들을 때 또다시 왕적 제사장을 보게 된다.

---

10 Scott W. Hahn은, "고대 유대교와 기독교 전통에서" 셈은 "전형적으로 멜기세덱으로 간주된다"고 언급하면서, 그것이 옳다고 주장한다. Scott W. Hahn, *Kinship by Covenant: A Canonical Approach to the Fulfillment of God's Saving Promises* (New Haven: Yale University Press, 2009), 97-100, 390-92. 그러나 그런 동일시는 창세기 내러티브에서나 히브리서에서 주해적으로 확실히 보증하기 어렵다.

§3 (왕) 제사장 국가인 이스라엘

출애굽기 19:6에서 "그리고 너희는 나에게 제사장 왕국이 되고 거룩한 민족이 될 것이다"라는 주님의 주장의 근거는 무엇인가? 앞의 제2장 §3에서 우리는 아담이 생육하고 번성할 하나님의 아들이라는 것을 살펴보았는데, 이는 그가 하나님의 아들인 이스라엘, 즉 생육하고 크게 번성한 이스라엘 민족(출 4:22-23)의 본형임을 의미한다(출 1:7). 이스라엘 민족이 새 아담이라면, 그리고 아담이 왕-제사장이라면, 이 민족은 제사장 왕국이 될 것이다. 아담의 역할이 하나님에 대한 지식을 모든 창조물에 중재하는 것이라면, 이스라엘의 역할은 모든 민족에게 하나님에 대한 지식을 중재하는 것이리라.

이스라엘 민족은 아담이 제사장으로서 하지 못한 일을 이루어야 했다. 즉, 땅을 채우고 정복하며 야훼의 영광을 위해 땅을 통치해야 했다. 아담이 에덴동산에 놓였던 것처럼, 이스라엘은 거룩한 땅에 놓였고, 아담이 동산의 경계를 확장해서(땅을 정복함, 창 1:28) 하나님의 거처가 온 땅을 아우르도록 해야 했던 것처럼, 이스라엘도 경계를 넓혀 민족들을 유업으로 삼고 땅끝을 소유로 삼아야 했다(참조, 시 2:8). 아담이 언약 규정을 어기고 동산에서 추방됐듯이, 이스라엘은 시내산 언약을 어기고 땅에서 추방됐다. 역사 속에서 이스라엘 민족은 제사장으로서의 아담의 실패 패턴을 되풀이했다.

이스라엘 민족의 제사장 역할에 대한 주님의 전 세계적인 의도는 이사야 49:6(ESV)에 반영되어 있는 것 같다. "네가 나의 종이 되어 야곱의 지파들을 일으키며 이스라엘 중에 보전된 자를 돌아오게 하는 것은 매우 쉬운 일이다. 내가 또 너를 이방의 빛으로 삼아 나의 구원을 베풀어서 땅끝까지 이르게 할 것이다." 주님은 이스라엘의 남은 자만 구원하는 것이 아니라 모든 민족을 구원하고자 하셨으며, 그 구원은 그의 종의 사역으로부터 나올 것이다. 아담은 이 임무를 받은 주님의 종들 중 첫 번째 사람이었고, 이스라엘이 이를 이어받았으며, 저들이 실패하자 예수가 이를 이루셨다. 사도행전 13:47에서 사도 바울은 예수가 이루신 바를 선포하면서 이방인들에게 복음을 전하는 자신의 중재적·제사장적 사역과 관련하여 이사야 49:6을 인용한다. 바울이 제사장적 배음(overtones)을 울리는 이사야 49:6을 인용한 것은 로마서에서 제사장적 용어로 이방인들에 대한 자신의 사역을 설명하는 방식과 완벽하게 어울린다(롬 1:9; 15:16).

- 롬 1:9, "내가 그의 아들의 복음 안에서 내 영으로 섬기는[λατρεύω] …"
- 롬 15:16, "그리스도 예수의 사역자[λειτουργὸν]가 되어 이방인들에게 하나님의 복음에 대한 제사장의 직무를[ἱερουργοῦντα τὸ εὐαγγέλιον] 행하게 하여, 이방인의 제물이 성령 안에서 거룩하게 되어 받으실 만하게[εὐπρόσδεκτος] 하기 위함이다." (ESV)

그리스도가 실현한 제사장적 중재자 역할은 바울로 하여금 그를 따라 주님을 섬기고 세상에 하나님에 대한 지식을 중재하게끔 했을 뿐 아니라, 그의 백성을 제사장 왕국의 일원으로 세운다(벧전 2:9; 계 1:5-6; 5:10). 아담은 왕적 제사장으로 동산에 놓였지만 실패했다. 이스라엘은 왕적 제사장으로 땅에 놓였지만 실패했다. 그리스도는 왕적 제사장으로 와서 성공하셨고, 사도 바울에게 이방의 빛이 되는 사명을 주셔서, 교회가 왕적 제사장이신 예수의 제자를 만드는 왕적 제사장 직분자가 되도록 하셨다.

§4 아론과 제사장들

아담으로부터 멜기세덱을 통해 이스라엘을 거쳐 그리스도와 교회에 이르는, 제사장직에 대한 광각(wide-angle)의 궤적에 더하여, 우리는 모세의 율법이 지적한바 아론의 제사장직에 대한 실패의 낌새를 발견하게 된다. 그와 같은 예고는 전기 및 후기 예언서를 통해 발전했는데, 저들이 지향했던 방향은 성문서에 나타나며, 그중 특히 시내산 언약과 관계없이 멜기세덱 모형에 기초하여 새 제사장직을 기대하는 시편 110편에 집약되어 있다. 그렇더라도 아론의 제사장직은 그리스도가 역할, 책임, 행동에 있어서 실현하실 제사장직을 모형화하고 있다.

오경의 내용에 따르면 아론과 그의 아들들이 제사장이 됐을 때 이스라엘에는 왕이 없었고, 제사장들이 왕의 역할을 수행해야 한다는 기록도 없었다. 모세는 결코 왕으로 불린 적이 없지만, 후대의 왕들처럼 역할했다. 즉, 애굽 왕과 소통하고(출 7:1; 9:1, 13; 10:28-29), 이스라엘 백성을 재판했다(출 18:13; 참조, 왕상 3:16-28). 모세와 아론은 함께, 거의 왕-제사장 쌍두마차를 형성한다.

오경에서 시내산 언약에 동반되는 지시 사항에 따르면, 기름 부음을 받는 사람은 제사장뿐이다(출 28:41; 29:7; 30:30; 40:13, 15; 레 8:30 등; 성막 자체와 예배 기구도 기름 부음이 필요했다). 율법은 왕들의 기름 부음에 대해 지시하는 바가 없기 때문에, 주님이 사무엘에게 이를—사울을 왕으로 기름 붓기를(삼상 9:16; 참조, 삿 9:8)—명하셨을 때, 이 기름 부음은 자연히 왕직과 제사장직을 연관 지어 생각하게 한다. 이후에 하나님이 엘리야에게 예후를 왕으로 기름 붓고, 엘리사를 예언자로 기름 부으라 명하셨을 때도 비슷하게 말할 수 있을 것이다(왕상 19:16).

아론과 그의 아들들을 제사장으로 임명하는 것은 율법 수여 및 시내산 언약과 더불어 이루어졌다. 이 계시의 주요부에는 시내산 언약이 깨질 것이라는 낌새(예, 레 26:15; 신 31:20)뿐 아니라 야훼가 아브라함과 맺으신 언약을 근거로 백성에게 자비를 베푸실 것이라는 언급(예, 레 26:42; 신 4:31; 7:8; 10:15; 30:5)도 담고 있다. 이스라엘 민족이 시내산에서 출발하기도 전에 아론(출 32장)과 그의 아들들(레 10장)은 모두 언약을 통렬히 깸으로써 실패해 버렸다(출 32:19; 레 10:2). 이렇게 오경에는 시내산 언약과 그와 관련된 제사장직이 실패할 것이라는 낌새가 나타난다.

구약을 계속 읽어 나가다 보면, 우리는 전기 및 후기 예언서에서 주님이 아론의 제사장직을 신실하고도 효력 있는 제사장의 직분으로 대체하시리라는 약속을 발견하게 된다.

§5 신실한 제사장에 대한 약속

데이비드 스타인메츠(David Steinmetz)는 구약성경을 읽는 것을 추리 소설을 읽는 것과 비교했다.[11] 추리 소설의 작법을 터득한 작가들은 독자들에게 필요한 모든 정보를 제공하면서도, 그들이 이야기를 읽을 때 범죄를 해결하기 매우 어렵게끔 만든다.[12] 그러나 독자가 이야기를 다 읽고 밝히

---

11 David C. Steinmetz, "Uncovering a Second Narrative: Detective Fiction and the Construction of a Historical Method," in *The Art of Reading Scripture*, ed. Ellen F. Davis and Richard B. Hays (Grand Rapids: Eerdmans, 2003), 54-65 [=『성경 읽기는 예술이다』, 2021, 성서유니온].

12 예를 들어, Agatha Christie, Dorothy Sayers, G. K. Chesterton 등등으로 구성된 유명한 '추리 클럽'은 독자들을 속이지 않는다는 규칙에 합의했다.

드러난 사건을 경험한 후 다시 읽을 때면, 마치 작가가 모든 단서를 눈에 잘 띄는 곳에 숨겨 놓은 것처럼 보인다.

추리 소설의 작가는 이야기가 어디로 흘러가는지 알고 있다. 구약성경 작가들도 마찬가지로 이야기가 어디로 흘러가는지 어느 정도 알고 있었던 것 같다. 그들은 성경이 누구를 지시하는지, 어떤 때를 지시하는지 알지 못했고(벧전 1:11), 어떤 일들은 그들에게 알려지지 않았지만(엡 3:5), 이 장의 나머지 부분에서는 신실한 제사장에 대한 약속에 관해 눈에 잘 띄는 곳에 숨겨진 단서들을 추적하려 한다. 우리는 사무엘상 2장에서 시작할 것이다.

§5.1 사무엘상 2:35에 나오는 신실한 제사장

엘리 제사장의 아들인 홉니와 비느하스는 "벨리알의 아들들"(בְּנֵי בְלִיָּעַל, 삼상 2:12)이었고, 그들의 중대한 죄 때문에(2:13-17, 22-23) "주님이 그들을 죽이려 하셨다"(2:25, ESV). 이에 따라 하나님의 사람이 엘리에게 와서 두 아들이 같은 날에 죽을 것임을 예언했고(2:34), 이후의 내러티브는 그 일이 어떻게 발생하는지 서술한다(4:11).

그러나 하나님의 사람의 책망은 단지 엘리의 집안에만 국한되지 않는다. 책망의 서두에서는 아론이 출애굽 시 제사장으로 임명됐을 때를 떠올리게 한다.

> 주님이 이렇게 말씀하신다. "네 조상의 집이 애굽에서 파라오의 집에 속했을 때 내가 그들에게 나타나지 않았느냐? 이스라엘 모든 지파 중에서 내가 그를 택하여 내 제사장으로 삼아 그가 내 제단에 올라 분향하며 내 앞에서 에봇을 입게 하지 않았느냐? 이스라엘 자손이 드리는 모든 화제

를 내가 네 조상의 집에 주지 않았느냐? (삼상 2:27-28, ESV)

엘리에게 주어진 이 말씀에서, "네 조상의 집"에 대한 언급은 아론의 자손들 중 한 명을 언급하는 것으로는 다 설명할 수 없다. 아론은 "그들이 애굽에서 파라오의 집에 속했을 때"(삼상 2:27) 제사장으로 섬기도록 택함받은 집안의 수장이었다(삼상 2:28; 출 28:1). 아론에게 네 아들이 있었지만 나답과 아비후는 죽고 엘르아살과 이다말만 남았다(출 6:23; 레 10장; 대상 24:2). 사무엘상 2:27-35에서 언급된바 제사장 엘리는 이다말의 후손이고(삼상 14:3; 22:20; 23:6; 대상 24:3), 사독은 엘르아살의 후손이었다(대상 6:1-15, 50-53; 24:3).

하나님이 "그들이 애굽에서 파라오의 집에 속했을 때" 자신을 엘리의 조상의 집에 나타내셨다는 사무엘상 2:27의 언급에서, 아론이 출애굽 이전에 애굽에서 활동했던 제사장 같은 인물이었다는 것을 보자면, "네 조상의 집"이란 아론의 엘르아살과 대비해서 아론의 아들 이다말을 의미하는 것 그 이상을 가리킨다. 엘리의 조상, 곧 아론의 아들 이다말만이 제사장으로 섬기도록 선택된 것은 아니었다(삼상 2:28). 선택된 것은 바로 아론과 그의 아들들이었다.

(삼상 2:23-25에서 엘리는 책망 조로 말하긴 했지만) 사무엘상 2:29에서 엘리의 아들들의 죄와 엘리가 그들을 징계하지 못한 일을 말하면서, 하나님의 사람은 엘리의 이후 혈통뿐 아니라 **그의 조상의 집이 끊어질 것이라**고 선언한다.

그러므로 주, 이스라엘의 하나님이 선언하신다. "내가 전에 네 집과 네 조상의 집이 내 앞에 영원히 행하리라 약속했다."¹³ 그러나 이제 주가 선언하신다. "결단코 그렇게 하지 않을 것이다. 나를 존중히 여기는 자를 내가 존중히 여기고 나를 멸시하는 자를 내가 경멸할 것이다. 보라, 내가 네 힘과 네 조상의 집의 힘을 끊어 네 집에 노인이 하나도 없게 될 날이 올 것이다." (2:30-31, ESV)

엘리의 힘이 끊어진다는 이야기는 사무엘상 2:32-34에서 상술된다. 거기서 엘리는 두 아들이 죽을 것이라는 말(2:34), 그의 집에 노인이 없을 것이라는 말(2:32), 엘리의 후손 중 유일하게 살아 남은 자만이 집안의 나머지 사람들이 칼에 맞아 죽는 것을 보고 슬퍼할 것이라는 말(2:33, ESV)을 듣게 된다. 사무엘상 2:33의 이러한 진술들은 도엑이 사울의 명령에 따라 놉의 제사장들을 죽이고, 오직 아비아달만이 다윗에게로 도망쳤을 때 실현된 것처럼 보인다(삼상 22:11-23).

우리는 엘리의 조상의 집에 대한 언급(삼상 2:27, 28, 30, 31)이 아론의 집을 가리킴이 분명하다는 것을 확인했다(특히 2:27을 보라. "네 조상의 집이 애굽에 있을 때 파라오의 집에 속했다"). 또다시 사무엘상 2:31의 말씀에 주목하라. "내가 네 힘과 네 조상의 집의 힘을 끊을 것이다." 이는 엘리의 혈통뿐 아니라 아론의 혈통까지도 끊어지게 될 것을 암시하는 듯하며, 사무엘상 2:35에서는 그 대안이 언급되는 듯하다. "그리고 내가 나를 위해 신

---

13 이 진술은 출 27:21 같은 본문에서 말하는 약속을 회상하게 한다: "아론과 그의 아들들로 [회막을] 저녁부터 아침까지 주 앞에서 보살피게 하라. 이는 이스라엘 백성이 대대로 영원히 지킬 규례다"(ESV). 또한 출 29:9을 보라: "너는 아론과 그의 아들들에게 띠를 띠우고 관을 씌우라. 그리고 제사장의 직무는 규례에 따라 영원히 그들의 것이 될 것이다. 이처럼 너는 아론과 그의 아들들을 임명할 것이니라"(ESV).

실한 제사장을 일으킬 것인데, 그는 내 마음과 내 뜻에 따라 행할 것이다. 그리고 내가 그를 위하여 견고한 집을 세울 것이며, 그는 나의 기름 부음을 받은 자 앞에서 영원히 행할 것이다."

사무엘상 2:35을 조금 더 자세히 다루기 전에 열왕기상 2:27을 살펴보는 것이 좋겠다. "그래서 솔로몬은 아비아달을 주님의 제사장 직분에서 파면했고, 그리하여 실로에서 엘리의 집에 대하여 하신 주님의 말씀을 이루었다"(ESV). 열왕기상 2:27에서 말하는 실현은 특히 "엘리의 집"에 관한 것이며, 이는 엘리의 후손인 아비아달이 사독에게 자리를 내줌으로써 이루어진다. 아비아달은 아론의 아들 이다말의 후손이고, 사독은 아론의 아들 엘르아살의 후손이지만, 두 계통 모두 응당 아론의 후손이다. 따라서 사무엘상 2:27-35에 나오는 엘리의 조상의 집에 대한 언급이 아론의 집에 관한 것이 맞다면(그리고 다시 한번 삼상 2:27의 "그들이 애굽에 있을 때"라는 언급을 보라), 열왕기상 2:27이 엘리 집에 대한 예언을 실현하는 와중에, 아론의 집에 속한 사독 가문은 아론의 모든 집에 관한 예언의 일부가 실현될 것을 기다려야 하는 상황에 놓이게 된다.

사무엘상 2:35에서는 한 어구 한 어구가 다른 중요한 진술과 공명한다. 첫 번째 어구인, "그리고 내가 나를 위해 일으킬 것이다"는 사무엘하 7:12의 "내가 네 뒤에 날 씨를 일으킬 것이다"(וַהֲקִימֹתִי)와 같은 동사 형태(וַהֲקִימֹתִי)이다. 주님이 사무엘상 2:35에서 자신을 위해 일으키시겠다고 말씀하신 "신실한 제사장"(כֹּהֵן נֶאֱמָן)은 예언처럼 죽게 되는 엘리와 그의 아들들(삼상 2:12-25)과 대조된다(삼상 4:11, 18; 22:11-19). 엘리의 혈통은 나중에 제사장 직분에서 제거된다(왕상 2:26-27, 35). 사무엘상 2:35에 약속된 "신실한 제사장"은 사무엘의 아들들(삼상 8:1-5)과도 대조되며, 되돌아보면 약속된 자는 아론(출 32장)과 그의 아들들(레 10장)과도 대조된다. 주님이 "[엘리의] 조상의 집의 힘을 끊으실 것"(삼상 2:31)이라면, 말하자면 아론의 집(2:27)을 끊으실 것이라면, 이 "신실한 제사장"(2:35)은 어디서 나온단 말인가?

사무엘상 2:35에 나오는 이 제사장에 대한 묘사는 "내 마음과 내 뜻을 따라 행할 자"(ESV, כַּאֲשֶׁר בִּלְבָבִי וּבְנַפְשִׁי יַעֲשֶׂה)라는 말로 계속된다. 사무엘이 사울에게, "그러나 이제 네 왕국은 계속되지 않을 것이다. 주님이 그의 마음에 맞는[כִּלְבָבוֹ] 사람을 찾으셨다"(삼상 13:14, ESV)라고 말할 때에도 비슷한 표현이 나타난다. 사무엘상 13장의 이 진술의 근접 문맥은 다윗과 요나단 사이에 관련성을 형성한다. 요나단의 무기를 든 자가 요나단에게 "당신의 마음을 따라[בִּלְבָבֶךָ] 다 행하십시오. … 제가 당신의 마음을 따를[בִּלְבָבֶךָ] 것입니다"(14:7, ESV)라고 말한다. 나중에 다윗은 주님으로부터 계시를 받은 후 야훼에게 이렇게 말한 바가 있다. "당신의 약속으로 인해, 그리고 당신의 마음을 따라[וּכְלִבְּךָ], 이 모든 큰일을 행하사 주님의 종에게 알게 하셨습니다"(삼하 7:21, ESV). 마음이라는 단어를 둘러싼 진술들 사이의 유사성은 야훼가 순종하는 왕—사울에게 말하는 사무엘상 13:14은 사울의 불순종한 희생 제사에 대한 사무엘의 질책에서 비롯한다(삼상 13:8-15)—을 바라시는 것과 같이 "신실한 제사장"을 바라신다는 것을 보여 준다.

사무엘상 2:35에 나오는 주님의 단언은 독자들이 사무엘하 7장을 읽고 있다고 착각하게끔 할 만하다. "그리고 내가 그를 위하여 견고한 집을 세울 것이다"(וּבָנִיתִי לוֹ בַּיִת נֶאֱמָן, 삼상 2:35, ESV). 다윗이 야훼를 위해 집(בַּיִת)을 짓고자(בָּנָה) 하는 바람에 대한 응답으로(특히 삼하 7:5), 사무엘하 7:11에서 나단은 다윗에게 "주님이 네게 집을 세울 것이라고 선언하셨다"라고 말한다. 주님은 다윗에게 그의 씨가 "내 이름을 위하여 집을 세울 것이다"(הוּא יִבְנֶה־בַּיִת לִשְׁמִי, 삼하 7:13, ESV)라고 말씀하셨고, 주님은 다윗에게 "네 집과 네 왕국이 내 앞에 영원히 확고할 것이다[וְנֶאְמַן בֵּיתְךָ]"(7:16)라고 약속하셨다. 사무엘상 2:35과 사무엘하 7:16 모두에서 주님이 "확고한"(נֶאְמַן/נֶאֱמָן) "집"(בַּיִת)을 약속하신 것은 대단히 중요하다.

"확고한 집"을 세우실 "신실한 제사장"에 대한 야훼의 묘사가 담긴 사무엘상 2:35의 마지막 어구는, "그리고 그는 내 기름 부음 받은 자 앞에서 영원히 나가고 들어올 것이다"(ESV)이다. 이 번역은 마소라 본문의 모음 점 찍기 방식(모음 표기 방식)을 따르고 있으며, 그리스어 번역도 그와 같은 방식으로 읽는다(καὶ διελεύσεται ἐνώπιον χριστοῦ). 그러나 문법적·문맥적 사항에 근거하여 칼 디닉(Karl Deenick)은 "내 기름 부음 받은 자가 영원히 내 앞에 나가고 들어올 것이다"라는 약간 수정된 번역을 제안했다.[14]

이 문제는 디닉이 주장하는 것처럼 전치사 "앞에"(לִפְנֵי)에 모음 **파타흐-요드**(לִפָנַי, "내 앞에")가 붙었는지, 아니면 마소라 학자들이 본문에 모음을 붙이고 그리스어 번역자가 옮긴 것처럼 모음 **쩨레-요드**(לִפְנֵי, "[내 기름 부음 받은 자] 앞에")가 붙었는지에 달려 있다.

삼상 2:35, וְהִתְהַלֵּךְ לִפְנֵי־מְשִׁיחִי כָּל־הַיָּמִים

디닉의 주장이 맞다면, "나의 기름 부음 받은 자"(מְשִׁיחִי)는 전치사의 목적어("그[나중에 언급되는, 기름 부음 받은 왕과 구별되는 제사장]는 나의 기름 부음 받은 자 앞에서 나가고 들어올 것이다")가 아니라 동사 "나가고 들어오다"

---

14 Karl Deenick, "Priest and King or Priest-King in 1 Samuel 2:35," *Westminster Theological Journal* 73 (2011): 325–39.

의 주어가 된다("내 기름 부음 받은 자는 나가고 들어올 것이다"). 디닉의 제안은 매력적이지만, 전치사 "앞에"(לִפְנֵי)의 모음이 쩨레-요드가 아닌 파타흐-요드였다는 본문 증거가 없기 때문에, 그의 독법에 지나치게 의존하는 것은 현명한 처사는 아닌 듯하다.¹⁵

그렇지만 우리는 사무엘상 2:27-35에서 2:27에 근거하여 아론의 집을 가리키는 것처럼 보이는 엘리의 조상의 집이 제사장직에서 끊어지고 대체될 것이라는 예언을 볼 수 있다. 열왕기상 2:27에 나타난 실현은 엘리의 집에 해당하지만, 엘리의 조상의 집, 즉 아론의 집이 끊어지는 것에 대한 실현은 아니다. 구약성경의 이후 본문에서는 레위계 제사장직의 변화를 예측하고 있는데, 이는 율법과 제사장직의 본질, 특히 이 역할들을 누가 수행할 수 있는지에 관한 법적 사항에 근본적인 변화가 일어났음을 시사하는 듯하다. 또한 아담과 멜기세덱 안에 모형화된 것이 아마도 모세-아론 쌍두마차와 함께 결합되어 왕-제사장의 통치에서 실현될 일도 그와 관련이 있다.

§5.2 미래의 제사장과 레위인에 대해 말하는 이사야

이사야 61:6에서, 이사야는 하나님의 백성에게 말하면서 아론의 혈통에 제한된 제사장직이 제거될 날을 지적한다. "너희는 주님의 제사장이라 불릴 것이다. 그들은 너희를 우리 하나님의 성직자[מְשָׁרְתֵי, λειτουργοί, ministers]라 할 것이다." 이 진술에서 이사야는 이스라엘 민족을 제사장 왕국 삼겠다는 출애굽기 19:6의 단언에 들어 있는 그 민족을 향한 주님의 목적이 실현될 것이라고 주장한다. 이 주장은 모세의 율법과 레위계

---

15 Dominique Barthélemy, *Critique Textuelle de L'Ancien Testament* (Göttingen: Vandenhoeck and Ruprecht, 1982), 150에는 삼상 2:35에 관한 논의가 나오지 않는다.

제사장직에 관해 시편 110:4과 동일한 함의를 가지고 있으며, 이는 히브리서 7:11-21에서 상술된다.

그러나 이사야는 이스라엘의 모든 사람이 제사장이 될 것이라는 선언에서 멈추지 않는다. 즉, 거기에는 이방인도 포함된다. 살아 남게 된 자들이 보내질 일련의 이방인 나라들—다시스, 뿔(Pul), 룻, 두발, 야완(사 66:19)—을 나열한 후, 이사야는 "그리고 그들이 모든 민족으로부터 온 네 모든 형제를 주님에게 제물로 드릴 것이다. … 그리고 그들 중 일부는 내가 제사장과 레위인으로 삼을 것이다. 주님의 말씀이다"(66:20-21)라고 주장한다. 여기서 또다시 말하자면, 모세의 토라에는 비(非)이스라엘인이 제사장이나 레위인으로 섬긴다는 내용이 나오지 않는다. 원칙상 레위 지파의 사람들이 레위인으로서 섬기는 것이다. 아론과 모세는 레위의 후손이었는데, 아론계 사람만이 제사장으로 섬길 수 있었다. 이사야 61:6에서 모든 이스라엘이 제사장이 될 것이라고 말함으로써 제사장에 관한 율법을 무효로 만드는 것과 같이, 66:21에서 이방인이 제사장으로 섬기게 될 것이라는 더욱 노골적인 예언은 족보를 요구하는 율법을 뛰어넘는다(참조, 민 3:5-13).

이사야가 하나님의 모든 백성이 언약을 알고 지키게 될 날을 선포하듯이—"너희 모든 자녀는 주님에게 가르침을 받을 것이다"(사 54:13)—그는 언약의 조건이 바뀌고, 주님이 모든 이스라엘에서 신실한 제사장들을 일으키시며, 다른 민족들 가운데서 레위인들을 일으키실 날을 선포한다. 마찬가지로 예레미야도 33:14-26에서 레위계 제사장들에 대한 중요한 진술을 내놓는다.

§5.3 미래의 레위계 제사장들에 대해 말하는 예레미야

예언자들은 하나님이 새 출애굽의 구원을 행하실 때(예, 렘 16:14-15; 23:7-8) 출애굽 후에 맺은 것과는 다른 새 언약을 맺으실 것이라고 가르친다 (31:31-34). 이사야는 이로써 이스라엘 백성뿐 아니라 이방인들도 제사장과 레위인으로서 섬기게 되는 결과를 가져올 것이라고 언급한다. 이것이 예레미야에게도 해당될까? 아니면, 예레미야는 다윗계 왕이 영원히 통치할 것이라는 약속같이 레위계 제사장들이 영원히 직무를 행할 것이라고 가르치는가? 레위계 제사장들이 영원히 지속된다면, 이는 그들의 직무의 근거인 시내산 언약도 영원히 유효하다는 뜻이 아닌가(참조, 히 7:12)?

예레미야 33:17-18에 대한 ESV 번역을 보면, 이 두 구절이 평행한 진술이라는 인상을 받게 된다.

렘 33:17	렘 33:18
주님이 이렇게 말씀하셨다. 이스라엘 집의 왕위에 앉을 사람이 다윗에게 결코 끊어지지 않을 것이다.	그리고 내 앞에서 번제를 드리며 소제를 사르며 다른 제사를 항상 드릴 레위인 제사장들도 결코 끊어지지 않을 것이다.

이런 방식으로 읽으면, 17절과 18절은 (1) 다윗의 후손이 항상 이스라엘의 왕위에 앉을 것이고, (2) 레위계 아론의 후손이 항상 제사장으로 섬길 것임을 나타내게 된다.[16] CSB와 NASB는 유사한 독법을 가지고 있지

---

16 J. A. Thompson은 위와 같이 본문을 해석하면서, "다윗왕조뿐 아니라 레위계 제사장직도 동일한 약속을 공유하고 있는 것처럼 보인다"라고 썼다. J. A. Thompson, *The Book of Jeremiah*, New International Commentary on the Old Testament

만, KJV와 NET는 또 다른 이해에 열려 있는 편이다. 이 두 구절에 대한 나의 매우 문자적인 번역을 보자(굵은 글씨체는 일치하는 어구를 가리킨다).

렘 33:17	렘 33:18
주님이 이렇게 말씀하셨다. **그는 끊어지지 않을 것이다**, 다윗을 위해, 이스라엘 집의 왕위에 앉을 **한 사람**,	그리고 제사장들, 레위인들을 위해, **그는 끊어지지 않을 것이다**, 내 앞에서 번제를 드리며 소제를 사르며 다른 희생 제물을 항상 드릴 **한 사람**.
For thus says Yahweh: *He shall not be cut off* for David, *a man* sitting on the throne of the house of Israel,	and for the priests, the Levites, *he shall not be cut off*, *a man* from before me offering up burnt offerings and making tributes smoke and making sacrifices all the days.

이 두 구절의 어순과 어구는 17절에서 "다윗을 위해 끊어지지 않을" 사람이 18절에서 제사장들, 레위인들을 위해 "끊어지지 않을" 사람과 동일인일 가능성을 열어 준다. 17절과 18절에서 동일한 표현이 사용됐다는 점에 주목하라. "… 사람, 그는 끊어지지 않을 것이다"(לֹא יִכָּרֵת … אִישׁ).

나의 문자적 번역에 반영됐듯이, 17절에서는 "다윗을 위해"라는 어구가 "그는 끊어지지 않을 것이다"라는 절 직후에 온다. 이와는 달리 18

(Grand Rapids: Eerdmans, 1980), 602. 여기서 내가 강조하고 있는 긴장은 F. B. Huey의 주석에서 볼 수 있다: "이 구절에는 이스라엘의 다윗과 레위 혈통이 영원하리라는 약속이 담겨 있다"고 말하면서 이어지는 지면에서 "제사장 역할을 하는 그리스도가 레위계 제사장의 역할을 실현하신다고 결론짓는 것은 무리가 아니다"라고 썼다. F. B. Huey, *Jeremiah, Lamentations*, New American Commentary (Nashville: Broadman & Holman, 1993), 301-2. 내 생각에 렘 33:18을 지속될 레위계 제사장직에 대한 약속으로 읽는 것은 예레미야서를 잘못 이해한 것이다. 히브리서의 저자는 유다 지파의 사람이 제사장이 되기 위해 제사장직이 레위 지파에만 국한되지 않는 새 언약이 필요하다고 가르친다(히 7:12-22).

절에서는 "그리고 제사장들, 레위인들을 위해"라는 어구가 그 문장("그는 끊어지지 않을 것이다"—편주) 앞에 와서, 다윗계 사람도, 레위계 제사장들의 사람도 끊어지지 않을 것이라는 평행 진술을 제시하는 것이 아니라, "다윗을 위해 … 그리고 제사장들, 레위 사람들을 위해" 끊어지지 않을 한 사람이 있을 수 있음을 나타낸다(33:17-18a). 이 해석에 따르면, 18절에서 "그는 끊어지지 않을 것이다"라는 어구가 반복되는 것은 17절에서 "다윗을 위해 끊어지지 않을" **바로 그 사람**이 제사장들을 위해 설 것임을 다시 한번 더 진술하는 역할을 한다.

예레미야 33:17-18이 끊어지지 않을 두 인물(다윗의 후손과 레위의 후손)이 아닌 한 인물(미래의 다윗계 왕)에 대해서만 말하고 있다는 생각을 뒷받침하는 증거는 다섯 가지다: 첫째, 예레미야 33:14-26의 문학적 구조; 둘째, 사무엘상 2:27-35과의 어휘상 유사점; 셋째, 열왕기상 8:25과의 접점; 넷째, 예레미야(와 이사야)에서 "레위인"과 "제사장"이라는 용어의 사용; 다섯째, 이 문제에 대한 스가랴 6:9-15의 모형론적 해석.

§5.3.1 예레미야 33:14-26의 문학적 구조

예레미야 33:14은 "보라, 그날들이 온다, 주님이 말씀하신다"라는 문구로 시작된다. 이 세 부분으로 이루어진 진술([1] "보라"; [2] "그날들이 온다"; [3] "주님이 말씀하신다")은 예레미야서에 13회(렘 7:32; 9:25[MT 9:24]; 16:14; 19:6; 23:5, 7; 30:3; 31:27, 31; 33:14; 48:12; 49:2; 51:52; 참조, 또한 31:38) 나오고 다른 곳에서는 단 한 차례(암 9:13)만 나온다. 예레미야 30-33장은 이스라엘의 종말론적 구원을 가리키고 있는 단락으로 흔히 알려져 있으며, 저 문구는 그 장들 안에 전략적으로 배치된 것으로 보인다. 예레미야는 이 문구를 30:3에서 그 단락의 예언을 시작할 때 사용했고, 또다시

33:14-26에서 그 장들의 마지막 단락을 시작하는 진술로 사용했다. 이 문구는 명백히 중요한, 그 단락의 중심부 언저리에서, 즉 31:27과 31:31에서 두 차례(또는 세 차례) 나타난다(참조, 또한 사본학적 문제가 있는 31:38). 이 표제는 33:14-26을 하나의 통합된 진술로 돋보이게 하고, 그 본문의 일관성은 아브라함과 이스라엘/야곱에 대한 하나님의 약속의 실현(33:14, 17, 22, 24-26), 다윗(33:15, 17, 21, 22, 26), "레위계 제사장들"(ESV, 33:18, 21, 22, 자세한 것은 아래를 보라)에 대한 초점으로 강화된다.

예레미야 33:14-26은 33:14-18과 33:19-26의 두 단위로 나뉜다. 첫 번째 부분인 33:14-18은 33:14의 "보라, 그날들이 온다"는 진술에 이어 33:15과 33:16에서 두 차례의 "그날들에"라는 진술이 나온다. 이 두 차례의 "그날들에"라는 진술은 33:17-18의 "주님이 이렇게 말씀하신다"로 시작하는 진술에 토대를 두고 있다.

두 번째 단위인 33:19-26은 또 두 부분으로 구성되어 있으며, 각 부분은 "주님의 말씀이 예레미야에게 임했다"(33:19, 23, ESV)로 시작한다. 두 부분(33:19-22과 33:23-26) 모두 "주님이 이렇게 말씀하신다"라는 문구로 소개되는, "만약/그렇다면"(33:20-21; 33:25-26, ESV) 형식으로 구성되어 있다.

이렇게 명확하게 구성된 본문의 두드러진 주제는 하나님이 다윗의 혈통에서 구원의 왕을 일으키심으로써 약속을 이루시리라는 것이다. 그는 14절에서 말하는 약속된 자이자, 15절에서 말하는 돋아날 의로운 가지이며, 16절에서 말하는 구원을 가져오고 '야훼, 우리의 의'라는 이름을 지닌 자이고, 17절에서 말하는 영원히 통치하는 다윗계 왕이다. 그리고 18절에서는 그가 새로운 레위인들, 곧 제사장들을 위해 끊어지지 않을 자라고 주장한다.

19-26절에 나오는 두 개의 '만약/그렇다면'이라는 진술은, 첫째로 (변

화된 레위계 제사장들에게 유익할) 다윗과 맺으신 하나님의 언약이 낮과 밤처럼 확고할 것(33:19-21)을 약속하고, 둘째로 낮과 밤의 고정된 질서는 하나님이 "택하신 두 지파"를 버리지 않을 것을 확증하는데(33:24), 이때 이 두 지파는 "야곱과 다윗"으로 확인된다(33:26). 하나님은 이스라엘의 집을 택하셨는데, 여기서는 그 이름이 이스라엘로 바뀌기 전의 이름인 "야곱"으로 불린다. 그리고 하나님은 이스라엘 안에서 다윗의 집을 택하셨다.

이처럼 예레미야 33:14-26은 이스라엘과 다윗에 대한 하나님의 약속의 실현을 말하고 있는 듯하다. 이 약속에는 레위 사람들이 성막에서 섬기고 아론 가문의 사람들이 제사장으로 섬겨야 한다는 모세 언약과의 연속성은 나타나지 않는다(렘 31:31-34을 보라). 이 단락에서 "레위계 제사장들"이 언급되기는 하지만, 여기서 그 어구를 한 지파의 후손을 가리키는 것으로 받아들여서는 안 된다고 생각할 만한 이유가 있다. 지금 우리는, 예레미야 31:31-34이 시내산에서 맺은 옛 언약과 같지 않은 새 언약을 선포하는 반면, 33:22은 창세기 15:5과 22:17과 같은 본문을 암시하며 야훼를 예배하는 자들이 번성함에 따라 다윗의 씨가 아브라함과의 언약을 실현할 것이라고 단언하는 장면을 관찰하고 있기 때문이다.

§5.3.2 사무엘상 2:27-35과의 어휘상의 접촉점

위에서 우리는 세 부분으로 된 문구—(1) "보라," (2) "그날들이 온다," (3) "주님이 말씀하신다"—가 예레미야서에서 규칙적으로 나오지만 그 책 밖에서는 단 한 차례만 등장(암 9:13)한다는 것을 확인했다. 이 문구의 첫 두 부분—(1) "보라," (2) "그날들이 온다"—은 예레미야서에서 14회 나오고(위에서 언급한 세 부분으로 구성된 문구의 13가지 사례 외에도 렘 51:47을 보라) 다른 곳에서는 6회만 등장한다. 이 문구가 예레미야서 외에 6회 등장하는 경우 가운데 3회는 아모스서(암 4:2; 8:11; 9:13)에, 2회는 열왕기와 이사야서(왕하 20:17; 사 39:6)에 평행하게 나타나며, 마지막 남은 한 경우는 사무엘상 2:31에 나온다.

- 삼상 2:31, "보라, 그날들이 온다."
  הִנֵּה יָמִים בָּאִים
- 렘 33:14, "보라, 그날들이 온다."
  הִנֵּה יָמִים בָּאִים

앞선 논의에서 확인한 바와 같이 사무엘상 2:27-35에서는 하나님의 사람이 엘리에게 그의 집과 그의 조상의 집의 힘이 끊어질 것이며, 주님이 자신을 위해 신실한 제사장을 일으키실 것이라고 예언한다. 예레미야 33:14-26에서 예레미야는 주님이 아브라함과 다윗과 맺었던 새 언약의 약속을 실현하실 것이라고 선언하면서, 여기에는 레위계 제사장들도 포함될 것이며, 이들을 대신할 사람이 부족하지 않을 것이라고 설명한다. 예레미야는 사무엘상 2:31에서 엘리와 그의 조상의 집에 대한 신탁 중간에 처음 사용된 어구를 가지고 말하기 시작한다.

사무엘상 2:33에서 하나님의 사람이 엘리에게 말한다. "내가 내 제단에서 끊어 버리지 않을, 너희 중 오직 한 사람만이 살아 남아 눈물을 흘리며 슬퍼할 것이다. 그리고 네 집의 모든 후손이 사람의 칼에 죽을 것이다"(ESV). 이미 위에서 언급했듯이, 이 예언은 사울의 군주 도엑이 제사장들을 학살하던 순간 아비아달만 도망쳤을 때 실현된 것처럼 보인다(삼상 22:11-23). 끊어지지 않을 자들에 대한 언급들 사이의 유사성에 주목해 보자.

- 삼상 2:33, "그리고 내가 너를 위해 끊어 버리지 않을 한 사람이"
  וְאִישׁ לֹא אַכְרִית לְךָ
- 렘 33:17, "한 사람이 다윗을 위해 끊어지지 않을 것이다."
  לֹא יִכָּרֵת לְדָוִד אִישׁ
- 렘 33:18, "한 사람이 내 앞에서 끊어지지 않을 것이다."
  לֹא יִכָּרֵת אִישׁ מִלְּפָנָי

이 각각의 진술에서 우리는 부정어 불변사(לֹא, "않다"), "끊어지다"라는 동사(כָּרֵת), "사람"이라는 단어(אִישׁ)를 보게 된다. 열왕기 저자는 열왕기상 2:4에서 저 단어들을 사용해 솔로몬에게 말하고 있는 다윗을 제시했고("한 사람이 너를 위해 이스라엘의 왕위에서 끊어지지 않을 것이다"), 솔로몬은 열왕기상 8:25에서 기도를 드리면서 이 표현을 사용했다(본서 §5.3.3과 대하 6:16에 있는 병행 어구를 보라). 열왕기상 9:5에서 저자는 주님이 솔로몬에게 하셨던 약속을 동일한 언어로 되풀이하는 것을 보여 준다. "너를 위해 한 사람이 끊어지지 않을 것이다"(대하 7:18에 있는 병행 어구를 보라). 이사야는 야곱의 자손(사 48:19; 참조, 48:12), 하나님의 미래 영광의 영속성(55:13), 그리고 하나님이 기뻐하시는 것을 택하는 고자들에게 주어질 이름(56:4-5)에 관해 그런 방식으로 말한다. 예레미야는 레갑 사람들에게 그런 종류의 약속을 하고(렘 35:19), 스가랴는 끝까지 살아 남을 자들에게 그런 약속을 한다(슥 14:2). לֹא־יִכָּרֵת라는 어구("그는 끊어지지 않을 것이다")는 구약성경에서 12회 나오는데, 그중 적어도 6회는 미래의 다윗계 왕을 가리킨다. 그리고 만일 예레미야 33:18에서 33:17과 같은 인물을 가리키고 있다면, 7회가 될 것이다.

예레미야의 "보라, 그날들이 온다, 한 사람이 끊어지지 않을 것이다"

라는 문구는 사무엘상 2:31 및 2:33과 일치하며, 예레미야 33:18에서 "영원히"로 번역된 문구는 사무엘상 2:32과 2:35에도 등장한다.

- 삼상 2:32, "모든 날"(즉, "영원히")
  כָּל הַיָּמִים
- 삼상 2:35, "모든 날"(즉, "영원히")
  כָּל הַיָּמִים
- 렘 33:18, "모든 날"(즉, "영원히")
  כָּל הַיָּמִים

이 어구는 구약성경에 46회 등장하지만, 히브리어로 '영원히'를 의미하는 유일한 방식은 아니다(참조, 예, לְעוֹלָם, 문자적으로는, "그 시대로"; עַד־עוֹלָם, "그 시대까지"; לָנֶצַח, "끝까지"; לָעַד, "영원토록" 등). ESV는 예레미야서의 다양한 '영원히'라는 개념을 옮기는 데 단어 "forever"를 16회 사용했지만, 그중 (원어로) "모든 날"이라는 표현은 단 4회뿐이다(렘 31:36; 32:39; 33:18; 35:19). 레위계 제사장들을 위해 끊어지지 않을 한 사람에 대해 말하는 이 구절(33:18)에서 예레미야는 사무엘상 2:27-35의 두 문구를 선택했으며, 그 문구를 선택할 때 바로 저 본문에 등장하는, 적어도 두 개의 또 다른 문구도 함께 선택했다.

지금까지 논의한 세 구절을 고려할 때, 사무엘상 2:27-35과 예레미야 33:14-26 사이의 어휘상의 여러 접촉점은 예레미야가 사무엘상 2:27-35을 불러일으키려는 의도가 있었음을 확증하는 것처럼 보인다. 예를 들어, "야훼가 이렇게 말씀하신다" 같은 어구는 구약성경에서 291회나 나오지만 우리가 다루고 있는 두 본문에서 두드러진다.

- 삼상 2:27, "야훼가 이렇게 말씀하신다."

    כֹּה אָמַר יְהוָה

- 렘 33:17, "야훼가 이렇게 말씀하신다."

    כִּי־כֹה אָמַר יְהוָה

- 렘 33:20, "야훼가 이렇게 말씀하신다."

    כֹּה אָמַר יְהוָה

- 렘 33:25, "야훼가 이렇게 말씀하신다."

    כֹּה אָמַר יְהוָה

두 본문 모두 하나님의 선택에 대해서도 다룬다.

- 삼상 2:28, "내가 그를 선택했는가(בָּחַר)?"
- 렘 33:24, "그가 선택하신(בָּחַר) 그 두 지파를 …?"

그리고 두 본문 모두 희생 제사 용어를 되풀이하여 울린다.

삼상 2:28-29 (ESV)	렘 33:18 (ESV)
"… 내 제단에 올라(לַעֲלוֹת עַל־מִזְבְּחִי), 분향하며(לְהַקְטִיר) … 내 희생 제물(בְזִבְחִי) … 그리고 내 예물(וּבְמִנְחָתִי) …"	"… 번제를 드리며(מַעֲלֶה עוֹלָה), 소제를(מִנְחָה) 사르며(וּמַקְטִיר) 다른 제사를 드릴(וְעֹשֶׂה־זֶבַח) …"

이런 증거들에 비추어 볼 때, 예레미야는 33:14-26에서 청중에게 사무엘상 2:27-35을 불러일으키려는 것처럼 보이며, 더 나아가 거기서 예언된 내용이 실현될 것을 예언하는 듯하다.

§5.3.3 열왕기상 8:25과의 접점

열왕기상 8:25은 솔로몬이 성전 봉헌식에서 기도하는 장면을 보여 주는데, 이 기도의 내용은 사무엘상 2:27-35 및 예레미야 33:17-18과 중요한 접점이 된다. 사무엘상 2:35과 예레미야 33:18에 나오는 것과 유사한 언어가 사용됐다는 것은, 솔로몬이 다윗에 대한 하나님의 약속 실현을 주님에게 간구했다는 점에서, 저 구절들이 다윗의 색채를 띠고 있음을 확증해 준다.

> 이제 그러므로, 오 주님, 이스라엘의 하나님이여, 주님이 당신의 종, 내 아버지 다윗에게 다음과 같이 말씀하시며 약속하신 바를 지켜 주십시오. "네 자손이 자기 길을 삼가서 네가 내 앞에서 행한 것같이 내 앞에서 행하는 것에 세심한 주의를 기울이기만 하면, 이스라엘의 왕위에 앉을 사람이 내 앞에서 네게 부족하지 않을 것이다." (왕상 8:25 ESV)

ESV에서 "네게 사람이 부족하지 않을 것이다"라고 번역된 어구는 사무엘상 2:33과 예레미야 33:17-18에 나오는 "너를 위해 사람이 끊어지지 않을 것이다"라는 어구와 원어상 동일하다(לֹא יִכָּרֵת לְךָ אִישׁ, 왕상 8:25). 이 사람은 주님이 말씀하신 바 "내 앞에서" 솔로몬을 위해 끊어지지 않을 것이다. 그리고 이 열왕기상 8:25의 문구는 예레미야 33:18의 문구와 일치한다.

- 왕상 8:25, "한 사람이 내 앞에서 너를 위해 끊어지지 않을 것이다."
  לֹא יִכָּרֵת לְךָ אִישׁ מִלְּפָנַי
- 렘 33:18, "한 사람이 내 앞에서 끊어지지 않을 것이다."

לֹא יִכָּרֵת אִישׁ מִלְּפָנָי

이어지는 열왕기상 8:25의 어구는 야훼 앞에서 끊어지지 않을 이 사람이 "이스라엘의 왕위에 앉을" 것임을 단언한다. 예레미야 33:17에서도 다윗을 위해 끊어지지 않을 사람이 "이스라엘 집의 왕위에 앉을" 것이라 말한다.

- 왕상 8:25, "이스라엘의 왕위에 앉을"
  יֹשֵׁב עַל כִּסֵּא יִשְׂרָאֵל
- 렘 33:17, "이스라엘 집의 왕위에 앉을"
  יֹשֵׁב עַל כִּסֵּא בֵית יִשְׂרָאֵל

그렇다면 예레미야 33:17-18은 다음 표에서 볼 수 있듯이 열왕기상 8:25을 간단하게 재진술하는 셈이다.

왕상 8:25	렘 33:17	렘 33:18
"이스라엘의 왕위에 앉을 한 사람이 내 앞에서 너를 위해 끊기지 않을 것이다. 네가 내 앞에서 행한 것같이 [다윗의 아들들이] 내 앞에서 행한다면 …"	"이스라엘 집의 왕위에 앉을 한 사람이 다윗을 위해 끊기지 않을 것이다."	"한 사람이 내 앞에서 끊기지 않을 것이다."

열왕기상 8:25의 마지막 문장(히브리 성경의 문장을 지칭한다. 한국어 성경은 어순이 달라 해당 문장이 마지막에 오지는 않는다―편주)에서, 솔로몬은 다윗

의 아들들이 "네가 내 앞에서 행한 것같이 내 앞에서 행하는 것에 세심한 주의를 기울여야 할" 필요성과 관련한 주님의 약속을 인용하여 제시한다. 이 진술은 사무엘상 2:30(주님이 아론의 집과 엘리의 집에 주신 제사장 직분)과 사무엘상 2:35(신실한 제사장)과 매우 유사하다.

- 왕상 8:25, "네가 내 앞에서 행한 것같이 내 앞에서 행하는 것[행한다면]"
  לָלֶכֶת לְפָנַי כַּאֲשֶׁר הָלַכְתָּ לְפָנָי
- 삼상 2:30, "그들이 내 앞에서 행할 것이다."
  יִתְהַלְכוּ לְפָנַי
- 삼상 2:35, "그리고 그가 내 메시아 앞에서 행할 것이다."
  וְהִתְהַלֵּךְ לִפְנֵי מְשִׁיחִי

앞에서 논의한 것처럼, 전치사의 어미가 **쩨레**가 아닌 **파타흐**를 취한다면, 사무엘상 2:35은 "그리고 내 메시아가 내 앞에서 행할 것이다"로 읽힌다. 2:35에 나오는 사람이 누구인지 불확실하더라도, 여타 본문들(삼상 2:35; 렘 33:17-18)과 공유하는 부분이 매우 많은 열왕기상 8:25에서 그는 의심의 여지없이 다윗의 혈통에서 나온 왕이다.

§5.3.4 예레미야서(와 이사야서)의 레위인과 제사장

예레미야는 종말론적 미래를 종종 언급하며, 특히 30-33장에서 그렇게 한다. 미래에 일어날 일에 대한 그 예언에 따르면 그때 제사장과 레위인은 거의 아무 역할도 하지 않는다. 사실, 예레미야서 전체에서 레위인을 언급하는 구절은 33:18, 21, 22뿐이다.[17] 제사장에 대한 예레미야서의

---

17 Thompson은 이렇게 썼다: "이것이 이 책에서 제사장직의 회복에 대해 언급하는

언급 대부분은 예레미야 시대의 역사 속 제사장과 관련이 있다. 예레미야 33:18과 33:21의 제사장에 대한 언급을 제외하면, 종말론적 제사장을 가리키는 경우는 31:14이 유일하다. "내가 제사장들의 영혼을 풍성하게 대접할 것이며, 내 백성은 나의 선함으로 만족할 것이다. 주님이 말씀하신다." 여기서의 요지는 예레미야가 다윗의 혈통에서 나올 미래의 왕은 어김없이 다루는 반면, 종말론적 미래의 레위인과 제사장의 지위에 관해 언급한 곳은 몇 군데 없다는 것이다. 예레미야가 31:31-34에서 예언한 새 언약 가운데 아론 혈통의 레위인과 제사장을 고려해 본다면, 우리는 그가 다윗 혈통의 미래의 왕에 대해 예언한 것처럼 미래의 제사장에 대해 예언한 것으로 생각할 수 있다. 실제로 그는 제사장이나 레위인에 대해 상대적으로 거의 말하지 않으며, 그가 미래 레위인의 정체성에 대한 이사야의 예언에 동의하지 않을 것이라고 생각할 이유가 없다.

이사야는 예언 가운데 "제사장"이라는 용어를 단 네 번만 사용했으며, 이들 각각은 당대의 역사 속 제사장을 가리킨다(사 8:2; 24:2; 28:7; 37:2). 또한 "레위인"을 단 한 번만 언급하는데(66:21), 그곳에서는 이방인들이 레위인으로 섬길 것이라고 말한다. 그렇다면 이사야는 레위인의 조건이 변화됐다고 보는 듯하다.

예레미야 33:18은 레위 지파와 아론계 제사장이 결코 끊어지지 않을 것이라고 말하는가? 아니면, 그 구절은 33:17에서 끊어지지 않을 다윗계 왕이 18절에서 레위인과 제사장을 대신할 것이라고 말하는 것인가? 아마도 예레미야 이후의 예언자 스가랴가 제시한 해석이 이 질문에 도움을 줄 수 있을 것이다.

유일한 본문이다." *Jeremiah*, 602.

§5.3.5 스가랴 6:9-15

스가랴 6:9-15에서 예언자가 예레미야서를 해석했다는 가장 강력한 증거는 6:12(ESV)에서 "가지(branch)라는 이름을 가진 사람"에 관한 언급에 나온다. 예레미야는 23:5에서 주님이 다윗에게 "의로운 가지를 일으킬 것"을 예언했고, 33:15도 "내가 다윗에게서 의로운 가지가 돋아나게 할 것이다"(ESV)라고 예언했다(참조, 사 4:2).

예레미야처럼 스가랴도 이 인물을 두 번 언급했다. 첫 번째 경우에, 주님은 대제사장 여호수아에게 자신의 종인 가지를 데려오겠다고 선언하신다. "대제사장 여호수아야, 너와 네 앞에 앉은 네 동료들은 내 말을 들으라. 이들은 예고의 사람들이다. 내가 내 종인 가지를 돋게 할 것이다"(슥 3:8). 그런데 스가랴 6장에서 보게 될 내용 때문에, 여호수아와 그의 사람들이 앞으로 일어날 일을 "예고"하거나 "예표"할 것을 가리키는 "예고[מופת]의 사람들"이라 하더라도, 여기서는 여호수아를 그 가지로 간주하지는 않는다.[18] 우리는 이 "예고"가 스가랴 6:12에 나오는 두 번째 "가지" 본문에서 구체화되는 것을 볼 수 있다.

스가랴는 미래에 일어날 일을 비유적 행동으로 묘사한다. 야훼의 말씀은 대제사장 여호수아 자신이 왕으로서 왕관을 쓰고 "가지"로 간주되어야 한다고 가르친다. 여호수아는 3:8에서는 가지가 아니었지만, 6:12에서는 가지임을 예고, 즉 모형화한다. 상징적으로 확립된 이 예언적 표징 행위 외에는 대제사장 여호수아가 결코 왕으로서 왕관을 쓴 적이 없기 때문에 예언이 그런 방식으로 실현되지는 않은 셈이다. 하지만 스가

---

[18] Rose는 "예언자 이사야와 그의 자녀들에게도 이와 동일한 단어, מופת가 사용됐다 (사 8:18 …)"는 사실을 관찰했다. Wolter Rose, *Zemah and Zerubbabel: Messianic Expectations in the Early Postexilic Period*, Library of Hebrew Bible/Old Testament Studies 304 (Sheffield: Sheffield Academic Press, 2000), 44.

랴는 자신의 예언자로서의 확실성을 예언의 실현 여부에 두고 있다. 즉, 6:9-15a에서 예언한 것이 실제로 일어나게 될 때, 스가랴는 "만군의 야훼가 나를 너희에게 보내셨음을 너희가 알게 될 것이다"라고 선언한다(6:15b). 그렇다면 스가랴는 하나님 백성인 대제사장이 또한 왕이 될 날을 가리키고 있는 것처럼 보인다.

스가랴의 모형론적 예언이 이전에 있었던 약속에 의해 형성됐다고 생각할 수 있는 근거가 있는가? 나중에 우리는 스가랴 6장과 이 논의에서 다루었던 본문들 사이의 접촉점을 살펴볼 것이다.

스가랴는 귀환한 포로민들에게 왕관을 만들어 대제사장 여호수아의 머리에 씌우라고 지시하고(6:10-11), 6:12(ESV)에서 "가지라는 이름을 가진 사람"에 대한 선언을 사무엘상 2:27, 예레미야 33:17, 20, 25의 것과 동일한 형식구로 시작한다. "주님이 이렇게 말씀하신다"(כֹּה אָמַר יְהוָה, 6:12, ESV). 이는 일반적인 형식구이긴 하지만 이 구절의 다른 특징들과 더불어 예레미야 33:14-26을 가리키는 역할을 한다.

대제사장 여호수아가 이 상징적 행위로 왕관을 쓸 때, 스가랴는 6:12에서 "그 사람을 보라. 그의 이름은 가지이다"라고 선언한다. 이 진술은 다윗의 혈통에서 나온 왕이 **가지**라는 **이름으로 불리게 된**(named) 것에 초점을 두고 있는 예레미야 23:5-6과 33:15과 공유된다.

슥 6:12, "그 사람을 보라, 가지는 그의 이름이다."	הִנֵּה אִישׁ צֶמַח שְׁמוֹ
렘 33:15, "내가 다윗에게서 의로운 가지가 나게 할 것이다."	אַצְמִיחַ לְדָוִד צֶמַח צְדָקָה
렘 23:5-6, "그리고 내가 다윗에게 한 의로운 가지를 일으킬 것이다. 그리고 그가 왕으로 통치하고 지혜롭게 행할 것이며, … 그는 '야훼 우리의 의'라는 이름으로 불릴 것이다."	וַהֲקִמֹתִי לְדָוִד צֶמַח צַדִּיק וּמָלַךְ מֶלֶךְ וְהִשְׂכִּיל ... וְזֶה שְּׁמוֹ אֲשֶׁר יִקְרְאוֹ יְהוָה צִדְקֵנוּ

"내가 일으킬 것이다"(וַהֲקִמֹתִי)라는 예레미야 23:5의 문구는 사무엘상 2:35과 사무엘하 7:12에서 확인한 것과 동일한 형태라는 점에 주의하라. 더 나아가, 예레미야는 여기에서 이 인물이 "왕으로 통치하고[וּמָלַךְ מֶלֶךְ], 지혜롭게 행할 것[וְהִשְׂכִּיל]"이라고 직접 밝힌다.

스가랴는 6:12에서, "그리고 그가 야훼의 성전을 지을 것이다"(וּבָנָה אֶת הֵיכַל יְהוָה)라고 주장하면서 사무엘하 7장의 약속을 직접적으로 끌어온다. 스가랴는 바로 다음 절인 6:13에서 이 점을 반복한다. "그리고 그가 야훼의 성전을 건축할 것이다"(וְהוּא יִבְנֶה אֶת הֵיכַל יְהוָה). 이런 진술은 스가랴 6:13에서 아마 인용했다고 볼 수 있는 사무엘하 7:13을 떠올리게 한다. 거기서는 야훼가 다윗의 씨에 대해 "그가 내 이름을 위해 집을 건축할 것이다"라고 말씀하신다(삼하 7:13).

우리는 열왕기상 8:25과 예레미야 33:17에서 "왕좌에 앉을" 미래의 다윗계 왕에 대한 언급을 보았고, 이제 스가랴서에서는 왕관을 쓰고 성전을 지을 가지, 곧 대제사장이 "그의 왕좌에 앉아 다스릴 것이다"(וּמָשַׁל עַל כִּסְאוֹ, 슥 6:13)라는 선언을 본다. 스가랴는 6:13의 그 바로 다음 문장에서, "그리고 한 제사장이 그의 왕좌에 있을 것이며, 이 둘 사이에 평화의 의논이 있을 것이다"(וְהָיָה כֹהֵן עַל כִּסְאוֹ וַעֲצַת שָׁלוֹם תִּהְיֶה בֵּין שְׁנֵיהֶם)라고 단언하며 당면한 상황을 명료하게 밝힌다.

앞서 우리가 사무엘상 2장과 예레미야 33장에서 확인한 것을 다시 검토해 보자. 사무엘상 2:35의 마소라 학파의 모음 표기 방식에 따르면 신실한 제사장은 주님의 메시아에 앞서 행할 것이다. 본래 모음이 표기되어 있지 않는 히브리어 본문은 메시아가 주님 앞에서 행할 신실한 제사장이 될 것이라고 해석될 가능성에 열려 있다. 그리고 어떤 번역에서는 예레미야 33:17-18에서 주님이 두 인물, 곧 다윗계 왕 또는 레위계 제사장이 끊어지지 않을 것이라고 말씀하셨다는 해석을 내놓지만, 저 본문의 맥락, 구문, 문법은 다윗계 왕이 레위계 제사장의 유익을 위해 결코 끊어지지 않을 것임을 가리킨다.

이러한 관찰은 스가랴 6:9-15이 사무엘상 2:35과 예레미야 33:17-18과 관련될 때 더욱 명료해진다는 것을 암시한다. 사무엘서의 저자(들)의 신원(identity)에 의존하자면, 다윗은 사무엘상하가 기록될 시점 이전에 시편 110편을 저작할 수 있었다. 예레미야는 다윗보다 훨씬 늦은 시기에 살았기에 다윗의 주님이 멜기세덱의 반차에 따라 영원히 제사장이 되실 것이라고 주장하는 시편 110편(시 110:4)과 스가랴도 접할 수 있었을 것이다. 우리는 사무엘상 2장, 예레미야 33장, 스가랴 6장(그리고 왕상 8:25과 같은 관련 본문) 사이에 강력한 접점을 확인했다. 사무엘상 2:35이 불분명하더라도, 예레미야 33:17-18의 맥락상 의미가 명료하게 해 줄 수 있고, 스가랴 6:9-15은 대제사장이 왕위에 오르는 것을 모형론적으로 묘사하면서 왕과 제사장의 직분이 한 사람 안에서 통합될 날을 예고하는데, 둘 모두 성전을 지은 다윗계 왕으로 주장된다.[19]

신실한 제사장에 대한 약속은 스가랴에 있는 패턴, 곧 대제사장이 왕위에 오르는 패턴을 자극한다. 이 패턴은 다시 약속을 강화한다.

§5.4 다가올 제사장(왕)의 패턴

아담, 멜기세덱, 이스라엘, 아론의 삶에 나타난 패턴과 미래의 신실한 제사장에 대한 약속 외에도 다윗을 다루는 내러티브에서는 제사장과 관

---

19 마찬가지로, Anthony R. Petterson, "Zechariah," in *ESV Expository Commentary: Daniel–Malachi*, ed. Iain M. Duguid, James M. Hamilton Jr., and Jay Sklar (Wheaton, IL: Crossway, 2018), 677.

련한 흥미로운 배음(overtones)을 수없이 울린다. 앞서 §4에서 보았듯이, 오경에서 기름 부음을 받는 사람은 제사장뿐이다. 그러므로 왕의 기름 부음(삿 9:8; 삼상 9:16; 16:1-3)은 제사장을 떠올리게 한다. 기름 부음 외에도 다윗은 사무엘하 6:14에서 언약궤를 예루살렘으로 가져왔을 때 세마포 에봇을 입었다. 6:14에서 다윗이 에봇을 입었다는 표현은 사무엘상 2:18에서 에봇을 입고 있었다는 (레위인이었고[대상 6:1, 28(MT 5:27; 6:13)], 성전에서 섬긴[삼상 3:1, 3]) 사무엘의 모습과 정확히 일치하며, 사무엘상 22:18에서 도엑에게 죽임당한 제사장들에 대한 묘사와도 밀접히 상응한다.

- 삼하 6:14, 다윗, חָגוּר אֵפוֹד בָּד
"세마포 에봇을 입었다."
- 삼상 2:18, 사무엘, חָגוּר אֵפוֹד בָּד
"세마포 에봇을 입었다."
- 삼상 22:18, 제사장들, נֹשֵׂא אֵפוֹד בָּד
"세마포 에봇을 입고 있는"

다윗은 제사장들이 기름 부음을 받았듯이 기름 부음을 받았고, 언약궤가 예루살렘으로 옮겨졌을 때 제사장들이 입었던 것처럼 입었으며, 언약궤를 예루살렘으로 옮기자마자 야훼의 집에서 노래할 예배자를 조직했다(대상 6:31). 다윗은 시편 16:5-6에서 야훼를 자기 지파의 기업으로 선언하면서 아론에게 주어졌던 것을 스스로 선택했다(민 18:20). 게다가 사무엘하 8:18의 마지막 문장은 "그리고 다윗의 아들들은 제사장들이 되었다"(ESV)라고 기록됐다. 몇몇 번역본에서는 거기에 나오는 "제사장"의 복수형(כֹּהֲנִים)을 "수석 성직자들"(chief ministers, NASB) 또는 "수석 공직자들"(chief officials, CSB)을 지칭하도록 옮겼지만, 그 용어의 사용은 흥미롭다.

어쩌면 다윗은 아담이 에덴동산에서 제사장-왕이었고, 창세기 14장에서 멜기세덱을 그런 인물로 지칭한 것이 미래에 자신의 혈통에서 나올 새로운 아담 왕에 대한 함의를 보여 준다고 이해했을 것이다. 아담과 멜기세덱에 대한 그런 이해는 제사장처럼 제단을 쌓고(창 12:7-8; 13:18) 왕처럼 전쟁에서 승리한 뒤 통치자들과 협상했던(창 14장) 아브라함에 대한 이해를 특징지었을 수 있다.

시편 110편에서 다윗은 주님이 야훼의 오른편에 앉으실 것(시 110:1)과 "멜기세덱의 반차에 따라 영원한 제사장이 되실 것"(110:4, ESV)에 대해 예언한다.[20] 구약성경이 예수의 멜기세덱계 대제사장직에 대한 신약성경의 설명을 어떻게 건축해 나가는지 고려해 볼 때(특히 히 5-7장을 보라), 구약의 모형은 신약의 결론을 위한 건축 자재를 제공한다. 이는 원형으로서의 아담, 시내산에서와 그 이후의 아론계 제사장들의 실패(출 32장; 레 10장), 그리고 신실한 제사장에 대한 예언(삼상 2:35)을 포함한다. 여기에 멜기세덱의 제사장-왕 패턴과 다윗의 생애에서 비롯한 패턴이 추가되고, 예레미야와 스가랴의 예언으로 보완된다. 예언과 패턴은 함께 작용하여 대제사장 여호수아가 예고한 것을 실현할 사람(슥 3:8), 곧 실제로 "야훼의 성전을 건축"하고 "그의 왕좌에 앉을 제사장"(6:13)이 될 사람을 예표한다.[21]

---

20 더욱 자세한 것은, Matthew Emadi, "You Are Priest Forever: Psalm 110 and the Melchizedekian Priesthood of Christ," *Southern Baptist Journal of Theology* 23 (2019): 57-84을 보라.

21 이것이 사실이라면, 이는 시편에 나오는 언약 관계에 관한 Hensley의 주장과 일치

하는 셈이다: "시편의 편집자들은 아브라함, 모세, 다윗 언약을 하나의 신학적 통일체로 보았고 다윗의 미래 후계자를 통해 그 언약이 공동으로 실현될 것으로 기대했다. 시편은 언약 갱신의 중재자로서의 전통적인 모세의 역할(참조, 출 33-34장)을 이 '새 다윗'에게 돌린다. 새 다윗은 전통적인 아브라함 언약의 약속을 실현하고, 언약에 불충실했던 백성을 위한 중재자로서 모세를 대신하며, 모세 언약의 의무를 충실히 행했다." Adam D. Hensley, *Covenant Relationships and the Editing of the Hebrew Psalter*, Library of Hebrew Bible/Old Testament Studies 666 (New York: T&T Clark, 2018), 9.

제4장
예언자

> 당신은 우리 조상 아브라함에 관해 기록된 것은 무엇이든지 또한 그의 자녀들에 관하여 기록된 것임을 알게 된다.
>
> —창세기 랍바 40.6[1]

성경의 모형을 탐구하는 한 가지 방식은 성경의 구절구절을 주해하며 연속해서 읽어 나가는 것(*lectio continua*)이다. 이 방법을 따라 우리는 다음 구절로 넘어가기 전에 모형론적 의미의 다양한 층을 살펴볼 수 있다. 그렇게 아담을 다루면 우리는 그가 나중의 등장인물들을 어떻게 모형화하고 있는지—아담의 예언자적·제사장적·왕적 의미, 결혼, 죄, 추방—를 한꺼번에 다룰 수 있다. 그 패턴들이 새 아담 그리스도로 절정에 이르기까지 말이다. 이런 접근 방식은 프로젝트 전체를 다루기 어려울뿐더러 **대단히** 긴 지면을 필요로 할 것이다.

이 책의 구성 전략으로, 나는 널리 사용되는 모형론적 범주인 인물(제

---

[1] 나는 이 언급을 Mathews, *Genesis 1-11:26*, 53에서 빌려 왔다.

1부), 사건(제2부), 제도(제3부)를 차례로 살펴보기로 했다. 더욱이 이 논의의 각 부에서는 성경의 모형론적 발전에 있어서 서로 다른, 관련된 양상을 다룰 것이다. 이는 구약에서 신약으로 이동하며 모형론적 기대가 건축되는 방식을 겹겹이 층층으로 탐구하는 데로 이어질 것이다.

아담과 관련하여 앞선 두 장에서 우리는 두 가지 모형론적 층을 다루었다: 모세가 첫 번째 아담에서 마지막 아담까지 이어지는 일련의 패턴을 직조하여 아담으로 하여금 메시아를 어떻게 모형화하게 하는지, 그리고 제사장의 원형으로 섬기는 아담이 두 번째 아담의 멜기세덱 같은 영원한 제사장직을 어떻게 예고하는지. 이제 살필 세 번째 층은 성경을 구성하는 직물에 더욱 뚜렷한 질감을 더한다: 아담이 어떻게 예언자적 인물의 본형적 사례가 되는지, 그리고 예언자들이 구약 전반에 걸쳐 서로 어떤 연관을 가지고 있으며, 하나님의 약속과 결합된 그들의 경험 패턴이 모든 모형을 실현하시는 분에 대한 기대를 어떻게 자아내는지.

이 장은 첫 아담으로 시작하여 마지막 아담으로 끝나고, 전체는 모세를 중심으로 하며, 노아와 이사야, 아브라함과 엘리야/엘리사뿐 아니라 이삭과 여호수아를 거쳐 나아간다. 이 장은 키아스무스 구조로 되어 있다.

    §1 아담
      §2 노아
        §3 아브라함
          §4 이삭
            §5 모세
          §6 여호수아
        §7 엘리야와 엘리사

§8 이사야

§9 예수

우리는 창세기의 핵심 인물들로부터 시작하여 (1) 그들이 예언자였으며 (2) 모세가 청중으로 하여금 그들을 서로 간에 연결 지으려고 의도했음을 보여 주려 한다. 주님이 예언자들에게 자신을 어떻게 계시하셨는지에 대한 상세한 설명은 민수기 12:6-8에 나온다.[2]

> 너희 중에 예언자[נָבִיא]가 있으면, 나 주가 나를 환상[מַרְאָה]으로 그에게 알리고[יָדַע], 나는 꿈[חֲלוֹם]으로 그와 말한다[דָּבַר]. 내 종 모세와는 그렇지 않다. 그는 내 온 집에 신실하다. 그와는 내가 입에서 입으로[פֶּה אֶל פֶּה] 분명하게[מַרְאֶה] 말하고, 수수께끼[חִידָה]로 하지 않으며, 그는 주의 형상[תְּמוּנָה]을 본다[נָבַט]. (ESV)

여기서 야훼가 드러내는 내용은 **자신을 알리는** 방식과 관련되어 있다(민 12:6). 야훼는 **환상**과 **꿈**과 **수수께끼**를 포함한 몇 가지 방식으로 **말씀하시지만** 모세에게 대해서는 그가 야훼의 **형상**을 직접 봄으로서 **얼굴과 얼굴**을 대면하여 말씀하신다. 모세는 여기서 야훼가 예언자들에게 자신을 어떻게 드러내시는지 개략적으로 설명하는데, 이 구절은 야훼가 자신을 드러내신 예언자들 간의 관계를 탐구하는 데 도움이 된다.

---

2 참조, O. Palmer Robertson, *The Christ of the Prophets* (Phillipsburg, NJ: P & R, 2004), 33-39[=『선지자와 그리스도』, P&R, 2007]에 나오는 민 12장과 신 18장의 영향을 미치는 성질(seminal nature)에 대한 논의.

§1 아담

아담은 성경의 내러티브에 등장하는 첫 사람이자 최초의 인간 등장인물이므로 그를 본형으로 보지 않을 수 없다. 본문은 아담을 예언자로 결코 칭하지 않지만, 야훼 하나님이 아담에게 에덴동산에 있는 선악을 알게 하는 나무 외에 모든 나무의 열매를 마음대로 먹을 수 있다고 말씀하시면서 (창 2:16) 선악을 알게 하는 나무의 열매를 먹는 날에는 죽게 되리라 경고하셨을 때(2:17) 여자는 아직 창조되지 않은 상태였다. 3:2-3에서 여자가 그 경고를 알고 있었다는 점은 남자가 이를 전해 주었음을 암시한다. 우리는 아래 아브라함에 대한 논의에서(§3) 창세기 2:17과 아브라함이 예언자로 불린 20:7 사이에 있는 어휘상의 접촉점을 논할 것이다. 예언자란 하나님의 계시를 받아 다른 사람에게 전달하는 사람이고, 창세기 2-3장의 내러티브가 암시하는 바는 아담이 이 예언자적 역할을 수행했다는 점이다.

§2 노아

우리는 본서 제2장에서 아담과 노아 사이의 중요한 접점을 확인했다. 성경 본문은 노아를 예언자로 언급하지 않지만, 우리는 노아와 모세 사이에 있는 암시적인 접점을 보게 된다. 이들을 모세와 관련한 탐구에 나란히 놓을 수 있도록, 아래의 모세에 대한 논의에서 노아와 모세의 유사점을 살피려 한다. 여기서 나는 단지 아담과 노아 그리고 노아와 모세 사이의 연결이 베드로후서 2:5에서 노아를 "의의 전파자"로 부르는 근거를 제공할 가능성이 있다는 점을 언급하는 바다.

§3 아브라함

창세기 내러티브는 아담으로 시작하며, 창세기 5장과 11장의 족보는 아브라함으로 이어지는 혈통을 추적한다. 아브라함은 아담처럼 초기에 등장하며 잇달아 나오는 모든 것에 분명한 영향을 미친다는 점에서 본형적인 의미를 지니고 있다고 말할 수 있다. 하나님이 아브라함에게 주신 언약의 약속은 그 백성의 종국적인 구원이 이루어질 때 실현될 것이다(창 12, 15, 17장 등등을 보라; 예, 눅 1:54-55, 72-73; 롬 4장; 갈 3:14). 본서 제2장 §2에서 우리는 아담과 아브라함 사이의 연관성을 보았는데, 이는 언어학적 접점, 비슷한 사건 패턴, 비교 가능한 구원사적/언약적 중요성 같은 사료적 대응 관계를 확립하기 위한 기준을 충족시킨다.

창세기 20:7에서 모세는 아브라함에 대해 "그는 예언자[נָבִיא]다"라고 말씀하시는 야훼를 보여 준다. 아브라함이 예언자라는 이 직접적인 진술에도 불구하고, 야훼가 아브라함에게 자신을 드러내고 여러 차례 그에게 미래에 일어날 일에 대한 정보를 제공하는 내러티브의 특징을 간과하기 쉽다.

주님은 창세기 12:1-3에서 아브라함에게 말씀하신(אָמַר) 후, 12:7에서 그에게 "나타나셔서"(רָאָה의 **니팔형**) 말씀하신다. 창세기 15:1에서 야훼가 아브라함에게 자신을 드러내실 때 민수기 12:6-8에서 사용되지는 않았지만 거기서 발견되는 단어의 동의어를 사용한다. "야훼의 말씀이 환상 속에서 아브람에게 임했다." "야훼의 말씀이 …에게 임했다"(הָיָה דְבַר יְהוָה אֶל)라는 표현은 주님이 예언자들에게 본인을 드러내실 때 자주 나온다(렘 14:1; 46:1; 47:1; 49:34; 겔 1:3; 학 2:10; 슥 1:1, 7; 7:1; 단 9:2; 대하 12:7).[3] 여

---
3 여기 나열된 참조 구절들에는 창 15:1의 것과 정확히 같은 어구가 나온다. be 동사 94-95

기서 야훼의 말씀이 아브람에게 "환상 속에서" 주어진 방식에 있어 민수기 12:6에서 사용된 것(מַרְאָה)과 다른 용어(מַחֲזֶה)가 사용됐지만, 두 용어가 동의어라는 점은 두 히브리어 용어를 영역본들에서 모두 vision("환상")으로 번역했다는 사실에서 알 수 있다(CSB, ESV, JPS, KJV, NASB, NIV). 야훼는 계시를 수여한 인간이 사건들을 볼 수 있도록 자신을 드러내셨다.

스가랴(예, 슥 1:8)와 다니엘(예, 단 7:13)의 "밤의 환상"을 염두에 두자면, 야훼가 창세기 15장에서 아브람과 언약을 맺을 때 "밤의 환상"을 주신다는 점은 흥미롭다. "환상"이라는 단어는 창세기 15:1에 나타나고, 15:12에서 "깊은 잠"과 "큰 어둠"이 아브람에게 내리기 전, 곧 15:5에서 아브람에게 주어진 별을 세어 보라는 지시는 밤을 무대로 설정한다. 그리고 야훼는 15:13-16에서 그에게 미래에 있을 일에 대해 말씀하신다.

창세기 내러티브 내내 야훼는 자신을 드러내시고 아브라함과 말씀하신다. 창세기 17장에서는 다시 그에게 미래를 드러내신다. 야훼는 아브라함에게 그의 몸과 사라에게서 왕들이 나올 것이라고 말씀하신다(17:6, 16). 주님은 심지어 불임이었던 사라가 "내년 이맘때" 아들을 낳을 것이라고 구체화하심으로써(17:21; 참조, 18:10, 14) 아브라함에게 미래를 직접 드러내셨다. 또다시 주님은 소돔을 멸망시키기 전에 창세기 18:17에서 스스로 수사학적 질문을 던지신다. "내가 하려는 일을 아브라함에게 숨기겠느냐?" 18장에 나오는, 소돔에 대한 야훼의 계시는 아브라함이 소돔에 있는 롯과 다른 의인들을 위해 중재함으로써 끝난다(18:22-33). 우리는 이 중재 행위를 제사장이 하는 일과 직관적으로 연관시킬 수 있지만, 생각해

(היה, 다양한 변화형)를 제외하고 검색하면 '~에게 야훼의 말씀이'(דבר יהוה אל)를 포함한 더욱 많은 구절을 찾을 수 있다. 예를 들어, 창 15:4을 보라.

보자면 이스라엘의 탁월한 중재자는 예언자 모세였다(특히 출 32:10-15과 민 14:12-23을 보라). 마찬가지로 주님은 창세기 20장에서 아브라함을 예언자로 부르시며, 아브라함에게서 사라를 빼앗은 아비멜렉에게 이렇게 말씀하신다.

> 이제 그 사람의 아내를 돌려보내라. 그는 예언자이니, 그가 너를 위해 기도할 것이다. 그리고 네가 살 것이다. 네가 돌려보내지 않으면 너와 네게 속한 자가 다 반드시 죽을 것이라[מוֹת תָּמוּת]는 것을 알아야 한다. (20:7)

야훼는 아브라함을 예언자로 밝히신 후, 아브라함이 기도로 아비멜렉을 위해 중재할 것이라고 말씀하신다. 예언자들은 야훼를 대신하여 사람들과 소통하며, 또한 사람들을 대신하여 야훼와 소통한다.

창세기의 풍성한 자기 참조적 특징은 20:7에서 다시 한번 드러난다. 아담은 창세기 2:17의 금지 사항을 여자에게 전달했을 때 예언 활동에 참여한 셈이다. "네가 그것을 먹는 날에는 반드시 죽을 것이다[מוֹת תָּמוּת]." 창세기에서 "네가 반드시 죽을 것이다"라는 문구는 단 두 차례, 2:17과 20:7에 나온다. 창세기 26:11에서는 2인칭("너") 대신 3인칭("그") 진술을 사용하지만 이와 밀접히 관련되어 있다(מוֹת יוּמָת, "그는 반드시 죽을 것이다"). 나중에 우리는 창세기 12, 20, 26장에 나오는 "남매라고 속인" 삽화들의 상호 관련성에 대해 더 다룰 것이다. 여기서는 아담, 아브라함, 이삭 모두가 예언자와 관련한 용어로 이해된다는 점에서 그들 사이의 연결점을 관찰한다. 첫째로 아담은 예언자로서 행동하고, 둘째로 아브라함은 예언자로 불리며, 셋째로 이삭은 아버지 아브라함의 패턴의 한 조각으로 제시된다. "너는 반드시 죽을 것이다"라는 문구의 독특한 특성 때문에 독자는 둘째와 셋째 경우를 마주할 때 자연스레 첫째 사례를 떠올리게 된다. 이때도 우리는 모세가 청중으로 하여금 아담과 아브라함 사이에 개념적 관련성을 갖도록 의도했다는 확고한 증거를 볼 수 있다. 또한 이삭에 관해서 말하자면, 창세기 26장 내러티브에서 그를 아담과 연결 짓는 또 다른 특징은 아비멜렉이 리브가를 이삭의 아내로 알게 된 후 자기 백성에게 이렇게 경고했다는 사실이다. "이 남자나 그의 아내를 만지는 [נגע] 자는 누구든지 반드시 죽게 될 것이다"(26:11). 이것은 창세기 3:3에서 하와가 뱀에게 했던 대답, "너는 그것을 만지지도[נגע] 말라. 네가 죽을까 한다"와 20:6에서 하나님이 아비멜렉에게 하셨던 말씀, "내가 그녀를 만지는 것[נגע]을 네게 허용하지 않는다"를 생각나게 한다.

창세기에서 처음으로 예언자로 불린 인물로서 아브라함은 창세기 독자들의 기대를 형성한다. 말하자면, 아브라함의 예언자 역할 패턴이 주는 인상은 모세의 토라의 독자들이 추후의 예언자들을 해석하는 방식을 형성한다. 이삭은 예언자로 불리지 않지만, 많은 내러티브 유사성과 야훼가 이삭에게 직접 자신을 드러내는 방식은 그가 예언자 패턴의 조각임을 암시한다.

§4 이삭

창세기 26장이 어떻게 그렇게 읽히는가? 모세가 이미 이야기한 내용과 추후 장들에서 이야기할 내용 사이의 연관성을 보지 못한다면, 우리는 고등 비평가들에 따라 추측하거나 겉보기에 임의적인 세부 사항에 의아

해할 것이다.⁴ 그러나 그 세부 사항은 임의적이지 않으며, 모세는 어른이 된 이삭의 삶에 비교적 작은 지면을 할애한 것에 비해 상당량의 것을 이루어 낸다. 아브라함의 죽음은 창세기 25장에 서술되고, 야곱은 27장에서 에서의 축복을 가로챈다. 이삭은 창세기 26장에서만 중심 무대에 오른다.

창세기 26장의 첫 다섯 구절은 천 조각을 이어 붙인 누비처럼 창세기 독자들이 이미 접했던 문구들로 거의 구성되어 있으며, 이 장의 나머지 부분은 많은 해석자들이 주목할 만한 것으로 여기지 않을 정도로 아브라함의 삶에서 일어난 사건들과 놀라울 정도로 유사한, 일련의 이야기들을 들려준다. 이렇게 판단하는 것은 모세가 창세기 26장에서 이루려는 바를 보지 못한 처사다.

§4.1 예언자 이삭

나는 여기서, 모세가 이삭에 대한 **약속**을 반복하고 그를 사건 **패턴**의 한 조각으로 제시함으로써 이삭을 아브라함 패턴의 한 조각으로 확립했음을 보여 주려 한다. 이 패턴의 의미는 무엇인가? 후대의 성경 저자인 시편 105편 기자는 모세가 전달하고자 했던 바를 바르게 해석했다. 이 시편 기자는 105:9에서 "그[야훼]가 아브라함과 맺은 언약, 이삭에게 한 맹세의 약속"에 대해 말한다. 시편 기자는 105:12-15(ESV)에서 남매라고 속인 사건(야훼가 아브람과 사래를 파라오에게서 구출한 창 12:10-20, 아비멜렉에게서 같은 일이 일어난 창 20:1-18, 이삭이 아버지를 따라 행한 창 26:6-11)을 언급하면서 이렇게 썼다.

---

4 창세기의 문학적 구조에 대해서는 제11장을 보라.

그때 그들의 사람 수가 적어 [그 땅의] 나그네가 됐고, 이 민족에게서 저 민족에게로, 이 왕국에서 다른 백성에게로 떠돌아다녔다. 그러나 그는 아무도 그들을 억압하는 것을 허용하지 않으시고, 왕들을 꾸짖으시며, 그들에 대해 "나의 기름 부음 받은 자들을 건드리지 말며, 나의 예언자들을 해치지 말라!"라고 하셨다.

시편 105:9에는 아브라함과 이삭이, 105:14에는 왕들에 대한 꾸지람이 언급되어 있기 때문에 시편 기자는 창세기에서 남매라고 속인 사건들을 염두에 두고 있는 듯하다. 야곱의 삶 가운데도 주님이 라반을 꾸짖으신 비슷한 사건이 있었지만(창 31:29), 아비멜렉과 달리 라반은 직접 왕으로 불리지 않았기에, 여기서 우리는 주로 아브라함과 이삭을 떠올리게 된다. 그리고 야곱은 결국 애굽에 정착하게 되지만(시 105:23), 아브라함과 이삭은 "숫자가 적고, 하찮고, [가나안 땅에] 머무는 나그네"라는 묘사에 부합한다(시 105:11-12).

파라오가 사래를 붙잡았을 때 야훼는 그를 꾸짖으셨다(창 12:17). 또한 아비멜렉이 사라를 붙잡았을 때 하나님은 그를 꾸짖으셨다(20:3-7). 그리고 아비멜렉이 리브가를 붙잡았을 때 하나님은 섭리하에 그녀를 구하셨다(26:6-11). 주님이 아브라함에게 그러하셨던 것처럼 이삭에게도 자신을 나타내셨지만(예, 26:2), 모세는 창세기에서 그를 예언자라 부른 적이 없다. 모세가 아브라함이나 이삭의 기름 부음 이야기를 전해 주지는 않지만, 시편 105:15은 아브라함과 이삭을 "기름 부음을 받은 자들"과 "예언자들"로 지칭하는 듯하다.

따라서 시편 기자는 아브라함과 이삭, 그리고 이후의 성경 내러티브에서 기름 부음을 받은 자들 사이의 연관성을 만들어 낸다. 제사장들은 기름 부음을 받았고(출 28:41; 30:30), 왕들도 기름 부음을 받았으며(삼상 10:1; 16:13; 왕상 1:39), 엘리야는 엘리사에게 예언자로 기름을 부으라는 말씀을 들었다(왕상 19:16). 아브라함과 이삭을 가리켜 "기름 부음 받은 자들"이라고 언급하는 것은 이들을 이스라엘 후대의 예언자, 제사장, 왕과 동일시한 결과다.

시편 기자는 아브람이 남매라고 속인 삽화들 중 하나(창 20:7)에서 그를 "예언자"라고 부르는 주님의 진술을 아브라함과 이삭 모두에게 적용한 듯하며, 여기서 내가 주장하려는 바는 그가 모세의 전달 의도를 바르게 파악했다는 점이다. 나는 아브라함과 이삭을 다루는 내러티브 사이의 언어학적 접점, 이전 자료의 인용, 동일 형태 사건의 평행, 그리고 구속사적·언약적 의미의 유사성을 증명함으로써 이를 보여 주려 한다. 간단히 말해, 이런 점들은 모세가 이삭을 아브라함 패턴에 따라 제시하려 했음을 보여 주며 시편 기자는 그 해석의 요점을 인지하고 시편 105:15에 반영했다.

창세기 26:1은 "아브라함 때에 발생했던 첫 번째 기근 외에 그 땅에 기근(רָעָב)이 들 것"이라고 묘사한다. 이 진술은 창세기 26장에서 남매로 속인 사건의 문맥(26:6-11을 보라)을 앞서 창세기 12:10에 나오는 남매로 속인 사건(12:10-13)을 야기한, 아브람과 사래를 애굽으로 몰아낸 기근과 연결 짓는다. 모세는 두 내러티브를 시작할 때 동일한 문구를 사용한다.

- 창 12:10, וַיְהִי רָעָב בָּאָרֶץ
- 창 26:1, וַיְהִי רָעָב בָּאָרֶץ
  "그리고 그 땅에 기근이 들었다."

26:1의 기근에 대한 언급 그리고 그 참조인 12:10의 첫 번째 기근 언급은 요셉이 파라오에게 예언할 기근이자 야곱과 그의 아들들을 결국 애굽으로 가게 했던 기근을 내다보고 있다(41:27을 보라). 창세기 12장과 41장의 기근은 아브라함과 야곱을 애굽에 "머물게" 만들었고(12:10; 47:4), 26:2에서는 야훼가 이삭에게 애굽에 가지 말라고 말씀하신 이유가 된다.[5]

창세기 26:1의 하반절에서 이삭은 "그랄로 가서 블레셋 왕 아비멜렉에게" 이르는데, 이는 "아브라함이 이동하여 … 그랄에 머물고 … 그리고 그랄 왕 아비멜렉이 사람을 보내 사라를 데려갔다"(20:1-2)라는 20장 속 남매로 속인 사건의 서술을 상기시킨다. 모세는 이삭이 동일한 장소에서 동일한 사건을 경험하고 동일한 이름을 가진 사람들과 상호 교류하는 모습을 보여 준다. 즉, 이삭의 패턴은 아브라함의 패턴과 동일하다. 이삭은 아브라함의 모형론 패턴의 조각이다.

창세기 26장에서의 아브라함의 중요성은 이 장의 첫 다섯 절의 문학적 구조에서 알 수 있다. 이 구절들은 아브라함이 처음, 중간, 끝에 이름이 나오는 키아스무스를 형성하며, 아브라함에게 주어진 땅, 씨, 복에 대한 약속은 전반부와 후반부에 동일하게 언급되고, 중앙에는 야훼가 아브라함에게 했던 맹세가 언급된다.

    26:1, 아브라함
        26:2, 땅
            26:3a, 복
                26:3b, 씨

---

5   참조, 창 46:2-3에서 하나님은 야곱에게 나타나 애굽으로 내려가는 것을 두려워하지 말라고 말씀하신다.

26:3c, 아브라함에게 맹세함

26:4a, 씨

26:4b, 땅

26:4c, 모든 민족이 받을 복

26:5, 아브라함

우리는 창세기 26:2에서 주님이 이삭에게 나타나셨음을 안다. "그리고 야훼가 그에게 나타나셨다"(וַיֵּרָא אֵלָיו יְהוָה). 바로 이 문구는 히브리 성경 전체에서 단 세 차례만 나온다: 18:1; 26:2; 26:24. 처음으로 사용된 것은 창세기 18:1에서 주님이 아브라함에게 나타나셨을 때인데 모세는 주님이 이삭에게 나타나신 경우에도 동일한 방식으로 설명한다.

창세기 26:2에서 주님이 이삭에게 말씀하신 내용은 12:1과 22:2에서 아브람에게 말씀하셨던 내용과 유사하다.

- 창 12:1, "내가 네게 보여 줄 땅으로 … 가라."
  אֶל הָאָרֶץ אֲשֶׁר אַרְאֶךָּ
- 창 22:2, "내가 네게 말하는 산 중 하나"
  הֶהָרִים אֲשֶׁר אֹמַר אֵלֶיךָ
- 창 26:2, "내가 너에게 말하는 땅에 거주하라"
  בָּאָרֶץ אֲשֶׁר אֹמַר אֵלֶיךָ

이는 26장에 나오는 창세기 12장과 22장에 대한 유일한 인용은 아닐 것이며, 이 인용구의 의미를 확인하기 위해 우리는 아브라함의 삶 이야기의 문학적 구조를 살펴보아야 한다. 모세는 창세기 11:27-22:24에 나오는 아브라함의 삶에 대한 서술을 키아스무스로 구성했다.[6] 시작과 끝에는 아브라함의 아버지 데라(11:27-32)와 형제 나홀(22:20-24)의 족보가 나온다. 두 번째 단위와 끝에서 두 번째 단위는 아브라함에 대한 하나님의 약속과 그 실현에 초점을 두고, 또한 하나님이 아브라함에게 지역, 친족, 아버지의 집을 떠나라고 한 요구와 하나님이 아브라함에게 사랑하는 외아들을 데리고 모리아산으로 가서 제물로 바치라고 한 요구를 나란히 놓는다(12:1-9; 21-22장). 세 번째와 끝에서 세 번째 단위에는 아브라함이 사라를 남매라고 속이는 삽화가 등장하는데, 먼저는 파라오에게(12:10-20) 그러고 나서는 아비멜렉에게(20:1-18) 그리한다. 네 번째와 끝에서 네 번째 단위는 모두 롯을 다루는 두 개의 장으로 구성되어 있다. 13장에서 아브라함은 롯에게 가장 좋은 땅을 양보하고 14장에서는 롯을 구출한 후, 18장에서 아브라함은 롯을 위해 중재하고 19장에서는 하나님이 롯을 소돔에서 구출하신다. 이 키아스무스 구조의 중심에는 15장의 하나님의 언약-예언, 16장의 하갈과 관련한 아브람의 범죄, 17장의 할례라는 언약 표시가 자리잡고 있다.

    11:27-32, 데라의 족보
      12:1-9, 아브라함의 복: 땅, 씨, 복
        12:10-20, 남매로 속임 1(출애굽 미리 보기)
          13-14장, 롯
            15장 엘리에셀, 믿음, 언약, 출애굽,

---

6   나는 Kenneth A. Mathews, *Genesis 11:27–50:26: An Exegetical and Theological Exposition of Holy Scripture*, New American Commentary (Nashville: Broadman & Holman, 2005), 90에 제시된 키아스무스 구조를 채택했다.

16장 하갈, 이스마엘,

17장 할례, 이삭과의 언약

18-19장, 롯

20:1-18, 남매로 속임 2

21-22:19, 이삭의 출생, 제물 이삭, 복의 반복

22:20-24, 나홀의 족보

창세기 12장과 21-22장의 평행(약속된 씨와 태어난 씨, 아브라함을 향한 떠나라는 요구와 희생 제물을 바치라는 요구) 및 내러티브의 문학 구조로 인해, 12장과 22장을 인용하게 되면 아브라함의 삶 전체를 떠올리게 된다. 모세가 창세기 26장에서 처음으로 그렇게 쓴 것이 아니다. 이삭의 아내를 찾기 위해 나홀의 가족에게 종을 보내는 24장에서도 이 전략을 사용한다. 즉, 아브라함의 씨에게 땅을 주겠다는 12:7의 약속을 먼저 인용하고 나서(24:7), 아브라함의 씨가 종국에 적의 문을 차지하게 되리라는 22:17의 약속을 인용한다(24:60). 이삭의 아내 리브가를 얻기 위한 아브라함의 종의 여정을 길게 다루는 장(24장)은 사라와 아브라함의 죽음 보도 사이에 끼어 있다.

창 23장, 사라의 죽음

창 24장, 이삭의 아내

창 25:1-11, 아브라함의 죽음

26:3에서 야훼는 이삭에게 "내가 너와 함께할 것이고, 너에게 복을 줄 것이다"라고 말씀하시는데, "내가 너에게 복을 줄 것이다"라는 바로

그 문구(וַאֲבָרֶכְךָ)는 오로지 창세기 12:2과 26:3에만 나온다.[7] 마찬가지로, 주님이 "내가 너와 함께할 것이다"라고 말씀하실 때 사용된 바로 그 문구(וְאֶהְיֶה עִמָּךְ)는 구약 전체에서 4회만 등장한다. 곧, 창세기 26:3에서는 이삭에 대해, 31:3에서는 야곱에 대해, 사무엘하 7:9과 그에 대한 병행구절인 역대상 17:8에서는 다윗에 대해 언급된다. 이 분명하고도 두드러진 표현은 자연스레 이삭, 야곱, 다윗을 서로 연결 짓는다.

그리고 나서 주님은 창세기 26:3에서 이삭에게 "너와 네 자손에게 내가 이 모든 땅을 줄 것이다"라고 선언하시는데, 이는 12:7에서 하나님이 아브람에게 하신 약속, "네 자손에게 내가 이 땅을 줄 것이다"를 반복한 것이다.

- 창 12:7, "네 자손에게 내가 이 땅을 줄 것이다."
  לְזַרְעֲךָ אֶתֵּן אֶת הָאָרֶץ הַזֹּאת
- 창 26:3, "네 자손에게 내가 이 모든 땅을 줄 것이다."
  וּלְזַרְעֲךָ אֶתֵּן אֶת כָּל הָאֲרָצֹת הָאֵל
- 참조, 창 24:7, "네 자손에게 내가 이 땅을 줄 것이다."
  לְזַרְעֲךָ אֶתֵּן אֶת הָאָרֶץ הַזֹּאת

그다음에 나오는 창세기 26:3의 문구는 이 어구들의 반복이 언약적 의미를 가지고 있음을 확증해 준다. "그리고 내가 네 아버지 아브라함에게 맹세한[נִשְׁבַּעְתִּי] 서약[הַשְּׁבֻעָה]을 세울 것이다[וַהֲקִמֹתִי]." 하나님이 "맹

---

[7] 창 12:2에서 "내가 네게 복을 줄 것이다"의 히브리어 형태가 26:3과 비교하여 약간 다르다는 점이 지적되는데, 26:3에서는 이 형태에 휴지 악센트가 있기 때문이다(**아트나흐**에 주목하라). 두 경우 모두 2인칭 남성 단수 접미사를 동반한 **피엘형** 미완료 형태다.

세한" "서약"을 세우는 것이란 그가 자르신 언약의 조건들을 지킬 것을 의미한다. 하나님은 언약을 맺으실 때 약속을 하셨고, 하나님이 약속을 하신다는 말은 그가 "서약"을 하셨다는 뜻인데, 곧 약속의 조항들을 지키지 못할 경우 언약의 저주가 내려진다는 말이다(참조, 창 15:7-11, 17-18; 렘 33:18). 하나님은 서약하신 바를 결단코 어기지 않을 것이기에, 언약의 저주를 결단코 받지 않으실 것이다. 그는 자신의 약속을 지키신다. 하나님은 창세기 12, 15, 17, 22장에서 아브라함에게 그렇게 약속하셨다.

창세기 26:3에서 하나님이 이삭에게 복을 주겠다고 말씀하셨을 때, 1:28에서 첫 남자와 여자에게 주신 하나님의 복이 배음(overtones)으로 울리고, 그리고 26:4에서 하나님이 이삭에게 "네 자손을 **번성하게** 할 것이다"라고 약속하셨을 때, 1:28의 "생육하고 번성하라"는 음정이 울리게 된다. 이어지는 문장은 창세기 15:5에서 주님이 아브라함에게 "하늘을 바라보고 별들을 세어 보아라"라고 하신 말씀을 떠올리게 한다. 또한 이삭의 씨가 "하늘의 별과 같이" 번성할 것이라고 말씀하시고(26:4), 땅에 대한 약속이 반복되며, "네 안에서 땅의 모든 족속이 복을 받을 것"이라는 12:3의 약속은 "그리고 네 자손 안에서 땅의 모든 민족이 복을 받을 것"이라는 말씀으로 되풀이된다(26:4; 참조, 18:18; 22:18; 28:14). 창세기 26:4에서 이삭에게 주어진 이 약속들은 22:17-18에서 아브라함에게 주어진 약속들을 문자 그대로 인용한 것이다.

- 창 22:17, "그리고 내가 네 씨를 번성하고 번성하게 하여 하늘의 별과 같이 많게 할 것이다."

וְהַרְבָּה אַרְבֶּה אֶת זַרְעֲךָ כְּכוֹכְבֵי הַשָּׁמַיִם

- 창 26:4, "그리고 내가 네 씨를 번성하게 하여 하늘의 별과 같이 많게 할

것이다."

וְהִרְבֵּיתִי אֶת זַרְעֲךָ כְּכוֹכְבֵי הַשָּׁמָיִם

- 창 22:18, "그들이 네 안에서 복을 받을 것이다—땅의 모든 민족이"

וְהִתְבָּרֲכוּ בְזַרְעֲךָ כֹּל גּוֹיֵי הָאָרֶץ

- 창 26:4, "그들이 네 안에서 복을 받을 것이다—땅의 모든 민족이"

וְהִתְבָּרֲכוּ בְזַרְעֲךָ כֹּל גּוֹיֵי הָאָרֶץ

창세기 22:18의 마지막 어구에서 주님은 아브라함에게 왜 그 안에서 땅의 모든 민족이 복을 받게 되는지 설명하신다. "아브라함이 내 음성에 순종했기 때문이다." 26:4에서 22:18을 인용한 이후에 동일한 설명이 이삭에게 주어진다. "아브라함이 나의 음성에 순종했기 때문에 …"(26:5; 참조, 26:24). 창세기 12장과 22장이 인용된 것을 볼 때 여기서 말하는 순종에는 아브라함이 믿음으로 갈데아 우르를 떠난 것(11:31)에서부터 이삭을 바친 믿음의 행위(22장)에 이르기까지의 모든 것이 포함되는 것 같다. 이 순종은 노아가 하나님의 말씀에 응답하여 방주를 준비했던 순종과 같다. 하나님의 명령에 대한 그런 믿음의 반응의 결과로 아브람은 그의 믿음을 의로 여김을 받았고(15:6), 노아도 의로운 자로 "보였다"(7:1). 이것이 "야훼의 눈 안에서 은혜를 발견하다"(6:8), 의로움, 흠 없음, 하나님과 동행하다(6:9)는 표현의 의미다. 곧, 하나님의 말씀을 듣고, 믿으며, 그에 따라 행하는 것 말이다.

창세기 26:1-5에서 우리는 핵심 단어의 재사용, 문구 전체의 인용, 반복되는 동일 형태 사건, 언약적·구원사적 의미의 유사성을 보게 된다. 하나님은 이삭을 통해 아브라함에게 한 약속의 실현을 추구하신다. 그때 26:6-11에서 이삭은 아버지가 한 것과 같은 방식으로 범죄하여, 아내—

제4장 예언자　**181**

약속된 씨를 낳을—를 남매라고 속이기를 거듭하여 위험에 빠뜨린다.

모세는 우리가 논의해 온 기준을 수단 삼아 창세기 12, 20, 26장에 나오는 남매로 속인 삽화들을 서로 연결 지었다. 구약 전체에서 "그녀는 내 누이다"(אֲחֹתִי הִוא)라는 구절은 오로지 창세기 12:19; 20:2, 5; 26:7, 9에만 나온다. 이 족장들이 죽임을 당할까 걱정하는 표현은 창세기 12:12; 20:11; 26:7에 나온다. 아브람과 이삭은 둘 다 "아름다운" 아내들 때문에 죽임을 당할까 걱정했다(12:11; 26:7). 아브람과 이삭은 모두 이방 왕에게 "그녀는 네 아내다!"(12:18; 26:9)라는 말을 듣는다. 모세는 "네가 무슨 짓을 했느냐?"라는 아브람과 이삭을 향한 이방 왕의 물음을 통해 그들이 행한 죄악을 알린다(12:18; 26:10). 창세기 3:13에서 이와 동일한 단어, 동일한 순서로 구성된 동일한 질문이 여자에게 주어진 바 있다. "네가 무슨 짓을 했느냐?"(세 경우 모두, 히브리어로 מַה־זֹּאת עָשִׂית이며 3:13에서 여자에게 물을 때에만 어미가 여성형으로 변경됐다).[8]

모세는 아브라함이 이를 두 차례, 즉 한 번은 창세기 12장에서, 또 한 번은 창세기 20장에서 행하는 것을 보여 줌으로써 그 패턴을 확립한다. 이삭이 이 행동 과정을 반복할 때, 우리는 그가 아버지 아브라함의 발자취, 곧 믿음의 발자취뿐 아니라 실패의 발자취도 따라가고 있음을 보게 된다. 약속을 받은 자들은 하나님의 말씀을 믿었지만, 자신들의 잠깐 동안의 안전을 아내와 장기간에 걸칠 하나님의 약속 실현보다도 더욱 중요시하는 우를 범했던 어리석은 자들이었다.

아브라함과 마찬가지로 이삭도 그러했다. 이 족장의 죄악과 어리석

---

[8] 나중에 창 29:25에서 야곱은 자신이 라헬이 아닌 레아와 결혼했다는 사실을 깨닫고 라반에게 이 질문을 던진다. 4:10에서도 가인에 대한 비슷한 질문, "네가 무슨 짓을 했느냐?"가 약간 달리 표현되어 있다.

음에도 불구하고 주님은 그 아내를 구출하시고 그에게 복을 베푸신다(26:11-12). 여자의 씨와 뱀의 씨 사이에는 적대감이 있었으나(26:14-16, 20), 야훼는 여자의 씨를 생육하고 번성하게 하셨다(26:22, 24). 창세기 26:25에서 이삭이 제단을 쌓고 야훼의 이름을 불렀을 때, 우리는 셋, 노아, 아브라함이 동일하게 했던 일을 떠올리게 된다(4:26; 8:20; 12:7, 8; 13:4, 18; 21:33).

아브라함과 이삭은 창세기 12, 20, 26장에서 남매라고 속인 삽화를 통해 연결되어 있으며, 아브라함은 20장에서 예언자로 불린다(20:7). 시편 105:15에서 이삭을 예언자로 지칭한 것은 창세기 내러티브의 두 가지 두드러진 특징을 통해 이해될 수 있다. 첫째, 주님은 이삭에게 자신을 드러내시고 그에게 계시를 주셨으며, 그는 이를 다른 사람들에게 전달했다(특히 창 26:2, 24).[9] 둘째, 아브라함과 이삭 사이의 많은 연관성은 창세기 20:7에서 주님이 아브라함에 관해 진술하신 바가 이삭에게도 적용될 수 있음을 확고히 시사한다.

§4.2 이삭의 놀라운 출생

모세는 창세기의 몇몇 인물이 "불임인"(עֲקָרָה) 어머니를 두고 있음에 착안하여 이들을 이삭과 연결 짓는다. 창세기에서 몇몇 여인은 아이를 낳지 못하는 자로 언급되지만, 결국 낳게 된다. 이삭의 어머니 사래(창 11:30), 야곱과 에서의 어머니 리브가(이삭의 아내, 25:21), 요셉과 베냐민의 어머니 라헬(야곱의 아내, 29:31)의 경우가 그렇다.

사사기 저자는 삼손의 어머니 역시 아이를 낳지 못했다(עֲקָרָה, 삿 13:2,

---

9   Ken Mathews은 리브가가 "주님에게 물으러 갔을 때" 남편을 통해 그렇게 했음을 제안한다. Mathews, *Genesis 11:27–50:26*, 387.

3)는 사실에 착안하여 삼손을 아브라함, 이삭, 야곱과 연결 짓고, 사무엘서 저자는 사무엘의 어머니 한나가 주님이 그녀를 기억하실 때까지 어떻게 아이를 낳지 못했는지를 들려준다(삼상 1장; 참조 2:5). 열왕기하 4장에서는 '불임인'이라는 단어가 사용되지는 않았지만, 열왕기 저자는 이삭 이야기와 관련된 엘리사의 사역 이야기를 들려준다(왕하 4:11-17).

불임인 아내는 가계의 죽음을 의미한다.[10] 죽은 자궁을 가진 아내의 남편의 가계는 어떤 후손도, 어떤 **씨**도 이어져 내려갈 수 없다. 그러므로 불임 여성이 아이를 낳게 되는 일은 시신이 죽음에서 부활하는 것과 같다. 이런 사고방식은 사무엘상 2:5b-6(ESV)에 나타난바, 불임 여성의 출산과 죽음에서의 부활을 나란히 놓는 것을 설명해 주는 듯하다.

> 임신하지 못하던 자는 일곱을 낳고
> 많은 자녀를 둔 자는 쇠약합니다.
> 주님은 죽이기도 하시고 살리기도 하시며
> 스올에 내려보내기도 거기에서 올려 보내기도 하십니다.

한나의 기도에서 이런 진술의 맥락은 여러 가지 면에서 이삭의 이야기와 연결되어 있다. 그 연결 고리의 성질은 놀라운데, 이는 사무엘과 이삭의 어머니가 모두 불임이었지만, 사무엘의 출생이 직접 이삭의 출생과 연결되기보다, 이삭의 출생 맥락에서 발생하는 출생, 곧 이스마엘의 출생과 연결되기 때문이다.[11] 둘 사이의 평행점들을 살펴보자.

---

10 Levenson은 "불임과 죽음의 기능적 동등성, 그리고 그에 따라 기적적인 임신 또는 잃어버린 자녀의 회복과 부활의 기능적 동등성"을 지적한다. *Resurrection and the Restoration of Israel*, xi.
11 앞서 본서 제2장의 이스마엘에 대한 보충 설명에서 이 유사점과 의미를 살펴보았다.

- 하갈과 한나는 모두 (불행한) 일부다처 결혼 생활을 하고 있었다(창 16:1-6; 삼상 1:1-2).
- 하갈과 한나는 모두 경쟁하는 다른 아내에게 괴롭힘을 받고 둘 다 "고통"(עֳנִי)을 겪는다(창 16:11; 삼상 1:11; 참조, 창 16:6; 삼상 1:6).
- 하갈은 하나님이 그녀를 "보시고" "돌아보셨다"는 것을 알고 있다(창 16:13-14에 나오는 רָאָה의 네 가지 형태). 그리고 한나는 주님이 자신의 고통을 "돌아보아 주시기"를 간구한다(삼상 1:11의 רָאָה).
- 이스마엘과 사무엘의 출생 사이의 가장 두드러진 유사점은 아마도 둘 다 "하나님이 들으신다"는 뜻의 이름을 받았다는 점일 것이다. 이스마엘(יִשְׁמָעֵאל)과 사무엘(שְׁמוּאֵל)이라는 이름은 둘 다 "듣다"라는 단어(שָׁמַע)와 "하나님"이라는 단어(אֵל)로 구성되어 있다.

이와 같은 유사점은 사무엘서 독자들에게 이스마엘의 출생을 떠올리게 한다. 하갈과 한나 사이의 대조는 한나에게 긍정적인 빛을 비추고, 이스마엘과 사무엘 사이의 대조는 사무엘에게 그와 같은 빛을 비춘다. 한편, 한나의 불임은 사라와 연결되고, 예언자 사무엘의 놀라운 출생은 뒤로는 이삭으로 거슬러 가고, 앞으로는 올 다른 사람들을 가리킨다.

우리가 이삭과 사무엘 사이에 있는 평행을 계속 살펴보기 전에 그들 사이에 놓여 있는 한 인물에 주목할 필요가 있다. 우리는 사사기 13:2-3에서 삼손의 어머니가 불임이라는 기록을 보게 된다. 그리고 13:5에서 주님의 천사는 삼손의 잉태를 알리면서, "그의 머리 위에 삭도를 대지 말라. 이 아이는 태에서 나올 때부터 하나님에게 바쳐진 나실인이 될 것이며, 그가 블레셋 사람의 손에서 이스라엘을 구원하기 시작할 것이다"(ESV)라고 말한다. 삼손의 어머니는 13:7에서 남편에게 이 사건을 알려

주면서 더 자세히 설명한다. "그가 나에게, '보라, 네가 임신하여 아들을 낳을 것이다. 그러니 포도주나 독주를 마시지 말고 부정한 것은 아무것도 먹지 말라. 그 아이는 태에서 죽을 때까지 하나님에게 바쳐진 나실인이 될 것이다'라고 말했습니다"(ESV).

아마도 삼손의 이야기에서 영감을 받았을지 모르겠지만, 사무엘서 저자는 사무엘상 1:11(ESV)에서 다음과 같은 한나의 기도 모습을 보여 준다. "만군의 주님, 만일 당신의 종의 고통을 돌아보시고 나를 기억하시며 당신의 종을 잊지 않으시고 당신의 종에게 아들을 주신다면, 내가 그를 평생 주님에게 드리고 그의 머리에 삭도를 대지 않을 것입니다." 삼손과 같이 사무엘도 태어날 때부터 나실인이 될 것처럼 보인다.

삼손과 사무엘은 모두 불임인 어머니에게서 태어났고, 날 때부터 나실인으로 지정됐으며, (앞서 다룬 다른 접촉점과 더불어) 어머니들의 불임은 이삭과 연관된다. 이 모형론 패턴의 한 부분은 주님의 천사가 나이 든 아내의 나이 든 남편 사가랴에게 나타나 불임인 엘리사벳이 삼손과 사무엘과 같은 예언자를 낳을 것이며, 그는 태어날 때부터 나실인이 될 것이라고 고지했을 때 실현된다(눅 1:5-15). 천사가 동정녀 마리아에게 예수를 낳을 것이라고 고지했을 때, 이 패턴은 어떤 면에서 반복되지만 모든 면을 초월해 버리는데, 예수는 예상할 수 없고 실제로 불가능한 상황에서 태어나는 헌신적인 예언자들의 패턴을 실현하게 될 인물이다(1:26-33).

§4.3 제물 이삭과 그의 부활

이삭은 아버지의 사랑을 받는 아들이었는데(창 22:2), 누가는 악한 소작인 비유를 말하면서 해당 어구의 그리스어 번역을 사용하여 예수를 제시했다.

106-107

- LXX 창 22:2, τὸν υἱόν σου τὸν ἀγαπητόν

  "당신의 아들, 사랑하는 자"(즉, "당신의 사랑하는 아들")

- 눅 20:13, τὸν υἱόν μου τὸν ἀγαπητόν

  "나의 아들, 사랑하는 자"(즉, "나의 사랑하는 아들")

또한 사랑하는 아들이라 불린 이삭의 탄생은 기적과 같았다(창 11:30). 그리고 야훼는 자신을 이삭에게 거듭 나타내시면서(26:2, 24), 그에게 미래를 알려 주셨다. 아버지의 사랑하는 아들은 기적으로 태어났고, 야훼로부터 계시의 표징을 받은 예언자였으며, 더욱이 아버지에 의해 희생 번제물로 바쳐졌고, 그때 되살아났다. 신약성경의 자료 인용, 동일 형태 사건의 유사성, 언약적 의미는 예수 안에서 일어난 일이 이삭 모형론을 실현한다는 것을 확립한다. 우리가 성경을 더욱 철저히 이해할수록, 우리는 그것이 더욱 서로 연결되어 있음을 확인하게 된다.

그렇더라도 의문은 남는다. 예컨대, 히브리서 저자는 무엇에 근거하여 하나님이 이삭을 죽음에서 살리실 것을 아브라함이 기대했다고 결론 내릴 수 있었을까(히 11:17-19)? 앞서 우리는 불임 여성에게 아이가 태어나는 일이 개념적으로 볼 때 죽음에서 부활하는 것과 같음을 살펴보았는데, 사도 바울은 아브라함이 "죽은 자들에게 생명을 주시는" 하나님을 믿었다고 묘사하고, 아브라함이 "자기 몸이 죽은 것과 같고 사라의 태가 죽은 것 같음을 알고도 믿음이 약해지지 않았다"(롬 4:17, 19, ESV)라고 말할 때 그 관점이 반영되어 있다.

창세기 21장에서 이삭의 출생이 죽음으로부터의 부활과 같다는 것 외에도, 아브라함(25:1-11), 야곱(49:29-33), 요셉(50:25; 참조, 히 11:22)의 경우처럼 23장에서는 사라를 약속의 땅에 장사 지내는 사건이 나온다. 약속된 땅을 받지 못했음에도 불구하고 그 땅에 묻히려는 바람은 죽은 자들 가운데 부활하여 약속된 땅을 받으려는 마음을 나타낸다.[12]

창세기 22장 내러티브 자체를 보자면 아브라함은 분명 야훼에게 순종하여 이삭을 희생 제물로 바치려 했다. 22:5에서 아브라함이 1인칭 복수형을 사용하여 "**우리는** 저기로 갈 것이고, **우리는** 경배할 것이며, **우리는** 다시 너에게로 돌아올 것이다"라고 말한 것은 이삭을 희생 제물로 바치더라도 그가 살아서 함께 돌아올 것을 믿었음을 나타낸다. 주변 문맥으로부터 울리는 부활의 배음(overtones)은 모세가 청중에게 아브라함이 죽음에서의 이삭의 부활을 생각했다는 것을 전달하려 했음을 보여 준다. 마치 히브리서 저자가 말했던 것처럼 말이다(히 11:19). 이 결론은 열왕기 저자가 이삭 이야기를 엘리사가 죽은 아이를 살리는 이야기와 연결하는 방식에 의해 지지된다.

나는 열왕기 저자가 열왕기하 4장의 부활 이야기를 창세기의 이삭 이야기와 연결함으로써 모세가 창세기에서 가르친 내용을 강화한다고 주장하는 바다.[13] 이 후기 성경 저자는 모세의 전달 의도를 바르게 분별했고, 모세의 계획을 더욱 발전시키기 위해 엘리사가 죽은 소년을 살리는 이야기를 이삭의 이야기와 연결하여 악에서 선을, 죽음에서 생명을 가져오는 하나님에 대한 믿음을 강화했다.

열왕기 저자는 수넴 여인이 어떻게 예언자 엘리사의 육신의 필요를 충족시켰는지에 대해 이야기한다(왕하 4:8-11; 참조, 눅 8:2-3). 머물러 쉬기

---

12 특히 Chase, "Genesis of Resurrection Hope," 477-80을 보라.
13 이와 유사한, 독립적인 분석에 대해서는 Levenson의 글을 보라. 그는 이 내러티브에 대해 "특정 용어 선택은 단순히 우리가 이스라엘 문화에 깊이 뿌리를 둔 유사한 주제와 관련될 뿐 아니라 실제 문헌 의존성과도 관련됨을 나타낸다." Levenson, *Resurrection and the Restoration of Israel*, 123-26, 인용은 124.

위해 그곳에 들렀을 때 엘리사는 수넴 여인이 자신에게 베푼 친절에 대해 어떻게 축복해 줄지를 물었다(왕하 4:11-13). 열왕기하 4:14에서 우리는 "그러면 그 여인을 위해 무엇을 해야 할까?"라는 엘리사의 물음을 듣게 된다. 게하시는 "음, 그 여인에게는 아들이 없고 남편은 늙었습니다"(ESV)라고 대답했다. 아브라함과 사라의 이야기에 친숙한 사람이라면 늙은 남편과 자식 없는 아내에 대한 언급을 듣고서 그들을 떠올릴 것이다. 열왕기하 4:15에는 엘리사가 그 여인을 불렀을 때, "그 여인이 문에 서 있었다"라고 기록되어 있다. 이때 "문"으로 번역된 단어(פֶּתַח)는 야훼를 대신하여 말하는 세 사람(창 18:2) 중 한 사람이 아브라함에게 이삭의 잉태를 고지했을 때(창 18:10) 사라가 아브라함 "뒤에 있는 천막 문에서(פֶּתַח הָאֹהֶל) 듣고 있었다"(ESV)고 묘사하면서 사용된 단어와 같다.

엘리사는 같은 장소(문)에 있었던 같은 종류의 인물들(야훼의 대변자, 나이 든 남편, 불임의 아내)과 함께, 아브라함과 사라에게 주어진 약속과 같은 약속을 수넴 여인에게 전한다. "한 해가 지나, 이맘때에 네가 아들을 안을 것이다"(왕하 4:16, ESV). 바로 다음 구절에서 우리는 "엘리사가 말한 대로 그때 돌아오는 봄에 그 여인이 아들을 낳았다"(4:17, ESV)는 기록을 읽는다. 엘리사가 수넴 여인에게 했던 말은 사라가 문에 서서 들은, 아브라함에게 주어진 말과 밀접히 상응한다. "내가 반드시 내년 이맘때 네게 돌아올 것이며, 네 아내 사라가 아들을 가질 것이다"(창 18:10, ESV). 사라의 웃음에 대한 응답으로, 야훼는 창세기 18:14(ESV)에서 아브라함에게 "주님에게 어려운 일이 있겠느냐? 정한 때, 내가 내년 이맘때 네게 돌아올 것이며, 사라가 아들을 가질 것이다"라고 말씀하신다. 창세기의 이전 장에서 하나님은 아브라함에게 "내 언약은 내가 내년 이맘때 사라가 네게 낳을 이삭과 세울 것이다"(17:21, ESV)라고 약속하셨다. 이 진술들은 열왕기하 4:16과 4:17에서 반복된다.

- 창 17:21, אֲשֶׁר תֵּלֵד לְךָ שָׂרָה לַמּוֹעֵד הַזֶּה בַּשָּׁנָה הָאַחֶרֶת
  "내년 **이 정한 때에** 사라가 네게 낳을"

- 창 18:10, שׁוֹב אָשׁוּב אֵלֶיךָ כָּעֵת חַיָּה וְהִנֵּה־בֵן לְשָׂרָה אִשְׁתֶּךָ
  "내가 **생명의 때**[즉, 봄]에 따라 네게 돌아오고 돌아올 것이다. 그리고 보라, 사라 네 아내에게 아들이 [있을 것이다]"

- 창 18:14, לַמּוֹעֵד אָשׁוּב אֵלֶיךָ כָּעֵת חַיָּה וּלְשָׂרָה בֵן
  "**정한 때에, 생명의 때에 따라** 내가 네게 돌아올 것이다. 사라에게 아들이 [있을 것이다]"

- 왕하 4:16, לַמּוֹעֵד הַזֶּה כָּעֵת חַיָּה אַתְּי חֹבֶקֶת בֵּן
  "**이 정한 때에, 생명의 때에 따라**, 너는 아들을 안을 것이다.

- 왕하 4:17, וַתֵּלֶד בֵּן לַמּוֹעֵד הַזֶּה כָּעֵת חַיָּה
  "그리고 **그녀가 이 정한 때에, 생명의 때에 따라** 아들을 낳았다."

창세기에서 이삭의 출생을 알리는 유명한 구절을 반복함으로써, 열왕기 저자는 엘리사가 수넴 여인에게 아들을 낳을 것이라는 약속을 고지할 때 청중이 이삭의 출생에 대한 약속을 떠올리기를 원했음을 보여 준다. "이 정한 때에"(לַמּוֹעֵד הַזֶּה)라는 어구는 구약성경 전체에 단 3회만 나온다: 창세기 17:21과 열왕기하 4:16, 4:17. 마찬가지로, "생명의 때에 따라"(כָּעֵת חַיָּה)라는 문구는 구약성경 전체에 단 4회만 나온다: 창세기 18:10, 18:14과 열왕기하 4:16, 4:17.

두 본문 사이의 또 다른 흥미로운 접촉점은 사라가 웃었음을 부인하고 또한 속이려는 시도가 거부됐다는 것이다(창 18:15). 엘리사가 수넴 여인에게 아들을 낳을 것을 말했을 때, 그녀는 거짓말하지 말라고 말한다 (왕하 4:16; 참조, 4:28). 물론 그는 거짓말을 하지 않았다.

그래서 수넴 여인의 아들 출생 이야기는 이삭의 출생 이야기와 다시 연결된다. 그 의미는 무엇인가? 평행점을 생각해 보자. 창세기 21장에서 이삭이 태어난 후, 그가 직접적으로 관련된 바로 다음 사건은 창세기 22장에서 희생 제물로 바쳐지기 위해 모리아산으로 향하는 이야기다. 열왕기하 내러티브를 보자면, 열왕기하 4:17에서 아이가 태어난 후, 4:18-21에서 추수꾼들 가운데서 아버지와 함께 있을 때 죽고, 4:22-31에서 어머니가 엘리사를 찾아갔을 때, 4:32-37에서 엘리사는 그 소년을 죽음에서 살려 낸다. 수넴 여인의 아들 출생 고지와 이삭의 출생 고지 사이의 유사점에 주의를 기울임으로써 열왕기 저자는 창세기에서 이삭이 희생 제물로 바쳐진 것과 동일한 내러티브 '슬롯'에 수넴 여인의 아들이 죽음에서 일어난 사건을 집어넣는다. 이 장의 후반부에서 우리는 엘리사의 예언자 사역을 다시 다룰 것이다. 여기서 내가 말하려 하는 바는 열왕기 저자가 불임 여성에게 주어진 아이에 대한 약속과 그 아이를 죽음에서 살려 내는 사건을 이삭의 출생과 희생에 연결하여 창세기 내러티브에 이미 존재하던 부활의 배음(overtones)을 확인하고 확장한다는 것이다. 레벤슨(Levenson)이 창세기와 열왕기 내러티브에 대해 말했듯이, "전자는 죽음을 피하고, 후자는 죽음을 뒤집지만, 각각은 부부의 가계를 보존하고 후손을 두는 일을 보장하는 데 기여한다. 즉, 그들 개인의 죽음 이후에도 계속되도록 말이다."[14]

아브라함은 자신의 사랑하는 아들—기적으로 태어나 예언의 계시를 받은 아들—을 아끼지 않고 희생 제물로 바쳤다. 그리고 하나님 아버지

---

14 Levenson, *Resurrection and the Restoration of Israel*, 126.

도 사랑하는 아들 안에서 이삭이 모형화했던 모든 것을 실현하셨고, 그 아들을 아끼지 않고 우리 모두를 위해 내어 주셨다(롬 8:32).

창세기에 나오는 예언자들에 대해, 특히 야곱과 요셉에 대해 더욱 많은 것을 말할 수 있겠다. 하지만 우리는 이를 잠시 접어 두고 모세에게로 나아갈 것이다. 그러고 나서 다시 노아에게로 되돌아올 것이다.

§5 모세

모세는 구약성경의 전형적인 예언자다.[15] 모세의 출생 당시 마주했던 생명에 대한 위협(출 2:1-10)에서부터 그 후에 그와 같은 예언자가 일어나지 않았다는 진술(신 34:10-12)과 더불어 그와 같은 예언자에 대한 약속(신 18:15-19)에 이르기까지, 모세에 관한 모든 것은 과거를 반향하고 도래할 미래와 공명하는 사운드보드와 같다. 우리는 어휘상 접점, 동일 형태 사건, 언약적 의미를 통해 모세와 노아 사이의 연결 형성을 살펴보면서 시작하려 한다. 그다음 모세 내러티브의 주요 특징을 요약하여 씨앗을 뿌리고, 모세와 같은 예언자를 다루면서 거기에 물을 줄 것이다.

§5.1 노아와 모세

노아와 모세와 관련한 내러티브 사이의 언어학적 접점은 둘 사이의 동일 형태 사건의 유사성에 우리의 이목을 집중시키고, 이러한 특징들은 노아

---

15 이 문장을 쓰고 나서, 나는 나중에, Rolf Rendtorff, *The Canonical Hebrew Bible: A Theology of the Old Testament* (Leiden: Deo, 2005), 550-52에서 "전형적인 예언자" (The paradigmatic prophet)라는 표제가 붙은 Rendtorff의 논의를 알게 됐다.

와 모세의 언약적·구원사적 의미와 결합되어 모형론적 역학 관계를 만들어 낸다. 노아는 아담 패턴의 한 조각이며, 노아와 모세 사이의 사료적 대응은 모세를 노아의 패턴의 한 조각으로 만든다. 노아와 모세는 모두 하나님이 그의 백성과 언약을 맺으실 때 중재할 예언자를 가리킨다.

노아와 모세를 다루는 내러티브는 동일한 언어를 사용한다. 창세기 7:2은 주님이 노아에게 정결한(טָהוֹר) 동물 일곱 쌍과 부정한(לֹא טְהֹרָה) 동물 한 쌍을 데려오라 지시하신 장면을 담고 있다. 오경을 읽는 사람들에게 '정결한/부정한'이라는 구분은 노아에게 주어진 지시와 모세에게 주어진 지시 사이의 연관성을 형성하게 한다(레 11장을 보라. 특히 레 11:47, טָמֵא, "부정한"; טָהוֹר, "정결한"). 마찬가지로 노아는 아브라함과 자손들이 쌓은 제단 및 모세 언약의 지시 사항(출 20:24-26)을 예기한 듯이 "제단을 쌓고" "제단 위에 번제를 드렸으며" "주님은 기뻐하시는 향기를 흠향하셨다"(창 8:20-21, ESV; 출 29:18, 25, 41; 레 1:9, 13, 17 등을 보라).

동일한 어구가 창세기 8:20과 출애굽기 17:15에 어떻게 나오는지 주목해 보자.

- 창 8:20, וַיִּבֶן נֹחַ מִזְבֵּחַ
  "그리고 노아가 제단을 쌓았다."

- 출 17:15, וַיִּבֶן מֹשֶׁה מִזְבֵּחַ
  "그리고 모세가 제단을 쌓았다."

모세의 지도 아래서 이스라엘 백성은 번제를 드리는 경우가 많았다(예, 출 24:5). 물론 모세의 율법에 따라 정결한 동물만을 야훼에게 드려야 했다(예, 레 14:4). "기뻐하시는 향기"라는 문구는 야훼가 모세의 율법에 규

제4장 예언자 **193**

정된 제사를 어떻게 여기시는지와 관련하여 어김없이 등장한다. 창세기 9:4에서 홍수 이후의 노아 언약 가운데 "고기를 생명과 함께, 곧 피와 함께" 먹지 못하게 한 원리, 그 금지 이면에 있는 더욱 상세한 설명은 레위기 17:10-11의 재진술을 내다보고 있다. 노아와 모세 모두에게서 우리는 중요한 의미를 담고 있는 7일과 40일의 기간에 대해 보게 된다(창 7:4, 10, 12, 17; 8:6, 10, 12; 출 7:25; 12:15; 20:9-11; 24:18; 34:28). 그리고 노아와 모세 모두는 "표징"을 받았다(창 9:12-17; 예, 출 3:12).

우리는 이런 식으로 어휘상 접촉점을 계속 나열할 수 있겠지만, 더욱 중요한 질문은 언어의 재사용이 평행하는 동일 형태 사건을 확립하기 위해 등장하느냐이다. 대답은 '그렇다'이다. 다음의 평행점들을 살펴보자.

- 노아는 "야훼의 눈에서 은혜를 발견했다"(창 6:8). 그리고 주님은 그를 의롭다고 보셨다(7:1). 출애굽기 33:17에서 야훼는 모세에게 "너는 내 눈에서 은혜를 발견했다"(참조, 출 33:12)고 말씀하신다. 모세의 어머니가 그를 "잘 생긴 아이"(출 2:2)로 본 것은 그가 하나님의 목적에 있어서 중요한 역할을 하게 되리라는 것을 인지한 것일 수 있다(참조, 행 7:20, "하나님 보시기에 아름다운"; 또한 히 11:23을 보라). 여기서 핵심은 노아와 모세의 기록에서 구원이 이루어지기 전에 저들이 중요한 존재로 "보였다"는 본문의 암시가 있다는 점이다.
- 하나님은 노아에게 자신을 드러내시고 구원을 받기 위해 믿어야 할 지시 사항을 주셨다(창 6:13-21). 하나님은 모세에게 자신을 드러내시고 이스라엘을 구원하기 위해 믿어야 할 지시를 주셨다(출 3-4장).
- 하나님은 노아에게 "방주"(תֵּבָה)를 짓고 "역청으로 칠하라"(창 6:14, 여기서 "역청"을 가리키는 단어는 כֹּפֶר)고 지시하셨다. 그리고 이 방주 안에서 노

아는 당대 모든 사람들을 죽게 한 심판의 물 가운데 구원받았다. 모세의 어머니는 그를 "방주"(תֵּבָה)에 넣고 "역청으로 발랐다"(출 2:3, 여기서 "역청"을 가리키는 단어는 זָפֶת). 그리고 모세는 이 "바구니"(ESV) 안에서 당시 또래 나이의 모든 히브리 남자아이들을 죽인 죽음의 물 가운데 구원받았다(출 1:22).

- 노아와 모세는 모두 야훼가 명령하신 모든 것을 행했다. 확실히 평행하게 나오는 창세기 6:22과 출애굽기 40:16의 언급을 살펴보자.

  - 창 6:22, "그리고 노아는 하나님이 그에게 명하신 모든 것을 따랐고, 그렇게 행했다."

  וַיַּעַשׂ נֹחַ כְּכֹל אֲשֶׁר צִוָּה אֹתוֹ אֱלֹהִים כֵּן עָשָׂה

  - 출 40:16, "그리고 모세는 야훼가 그에게 명하신 모든 것을 따랐고, 그렇게 행했다."

  וַיַּעַשׂ מֹשֶׁה כְּכֹל אֲשֶׁר צִוָּה יְהוָה אֹתוֹ כֵּן עָשָׂה

노아에 관한 이 언급은 홍수를 준비할 때, 즉 구원이 일어나기 전에 주어진다. 대조적으로 모세에 관한 언급은 나일강에서 방주로 구출된 후, 애굽에서 탈출한 후, 시내산에서 성막을 세운 후에 주어진다. 그렇더라도 이 평행은 성경 저자가 청중으로 하여금 노아의 순종을 모세의 순종과 연결하기를 의도했음을 가리키는 듯하다. 이 평행한 진술이 순서에 있어서 동일한 지점에 나오지 않는다는 사실은 평행이 역사에서 실제로 그런 방식으로 일어났으며 저자의 단순한 문학적 장치가 아님을 보여 준다—이는 이 평행과 다른 많은 평행들을 지지해 주는 주장이다. 모형론은 역사 속에서 실제로 일어난 사건들과 관련된다.

- 그들이 각각 방주 안에서 심판의 물 가운데 구출을 경험한 후, 노아와 모세는 모두 구속사의 진행에서 새로운 시대의 시작에 서게 되며, 두 경우 모두 야훼는 백성과 언약을 맺는다(창 9:8-11; 출 24:3-8). 노아와 모세는 야훼 앞에서 백성을 대표한다.
- 방주 구출과 언약 체결 직후, 두 경우 모두 중대한 범죄가 발생한다. 즉, 노아의 술 취함과 함이 아버지를 욕되게 한 일(창 9:20-29), 그리고 백성이 금송아지를 만든 일(출 32장)이 그것이다.

언어학적 접촉점, 동일 형태 사건의 유사성, 노아와 모세의 평행하는 언약적 의미는 모세가 노아 안에서 볼 수 있는 모형론 패턴의 한 조각이라는 생각을 입증해 준다. 케네스 매튜스(Kenneth Mathews)가 기록했듯이,

> 노아의 구출과 출애굽기 1-2장에 서술된 모세의 구출 사이에는 주목할 만한 유사점이 있다. … 모세는 자신의 활동으로 새로운 시대를 연 또 다른 노아다.[16]

이 지점에서 다음의 사실을 관찰할 수 있다. 하나님의 진노의 홍수 속에서 세상이 세례를 받은 후, 하나님은 노아와 언약을 맺는다. 홍해에서 파라오의 군대가 심판의 물속에서 세례를 받은 후, 하나님은 모세와 언약을 맺는다. 예수가 세례를 받고 하나님의 진노가 쏟아지는 것을 경험한 후에 하나님은 그와 새로운 언약을 맺으신다. 모랄레스(Morales)는 이렇게 썼다.

16　Mathews, *Genesis 1-11:26*, 363, 또한 351을 보라.

이스라엘은 죽음의 물에서 구출됐을 뿐 아니라, 그것을 통해 애굽에서의 옛 삶에 대해 점차로 죽고 가나안 땅에서 하나님과 함께하는 삶을 예비했다. 노아가 죽음의 물 가운데 구출되어 옛 창조 세계에 대해 죽고 현재 창조 세계에서 살았던 것처럼 말이다.[17]

우리는 이 진술을 하나님의 영광을 위하여 심판 가운데 구원을 경험했다고 바꾸어 말할 수 있고, 또는 바울의 방식으로 표현하자면 이렇다. "그러므로 우리가 그의 죽으심으로 세례를 받아 그와 함께 장사됐는데, 이는 아버지의 영광으로 인해 그리스도를 죽은 자 가운데서 살리심과 같이, 우리로 또한 새 생명 가운데서 행하게 하려 함이다"(롬 6:4, ESV; 참조, 벧전 3:20-21).

홍수 세례는 노아와의 언약으로 이어진다.

홍해 세례는 모세와의 언약으로 이어진다.

그리고 십자가에서 받은 그리스도 세례는 예수와의 새 언약을 시작하게 한다.

§5.2 예언자인 모세

블로그에 글을 올렸을 때, 나는 블로그 플랫폼에서 이따금 '핑백'(pingbacks)과 관련된 알람을 받았다. 그런 핑백은 다른 웹사이트에 나의 게시물을 링크했을 때 발생했다. 출애굽기, 레위기, 민수기, 신명기로부터 우리가 모세와 그의 사역에 대해 알고 있는 모든 것이 그의 예언자적 사역과 관련이 있지만, 여기서 더 깊은 논의를 위해 모세의 삶에서 일어난 일이 이전 본문들에 대한 핑백을 만들고 또한 이후 본문들이 모세에 대한

17　Morales, *Who Shall Ascend the Mountain of the Lord?*, 129.

핑백을 형성하는 몇 가지 예에 초점을 맞추고자 한다. 나는 이를 오경에 나타나는 순서대로 다루려 한다. 이러한 연결은 예언자로 섬긴 사람들 사이에 모형론적 동일시를 형성하여 그들이 예언자 패턴의 조각을 차지하고 있음을 드러낸다.

모세가 방주-바구니로 죽음의 물 가운데서 구출된 후, 우리는 출애굽기 2:10의 진술을 마주하게 된다. "그 아기가 자랐을 때 그녀는 그를 파라오의 딸에게로 데려갔고, 그는 그녀의 아들이 됐다. 그녀는 그의 이름을 모세[מֹשֶׁה]라고 짓고 말했다. '이는 내가 그를 물에서 건져 냈기[מִן הַמַּיִם מְשִׁיתִהוּ] 때문이다'"(ESV). 시편 18:16(MT 18:17)에서 다윗은 이렇게 썼다. "그는 높은 곳에서 보내셨다. 그가 나를 붙잡아 주셨다. 그가 나를 많은 물에서 건져 내셨다[יַמְשֵׁנִי מִמַּיִם רַבִּים]." 이 구절은 시편 18편에 평행하는 사무엘하 본문(삼하 22:17)과 더불어 구약에서 그 동사(מָשָׁה, "건져 내다")가 등장하는 유이한 곳이다. 이것은 시편 18:7-14(MT 18:8-15)에 나오는 시내산 이미지와 시편 18:15(MT 18:16)에 나오는 출애굽기 15:8의 인용 이후에 나온다. "그때 당신의 코에서 나오는 숨결로[מִנִּשְׁמַת רוּחַ אַפֶּךָ] … 바다의 바닥이 보였다." 출애굽기 15:8은 홍해가 갈라지는 것에 대해, "당신의 콧김에[וּבְרוּחַ אַפֶּיךָ] 물이 쌓였다"라고 표현한다. 다윗은 이스라엘이 출애굽하고 홍해가 갈라질 때 구원된 방식에서 가져온 용어로 주님이 자신을 구원하심을 묘사한 듯하며, 시편 18:16(MT 18:17)에서는 출애굽기 2:10을 언급하면서 모세의 용어로 자신에 관해 말한다.[18] 주님이 모세를 통해 시내산에서 언약을 맺으셨듯이, 다윗과도 그 혈통에서 나올 미래의 왕에 관해 언약을 맺으셨다. 다윗은 다른 곳에서 예언자로 묘사된다(특히 삼하 23:1-2; 행 2:30을 보라).

---

18 Hamilton, *Psalms* ad loc.에 나오는 시 18편에 관한 논의를 보라.

파라오의 딸이 출애굽기 2:10에서 모세를 물에서 건지고 이름을 지은 직후, 2:11-15에서 모세의 히브리인 동족이 "누가 당신을 우리의 군주와 재판관으로 세웠느냐?"(출 2:14)라고 모세에게 말하는 것을 읽을 수 있다. 그 후 파라오는 모세를 죽이려 한다(2:15). 모세가 자기 동족에게 거부당한 것은 요셉이 형들에게 거부당한 것과 같다(창 37:18-28). 요셉과 모세가 동족에게 거부당한 것처럼, 다윗도 형들에게 거친 대우를 받고 이스라엘 사람이자 동족인 사울에게 맹렬히 쫓겨 다닌다(삼상 17-31장; 고난받는 의로운 자에 대한 본서 제6장을 보라).[19]

애굽에서 도망간 모세는 출애굽기 2:15-22 가운데 우물가에서 아내를 만난다. 아브라함의 종도 이삭의 아내가 될 리브가를 우물가에서 만났고(창 24:11-15), 야곱도 우물가에서 라헬을 만났다(29:8-9). 예수는 요한복음 4장에 나오는 우물가에서, 상징적 의미로 가득 채워진 한 본문에서, 사마리아 여인과 대화하신다.

주님이 불타는 떨기나무에서 모세에게 나타나셨을 때, 잇단 대화에는 야훼와 모세 사이에 여러 교류가 있었다. 모세는 자신이 "달변이 아니"(ESV, 문자적으로 "말의 사람이 아닌", לֹא אִישׁ דְּבָרִים, 출 4:10)라고 항변하고, 주님은 그에게 "내가 네 입과 함께하여 네가 말할 것을 가르쳐 줄 것이다"(4:12)라고 말씀하신다. 하나님을 대신하여 말할 예언자 모세는 자신의 말하는 능력에 문제가 있다고 말하고, 주님은 모세와 함께하겠다고 말씀하심으로써 이 문제를 해결하신다. 나중에 가서 "모세와 같은 예언자들"로는 이사야와 예레미야가 있다. 이사야와 예레미야는 모두 자신의 말하는 능력에 문제가 있다고 주장했다(사 6:5; 렘 1:6; 참조, 출 6:30). 그

---

19 Hensley의 훌륭한 연구의 제8장 제목은 "새 모세로서의 다윗"이다. Hensley, *Covenant and the Editing of the Psalter*, 157-82.

리고 두 경우에 모두, 주님은 문제 해결책을 제시하신다(사 6:6-7; 렘 1:7-9; 참조, 또한 출 7:1-2).

아담으로부터 아브람까지의 계보는 창세기 5장과 11장에 나온다. 이와 비슷하게 모세의 조상의 계보에 대한 관심이 출애굽기 6:14-27에 나타난다.

모세의 생애에서 매우 중요한 사건으로 주님은 몇몇 영을 모세 위에, 70명의 장로에게 부어 주셨다(민 11:16-25). 모세가 진영에 남아서 예언하고 있던 두 명의 장로를 멈추게 해야 하는지 질문을 받았을 때, 그는 하나님의 모든 백성이 영을 갖고, 모두가 예언자가 되기를 바란다고 외쳤다(11:26-29). 만약 이들이 모두 영을 받고 예언자가 됐다면, 하나님이 그들에게 무엇을 바라시는지 직관적으로 알았을 것이다. 이 삽화는 엘리사가 엘리야의 영의 갑절을 달라고 구할 때(왕하 2:9-15)와 관련되는 듯하고, 요엘은 모세의 바람이 실현될 날을 가리켰던 것 같다. 즉, 하나님의 모든 백성이 영을 받고 예언자가 되는 날 말이다(욜 2:28-29; 마 3:1-2; 참조, 행 2:16-21).

모세는 출애굽기 2장에서 동족에게 배척받았을 뿐 아니라, 민수기 12:1-9에서는 미리암과 아론의 대적을 통해 가장 가까운 사람들에게 배신당했다. 형이 모세를 배신한 것은 가인이 아벨을 대하는 방식과 요셉의 형들이 요셉을 대하는 방식을 연상시킨다. 또한 아히도벨과 압살롬이 다윗을 배신할 일을 예비하기도 한다. 이 모든 것은 의로운 고난자라는 주제에 기여한다(본서 제6장을 보라).

모세에 대한 반역은 민수기 14장에서 계속되는데, 정탐꾼들의 부정적인 보고에 대한 반응으로(13장) 백성은 모세와 아론에게 불평하면서 애굽으로 돌아가기 위해 지도자를 선택하려 한다(14:1-4). 황금 송아지 사건에서처럼(출 32:10) 야훼는 백성을 멸하고 유산을 빼앗아 모세로부터 더욱 큰 민족을 만들겠다고 위협하신다(민 14:12). 앞선 경우에서 처럼(출 32:11-14) 모세는 중재하고 야훼는 양보하신다(민 14:13-20). 모세의 중재 기도 패턴은 엘리(삼상 3:10-18), 엘리야(왕상 19:9-18을 보라), 이스라엘을 위해 기도하지 말라는 주님의 명을 받은 예레미야(렘 7:16; 11:14; 14:11) 같은, 모세와 같은 예언자들의 경험에 영향을 미친다.

모세가 이스라엘을 애굽에서 데려 나와 광야를 거쳐 모압 평원으로 인도한 내러티브의 세부 내용 하나하나가 야훼가 백성 편에서 행한 기적을 떠올리게끔 한다 해도 과언이 아닐 것이다. 우리가 앞으로 살펴보겠지만, 출애굽에서 정복까지의 전체 사건은 야훼가 미래에 백성을 구원할 방식에 대한 틀(paradigm) 역할을 하기에, 모세는 정말 다양한 방법으로 거론될 수 있다.

§5.3 모세와 같은 예언자들

신명기 18:9-14에서 모세는 이스라엘에게 초자연적인 정보를 추구하는 가나안 사람들의 방식을 본받지 말라고 경고한다. 그들은 자녀를 희생 제물로 불태우는데(신 18:10), 이는 그런 끔찍한 행위를 좋게 보는 악한 신들의 도움을 이끌어 내려는 목적으로 보인다. 그들은 점을 치고, 운세를 의지하며, 징조를 해석하고, 마법사, 주술사, 영매, 점쟁이를 이용하지만, 이 모든 것은 야훼에게 가증한 일이며 이스라엘은 이를 행해서는 안 된다(18:10-14). 그렇다면 이스라엘은 어떻게 초자연적인 인도를 받을 수 있는가? 모세는 신명기 18:15-22에서 그 질문에 대답한다. 즉, 야훼는 이스라엘을 위해 모세와 같은 한 예언자를 일으키겠다 약속하신다(18:15). 이 예언자의 사역은 모세가 시내산에서 야훼로부터 계시를 받아 이스라엘을 위해 중재한 방식과 비견된다(18:16-17). 18:18에서 야훼는 모세와 같은 한 예언자를 일으키겠다고 약속하신 후, 18:19에서 말을 듣지 않는 자들을 벌하실 것이라고 경고하시고, 18:20-22에서는 스스로 예언자라고 주장하지만 보냄을 받은 적이 없는 자들에 대해 경고하신다.

18:15-19에서 모세와 같은 예언자의 사역이 18:9-14이 말하는바 계시를 얻으려는 가증한 가나안인의 시도를 따라가려 할 수 있기 때문에, 우리는 야훼가 모세와 같은 예언자를 지속적으로, 정기적으로 일으키겠다 약속하신 것으로 이해해야 할 것 같다. 그 직접 문맥(당시 행해지던 가나안의 관습과 대조되는 예언자) 및 후기 예언자들이 모세와 비교되고 그의 사역을 떠올리게 하는 용어로 제시된다는 사실을 결합하면, 모세는 이스라엘이 야훼가 보시기에 적합한 모세와 같은 일련의 예언자들을 기대할 수 있음을 나타내려 한 것 같다. 여호수아로 시작하는 후기 성경 저자들은 모세를 따르는 예언자들을 모세와 같은 예언자로 제시한 것으로 보인다. 틀림없이 이런 현상은 오경, 곧 민수기 27:12-23에서 여호수아가 모세의 후계자로 임명될 때 시작된다.

하지만 신명기 18장의 문맥과 후기 예언자들에 대한 제시가 모세와 같은 예언자들의 계승을 가리키기는 하지만, 신명기 34:10은 모세와 같은 **독자적인** 한 예언자에 대한 기대를 표명한다. "그리고 이스라엘에 모세와 같은 예언자가 그 이후로 일어나지 않았다. 주님은 그를 대면하여 아셨다"(ESV). 이렇게 토라의 마지막인 신명기는 주님이 이스라엘을 위해 모세와 같은 일련의 예언자들(18:15-19) **및** 모세와 같은 독자적인 한 예언자(34:10)를 일으키실 것이라는 기대를 야기한다.

모세의 예언자적 리더십에 대한 토라의 내러티브는 원형 패턴을 제시하며, 그 패턴은 모세와 같은 예언자들에 대한 약속과 얽혀서 기대를 형성하고 해석을 안내한다. 추후에 민수기에서 여호수아를 다루는 방식을 통해 살펴보겠지만, 모세 자신은 여호수아를 모세와 같은 첫 예언자로 제시한다. 후기 성경 저자들에게 있어서 모세의 사역 패턴 및 그와 같은 다른 예언자들이 받은 약속은 사건을 바라보고 해석하는 방식을 안내해 주며, 영은 그들에게 초기 성경의 가르침에 따라 후기 예언자들에 관한 이야기를 쓰도록 영감을 부여한다. 따라서 이 후기 예언자들은 모세에게서 볼 수 있는 모형론 패턴의 조각들이 된다.

§6 여호수아

민수기 27장에서 모세의 후계자로 여호수아를 임명한 것은 모세를 포함하여 앞선 예언자적 인물들을 가리키고, 또한 여호수아 이후에 이스라엘을 이끌 지도자들을 가리킨다. 핵심 어구들이 본문에 놓인 순서 때문에 먼저는 민수기 27장이 미래를 가리키는 방식을, 그다음에 과거를 가리키는 방식을 살펴보려 한다.

§6.1 미래를 내다보기

민수기 27:12-23에는 주님이 모세에게 여호수아를 후계자로 임명하라고 지시하신 장면이 나온다. 모세는 왕이 아니고, 여호수아도 왕이 아니다. 그러나 둘 모두 왕의 방식으로 백성을 인도하고, 주님이 백성에게 주신 지침과 계시로 그들을 인도하도록 임명된 하나님의 예언자로서 그렇게 한다. 모세와 여호수아의 리더십의 원형적 특성은 민수기 27장에서 여호수아를 언급할 때 처음 사용한 문구가 나중에 왕들에 대한 내러티브에서 재차 등장할 때 확인된다. 여호수아는 왕이 아니었지만, 왕들은 여호수아가 행한 방식에 비추어 해석되고, 그리고 그가 이스라엘을 이끈 방식을 회상하는 용어들로 제시된다. 앨리슨(Allison)은 이렇게 말한다.

> 만일, 나타나는 바와 같이 여호수아 자신이 "이스라엘의 이상적인 왕의 본형"으로 의도됐다면 … 모세는 말하자면 왕의 모델에 대한 모델이라는 결론에 이른다. 즉, 여호수아의 모형으로서의 모세는 암묵적으로 이스라엘(또는 유다)의 통치자의 본형이 된다. 여호수아서의 저자는, 다른 무엇보다도 모세의 모습이 지워지지 않도록 자신에게 새겨 넣음으로써, 이상적인 그의 모습(his hero)을 왕권의 표준으로 만들었다.[20]

민수기 27:12-14에서 주님은 모세에게 약속의 땅을 볼 수는 있겠지만 거기에 들어가지는 못할 것이라고 말씀하시자, 27:16에서 모세는 이에 대한 응답으로 야훼에게, "회중 위에 한 사람을 임명[יִפְקֹד]"해 달라고 요청하고, 27:17에서는 "그로 그들 앞에서 나가고 그들 앞에서 들어오게 하시며, 그들을 인도하여 나가게 하시고 그들을 들어오게 하셔서, 주님의 회중이 목자 없는 양과 같이 되지 않게 해 주십시오"(ESV)라고 말했다.

여호수아가 가진 예언자 리더십의 모범적인 성질은 후대의 성경 저자들이 민수기 27:17의 언어, 주로 "그들 앞에서 나가고 그들 앞에서 들어오게 할"(ESV) 사람이 필요하다는 언급을 왕들에 관한 기사에 포함시킨 데에서 볼 수 있다(아래 인용문은 ESV를 따랐다).

- 삼상 8:20, "우리 왕이 우리를 재판하고 우리 앞에서 나가며 우리의 싸

---

20 Allison, *The New Moses*, 27.

움을 싸우게 해 주십시오."
- 삼상 18:13, "그래서 사울이 그를 자기 앞에서 옮겨 천부장으로 삼았다. 그리고 그는 백성 앞에서 나가고 들어왔다."
- 왕상 3:7, "오, 주님, 나의 하나님, 이제 당신이 당신의 종을 내 아버지 다윗을 대신하여 왕으로 삼으셨습니다. 그러나 나는 단지 어린아이라 어떻게 나가고 들어와야 하는지를 알지 못합니다."
- 대하 1:10, "이 백성 앞에서 나가고 들어올 수 있는 지혜와 지식을 내게 주십시오. 이처럼 큰 이 백성을 누가 다스릴 수 있겠습니까?"

이는 또한 여호수아 14:11에서 갈렙이 말하는 것과도 관련된다. "나는 모세가 나를 보냈던 날처럼 오늘도 여전히 강하다. 이제 나의 힘은 그 때의 힘과 같이, 전쟁과 나가고 들어가는 일에 쓸 수 있다"(ESV).

민수기 27:17의 "목자가 없는 양"이라는 표현은 구약으로부터 신약에 이르기까지 내내 울려 퍼진다(여기서도 아래 인용문은 ESV를 따랐다).

- 왕상 22:17, "내가 보니 온 이스라엘이 산에 흩어져 목자가 없는 양과 같았다. 그리고 주님이 말씀하셨다. '이 무리는 주인이 없으니 각기 평안히 제 집으로 돌아가라.'"
- 겔 34:5, "그래서 그들에게는 목자가 없었기 때문에 흩어졌고, 모든 들짐승의 먹이가 됐다."
- 슥 10:2, "가정의 수호신들은 헛소리를 하며, 점쟁이들은 거짓을 보고, 거짓 꿈을 말하며, 공허한 위로를 전한다. 그러므로 백성은 양처럼 헤매며, 목자가 없어서 괴로워한다."
- 마 9:36, "그는 무리를 보시고 불쌍히 여기셨다. 이는 그들이 목자 없는

양같이 고생하고 곤경에 처해 있었기 때문이다"(유사하게 막 6:34).

정경 전체에서 공명하는바 백성이 목자가 없는 양과 같지 않도록 여호수아의 인도를 필요로 한다는 언급은 모세의 전 민족적 리더십의 본형적 성질을 증명한다. 이는 여호수아 및 모세와 같은 다른 예언자들이라는 모사형 조각들로 이어지고, 예수 곧 그 대형으로 절정에 이른다. 예언자적 정복자인 여호수아의 리더십이 이스라엘 왕들에 관한 언급들을 형성한 방식은 예언자와 왕의 직무 사이에 교차하고 겹치는 지점의 의미를 강조한다.

§6.2 과거를 돌아보기

이후의 본문이 민수기 27:17의 언어를 사용하듯이, 27:18도 과거 본문으로부터 그 언어를 선택했다. "그러므로 주님이 모세에게 말씀하셨다. '눈의 아들 여호수아, 곧 그 안에 영이 있는 사람[אִישׁ אֲשֶׁר־רוּחַ בּוֹ]을 데려와서, 네 손을 그에게 얹으라.'" 창세기 41:38에서 파라오는 요셉에 대해 "그 안에 하나님의 영이 있는 이 같은 사람[אִישׁ אֲשֶׁר רוּחַ אֱלֹהִים בּוֹ]을 우리가 찾을 수 있겠느냐?"라고 말한다.[21] 모세는 야훼가 여호수아에 대해 하신 말씀과 파라오가 요셉에 대해 한 말의 유사성을 인지한 듯하며, 모세는 청중이 요셉과 여호수아를 연관 짓기를 원했기 때문에 두 진술을 모두 자신의 내러티브에 포함시켰다.

본서 제8장에서 새 출애굽으로서의 정복을 다룰 때 여호수아 내러티

---

[21] 단 4:8, 18; 5:11, 14에 있는 유사한 진술들과 비교해 보라. 더 자세한 논의를 위해서는, Joshua M. Philpot, "Was Joseph a Type of Daniel? Typological Correspondence in Genesis 37–50 and Daniel 1–6," *Journal of the Evangelical Theological Society* 61 (2018): 681–96을 보라.

브의 많은 특징이 논의될 것이다. 여기서 나는 여호수아와 모세 사이의 평행점을 검토하면서 그가 모세와 같은 예언자라는 것, 곧 모세와 같은 그 예언자가 일어날 때 실현될 모형론 패턴의 한 조각임을 보여 주고자 했다. 여호수아는 모세의 직속 후계자로 제시되며(수 1:1-2). 야훼는 **모세와 함께하셨듯이** 여호수아와 함께하시겠다 약속하셨다(수 1:5; 3:7; 참조, 1:17).

그 땅의 정복은 새 출애굽으로 제시되며, 이는 불타는 떨기나무 앞에서의 모세의 경험(출 3:1-6)과 매우 유사한 경험을 했던 여호수아에게로 확장된다. 거기서 여호수아도 모세와 같이 신발을 벗으라는 명령을 받는다. 그 땅이 거룩하기 때문이다(수 5:13-15). 여호수아는 모세처럼 이스라엘을 위해 중재했고(수 7:6-15; 참조, 출 32장; 민 14장), 모세처럼 재판을 시행했다(수 7:16-26; 참조, 민 15:32-36).

신명기 말미에서, 모세의 생애 마지막쯤, 모세는 이스라엘에게 우상 숭배를 회피하라고 설파했고 야훼의 능력 없이는 율법을 지킬 수 없음을 경고했다(신 28-33장; 특히 29:4[MT 29:3]을 보라). 마찬가지로 여호수아서 말미에서, 여호수아의 생애 마지막쯤, 여호수아는 이스라엘에게 우상 숭배를 피하라고 설파했고 야훼의 능력 없이는 율법을 지킬 수 없다고 경고했다(수 23-24장; 특히 24:19을 보라). 신명기 31:24-26에 나오는 모세의 글에 대한 묘사는 여호수아 24:26-27의 형판(template) 역할을 하는 듯하다. 이 본문들은 적어도 네 가지 면에서 평행하며, 이 네 가지 대응점은 두 본문에서 모두 같은 순서로 나타난다.

<표 4.1: 신명기 31:24-26과 여호수아 24:26-27 사이의 대응>(표에 나오는 성경 구절은 ESV를 따랐다)

대응점	신명기 31:24-26	여호수아 24:26-27
1. 예언자가 썼다	"모세가 쓰기를 마쳤을 때,	"그리고 여호수아가 이 말들을 썼다.
2. 토라 두루마리에	이 율법의 말씀을 책에 끝까지 [쓰기를 마쳤을 때,] 모세는 주님의 언약궤를 메는 레위 사람에게 명령했다. '이 율법 책을 가져가라.	하나님의 율법책에 [썼다.]
3. 거룩한 장소에	그리고 주 너희 하나님의 언약궤 옆에 두라.	그리고 큰 돌을 가져다가 거기 주님의 성소 옆에 있는 상수리 나무 아래에 세웠다.
4. 증인으로	너희에게 증거가 되도록 말이다. …'"	그리고 여호수아가 모든 백성에게 말했다. '보라, 이 돌이 우리에게 증거가 될 것이다. 이는 주님이 우리에게 하신 모든 말씀을 이 돌이 들었기 때문이다. 그러므로 너희가 너희의 하나님을 부인하지 못하도록 이 돌이 증거가 될 것이다.'"

신명기와 여호수아서의 마지막 장면은 "증인들"(신 31:26; 수 24:22)과 관련이 있으며, 신명기의 끝에서는 모세의 죽음을 묘사하는 반면(신 34:1-8), 여호수아서의 끝에서는 여호수아의 죽음을 서술한다(수 24:29-30).

우리는 본서 제8장에서 여호수아가 요단강을 건넌 사건이 모세가 홍해를 건너 이스라엘을 인도한 사건을 어떻게 재현하고 있는지 살펴볼 것이다. 하지만 우리는 다음 단락에서 다룰 엘리야와 엘리사 이야기 관점에서 여호수아의 요단강 도하 사건이 홍해 도하 사건으로 재현되고 직접 비교되고 있음에 주목할 필요가 있다. "너희의 하나님이신 주님이 요단의 물을 너희 앞에서 마르게 하시고 너희를 건너게 하신 것이 너희의 하나님인 주님이 홍해를 말리시고 우리를 건너게 하심과 같다"(수 4:23, ESV).

모세에게서 여호수아로의 확실한 계승은 요단강 도하를 홍해 도하의 반복으로 본 것에 의해 특징지어진다. 모세와 같은 예언자인 엘리야와 엘리사는 함께 모세와 여호수아에게서 보이는 패턴을 반복하고, 이 반복은 기대감을 고조시켜, 추후에 도래할 또 다른 한 쌍의 예언자에 대한 기대를 모으게 한다.

§7 엘리야와 엘리사

본서 제1장에서 언급했듯이 핵심 용어의 재사용, 행 전체의 인용, 동일 형태 사건의 반복, 의미의 유사성은 성경 저자가 미시 차원에서 사료적 대응을 형성하고 있다는 지표로 간주될 수 있다. 이러한 특징은 또한 광각 문학 구조를 통해 거시 차원의 대응을 창출하여 더욱 넓은 내러티브 안에서 반복과 평행을 형성하는 데 사용된다. 이 단락에서는 본서 제11장에서 이 연구를 마무리할 때 다룰 문학 구조에 대한 논의를 미리 맛볼 수 있는 기회를 제공한다.

§7.1 열왕기의 문학적 구조

열왕기상하 내러티브는 신중하게 구성됐으며 동심원(concentric) 구조로 배열된 듯하다. 내러티브의 시작 부분에서는 그 나라가 다윗왕 아래에서 통일되고(왕상 1-11장), 마지막 부분에서는 유다만 남고 이스라엘은 추방된다(왕하 18-25장). 두 번째 단위와 끝에서 두 번째 단위는 왕국이 이스라엘과 유다로 나뉘는 것(왕상 12장)과 이스라엘이 몰락하는 것(왕하 17장)을 서술한다. 열왕기상하의 세 번째 단위와 끝에서 세 번째 단위는 이스라엘과 유다의 왕들의 이야기를 번갈아 가며 설명한다(왕상 13-16장; 왕하 8-16장). 이 책의 중심부에서는 엘리야와 엘리사의 사역을 서술한다(왕상 17장-왕하 7장). 이 키아스무스 구조는 다음과 같이 묘사될 수 있다. [22]

> 왕상 1-11장, 다윗왕국의 연합
> > 왕상 12장, 이스라엘과 유다로 분열됨
> > > 왕상 13-16장, 이스라엘과 유다의 왕들
> > > > 왕상 17장-왕하 7장, 엘리야와 엘리사
> > > 왕하 8-16장, 이스라엘과 유다의 왕들
> > 왕하 17장, 이스라엘의 멸망
> 왕하 18-25장, 포로기까지의 유다

엘리야와 엘리사를 다루는 중심 부분도 다음과 같이 동심원 구조를 띤다.

> 왕상 17:8-24, 과부의 기름과 부활
> > 왕상 18-19장, 비가 없음, 바알, 이세벨, 시내-모세
> > > (왕상 20-21장, 아람, 벤하닷, 나봇의 포도원)[23]

---

22   이 구조는 Bruce K. Waltke, *An Old Testament Theology: An Exegetical, Canonical, and Thematic Approach* (Grand Rapids: Zondervan, 2007), 693에서 차용했다.

23   왕상 20-21장은 여기에서 제안하는 키아스무스 구조에 깔끔하게 들어맞지 않으며, 엘리야는 엘리사를 부르는 왕상 19장 말미에서부터 21:17까지 더 이상 등장하지 않는 것이 두드러진다. 이 부분에서 우리는 "한 예언자"(왕상 20:13), "그 예언자"

왕상 22장, 아합과 여호사밧이 미가야에게 물음
왕하 1장, 하늘에서 불이 떨어짐
왕하 2장, 회오리바람을 타고 하늘로 올라간 엘리야
왕하 3장, 여호람과 여호사밧이 엘리사에게 물음
왕하 3장, 물이 없음, 물이 피로 변함(모세), 인간을 희생 제물로 드림
왕하 4장, 과부의 기름과 부활
왕하 5-7장, 엘리사가 보인 갑절의 기적

§7.2 엘리야와 엘리사의 사료적 대응

엘리야와 엘리사의 사역 사이의 놀라운 평행점은 이들이 서로 간의 관계 안에서 이해되어야 함을 암시한다. 엘리야와 엘리사의 사역 이야기는 모두 키아스무스 구조의 중심에 서 있으며, 엘리야의 사역이 엘리사에게로 넘어가는 일은 요단강에서 일어나고, 엘리사는 엘리야의 영의 갑절(두 배)을 요구하며, 엘리야의 영은 엘리사에게 임한다. 열왕기 저자는 엘리야에 의해 수행된(또는 엘리야의 사역을 표시한) 10개의 기적을 서술하며, 엘리사에 의해 수행된 기적의 수는 22개로 엘리야의 것보다 두 배 이상 많다.[24] 이는 보다 결실이 많은 예언자가 요단강에서 영/성령의 개입으로

(20:22), "하나님의 사람"(20:28), "예언자들의 제자들 중 어떤 사람"(20:35), "예언자들 중 한 사람"(20:41)이라는 어구들을 보게 되지만 엘리야에 대한 언급은 찾아보기 어렵다. 참조, 문학의 예술성에 대한 Leithart의 관찰: "텍스트는 음악 작품만큼이나 구조적으로 복잡하여 동시에 여러 구조(선율, 화성, 박자)를 구성할 수 있다." Peter J. Leithart, *1 & 2 Kings*, Brazos Theological Commentary on the Bible (Grand Rapids: Brazos, 2006), 154 n. 2.

24 기적을 셈하는 방식은 다양하며, 무엇이 기적으로 간주되는지에 대한 평가도 다양하다. 나의 판단에 대해서는 〈표 4.2〉를 보라.

전임자의 뒤를 이어 가는 사건 패턴을 설정하는 것처럼 보인다.[25] 엘리야와 엘리사의 기적은 〈표 4.2〉에 나열되어 있으며, 여기서 우리는 동심원 바깥쪽 삽화에서 중심 삽화로 이동하면서 이들의 사역 사이의 평행됨을 살펴보고, 그 패턴이 후대 성경에서 실현되리라는 기대와 신약성경에서 그 실현이 어떻게 제시되는지를 논할 것이다.

<표 4.2: 엘리야와 엘리사의 기적>

엘리야	엘리사
1. 가뭄(왕상 17:1)	1. 요단강이 갈라짐(왕하 2:14)
2. 까마귀가 먹임(17:6)	2. 물이 정화됨(2:19-22)
3. 과부를 위한 기름 공급(17:14-16)	3. 곰이 소년들을 찢음(2:23-25)
4. 부활한 소년(17:17-24)	4. 순식간에 개천 물 공급(3:16-17, 20)
5. 불이 내려와 갈멜산의 제물을 불사름(18:38)	5. 과부를 위한 기름 공급(4:1-7)
6. 비(18:41-46)	6. 불임 여성의 수태(4:16-17)
7. 40일 주야를 가서 호렙에 도착함(19:8)	7. 부활한 소년(4:18-37)
8. 하늘에서 불이 두 차례 내려와 적들을 불사름(왕하 1:9-12)	8. 냄비 속의 죽음을 제거함(4:38-41)
9. 요단강이 갈라짐(2:8)	9. 보리떡 20개로 100명을 먹임(4:42-44)
10. 회오리바람에 의해 하늘로 올라감(2:11)	10. 한센병자 나아만을 치유함(5:1-5)
	11. 게하시가 한 일을 알아차리고 나아만의 한센병을 그에게 옮기게 함(5:26-27)
	12. 도끼날이 떠오름(6:6)
	13. 아람 왕의 계획을 알아차림(6:9-10, 12)
	14. 그의 종의 눈을 뜨게 하여 불말과 병거를 보게 함(6:17)

---

25 Leithart는 옳았다: "엘리야는 세례 요한의 한 모형이다. … 그리고 엘리야에게서 엘리사로의 전환은 요한에게서 예수로의 계승을 내다보고 있다." Leithart, *1 & 2 Kings*, 171.

	15. 아람 사람들의 눈을 멀게 함(6:18)
	16. 아람 사람들의 눈을 열게 함(6:20)
	17. 버려지고 약탈당한 아람 진영에서 식량을 공급함(7:1, 16)
	18. 장관이 보지만 먹지는 못함(7:2, 19)
	19. 7년간의 기근에 대한 경고(8:1-6; 참조, 창 41:25-32의 요셉; 왕상 17:1의 엘리야)
	20. 하사엘이 아람 왕을 죽일 것을 예측함 (8:7-15)
	21. 아람에 대한 승리를 예측함(13:14-19)
	22. 죽은 자가 엘리사의 뼈에 의해 부활함 (13:20-21)

§7.2.1 과부를 위한 공급과 아들의 부활(왕상 17장과 왕하 4장)

처음에 나는 열왕기상 17장과 열왕기하 4장의 유사성을 가지고 엘리야와 엘리사의 평행점에 주의를 기울였다. 엘리야는 열왕기상 17장에서 기름 항아리를 사용하여 과부에게 기름을 공급하고 죽은 소년을 살리는데, 엘리사 역시 열왕기하 4장에서 이와 동일한 순서로 같은 기적을 베푼다.

- 두 공급 사건 모두 과부(왕상 17:9; 왕하 4:1)와 관련된다. 그들은 기름 항아리(왕상 17:12, 14; 왕하 4:2)밖에 없었다. 예언자는 충분한 공급이 이루어지기까지 기름이 떨어지지 않을 것이라고 선언한다(왕상 17:14; 왕하 4:3-6).
- 두 장 모두에서 과부를 위한 공급 사건 직후에 소년의 부활 사건이 제시된다.
- 열왕기상 17장에서는 과부의 아들이 죽지만, 열왕기하 4장에서 엘리사는 먼저 불임 여성의 수태를 고지하고, 그 아이가 죽었을 때 그를 죽음에

서 되살린다.
- 아이의 출생을 고지한 것은 열왕기하 4장에서 엘리사가 행한 일을 열왕기상 17장보다 더욱 인상적이게끔 만든다(확대).
- 두 내러티브 모두에서 죽은 아이는 예언자의 다락방으로 옮겨져 예언자의 침대에 눕혀진다(왕상 17:19; 왕하 4:10, 21). 그리고 두 경우 모두에서 예언자는 그 아이 "위에 자신의 몸을 뻗는다"(왕상 17:21; 왕하 4:34, ESV).
- 두 이야기 모두는 예언자가 아이를 되살려 낸 후 어머니에게 돌려보내는 것으로 끝나고(왕상 17:23; 왕하 4:36), 어머니는 예언자를 통해 주님의 역사를 찬양한다(왕상 17:24; 왕하 4:37).

이 경탄할 만한 평행점은 엘리사의 사역 이야기 안에서 엘리야의 사역이 재상영되는 것 그 이상이다. 그것들은 엘리야와 엘리사 사이의 **저자가 의도한 사료적 대응**을 드러내며, 나이 든 남편과 함께한 불임 아내가 아이를 갖게 될 것이라는 고지가 추가되어, 우리가 엘리야에게서 엘리사로 옮겨 감에 따라 그 중요성이 더욱 확대된다.

§7.2.2 물, 우상 숭배자, 모세(왕상 17-19장과 왕하 3장)

열왕기상 17-19장의 복잡한 사건들은 열왕기하 3장의 요소들과 서로 대응되는 특징을 가지고 있다. 곧, 두 본문에서 모두 물 부족과 물 공급을 다루고, 두 본문에서 모두 모세와의 접촉점을 가지며,[26] 두 본문에서 모두 우상 숭배자와 갈등을 빚는다. 열왕기상 17:1에서 엘리야는 비나 이슬

---

[26] 새 모세로서의 엘리야에 대한 증거는, Allison, *The New Moses*, 39-45을 보라. 또한 Duane A. Garrett, *The Problem of the Old Testament: Hermeneutical, Schematic, and Theological Approaches* (Downers Grove, IL: InterVarsity, 2020), 272-90에 나오는 매혹적인 논의를 보라.

이 없을 것이라고 선포한다. 그리고 내러티브 내내 여러 부분에서 마침내 비가 올 때까지(18:41-45) 가뭄이 언급된다(17:14; 18:1).[27] 열왕기하 3:9에서 엘리사는 "군대와 그들을 따르는 짐승에게 물이 없었다"(ESV)라는 진술과 같은 상황에 직면한다. 3:17에서 엘리사는 비나 바람 없이도 골짜기를 채울 물이 공급될 것이라고 선포한다.

이 두 이야기의 중요한 접촉점은 "내 앞에 계신 만군의 야훼의 살아 계심으로"(חַי יְהוָה צְבָאוֹת אֲשֶׁר עָמַדְתִּי לְפָנָיו)라는 어구인데, 이 표현은 열왕기상 18:15과 열왕기하 3:14에만 나온다.[28] 전자 구절에서 야훼는 엘리야에게, 아합에게 가서 그 사신을 내보이면 비가 내릴 것이라고 말씀하

---

[27] 왕상 17:1은 "수년 동안 비도 이슬도 있지 않을 것이다"라고 말하고, 18:1은 "많은 날이 지나고 세 번째 해에 주님의 말씀이 엘리야에게 임했다"라고 말한다. 눅 4:25에 따르면 예수는, "하늘이 삼 년 육 개월 동안 닫히고 큰 기근이 온 땅에 임했다"라고 구체화하여 말씀하시고, 약 5:17은 엘리야가 기도했을 때 "삼 년 육 개월 동안 땅에 비가 내리지 않았다"라고 말한다. 3년 반이라는 기간을 언급함으로써, 누가와 야고보는 엘리야 때의 가뭄을 다니엘서의 70이레의 절반(단 9:27)과 연결하는데, 이는 "한 때, 두 때, 반 때"(단 7:25; 12:7)로도 언급되고, 또는 "1290일"(단 12:11), "1335일"(12:12), "2300주야"(8:14)로 계산되기도 한다. 3년 반이라는 기간은 요한계시록에서도 중요한 요소다: "42개월"(계 11:2; 13:5, 12 × 3 = 36개월 = 3년, 36개월 + 6개월 = 42개월 = 3년 반); "1260일"(11:3, 한 달에 속한 날의 수 30일, 그리고 3½년을 개월 수로 환산하면 42개월, 42개월 × 30일 = 1260일); 그리고 "한 때, 두 때, 반 때"(12:14; 참조, 12:6의 1260일). 엘리야 시대의 3년 반 가뭄은 심판을 위한 하나님의 원형적 방문을 제공한다. 단 8:14에 나오는 제3왕국(안티오쿠스 에피파네스) 아래에서의 3년 반 기간은 이 패턴에 대한 모사형 조각이 된다. 그리고 원형의 실현은 단 7:25과 계 13:5에서 적그리스도가 등장한 3년 반의 박해에 대한 묘사와 함께 이루어진다. 이 본문들에 대한 추가적인 논의는 Hamilton, *Revelation*; Hamilton, *With the Clouds of Heaven*; James M. Hamilton Jr., "Suffering in Revelation: The Fulfillment of the Messianic Woes," *Southern Baptist Journal of Theology* 17, no. 4 (2014): 34-47을 보라.

[28] 참조, 왕상 17:1, 12; 18:10; 22:14; 왕하 2:2, 4, 6; 4:30; 5:16, 20에 나오는 비슷한 진술들. 이들 중 어느 것도 왕상 18:15과 왕하 3:14의 것과 완전히 똑같은 표현은 아니다.

신다(18:1). 엘리야는 오바댜를 만난다. 오바댜는 엘리야가 끝끝내 아합 앞에 서지 않을 것을 두려워했다(18:7-14). 이에 대한 응답으로 엘리야는 자신이 아합에게 진실로 자신을 드러낼 것임을 확언하기 위해 그 진술을 내뱉는다. 그다음에 바알 예언자들과의 대결이 이어지고, 비가 내린다. 이와 유사하게 열왕기하 3장에서 엘리사는 물 부족 문제를 해결하기 위해 그 진술을 내뱉는다. 서로 유사한 배경에서 동일한 단어를 동일 순서로 사용하는 것은 두 본문을 연결하게끔 하며, 엘리야와 엘리사 사이에 사료적 대응 관계를 만들어 낸다.

두 내러티브 사이의 또 다른 접점은 우상 숭배자들을 다루는 방식과 관련이 있다. 엘리야는 갈멜산에서 바알 예언자들과 서사시적 대결을 펼친다(왕상 18:20-40). 이와 달리 열왕기하 3:27에서 모압 왕은 맏아들을 희생 제물로 드리고 이스라엘에게는 진노가 떨어진다.

더 중요한 점은 두 내러티브 모두에 모세를 연상시키는 세부 내용이 들어 있다는 것이다. 엘리야는 "하나님의 산 호렙에 이르기까지 40일 낮 40일 밤 동안" 이동한다(왕상 19:8). 잘 알려진 바와 같이 모세는 바로 그 산에서 야훼를 만났을 때 40일 낮, 40일 밤 동안 금식했다—두 번이나 말이다!(출 24:18; 34:28). 열왕기상 19:9에서 엘리야가 "동굴에 왔다"고 언급할 때의 동굴은 아마도 야훼가 모세를 지나가실 때 그를 두었던 바위 틈일 것이다(출 33:22). 야훼는 엘리야를 지나치면서 그에게 자신을 나타내시는데(왕상 19:9-18), 이는 야훼가 모세를 지나치신 방식을 상기시킨다(출 34:6-7).[29] 엘리사와 모세의 접점은 덜 상세하고 더 미묘하지만, 출애굽기 17장과 민수기 20장에서 모세가 광야의 반석에서 물을 낸 것처럼, 엘리사는 열왕기하 3:17-20에서 비로 인해 발생한 것이 아닌 물을 낸다. 또

---

29 더 자세한 것은 Allison, *The New Moses*, 39-45을 보라.

한 모세가 애굽에서 물을 피로 바꾸었을 때와 같이(출 7:14-25), 열왕기하 3:22에서는 "그리고 모압 사람들이 아침에 일찍 일어났고 해는 물에 비쳤는데, 그들이 맞은편 물이 피처럼 붉은 것을 보았다"는 것을 기록하고 있다. 물이 피로 변한 것이 애굽의 패배로 이어진 것처럼, 물이 피처럼 나타난 것은 모압의 패배로 이어졌다. 이스라엘 백성이 모세의 지도 아래 광야에서 하늘의 만나를 받았을 때처럼(출 16장), 열왕기하 4:42-44에서 엘리사는, 빵이 많아지게 할 또 다른 예언자를 가리키면서, 20개의 빵으로 백 명을 먹였다.

§7.2.3 야훼의 예언자가 없느냐?(왕상 22장과 왕하 3장)

열왕기상 22장과 열왕기하 3장의 접점은 특별히 강하다. 열왕기상 22:4에서 아합은 여호사밧에게 "당신이 나와 함께 … 싸우러 가실 겁니까?"라고 묻는다. 열왕기하 3:7에서는 아합의 아들 여호람이 여호사밧에게 같은 질문을 한다

- 왕상 22:4, "당신이 나와 함께 길르앗 라못으로 싸우러 가실 겁니까"
  הֲתֵלֵךְ אִתִּי לַמִּלְחָמָה רָמֹת גִּלְעָד
- 왕하 3:7, "당신이 나와 함께 모압으로 싸우러 가실 겁니까?"
  הֲתֵלֵךְ אִתִּי אֶל מוֹאָב לַמִּלְחָמָה

열왕기상 22:5에서 여호사밧이 야훼의 말씀을 구하기를 바랄 때, 아합은 자신이 듣기를 원하는 이야기를 말해 주는 예언자들을 모았지만, 여호사밧은 "여기에 우리가 물어볼 만한 야훼의 예언자는 없는가?"라고 묻는다. 이와 유사하게 열왕기하 3:9에서 물이 없는 상황과 3:10에서 여

호람이 절망할 때에도, 여호사밧은 열왕기상 22:7에서 했던 것과 동일한 질문을 열왕기하 3:11에서 던진다.

- 왕상 22:7, "여기에 우리가 물어볼 만한 야훼의 예언자는 아직 없는가?"
  הַאֵין פֹּה נָבִיא לַיהוָה עוֹד וְנִדְרְשָׁה מֵאוֹתוֹ
- 왕하 3:11, "여기에 우리가 야훼에게 물어볼 만한 야훼의 예언자가 여기 없는가?"
  הַאֵין פֹּה נָבִיא לַיהוָה וְנִדְרְשָׁה אֶת יְהוָה מֵאוֹתוֹ

열왕기상 22장에서 아합은 미가야를 언급한다. 그에 대해 아합은, "그는 나에게 좋은 것을 결코 예언하지 않고 나쁜 것을 예언하기 때문에 나는 그를 싫어한다"(왕상 22:8, ESV)라고 말한다. 소환된 미가야는 아합의 거짓 예언자들과 대립하면서 무슨 일이 일어날지 밝힌다(22:9-28). 마찬가지로 열왕기하 3장에서는 엘리사가 등장하여 아합의 아들 여호람에게 "내가 당신과 무슨 상관이 있습니까? 당신의 아버지의 예언자들과 당신의 어머니의 예언자들에게 가십시오"(왕하 3:13)라고 말한다. 미가야처럼 엘리사도 무슨 일이 일어날지를 밝힌다(3:15-19).

위에서 우리는 "내 앞에 계신 만군의 야훼의 살아 계심으로"라는 어구가 단 두 차례(왕상 18:15; 왕하 3:14) 나타남을 언급했는데, 이는 엘리사와 엘리야를 연결해 준다. 열왕기에서 단 두 차례 나타나는 또 다른 표현은 "야훼의 손"인데, 열왕기상 18:46에서는 엘리야에게, 열왕기하 3:15에서는 엘리사에게 임한다.

§7.2.4 요단강에 선 두 예언자(왕하 1-2장)

열왕기서의 핵심을 차지하는, 키아스무스 구조의 중심에는 열왕기하 1-2장이 있다. 1장에는 "올라가다"와 "내려오다"는 식의 언급이 많이 등장한다(왕하 1:2, 3, 4, 6, 9, 10, 11, 13, 14, 15, 16).[30] 열왕기하 1:8에서는 엘리야의 복장을, "털옷을 입고 허리에는 가죽띠를 맸다"라고 묘사한다. 그리고 엘리야는 두 차례나 하늘에서 불을 내려 자신을 소환하기 위해 파견된 사람들을 불살랐고 "하나님의 사람"(1:10, 12)으로서의 지위를 입증했다. 이 장을 이끄는 것은 이스라엘 왕 아하시야가 "에그론의 신 바알세붑에게 물으라"라며 사람을 보냈다는 사실이다(1:2). 이에 대한 반응으로 엘리야는 "이스라엘에 하나님이 없어서 당신이 에그론의 신 바알세붑에게 물으러 갑니까"라고 묻는다(1:3, 6, 16). 아하시야는 바알세붑에게 자신의 병이 나을지 묻고(1:2), 엘리야는 낫지 않을 것이라고 선언한다(1:16). 예언의 말씀의 진실성은 내러티브를 명확하게 해 준다. "그래서 그는 엘리야가 말했던 야훼의 말씀대로 죽었다"(1:17).

열왕기하 1장에서 오십부장들이 두 번 엘리야를 찾아왔고, 엘리야는 두 번 다 하늘에서 불을 내려 그들에게 임하게 했으며, 세 번째 오십부장이 겸손하게 목숨을 간청하자 엘리야는 그와 함께 왕에게 내려갔다(왕하 1:9-15). 열왕기하 2장에서 엘리야는 두 번 엘리사에게 자신을 따르기를 멈추라고 요청하고, 엘리사는 두 번 엘리야에게 주님이 살아 계신 한, 그리고 엘리야가 살아 있는 한 그를 떠나지 않을 것이라 말하며, 예언자들의 제자들은 두 번 엘리사에게 그의 선생이 잡혀갈 것이라고 말하고, 엘

---

30 J. Gary Millar, "1-2 Kings," in *ESV Expository Commentary: 1 Samuel–2 Chronicles*, ed. Iain M. Duguid, James M. Hamilton Jr., and Jay Sklar, vol. 3 (Wheaton, IL: Crossway, 2019), 726이 알려 주었다.

리사는 두 번 그들을 잠잠하게 한다(2:2-5). 엘리야가 엘리사에게 두 번 머물러 있으라고 동일하게 요청한 후, 세 번째에는 엘리야와 엘리사가 함께 요단강에 도착한다. 이때 엘리야가 강을 갈라놓고는, 모세가 백성을 인도해 홍해를 건너고 여호수아가 같은 강을 "마른 땅 위로"(2:8) 건넌 것처럼, 엘리야와 엘리사가 강을 건넌다. "마른 땅"(חָרָבָה)으로 번역된 단어는 출애굽기 14:21에서 홍해를 건너는 묘사에 사용됐고, 여호수아 3:17과 열왕기하 2:8에서는 요단강을 건너는 묘사에 사용됐다. 열왕기서의 저자는 엘리야의 승천과 엘리사의 사역 계승 이야기를 들려주면서 청중이 모세로부터 여호수아로의 사역 계승을 떠올리기를 바랐던 것 같다.

이 시점에서 엘리사는 엘리야의 영의 갑절(두 배)을 요청했고(왕하 2:9), 엘리야는 자신이 데려가지는 것을 보면 "그렇게 될 것"이라고 약속한다(왕하 2:10). 불병거와 불말이 나타나고 엘리야는 회오리바람에 의해 하늘로 데려가진다. 엘리사는 외치며 자신의 옷을 찢고 엘리야의 겉옷을 집어 든다(왕하 2:11-13). "그때 그는 엘리야에게서 떨어진 겉옷을 가져다가 [요단강의] 물을 치며, '엘리야의 하나님 야훼는 어디 계십니까?'라며 물었다. 그리고 물을 치자 물이 양쪽으로 갈라졌고 엘리사는 건너갔다"(2:14). 그러자 예언자들의 제자들은 "엘리야의 영이 엘리사 위에 머물렀다"(2:15)는 사실을 알게 된다.

§7.3 모세-여호수아와 엘리야-엘리사

요단강에서 엘리야의 사역이 엘리사에게 계승되고 엘리야의 영을 선물로 받은 이야기는 모세의 리더십이 여호수아에게 계승되는 이야기와 여러 가지 접점이 있으며, 이는 두 예언자 사이의 사료적 대응 관계를 해석하는 데 도움을 준다.

- 열왕기하 2:9에서 엘리사가 엘리야에게 "당신의 영의 갑절을 내게 주십시오"라고 요청한 것은 민수기 11:17에서 주님이 모세에게 "그리고 내가 네 위에 있는 영을 취하여 [70명의 장로 위에] 둘 것이다"라고 말씀하신 것을 거의 분명히 반영하고 있다. 여호수아가 70명의 장로 중 하나인지는 분명하지 않지만, 그는 바로 그 단락에 등장한다(민 11:28). 그렇더라도 주님은 분명 여호수아를 통해 모세의 사역을 이어 가신다(다음에 이어지는 내용을 보라).

- 첫 번째 예언자(엘리야/모세)의 사역은 분명히 두 번째 예언자(엘리사/여호수아)의 사역에서 계속 이어진다. 이는 토라(위의 §6.1에 나오는 민 27장에 대한 논의와 신 31:3, 7-8과 같은 본문을 보라)와 여호수아 1장(특히 수 1:1-2, 5, 17 등)에 있는 분명한 진술에 의해 입증된다. 한편으로 열왕기 내러티브는 "엘리야의 영이 엘리사 위에 머물렀다"라고 분명하게 진술한다(왕하 2:15).

- 엘리야의 사역이 계속 이어진다는 사실은 엘리사가 엘리야의 겉옷을 취하는 장면에서 볼 수 있다(왕하 2:13). 이는 엘리사가 엘리야의 사역을 이어받았음을 나타낸다. 이와 같은 노선에서, 여호수아는 모세의 사역을 이어 가야 했기 때문에 토라를 입에서 떠나지 말게 하라는 명령을 받았다(수 1:8).

- 엘리야는 요단강을 가르고 "마른 땅 위로"(왕하 2:8) 건너서 그 땅에서 나간다. 그다음 엘리사는 요단강을 가르고 그 땅으로 다시 들어간다(2:14). 이는 모세가 홍해를 건너고, 나중에 여호수아가 요단강을 건너는 것, 그리고 모세와 엘리야가 동쪽으로 물을 건너는 반면, 여호수아와 엘리사는 서쪽으로 건너는 것과 일치한다.

이러한 사료적 대응은 엘리야에서 엘리사로의 전환이 모세에서 여호수아로의 전환 패턴의 한 조각임을 시사한다. 엘리사의 사역에서 엘리야의 기적이 두 배로 많아진 것은 사료적 대응 관계에 중요성을 더해, 미래에도 이와 같은 일이 더 많이 나타날 것에 대한 기대를 불러일으키는 모형론적 사건 패턴을 보여 준다.

열왕기하 2:11에서 엘리야가 "회오리바람에 의해" 하늘로 올라간 후, 여리고에 있는 예언자들의 제자들이 그의 시신을 찾고자 했지만 찾을 수 없었다(왕하 2:15-18). 이와 가장 유사한 성경의 이야기는 창세기 5:24에서 에녹이 하나님에게 데려가진 것과 신명기 34:5-6에서 모세가 알려지지 않은 장소에 하나님에 의해 장사된 것이다.

엘리사는 엘리야의 사역을 이어받으면서 새로운 모세가 됐다. 또는 다른 방식으로 표현하자면, 모세와 같은 예언자가 됐다고 말할 수 있겠다. 이는 출애굽기 14-15장과 열왕기하 2장의 동일 형태 사건에서 볼 수 있다. 출애굽기 14장에서 모세는 백성을 인도하여 마른 땅 위로 홍해를 건너게끔 하고, 이를 바다의 노래로 기념했다. 3일이 지나도 물을 찾지 못하자 출애굽기 15:22-27에서 모세가 했던 일은 물을 달게 만드는 것이었다. 마찬가지로 요단강을 건넌 후(왕하 2:14), 예언자들의 제자들이 엘리야를 찾으러 3일을 다녔을 때, 엘리사는 열왕기하 2:19-22에서 물을 좋게 만들었다.

두 문맥 모두 3일이라는 기간을 언급하고 두 문맥 모두에는 그들이 찾던 것을 찾지 못한 무리가 나온다.

- 출 15:22, "그들이 3일 동안 광야에 다녔고 어떤 물도 찾지 못했다."
 וַיֵּלְכוּ שְׁלֹשֶׁת יָמִים בַּמִּדְבָּר וְלֹא מָצְאוּ מָיִם
- 왕하 2:17, "그들이 3일 동안 엘리야를 찾았지만 발견하지 못했다."

וַיְבַקְשׁוּ שְׁלֹשָׁה יָמִים וְלֹא מְצָאֻהוּ

출애굽기 15:25에서 예언자 모세는 통나무를 쓴 물에 던졌다(וַיַּשְׁלֵךְ). "그러자 그 물이 달게 됐다." 열왕기하 2:21에서 예언자 엘리사는 다음과 같이 말하면서 소금을 나쁜 물에 던졌다(וַיַּשְׁלֵךְ). "그리하여 주님이 말씀하신다. 내가 이 물을 고쳤다[רִפֵּאתִי]." 이와 유사하게 출애굽기 15:26에서 야훼는 "나는 너희의 치료자[רֹפְאֶךָ] 야훼다"라고 선언하신다.[31]

이 동일 형태 사건—물을 건넘, 3일간 찾으러 다니지만 결실이 없음, 마실 물에 무언가를 던져서 고침/달게 함—은 열왕기 저자가 엘리사를 모세와 같은 예언자, 곧 모세 모형론 패턴의 한 조각으로 이해하길 바랐다는 것을 보여 준다. 동시에 엘리야는 모세와 같은 예언자이며, 엘리야의 사역이 엘리사에게로 넘어간 일은 모세의 사역이 여호수아에게로 이어졌음을 강화한다. 이러한 패턴은 말라기가 예언한 바에 영향을 미치는 듯하다.

§7.4 말라기서에 나오는 엘리야와 주님의 날

아마도 엘리야가 예비하고 엘리사에 의해 계속된 사역에 대해 말라기는 이렇게 주장한다.

> 보라, 야훼의 크고 두려운 날이 이르기 전에 내가 예언자 엘리야를 너희에게 보낼 것이다. 그리고 그가 아버지의 마음을 자녀에게로 돌이키게

---

31 복음서에는 예수가 물을 고치거나 단물로 바꿨다는 기록은 없지만, 엘리사와 모세가 이룬 것을 초월하여 3일째 되던 날 물을 포도주로 바꾸시고(요 2:1-11), 또한 생수를 주셨다(4:10-14; 참조, 7:37-39). 예수는 엘리사와 모세가 모형화한 것을 다양한 방식으로 이루셨는데, 이에 대한 더 자세한 것은 아래에서 확인할 수 있다.

하고 자녀들의 마음을 그들의 아버지에게로 돌이키게 할 것이다. 그렇지 않으면 내가 와서 저주로 그 땅을 칠 것이다. (말 4:5-6)

아버지와 아들의 마음이 서로에게로 돌이킨다는 내용은 바알 예언자들과의 대결에서 엘리야가 기도한 것을 떠올린다. "내게 응답하소서. 오, 야훼여, 내게 응답하소서. 이 백성에게 야훼는 하나님이신 것과 당신은 그들의 마음을 되돌이키심을 알게 하옵소서"(왕상 18:37). 이렇게 말라기는 새 엘리야가 역사 속 엘리야와 동일한 사역을 하기를 기대하는 것 같다.

말라기 4:5에 나오는 엘리야에 대한 언급은 3:1의 내용을 발전시킨 듯하다. "보라, 내가 내 사자를 보낸다. 그가 내 앞에서 길을 예비할 것이다. 그리고 또 너희가 구하는 바 주님이 갑자기 그의 성전에 임할 것이다. 이는 너희가 기뻐하는 바 언약의 사자가 임할 것이다. 만군의 주님이 말씀하신다"(ESV). 말라기 3:1은 출애굽기 23:20의 언어를 이어받아, 야훼가 "길을 예비"하기 위해 보내는 "사자"가 새 엘리야가 되어, 새 출애굽 구원의 절정의 실현을 위한 주님의 오심을 준비하는 예언자적 선구자가 될 것을 가리킨다(참조, 창 24:7; 출 23:20; 사 40:3; 말 3:1; 막 1:2에 대한 논의).

§7.5 신약성경의 엘리야와 엘리사

신약성경 저자들은 여러 면에서 엘리야와 엘리사의 실현을 제시한다. 엘리야와 세례 요한 사이에는 중요한 대응점이 있으며, 마치 요단강 가운데 엘리야에서 엘리사로의 계승이 이루어졌던 것처럼, 세례 요한과 그리스도는 요단강에서 만난다. 신약성경은 예수를 기대되던바 모세와 같은 예언자로 제시하고(눅 9:35; 행 3:22; 7:37), 또한 세례 요한을 도래할 엘리야로 제시한다(마 11:14). 엘리사가 요단강에서 엘리야의 영을 갑절로 구한 것을 보자면, 요한이 요단강에서 예수에게 세례를 베풀 때 영이 내려온 것은 예언 패턴의 실현이라 할 수 있다.

§7.5.1 엘리야와 세례 요한

사복음서 모두 예수의 오심을 준비하는 세례 요한의 모습을 그리고 있다. 그들은 다양한 방식으로 말라기에 예언된 엘리야가 엘리사와의 관계에서 맡은 역할을 요한이 모형론적으로 실현하는 모습을 보여 준다. 마태와 마가는 세례 요한이 엘리야와 같이 옷 입었다고 언급한다.[32]

- 마 3:4(참조, 막 1:6), "요한은 낙타털 옷을 입고 허리에는 가죽띠를 맸다." (ESV)
- 왕하 1:8, "그[엘리야]는 털옷을 입고 허리에는 가죽띠를 맸다." (ESV)

마태, 마가, 누가, 요한은 모두 이사야 40:3을 세례 요한이 예수의 길을 준비하는 사역에서 실현한 것으로서 인용한다. "한 음성이 외친다. '광야에서 주님의 길을 준비하라'"(사 40:3; 마 3:3; 막 1:2-4; 눅 3:4-6; 요 1:23). 마가는 이사야 40:3 인용 시작 부분에 (출 23:20 인용과 더불어) 말라기 3:1을 추가하여, "보라, 내가 네 앞에 내 사자를 보낸다"(막 1:2; 말 3:1)라고 말한다. 조나단 깁슨(Jonathan Gibson)은 말라기 3:1에서 이사야 40:3에 대한 인유(allusion)의 가능성을 지적하는데,[33] 두 본문 사이에는 현저한 유사성이 있다.

---

32 Allison은 이 유사성에 대해 언급한다: "본문은 이렇게 말할 수도 있을 것이다: 요한은 엘리야와 같았다." Allison, *The New Moses*, 19.

33 Gibson, *Covenant Continuity and Fidelity*, 174-77. Gibson은 이렇게 말한다: "피엘형 פנה + 직접 목적어 דרך의 구문론적 순서는 말 3:1a와 사 40:3에 의해서만 공유되며, 이는 의도된 인유(allusion)를 암시한다"(176).

- 사 40:3, "야훼의 길을 준비하라."

פַּנּוּ דֶּרֶךְ יְהוָה

- 말 3:1, "그리고 그가 내 앞에서 길을 준비할 것이다."

וּפִנָּה־דֶרֶךְ לְפָנָי

신약성경은 이사야 40:3을 인용하여 세례 요한의 역할이 예수를 위한 길을 준비하는 것임을 분명히 한다. 마가복음 1:2의 말라기 3:1 인용은 예수가 직접 세례 요한을 가리켜 "도래할 엘리야"(마 11:14, ESV)라고 밝히신 것과 일치하며, 세례 요한이 자기 뒤에 오는 예언자, 곧 더 큰 영을 경험하고(요 3:34) 그보다 더욱 많은 기적을 베풀(21:25) 분에 앞서 엘리야의 역할을 모형론적으로 실현할 것을 주장한다.

엘리야의 승천과 말라기의 선언, 즉 주님이 엘리야를 보내실 것이라는 선언은 문자 그대로 역사 속 엘리야가 언젠가 돌아올 것이라고 생각됐을 수 있다. 이는 요한복음 1:21에서 세례 요한이 부인하는 사실과 같다. "그들이 그에게 물었다. '그러면 당신은 엘리야입니까?' 그는 대답했다. '나는 아닙니다'"(ESV). 이 주고받는 대화는 요한복음의 오해 패턴에 부합한다. 즉, 예수의 말씀을 듣는 사람들은 예수가 문자 그대로의 출생(3:4), 물질적인 물(4:15), 실제 빵(6:34)에 대해 말씀하시는 것으로 이해하는 반면, 예수는 거듭남 및 그 안에 거하는 사람들에게 주어지는 영적 양식과 음료를 뜻하신다. 마찬가지로 요한복음 1:21에서 세례 요한은 역사 속 엘리야가 문자 그대로 땅으로 돌아온 것에 대해 부인했지만, 엘리야처럼 옷 입고, 엘리야가 있던 곳에 있으며, 엘리야가 했던 일을 함으로써 열왕기에 나타나고 말라기 3:1과 4:5에서 예언된 엘리야의 사역 패턴이 모형론적으로 실현되게 한다.

§7.5.2 요단강의 두 예언자(요 1장)

앞서 우리는 엘리야와 엘리사가 요단강을 건너는 장면을 목도했다. 엘리사는 엘리야에게 영을 갑절로 달라고 요청한 후, 엘리야는 회오리바람에 의해 하늘로 데려가졌고, 엘리사는 다시 요단강을 건넌다(왕하 2:1-15). 동일 형태 사건은 "도래할 엘리야"(마 11:14)인 세례 요한이 나사렛 예수를 요단강에 담갔을 때 모형론적으로 실현된다(참조, 마 3:13-17; 막 1:9-11; 눅 3:21-22).

> 그리고 요한이 증거했다. "나는 영이 비둘기같이 하늘로부터 내려와 그 위에 머물러 있는 것을 보았다. 나는 그를 알지 못했지만, 그러나 나를 보내신 분이 그에게 물로 세례를 주라고 나에게 말씀하셨다. '영이 내려와 머무는 사람을 네가 보거든 그는 성령으로 세례를 베푸는 분이다.' 그리고 나는 이분이 하나님의 아들임을 보았고 증거했다." (요 1:32-34, ESV)

요단강에 있는 두 예언자가 물을 건너갈 때 받았던 영의 충만함이 예수에게 임했다. 요한복음 3:34에서 세례 요한은 예수가 사역 가운데 엘리사가 받았던 엘리야의 갑절의 영을 초월하는 "한량 없는 영"을 받았음을 언급한다. 그리고 엘리사가 엘리야보다 두 배나 많은 기적을 행했듯이, 마태복음 11:11(ESV)에서 예수는 자신이 시작할 시대가 얼마나 더 위대할지에 대해 말씀하신다. "내가 진정으로 너희에게 말한다. 여자에게서 난 자 중에 세례 요한보다 큰 이가 일어난 적이 없다. 그러나 천국에서는 가장 작은 자도 그보다 크다."

§7.6 모세와 같은 예언자

신약성경은 예수가 요한을 포함하여 모세와 예언자들이 모형화한 것의 연속선상에 서 계시며 이를 실현하시는 분으로 제시한다.

§7.6.1 예수와 세례 요한

엘리사가 엘리야의 사역을 이어받아 이를 두 배로 확대한 것과 같은 방식으로 예수는 세례 요한의 사역을 이어 가면서 이를 초월하는 것을 볼 수 있다. 마태는 세례 요한의 설교를 "회개하라. 천국이 가까이 왔기 때문이다"라는 문구로 요약한다(마 3:2, ESV). 예수의 세례, 시험, 가버나움으로의 이동 이후, "그때부터 예수가 전파하기 시작하시고 말씀하셨다. '회개하라. 천국이 가까이 왔기 때문이다'"(4:17, ESV). 그와 유사하게 예수와 그의 제자들은 세례 요한의 세례 사역을 확장하고 발전시켰으며(요 3:22-4:1),[34] 세례 요한은 "그는 커져야 하고 나는 작아져야 한다"(3:30)라고 선언했다.

§7.6.2 예수와 엘리야

이 모든 것이 엘리야를 대수롭지 않게 보는 처사로 이어져서는 안 된다. 신약성경 저자들은 엘리야를 세례 요한뿐 아니라 예수를 모형화하는 인물로 이해하는 경우가 많다.[35] 예컨대, 누가는 예수가 나인성에서 과부의 아들을 어떻게 살리셨는지 서술할 때 엘리야가 과부의 죽은 아들을 살린 기사에 나오는 어구를 그리스어 번역으로 인용한다.

---

34. Dale Allison은 마태복음에 나오는 세례 요한과 예수 사이의 유사점을 두 페이지에 걸쳐 나란히 제시한다(*The New Moses*, 137-39).
35. 참조, Leithart: "엘리야는 예수에 대한 모형이며, 엘리사는 예수의 승천 이후 그의 사역을 이어 가는 제자들에 대한 모형이다." Leithart, *1 & 2 Kings*, 171.

- 눅 7:15, "그리고 죽은 사람이 일어나 앉아서 말하기 시작했고, 예수는 **그를 그의 어머니에게 건네주었다.**" (ESV)

  καὶ ἔδωκεν αὐτὸν τῇ μητρὶ αὐτοῦ

- LXX 왕상 17:23, "그리고 엘리야가 그 아이를 데리고 다락방에서 아래로 내려와 **그를 그 어머니에게 건네주었다.**"

  καὶ ἔδωκεν αὐτὸν τῇ μητρὶ αὐτοῦ

§7.6.3 예수와 엘리사

누가복음 7:15의 인용문은 엘리야의 부활 기적 사역을 실현의 예언자인 예수와 연결 짓는다. 마찬가지로 엘리사가 행한 여러 기적도 예수가 이루실 일을 예표한다.

- 열왕기하 4:42에서 "보리떡 20개와 자루에 담긴 새 이삭"만 가진 엘리사는 "내가 이것을 100명에게 어떻게 주겠습니까?"라는 질문을 받는다. 음식이 충분하지 않다는 전제 위에 엘리사는 "주님은 '그들이 먹고도 남을 것이다'라고 말씀하셨다"(왕하 4:43, ESV)라고 선언한다. 여러 차례, 예수는 적은 양의 음식으로 많은 사람을 먹이셨는데, 제자들은 남은 음식을 모아서 한 번은 열두 바구니, 다른 한 번은 일곱 바구니를 거두었다(마 14:13-21; 15:32-39; 막 6:30-44; 8:1-10; 눅 9:10-17; 요 6:1-15을 보라).

- 열왕기하 5:1-14에서 엘리사는 나아만의 한센병을 고쳐 주었는데, 이 과업은 오로지 예수에 의해서만 되풀이된다(마 8:2-4; 막 1:40-44; 눅 5:12-16).

- 엘리사는 게하시가 어디로 갔는지, 무슨 말을 했는지, 무슨 생각을 하고 있는지 알고 있었는데(왕하 5:25-27), 이는 예수가 종전에 무슨 일이 일어났는지, 무슨 말이 있었는지, 심지어 사람들이 무슨 생각을 하고 있었는

지 알 수 있는 능력과 동일하다(예, 마 17:24-27; 막 2:7-8).
- 엘리사의 기도를 통해 그의 종의 눈이 열려 영적 실체를 보게 하신다. 또한 주님은 아람 군대의 눈을 가렸다가 다시 보게 하신다(왕하 6:17-20). 예수도 마찬가지로 영적 시야를 주고, 보지 못하는 자로 하여금 다시 보게 하신다(특히 막 8:22-26; 요 9장).
- 앞에서 다루었듯이 엘리야처럼 엘리사는 한 소년을 죽음으로부터 되살린다. 그러나 그 일화뿐 아니라, 이미 죽은 사람이 엘리사의 무덤에 던져졌을 때 엘리사의 뼈와 접촉하고 나서 죽음에서 일어난 일화를 통해서도 엘리사는 죽은 자에게 생명을 주는 예언자임이 증명된다. 예수는 단지 죽은 자를 일으킨 일화뿐 아니라(눅 7:11-17; 요 11:38-44), 십자가에서 죽으셨을 때 죽은 성도들이 일어나는 일화를 통해서도, 그 역시 죽음에 생명을 주시는 분이심을 입증하신다(마 27:51-53). 예수는 또한 죽은 자들 가운데서 부활하셨을 때(예, 마 28:6), 그런 차원에서 엘리사가 이룬 모든 것을 초월하신 셈이다.

§7.6.4 변형

엘리사가 모형화한 것을 예수가 실현하신 방식을 고려해 보았는데, 세례 요한뿐 아니라 그리스도를 모형화하는 엘리야와 관련하여 살펴볼 것이 더 남아 있다. 앞서 언급했듯이 엘리야는 시내산의 "동굴"로 갔는데, 거기서 야훼는 모세를 지나가셨던 것처럼 엘리야를 지나가셨다. 그때 모세의 얼굴은 영광으로 빛났다. 시내산에서의 모세와 엘리야의 경험과 모세의 빛나는 얼굴(출 34:29-33)은 예수가 베드로, 야고보, 요한과 함께 "높은 산"에 오르신 일화에 반영되어 있다. 그곳에서 "그는 그들 앞에서 변형되셨고, 그의 얼굴은 해와 같이 빛났으며, 그의 옷은 밝은 빛처럼 하얗게 됐다. 그리고 그와 이야기하고 있는 모세와 엘리야가 그들에게 나타났다"(마 17:1-3, ESV). 누가의 보도는 그들이 "예루살렘에서 이루려던 그의 탈출/출애굽에 대하여[개역개정은 "별세하실 것에 대하여"—역주] 말했다"(눅 9:31)라고 구체적으로 명시한다.

예수는 모세와 엘리야가 예표했던 것의 모형론적 실현을 가져오신다. 그는 산 위에서 얼굴이 빛났던 예언자이고, 모세와 엘리야의 리더십을 통해 행해진 구원이 가리키는 바를 이루신 분이며, 회오리바람을 타고 하늘로 데려가진 엘리야처럼 구름을 타고 하늘로 올라가신 분이다(눅 24:51; 행 1:8-11).

§7.6.5 요한계시록 11장의 두 증인

그런데 모세와 엘리야에 관한 논의는 이것이 끝이 아니다. 그들의 사역은 요한계시록 11:3-7에서 복음을 선포하는 교회를 상징하는 듯한 두 증인에 관한 묘사에 상징적으로 반영되어 있다.[36] 이런 읽기에 따르면 교회는 왕이 오십부장과 50명을 보냈을 때 하늘에서 불이 내려와 그들을 삼켰듯이 보호받을 것이다(왕하 1:9-16). 이처럼 요한은 "누구든지 그들을 해치려 하면 그 입에서 불이 나와 대적들을 삼킬 것이며, 누구든지 그들을 해치려 하면 반드시 그와 같이 죽임을 당할 것이다"(계 11:5, ESV)라고 썼다.

이렇게 엘리야가 당대에 하나님의 목적을 섬기는 일을 위해 보호받았을 뿐 아니라, 그의 기도로 촉발된 가뭄은 폭풍우의 신 바알이 아니라 이스라엘의 하나님 야훼가 비로 땅을 적신다는 사실을 보여 주었다(왕상

---

36 Bauckham이 두 증인에 대해 "그러므로 그들은 신실한 증인으로서의 역할을 이행하는 한, 교회라고 할 수 있다"라고 쓴 것은 옳다. Richard Bauckham, *The Theology of the Book of Revelation*, New Testament Theology (New York: Cambridge University Press, 1993), 85, 참조, 84-88.

17-18장). 이와 같은 노선에서 요한은 두 증인이 "예언하는 날 동안 하늘을 닫아 비를 막을 권세를 가지고 있다"라고 썼다(계 11:6a, ESV). 이는 검증된 진리의 증인(두 증인)을 가진 교회가 성경의 하나님만이 오직 살아 계시고 참된 하나님이시며, 하늘과 땅을 창조하신 분이고, 모든 사람의 유일한 창조자이자 구원자라는 사실을 보여 줄, 엘리야와 같은 권세를 가졌다는 표시다. 그리고 애굽의 재앙이 모세에 의해 임했던 것처럼, 두 증인은 "물을 피로 변하게 하고, 바라는 대로 온갖 재앙으로 땅을 칠 권세를 가지고 있다"(계 11:6b, ESV). 이는 교회가 출애굽을 이룰 권세를 가지고 있음을 상징적인 방식으로 표현한 것 같다. 핵심은 재앙이 아니라 교회가 증거하는 구원의 메시지다. 독자들이 나의 상징주의 해석 방식에 동의하든 동의하지 않든, 모세와 엘리야의 사역은 그리스도가 실현하신 것뿐 아니라 요한이 요한계시록 11:15-19에서 마지막 나팔이 불려지기 전에 두 증인이 이룰 것이라고 예언한 바를 전조하고 모형화한다는 점은 의심의 여지가 없다.

다른 예언자들에 대해서도 다룰 내용이 많다. 우리는 이제 이사야와 그가 그리스도 안에서 실현될 일을 직접 모형화한 방식에 주의를 기울이고자 한다.

§8 이사야

이 단락에서는 이사야 7-8장의 문맥을 검토하고, 이사야가 8:17-18에 있는 진술로 무엇을 의미하려 했는지 이해하며, 그러고 나서 히브리서 저자가 히브리서 2:13에서 예수의 입에 그 구절을 놓을 때 어떻게 사용했

는지 이해해 보려 한다.³⁷

§8.1 이사야와 그의 아들들

예언자 이사야는 불길한 징조의 이름을 가진 적어도 두 명의 아들이 있었다. 이사야 7:3에서 "그리고 야훼가 이사야에게 말씀하셨다. '너와 네 아들 스알야숩은 윗못 수도 끝 세탁자의 밭 큰 길에 나가서 아하스를 만나라'"라고 한다. 그다음 8:3에서 이사야는 "그리고 내가 여예언자에게 갔더니, 그가 임신하여 아들을 낳았다. 그때 야훼는 나에게 말씀하셨다. '그의 이름을 마헬살랄하스바스라 하라'"라고 한다. 8:3-10과 7:7-20의 유사성 때문에 어떤 이들은 7:14에서 임마누엘이라 불릴 아이가 마헬살랄하스바스와 동일 인물일 수 있다고 결론 내렸다. 나는 7:14의 임마누엘 예언에 대한 문맥에 따르면 그 이름을 받을 아이가 이사야에게서 멀지 않은 미래에 태어나야 하며, 마태는 예수가 태어났을 때 이사야의 예언이 모형론적으로 실현됐음을 주장했다고 논증한 적이 있다(마 1:22-23).³⁸

---

37 히브리서 저자가 모형론적 해석을 사용하는 방식을 더욱 폭넓게 살펴보기 위해서는, James M. Hamilton Jr., "Typology in Hebrews: A Response to Buist Fanning," *Southern Baptist Journal of Theology* 24, no. 1 (2020): 125-36. 히브리서에 있는 구약 사용 중 가장 이해하기 어려운 사례에 대해서는, Aubrey Maria Sequeira, "The Hermeneutics of Eschatological Fulfillment in Christ: Biblical-Theological Exegesis in the Epistle to the Hebrews" (PhD diss., Louisville, KY, The Southern Baptist Theological Seminary, 2016)를 보라.

38 James M. Hamilton Jr., "The Virgin Will Conceive: Typological Fulfillment in Matthew 1:18-23," in *Built upon the Rock: Studies in the Gospel of Matthew*, ed. John Nolland and Daniel Gurtner (Grand Rapids: Eerdmans, 2008), 228-47. 또한 다음을 보라. James M. Hamilton Jr., *God's Glory in Salvation through Judgment: A Biblical Theology* (Wheaton, IL: Crossway, 2010), 363-67. 마찬가지로 Andrew T. Abernethy and Gregory Goswell, *God's Messiah in the Old Testament: Expectations of a Coming King* (Grand Rapids:Baker, 2020), 88-89.

8:18에서 이사야는 적어도 스알야숩과 (임마누엘이 아니라면) 마헬살랄하스바스를 염두에 두고 "보라, 야훼가 내게 주신 자녀들과 나는 이스라엘 중에 징조와 전조가 됐다. 이는 시온산에 계신 만군의 야훼로부터 온 것이다"라고 주장한다. 히브리서 저자가 히브리서 2:13에서 이사야 8:17-18의 일부를 인용할 때 의미했던 바를 이해하려면 이사야의 진술을 문맥 가운데서 이해해야 한다.

이사야와 그의 자녀들은 어떤 의미에서 "징조와 전조"가 되는가? 이사야 7:1-2에서 아하스는 북이스라엘 왕국이 아람과 결탁해 그를 제거하고 그 자리에 꼭두각시 왕을 세우려 했다는 사실을 알게 된다(7:5-6). 7:3에 따르면 아하스가 포위 공격을 예상하고서 예루살렘의 수원을 검사하고 있었을 가능성이 있으며, 7:10-13에서 이사야와 주고받은 대화를 보자면 그는 평소에 예언자 이사야의 말을 잘 듣지 않았던 것 같다. 또한 열왕기하 16:5-20을 보면 아하스는 이사야의 말을 경청하고 야훼를 신뢰하기보다는 디글랏 빌레셀을 신뢰하고 그의 신들에게 경배했음을 알 수 있다(왕하 16:3, 7-14).

아하스는 앗수르 왕 디글랏 빌레셀과 협정을 맺어 적들과 싸우기 위해 원조를 요청했다. 그는 적들에게 패배하고 사로잡혀 포로가 되는 것만은 피하고자 했다. 아하스가 이사야를 보고 반기지는 않았겠지만, 이사야 7:3에서 이사야와 함께 가라 명령된 그 아들의 이름을 알고서 불쾌감은 더욱 커졌을 것이다. 이사야의 아들, 스알야숩의 이름은 "남은 자들이 돌아올 것이다"라는 뜻을 가지고 있는데, 이는 유배를 전제로 한다. 이사야는 유다 왕 아하스에게 충실히 진실을 선포했지만, 왕과 그 세력은 이사야의 메시지에 반대하며 이사야의 아들의 이름이 징조하고 전조하는 바를 기뻐하지 않았다.

이사야 8장의 마헬살랄하스바스라는 이름은 이와 비슷한 역학 관계를 반영한다. 야훼는 이사야에게 큰 판 위에 그 아이의 이름을 쓰라고 명령한다. 문자 그대로 번역하자면, 이 이름은 "서둘러 약탈하고, 황급히 노획물을 취하다"와 같은 것을 의미하며,[39] 따라서 "그들이 우리를 금세 약탈할 것"을 함의하는 것처럼 보인다. 즉, 백성을 사로잡아 포로로 만들 적군이 당도하면, 그 승리한 군인들은 서둘러 약탈하고 노획물을 취하는 활동을 할 것이라는 말이다.

그러므로 이사야의 두 아들은 모두 포로를 암시하는 이름을 가지고 있는 셈이다. 남은 자들은 포로로 사로잡힌 후에 돌아올 것이며(스알야숩), 이들이 포로로 사로잡혀 갈 때 적들은 서둘러 약탈하고 노획물을 취할 것이다(마헬살랄하스바스). 포로는 언약의 저주의 결과로 주어진다. 저주는 언약을 깨뜨린 결과로 주어진다. 그리고 언약은 야훼가 구원한다고 선언하는 이름(יְשַׁעְיָהוּ)을 가진 이사야와 같은 예언자들에게 반응하지 않은 결과로 깨진다. 이스라엘의 남은 자가 아닌 자들은 이사야와 앞선 예언자들의 선포를 믿기보다, 애굽이나 앗수르 같은 외세에 의해 구원되기를 바라며 그들의 문제에 대한 인간적인 해결책, 전형적으로는 정치적인 해결책에 의지했다.

이사야와 그의 소수 따르미들이 더욱 폭넓은 대중층과 저들의 지배적인 문화 측에 반대하는 방식은 이사야 8:11-16에 기록된 내용에서 볼 수 있다. 11절에서 이사야는 "이 백성의 길을 걷지 말라"라는 야훼의 경고를 이야기하고, 12절에서는 그들의 음모론에 빠지지도, "그들이 두려워하는 것을 두려워하지도 말라"고 명시하기도 한다. 여기서 음모란 7장에서의 아하스에 대한 위협과 관련이 있을 수 있으며, 또한 두려움이란

---

39 NET 성경의 사 8:1에 대한 각주를 보라.

일반 백성이 외세 왕들에게 느낄 만한 감정이다. 덧붙여 반대로, 이사야는 8:13에서 "만군의 야훼를 거룩한 자로 공경하고, 그를 너희의 경외할 분으로 삼으며, 두려워할 분으로 삼으라"라고 가르친다. 14-15절에서는 야훼가 그에게 피난하는 자들은 보호하고, 그를 멸시하는 자들은 심판할 것이라고 설명한다. 그러고 나서 일반 대중층이 이사야의 예언 사역에 귀를 기울이지 않는 것—소수의 따르미들이 그와 더불어 기득권 세력에 맞서고 있지만—에 대해 8:16-18에서 이렇게 말한다.

> 증거의 말씀을 싸매며, 가르침을 내 제자들 가운데에 봉하라. 나는 야곱의 집에 얼굴을 숨기시는 야훼를 기다리며, 나는 그를 바랄 것이다. 보라, 야훼가 내게 주신 자녀들과 나는 이스라엘 중에 징조와 전조가 됐다. 이는 시온산에 계신 만군의 야훼로부터 온 것이다.

16절에서 "가르침"으로 옮겨진 히브리어 단어는 **토라**(תּוֹרָה)인데, 이 단어는 처음에는 모세의 토라만을 가리키다가 나중에는 이스라엘이 성경으로 인정한 모든 책을 가리키는 데 사용됐다. 이사야는 이런 단어들을 가지고 17절 첫 문장에서 자신과 제자들을 그들보다 앞서 야훼를 기다렸던 모든 사람과 동일시한다. 17절에서는 "얼굴을 숨기시는" 야훼에 대해 말할 때 신명기 31:17-18과 32:20의 개념을 가져왔다. 거기서 야훼는 백성이 언약을 어기고 포로로 잡혀갈 때 그들에게서 얼굴을 숨기겠다고 말씀하셨다(신 31:16-18).

§8.2 예수와 제자들

히브리서 저자는 예수와 백성 사이의 결속을 가르치고, 주변 문화가 예수를 포기하라고 압력을 가하더라도 그에게 충실하라고 촉구하면서, 구약성경의 두 본문인 시편 22편과 이사야 8장을 인용하여 예수가 "형제라 부르기를 부끄러워하지 않으셨음"을 보여 준다(히 2:11, ESV). 나는 히브리서의 저자가 다윗과 이사야 모두에게서 예수를 모형화하는 인물을 보았다고 주장하는 바다. "거룩하게 하시는 이"인 예수와 그의 따르미들인 "거룩하게 된 자들"이 하나님 아버지의 아들이며 "모두 한 근원을 가지고" 있다고 말한 후, 히브리서의 저자는 "그래서 그는 그들을 형제라 부르기를 부끄러워 않으셨다"라고 설명한다(히 2:11, ESV). 그다음 그는 시편 22:22을 예수의 입에 둠으로써 예수를 다윗이 예표한 것에 대한 모형론적 실현으로 제시한다.

다윗은 시편 22:22(ESV)에서 "내가 당신의 이름을 내 형제에게 선포하고, 회중 가운데에서 당신을 찬송할 것입니다"라고 외친다.[40] 다윗은 사울이 자신을 죽이려 한다는 것을 알았을 때 "아둘람 동굴로 도망쳤는데, 그의 형제들과 그의 아버지의 온 집안이 그 일을 듣고 그리로 그에게로 내려갔다"(삼상 22:1, ESV). 그렇기에 다윗이 가족과 그와 함께했던 모든 사람, 곧 그의 "형제들"과 함께 하나님의 구원을 축하하는 것은 당연한 일이었다.[41] 반대 세력에 직면한 다윗과 그의 백성 사이의 이런 결속은 예수와 그의 백성 사이의 결속 안에서 실현되며, 다윗이 그의 백성을 그의 "형제들"이라고 불렀던 것과 같이[42] 히브리서 저자는 예수를 따르는

---

40 시 22편에 대해서는 본서 제6장 §4.4에서 더 자세히 다룰 것이다. 시 22편 전체에 대한 설명과 다윗이 예수를 모형화하는 방식에 대한 논의는 나의 주석, *Psalms*와 나의 논문 *"Typology in the Psalms"*를 보라.

41 "형제"(אָח)라는 단어는 같은 부모에게 속한 남자 형제보다 더 넓은 친족 관계를 지칭하는 데 사용될 수 있다. 예를 들어, 라반은 야곱의 삼촌이지만 창 29:12과 29:15에서 둘은 서로를 "형제"(אָח, ESV는 "친족"[kinsman]으로 번역함)로 지칭한다.

42 다윗은 삼상 30:23에서 자신의 용병들을 "형제들"(אָח)이라고 부르고, 삼하 1:26에

사람들을 그의 "형제들"로 지칭한다(히 2:11, 12).[43]

히브리서 저자는 예수가 인용하고 있는 이사야 8:17-18을 이사야가 예표한 것의 모형론적 실현으로 제시하면서, 뱀의 씨에 맞서서 함께 서 있는 예수와 그의 백성 사이의 연결을 더욱 강화한다. 이는 이사야 8:18의 인용문을 미래에 관한 이사야의 예고 발언이 아니라, 그리스도 안에서 실현된 것으로 제시하는 히브리서의 모형론 패턴에 관한 예언자의 경험의 한 사례로 이해해야 하는, 매우 분명한 실례다. 이사야 7-8장의 문맥에서 예언자 이사야는 자신이 낳은 생물학적 아들들과 그들의 이름의 의미에 대해 말하지만, 예수는 생물학적 자녀를 둔 적이 없다.

§8.3 화자 중심론 또는 모형론?

그렇다면 예수가 시편 22:22과 이사야 8:17-18을 "말씀하셨다"(히 2:12 그리스어의 첫 단어)는 것을 어떻게 이해해야 하는가? 매튜 베이츠(Matthew Bates)는 화자 중심적 주해(prosopological exegesis)가 히브리서 저자의 방식을 이해하는 열쇠를 제공한다고 주장하지만, 나는 그런 해결책이 구약성경 문맥 안에서의 본문의 의미를 훼손한다고 주장하는 바다. 베이츠도 이사야 7-8장의 문맥에 대한 설명을 제공하지 않은 채 그렇게 생각했음을 인정한다.

> 히브리서의 저자는 이사야가 성자 예수로 가장했다고 판단했고, 성자는 여기서 성부에게 말하는 것이 아니라 오히려 **신 중심 드라마의**(theodram-

---

서는 요나단을 "형제"(אח)라고 부른다.
43 예수는 자신을 따르는 자들을 가족이라고 부르셨고, 특히 여러 곳에서 "형제"라고 부르셨다. 예, 마 12:48-49; 23:8; 28:10; 요 20:17 등.

tic) **청중**, 즉 하나님의 고대 백성에게 **경고**하고 있다고 나는 제안하는 바다.[44]

나는 이사야의 본문을 문맥을 통해 이해하려 했는데, 그 문맥에는 "이사야가 성자 예수로 가장했다"는 암시가 없다. 베이츠는 이를 "히브리서의 저자가 판단했다"고 말한다. 히브리서의 저자에 대한 베이츠의 제안은 성경 저자가 임의적이고 탈문맥적이며, 주해적으로 보장되지 않는 해석 관행에 참여하여, 구약 본문을 자신이 말하고 싶은 대로 이용했음을 의미한다. 히브리서의 저자는 구약 본문에 접근할 수 있는 사람들을 설득하려 했기 때문에, 그리고 히브리서의 저자와 독자는 모두 구약을 권위 있는 것으로 여겼기 때문에, 나는 히브리서의 저자나 독자가 본문의 실제 발언의 문맥에서 도출할 수 없는 의미 주장에 설득됐으리라 생각하지 않는다. 히브리서 저자는 베이츠가 주장하는 바를 모두 직접 공개적으로 언급하지 않는다. 즉, 히브리서 저자는 예수가 시편 22편과 이사야 8장을 말씀하신 것으로 제시하지만 그 근거를 자세히 설명하지는 않는다.

베이츠는 문맥에서의 구약 본문의 의미를 무시하는 화자 중심적 근거를 제안한다. 그런 제안은 히브리서의 저자가 권력 놀이에 참여했음을 수반하는데, 곧 권위 있는 본문의 인용은 본래 문맥에서의 본문이 인용자가 주장하는 바와 상관없더라도 권위를 호소하는 데 사용될 수 있다는 말이다. 이는 청중이 문맥 안에서의 본문의 의미를 생각하지 않거나 그

---

44 Matthew W. Bates, *The Birth of the Trinity: Jesus, God, and Spirit in New Testament and Early Christian Interpretations of the Old Testament* (New York: Oxford University Press, 2015), 142.

문맥에 접근할 수 없는 경우에만 설득력을 가질 것이다. 청중이 문맥 안에서 본문에 접근할 수 있다면, 그리고 본문의 의미를 생각하고 그 의미를 베이츠의 주장과 비교할 수 있다면, 본문의 문맥의 의미를 바라볼 수 있는 저들의 능력은 화자 중심적 해석의 권위를 훼손하게 될 것이다. 이사야 7-8장을 이해하는 사람이라면 누구나 "이사야가 성자 예수로 가장했다"라는 발상을 거부할 것이다.[45] 그들은 이사야가 자신의 아들 스알야숩과 마헬살랄하스바스에 관해 이야기하고 있음을 알 것이기 때문이다. 나는 히브리서 저자가 청중으로 하여금 성경 본문의 실제 의미와 그것이 메시아 예수 안에서 실현되는 방식에 대해 지적으로 충분히 동의하고 순종적인 충성으로 반응하도록 설득하고자 했다고 생각하기 때문에, 시편 22편과 이사야 8장을 말하고 있는 예수에 대한 제시를 모형론적으로 이해하는 것이 화자 중심적으로 이해하는 것보다 더욱 설득력이 있다고 생각한다.

베이츠에 따르면, 히브리서 저자는 시편 22편과 이사야 8장의 화자를 다윗과 이사야가 아닌 실제 예수로 간주했다.[46] 이는 시편 22편과 이사야 8장의 문맥에서의 의미가 히브리서 저자의 주장과 상관없게 만들 뿐 아니라, 히브리서 저자가 형성한 다윗, 이사야, 예수 사이의 밀접한 모형론적 연결을 제거해 버리기도 한다.[47]

다윗과 이사야는 모두 하나님의 선택된 남은 자들을 대표하는 예언

45　Ibid.
46　Ibid., 140-46을 보라.
47　Peter J. Gentry는 "수사학 핸드북에서 장려하는 [화자 중심적 주해라는] 방법론을 사도들이 알고 있었을 가능성은 거의 없다. 이것은 시대착오적인 발상이다"라고 지적한다. Peter J. Gentry, "A Preliminary Evaluation and Critique of Prosopological Exegesis," *Southern Baptist Journal of Theology* 23, no. 2 (2019): 119. 참조, 이 기술에 대한 논의에서 "종종 호소되는 자료"에 관한 Gentry의 논의(107-8).

자로서 말한다. 이 선택된 남은 자들은 여자의 집단적 씨를 가리킨다. 여자의 집단적 씨는 하나님의 예언자적 대리자, 곧 다윗이든 이사야든 여자의 단일한 씨를 모형화하는 인물과 동일시된다. 백성과 하나님의 예언자 사이의 그런 관계는 그리스도와 그의 백성 사이의 관계에서 실현되는데, 이는 히브리서 저자가 예수와 예언자 사이의 관계에 대해 말하는 방식과 정확히 같다. "옛적에 예언자들을 통해 여러 부분과 여러 모양으로 우리 조상들에게 말씀하신 하나님이 이 모든 날 마지막에는 아들을 통해 우리에게 말씀하셨다"(히 1:1-2a, ESV).

§9 예수

이 사람이 얼마나 위대한지 살펴보자. 원형이자 패턴의 실현자, 이스라엘의 긴 역사가 그를 위해 지어졌다. 예수는 첫 아담이 죄를 지은 곳에서 순종한 새 아담이다. 그가 하나님의 진노의 홍수 속에서 세례를 받음으로 인해 그의 죽음과 부활로 세례받은 자들이 구원받게 됐다. 아브라함은 그의 날을 보고 기뻐했고, 아내를 남매라고 거짓말을 하여 아내를 지키지 못한 아브라함과는 달리 그리스도는 앞으로 나서서 "나를 데려가라. 그리고 이들은 놓아주어라"(요 18:8에 대한 의역)라고 말씀하셨다. 아브라함은 롯과 소돔을 위해 중재했고, 그리스도는 아버지가 주신 모든 사람을 위해 중재하신다(요 17:6-9, 20; 롬 8:34).

주 예수의 놀라운 탄생은 이삭의 출생과 일치하면서도 더욱 뛰어나며, 이삭이 제단에 바쳐졌을 때 대리할 제물로 양이 제공된 반면, 그리스도는 십자가에서 대리자로 죽으셨다. 아브라함은 표상적으로 이삭을 죽음으로부터 다시 받았다(히 11:19). 그리스도는 실제로 죽음에서 부활하셨다. 나사렛 사람인 예수는 모세와 같은 **바로 그** 예언자로 오셨고(요 6:14),[48] 땅을 정복하기 위해 새 여호수아로 다시 오실 것이다. 엘리야와 엘리사가 모형화한 모든 것을 실현하신 주 예수는 무리를 먹이시고, 소망 없는 여인들을 고치시며, 과부의 죽은 아들을 살리셨다.

야훼의 영은 이사야에게 임하여 주님의 은혜로운 해를 선포하셨고(사 61:1), 예수는 고향의 회당에서 저 성경의 실현을 선포하셨다(눅 4:16-21). 이사야와 마찬가지로 배척당하셨지만(눅 4:28-30) 그는 형제라고 부르기를 부끄러워하지 않은 제자들과 결속하여 서 계셨다―그리고 지금도 서 계신다. 이사야가 그와 그의 자녀들이 징조를 내포하고 있는 그들의 이름을 가지고 야훼를 기다리면서, 제자들 가운데 가르침을 봉하라고 요청했을 때처럼 말이다(사 8:16-18; 히 2:11-13). 그 당시 하나님은 그의 얼굴을 감추셨지만(사 8:17), 그리스도 안에서 하나님에게로 향하는 자들은 베일이 벗겨지고(고후 3:16), 예수 그리스도의 얼굴에서 하나님의 영광을 보게 된다(3:18; 4:4, 6).

48　Allison, *The New Moses*, 97-106, 140-270.

제5장
왕

각자에게 다가온 향기는 어느 땅에서의 그늘 없는 태양 아래 아침 이슬에 대한 기억과 같았다. 쾌청한 봄의 세상 자체는 덧없는 기억일 뿐이었다. … 갑자기 파라미르가 뒤척이며 눈을 떴고, 그를 향해 몸을 숙이고 있는 아라곤을 바라보았다. 그리고 눈 속에 지식과 사랑의 빛을 내비치며 부드럽게 말했다. "주님, 부르셨습니까? 제가 왔습니다. 왕께서 무슨 명령을 내리셨습니까?" … 그리고 곧 왕이 참으로 그들 가운데 왔다는 소식이 전해졌고, 전쟁 후에 그는 치유를 가져왔다. 그리고 그 소식이 성읍 전체에 퍼졌다.

―J. R. R. 톨킨(J. R. R. TOLKIEN)[1]

그리스도가 이스라엘의 왕으로 오셨고, 그가 이스라엘의 왕이 된다는 것은 다윗의 아들, 사람(아담)의 아들, 하나님의 아들이 되는 것을 뜻한다. 이 명칭은 마태복음과 누가복음의 족보에서 확인할 수 있으며, 요한복음

---

1 J. R. R. Tolkien, *The Return of the King* (Boston: Houghton Mifflin, 1965), 142.

1:49(ESV)에서 나다나엘이 예수를 맞을 때에도 볼 수 있다. "당신은 하나님의 아들이십니다! 당신은 이스라엘의 왕이십니다!" 하나님은 아담을 자신의 형상과 모양대로 아들로서 만드셨다(눅 3:38). 또한 하나님은 이스라엘을 가리켜 자신의 아들이라고 선포하셨다(출 4:22-23). 그다음 다윗에게는 그의 혈통에서 일으켜질 씨가 하나님의 아들이 될 것이라고 말씀하셨다(삼하 7:14).

본서 제2장 §3.1에서 간략히 다룬 집단적 인격에 관한 논의가 여기와 관련이 된다. 이스라엘 민족, 곧 왕적 제사장(출 19:6)인 "하나님의 아들"(4:22-23)은 이제 단 한 명의 대표자를 갖게 됐다. 사무엘상 17장에서 다윗이 이스라엘을 위해 골리앗과 싸우러 나간 것과 같은 방식으로, 이스라엘 백성은 "우리 앞에 나가서 우리의 싸움을 싸워 줄"(삼상 8:20) 왕을 원했다. 실제적인 의미에서 이스라엘의 왕은 언약의 우두머리 또는 **많은 사람**을 대표하는 **한 사람**이다.[2]

구약성경에는 미래의 왕에 대한 약속과 (역사 속 인물을 묘사하는 내러티브 안에서) 약속으로 형성된 패턴 둘 모두가 나타나는데, 따라서 그 패턴은 미래의 왕을 모형화한다. 이 모든 것은 그리스도 안에서 실현되며, 그리스도는 마침내 백성이 그와 함께 통치할 수 있게끔 하신다(계 2:26-27;

---

2   Richard B. Hays는 "왕의 애가 시편"이 "패러다임으로 … 해석되는 방식"을 설명하면서 "따라서 이 시편에서 '다윗'은 전체 백성의 상징이 되고—동시에—약속의 상속자이자 왕좌의 회복자가 될 미래의 기름 부음 받은 자(ὁ Χριστός)의 예표가 된다"라고 썼다. Richard B. Hays, *The Conversion of the Imagination: Paul as Interpreter of Israel's Scripture* (Grand Rapids: Eerdmans, 2005), 110-11 [= 『상상력의 전환』, QTM, 2020]. 시편의 다윗이 "전체 백성의 상징이 됐다"고 말하는 것보다 더 정확한 것은 이스라엘의 왕으로서 다윗이 백성이라는 단체의 장, 개인 대표자, 이상적인 이스라엘인 또는 민족의 조상인 인물(즉, 족장)이었다고 말하는 것이라 생각한다.

5:10). 이 장과 다음 장은 본질적으로 연결되어 있다. 이 장에서 다루는 왕권 모형론에 대한 논의는 다음 장에 나올 의로운 고난자 모형론을 예비한다. 여기서 우리는 아담과 아브라함에 주의를 기울이고, 다윗이 장차 올 자를 모형화하는 방식에 대해서는 다음 장에서 다룰 것이다.

§1 아담의 지배권

이미 언급했듯이, 아담은 '왕'으로 불리지는 않지만 그가 왕으로 대우받았음을 나타내는, 적어도 네 가지의 지표가 있다: (1) 아담은 하나님의 창조 세계를 다스리라는 명령을 받는다; (2) 그는 하나님의 형상과 모습으로 만들어졌고 암묵적으로 하나님의 아들이다; (3) 그는 하나님의 창조 세계를 섬기고 보호하라는 명령을 받는다; (4) 그는 하나님이 만드신 것에 이름을 붙일 때 하나님의 세상에 대한 하나님 본연의 권위를 행사한다. 이 네 가지 방식으로 아담은 하나님의 영역에서 왕의 역할을 맡는다. 성경에서 아담 이후에 나오는 이 네 요소 각각의 중요성으로 인해 우리는 이를 차례로 다루어 볼 필요가 있다.

§1.1 지배권을 갖다

창세기 1:26에서 하나님은 "우리가 사람을 만들자. ⋯ 그리고 그들로 다스리게 하자"라고 말씀하시고, 1:28에서는 "하나님이 그들에게 복을 주셨다. 그리고 하나님이 그들에게 말씀하셨다. ⋯ 다스려라[have dominion]." 이 두 진술에서 ESV가 "dominion"으로 번역한 동사는 רדה이다. 이 동사는 약속이 주어지는 일부 본문과 패턴화된 일부 본문에 나타나며, 아담의 지배권은 구약성경 전반에 걸쳐 왕이 통치하는 방식(מָלַךְ 또는 מָשַׁל과 같은 동사)과 하나님이 통치하도록 일으키실 자에 대한 다양한 동의어 묘사의 원형적 기초가 된다.

§1.2 패턴화된 왕의 약속

민수기 24:19(ESV), "그리고 야곱에게서 나온 자가 지배권을 행사할 것이다[רדה]"에서 이 용어가 약속과 관련하여 사용된 의미를 확인하려면, 모세가 청중으로 하여금 자신이 말하는 이야기를 올바르게 이해할 수 있도록 이전의 약속들을 모아서 발람의 신탁을 어떻게 구성하고 있는지 고려해야 한다. 모세는 발람이 토라에서 앞서 언급된 진술을 발전시켜서 신탁을 전하는 모습을 그린다. 예컨대, 그는 창세기 49:9과 (12:3에 있는 매듭 고리와 함께) 27:29을 연결하여 민수기 24:9에서 이스라엘의 미래 왕을 예언하는 발람의 모습을 제시한다(아래 인용문은 ESV를 따랐다).

창 49:9b	민 24:9a
"그가 엎드리고 웅크리는 것이 수사자 같고 암사자 같으니, 누가 그를 깨울 수 있겠는가?" כָּרַע רָבַץ כְּאַרְיֵה וּכְלָבִיא מִי יְקִימֶנּוּ	"그가 웅크리고 엎드리는 것이 수사자 같고 암사자 같으니, 그를 깨울 자는 누구인가?" כָּרַע שָׁכַב כַּאֲרִי וּכְלָבִיא מִי יְקִימֶנּוּ
창 27:29b	민 24:9b
"너를 저주하는 자마다 저주를 받고 너를 축복하는 자마다 복을 받기를 원한다!" אֹרְרֶיךָ אָרוּר וּמְבָרֲכֶיךָ בָּרוּךְ	"너를 축복하는 자는 복을 받고 너를 저주하는 자는 저주를 받을 것이다." מְבָרֲכֶיךָ בָרוּךְ וְאֹרְרֶיךָ אָרוּר

창세기 27:29에서 이삭은 자신이 에서를 축복하고 있다고 생각하지만, 실제로는 아브라함의 복을 에서로 위장한 야곱에게 전하고 있다. 이

는 쌍둥이가 태에서 다툴 때 리브가에게 주어진 신탁, "큰 자가 어린 자를 섬길 것이다"(창 25:23)에 따른 것이다. 창세기 안에서도, 이삭이 야곱을 축복한 것은 27:29의 반복되는 단어와 어구로 49:8과 엮어 야곱이 유다를 축복한 것과 연결되어 있다(동일한 어구는 굵은 글씨체로 표시했다).

창 27:29a	창 49:8
"만민이 너를 섬기고, 열국이 네게 절할 것이다. 네가 형제들의 주가 되고, 네 어머니의 아들들이 **네게 절하기를** 원한다." הֱוֵה גְבִיר לְאַחֶיךָ וְיִשְׁתַּחֲווּ לְךָ בְּנֵי אִמֶּךָ	"네 손이 네 원수의 목을 잡을 것이며, 네 아버지의 아들들이 **네게 절할 것이다**." יָדְךָ בְּעֹרֶף אֹיְבֶיךָ יִשְׁתַּחֲווּ לְךָ בְּנֵי אָבִיךָ

그러므로 주의 깊은 창세기 독자라면 아브라함의 복이 이삭에게, 그다음 야곱에게 전달됐음을 알아차릴 것이다. 야곱이 유다를 축복하면서 "홀"과 "통치자의 지팡이"(창 49:10)에 대해 말했을 때, 아브라함의 복이 유다의 혈통에서 나올 왕의 통치를 통해 이루어질 것으로 보인다. 결국 아브라함은 왕이 그에게서 나올 것이라는 약속을 받은 셈이다(17:6, 16). 발람이 창세기 27장의 진술(이삭이 아브라함의 복을 야곱에게 전달함)과 49장의 진술(야곱이 유다를 축복함)을 결합한 것으로 제시함으로, 모세는 청중에게 이 점을 반복한다.

그런데 이것이 전부가 아니다. 방금 언급했듯이 유다에 대한 축복에서는 "홀"(창 49:10, שֵׁבֶט)을 말하고, 발람은 이스라엘에서 일어날 "홀"(민 24:17, שֵׁבֶט)에 대해 말한다. 민수기 24:17에서의 발람의 아름다운 말은 24:19에서 아담의 지배권을 행사하는 미래의 이스라엘의 왕에게 직접 흘러들어 가고, 여기서도 모세는 약속들 사이의 관계를 여는 마스터키

(skeleton key)를 발람의 손에 맡긴다.³

민수기 24:17에서 발람의 첫마디는 그가 시공간적으로 멀리 떨어진 사람에게 말하고 있음을 보여 준다. "내가 그를 보지만 지금의 일은 아니며, 내가 그를 바라보지만 가까운 일은 아니다"(민 24:17a). 24:17의 다음 행에서 그는 "별이 야곱에게서 나올 것이다"(ESV)라고 단언한다. 민수기 24:17 이전에 "별"(כּוֹכָב)이라는 단어는 다음과 같이 사용됐다.

- 별의 창조를 말하기 위해(창 1:16)
- 아브람에게 그의 후손이 셀 수 없이 많다는 성질을 보여 주기 위해(15:5)
- 아브라함에게 그의 자손이 어떻게 번성하게 될지 약속하기 위해(22:17)
- 이삭에게 그의 씨가 어떻게 번성하게 될지 약속하기 위해(26:4)
- 요셉의 형제들이 그에게 절하는 일을 상징화하기 위해(37:9)
- 아브라함, 이삭, 야곱의 씨를 번성하게 하겠다는 약속을 주님에게 상기시키기 위해(출 32:13)

용례를 이렇게 나열한 것에서 알 수 있듯이, 창세기 1:16에서 별이 창조된 후 민수기까지의 별에 관한 모든 언급은 아브라함의 씨와 관련이 있다. 민수기 24:17에서, 야곱에게서 나올 별에 대한 발람의 말은 특히 아브라함의 한 후손이 일어날 것을 가리킨다. 그 어구의 다음 문장은 "이스라엘에서 홀이 일어날 것이다"라고 말한다. 이는 "별"을 "홀"과 평행으로 놓고, "나오다"와 "일어나다"라는 동사 및 "야곱"과 "이스라엘"이라는 이름도 마찬가지로 평행으로 놓게 한다. 앞서 언급했듯이, 민수기 24:17에서 "홀"이라는 단어의 사용은 창세기 49:10의 "홀"을 떠올리게

3　이 이미지를 떠올려 준 나의 친구 Alex Duke에게 감사를 전한다.

한다.

민수기 24:17에서 발람이 어떻게 열쇠로 여기는지 주석하기 전에, 우리는 그가 내러티브에 처음 등장하게 된 이유를 상기할 필요가 있다. 모압 왕은 이스라엘을 저주하기 위해 발람을 불렀다(22장). 앞서 논의했듯이, 하나님은 창세기 3:14에서 뱀을 저주하셨고, 그 후 12:3에서 아브람을 모욕하는 자는 누구든지 저주하겠다고 약속하셨다. "저주" 언어는 아브라함을 모욕하는 사람을 뱀의 씨로 규정한다. 창세기 3:15에서 하나님은 뱀에게 여자의 씨가 그의 머리를 상하게 할 것이라고 말씀하셨다. 모압이 발람을 시켜 이스라엘을 저주하게 하려 한다는 사실은 모압을 그의 아버지인 마귀와 동일시하며, "그것[별/홀]이 모압의 이마를 상하게 하고 셋의 모든 아들을 멸할 것이다"라는 민수기 24:17은 창세기 3:15의 해석으로 제시된다.

발람이 문을 열었을 때 모세는 청중에게 아브라함의 복(12:1-3)이 유다 혈통의 왕을 통해 실현될 것임을 보여 준다(49:8-12). 그 왕이 일어나 뱀의 머리와 그의 씨를 상하게 할 때 말이다(3:15; 민 24:7, 9, 17). 이 시점에서 이스라엘은 에돔과 세일을 정복할 것이다(24:18). "그리고 야곱에게서 나온 이가 지배권을 행사하고 성읍의 남은 자들을 멸할 것이다!"(24:19).

발람이 예언한 자는 창세기 1:28에서 명령된바 아담의 지배권을 행사할 것이다(רָדָה). 민수기 24:19의 새 아담은 민수기 24:17에 있는 창세기 3:15을 창세기 12:1-3; 27:28-29; 49:8-12(민 24:9)의 실현 안에서 재현할 여자의 씨다.[4]

민수기 24:19은 약속과 관련되어 있으며, 창세기 1:26, 28에서 하나님이 아담에게 수여한 지배권 패턴은 사람들이 약속된 것으로 이해했던

---

4   이와 유사한 논의는, Dempster, *Dominion and Dynasty*, 116-17.

바를 알려 준다. 그러므로 다윗이 시편 72:8(ESV)에서 솔로몬을 위해, "그가 바다에서부터 바다까지와 강에서부터 땅끝까지 지배권을 행사하기를[יֵרְדְּ] 바랍니다"라고 기도했을 때,[5] 다윗은 그의 혈통에서 나올 미래의 왕이 하나님의 세상에 대해 아담의 지배권—창세기 1:26과 28에서 수여된 바와 같이—을 재확립하는 장면을 마음에 그렸을 것이다(참조, 시 8편). 다윗 혈통에서 나올 미래의 왕은 새 아담이 될 것이며, 첫 아담이 실패했던 곳에서 왕으로서 성공을 거두게 될 것이다. 비섬(Beetham)은 "시편 72편은 하나님의 본래 창조 의도의 실현이자 다윗의 대리권으로 확보된 에덴 왕국을 바라는 간청으로 읽히기 시작한다"라고 관찰했다.[6]

§1.3 솔로몬에 대한 약속으로 형성된 패턴

솔로몬에게서는 약속과 패턴이 함께 작동한다. 첫째, 패턴은 이렇다. 우리가 열왕기상 4:24(MT 5:4)에서 솔로몬에 대해 "그가 딥사에서부터 가사까지 유브라데강 서편 모든 지역에 지배권을 행사했다[רֹדֶה]"(ESV)라고 말할 때, 열왕기 저자는 아마도 독자로 하여금 아담에게 수여된 것(창 1:26, 28)과 홀/별과 관련해 약속된 것(민 24:17-19)의 패턴에 따라 솔로몬의 통치를 생각하게 했을 가능성이 있다.[7] 다음 구절은 이러한 이해를 지지

---

5 시 72편의 내용, 곧 "왕적 아들"(72:1)을 위한 기도는 다윗의 기도(72:20)라는 마지막 언급과 결합되어 있기 때문에, 나는 '솔로몬의'(Of Solomon)라고 붙은 시 72편의 표제를 다윗이 솔로몬을 위해 이 기도를 드렸다는 의미로 받아들인다. 더 자세한 내용은 Hamilton, *Psalms* ad loc을 보라. Hensely도 "시 72편에서 나이 든 다윗은 하나님이 아브라함 언약의 약속을 실현하실 통로인 그의 아들이자 계승자를 위해 기도한다"라고 말한다. Hensley, *Covenant and the Editing of the Psalter*, 205. 그러나 이 시편에서 솔로몬이 자신의 아들을 위해 기도했고 그의 기도가 다윗의 기도 속에 포함되어 있었다고 생각해도 해석은 크게 달라지지 않는다.

6 Beetham, "From Creation to New Creation," 249.

7 마찬가지로 Leithart, *1 & 2 Kings*, 49. Leithart는 또한 왕상 4:21(MT 5:1)에서 솔로

해 준다. 즉, 열왕기상 4:25(MT 5:5)은 다윗의 혈통에서 나온 기름 부음 받은 왕의 복된 통치 아래서 살고 있는 이스라엘을 묘사한다. "유다와 이스라엘이 단에서부터 브엘세바에 이르기까지, 각기 포도나무 아래와 무화과나무 아래에서 평안히 살았다"(ESV).

§1.4 솔로몬의 패턴화된 약속

솔로몬의 통치의 패턴은 나중에 나올 약속들에 영향을 미치는데, 예컨대 미가와 스가랴는 모두 솔로몬이 통치했을 때와 같은 미래가 올 것이라고 선언한다.

- 미 4:4, "그러나 그들은 자기 포도나무 아래와 자기 무화과나무 아래에 앉을 것이며, 그들을 두렵게 할 자는 아무도 없을 것이다." (ESV)
- 슥 3:8, 10, "내가 내 종 가지를 나게 할 것이다. … 만군의 야훼의 말씀이다. 그날에 너희 각 사람이 이웃을 자기 포도나무와 무화과나무 아래로 초대할 것이다." (ESV)

나다나엘이 예수에게 자신을 어떻게 아는지 물었을 때, 주 예수는 "빌립이 너를 부르기 전에, 네가 무화과나무 아래에 있을 때에, 내가 너를 보았다"(요 1:48)라고 선언하시며 저 패턴과 약속을 떠올리게 하셨다. 이에 대한 반응으로 나다나엘은 그를 "하나님의 아들 … 이스라엘의 왕"(요 1:49)으로 인지하게 됐다.

이 패턴과 약속은 스가랴 9:10에 나오는 솔로몬에 대한 언급과 다시 엉켜 있다. 우리는 아담의 통치가 열왕기상 4:24(MT 5:4)과 시편 72:8을

몬이 어떻게 "통치"했는지를 묘사할 때 מושל을 사용한 것을 언급한다.

어떻게 특징짓는지 살펴보았다. 스가랴 9:10에서 시편 72:8을 인용한 것을 보면 다윗의 기도가 솔로몬에 의해 완전히 이루어졌다고 이해되지 않았음을 알 수 있다. 스가랴는 시편 72:8에서 다윗이 솔로몬을 위해 기도한 언어를 사용하여 "그의 통치[מֹשֶׁל]는 바다에서 바다까지 이르고, 그 강에서 땅끝까지 이를 것이다"(ESV)라고 예언한다.

- 시 72:8, וְיֵרְדְּ מִיָּם עַד יָם וּמִנָּהָר עַד אַפְסֵי אָרֶץ
- 슥 9:10b, וּמָשְׁלוֹ מִיָּם עַד יָם וּמִנָּהָר עַד אַפְסֵי אָרֶץ

시편과 달리, 스가랴가 "통치하다"는 뜻을 가진 다른 동사를 사용한 것은 두 히브리어 단어 רָדָה와 (מָשַׁל)가 동의어임을 보여 준다—하나(רָדָה)는 열왕기상 4:21에서 솔로몬의 통치를 가리키는 데 사용되고, 다른 하나(מָשַׁל)는 4:24에서 동일한 의미로 사용된다.

그 앞에 있는 스가랴 9:9(ESV) 진술, "시온의 딸아, 크게 기뻐하라! 예루살렘의 딸아, 큰 소리로 외쳐라! 보라, 네 왕이 네게 오신다. 그는 의롭고 구원을 베푸시며, 겸손하여 나귀를 타셨으니, 나귀의 작은 것 곧 나귀 새끼다"라는 진술은 솔로몬의 패턴에 의해 특징지어진 것으로 보인다. 솔로몬의 형 아도니야(왕상 2:22)가 스스로 왕이 되고자 했을 때(1:5), 다윗은 다음과 같이 말함으로써 분쟁을 해결한다.

"제사장 사독과 예언자 나단과 여호야다의 아들 브나야를 내 앞으로 부르라." 그래서 그들이 왕 앞에 나왔다. 그리고 왕이 그들에게 말했다. "너희는 너희 주인의 신하들을 데리고, 내 아들 솔로몬을 내 노새에 태우고 기혼으로 인도하여 내려가라. 그리고 거기서 제사장 사독과 예언자 나단은 그에게 기름을 부어 이스라엘 왕으로 삼고 너희는 뿔나팔을 불며, '솔로몬 왕은 만세수를 하옵소서'라고 말하라. 너는 그를 따라 올라오라. 그가 와서 내 왕좌에 앉아, 나를 대신하여 왕이 될 것이다. 내가 그를 이스라엘과 유다의 통치자로 지명했다." (1:32-35, ESV)

이 사건은 너무나 중요했기 때문에 열왕기 저자는 그 세부 내용을 열왕기상 1:32-35, 1:38-40, 1:43-48에서 세 차례나 기술했다. 솔로몬이 다윗의 노새를 타고(1:33, 38, 44) 왕으로 기름 부음을 받는 것은 왕이 "겸손하여 나귀를 타셨으니, 나귀의 작은 것 곧 나귀 새끼다"(슥 9:9)라는 스가랴의 예언에 영향을 미친 역사적 사건을 제공하는 듯하다.[8]

성경 저자들은 하나님의 약속에 비추어 역사의 사건 패턴을 해석하고 묘사한 듯하며, 그 패턴과 약속은 결합되어 도래할 왕을 가리키게 된다. 그렇게 "솔로몬보다 더 큰 이가 여기 있다"(마 12:42, ESV)라고 선포한 이가 와서, 의도적으로 스가랴 9:9(마 21:1-5)을 실현하고자 제자들을 예루살렘으로 보낸다.

---

[8] Stephen Ahearne-Kroll, *The Psalms of Lament in Mark's Passion: Jesus' Davidic Suffering*, Society for New Testament Studies Monograph Series (New York: Cambridge University Press, 2007), 146에서도 그렇게 본다. 솔로몬 패턴은 이전의 다윗 패턴에서 발견되기 쉽다. Petterson은 이렇게 썼다: "그 왕은 '겸손하다'(humble: 또 다른 대안으로서 이 히브리어 단어는 '고통받는'으로 번역될 수 있다; 참조, 사 53:4, 7. 이 본문에서 이사야의 고난받는 종은 다윗처럼 자신의 죄로 인해 고통받는 것이 아니라 다른 사람의 죄로 인해 '고통받는다'). 스가랴서 그림의 배경은 사무엘하와 시편에 나오는 고난받는 다윗과 이사야에 나오는 고난받는 종으로 보인다. 이들은 스가랴가 9-14장에 걸쳐 표현한 미래의 왕에 대한 스가랴의 초상과 엮여 있다. 거기서는 … 왕이 '나귀를 탄' 것으로 묘사된다. 다윗이 적들에게 거의 패배하여 예루살렘으로부터 쫓겨났을 때 그는 나귀를 탔다(참조, 삼하 16:2)." Petterson, "Zechariah," 694.

아담의 지배권에 대한 논의를 마무리하기 전에, 창세기 1:26, 28에 나오는 동사(רדה) 외에도 왕의 통치를 설명하는 다른 몇몇 방법을 간략히 언급하고자 한다. 우리는 스가랴가 시편 72:8을 인용할 때 그에 대한 동의어를 사용하는 것을 확인했다(슥 9:10에서는 מָשַׁל; 또한 왕상 4:21에서도 마찬가지다). (어근을 공유하는) 동족 동사는 시편 8:6(MT 8:7)에 나타나며, 거기서 다윗은 하나님이 사람에게 그의 손으로 만드신 것들을 다스리게 하신 일을 반영하면서, 특히 창세기 1:26, 28에 대해 논평한다. 이와 유사하게 히브리어 단어 "왕"에는 같은 자음으로 구성된 동족 동사가 있는데, "왕으로서 통치하다"(מָלַךְ; 예, 창 37:8; 삼상 8:9; 삼하 5:4)와 같은 의미를 갖는다. 또한 우리가 살펴본 것처럼 "왕"이라는 단어를 직접 사용하지 않지만 홀과 같은 것들에 대해 말하는 구절들이 있다(창 49:8-12; 민 24:17). 나는 창세기 1:26, 28에 나오는 아담에 대한 진술이 미래의 왕에 대한 모든 예측에 의해 이용될 개념적 자금에 선납금 역할을 한다고 제안하고 싶다(참조, 예, 시 110:2).

§2 아담의 아들 됨

우리는 앞서 제2장에서 아담-이스라엘-다윗-사람의 아들의 역학 관계를 다루었다. 거기서 나는 창세기 5:1-3의 논리가 아담은 하나님의 아들임을 함의한다는 것을 주장했다. 간단히 반복하자면, 창세기 5:3은 아담의 아들 셋을 아담의 형상과 모습을 지닌 자로 제시하면서, 5:1에서 하나님의 형상을 지닌 아담이 하나님의 아들임을 암시하는데, 이는 누가복음 3:38에 반영된 결론이다. 그다음 출애굽기 4:22-23에서 하나님은 이스라엘을 자신의 아들이라고 부르실 때 이스라엘 민족을 새 아담으로 간주하시고, 사무엘하 7:14에서 다윗의 씨가 왕이 되고 하나님의 아들이 될 것이라고 말씀하시면서, 미래의 왕을 그 민족의 새 아담 언약의 머리로 간주하신다. 이 단락에서는 잠언 30장을 통해 새 아담인 하나님의 아들의 발전을 다루어 보면서 앞서 논의한 내용에 한 층을 더할 것이다.

§2.1 그의 아들의 이름은 무엇인가?

§2.1.1 신명기 6장과 17장에 비추어 본 잠언

잠언 30장에 접근하면서, 우리는 잠언의 근접 문맥(잠언 30장)과 원접 문맥 맥락(정경 내에서 잠언의 위치)에 대해 간략히 생각해 볼 필요가 있다. 잠언에서 솔로몬 왕이 아들에게 금언을 전해 주는 첫 번째 화자라는 사실은 신명기의 여러 특징과 관련 있게 만든다. 신명기에서 아버지들은 아들들에게 토라를 가르치는 과업을 맡았고(신 6:6-7), 왕들은 자신의 손으로 토라를 필사하고 평생토록 읽어야 했다(17:14-20). 잠언은 "다윗의 아들, 이스라엘 왕 솔로몬의 잠언"(잠 1:1)이라는 말로 시작하며, 솔로몬은 이 책의 말들을 가지고 신명기 6장과 17장을 따라 자신이 철저히 소화한 토라를 아들에게 가르친다. 비섬(Beetham)은 "지혜 문학은 유다의 왕정을 위한 훈련을 제공한다. 그것은 대리권을 위한 가르침이다"라고[9] 언급한다.

---

9 Beetham, "From Creation to New Creation," 249. 위에서 인용한 '지혜 문학'에 대한 언급을 인용하면서, 나는 철학의 토대라는 이 장르의 꼬리표를 전적으로 거부하는 바다. 이에 대해서는 Will Kynes, *An Obituary for "Wisdom Literature": The Birth, Death, and Intertextual Reintegration of a Biblical Corpus* (Oxford: Oxford University Press, 2019)을 보라.

§2.1.2 사무엘하 7:14에 비추어 본 잠언

그 가르침은 신명기 6장뿐 아니라(참조, 특히 신 6:1-9; 잠 3:1-10; 6:20-23), 사무엘하 7:14에 나오는 다윗에게 주어진 약속도 반영한다. 사무엘하 7:14과 잠언 3:11-12 사이의 어휘상 접촉점을 살펴보자.[10]

사무엘하 7:14	잠언 3:11-12
אֲנִי אֶהְיֶה־לּוֹ לְאָב וְהוּא יִהְיֶה־לִּי לְבֵן אֲשֶׁר בְּהַעֲוֺתוֹ וְהֹכַחְתִּיו בְּשֵׁבֶט אֲנָשִׁים וּבְנִגְעֵי בְּנֵי אָדָם	מוּסַר יְהוָה בְּנִי אַל־תִּמְאָס וְאַל־תָּקֹץ בְּתוֹכַחְתּוֹ כִּי אֶת אֲשֶׁר יֶאֱהַב יְהוָה יוֹכִיחַ וּכְאָב אֶת־בֵּן יִרְצֶה
"나는 그에게 **아버지**가 되고 그는 내게 **아들**이 될 것이다.	"내 아들아, 야훼의 징계를 경히 여기지 말고, 그 꾸지람을 싫어하지 말라.
그가 만일 죄를 범하면 내가 사람의 매와 인생의 채찍으로 그를 **징계할** 것이다."	야훼는 그 사랑하시는 자를 **징계하시기를** 마치 **아버지**가 그 기뻐하는 **아들**을 징계함 같이 하신다."

사무엘하 7:14의 약속을 전달받은, 다윗의 아들 솔로몬은 야훼가 세우겠다고 약속하신 다윗의 집, 그 집에서 일어날 야훼의 씨를 기대하며 토라의 조항들과 다윗에게 하신 언약-약속의 조항들 모두를 그의 아들에게 가르쳤다.

잠언에서는, 하나님이 자신의 아들이 될 것이라고 말한 다윗, 그 다윗의 아들을 제시하고, 솔로몬은 또 그의 아들에게 토라의 지혜를 가르친다. 책의 마지막쯤에 가서 솔로몬의 가르침(1:1; 10:1; 25:1)과 "지혜로운 자들"(22:17; 24:23)의 가르침은 야게의 아들 아굴의 신탁(30:1)으로 보완되는

---

10 이 점은 2018년 여름에 열린 Proclamation Trust의 EMA 콘퍼런스에서 잠언에 관한 Gwilym Davies의 두 가지 발제를 통해 주목하게 됐다.

데, 이때 땅의 끝을 세운 자의 아들에 대한 아굴의 수수께끼 같은 질문(30:4)이 우리의 흥미를 자아낸다.

§2.1.3 하늘에 올라간 사람이 누구인가?

아굴을 야게의 아들로 그리고 이 장(chapter)을 "짐"(הַמַּשָּׂא, burden)으로 밝히는 시작 진술 이후, 잠언 30:1은 "사람의 말"(נְאֻם הַגֶּבֶר, "The utterance of the man", ESV, "사람이 선언한다"[The man declares])을 언급한다(개역개정의 잠 30:1은 전혀 다르다—역주). 크리스토퍼 앤스베리(Christopher Ansberry)는 "잠언 30:1 외에 נְאֻם הַגֶּבֶר라는 표현이 구약에서 단 세 번만 나온다(민 24:3, 15; 삼하 23:1)"는 사실에 주목한다.[11] 놀랍게도 이 구절들은 모두 이스라엘 왕과 관련이 있다.

- 민수기 24:3-9에서 발람이 하는 "사람의 말"은 24:7에서 이스라엘에 대해 "그의 왕이 아각보다 높으니 그의 나라가 흥왕할 것이다"(ESV)라고 서술하고, 앞서 논의했듯이 24:9에서 발람은 아브라함(창 12:1-3; 27:29)과 유다(49:8-12)의 복을 결합한다.
- 이와 유사하게 민수기 24:15-19에서 발람이 하는 "사람의 말"은 24:17에서 뱀인 모압의 씨의 머리를 깨 버리는 홀과 24:19에서 아담의 지배권을 행사하는 야곱에게서 난 자를 포함한다.
- 그리고 사무엘하 23:1-7에서는 예언자-왕 다윗이 "사람의 말"을 한다. 그

---

11 Christopher B. Ansberry, *Be Wise, My Son, and Make My Heart Glad: An Exploration of the Courtly Nature of the Book of Proverbs*, Beihefte zur Zeitschrift für die alttestamentliche Wissenschaft (New York: De Gruyter, 2010), 165 n. 9. 나는 잠 30:1은 הַגֶּבֶר נְאֻם를 가진 반면, 다른 세 본문(민 24:3, 15; 삼하 23:1)은 הַגֶּבֶר נְאֻם을 가지고 있음에 주목하는 바다.

는 "아침 빛과 같이 그들에게 떠오르는" 정의로운 통치자에 대해 말한다(삼하 23:4, ESV). 그리고 나서 묻는다. "내 집이 하나님 앞에 이 같지 아니한가? 하나님이 나와 더불어 영원한 언약을 세우고 만사를 질서 정연하며 확고하게 하셨다"(23:5). 하나님이 다윗과 맺으신 언약과 다윗의 집에 대한 이 진술은 사무엘하 7장의 약속으로 거슬러 올라간다.

"사람의 말"(נְאֻם הַגֶּבֶר)이라는[12] 표현의 용례는 아굴이 잠언 30장에서 말한 내용이 이스라엘 왕에게도 적용될 것임을 암시한다. 잠언 본문은 신명기 4:6의 지혜, 특히 부모의 가르침을 듣고, 금지된 여자와 범죄한 남자를 피하며, 낯선 사람에게 서약을 하지 않음으로써(잠 1-9장) 모세의 토라를 지키고 행하는 지혜를 요구했다. 거기에서부터, 이 책은 지혜로운 말, 근면한 일, 결혼, 그리고 하나님을 경외하는 가운데 겸손하게 걷는 지혜를 칭송한다. 앤스베리는 잠언이 "공동체의 모든 구성원이 접근할 수 있는 일반적이고 도덕적인 비전을 전달하긴 하지만, 이 문서 내에서 그 비전은 고귀한 청년을 향하고 있다"고 관찰했다.[13] 이 결론은 솔로몬이 그의 아들을 다윗의 왕좌에 오르도록 준비시키려 한다는 생각에 잘 들어맞는다.

잠언의 가르침과 솔로몬, 르호보암, 그리고 그들로부터 이어진 왕들의 실패 사이의 잘 알려진 불일치는 아굴이 "오 하나님, 제가 지쳤습니다. 오 하나님, 제가 지치고 쇠약해졌습니다"(30:1, ESV)라고 말한 것을 설

---

12 Waltke는 이를 "사람의 영감된 말"(The inspired utterance of the man)로 옮긴다. Bruce K. Waltke, *The Book of Proverbs, Chapters 15-31*, New International Commentary on the Old Testament (Grand Rapids: Eerdmans, 2005), 454-55 n. 6을 보라.

13 Ansberry, *Be Wise, My Son*, 189.

명할 수 있다. 윌리엄 브라운(William Brown)은 "아굴은 엄격한 자기 규율과 관련해 피로와 좌절을 표출하는 지혜로운 학생"이라고[14] 제안한다. 나는 이런 피로와 좌절이 왕의 가르침과 왕 자신의 인생 이야기 사이의 불일치, 이 왕의 아들들에게서도 확인되는 불일치에 의해 야기됐을 수 있다고 덧붙이고 싶다.

아굴은 잠언 30:2-3에서 자신의 이해 부족을 겸손하게 이야기한 후 30:4(ESV)에서 주목할 만한 일련의 질문을 던진다.

> 하늘에 올라갔다가 내려온 자가 누구인가?
> 바람을 그 주먹 안에 모은 자가 누구인가?
> 물을 옷 안에 감싼 자가 누구인가?
> 땅의 모든 끝을 정한 자가 누구인가?
> 그의 이름이 무엇이며 그의 아들의 이름이 무엇인가?
> 너는 확실히 알고 있구나(Surely you know)!

첫 네 질문은 하늘과 땅, 바람과 물에 관한 것이고, 다섯 번째 질문은 첫 네 질문에 대한 대답을 암시한다. 첫 질문은 신명기 30:12(ESV)를 떠올리게 한다. "하늘에 있는 것이 아니니, 네가 말하기를 '누가 우리를 위하여 하늘에 올라가 … 우리에게로 가지고 올까?'"

- 신 30:12, מִי יַעֲלֶה־לָּנוּ הַשָּׁמַיְמָה וְיִקָּחֶהָ לָּנוּ

---

14 William P. Brown, "The Pedagogy of Proverbs 10:1-31:9," in *Character and Scripture: Moral Formation, Community, and Biblical Interpretation*, ed. William P. Brown (Grand Rapids: Eerdmans, 2002), 176.

- 잠 30:4, מִי עָלָה שָׁמַיִם וַיֵּרַד

구약성경 전체에서 "누가 올라갈 것인가"라는 질문은 단지 이 두 곳, 즉 신명기 30:12과 잠언 30:4에서만 "하늘로"라는 어구와 더불어 나타난다. 시편 24:3은 "누가 야훼의 산에 올라갈 것인가?"라고 묻고 있는 점에서 그와 유사하고 또한 관련이 된다. 모세는 토라를 받기 위해 시내산에 올라갔고, 따라서 백성은 직접 그렇게 할 필요가 없었다(신 30:12).[15] 하지만 시편 24:3과 잠언 30:4에 제기된 저 질문은, 잠언의 그다음 세 질문이 나타내듯이, 모세의 올라감을 넘어 오직 하나님 자신만이 이룰 수 있는 무언가를 가리킨다.[16]

이 질문들은 욥에게 제기된 것과 비슷한데,[17] 구약성경에서 바람을 주먹으로 모으고 물을 옷으로 감싸며 땅의 끝을 정하신 분은 한 분뿐이다. 그의 정체는 잠언의 다섯 번째 질문인 "그의 이름은 무엇인가?"(What is his name?)에서 암시된다. 이 질문은 출애굽기 3:13에서 모세가 이스라엘 백성이 알기를 바랐던 내용을 예상하고서 표현할 때와 같은 방식으로 작성되어 있고, 이 특정 질문은 출애굽기 3:13과 잠언 30:4에서만 주어진다.

---

15 Morales는 시내산에서의 모세를 주석하면서, "모세는 하나님 앞에 백성을 대표하기 위해 승천하고, 모세는 백성 앞에 하나님을 대표하기 위해 내려온다"라고 했다. *Who Shall Ascend the Mountain of the Lord?*, 89.

16 Steinmann은 이렇게 썼다: "수 세기 후 바울은 신 30:11-14을 근거로 아굴과 동일한 신학적 주장을 펼쳤다. 이 사도는 예수 그리스도가 하나님의 구원을 우리에게 계시하기 위해 하늘로부터 내려온 신성한 말씀이라고 진술한다. 설교되고 고백된 그리스도의 복음은 우리 자신의 노력으로는 결단코 얻을 수 없는 하나님에 대한 구원의 지식에 이르게 해 준다(롬 10:6-17)." Andrew E. Steinmann, *Proverbs*, Concordia Commentary (Saint Louis: Concordia, 2009), 595.

17 욥 38:5과 잠 30:4에서만 우리는 그 감탄사를 발견할 수 있다: "너는 확실히 알고 있구나!"(כִּי תֵדָע).

- 출 3:13, מַה־שְּׁמוֹ

    "그의 이름은 무엇인가?"

- 잠 30:4, מַה־שְּׁמוֹ

    "그의 이름은 무엇인가?"

구약성경이 가르치는 바를 이해하는 사람이라면 누구나 그의 이름이 야훼, 즉 하늘과 땅의 유일한 창조자임을 알 것이고, 잠언 30:4에서 인유된 출애굽기 3:13은 그런 결론을 확증한다. 그리고 이어지는 질문은 하나님의 아들로서 아담의 지위라는, 지금 다루고 있는 주제와 접촉하는 지점이 된다. "그리고 그의 아들의 이름은 무엇인가?" 요점을 너무 장황하게 늘어놓을 위험을 감수하더라도, 잠언 30:4의 첫 네 질문은 창조 모티프—하늘로 올라가는 것, 바람과 파도가 모이는 것, 땅끝을 정하는 것—로 가득하다는 점에 주목해 보자. 핵심은 하늘과 땅을 **만든 이**로서의 야훼에게 있다. 그리고 그의 이름과 그의 아들의 이름에 대한 질문이 이어진다.

출애굽기 3:13 인유는 그의 이름을 야훼로 확실시하는데, 사무엘하 7장에 드러나는 하나님과 다윗의 언약을 따라 그의 아들의 이름에 대한 질문에 답을 하자면 이렇다. 즉, 야훼의 아들이 될 자의 이름은 "다윗의 씨"이다. 여기서 다시 한번 아굴은 청중이 아들의 정체성에 대해 이끌어내기를 원하는 결론을 확정하기 위해 이전의 성경 본문을 인유한다. 아굴은 시편 18:30을 가져다 쓰는데, 그 문구는 사무엘하 22:31(ESV)에도 나타난다. "주님의 말씀은 진실하고 그는 자기에게 피하는 모든 자에게 방패시다"(시 18:30[MT 18:31]의 문구도 동일하다).

- 시 18:30(MT 18:31), אִמְרַת־יְהוָה צְרוּפָה מָגֵן הוּא לְכֹל הַחֹסִים בּוֹ
- 잠 30:5, כָּל־אִמְרַת אֱלוֹהַּ צְרוּפָה מָגֵן הוּא לַחֹסִים בּוֹ

이 시편은 야훼가 다윗을 그의 모든 대적들과 사울에게서부터 구출하신 날에 그가 야훼에게 부른 노래로(시 18:ss[MT 18:1]), "그가 그 왕에게 큰 구원을 주시며 그의 메시아[기름 부음 받은 자]에게 변치 않는 사랑을 보이신다. 다윗과 그의 씨에게 영원토록 말이다"(18:50[MT 18:51])라는 시구로 마무리된다. 잠언 30:5에서 인용한 시편 18:30, "주님의 말씀은 진실하고 그는 자기에게 피하는 모든 자에게 방패시다"라는 진술은 진실된 것으로 판명될 말씀이 다윗의 혈통에서 나올 미래의 왕에 관한 약속임을 가리킨다. 이는 잠언 30:1-2에서 아굴이 표현한 좌절에 대한 해결책이 될 수 있다. 솔로몬의 지혜와 솔로몬의 삶 사이의 불일치, 또한 솔로몬이 잠언에서 그의 아들에게 가르친 지혜와 그의 아들이 살았던 방식을 고려할 때 심화되는 불일치에 지치고 쇠약해진 아굴은 30:4에서 창조주가 누구시고 그가 그의 아들에 대해 무엇을 말씀하셨는지 상기시키면서, 30:5에서 다윗에게 주어진 약속에 대한 인유를 통해 확증한다. 더 나아가 시편 2:12, "그에게 피난하는 모든 자는 복이 있다"와 시편 84:9, "우리 방패이신 하나님이여, 당신의 메시아[기름 부음 받은 자]의 얼굴을 돌아보아 주십시오"와 같은 본문을 염두에 둘 때, "자기에게 피하는 모든 자에게 방패"(잠 30:5b)가 되시는 분은 실제로 다윗계 새 아담, 하나님의 아들로 보인다.[18]

---

18 참조, Hensley의 결론: "시편집과 그 책들은 YHWH(야훼 또는 여호와)가 백성과 시온을 새롭게 하시고(예, 시 102-103편) 하나님에 대한 감사 찬양으로 인도하실 (시 145편 등) 통로인 장차 올 '다윗'에 대한 소망을 중심으로 작성됐다. 시 2편에서 YHWH의 '기름 부음 받은 자'와 '아들'로 선포된 왕은 그의 적들을 정복하고(시 2,

§2.2 예수가 아굴의 질문에 대답하시다

아굴의 이해가 얼마나 구체적이었는지에 관해 우리가 확신할 수 없다 하더라도, 예수가 니고데모와의 대화 가운데 밝히신 내용은 그런 성찰이 어느 방향으로 나아가고 있는지에 대한 명료성과 확실성을 제공한다. 거듭남이 필요하다는 예수의 말씀(요 3:3-8)에 대한 응답으로 니고데모는 "그런 일이 어떻게 있을 수 있습니까?"(3:9)라고 묻는다. 예수는 니고데모가 이해하지 못하는 것을 놀랍게 여기시고(3:10), 니고데모에게 말씀하신 것은 목격자의 증언이라고 주장하시면서(3:11), 요한복음 3:12에서 "내가 땅의 일을 너희에게 말하여도 믿지 않는데, 하물며 하늘의 일을 말하면 너희가 어떻게 믿겠느냐?"(ESV)라고 말씀하신다. 니고데모는 사람이 영의 역사를 통한 거듭남으로 하나님의 왕국을 보고 거기에 들어갈 수 있다(3:3-8)는 예수의 증언을 받아들이지 않았다(3:11). 거기서 예수가 하신 말씀(3:3-8)은 그의 모든 주장이 구약성경에 의해 지지된다는 것을 니고데모로 하여금 보게 하려 하셨던 것 같다.[19]

요한복음 3:12에서 예수가 언급하신 "하늘에 있는 것들"은 니고데모가 이해하고자 했던 그 "어떻게"를 설명하는 것처럼 보이는데("그런 일이 어떻게 있을 수 있습니까?", 3:9, ESV), 3:13에서 예수는 자신이 실제로 그 하늘의 것들에 접근할 수 있다고 주장하시는 듯하다. 그는 잠언 30:4의 첫 번째 질문을 인유하면서, "하늘에서 내려온 자, 곧 사람의 아들 외에는 하

101, 110, 118편; 참조, 143:12), YHWH의 종으로서 자신을 백성과 동일시하면서 고통을 겪는다(시 78, 86, 88-89, 102편; 참조, 18:1). 이 '다윗'은 아브라함에게 주어진 언약의 약속을 실현하고 그의 백성을 출애굽과 같은 방식으로 구원하는 도구로서, YHWH의 은혜와 호의를 선포하되, YHWH이 직접 모세보다 앞서 행하셨음을 선포했다(시 103편)." Hensley, *Covenant and the Editing of the Psalter*, 271.

19 이에 대해서는 Hamilton, "John," 69-74을 보라.

늘에 올라간 자가 없다"라고 주장한다.[20] 올라감과 내려감에 대한 주장에 있어서 첫 번째 부분은 잠언 30:4의 수수께끼에 대답하는 것이며, 예수는 진술 끝에 "사람의 아들"이라는 어구를 추가하심으로써 잠언 30:4에 나오는 하나님의 아들, 다윗계 왕, 그리고 다니엘 7:13-14에 나오는, 역시나 다윗계 왕인 사람의 아들 같은 이(본서 제2장의 §5.1을 보라) 사이에 연관성을 만들어 내신다. 저 본문에서 사람의 아들 같은 이는 이미 하늘의 보좌실에 앉아 있었고, 예수가 함의한 대로, 거기에서 내려왔으며 또한 하늘로 올라갈 수 있었다.

§3 아담의 지킴과 명명

동산에서 아담에게 맡겨진 일함과 지킴(창 2:15) 및 성막에서 레위인에게 맡겨진 일함과 지킴(민 3:8) 사이의 연관성은 앞서 이미 살펴보았다. 이 단락에서는 다음과 같은 질문을 다룬다. 성경 저자들은 청중으로 하여금 에덴동산에서의 아담의 일굼/일함과 지킴을 이스라엘 왕들의 일과 연관 짓기를 의도했을까?

---

20 Duane Garrett은 잠 30:4을 해설하면서 이렇게 썼다: "그리스도인 해석자는 … 여기서 하나님의 아들을 떠올릴 수밖에 없고, 그가 위에서 내려와 자신의 백성에게 진리를 계시했다는 사실을 상기할 수밖에 없다(요 3:31-33). 또한 여기서 제기되는 질문들에 대해 유일하게 가능한 답이 바로 '하나님'이라는 점을 염두에 둘 때, 본문이 그의 '아들'을 언급하고 있다는 점은 인상적이다." Duane A. Garrett, *Proverbs, Ecclesiastes, Song of Songs*, New American Commentary (Nashville: Broadman & Holman, 1993), 237.

§3.1 왕인 목자

동산을 일구는 아담의 역할(창 2:15)은 땅을 정복해야 할 책임(1:28)을 재현하면서 땅의 열매를 경작하여 세상을 생명으로 풍부하게 만든다. 동산을 일구는 것은 생명에 필요한 자원을 제공하는 일과 관련이 있기 때문에 동산을 지키는 것(2:15)은 보호하고 보전하는 일을 수반한다. 금지된 나무의 열매를 먹지 말라는 명령을 전달할 그의 책임과 결합하면(2:17), 우리는 아담의 남자다움에 근본이 되는 것이란 인도하고 제공하며 보호하는 책무라는 것을 알게 된다.

일하고(work) 지키는(keep) 아담의 책임의 두 측면, 즉 동산을 가꾸고 (garden) 양을 치는 일(shepherd)과 관련된 측면은 가인과 아벨의 역할로 나누어진 것 같다. 가인은 땅을 일구었고, 아벨은 양을 쳤다(4:2). 양 치는 아벨에 대한 묘사는 양 치는 요셉과 모세에 대한 묘사와 유사하다.

- 창 4:2, וַיְהִי־הֶבֶל רֹעֵה צֹאן
  "그리고 아벨은 양 떼의 목자였다."
- 창 37:2, הָיָה רֹעֶה אֶת־אֶחָיו בַּצֹּאן
  "그는 그의 형제들과 함께 양 떼를 치고 있었다."
- 출 3:1, הָיָה רֹעֶה אֶת־צֹאן יִתְרוֹ
  "그는 이드로의 양 떼를 치고 있었다."

후일에 다윗은 왕으로 기름 부음을 받기 위해 양 떼를 치다가(רֹעֶה בַּצֹּאן) 불려 왔다(삼상 16:11). 솔로몬은 아가서에서 자신을 이상적인 목자로 묘사했고(아 1:7-8), 이스라엘의 예언자들은 하나님이 백성을 위해 좋은 목자를 일으키실 날을 가리켰다(예, 겔 34장). 스가랴 11장에서 예언자

스가랴는 백성에게 버림받고, 백성에게 은 30개로 팔려 버린 목자가 되면서 약속을 패턴화한다. 그리고 그 돈은 야훼의 집 토기장이에게 던져진다(슥 11:4-14; 참조, 마 26:15; 27:9, 10). 예수는 선한 목자(요 10:1-11)이자 새 아담(요 10:36-38)으로 오셔서 양들을 위해 목숨을 버리시고(요 10:14-18), **그리고** 하나님이 직접 동산을 일구는 자로서 돌보시는 참 포도나무가 되실 것이다(요 15:1; 참조, 20:15).

§3.2 왕의 이름들

창세기 1장에서 하나님은 세상을 존재하게 하시고 일곱 번이나 "…이 있으라"라고 말씀하셨다. 그 말씀은 거듭해서 이루어졌고, 하나님은 자신이 만드신 것에 이름을 붙이셨다. "그리고 하나님이 말씀하셨다. '빛이 있으라.' 그러자 빛이 있었다. … 하나님이 빛을 낮이라 부르셨다"라고 말하는 창세기 1:3과 1:5(ESV)의 경우와 같이 말이다. 이때 하나님은 자신이 만든 것에 대해 권위를 행사하시고, 창세기 2장에서는 사람이 그와 동일한 권위를 행사하도록 허락하신다.

> 이제 주 하나님이 땅으로부터 들의 각종 짐승과 공중의 각종 새를 지으시고, 아담이 무엇이라고 부르나 보시려고 그것들을 그에게로 이끌어 가셨다. 그러자 아담이 각종 생물을 부르는 것이 곧 그 이름이 됐다. 아담이 모든 가축과 공중의 새와 들의 모든 짐승에게 이름을 지어 주었다.
> (2:19-20, ESV)

앞서 우리는 열왕기상 4:24(MT 5:4)에서 솔로몬이 창세기 1:28에 나타난 아담의 지배권을 행사하는 모습과 그 직후에, 하나님의 창조물을

제5장 왕 267

명명하고 분류하는 아담의 역할을 맡은 솔로몬의 모습을 다루었다. 열왕기상 4:33(MT 5:13)에서 우리는 솔로몬에 관해 다음과 같이 읽는다. "그가 초목에 대해 말하되, 레바논의 백향목으로부터 담에 나는 우슬초까지 말했다. 그가 또 짐승과 새와 파충류와 물고기에 대해 말했다"(ESV). 솔로몬이 말하는 창조 배경과의 연관성을 강화하자면, 여기서 "파충류"로 번역된 단어는 창세기 1장에서 "기어다니는 것"을 뜻했던 단어와 동일하며(רֶמֶשׂ, 1:24, 25, 26, 28, 30), 명명된 다른 동물들은 하나님이 아담에게 지배권을 주셨던 생물들의 목록과 일치한다.

창 1:26	창 1:28	왕상 4:33(MT 5:13)
물고기, דָּגָה 새, עוֹף 가축(livestock), בְּהֵמָה 기어다니는 것, רֶמֶשׂ	물고기, דָּגָה 새, עוֹף 움직이는 생물, חַיָּה הָרֹמֶשֶׂת	짐승(beasts), בְּהֵמָה 새, עוֹף 파충류(reptiles), רֶמֶשׂ 물고기, דָּג

솔로몬의 지배권과 관련한 이 언급은 나무와 동물에 대해 말하는 것과 자신을 이스라엘의 새 아담인 왕으로 제시하는 것을 결합한다. 아담은 동물의 이름을 지은 후 하나님이 신부로 주신 여자의 이름을 지었다(창 2:23; 참조, 3:20). 아담 같은 왕이 사랑하는 사람의 이름을 지어 준 이 패턴은 생명나무의 열매를 먹을 권리를 약속하시고(계 2:7), 예수가 이기는 자들에게 새 이름을 약속하실 때(2:17) 실현되는 듯하다.

우리가 지금까지 고찰한 것은 이스라엘 왕권 개념의 기초가 된다. 다윗의 혈통에서 나올 미래의 왕이 멜기세덱의 반차에 따른 제사장이 될 것이라는 시편 110편의 언급 때문에, 우리는 아브라함이 멜기세덱을 만나는 창세기 14장이 왕에 대한 기대에 관한 구약의 모형론적 발전에 어

떤 기여를 하는지 질문해야 한다.[21]

§4 왕들에 대한 아브라함의 정복

아브라함은 결코 왕이라고 불리지 않지만, 그(창 17:6)와 사라(17:16)에게서 왕들이 나올 것이라는 말을 듣는다. 그리고 아브라함은 창세기 14장에서 왕과 같이 처신하며, 또한 아브라함, 기드온, 다윗 사이에는 중요한 평행점, 즉 모형론 패턴을 형성하는 평행점이 있다. 기드온은 왕의 아들과 비슷하다고 불리지만(삿 8:18), 아브라함처럼 공식적인 왕은 아니었다. 사람들은 기드온의 통치를 바랐고(8:22-23), 또한 그에게는 "아비멜렉"("내 아버지는 왕이다", 8:31)이라 불리는 아들이 있었다.

내가 제안하는바, 창세기 14장, 사사기 6-8장, 사무엘상 30장 사이의 관계는 다음과 같이 발전했을 수 있다. 첫째, 모세는 창세기 14장 가운데 서술하고 있는 내용에서, 이 이야기가 창세기에 포함되어야 할 당위를 가진 어떤 중요한 의미를 발견했다. 더 나아가 모세는 아브라함이 소돔 왕을 포함한 가나안의 다섯 왕을 물리친 네 메소포타미아 왕의 연합으로부터 롯을 구출하고 전리품을 취하여 롯을 데려가면서(14:1-16을 보라), 포로들을 사로잡아 갔다는 사실을 강조한다(참조, 엡 4:8 KJV). 그다음 아브람은 두 왕, 곧 소돔 왕과 살렘 왕과 소통한다(창 14:17-24). 모세는 아브라함과 사라에게서 왕이 나올 것이라는 약속(17:6, 16)의 개념적 맥락을 구축하여 아브라함을 왕과 같이 제시한다. 그리고 사사기 저자는 기드온과 창세기 14장의 아브라함이 이스라엘을 구출한 방식 사이에 평행점을 보

---

21 멜기세덱은 오로지 창 14장; 시 110편; 히 5, 6, 7장에서만 언급된다.

고 나서, 사사기 6-8장에서 그런 평행점에 비추어 기드온을 제시한다(이에 대해 곧 더욱 자세히 설명할 것이다). 그 이후 아브라함과 기드온 사이의 평행점을 알았던 사무엘상하의 저자는 자신이 기록한 사무엘상 30장에서 그와 유사한 동일 형태 사건을 보았다.

모세는 아브라함의 왕 같은 행동 패턴(창 14장)을 그에게서 나올 왕들에 대한 약속(17:6, 16)과 결합하여 후대의 성경 저자들을 위한 약속 형태의 패턴을 만들어 낸다. 다윗도 창세기 14장, 사사기 6-8장, 사무엘상 30장에서 반복되는 사건 패턴을 인식했던 것 같다. 그래서 다윗은 시편 110편에서 자기 혈통에서 나올 미래의 왕에 대해 이야기하면서 그런 내러티브들에서 모형화된 것이 그에게서 실현될 것임을 언급한다. 이런 관점에 대해 신약성경 저자들은 전적으로 동의한다. 이 주장을 확립하기 위해 나는 창세기 14장, 사사기 6-8장, 사무엘상 30장 사이의 사료적 대응과 중요성의 확대를 확실히 다루고, 그러면서 시편 110편이 그런 본문들을 인유하고 있다는 사실을 보여 줄 필요가 있다. 창세기 14장과 이후의 본문들이 어떻게 연결되는지 주의를 기울이기 전에, 먼저 창세기 14장을 요약해 보려 한다.

§4.1 창세기 14장의 문학적 구조

롯이 사로잡히게 된 전투는 창세기 14:1-9에 제시되어 있으며, 이 구절은 다음과 같이 키아스무스 구조로 되어 있다.

    14:1, 네 명의 메소포타미아 왕
        14:2, 다섯 명의 가나안 왕
            14:3, 전투를 위한 집결

14:4, 12년 섬긴 후, 13년째 배반함
14:5-6, 14년째 지배권 회복 시도
14:7, 함 정복 후, 전투를 위해 돌아옴
14:8, 다섯 명의 가나안 왕
14:9, 네 명의 메소포타미아 왕

소돔과 고모라의 왕들은 백성을 보호하기 위해 생사를 걸고 싸우기보다 저들 살자고 도망쳤고, 롯을 포함한 그들의 보호 아래 있던 사람들은 해적 왕들에게 포로로 잡히게 된다(14:10-12). 이 내러티브 단락의 전환점은 어떤 사람이 도망하여 아브라함에게 이 일을 알린 기사에 나온다. 소식을 접한 아브라함은 롯을 구출하기 위해 318명의 훈련된 남자들을 이끌고 떠난다(14:13-14). 이 318명의 남자들이 아브라함의 집에서 태어났다는 묘사를 고려해 보자면, 이는 이 남자들의 부모들이 아브라함에 의해 고용된 자들, 곧 그의 드넓은 가정 운영의 일부였음을 의미할 가능성이 크다. 아마도 그랬을 텐데, 만일 이 남자들의 부모들 각각이 다른 자녀들 역시 두고 있었고, 아브라함이 롯을 찾기 위해 318명을 데려갔을 때 그의 집안, 양 떼, 가축 무리를 돌보고 보호할 다른 사람들이 남아 있었다고 가정한다면, 아브라함의 집안 사람들의 수효는 수백은 물론이고, 아마 수천에 달했을 것이다. 아브라함은 왕으로 언급되지는 않지만, 고대 근동의 족장이자, 일종의 우두머리며, 권력자였다. 그리고 그는 자기 이웃을 물리치고 조카를 사로잡아 간 네 명의 강력한 왕을 추격하기 위해 위험하고도 단호한 노력을 기울였다. 아브라함은 전쟁에 능했다. 그는 밤에 군대를 나누고, 적군을 공격하며, 다메섹 북쪽에서 패배한 자들을 따라가, 이들을 가나안 땅에서 몰아내고, 롯, 여인들, 남자들, 왕들이 빼앗아 간 전리품들을 되찾아 왔다(14:15-16). 이 단락 역시 키아스무스 구조로 짜인 것으로 보인다.

> 14:10, 소돔과 고모라 왕들이 도망함
> > 14:11-12, 적들이 약탈하고 롯을 빼앗음
> > > 14:13, 도망자가 아브라함에게 소식을 전함
> > 14:14, 아브라함이 그의 부하 318명을 이끌고 나옴
> > 14:15, 아브라함이 적을 물리치고 몰아냄
> 14:16, 아브라함이 롯과 사람과 약탈물을 되찾아 옴

아브라함이 돌아왔을 때, 소돔 왕과 살렘 왕이 그를 맞으러 나왔다(14:17-18). 살렘 왕 멜기세덱의 입에서 나온 첫 번째 말은 "복되다"(Blessed)였다(14:19-20). 소돔 왕 베라의 입에서 나온 첫 번째 말은 "주라"(Give)였다(14:21).[22] 아브라함은 소돔 왕에게 속한 약탈물을 가지기를 거부했다. 동맹자들에게는 나누어 주긴 했지만 말이다(14:22-24). 여기서 또다시 이 단락은 키아스무스 구조를 가지고 있다.

> 14:17, 왕의 골짜기에서의 승리자들
> > 14:18, 멜기세덱이 빵과 포도주를 가지고 나옴
> > > 14:19-20, 멜기세덱이 아브라함을 축복하고 십일조를 받음
> > 14:21, 소돔 왕이 사람을 요구하면서 약탈물을 줌
> 14:22-23, 아브라함이 약탈물 취하기를 거부함
> 14:24, 아브라함이 동행자들과 동맹자들에게 나누어 줌

---

22 Mathews, *Genesis 11:27–50:26*, 146.

이 내러티브에 대해 더 많은 것들을 말할 수 있지만, 이제 우리는 이후의 본문들과의 평행점을 생각해 볼 지점에 왔다.

§4.2 창세기 14장과 사사기 6-8장

창세기 14장과 사사기 6-8장 사이의 사료적 접점을 고찰해 보자. 창세기 14:7은 아말렉 사람들과 롯을 납치한 메소포타미아 왕들이 동쪽에서 왔다고 말한다(14:1, 9). 사사기 6:3은 "미디안 사람들과 아말렉 사람들과 동방 사람들"이 이스라엘에 어떻게 대적했는지를 알려 준다. 창세기 14장의 근접 문맥(특히 12장과 15장; 본서 제8장을 보라)에는 출애굽과의 강력한 접점이 나타나며, 사사기 6:8-10에서는 야훼가 보낸 한 예언자가 출애굽 시 이스라엘을 위해 야훼가 하신 일을 상기시킨다. 창세기 18:1에서 야훼는 마므레의 상수리나무 옆, 천막 문 옆에 앉아 있는 아브라함에게 나타났고, 사사기 6:11에서는 기드온을 불러 이스라엘을 구원하도록 하기 위해 "야훼의 천사가 와서 오브라의 상수리나무 아래에 앉았다."

기드온이 이스라엘을 구원하기 위해 출발하자 그의 군대는 32,000명에서 10,000명으로, 그리고 300명으로 줄었다. 기드온은 아브람이 롯을 되찾기 위해 데려간 318명과 놀라울 정도로 비슷한 수의 병력으로 이스라엘을 위해 싸운다. 흥미롭게도, 주님은 무릎을 꿇고 물을 마시는 사람은 싸우러 가지 말라고 말씀하심으로써 10,000명에서 그 숫자를 줄이셨고, 작전에 합류하게 될 숫자는 300명으로서 물을 핥아 마신 자들이었다(삿 7:4-8). 그들은 길가의 개울에서 물을 마실 때 머리를 들어 올렸는가(참조, 시 110:7)?

기드온은 아브라함의 경우와 같이 도망자로부터 정보를 받지도(창 14:13), 다윗의 경우처럼 죽도록 내버려진 종을 발견하지도 못하지만(삼상

30:11), 그에게 확신을 줄 만한 핵심적인 대화를 우연히 듣게 된다(삿 7:9-14). 아브라함이 롯을 구출했을 때처럼(창 14:15), 기드온은 밤에(삿 7:9) 군대를 나누어서(삿 7:16) 매복한 뒤 적을 공격했다(7:17-18). 적을 추격하는 과정에서 기드온은 한 청년을 사로잡고, 그에게서 중요한 정보를 얻는다(8:14).

소돔 왕이 아브라함이 동방 왕들로부터 되찾은 약탈물을 그에게 주겠노라고 제안했을 때, 아브라함은 소돔 왕이 준 기회, 자신을 부유하게 할 기회를 거부했다. 기드온은 왕이 되어 달라는 백성의 요구를 거부했음에도, 패배한 적들로부터 탈취한 귀고리를 그릇된 자발적 헌물로 받았고, 그것을 모아 에봇을 만들었다. 이스라엘은 에봇을 음란하게 다루었고, 이는 기드온과 백성에게 올가미가 됐다(삿 8:22-28). 에봇의 제사장적 성격은 지극히 높으신 하나님의 제사장인 멜기세덱과 아브라함의 만남을 기억나게 해 준다(창 14:18). 또한 아브라함이 약탈물을 거부한 모습(창 14:22-24)은 기드온이 약탈물을 오용하여 우상 숭배를 위한 에봇을 만든 모습(삿 8:27)을 특징짓는다. 아브라함은 지혜롭게 행동했지만 기드온은 그렇지 않았다.

창세기 14장과 사사기 6-8장의 어휘상 접점에는 아말렉 사람들(창 14:7; 삿 6:3), 약 300명의 군사(창 14:14; 삿 7:2-8), 적의 "공격"(נכה), 창 14:5, 7, 15, 17; 삿 6:16; 7:13; 8:11), "밤"(창 14:15; 삿 7:9), 패배한 적을 추격함(창 14:14-15; 삿 7:23, 25; 8:4, 5, 12)에 대한 언급이 포함된다.

동일 형태 사건의 유사성으로는 특히 밤에 매복하여 적을 공격하기 위해 300명 정도의(hundred-ish) 군사를 나눈 것과 도망자나 포로가 된 청년으로부터 정보를 받는 일, 적에게서 약탈물을 되찾는 일, 그리고 그 약탈물에 대한 아브라함과 기드온의 매우 다른 반응(아브라함은 이를 거부하고, 기드온은 우상 숭배를 위한 에봇을 만듦) 등이 있다.

언약적·구원사적 중요성을 고려해 볼 때, 야훼의 천사가 아브라함과 기드온 모두에게 나타나고, 기드온은 아브라함의 집단적 씨, 곧 이스라엘 백성을 분명히 구해 낸다. 마치 아브라함이 친족인 롯을 구해 냈던 것처럼 말이다.

나는 비록 사사기 6-8장에서 창세기 14장의 구절이나 문구가 인용된 사례를 알지 못하지만, 사료적 대응 관계를 확립하기 위한 다른 기준들을 살펴보자면 사사기 내러티브가 창세기 내러티브와 평행을 이루도록 의도됐다고 보는 일은 충분히 가능하다.

§4.3 창세기 14장과 사무엘상 30장

창세기 14장과 사무엘상 30장 사이에는 어휘상 접점이 풍부하고, 동일한 사건의 많은 부분이 동일한 순서로 발생한다. 창세기 14:7과 사사기 6:3에서처럼, 사무엘상 30:1에도 아말렉 사람들이 언급되어 있다. 이때 아말렉 사람들은 다윗의 도시 시글락을 "치고", 침략하고, 약탈하고, 납치하는 적이다(삼상 30:1; 창 14:7). 사실 "치는 것"은 창세기 14:7과 사무엘상 30:1에서 같은 방식으로 표현된다(וַיַּכּוּ, "그리고 그들이 쳤다"). 납치에 대한 묘사도 마찬가지다. 즉, 롯이 "포로로 사로잡혔다"는 것을 묘사하는 데 사용된 동사가 여자들과 시글락에 있는 모든 사람들이 "포로로 잡혔다"는 것을 묘사하는 데에도 사용됐다(שָׁבָה, 창 14:14; 삼상 30:2, 3, 5). 롯과 더불어 여자들이 포로로 잡혔던 것처럼(창 14:16), 시글락에서도 여자들이 포로로 잡혔다.

약탈하는 해적 왕들을 추격했던 아브라함처럼, 다윗은 시글락을 약탈하는 자들을 추격했는데, 이 두 곳에서도 동일한 동사가 사용됐다

(רדף, 창 14:14-15; 삼상 30:8, 10). 다윗은 600명의 군사를 이끌고 추격을 시작했지만, 200명은 너무 지쳐 계속 갈 수 없었기에 400명만이 남게 됐다. 이는 아브라함이 이끌었던 318명보다 약간 더 많은 수다(삼상 30:9-10; 참조, 창 14:14).

한 사람이 도망하여 아브라함에게 알렸고(창 14:13), 다윗과 그의 부하들은 죽도록 내버려진 한 애굽인을 발견하고, 그를 돌보아 건강을 회복시킨 후, 그를 데리고 아말렉 사람들에게로 내려갔다(삼상 30:11-16). 강제로 빼앗은 약탈물을 묘사하는 데에는 서로 다른 용어가 사용된다. 창세기 14장에서는 "소유물"(רכש, 창 14:11, 12, 16, 21)이라는 단어를, 사무엘상 30:16에서는 "전리품"(שלל)이라는 단어를 사용하지만, 이는 무력으로 약탈한 것을 설명함에 있어서 분명 동의어다.

두 경우 모두, 일단 아브라함과 다윗이 적을 추격하고 나서 적을 치고, 두 내러티브 모두 동일한 형태로 "그리고 그가 그들을 쳤다"(ויכם, 창 14:15; 삼상 30:17)라는 어구를 사용한다. 두 내러티브는 또한 동일한 동사(שוב)를 사용하여 각각 영웅 아브라함과 다윗이 빼앗긴 것을 "되찾아 온" 일을 묘사한다(창 14:16; 삼상 30:19).

포로를 사로잡은 후에 아브라함과 다윗은 모두 의로운 자들 및 악한 자들과 교류하고 자신의 동맹자들에게 (무언가를) 공급한다. 아브라함은 소돔 왕과 살렘 왕과 교류하고 자신의 군사들에게 음식을 나누어 주고 동맹자들인 아넬, 에스골, 마므레에게 전리품을 나누어 준다(창 14:17-24). 다윗은 짐을 챙겨서 남아 있던 자들에 대한 "악한 자들과 불량배들"의 의견을 거부하고(삼상 30:22), 되찾아 온 전리품을 모든 이들이 각자의 몫으로 받도록 보장하며(30:23-25), 유다 장로들에게 선물을 보낸다(30:26-31).

적군의 약탈물을 오용하여 제사장의 에봇을 만든 기드온과 달리, 다윗은 적군의 전리품을 그 아들이 성전을 짓는 데 사용하도록 저장해 두고(대상 29:2-5), 또한 동일한 목적으로 바쳐진 자발적인 헌물을 받았으며(대상 29:6-9), 언약궤를 예루살렘으로 가져올 때 제사장의 세마포 에봇을 입었다(삼하 6:14).

창세기 14장과 사무엘상 30장 사이의 언어학적 접점, 동일 형태 사건 사이의 유사성, 언약적·구원사적 측면에서의 아브라함과 다윗의 비슷한 역할이 이 본문들 사이의 관계를 확립하는 데 기여한다. 반복들은 패턴의 의미에 대한 감각을 모으고 키워 주며, 이는 또한 시편 110편을 거쳐 신약으로 이어진다.

§4.4 창세기 14장과 시편 110편

시편 110편에서 나는 다윗이 성령의 영감을 받아 창세기 14장의 두 가지 두드러진 특징, 곧 아브라함의 왕 같은 정복과 멜기세덱의 제사장직을 하나로 모았다고 제안하고자 한다. 다윗은 아브라함의 후손의 의미를 깨닫고 창세기 14장, 사사기 6-8장, 사무엘상 30장에서 자신이 경험한 사건 사이의 유사점을 주목한 후, 자신이 자기 혈통에서 나올 미래의 왕을 모형화한다는 것을 이해했다.

창세기 14장에서 아브라함, 사사기 6-8장에서 기드온, 사무엘상 30장 및 여러 곳에서 다윗에 의해 모형화된, 왕들의 패배에 대한 약속은 시편 110:1에서 야훼가 다윗의 주님의 대적들을 자신의 발판으로 삼으신다는 언급에 나타난다. 그는 2절에서 야훼가 시온에서 권능의 홀을 내보내실 때, 3절에서 그의 백성이 스스로를 즐거이 제물로 드릴 때(그들 자신이 자발적인 제물이다), 5절에서 그가 야훼 오른편에서 왕들을 산산이 깨뜨릴 때, 6절에서 나라들을 심판할 때, 대적들 가운데서 통치할 것이다.

시편 110:7은 해석가들을 당혹스럽게 한다. "그는 길가의 시냇물을 마실 것이다. 그러므로 그는 그의 머리를 들 것이다"(ESV). 6절에서 야훼가 왕들의 머리를 산산이 부순 반면(히브리어 ראשׁ "머리"는 ESV에서 "우두머리들"[chiefs]로 번역됐다), 7절에서 그는 자신의 머리를 들어 올린다. 언급할 만한 것이 분명 더 있지만,[23] 여기서 나는 기드온의 군사가 물가에서 300명으로 줄었고, 그 300명은 "무릎을 꿇고 물을 마시지 않은" 사람들이었음을 강조하고자 한다(삿 7:4-8, ESV, 특히 7:5-6). 기드온과 함께 갔던 사람들은 물가에서 머리를 들고 있었던 사람들로 보인다. 사무엘상 30장에서는 "브솔 시내"의 등장이 두드러지는데, 거기에 "뒤쳐진 사람들이 머물렀다"(삼상 30:9-10, ESV; 참조, 30:21). 시편 110:7에서, 정복하는 멜기세덱계 왕이 길을 가다가 시내에서 물을 마시고 머리를 든다는 언급은 앞선 삽화들에 미묘한 연결점을 더해 준다.

아브라함, 기드온, 다윗과 같은 정복자 사이에 유사점이 발견되고, 또 이런 유사점은 성경 저자가 다윗 혈통의 약속된 왕을 가리키는 모형으로서 주권자이신 하나님에 의해 편성됐다고 이해하는 것은 놀라운 일이 아니다. 놀라운 것은 미래의 왕에 대한 기대와 그 왕이 멜기세덱의 반차에 따른 대제사장이 될 것이라는 선포가 한데 엮여 있다는 점이다.

시편 110편에서 다윗은 창세기 14장의 두 가지 측면, 즉 롯을 구출하기 위해 외세의 왕들을 정복한 아브라함과 살렘에서 왕뿐 아니라 제사장으로서 역할한, 곧 아브라함의 십일조를 받은 멜기세덱을 하나로 묶었

---

23 나는 다른 곳에서 물과 "길"은 시 1편과 2편을 연상시키고, 머리를 들어 올리는 것은 시 3:3(MT 3:4)을 떠올리게 한다고 제안했었다. 더 자세한 논의는 Hamilton, *Psalms*; 그리고 Matthew Habib Emadi, "The Royal Priest: Psalm 110 in Biblical-Theological Perspective" (PhD diss., Louisville, KY, The Southern Baptist Theological Seminary, 2015)를 보라.

다. 시편 110:4에서 "주님은 맹세하시고 뜻을 바꾸지 않으실 것이다"라고 선포된 문구는 창세기 12:1-3에서 하나님이 아브라함에게 약속을 하신 방식, 15장에서 그가 홀로 쪼갠 조각들을 통과함으로써 언약을 맺으신 방식, 22:16에서 그가 맹세하신 방식, 곧 마음을 바꾸지 않으실 맹세를 떠올리게 한다(민 23:19; 참조, 히 6:13-18). 시편 110:4의 맹세는 아브라함과의 언약 맹세를 상기하게끔 제시하면서, 아브라함과 멜기세덱 사이의 연결의 의미를 반영한다.

§4.5 요약

왕권에 관한 논의에서 지금까지 우리는 아담의 지배권(창 1:28), 하나님의 아들로서의 아담의 역할, 원형적인 동산을 일구는 자-목자로서의 아담, 그리고 하나님의 창조물에 이름을 지으면서 그의 권위를 행사하는 아담을 다루었다. 우리는 이러한 왕적 패턴의 다양한 측면이 미래의 요셉, 유다에게서 나올 미래의 왕, 모세, 다윗, 솔로몬과 같은 인물들에게서 어떻게 반복됐고 어떻게 그리스도 안에서 실현됐는지 살펴보았다. 그다음 우리는 아브라함이 행한 왕들에 대한 정복과 롯의 구출, 그리고 멜기세덱과의 대화가 기드온과 다윗의 경험에서 어떻게 패턴으로 반복되는지를 확인했다. 에베소서에서 바울이 예수를 소개하는 방식은 이 모든 것을 한데로 모으면서 눈을 열게 해 준다.

§5 에베소서에 나타난 그리스도, 왕의 실현

바울은 에베소서 1:3-14에서 하나님이 이스라엘에게 하신 약속의 모형론적 실현을 교회가 경험하는 것을 기념하고, 1:15-20a에서 에베소 교회를 위해 기도한 후, 1:20b-23에서 그리스도가 왕좌에 앉으신 방식을 설명한다. 바울은 예수를 다윗의 혈통에서 나온 새 아담-멜기세덱의 제사장-왕이자 하나님이 창조 시 이루려 뜻하신 바를 이룰 분으로 제시한다.

에베소서 1:19-20a에서는 믿는 자들에게 역사하는 하나님의 능력이 그리스도를 죽은 자들 가운데서 일으키신 것과 동일하다고 주장하면서 바울은 1:20b에서 시편 110:1을 인유한다(아래 인용문은 ESV를 따랐다).

시 110:1	엡 1:20b
"야훼가 나의 주님에게 말씀하셨다. '내가 네 대적들을 네 발판으로 만들 때까지, 내 오른편에 앉아라.'"	"그리고 그를 하늘에서 자신의 오른편에 앉히셨다."

바울은 1:21에서 그리스도가 만물 위에 뛰어나시다는 것을 자세히 설명한 후, 1:22a에서는 시편 8:6(MT 8:7)을 인용하여 시편 110:1에서 비롯한 "발판" 개념으로 되돌아간다.

- 시 8:7, כֹּל שַׁתָּה תַחַת רַגְלָיו
- LXX 시 8:7, πάντα ὑπέταξας ὑποκάτω τῶν ποδῶν αὐτοῦ
- 엡 1:22a, καὶ πάντα ὑπέταξεν ὑπὸ τοὺς πόδας αὐτοῦ

에베소서 1:22에서 이 시편 8:6(MT 8:7)이 인용된 것은 시편 8편을 새 아담인 이스라엘의 왕에 의해 추구된 하나님의 영광에 대한 다윗의 찬양으로 읽는 것을 확증해 준다(본서 제2장 §4에서 논의한 것처럼 말이다).

에베소서 1:22의 나머지 부분과 1:23 전반부는 그리스도를 몸인 교회의 머리로 제시하고, "[교회는] 만물을 채우게 하시는 이의 가득함"이라고 언급하는 1:23b에서 바울은 땅을 "채우는" 창세기 1:28의 사명을 그리스도가 어떻게 이루셨는지를 말한다.

이 장에서 살펴본 구약 본문들은 에베소서 4장에서 더욱 발전된다. 본서 제7장에서 우주적 성전으로서의 창조물을 다룰 때(본서 제7장 §2.3을 보라), 바울이 에베소서 4:8에서 시편 68:18(MT 68:19)을 사용한 대목을 다시 살펴볼 것이다. 시편 68편의 맥락에서, "당신은 높은 곳으로 오르시며, 수많은 포로 행렬을 이끄시고, 선물들을 사람들에게서 받으시며, 반역자들로부터도 받으시니, 주 하나님이 거기에 거하시기 때문이다"(시 68:18, ESV[MT 68:19])라는 진술은 야훼가 모세의 손으로 포로인 이스라엘을 애굽에서 인도해 내신 사건을 기념한다. 모세는 시내산에 올라가서, 성막에 대한 지시를 받고, 건설을 위해 애굽에서 탈취해 온 물건들 중 자발적인 헌물을 취한 후, 그것을 야훼의 거처인 이스라엘에게 주었다. 거기서 이스라엘은 야훼에게 희생 제사와 헌물을 드렸다.

우리는 아브라함, 기드온, 다윗이 어떻게 적을 물리치고, 포로들을 사로잡고, 약탈물을 예배에 사용했는지 보았다. 시편 68편은 모세가 이스라엘을 애굽에서부터 인도했고, 따라서 모세를 아브라함, 기드온, 다윗 같이 만든다고 말하고 있는데, 그들 모두는 예수가 실현하신 바를 모형화했다. 아브람은 멜기세덱에게 대적의 약탈물의 십일조를 바쳤다(창 14:20). 모세는 대적의 약탈물을 사용하여 장막을 지었다. (기드온은 적의 약탈물을 사용하여 우상 숭배적인 우상을 만들었다.) 다윗은 솔로몬이 성전을 짓도록 대적의 약탈물을 비축했다. 그리고 예수는 대적의 약탈물을 사용하여 교회를 지으신다.

모세는 시내산에(참조, 신 30:12; 시 24:3), 다윗은 시온산에 올라갔지만,

제5장 왕

바울이 주장하는 그리스도 모형론의 실현은 그가 구약의 거룩한 산이 가리키는 진정한 올라감의 장소로부터 내려왔음을 수반한다. "'올라가셨다' 했은즉, 땅 아래 낮은 곳으로 내리셨던 것이 아니면 무엇이냐? 내리셨던 그가 곧 모든 하늘 위에 오르신 자니, 이는 만물을 채우게 하려 하심이다"(엡 4:9-10). 바울은 그리스도의 내려옴과 올라감을 강조함으로써 잠언 30:4의 수수께끼를 떠올린다. "하늘에 올라갔다가 내려온 자가 누구인가? 그의 이름이 무엇이며 그의 아들의 이름이 무엇인가?"(참조, 롬 10:6-8).

요한처럼 바울은 예수를 하늘에서 내려온 새 아담인 "사람의 아들"(참조, 단 7:13-14)로 제시한다. 에베소서 4:10의 후반부는 "만물을 채우게 하려 하심이다"(엡 4:10b; 참조 1:23)라는 말씀을 가지고 창세기 1:28의 "땅을 채우라"는 명령으로 돌아가면서 아담과의 연결을 확증한다.

위에서 나는 동산을 일구는 자-목자로서의 아담의 역할이 이스라엘의 목자-왕 안에서 다시 나타난다고 제안했다. 그리고 바울은 에베소서 4:11에서 왕이신 그리스도가 목사, 곧 "목자"를 주심으로써 그의 교회를 어떻게 목양하시는지 상술한다. 바울은 몸을 "건축하는 것/세우는 것"에 대해 말하면서 "목양" 메타포와 "성전 건축"의 함의를 섞는다(엡 4:12, 16).

그리스도가 교회에서 자신의 일을 완수하실 때, 그는 아담의 과업(창 1:28)을 완수하여 땅을 채우고, 그리스도-닮음(Christlikeness)을 가져오며, 하나님의 성품을 만방에 알리시게 될 것이다. "우리가 다 하나님의 아들을 믿는 것과 아는 일에 하나가 되어, 온전한 사람을 이루어 그리스도의 장성한 분량이 가득하기까지 이를 것이다"(엡 4:13).

새 아담인, 하나님의 아들 예수는 멜기세덱계 대제사장이자 왕으로서 하나님의 오른편에 앉으셨다. 그는 구원을 이루기 위해 하늘에서 내려오셔서 백성을 성령의 성전으로 지어 가시며 그들에게 선물을 주기 위해 올라가셨고 만물이 그의 발 아래 놓일 날을 기대하셨다. 바울은 하나님이 그리스도 안에서 행하신 일을 기념하면서 구약의 여러 구절을 해석하는데, 그 구절들이 모두 약속과 직접 관계된 것은 아니다. 일부는 서술적인 역사 내러티브인 반면, 시편의 다른 구절들은 하나님의 과거 행적을 기리는 것처럼 보인다. 바울은 그리스도 안에서 실현을 찾기 위해 이 구절들을 어떻게 이해했을까? 바울의 해석적 결론은 유효할까? 그리고 그것은 규범적일까? 약속과 패턴 사이의 역학 관계, 실제로 약속이 패턴을 형성하는 방식을 이해한다면, 즉 패턴이 약속에 의해 형성됐기 때문에 우리는 그 패턴을 미래의 실현을 모형화한 것으로 보게 된다. 구약성경 저자들은 바울이 주장했던 바로 그 역학 관계가 그리스도 안에서 실현됐음을 전달하려 했다.

　이 장에서는 다윗을 많이 다루지 않은 채, 주로 아담과 아브라함에 초점을 두었지만, 이어지는 장에서는 다윗이 오실 왕을 모형화하고, 전조하며, 예고하고, 패턴화하는 방식을 추적할 것이다.

제6장
의로운 고난자

> 그러므로 만물이 그를 위하고 또한 그로 말미암은 이가 많은 아들들을 이끌어 영광에 들어가게 하시는 일에 그들의 구원의 창시자를 고난을 통하여 온전하게 하심이 합당하도다.
>
> —히 2:10(개역개정)

§1 패턴: 배척당한 후 높여짐

요한복음 13:18에서 유다가 예수를 배반했을 때 시편 41편과 같은 본문이 실현됐다며 어떻게 인용될 수 있는 것인가? 시편 41편은 "다윗의 시편"(시 41:ss[MT 41:1])이고, 거기서 다윗은 자신의 곤경에 대해 1인칭 단수로 말한다(41:4-12[MT 41:5-13]). 다윗은 9절(ESV; MT 10절)에서, "내가 신뢰하고 내 떡을 먹던 내 가까운 친구도 나를 대적하여 발꿈치를 들었습니다"라고 기도한다. 이 시편은 먼 미래를 예언하고 있다는 식의 표현을 내비치지 않는다. 즉, 시편 41편에는 예컨대, "마지막 날에 이루어질 것이다"(사 2:2, ESV), 또는 "그날들이 온다. 주님이 말씀하신다"(렘 31:31, ESV)와 같은, 예언자들이 미래를 예언할 때 발견되는 식의 지표들이 부족하다. 그렇다면 요한복음은 어떻게 유다의 배신으로 시편 41편의 진술을 예수의 주장으로서 제시할 수 있었는가(요 13:18)? 간단히 대답하자면, 단권의 책으로 간주되는 정경의 시편집에서 작동하는 더 광범위한 종말론적인 설계(program)는 다윗의 경험으로 드러나는바 의로운 고난자라는 모형론 패턴과 결합되고, 이 설계 및 패턴과 관련하여 요한복음은 유다의 배신 때에 실현됐다고 주장하는 예수를 제시했다.[1]

요한복음 13:18에 인용된 시편 41:9의 예는 우리를 의로운 고난자라는 구약성경의 핵심 주제, 곧 창세기 4장에서 아벨의 죽음으로 시작하여 역대하 24장에서 스가랴(사가랴)의 살해로 이어지는 주제(참조, 마 23:34-36; 눅 11:49-51)로 곧장 인도한다. 약속에 의해 형성된 이 주제는 여자의 씨와 뱀의 씨 사이의 적대감에서 비롯하는데(창 3:15), 다음과 같이 간단히 말할 수 있겠다. 곧, 하나님이 구원 확립의 통로로 삼는 자들은 먼저 배척과 박해를 경험하고 나서 예상치 못하게 통치하도록 높여진다. 이 장에서 우리는 요셉, 모세, 다윗의 삶에서 이러한 배척과 높여짐의 패턴을 볼 텐데, 그들의 역사 속 경험은 이사야서에 나오는 다윗 혈통의 미래 왕에 대한 예언과 합쳐지고, 그 패턴을 미래에 투사하여 약속에 의해 형성된, 고통받는 종이라는 패턴을 만든다. 이 모든 것은 먼저는 배척당했지만 이후에는 높여진 그리스도 안에서 실현됐다.

---

1 특히 David C. Mitchell, *The Message of the Psalter: An Eschatological Programme in the Book of Psalms*, Journal for the Study of the Old Testament Supplement Series 252 (Sheffield: Sheffield Academic Press, 1997); Emadi, "The Royal Priest"; 그리고 Hamilton, *Psalms*를 보라.

창세기 3:15에 나오는 심판과 약속의 말씀은 모세와 다른 사람들의 인식을 형성하여, 성경 저자들은 여자의 씨가 뱀의 씨에 의해 지속적으로 박해받고, 반대를 받으며, 심지어 죽임을 당하게 된다는 것을 알게 됐다. 약속에 의해 형성된 인식의 결과로서, 약속은 또한 성경 저자들의 표현 패턴을 형성했고, 따라서 우리는 구약 전반에서 이 주제가 예수의 죽음으로 실현될 것을 향해 나아가는 것을 발견할 수 있으며, (예수의 말씀대로) 그의 백성에 대한 박해와 드물지 않은 순교에서 계속 이어짐을 발견할 수 있다(예, 마 5:11; 10:23; 23:34; 24:9; 요 15:20; 참조, 계 6:11).

화자 중심적 주해에 대한 매튜 베이츠의 주장의 한 측면은 모형론을 거부한다. 이는 그가 말했듯이,

> 내 판단에 따르면, 구약에서 말씀하시는 분인 그리스도에게 특별한 경우에 적용된 모형론 모델은 결정적인 약점들을 가지고 있다. 특히 최초기 그리스도인들이 다윗의 고난에 충분한 관심을 가지고 모방의 연결 고리를 제공한다고 하기에는 증거가 부족하다.[2]

베이츠는 복수형으로 "약점들"을 언급하면서도, 다윗의 고난에 대한 관심의 부족만을 이야기한다. 베이츠의 주장은 순환적이다. 즉, 그는 시편의 다윗의 고난에 대한 신약의 인용문들이 모형론적 해석보다는 화자 중심적 해석의 예가 된다고 주장하고, 그러므로 그런 인용문들이 다윗의 고난에 대한 관심을 증명하는 것은 아니라고 주장한다. 그리고 그는 모형론적 이해는 "최초기 그리스도인들이 다윗의 고난에 충분한 관심을 가지고 모방의 연결 고리를 제공한다고 하기에는 증거"가 부족하기 때

---

[2] Bates, *The Birth of the Trinity*, 9.

문에 빈약하다고 주장한다.[3] 나는 신약이 구약에 나오는 여자의 씨의 고난에 관심을 가졌다는 증거가 지면들에 면면하고 확고하게 배어 있으며, 또한 다윗의 고난에 대한 관심은 아벨로부터 사가랴에 이르는 모든 순교자의 피에 대한 폭넓은 관심의 한 양상이라고 주장하는 바다.

신약은 구약의 신실한 사람들을 세상에 의해 배척당한 자들—세상이 배척하는 그리스도와 그의 따르미들의 전조들(참조, 예, 행 7장)—로 제시하며(예, 히 11:32-38), 또한 다윗을 그런 방식으로 이해한다. 요한복음 13장에서 시편 41편의 실현을 주장하는 것과 마찬가지로(그리고 아래에서 논의할 다른 예들과 마찬가지로), 신약성경은 시편 속 다윗의 고난을 그리스도 안에서 실현된 것으로 주장할 때, 역사 속 다윗의 고난을 무시하지 않는다. 여기서 고려되는 많은 본문들은 다윗의 고난뿐 아니라 구약의 여자의 씨의 모든 고난에 상당한 관심을 가지고 있다는 증거를 풍성히 제공할 것이다.

이 장에서는 의로운 고난자라는 주제가 구약에 배어 있음을 보여 주고자 한다. 다윗의 고난은 **바로 그** 의로운 고난자, 곧 메시아 예수 안에서 실현될 패턴의 두드러진 하나의 조각을 이룬다. 더욱이 예수는 의로운 자의 고난이 자신을 따르는 사람들의 경험 가운데 계속될 것이라고 가르치셨다. "사람들이 너희를 출교할 뿐 아니라, 때가 이르면 누구든지 너희를 죽이는 자가 생각하기를, 이것이 하나님을 섬기는 일이라 할 것이다"(요 16:2).

이 장은 키아스무스 구조를 가지고 있다.

---

[3] Ibid.

§1. 패턴: 배척당한 후 높여짐

§2. 배척당한 후 높여지는 요셉

§3. 배척당한 후 높여지는 모세

§4. 배척당한 후 높여지는 다윗

§5. 배척당한 후 높여지는 고난받는 종

§6. 배척당한 후 높여지는 예수

많은 키아스무스 구조는 가장 중요한 단위를 중앙에 두지만 이 경우에는 실현이 가장 마지막에 놓인다.

§2 배척당한 후 높여지는 요셉

요셉은 형제들과 부모가 자기에게 절하는 꿈을 꾸었고, 이 때문에 형제들은 그를 노예로 팔아 버린다. 애굽에서 노예로 있을 때 요셉은 거짓으로 고발당해 감옥에 갇혔다가 예상치 못한 방식으로 파라오의 오른편에서 높여진다. 그리고 요셉의 경험은 창세기의 앞선 내러티브의 결(texture)과 일치한다. 사실, 창세기의 모든 주요 줄거리는 요셉 내러티브로 모이게 된다.[4]

---

[4] Samuel Cyrus Emadi, "Covenant, Typology, and the Story of Joseph: A Literary-Canonical Examination of Genesis 37-50" (PhD diss., Louisville, The Southern Baptist Theological Seminary, 2016)을 보라. Emadi의 학위 논문 개정판은 New Studies in Biblical Theology로 출판됐다. 그리고 또한 Jeffrey Pulse, *Figuring Resurrection: Joseph as a Death and Resurrection Figure in the Old Testament and Second Temple Judaism*, Studies in Scripture and Biblical Theology (Bellingham, WA:Lexham, 2021)을 보라.

우리는 본서 제1장에서 창세기 3-4장의 상호 연결성에 대해 논했는데, 특히 가인이 아벨을 살해한 후 "너는 저주를 받는다"(אָרוּר אַתָּה)라는 어구를 통해 뱀과 연결되는 것을 보았다. 즉, 이 어구는 창세기 3:14에서 주님이 뱀에게 말씀하셨고 4:11에서는 가인에게 말씀하신다. 이는 모세가 청중으로 하여금 가인과 아벨 사이의 갈등을 창세기 3:15에 소개된 여자의 씨와 뱀의 씨 사이의 적대감의 결과로 이해하기를 바랐음을 나타낸다. 이와 동일한 연결이 창세기 9:25에서 노아가 가나안을 저주했을 때 나타나고, 12:3(ESV)에서 주님이 아브라함에게 "너를 모욕하는 자를 내가 저주하리라"라고 말씀하셨을 때 창세기의 청중은 아브라함을 대적하는 사람을 뱀과 연관시키게 된다. 즉, 뱀의 씨는 여자의 씨와 적대 관계에 있다.

창세기 12:3과 16:4-5에 나오는 것과 동일한 히브리어 동사(קלל)로, 하갈이 아브라함의 아내 사래를 "모욕했다"는 사실은 하갈과 이스마엘이 야훼의 저주를 받게 될 것을 암시한다. 야훼는 17:20에서 이스마엘에게 복을 주시지만 언약 관계 안에서 주신 것은 아니다(창 17:21). 그리고 나중에 이스마엘은 비웃음으로 이삭을 모욕한다(창 21:9).

리브가는 태중에서 아이들이 다투는 것에 대해 어떻게 행해야 할지 주님에게 물었고, 거기서 "큰 자가 어린 자를 섬기게 될 것"이라는 사실을 알게 된다(창 25:23; 참조, 21-26절). 이는 작은 아들 야곱이 복받을 사람이라는 표시이며, 그를 통해 혈통이 지속된다. 사건들이 전개되는 방식 때문에 에서는 야곱을 죽이고자 한다(창 27:41). 야곱이 에서의 장자권과 복을 훔쳤기에, 에서의 분노는 이해할 만하다. 그렇지만 하나님의 자비는 야곱을 감싸고, 작은 아들에 대한 선택과 형제 사이의 갈등이 반복되면서 여자의 씨와 뱀의 씨 사이의 적대감에 또 다른 조각이 추가된다.

형제 사이의 적대감이 명시된 것 외에, 또한 아브라함과 이삭은 애굽인(창 12:10-20)과 블레셋인(20:1-18; 26:1-22)의 수중에서 고통받았다. 이러한 패턴은 요셉이 형들의 수중에서 고통받고, 그들이 요셉을 애굽인의 노예로 팔았을 때 한데 모인다(창 37, 39장; 행 7:9-16).

§3 배척당한 후 높여지는 모세

모세의 가족은 애굽의 파라오가 이스라엘의 모든 남자아이들을 몰살하려는 시도에 저항했고, 이때 애굽은 뱀의 씨 역할을 했다(출 1장). 하나님은 섭리로 그의 백성을 위해 이 모든 것을 합하여 선을 이루시는데, 모세는 파라오의 집에서 자라고 애굽인의 모든 지혜로 훈련을 받았다(출 2:1-10; 행 7:17-22). 나중에 모세는 히브리인 동족들에게 배척당하고(출 2:11-14; 행 7:23-29), 파라오는 그를 죽이려 했다(출 2:15). 모세가 이스라엘을 애굽에서 인도해 낸 후, 동족들은 자주 그에게 불평하고, 그의 지도에 반발하며, 심지어 그를 죽이려고까지 했다. 민수기 12장에서는 아론과 미리암조차도 모세에게 반대했다.

오경에 나오는 형제 갈등 패턴(가인-아벨, 이스마엘-이삭, 에서-야곱, 형제들-요셉, 아론-모세)의 반복적인 조각들을 통해, 모세는 성경을 알고 있는 사람들에게 친숙한 방식으로, 즉 하나님에게 받아들여지고(아벨), 언약의 자녀로(이삭), 택함받은 자로(야곱), 통치하거나(요셉), 구출하고 인도할(모세) 동생들의 삶에 형들이 고통과 어려움을 야기하는 방식으로 맥락을 형성한다. 다윗의 형들이 사울과 전쟁을 하러 떠나고 이새가 다윗을 보내 그들을 살폈을 때(삼상 17:12-18), 우리는 자연스럽게 야곱이 요셉을 보내

형들을 살폈던 방식을 떠올리게 된다(창 37:12-17). 다윗의 형이 그에게 화를 내며 말할 때(삼상 17:28), 우리는 다윗을 새 요셉,[5] 곧 앞으로의 형제 갈등 안에서 해결을 실현하는 패턴의 새로운 조각으로 보게 된다(요 7:1-9을 보라). 예수는 동생이 아니었지만, 기대를 받지 못한 사람이자 적어도 처음에는 형제들에게 배척당했다(막 3:21, 31-35).

창세기 3:15; 12:1-3; 49:8-12; 민수기 24:17과 같은 약속들은 여자의 씨로부터 내려가는 혈통에 대한 기대를 낳고, 여자의 씨와 뱀의 씨 사이의 적대감을 인식하고 주목하게 하며(창 3:15), 여자의 씨가 뱀의 머리를 상하게 할 것이라는 희망을 갖게 한다(민 24:17). 형제 간 갈등 패턴은 약속을 세우는 일과 얽혀 있고 하나님의 백성이 그 자신을 이해하게끔 도와주는 해석의 모판을 창조한다.

§4 배척당한 후 높여지는 다윗

이 해석의 모판 안에서 행동하는 사람, 약속과 패턴에 영향을 받은 사람은 동일 형태 사건들을 그런 관점에서 해석한다. 그렇다고 해서 이것이 예측 가능하고 지루한 사건으로 이어지는 것은 아니다. 사건들이 이전에도 여러 차례 일어났지만, 예상을 빗나가기 때문에, 사무엘이 이새의 아들 중 한 명을 왕으로 기름 부으러 갔을 때 모든 사람은 일어난 일에 놀랐다. 아버지 이새는 다윗이 하나님의 선택을 받을 것이라고 상상조차

---

[5] 요셉과 다윗 사이의 언어학적 접점, 동일 형태 사건, 언약적·구원사적 의미의 유사성에 대한 논의를 위해서는, James M. Hamilton Jr., "Was Joseph a Type of the Messiah? Tracing the Typological Identification between Joseph, David, and Jesus," *The Southern Baptist Journal of Theology* 12 (2008): 52-77을 보라.

하지 못했기 때문에 양 떼 가운데 있던 그를 부르지 않았다(삼상 16:6-11). 그리고 얼마 지나지 않아 이 작은 아들이 (아벨처럼) 하나님에게 받아들여진 자, (이삭처럼) 하나님과 언약을 맺을 자, (요셉처럼) 통치를 위해 하나님에 의해 선택된 자, (모세처럼) 구원하고 인도할 자로서 선택된 자로 나타나게 되지만—직전에 언급했듯이—요셉의 아버지가 형들을 살피도록 요셉을 보낸 것과 비슷한 장면에서, 다윗의 큰형은 다윗에게 화를 내며 반응한다(삼상 17:12-30; 참조, 창 37:2, 12-28).

새롭게 기름 부음을 받은 다윗(삼상 16장)이 골리앗을 죽이자(삼상 17장), 그의 친족 사울이 그를 핍박하기 시작하면서 다윗의 삶은 사무엘상 나머지 부분에 걸쳐 서술된 바와 같이 고난과 어려움의 시기가 시작된다. 이스라엘과 유다의 왕으로 세워진 다윗(삼하 5장)은 하나님의 언약의 약속을 받는다(삼하 7장). 그리고 전 방향으로 왕국의 경계를 확장하기 시작했고(삼하 8-10장), 그러고 나서 밧세바에 대해 통렬한 죄를 저지르고 만다(삼하 11-12장). 이에 관해 야훼는 다윗에게 대해 그의 집에 악을 일으키겠다고 심판을 선언하신다(삼하 12:11). 이는 다윗의 삶에 두 번째로 엄청난 고난과 어려움을 초래한 사건, 곧 압살롬의 반란(삼하 15장)을 예고하는 것이었다.

다윗 앞에 나오는 주요 인물들의 고난은 다윗이 자신의 고난을 같은 패턴의 한 조각으로 해석할 만한 맥락을 만들어 냈다. 사무엘서에 나오는 다윗의 고난 이야기는 시편에서 묘사된 다윗의 고난을 해석하기 위한 역사적 배경을 제공한다. 나는 다윗이 자신의 고난을 그보다 앞에 있었던 사람들, 주로 요셉과 모세의 패턴의 한 조각으로 이해했으며,[6] 시편에

---

6   참조, 시 40:2(MT 40:3)과 창 37:24, 28—다윗의 삶을 다루는 내러티브에는 그가 "구덩이"에 있었다는 이야기가 나오지 않는다. 하지만 요셉이 구덩이에 갇혀 있었

서 자신을 동일 패턴의 또 다른 조각으로 제시했다고 제안하고자 한다. 다윗이 그렇게 했던 이유는 하나님이 약속하신 그의 후손의 삶을 통해, 곧 하나님이 그의 혈통에서 일으키시겠다 약속하신바 영원한 왕좌에 앉게 될 그의 씨를 통해 그 패턴이 실현되기를 기대했기 때문이다(삼하 7:13-14).[7]

베이츠가 "최초기 그리스도인들이 다윗의 고난에 충분한 관심을 가지고 모방의 연결 고리를 제공한다고 하기에는 증거가 부족하다"라고[8] 주장한 것에 반해, 신약성경 저자들은 시편을 일관된 방식으로 두드러지게 인용한다. 베이츠는 그런 인용문들이 모형론적으로 이해되어서는 안 된다고 주장하면서, 시편 22편과 같은 경우에 대해 다음과 같이 주장한다.

> 최초기 교회는 이 시편을, 마치 그것이 일차적인 차원에서는 다윗에 관한 것이고, 이차적으로는 더 깊은 차원에서 다윗의 고난 패턴을 실현하면서 집단적 이스라엘을 상징하는 예수에 관한 것이라는 식으로 읽지 않았다. 최초기 그리스도인들이 이 일차적 차원에 대해 (만일 어떤 관심이 있다 하더라도) 많은 관심을 두었다는 증거는 거의 없으며, 이는 칠십인역 시편 21편[현대 번역 성경에서는 시 22편]과 의로운 고난자를 특징으로 하는 다른 시편들의 의미를 최초기 그리스도인들에 관한 것으로 판단할 때

고(창 37:24, 28), 다윗은 시 40:2에서 주님이 자신을 구덩이에서 끌어올려 주셨다고 말할 때 청중으로 하여금 요셉이 구덩이에서 끌어올려지는 모습을 떠올리게 하면서 자신을 표현한 것 같다. 마찬가지로, 출 2:10에서 모세는 물에서 건져 올려져 그 이름이 붙여졌지만, 다윗이 그런 경험을 했다는 이야기는 나오지 않는다. 그러나 다윗은 시 18:16(MT 18:17)에서 모세를 떠올리는 방식으로 주님이 자신을 물에서 건져 내신 일을 이야기한다.

7 Hamilton, "Typology in the Psalms," 그리고 Hamilton, *Psalms*를 보라.
8 Bates, *The Birth of the Trinity*, 9.

학계가 만들어 낸 결정적인 오류다. 이와는 대조적으로, 최초기 교회는 이 시편이 실제로 다윗(또는 집단적 이스라엘)의 고난에 대한 것이라고 믿지 않았다. 왜냐하면 그들은 여기서 다윗의 예언하는 능력이 중요한 역할을 했다고 믿었기 때문이다—즉, 그는 어떤 배역(character)을 기꺼이 취했던 유능한 예언자였고, 따라서 그는 미래의 그리스도의 인격(prosopon)으로 말했다.⁹

베이츠에게 있어서 핵심 질문은 최초기 교회가 시편을 어떻게 이해했는가인 듯하다. 나는, 핵심 질문은 오히려 시편의 저자가 시편을 어떻게 이해하게끔 의도했는가, 그리고 더하여 시편의 정경 형식의 최종 편집자(들)가 시편이 어떻게 기능하게끔 의도했는가라고 주장하는 바다.¹⁰ 베이츠는 최초기 교회의 일부 개인—신약 저자가 아닌—이 시편 22편을 그가 설명한 방식으로 이해했다는 점에서 옳을 수 있다. 그러나 신약 저자들을 염두에 둘 때 나는 그들이 구약 저자들의 전달 의도를 무시하지 않았다고 주장하는 바다. 신약 저자는 그런 구약 본문들에 대한 **다른 해석**을 제시한다고 주장하기보다 그 저자들이 전달한 내용을 **실현**한다고 주장한다. 다윗이 자신의 경험이 아닌 그리스도의 인격으로 말했다고 주장하는 것은 **대안적인 해석**을 제시하는 셈이다.¹¹ 다윗이 자신의 일에 대

---

9 Ibid., 127.
10 나의 주석 *Psalms*의 시 22편에 대한 논의와 더불어 그 주석 서문을 보라.
11 Gentry는 신약의 저자들이 구약의 저자들에 의해 모범으로 삼아진 해석 방법을 따랐으며(후대의 구약 저자들이 초기의 구약의 본문을 해석할 때), 구약 저자들은 화자 중심적 주해(prosopological exegesis)를 모범으로 삼은 적이 없고, 또한—화자 중심적 주해를 다루는 안내서는 신약 문서들이 기록한 이후에나 등장하기 때문에—신약 저자들이 화자 중심적으로 주해했다는 주장은 시대착오적이라고 주장한다. Gentry, "Prosopological Exegesis," 105-22, esp. 119-20.

해 말했고 자신의 경험의 패턴이 약속의 씨 안에서 반복되고 또한 절정에 이르러 되살아날 것이라고 기대했다는 주장은 **실현**을 제시하는 것이다.

베이츠는 최초기 교회가 역사 속 다윗의 고난에 관심이 없었다고 주장한 후, 그 역사 속 고난을 언급하는 인용문이 "미래의 그리스도의 인격(prosopon)으로" 말하는 다윗을 보여 준다고 설명한다.[12] 그러나 그 인용문이 **화자 중심적** 틀이 아닌 **모형론적** 틀 안에서 해석된다면 다윗의 역사 속 고난 및 맥락 안에서의 시편 진술의 의미가 확증되는데, 실제로 초기 교회는 다윗의 고난에 상당한 관심을 보였다.

베이츠의 **화자 중심적** 제안은 구약의 맥락과 위와 같은 진술의 의미를 **무시한다**. 반면 신약의 시편 인용에 대한 모형론적 이해는 맥락 속의 구약 본문의 의미에 **달려 있기에**, 그 의미를 존중하면서 구약 저자들의 전달 의도에 따라 그 의미가 실현되는 것을 본다.[13]

여기서 문제는 어떤 해석 제안이 더 선호할 만한가이다. 구약 본문의 의미가 맥락 속에서 보존되고 실현되게 하는 해석 제안인가? 아니면, 구약의 맥락을 무시하고 그 맥락과 상관없는 대안적 해석을 주장하는 해석 제안인가? 이 문제에 대한 나의 결론은 이 책을 읽고 있는 독자라면 누구나 알 수 있을 것이다.

시편에 나오는 의로운 고난자에 대한 증거와 신약에서 이를 인용한

---

12 Bates, *The Birth of the Trinity*, 127.
13 Moo는 이렇게 썼다: "이스라엘 왕의 경험에 대한 기록으로부터 '더욱 위대한 다윗의 자손'의 고난 내러티브로 언어의 전환을 정당화하는 것은 바로 예수와 다윗 사이의 잠재적인 동일시다." Douglas J. Moo, *The Old Testament in the Gospel Passion Narratives* (Sheffield: Almond Press, 1983), 300: "이 둘 사이의 문학적 관계를 모형론적으로 특징화하는 것"에 대한 Ahearne-Kroll의 반대는 설득력이 없다. Ahearne-Kroll, *The Psalms of Lament in Mark's Passion*, 172-73.

본문들을 살펴보면서, 인용된 진술을 구약의 문맥 안에서 충분히 설명함으로써 모형론적인 실현 이해가 어떻게 본래 의미를 보존하고 **그리고** 그리스도 안에서 실현될 수 있는지를 보여 주고자 한다.

나는 시편을 인용한 진술들이 시편 문맥에서 어떤 의미를 가지고 있는지에 관심을 두고 있기 때문에, 정경의 순서에 따라 진행하고자 한다.

§4.1 사도행전 4장의 시편 2편

시편 2편에는 (저자를 암시하는) 표제가 없지만, 사도행전 4:24-30에서 누가가 이 시편의 말씀으로 기도하는 초기 교회의 모습을 보여 줄 때, 인용문은 "[주재자인 주님이] 주의 종, 우리 조상 다윗의 입을 통하여 성령으로 말씀하셨다. …"(행 4:25)라는 말로 시작된다. 이 기도는 시편 2:1을 인용하고 있는데, 이방인들이 분개하고, 민족들이 흩어지며, 왕들이 예수에 반대했을 때(4:27) 그 구절이 실현됐다고 말한다. 그리고 이 기도가 베드로와 요한의 박해에 응답하고(4:13-24) 그와 같은 박해를 더 기대한다는 사실(4:29)은 초기 교회가 여자의 씨와 뱀의 씨 사이의 적대감이 계속되기를 예상했음을 나타낸다. 시편의 사고 흐름에서 시편 2-3편의 상호연결성은,[14] 실제로는 시편 전체의 상호 연결성은, 시편 2편의 정보의 유격이 시편 3편과 그 이후 시편의 추가 정보로 채워지도록 의도됐음을 나타낸다. 이는 시편 3편에서 압살롬에 의해 시작된 박해가 시편 2편에서 언급된 민족들의 분개를 보여 준다는 사실을 시사한다. 그러므로 압살롬의 행동에 의한 다윗의 역사 속 고난은 앞서 갔던 사람들의 패턴을 따르면서, 하나님이 그의 혈통에서 일으키겠다 약속하신 씨의 고난을 내다본

---

[14] 이에 관해, 시 3편을 그 논의에 포함시키고 있는, Robert L. Cole, *Psalms 1–2: Gateway to the Psalter* (Sheffield: Sheffield Phoenix, 2013)을 보라.

다. 예수의 고난은 그 패턴을 실현하고, 또한 십자가를 지고 따르라고 제자들을 부르실 때(마 16:24) 그를 따르는 이들이 그가 겪은 고난을 마찬가지로 겪게 될 것을 암시하셨다. 사건들을 바라보는 이런 방식은 사도행전 4:25-26에서 시편 2:1을 인용한 사도행전 4:24-30의 기도문에 반영되어 있는 듯하다.

§4.2 요한복음 12장의 시편 6편

시편 2-6편의 상호 연결성은 시편 6편이 시편 3편에서 직면했던 것(참조, "그의 아들 압살롬을 피하여 도망할 때"라는 표제)과 동일한 어려움에 의해 촉발된 것일 수도 있다고 추측하게끔 한다.[15] 다윗은 그 문맥에서 "내 영혼도 심히 괴로워한다"(시 6:3, ESV)라고 말하는데, 이를 그리스어로 번역한 문구는 요한복음 12:27에서 "이제 내 영혼이 괴로워한다"라는 예수의 말씀을 위한 어휘를 제공한다.

- 시 6:3[LXX 6:4], ἡ ψυχή μου ἐταράχθη σφόδρα
- 요 12:27, ἡ ψυχή μου τετάρακται

시편의 맥락에서 이 구절은 요한복음 12장에서 예수가 말씀하신 것과 놀라운 의미의 일치를 산출한다. 다윗이 "내 영혼도 심히 괴로워한다"(시 6:3 ESV[MT 6:4])라고 말할 때, "괴로워하다"(troubled)로 번역된 단어는 시편 2:5(ESV), "그 분노로 그들을 두렵게 할 것이다(terrify)[괴롭게 하다(trouble)]"라는 진술에서 사용된 것과 동일한 단어다. 다윗이 요셉을 연

---

15   시 2-6편의 연결 고리 단어에 대해서는 Hamilton, *Psalms*에서 다루는 각각의 시편에 관한 "문맥: 시편을 둘러싼 동사와 주제의 연결점"이라는 제목의 단락을 보라.

상시키는 단어로 자신을 소개하고 있다는 나의 주장을 염두에 두고, 요셉이 형제들에게 자신의 정체를 드러낼 때 동일한 동사가 사용됐다는 점에 주목해 보자("그들이 그 앞에서 놀랐다", כִּי נִבְהֲלוּ מִפָּנָיו, 창 45:3, ESV).

- 시 6:3[MT 6:4], וְנַפְשִׁי נִבְהֲלָה מְאֹד
- 시 2:5, וּבַחֲרוֹנוֹ יְבַהֲלֵמוֹ

이 사항과 시편 6편에 나타나는 2편과의 또 다른 연관성, 특히 그의 대적들이 부끄러움을 당하고 "괴로워하게"(또다시 בָּהַל) 될 것이라는 6:10(MT 6:11)의 확신에 찬 주장에 기초하여,[16] 나는 시편 6:3(MT 6:4)에서 다윗이 적들에게 일어날 것으로 예상했던 일이 자신에게 일어났다고 느꼈음을 제안하고 싶다.

이 연결은 그리스어 시편 번역본에 보존되어 있는데, 이때 בָּהַל을 ταράσσω로 옮겼다.

- 시 2:5, καὶ ἐν τῷ θυμῷ αὐτοῦ ταράξει αὐτούς
  "그리고 그의 진노로 그가 그들을 괴롭게 할 것입니다."

---

16 시 2편과 6편 사이의 자구적인 연결점은 다음과 같다.
2:5, "그가 그의 진노로 그들에게 말씀하실 것이다"(בְּאַפּוֹ, 참조, 2:12).
6:1(MT 6:2), "당신의 진노로 나를 꾸짖지 마십시오"(בְּאַפְּךָ).
2:5, "그가 그의 분노로 그들을 두렵게 하실 것이다"(יְבַהֲלֵמוֹ).
6:2(MT 6:3), "내 뼈가 두려워했다"(נִבְהֲלוּ).
6:10(MT 6:11), "그들이 … 두려워할 것이다"(וְיִבָּהֲלוּ).
2:10, "오, 땅의 재판관들아, 징계(correction)를 받으라"(הִוָּסְרוּ).
6:1(MT 6:2), "주님의 분노로 나를 징계하지 말아 주십시오"(תְיַסְּרֵנִי).
자세한 내용은 나의 주석에 있는 시 6편의 논의를 보라.

- 시 6:3(LXX 6:4), καὶ ἡ ψυχή μου ἐταράχθη σφόδρα
  "그리고 내 영혼이 심히 괴로워합니다."
- 시 6:10(LXX 6:11), καὶ ταραχθείησαν σφόδρα
  "그리고 그들이 심히 괴로워하게 하소서."

시편 6편에서 다윗은 2편에서 하나님이 대적들에 대해 말씀하신 것처럼 자신도 괴로워하고 있다고 불평하지만, 6편의 끝에서 다윗은 시편 2:5의 진노가 참으로 그 대적들에게 떨어질 것이라는 확신을 표명한다(시 6:10[MT 6:11]). 예수는 십자가를 직면하고, 거기서 그의 대적들이 받아 마땅한 바로 그것, 곧 하나님의 진노를 겪게 될 것이다. 그가 시편 6편을 인용하신 것이 얼마나 적실한가? 그리고 그는 다윗처럼 고통에서부터 하나님의 계획에 대한 확신으로 옮겨 간다. 예수는 그 시간이 왔다고 선포했고(요 12:23), 많은 열매를 맺기 위해 죽어 가는 밀알에 대해 말씀했으며(요 12:24), 그 후 모든 사람을 자기에게로 이끌기 위해 들어 올려질 것이라는 관점에서 자신의 죽음에 대해 말씀하셨다(12:32-33). 시편 6:3의 그리스어 표현 사용은 요한복음 12:27에서 요한이 예수를 다윗의 고난 패턴의 실현자로 제시한다는 것을 나타낸다. 시편 모음집 맥락에서 시편 6편의 의미는 요한이 제시하는 예수와 완벽하게 들어맞는다.

리처드 B. 헤이스(Richard B. Hays)는 시편 6편과 요한복음 12:27 사이의 또 다른 상응점을 관찰했지만, 내 판단에 그는 잘못 해석했다. 헤이스는 시편 6:4에서 다윗이 "나를 구원하소서"(LXX 6:5, σῶσόν με)라고 기도하는 점에 주목한다. 요한복음 12:27에서 이 시편 6:3의 언어를 사용하여 영혼의 괴로움을 말한 직후, 예수는 계속 말씀하신다. "그러면 내가 무슨 말을 하겠습니까? '아버지, 이때로부터 나를 구해 주십시오'(또한 σῶσόν με)라고 하겠습니까?[개역개정은 "아버지여 나를 구원하여 이때를 면하게 하여 주옵소서"—역주] 그러나 내가 이때에 온 것은 이 목적을 위한 것입니다"(요 12:27). 이어서 헤이스는 이렇게 쓴다.

> 예수는 시련의 때에 영혼의 괴로움을 느꼈던 다윗을 반향하고 있지만 (LXX 시 6:4), 계속해서 구원을 요청하는 다윗의 기도("나를 구원해 주십시오", LXX 시 6:5)에 편승하여 다윗의 대사를 내뱉으실지 숙고하신다. 사실 요한복음의 예수는 이 선택지를 거부하시고, 오히려 세상에 보내진 이유, 고난의 소명을 받아들이기로 선택하셨다.[17]

헤이스가 말한 대로 예수가 행하신 것이라면, 하나님이 그를 죽음에서 살려 주시기를 기도하지 않은 셈이 된다. 헤이스의 주석은 시편 제2권(시 42-72편) 앞부분에 나오는 고라의 아들들의 시편들과 더불어 시편 제1권(시 1-41편) 전체에 나타나는바 다윗의 고통의 양상을 제대로 이해하지 못했음을 보여 준다. 즉, 다윗은 사울이 자신을 죽이려고 한 시도를 모면하고 이스라엘의 왕으로 즉위한 것으로 보인다(특히 시 45편을 보라). 다윗은 사무엘상 18장-사무엘하 5장에서 수많은 고통을 감내하면서도, 잘 알려진 바와 같이 주님의 기름 부음 받은 자에게 손을 들어 치기를 거부했다(삼상 24:6, 10, 12; 26:9, 11, 23; 삼하 1:14). 시편 6:4(MT 6:5)에서 구원을 요청하는 기도는 "고난의 소명"에 대한 거부가 아니라, 다윗이 아비새로 하여금 사울을 치지 못하게 했을 때 표명했던 종류의 확신을 반영한다(삼상 26:8-9). 사무엘상 26:10(ESV)에서는 이렇게 말한다. "주님의 살아 계심을 두고 맹세한다. 주님이 그를 치시리니, 그에게 죽을 때가 이르거나 또

---

17 Hays, *Echoes of Scripture in the Gospels*, 326-27.

는 전장에 나가서 패망할 것이다." 다윗은 하나님이 자신을 사울의 손에서 구해 주시리라 믿었고(참조, 시 18:ss[MT 18:1]), 사울의 "[죽을] 때"가 올 때까지 고통을 감내하며 하나님이 그와 함께하시리라 믿었다. 마찬가지로, 예수는 자신이 고난을 받아야 한다는 것과 자신의 "[죽을] 때"가 왔다는 것을 알고 계셨고, 또한 예수는 자신이 견뎌야 할 고난을 거부하지 않은 다윗과 같이 자신을 구원해 달라는 기도를 거부하지 않으셨다.

§4.3 사도행전 2장의 시편 16편

시편 전체의 내적 논리를 고려해 보면, 다윗의 확신 있는 기도의 근거를 알아낼 수 있다. 다윗이 시편 16:8-11과 같은 본문에서 기도할 때 확신을 갖게 된 이유는 무엇이었을까? 시편집 자체의 사고의 흐름은 그 질문에 답해 준다. 즉, 시편 1편에서 토라를 묵상하는 복된 사람을 제시하고, 이는 시편 2편에서 다윗계 왕에 대한 야훼의 천명을 통해 보완된다. 사무엘상하에 드러난 다윗의 삶의 이야기로 우리의 이해를 보완해 본다면, 예언자 사무엘이 다윗을 왕으로 기름 부은 이후에(삼상 16:12-13), 다윗은 하나님이 자신의 생명을 보존하시고 왕좌에 앉게 하실 것이라고 믿었음을 알 수 있다(예, 26:10을 보라). 마찬가지로 예언자 나단이 사무엘하 7장에서 선언한 약속 이후에, 다윗은 하나님이 그의 씨의 왕좌를 영원히 세우실 것을 믿었다. 그러므로 이 하나님의 약속이 다윗의 확신을 형성한 것이었다. 그리고 아브라함으로부터 유다를 거쳐 이어지는 혈통 위에 있는, 다윗과 같은 누군가에게는 하나님의 이전 약속과 그 약속이 만든 패턴이 인식에 영향을 미칠 것이다. 나는 먼저 두 가지 전제를 제시하고, 거기서부터 결론을 도출해 보려 한다.

첫째, 시편 전반에 걸쳐 다윗은 자신의 경험에 대해 말하면서, 하나님이 그를 왕 삼겠다는 약속을 지키실 것과 그를 보호해 주실 것을 믿으며, 또한 하나님이 그의 씨의 왕좌를 이어 가리라는 약속을 지키실 것을 믿는다.

둘째, 다윗은 하나님에게 택함을 받고 하나님의 복과 호의로 증거를 받은 후, 뱀의 씨에 의해 반대를 받고 박해를 받는 자신의 경험이 요셉, 모세, 다른 이들의 삶 가운데 나타난 일련의 사건들의 조각이라는 것을 이해했으며, 그 패턴이 하나님의 약속으로 자기 혈통에서 일어나게 될 그 씨의 삶 가운데서도 반복되기를 기대했다.

따라서 다윗은 자신의 경험에 대해 쓰면서 자신을 모형으로, 곧 하나님이 그의 혈통에서 일으키시고 그를 통해 구원을 이루겠다 약속하신 미래의 왕 안에서 실현될 패턴의 조각으로 이해했다.

이 두 전제와 그에 따라 나오는 결론은 우리로 하여금 사도행전 2:25-33의 시편 16:8-11 사용을 이해할 수 있게끔 도와준다. 시편 16편은 다윗의 매우 개인적인 기도처럼 읽힌다. 그 서두에서 "하나님이여, 나를 지켜 주십시오. 내가 주님에게 피합니다"(16:1, ESV)라고 기도하고, 결론에서는 "당신이 내게 생명의 길을 보이십니다"(16:11, ESV)라고 말할 때까지, 다윗은 처음부터 끝까지 1인칭 단수로만 말한다. 야훼가 그의(다윗의) 주님에게 하신 말씀(시 110:1)이 다윗에 의해 제시되는 시편 110편과는 달리, 시편 16편에서는 다윗이 자기 자신과 그 경험에 대해 말한다. 다윗의 진술이 놓인 구약의 맥락은 다윗이 "그 시편의 화자가 될 수 없으며, 화자로서 다른 인격(prosopon)을 찾아야 한다"는[18] 생각에 반대한다. 예컨대, 16:4

---

18 Matthew W. Bates, *The Hermeneutics of the Apostolic Proclamation: The Center of Paul's Method of Scriptural Interpretation*, Reprint ed. (Waco: Baylor University Press, 2019), 213-14.

(ESV)에서 다윗은 "다른 신에게 예물을 드리는 자는 슬픔이 더할 것이다. 나는 그들이 드리는 피의 전제를 드리지 않으며 내 입술로 그 이름도 부르지 않을 것이다"라고 주장한다. 이 진술은 구약성경의 세계에 완전하게 들어맞는데, 그 맥락에서 다윗은 자신이 신실할 것이며 다른 신들에게 제사를 드리며 타협하는 자들과는 달리 야훼에게만 제사와 제물을 드릴 것이라고 주장한다(예, 왕상 11:6-8을 보라). 마찬가지로 시편 16:5-6에서 다윗의 "분깃"(portion)과 "제비"(lot)에 관한 모든 진술과 줄로 재어 준 다윗의 "기업"(inheritance)에 관한 대목은 이스라엘이 가나안을 정복하고 제비를 뽑아 땅을 각 지파에 기업으로 분배한 이야기에 의해 특징지어진다. 이 배경을 염두에 두고 다윗은 자신이 가치 있게 여기고 즐거워하는 것이 실상 레위 사람들에게 주어진 기업, 즉 야훼 자신이지 땅 한 구역이 아니라고 말한다(참조, 민 18:20; 신 10:8-9). 이 진술들은 다윗의 구약 맥락에서 의미가 있다. 구약 저자들이 때때로 옛 언약의 실체를 새 언약의 미래에 투사하는 것이 사실이긴 하지만(예, 겔 40-48장; 슥 14장), 그렇게 할 때 그들은 "그날들이 온다" 또는 "마지막 날에"라는 지시어를 사용하여 미래에 대해 말하고 있음을 명확히 나타낸다.[19] 시편 16편의 본문이나 배경에서 다윗이 아닌 다른 사람이 시편의 화자임을 나타내는 표식은 없다.

사실, 누가는 사도행전 2장에서 베드로의 시편 16편 인용을 기록하면서 베드로가 시편 말씀의 화자를 다윗으로 확언하고 있는 장면을 보여 준다. 베드로는 "화자로서 다른 인격을 찾아야 한다"라고[20] 제안하지 않고, 화자를 다윗으로 분명히 확언한다! 사도행전 2:25에서 누가는 베드

---

19 예컨대, 겔 40:2, "하나님의 환상에서 그는 나를 이스라엘 땅으로 데려가셨다." 그리고 슥 14:1, "보라, …한 날이 온다"(ESV).
20 Bates, *The Hermeneutics of the Apostolic Proclamation*, 214.

로가 "다윗이 그에 관하여 말하기를 …"이라고 말하는 대목을 기록한다. 그런 도입 진술에 이어, 우리는 (다윗이 말한) "그"가 무엇을 할 것인지, 또는 하나님이 "그"를 어떻게 구원하실 것인지에 대한 진술에서, 미래의 왕에 대해 말하는 시편들 중 하나를 인용하는 베드로의 모습을 기대할 수 있을 것이다. 예컨대, "오, 주여, 당신의 힘으로 왕이 기뻐하고 … 크게 즐거워합니다! 당신은 그에게 마음의 소원을 주셨습니다. … 그는 당신에게 생명을 구했고, 당신은 그것을 그에게 주셨으니, 곧 영원한 장수입니다"(시 21:1-2, 4)라고 말하는 시편 21편과 같은 본문 말이다. 이런 3인칭 진술(그는, 그를)이 아니라면, 베드로는 시편 91편에 나오는 것과 같은 2인칭 진술(당신은, 당신을)을 인용할 수도 있었을 것이다. "그는 당신의 모든 길에서 당신을 지키도록 그의 천사들을 명령하실 것입니다"(91:11, ESV). 그러나 그 대신 누가는 다윗이 1인칭 단수로 말하는 시편 16편에 대한 베드로의 인용을 제시한다. "나는 항상 내 앞에 계신 주님을 보았습니다"(행 2:25b, 시 16:8 인용).

이 진술들을 나란히 놓는 것은 조화롭지 못하다(아래는 ESV를 따랐다).

- 행 2:25a, "다윗이 그에 관하여 말하되,
- 행 2:25b, 나는 항상 내 앞에 계신 주님을 보았습니다. 내가 요동하지 않게 하기 위하여 그가 내 오른편에 계십니다."

베드로는 2:25a에서 다윗이 화자임을 분명히 확인하면서도, 다윗이 그에 **관하여**(εἰς), 즉 예수에 관하여 말한다고도 확인한다. 그리고 나서 베드로는 다음과 같이 다윗이 **자기 자신에 관하여** 말한 것을 **1인칭 단수**로 제시한다(ESV).

- 행 2:25, "나는 … 나를 … 나의 … 나는 …"
- 행 2:26, "… 나의 … 나의 … 나의 …"
- 행 2:27, "… 나의 …"
- 행 2:28, "… 나를 … 나를 …"

사도행전의 베드로는 어떻게 다윗이 **자기 자신에 관하여** 말한 것을 인용하면서 다윗이 **예수에 관하여** 말하고 있다고 주장할 수 있는 것일까? 나는 위에서, 다윗이 **자기 자신에 대해 말하면서 하나님이 다윗의 혈통에서 일으키겠다고 약속하신 미래의 왕에 관해** 말하고자 했음을 우리가 인정한다면 이 질문에 대한 답이 제시된 셈이라고 제안했다. 이 제안은 다윗이 요셉과 모세의 삶에서 우리가 언급한 패턴을 이해했고, 자신의 삶에서 그 패턴이 반복되는 것을 보았으며, 그로 인해 자신을 약속의 씨에게서 실현될 경험의 패턴의 한 모형, 곧 예표하고 전조하는 한 조각으로서 의식했다는 생각을 수반한다.

누가는 사도행전 2:29-33에서 시편 16편 인용구에 대한 베드로의 설명을 제시하면서 정확히 이 점을 짚어 낸다. 누가는 다윗이 그리스도의 인격으로 말했다고 설명하는 베드로를 제시하지 않는다. 베드로는 오히려 다윗이 그리스도에 관해 말했다고 확언하는데(행 2:25), 하나님이 다윗을 왕이 될 때까지 살려 두셨고 예수가 오실 때까지 그의 혈통을 보존하셨지만, 다윗이 했던 말은 다윗의 삶에서는 없었던 방식으로 예수 안에서 실현됐다고 지적함으로써 이를 증명하려 했다. "형제들아, 내가 조상 다윗에 대해 담대히 말할 수 있는데, 다윗은 죽어 장사되어 그 무덤이 오늘까지 우리 중에 있다"(행 2:29, ESV).

그다음에 누가는 다윗이 (다른 얼굴/인격이 아닌) 화자라고 계속해서 확언하는 베드로를 제시하면서, 사도행전 2:30-31에서 다윗이 어떻게 그러한 입장에 도달하게 됐는지 설명한다. 나는 사도행전에서 베드로가 말한 바를 어구별로 주석하고자 한다. 베드로가 다윗의 언급에 대해 말한 첫 번째 내용은 "그러므로 예언자다"(행 2:30a, ESV)이다. 여기서 누가는 다윗이 하나님으로부터 영에 감화된 말을 하고 있다고 확신하는 베드로를 제시한다.[21] 이 주장은 다윗의 통찰이 **단순히** 다윗의 인간적 지성으로 얻을 수 있는 정보에 근거한 것이 아님을 의미한다. 그 지성은 분명 시편의 예술성에서 볼 수 있듯이 탁월한 것이었겠지만 말이다. 오히려 베드로는 다윗이 예언자라고 확언함으로써 하나님이 다윗의 예언적 통찰을 통해 그것을 통하지 않고서는 접근할 수 없는 진리를 계시하셨다고 주장한다.

그다음에 사도행전 2:30b(ESV)에서 누가는 다윗이 예언자였다는 베드로의 주장에 더하여, "하나님이 그에게 맹세하여 그의 후손 중 한 사람을 그의 왕좌에 앉히시리라는 것을 알고 있었다"라고 말한다. 여기서 베드로는 하나님이 사무엘하 7장에서 예언자 나단을 통해 다윗에게 전하신 약속을 다윗이 알고 있었다고 확언한다. 베드로는 그 약속에 대한 지식이 다윗이 시편 16편에서 전달하려 했던 의미를 알려 준다고 주장한다.[22] 베드로는 다윗이 예언자였고, 하나님이 그에게 약속을 주셨으며, 다

---

21 참조, 행 4:24-25(ESV)에 있는 다윗의 시 2편 말씀에 대한 유사한 표현, "주재이신 주님이 … 주의 종, 우리 조상 다윗의 입을 통하여 성령으로 말씀하셨다." 하나님은 영으로 다윗을 통해 말씀하셨다.
22 이는 다윗이 시 16편을 쓰기 **전에** 먼저 약속을 받았음을 반드시 의미하는 것은 아니다. 다른 가능성으로 다음과 같은 시나리오가 가능하다: 다윗은 사무엘에게 예언적 기름 부음을 받고, 하나님이 그를 왕으로 세우실 것이라고 믿었으며, 사울이 그를 죽이려 하는 와중에 시 16편을 썼다(참조, 시 18편의 표제). 나중에 하나님이 그를 왕으로 세우시고 삼하 7장에 기록된 약속을 주신 후, 다윗은 시 16편에 쓰인 내용을 성찰하고, 하나님의 추가적인 약속을 충분히 염두에 두고서, 시 16편을 자신이 의식하여 정리한 시편 모음에 통합하여 현재 우리가 가지고 있는 정경 형태의

윗이 그 약속들을 알았고 이해했다고 확언했다.

예언자 자신의 이해와 하나님의 계속되는 계시 사이의 역동적인 상호 작용으로부터, 베드로는 사도행전 2:31(ESV)에서 다윗이 "그리스도의 부활을 미리 보고 말하되, 그가 하데스에 버려지지 않고 또한 그의 육신이 썩는 것을 보지 않을 것이다"라고 단언한다. 나는 (1) (베드로가 명확히 언급하지는 않았지만) 패턴을 인식함에 기초하여, (2) **예언자** 다윗이 (3) 약속과 패턴 사이의 관계를 이해하고, (4) 그 결과 자신이 경험한 일이 자신의 후손의 삶에서 일어날 일을 모형화하고, 그럼으로써 예고한다는 것을 이해하게 해 주는 신적인 계시를 받았다고 제안하는 바이다.[23]

사울이나 압살롬에 의해 수차례 죽을 뻔한 경험으로 인해 다윗은 주님이 죽음과 음부에서 어떻게 구출하곤 하셨는지 말할 수 있었다(예, 시 16:10a; 18:4-5). 사실, 사도행전 2:31에서 베드로는 직전 2:27에서 인용했던 시편 16:10의 그리스어 번역본을 참조한다. 두 구절을 함께 살펴보자 (ESV).

- 시 16:10, "당신은 내 영혼을 스올에 버리지 아니하시며, 당신의 거룩한 자로 하여금 썩음을 보지 않게 하실 것이다."

- 행 2:31, "그는 그리스도의 부활을 미리 보고 말하되, 그가 하데스에 버

시편을 완성하는 과정을 시작했다. 나는 시편에 반영된 사상(agenda)이 다윗의 것이었고, 그 프로젝트를 완성한 사람들이 그의 의도를 이해하고 존중했다고 제안하고 싶다.

23 이는 "죽고 부활할 메시아에 대한 기대가 없었다"라고 쓴 Lindars에 반대된다. Barnabas Lindars, *New Testament Apologetic* (Philadelphia: Westminster, 1961), 41. 신약의 구약 사용을 다룰 때 Lindars는 구약 자체의 성경적-신학적 맥락을 제대로 이해하지 못하는 경우가 흔하다. 그래서 결국 신약 저자들이 구약을 이해하고 인용하는 방식을 제대로 평가하지 못하는 결과를 초래한다.

려지지 않고 또한 그의 육신이 썩는 것을 보지 않을 것이다."

사도행전 2:29-33에서 시편 16편 인용구를 해설하면서 베드로는 대형(antitype)의 중요성을 **확대**한다. 말하자면, 베드로는 다윗과 예수 사이의 사료적 대응 지점을 가정하고 예수의 경험이 다윗의 경험을 **넘어서며**, 그럼으로써 **실현된다**는 사실을 언급한다.

- 다윗은 주님이 그와 **함께**하시는 것을 즐거워했다(예, 삼상 18:12); 주님은 다윗을 보호하셨다(예, 23:14); 다윗은 주님 안에서 기뻐했다(시 16:8-9; 행 2:25-26; 그리고 다윗의 시편 전체를 보라). 예수도 하나님의 지속적인 임재와 보호를 즐거워하셨고, 모든 죄인의 경험을 초월하는 끊어지지 않는 교제 안에서, 항상 아버지 안에서 기뻐하셨다.
- 다윗은 죽음으로부터 보호받았고, 스올/하데스에 버려지지 않았다. 즉, 그는 왕으로 즉위하기 위해 살아남게 됐다(시 16:10; 행 2:27).[24] 예수도 다윗처럼 박해를 받았지만, 부활했다는 점에서 죽음으로부터 보호받으셨다.
- 다윗은 죽어서 장사됐고 그의 무덤은 남아 있지만(행 2:29), 예수는 부활하셨다.[25]

---

24 참조, Levenson의 언급을 보라: "시편 기자가 주님에게, '주님이 나를 스올로 내버리지 않으실 것이며, 당신의 신실한 자로 하여금 구덩이를 보지 않게 하실 것이다. …'(시 16:10)라고 말했을 때", 그는 하나님이 자신을 영원히 죽음에서 구해 주실 것이라는 터무니없는 개념을 주장하는 것이 아니다. 오히려 … 그는 '당신[하나님]이 당신의 신실한 종을 너무 일찍이 악한 죽음으로 죽게끔 내버려 두지 않으실 것'이라는 믿음을 표현하고 있다." Levenson, *Resurrection and the Restoration of Israel*, 73.

25 행 13:35-37에서 누가는 바울이 그것과 동일한 모형론적 비교와 대조를 형성하고

- 다윗은 **거의** 스올에 떨어질 만큼의 죽을 뻔한 경험을 했다. 거기에서 하나님은 그를 구출하셨다(2:31). 그러나 예수는 **실제로** 죽으셨다. 하나님은 예수를 살리셨고(2:32), 예수는 더 이상 무덤에 계시지 않고 하나님 오른편에 계신다(2:33).

- 시편 16:8에서 하나님이 다윗의 오른편에 계시다는 언급은 시편 109편 마지막 구절의 진술과 같다. "그는 궁핍한 자의 오른편에 서 계신다"(시 109:31). 이는 다윗의 주님이 (야훼의) 오른편에 앉으리라고 야훼가 초대하는 시편 110:1 직전에 나오고, 그 뒤에는 미래의 왕, "주님이 네 오른편에 계신다"라는 110:5의 진술이 따라 나온다. "오른편"에 대한 이 모든 언급은 시편 16편을 110편과 연결하는 듯하며, 이러한 진술은 야훼가 오른편에 그 삶 내내 계셨고, 승천하실 때 야훼의 오른편에 앉으라는 초대를 받으신 이, 곧 예수에게서 실현된다(행 2:33).

§4.4 히브리서와 복음서의 시편 22편

지금 정경 순서대로 시편을 살펴보고 있지만, 여기서는 복음서에서 시편 22편이 사용된 것을 다루기 전에 히브리서 2:12에서 시편 22:22이 사용된 것을 논의하고자 한다. 이렇게 하려는 이유는 히브리서 2:13의 이사야 8:17-18 인용구가 내가 여기서 주장하는 바를 뒷받침해 주기 때문이다.

있음을 보여 준다. 행 13:35(ESV)에서 시 16:10을 인용한 바울은, "다윗이 … 잠들었다. … 그리고 썩음을 보았지만, 하나님이 일으키신 분은 썩음을 보지 않았다"라고 설명한다. 여기서 바울은 **사료적 대응**—다윗과 예수 모두 죽었다(행 13:28-29, 36, 그리고 참조, 13:29 "그[예수]를 무덤에 두었다" 및 13:36 "다윗이 … 그의 조상들 곁에 누웠다")—과 **확대**—다윗이 자기 삶에 관해 했던 말은 사실이지만(하나님이 "당시에 하나님의 뜻"을 따라 섬겼던 그를 보존하셨다, 13:36), 하나님은 죽음에서 부활한 예수를 통해 이 말씀들의 가장 깊은 의미를 실현하셨다—를 만들어 내고 있다.

본서 제4장 §8.1에서 논의했듯이, 이사야는 문자 그대로 실제 자녀들을 두었고, 이사야 7-8장의 맥락에서 그들의 이름은 예언자를 통해 하나님이 예고하는 계시, 왕들과 권력자들은 들으려 하지 않았던 계시를 표시했다. 이사야는 그 사람들이 야훼와의 언약을 어기고 포로로 잡혀가기 직전이라고 경고함으로써 지배하고 있던 불신의 문화를 자기 자신과 대립시키면서, 한 아들의 이름은 "그들은 우리를 서둘러 약탈할 것이다"(마헬살랄하스바스)라고 짓고, 또 다른 아들의 이름은 "남은 자들이 돌아올 것이다"(스알야숩)라고 지었다. 두 이름은 다음과 같은 뜻이다. 곧, 하나님의 심판은 우리가 언약을 깨뜨렸기 때문에 주어질 것이며, 그는 우리를 포로로 보내고, 거기서 남은 자들을 다시 데리고 올 것이다. 이 메시지가 아하스와 그의 궁정에 전달되지는 않았지만, 이사야는 그의 제자들과 함께 굳건히 서서 "보라, 나와 주님이 내게 주신 자녀들이 이스라엘에서 표적과 전조가 될 것이다"(사 8:18, ESV)라고 말했다.

히브리서의 저자는 박해받는 그리스도인들에게 믿음을 지키라고 권고하면서 예수를 이사야의 자리에, 예수의 따르미들을 이사야의 자녀들의 자리에 놓고, 히브리서 2:13에서 이사야 8:18을 인용하여 예수가 그의 따르미들을 "형제들"이라고 부르기를 "부끄러워하지 않으신다"(히 2:11b)는 사실을 보여 준다. 예수와 그의 따르미들 사이의 결속을 보여 주기 위해 히브리서 저자는 시편 22:22에서 "형제들"에 관하여 말하는 다윗을 인용한다(히 2:12). 그러고 나서 그는 히브리서 2:13에서 이사야와 그의 자녀들 사이의 결속을 말하는 이사야서를 인용한다. 배척당한 모세와 같은 예언자로서의 이사야의 역할은 예수, 곧 배척당한 모세와 같은 **바로 그** 예언자 안에서 실현되고, 이사야의 자녀들의 역할은 하나님의 새 언약의 자녀들 안에서 실현된다. 히브리서 2:13의 이사야 8:17-18 인용문에 작동하는 것과 동일한 종류의 모형론적 실현이 히브리서 2:12의 시편 22:22 인용문에 작용한다.

시편집 안에서 시편 22편의 위치와 이 시편 자체의 문학적 구조에 관해 많은 이야기를 할 수 있다. 이런 사실은 시편 22편을 다윗의 시편으로서의 의미에 연결함과 동시에 **그리고** 다윗을 넘어 그에게 약속된 씨를 가리키기 위해 주변 시편들의 진술과 결합해 낸다(특히 시 18:50과 24:8-10을 보라). 시편의 의로운 고난자들에 대한 이 논의 전반에 걸쳐, 나는 문맥 속에서 시편의 의미를 보존하고 그 의미가 신약에서 실현되는 것을 보게 해 주는 읽기가 구약 문맥에서의 구약 본문의 의미를 무시하거나 무효화하는 읽기보다 선호되어야 한다고 주장하는 바다.

따라서 시편 22편에 관해 내가 제안하고 싶은 바는 이렇다. 즉, 이 시편은 22:1에서 하나님에 의해 버림을 받았다는 다윗의 감정으로부터 그의 상황을 제대로 묘사한 22:15c의 말, "당신은 나를 죽음의 진토 속에 두셨습니다"(ESV)라는 죽을 뻔했던 경험으로 이동한다. 비록 다윗이 문자 그대로 죽지 않았음에도 말이다(그렇지 않았다면 그는 이 시편을 쓸 수 없었을 것이다!). 22:21b에서 다윗은 하나님이 자신을 곤경에서 구해 주신 방식을 찬양한다. 다윗은 대적들을 자신을 공격하는 동물(황소들, 22:12; 사자, 22:13; 개들, 22:16, 20; 사자, 22:21a) 메타포를 사용하여 묘사한 후, 22:21b에서 "당신은 나를 들소의 뿔에서 구해 주셨습니다!"(ESV)라고 외친다. 하나님이 자신을 "죽음의 진토"에서 구해 주신 것에 대한 반응으로(22:15c), 다윗은 히브리서 2:12에서 인용된 말씀, "나는 당신의 이름을 내 형제들에게 선포하고 회중 가운데서 당신을 찬양할 것입니다"(22:22, ESV)라고 주장하며, 야훼를 경외하는 자들에게 그를 찬양하고 영광을 돌리며 경외하도록 부르고(22:23), 하나님이 곤경 가운데 그를 내버리지 않으셨다고 설명하며(22:24), 이 시편이 끝날 때까지 찬양을 계속 이어 간다(22:25-31). 다윗은 "형제들"과 "회중들" 가운데서 주님의 구원을 찬양했는데, 쉽게 말하자면 이들은 가장 어려운 시기에도 그에게 충성을 다했던 친족들과 동맹자들로 이해될 수 있다(예, 삼상 22:1-2; 참조, 삼하 15:13-37).

히브리서 저자는 시편 22편의 맥락을 존중하고 있는가? 그는 다윗(과 이사야)의 고난을 예수의 고난과 일치시키려는 듯하다. 히브리서 저자는 예수가 먼저 고난을 당하고 그 후에 영광을 받는 모습을 보여 주는데, 이는 다윗이 사울의 손에 박해를 받고 왕위에 오르는 과정에서 본 것과 동일한 패턴이다. 히브리서 2:9(ESV)에서 우리는 예수가 이제 "죽음의 고난 때문에 영광과 존귀로 왕관을 쓰셨다"는 내용을 읽고, 2:10에서는 하나님이 예수를 "고난을 통하여 완전하게" 하셨다는 내용을 읽는다. 그다음 그는 아버지의 독생자이신 예수 및 하나님에게서 태어난 믿는 자들 사이의 결속을 언급하며(참조, 요일 5:18), 히브리서 2:11에서 "거룩하게 하시는 자와 거룩하게 되는 자들은 모두 한 근원을 가지고 있다. 그래서 그는 그들을 형제들이라고 부르기를 부끄러워하지 않으신다"(ESV)라고 말하고, 히브리서 2:12에서 예수가 시편 22:22을 말씀하신 것에 이어, 히브리서 2:13에서는 이사야 8:17-18을 말씀하신 것을 제시한다.

히브리서 2:12에서 시편 22:22을 인용하는 데 작용하는 모형론적 논리는 다음과 같이 사료적 대응과 중요성의 확대를 수반한다.

- 다윗과 예수는 모두 고통을 받았다(시 22:15; 히 2:9, 10).
- 다윗과 예수는 모두 형제들과 다른 따르미들에게 둘러싸여 있었다(시 22:22; 히 2:10, 11, 12).
- 다윗의 죽을 뻔한 경험(시 22:15)은 예수의 죽음으로 확대된다(히 2:9).

- 죽을 뻔한 곤경으로부터 구출된 다윗(시 22:21)은 죽은 자들 가운데서 부활한 예수로 확대된다(히 2:14).
- 다윗의 구출이 그와 동맹한 자들에게 승리를 의미하는 것처럼(시 22:22), 예수의 부활은 하나님의 백성에게 구원을 가져다준다(히 2:10, 12, 14-15).
- 다윗의 경험이 아브라함의 복의 실현인 것처럼(참조, 시 22:27; 창 12:3), 또한 아브라함의 복의 실현인 예수도 "아브라함의 자손을 도우신다"(히 2:16, ESV).

다윗의 시편 22편의 역사적 맥락은 또한 십자가 위 그리스도의 죽음에서 모형론적 실현을 발견한다.

마태복음 27:35-46에 나타난 시편 22편의 인용이나 인유를 시편 22편과 나란히 비교해 보자.

<표 6.1: 마태복음 27장에 나오는 시편 22편>

시 22편	마 27장
22:1, "나의 하나님이여, 나의 하나님이여, 당신은 왜 나를 버리셨습니까?"	27:46, "'엘리, 엘리, 라마 사박다니?' 이는 즉, '나의 하나님이여, 나의 하나님이여, 당신은 왜 나를 버리셨습니까?'"(//막 15:34)
22:7, "나를 보는 자는 다 나를 조롱하고, 입술을 비쭉거리고 머리를 흔든다."	27:39, "그리고 지나가던 사람들이 그를 비웃으며, 머리를 흔들었다."
22:8, "'그가 주님을 신뢰하니, 그를 구출해 주시기를. 그를 기뻐하니 그를 구해 주시기를.'"	27:43, "그가 하나님을 신뢰하니, 하나님이 원하시면 이제 그를 구출하시기를."
22:18, "그들이 내 겉옷을 나누며, 내 옷을 제비 뽑는다."	27:35, "그리고 그들이 그를 십자가에 못 박았을 때, 그 옷을 제비 뽑아 나누었다."

화자 중심적 해석은 그리스도가 십자가에서 시편 22:1을 말씀하신 경우만 설명할 수 있는 반면, 모형론적 해석은 복음서들에 나타난 모든

시편 22편 언급을 설명할 수 있다. 특히 마태는 예수의 십자가 경험을 이야기하면서 청중에게 다윗의 고통을 떠올리려 하는 듯이 보인다.[26] 마태는, 단순히 시편 22편에서 단어들을 문맥 가운데 뽑아내고 이를 가리켜 다윗이 말한 것이 아니라 예수가 말한 것이라고 주장하지 않는다. 그것이 아니라, 마태는 다윗의 고난 패턴에 따라 예수가 고난받으시는 모습을 보여 준다. 그리고 십자가에서 예수가 직접 시편 22:1의 말씀을 인용함으로써, 마태는 예수 자신이 그의 다른 따르미들과 더불어 자신의 고난을 다윗의 고난 패턴의 실현으로 보는 법을 **스스로** 배웠음을 보여 준다. **예수는 자신의 고난을 그런 방식으로 바라보았다.**[27]

§4.5 시편 31:5과 35:19

"내 영혼을 당신 손에 맡깁니다"라는 시편 31:5의 말씀은 시편 31편의 첫 다섯 구절의 맥락에 확고히 자리 잡고 있다. 다윗은 1절에서 야훼에게 피난처를 구하고, 2절에서 주님에게 피난처의 반석과 요새가 되어 달라고 간구하며, 3절에서는 야훼가 그의 반석이자 요새라고 설명한다. 4절에서 그는 야훼가 자신의 산성이라고 말하고, 5절에서는 이 모든 확언에 대한 응답으로 자신의 영혼을 야훼의 손에 맡긴다. 누가는 십자가에서 이 말씀을 인용하신 예수를 묘사하는데(눅 23:46), 이는 예수가 시편 31편의 실제 화자로 이해됐기 때문이 아니라, 다윗의 고난의 패턴이 그리스도의

---

26 이는 "최초기 그리스도인들이 이 일차적 차원에 대해 (만일 어떤 관심이 있다 하더라도) 많은 관심을 두었다는 증거는 거의 없다"라는 주장에 반대된다. Bates, *The Birth of the Trinity*, 127.

27 신약의 저자들이 예수에게서 해석 방법을 배웠다는 주장에 대해서는 E. Earle Ellis, "Jesus' Use of the Old Testament and the Genesis of New Testament Theology," *Bulletin for Biblical Research* 3 (1993): 59-75을 보라.

고난 안에서 실현됐기 때문이다.[28]

시편 35:19(ESV)에서 다윗은, "부당하게 나의 원수 된 자가 나에 대해 기뻐하지 못하게 하시며, 까닭 없이 나를 미워하는 자들이 서로 눈짓하지 못하게 해 주십시오"라고 기도한다. 또다시 말하자면, 이 단어들은 시편 35편의 맥락에 자연스럽게 어울리며, 나는 시편 35편과 40편 사이의 유사점—반복되는 단어와 구문 차원에서—이 시편 34-41편의 의도된 구조와 관련이 있다고 주장해 왔다.[29] 내 생각에, 그런 진술들 중 어느 것도 화자 중심적 주해를 위해 요구되는바 본래 맥락과 무관한 것으로 간주되어서는 안 된다. 다윗은 시편 35:19에서 자신의 어려움을 묘사하고 있으며, 그 어려움은 요한복음이, "그러나 율법에 기록된 말씀은 이루어져야만 한다. '그들이 이유 없이 나를 미워했다'"(요 15:25, ESV)라고 설명하듯이, 예수의 경험을 예표한다.[30] 직접 문맥에서 요한은 예수가 제자들에게 하신 말씀, 곧 "그들이 나를 박해했다면, 그들이 너희 또한 박해할 것이다"(15:20)라는 말씀을 제시한다. 이는 예수가 자신을 뱀과 그의 씨와 적

---

28 다윗이 시 34:20에서 출 12:46을 해석하는 방식과 요한이 요 19:36에서 이를 그리스도의 죽음에서 실현된 것으로 이해하는 방식에 대한 나의 이해를 위해서는, Hamilton, *Psalms* ad loc. 및 Hamilton, "John," 289–90을 보라.

29 참조, 시 35:4과 40:14; 35:26과 40:14; 35:21과 40:15; 35:25과 40:15. 또한 나의 *Psalms*에서 다루는 시 35편과 40편에 관한 논의를 보라.

30 여기서 "이유 없이 나를 미워하는 자"(시 35:19, שנאי חנם)로 번역된 어구는 시 69:4(MT 69:5)에도 나온다. 시 35편에서 다윗의 상황의 맥락에 어울리는 그 단어들에 대해 내가 말했던 것은 시 69편 맥락에도 적용된다. 이 단어들은 신약에서 한 두 편의 시편을 떠올리게 하기 위해 인용됐을 수 있다. Bates는 "최초기 교회가 다윗의 구체적인 고난의 순간에서 특별한 중요성을 발견하여 모범(paradigmatic)으로서, 이른바 '모형론'이라 불리는 것을 위해 필요한 것으로서 간주했다는 증거는 사실상 없다"고 썼다. Bates, *The Birth of the Trinity*, 117. 하지만 Bates는 내가 여기서 논의하는 모든 본문을 모형론적으로가 아니라 화자 중심적으로 이해해야 한다고 주장하기 때문에 그저 그렇게 말할 수 있을 뿐이다.

대 관계에 있는 여자의 **바로 그** 씨로 이해하셨고, 또한 그의 따르미들을 동일한 적대 관계를 마주하게 될 여자의 집단적 씨로 보셨음을 암시한다 (참조, 계 12:1-6, 13-17).

§4.6 시편 69편

신약에 인용된 시편 69편의 다양한 진술은 모두 구약의 맥락에서 잘 이해된다. 즉, 어떤 경우든 그 말씀들이 다윗의 삶에 어떻게 적용되었을지 쉽게 상상할 수 있다. 이제 시편 69편이 인용되는 순서대로 살펴보고자 한다.

§4.6.1 네 집에 대한 열심

요한복음 2:17에 인용된 시편 69:9a에서 다윗은 "당신의 집을 위한 열심이 나를 삼켰습니다"라고 기도한다. 야훼의 성전 건축에 대한 잘 알려진 다윗의 열망을 감안할 때(삼하 7:1-7), 저 기도의 의중은 야훼의 집에 대한 진지한 관심이 그를 삼켰음을 전하는 데 있었고, 하나님을 미워하는 자들은 그에 대해 할 수 있는 모든 어려움을 불러일으켰다(참조, 시 69:1-12). 요한복음에서 예수가 성전을 정화하실 때, 요한은 예수의 제자들이 시편 69편의 이 구절을 떠올렸다고 전한다(요 2:17). 예수와 다윗 사이의 사료적 대응은 명백하다. 즉, 다윗과 예수는 모두 야훼를 위해 헌신했고 야훼의 성전에 대한 관심으로 인해 삼켜졌다. 다윗의 경우, 시편 69편에서 볼 수 있듯이, 야훼에 대한 헌신은 그와 뱀의 씨를 서로 반목하게 했다. 그리고 이는 예수에게 대해서도 마찬가지임이 입증됐는데, 예수는 야훼의 유익보다 자기 이익에 더 많은 관심을 두고 있던 사람들을 성전에서 내쫓았다. 우리가 다윗에게서 예수에게로 이동하면서 두 가지 중요한 의미가 확대된다. 첫째, 예수가 그를 "삼킬" 열심에 관해 말했던 것은 곧 열심이 죽음을 초래하게 될 것이라는 의미다—그는 성전의 실현이며, 또한 십자가에 못 박히고 부활한다는 의미에서 "허물어질" 것이다(2:17-22). 둘째, 예수를 죽음에 이르게 할 정도의 관심의 대상이었던 새 언약의 성전은 건물이 아니라 성령의 성전 곧 그의 백성이다. 시편 69편에서 다윗이 예언의 능력을 가지고 "선포하면서, 새로운 신 중심 드라마(theodramatic)의 등장인물 역할을 수행하기 시작했다"는 생각을 지지할 만한 근거는 없다.[31] 오히려 예수는 다윗 자신이 예표하고 있다고 스스로 이해한 바에 대한 모형론적 실현이다.

성경을 이해하고자 한다면 시편 69편의 문맥상 의미를 그대로 보존해야 한다. 구약 계시의 충만함은 예수를 향한 기대가 어떻게 형성되는지 이해하는 데 결정적이며, 우리는 그 기대에 대한 다윗의 기여를 잃을 필요가 없다. 베이츠의 제안은 다윗의 고통을 흐릿하게 만든다. 리처드 B. 헤이스가 다음과 같이 쓴 것도 마찬가지다.

> 요한복음 2:17-22에 따르면 시편 69편을 부활 후에 읽는 것은 본문 내에서 어떤 의미가 있는가? 이는 다른 무엇보다도 **예수 자신이 시편 69:9의 화자**, 곧 "주의 집을 사모하는 열심이 나를 삼킬 것이다"라고 선언하는 기도 음성의 화자임을 알려 준다. 그리고 이 통찰은 저 시편 전체—실제로는 아마도 모든 시편—를 예기적으로 감추어진 예수의 정체 계시로 새롭게 사용할 수 있는 창문을 차례로 열어 준다.[32]

---

31 Ibid., 201.
32 Hays, *Echoes of Scripture in the Gospels*, 312.

여기서 헤이스가 말하는 바는 시편 69편의 인간 저자의 의도를 설명하지 못하며, 그 결과 예수의 부활의 권위에 호소하는, 근거 없는 주장의 느낌을 준다. 예수의 다른 따르미들과 요한은 사람들에게 예수가 그리스도(요 20:30-31)이자 죽은 자들 가운데서 부활한 분임을 믿게끔 하고자 했기 때문에, 그들이 실제로 우리 해석의 설득력이 예수의 부활에 대한 인정—이것이 바로 논쟁점이었다—에 달려 있다고 말했을 가능성은 없을 것 같다. 다른 사람들과 요한은 다음과 같은 노선을 따라 주장했을 가능성이 더욱 크다. 즉, **우리는 구약성경이 실제로 말하는 바—구약의 인간 저자가 전달하려 의도했던 것—가 예수 안에서 실현됐다고 주장한다.** 이 주장을 관철하는 일은 시편 69편의 문맥상 의미가 그리스도 안에서 실현됐음을 보여 주는 데 달려 있다. 그리스도가 시편의 화자였고, 따라서 시편 전체가 그의 정체성을 가리키는 숨겨진 계시라고 주장하는 것은, 질문을 듣거나 생각하기도 전에 예수가 답이라고 확신할 위험이 있다.

나는 더 나은 방법이 있다고 주장하는 바다. 시편이 마지막 때에 다윗 혈통의 약속된 왕이 구원을 이루리라는 견해를 장려하기 위해 쓰였음을 볼 수 있겠지만, 우리는 시편이 그런 사상으로 의미하려는 바가 무엇인지 배우는 일에 열려 있어야 한다.[33] 우리는 시편 자체를 연구하여 인간 저자가 의미하는 바를 확인할 때, 다윗이 자신을 모형화하여 제시한 모든 것이 그리스도 안에서 어떻게 실현됐는지 이해할 수 있는 입장에 서게 된다. 시편 69편의 힘과 깊이에 대한 올바른 인식은 우리로 하여금 시편 69편의 맥락상 본래의 의미를 벗겨 내고 그리스도가 실제 화자였다고 우기게끔 하기보다 구약이 실현됐다는 신약성경의 주장에 타당성을

---

33 특히 Mitchell, *The Message of the Psalter*를 보라. 나는 또한 Hamilton, *Psalms*; 그리고 Hamilton, "Typology in the Psalms"에서도 이를 보여 주고자 했다.

부여한다.

§4.6.2 당신을 비방하는 자들의 비방

"당신을 비방하는 자들의 비방이 내게 쏟아졌습니다"라고 말하는 시편 69:9b에서 다윗이 본래 의도한 의미는 로마서 15장에서 바울이 주장하는 바**와** 로마서 15:3에서 시편 69:9b을 인용한 근거를 이해하는 데 중대하다. 먼저 시편 69편 맥락에서 그 진술에 대해 다루고 난 후, 로마서 15장에 나타난 바울의 주장의 윤곽을 살펴보려 한다. 그 15장에는 바울이 예수에 대해 믿었던 바를 염두에 두고 다윗의 말을 입에 담게 된 계기가 나타난다.

"당신을 비방하는 자들의 비방이 내게 떨어졌습니다"라는 다윗의 진술의 맥락을 보면 그가 그 말로 무엇을 의미했는지 알 수 있는가? 다른 말로, 시편 69편의 나머지 부분은 69:9b에 대해 어떤 빛을 비추는가? 시편 69편의 내부 논리는 다음과 같다. 다윗은 자신이 대적에게 잘못했다고 생각하지 않고 도리어 그들이 아무 이유 없이 자신을 미워하고 거짓말로 공격하며 그가 훔치지 않은 것을 돌려주기를 요구한다고 생각한다(시 69:4). 그는 또한 자신을 완전히 하나님의 백성의 편에 선 것으로 간주하고(69:6) 야훼와의 관계 때문에 적들로부터 적대감과 불명예를 얻었다고 기도로 고백한다. "내가 당신을 위해 비방을 참습니다. 불명예가 내 얼굴을 덮었습니다"(69:7, ESV). 이는 다윗의 대적이 실상 하나님의 대적이며, 다윗이 그들에게 잘못을 한 적이 없지만 그럼에도 그들은 하나님을 미워하기 때문에 그를 미워한다는 것을 암시한다. 하나님의 대적은 하나님에 대한 분노를 다윗에게 발산한다. 결과적으로 다윗은 자기 가족으로부터 소외된다(69:8). 이는 하나님의 이름을 위해 집을 짓겠다는 그의 헌신에 근거한다(69:9a). 그리고 우리는 이 상황을 다음과 같이 요약할 수 있다. 다윗의 두드러진 지위와 야훼에 대한 확고한 헌신 때문에 하나님의 대적들은 그를 야훼에 대한 증오를 표출할 만한, 땅 위의 초점으로 만들었다. "당신을 비방하는 자들의 비방이 내게 떨어졌습니다"(69:9b). 시편 69편에 대해 더욱 많은 것들을 말할 수 있겠지만 여기서는 이것으로 충분하다.

로마서 15장의 바울의 주장을 살펴보자. 바울은 다양한 종교 배경을 가진 그리스도인들이 음식(롬 14:1-4)과 날들(14:5-9)에 반응하는 방식을 다루면서, 심판자는 하나님이시기에 그리스도인들이 서로를 판단해서는 안 된다고 설명한다(14:10-12). 물론 모든 그리스도인은 다른 신자들을 걸려 넘어지게 하는 일을 피해야 한다(14:13-23). 그리스도인들이 정결한 음식과 부정한 음식, 포도주를 마시는 것, 매일을 동일하게 여기는 것에 대한 염려를 무시하고 다른 신자들을 희생시키면서 자기 권리를 행사하면 안 된다는 생각을 뒷받침하기 위해(14:5, 14-17, 20-21), 바울은 강한 자가 약한 자를 이해해야 하며 자기 자신만을 기쁘게 해서는 안 된다고 단언한다(15:1). 그는 "우리 각자가 이웃을 기쁘게 하되 선을 이루고 덕을 세우자"(15:2, ESV)라고 말하며 모든 사람에게 이웃 사랑을 촉구한다. 그다음에 15:3에서 주님이신 예수를 모범으로 언급한다. "그리스도는 기록된 바와 같이 자기를 기쁘게 하지 않으셨다. '주를 비방하는 자들의 비방이 내게 떨어졌습니다.'"

바울은 강한 양심을 가진 그리스도인들이 약한 양심을 가진 형제들을 무시해서는 안 된다고 주장하고 있다. 그 이유는 예수가 그들을 무시하지 않으셨기 때문이다. 이 주장은 강한 자들이 그리스도, 곧 가난한 자들이 그의 가난을 통해 부유해지도록 스스로 가난해지신 부유한 그리스도(고후 8:9)의 형상을 따르기를 호소한다. 즉, 바울은 율법으로부터 자유를 누리는 강한 양심을 가진 자들과 주님인 예수 사이의 유비를 형성한다. 강한 자들과 마찬가지로 예수는 모든 의무에서 자유로웠고 육신으로 오기 이전에 아버지의 임재 안에서 온전한 만족을 누렸다. 그러나 예수는 그의 백성의 필요를 무시하지 않고 그 백성을 위해 죽기까지 자신을 낮추어 종의 형상을 취하셨다(빌 2:5-11). 그리고 그가 육신으로 오셨을 때, 그는 다윗처럼 하나님을 미워하는 자들이 모든 분노를 쏟아 낼 초점이 되셨다. 하나님의 대적들은 예수를 자신들의 분노의 표적으로 삼았다. 예수가 하나님을 사랑하셨기 때문에, 그들은 예수를 미워했다. 하나님에 대한 미움이 예수에 대한 거부로 나타났다. 그리고 이처럼 다윗(그리고 다윗 이전에 요셉, 모세, 다른 사람들) 안에서 모형화됐던 것이 그리스도 안에서 실현됐다. "당신을 비방한 자들의 비방이 나에게 떨어졌습니다"(롬 15:3; 시 69:9b).

그리고 나서 바울은 로마서 15:4(ESV)에서 이 주장을 계속 이어 가는, 구약성경에 대해 개괄하는 언급을 내놓는다. "이전 날에 기록된 것은 무엇이든지 우리를 지도하기 위해 기록됐으니, 우리로 하여금 인내를 통해, 성경의 격려를 통해 소망을 갖게 하기 위함이다." 성경의 격려에는 다윗이 시편 69편에서 하나님의 대적들의 비방을 끈기 있게 인내한 것이 분명 포함된다. 거기서 다윗은 하나님의 백성에 대한 그의 사랑과 하나님이 그를 구원하실 것이라는 확신을 모두 표현했다. 그러한 격려는 구약에 널리 드러나 있어, 요셉, 모세, 엘리야와 엘리사, 이사야 등에 관한 기록에서 확인할 수 있다. 이 의로운 고난자들은 그리스도를 모형화했으며, 바울은 로마의 그리스도인들에게 그 모범을 따르라고 권면했다.

§4.6.3 음식으로 독을, 마실 것으로 신 포도주를

네 복음서 모두 시편 69:21(ESV)을 인유하고 있다. "그들은 나에게 독을 음식으로 주었고, 목마를 때 신 포도주를 마시게 했습니다"(마 27:34, 48; 막 15:23; 눅 23:36; 요 19:29). 여기서도 다윗의 진술은 시편 69편의 맥락에 꼭 들어맞는다. 저 구절 바로 앞, 시편 69:20(ESV)에 "내가 긍휼을 구했으나 아무도 없었고 위로자를 구했으나 아무도 찾지 못했습니다"라는 말씀이 등장한다. 고대 세계에서 환대를 베푸는 사람들 중에 위로자가 있는 것은 당연했으며, 오늘날에도 사람들은 "위로의 음식"(comfort-food)에 대해 말한다. 그러나 다윗은 독과 신 포도주만을 제공하는 대적들에게 둘러싸여 있었으며(시 69:21), 22절(ESV)에서 그는 회개하지 않는 대적들에 대해 하나님의 공의를 구하고 음식을 중독시킴으로써 그를 사로잡으려 했던 그들의 방식이 도리어 그들에게 발생하기를 간구한다. "그들 앞에 있는 그들의 식탁이 덫이 되게 하시고, 그들이 평화로울 때 그것이 덫이 되게 해 주십시오"(69:22). 그들은 식탁 앞에서 독을 넣은 음식으로 다윗을 함정에 빠뜨리려고 했고, 다윗은 그들이 판 함정에 스스로 빠지기를 기도한다(참조, 시 7:15; 35:7-8).

십자가 처형 기사 안에 있는 시편 69:21의 모형론적 실현은 다음과 같은 양상으로 나타난다. 다윗의 고난은 예수의 고난 안에서 실현된다. 하나님을 미워하는 다윗의 대적들은 마찬가지로 하나님을 미워하는 예수의 대적들 안에서 실현된다. 그리고 다윗이 위로를 필요로 했을 때 대적들이 그에게 신 포도주를 준 것과 같이(시 69:20-21), 예수가 목마르다고 부르짖었을 때 그를 십자가에 못 박은 자들은 그에게 신 포도주를 주었다(마 27:34, 48; 막 15:23; 눅 23:36; 요 19:29).[34]

---

34 성경의 저주 기도자들은 하나님이 회개하지 않는 죄를 용서하지 않으시기를 간구

다윗의 대적자들의 역할이 예수의 대적자들의 역할에서 실현됐다고 이해하는 것은 사도행전 1:20(ESV)에서도 볼 수 있는데, 거기에는 유다에게 일어난 일을 설명하기 위해 두 시편의 진술이 인용된다. 유다의 최후를 서술한 후(행 1:16-19), 사도행전 1:20에서 누가는 베드로가 시편 69:25과 109:8이 어떻게 실현됐는지 설명하는 장면을 보여 준다. "시편에 기록됐다. '그의 거처를 황폐하게 하시며 거기 거하는 자가 없게 해 주십시오.' 그리고 '그의 직분을 타인이 취하게 해 주십시오.'" 베드로는 다른 사람이 그의 직분을 차지하게끔 해 달라는 기도와 일치하게 유다를 대신할 다른 사람을 선택해야 한다고 주장한다(행 1:21-22).

이 단락 내내 내가 주장해 온 내용은 델리취(Delitzsch)를 인용한 데일 브루그만(Dale Brueggemann)의 글에 잘 요약되어 있다. "다윗은 그리스도의 예언자가 된다. 그러나 그는 자신에 대해 말하고, 그가 말한 것은 또한 자신 안에서 실현됐다. … 그의 소망은 그리스도 안에서 역사적이고 구속적으로 완전히 현실이 됐다."[35]

§5 배척당한 후 높여지는 고난받는 종

이 과제의 목적을 위한, 이사야 52:13-53:12의 고난받는 종에 대한 나의

한다. 그들은 하나님이 정의를 행하시기를 간구하는데, 시 69:22에서도 마찬가지다. 다윗은 자신을 거부한 자들에게 하나님의 정의가 행해지기를 기도했고, 바울은 롬 11:7-9에서 "우둔해진" 이스라엘의 "나머지", 곧 택함받지 않은 자들을 언급하며 이 기도를 인용한다.

35 Dale A. Brueggemann, "The Evangelists and the Psalms," in *Interpreting the Psalms: Issues and Approaches*, ed. David Firth and Philip S. Johnston (Downers Grove, IL: InterVarsity, 2005), 272.

주장은 두 가지다. 첫째, 이사야서에 나오는 종이 겪는 고난은 이사야서의 더욱 넓은 문제를 해결하는데, 그는 죄를 지은 백성에 대한 야훼의 언약적 분노를 짊어짐으로써 야훼로 하여금 백성을 위로하고 새 출애굽과 포로 귀환을 이룰 수 있게끔 하기 때문이다. 실제로 그가 이룬 것은 새 출애굽의 구원의 희생으로 볼 수 있다. 둘째, 이사야가 이스라엘 역사에서 자신보다 앞서 고난받았던 사람들과 같이 고난받게 될 미래의 인물을 예언할 때, 고난받는 종에 대한 사실상의 모든 정보는 앞서 기록된 성경에서 물려받은 것이다. 우리는 그 종이 모형론 패턴을 어떻게 반복하는지 다루기 전에 먼저 이사야가 새 출애굽과 관련하여 종을 제시하는 방식을 살펴볼 것이다.

§5.1 새 출애굽의 배경

많은 곳에서, 이사야는 이스라엘이 출애굽하기 전 애굽에 머물렀던 것을 새 출애굽 이전에 바벨론에 포로됐던 것에 비교하는데, 이사야 53장의 사전 준비(leadup)도 다르지 않다. 이사야 52:4(ESV)에서 예언자는 "주 하나님이 이렇게 말씀하신다. '내 백성이 처음에 애굽으로 내려가서 거기 거했고, 앗수르인은 공연히 그들을 압박했다'"라고 선언한다. 출애굽 시 자신의 이름을 알렸던 것과 같은 방식으로, 야훼는 새 출애굽에서도 자신의 이름을 알리겠다고 약속하신다(사 52:6). 이 구원의 좋은 소식은 아름다운 발을 가진 사람들에 의해 산 위에서 선포된다. 그들은 야훼의 통치를 선포한다(52:7). 파수꾼들은 야훼가 시온으로 돌아오는 것을 보고 기쁨으로 노래한다(52:8). 야훼는 마침내 그의 백성을 위로하신다(52:9; 49:13; 40:1).

야훼는 출애굽 시 강력한 손과 뻗은 팔로 이스라엘을 구원하셨고, 이사야가 예언한 새 구원에서 모든 땅끝이 보게 될 것이라고 말씀하신다. "야훼가 모든 민족의 눈앞에 거룩한 팔을 드러내셨다"(사 52:10). 이스라엘이 애굽을 떠나 시내산에서 성막과 그 기구들을 만들고 약속의 땅으로 행진을 시작한 것처럼, 이제 하나님의 백성은 떠나라는 부름을 받으며, "야훼의 기구를 메는" 자들은 스스로 정결하게 하라는 부름을 받는다(52:11). 그들은 서둘러 애굽을 떠났지만 이번에는 그렇게 하지 않을 것이다. "너희가 황급히 나오지 않으며 도망하듯 다니지 않을 것이다"(사 52:12a, ESV: 한국어 성경은 52:12b—편주). 구름 기둥과 불기둥, 야훼의 천사가 그들을 홍해로 인도한 후에, 그 기둥과 천사는 이스라엘과 파라오의 병거 사이에 섰었는데(출 14:20). 이번에도 그러했다. "야훼가 너희 앞에 행하시고 이스라엘의 하나님이 너희 뒤에서 호위하실 것이다"(사 52:12b, 한국어 성경은 52:12a—편주).

§5.2 고난받는 종이 패턴을 반복하다

야훼가 이사야 52:13a에서 "보라, 내 종이 지혜롭게 행할 것이다"라고 말씀하실 때, 그는 앞서 기록된 성경에 언급된 두 가지 단어, 곧 "종"(עֶבֶד)과 "지혜롭게 행하다"(שָׂכַל)를 뜻깊게 사용한다. 스티븐 뎀스터(Stephen Dempster)는 모세가 "야훼의 종"으로 18회 불렸다는 사실을 언급한다. 여호수아와 다윗은 각각 2회씩 그렇게 불렸다. 모세, 다윗, 여호수아만이 구약성경에서 그런 표현으로 불렸다. "나의 종"이라는 어구와 관련해서, 다윗은 23회, 야곱은 13회, 모세는 8회, 욥은 6회, 이스라엘은 3회 그렇게 불렸다.[36] 그러므로 우리가 야훼의 종에 관해 생각할 때, 모세와 다윗은

---

36 Stephen G. Dempster, "The Servant of the Lord," in *Central Themes in Biblical Theology: Mapping Unity in Diversity*, ed. Scott J. Hafemann and Paul R. House

두드러진 실례가 된다.[37]

"지혜롭게 행하다"(שָׂכַל)라는 동사는 다음의 구절들에 나타나는데, 이는 우리의 논의와 관련되어 있는 것처럼 보인다.

- 여호수아 1:7과 1:8(ESV)에서 여호수아는 "좋은 성공(good success)을 거두기" 위해 토라를 지키라는 권고를 받는다.
- 다윗은 하는 모든 일에서 "성공했다"(삼상 18:5, 14, 15, 30, ESV).
- 다윗은 솔로몬에게 "형통"(prosper)하도록 토라를 지키라고 권고한다(왕상 2:3, ESV).
- 야훼는 히스기야와 함께 계셨고, "그가 어디를 가든지 형통했다"(왕하 18:7, ESV).

더 많은 예를 들 수 있겠지만(예, 본서 제3장의 §5.3.5에서 인용된 렘 23:5), 저것만으로도 토라 지킴과 그로 인한 성공 사이의 연관성을 보여 주기에는 충분하다(참조, 시 1:2-3; 2:10). 이 두 단어, "종"과 "지혜롭게 행하다"는 야훼의 토라에 신실함으로써 성공하게 되는 모세계, 다윗계 인물과 결합된다.

이사야는 그 종이 "높아지고, 들어 올려지며, 높여질 것"(사 52:13b, ESV)이라고 말한다. 이는 11:10(ESV)에서 "그날에 이새의 뿌리에서 한 싹

(Grand Rapids: Baker, 2007), 131.

37 고난받는 종과 모세 사이의 여러 접촉점을 요약한 후(68-71을 보라), Allison은 이렇게 썼다: "모세는 [종의] 노래의 저자를 고난받는 종의 한 모형—여러 모형 중 하나—으로 기능한다. … 그리고 두 번째 출애굽의 중심 인물이 첫 번째 출애굽의 저명한 지도자를 모델로 삼는 것보다 더 자연스러운 일이 무엇이겠는가?" Allison, *The New Moses*, 70.

이 나서 만민의 기치로 설 것이며, 민족들이 그에게로 돌아와서 그가 거한 곳이 영광스럽게 될 것이다"(참조, 11:12)라고 말하는 이사야의 언급을 상기시킨다. 따라서 "지혜롭게 행하는" 야훼의 "종"인 다윗계 인물은 다윗의 혈통에서 나올 미래의 왕에 관해 말하는 이사야 11장과의 연결로 입증된다.

이사야 53:1은 야훼의 강한 손과 뻗은 팔에 의한 출애굽-새 출애굽의 구원을 다음과 같은 질문으로 반복한다(참조, 52:10). "그리고 야훼의 팔이 누구에게 나타났는가?" 이사야 53:2의 어휘와 이미지는 모두 이사야 11장을 떠올리게 한다. 예언사는 11:1(ESV)에서 "이새의 그루터기에서 한 싹이 나고, 그의 뿌리에서[מִשָּׁרָשָׁיו] 한 가지가 나서 열매를 맺을 것이다"라고 말한다. 그 후 53:2a에서는 "그는 주 앞에서 자라나기를 어린나무 같고 마른 땅에서 나온 뿌리 같았다[וְכַשֹּׁרֶשׁ]"라고 선언한다. 이 두 이미지는 동일하고, "뿌리"라는 단어도 동일하며, 53:2에서 "어린나무"로 번역된 단어는 11:8에서 "젖 먹는 아이"(יוֹנֵק)로 번역된 단어와 같다. 이사야는 지혜롭게 토라를 행하는 모세계·다윗계 종(사 52:13)을 이새의 그루터기에서 나온 싹, 심지어는 독사에 대해 두려워하지 않는 젖 먹는 아이와 동일시한다(사 53:2; 11:1, 8).

이사야 53:2b은 다윗에게 인상적인 점이 없음을 상기시켜 준다. 적어도 "사람의 눈으로" 볼 때는 그렇다(참조, 삼상 16:7, ESV). 사무엘이 이새의 아들들 중 하나를 왕으로 기름 붓기 위해 왔을 때, 이새는 양 떼 가운데 있던 다윗을 불러올 필요가 없다고 생각했다(16:11). 그리고 이사야가 "그는 고운 모양도 없고 위엄도 없어서 우리가 보기에 바랄 만한 아름다움이 없다"(사 53:2b, ESV)라고 썼을 때 그런 식의 것을 생각했을 것이다. 그는 겉으로 볼 때 왕으로 선택되기에 자명했던 사울과는 달랐다. "이스라엘 백성 중에 그보다 잘생긴 사람이 없었다"(삼상 9:2).

다윗은 시편에서 이사야 53:3(ESV)에서 볼 수 있는 언어로 자신에 관해 말한다. "그는 멸시받아 사람들에게 버림받았으며, 간고를 많이 겪었으며 질고를 아는 자다. 마치 사람들이 그에게서 얼굴을 가리는 것같이 멸시를 당했고 우리도 그를 귀히 여기지 않았다." "멸시받는다"로 번역된 단어(בָּזֹה)는 시편 22편에서 두 차례, 곧 22:6과 22:24(MT 22:7, 25)에 나온다. 이 구절들은 다윗이 자신의 경험으로 이사야 53:3에서 묘사된 종을 예표해 낸 방식을 담고 있다(여기 모든 본문은 ESV를 따랐다).

- 시 22:6-7, "그러나 나는 벌레이며 사람이 아니다. 사람에게 조롱을 받고 백성에게 멸시를 받는다. 나를 보는 모든 자는 나를 비웃고 입을 열고 머리를 흔든다."
- 시 22:24, "그는 곤고한 자의 곤고를 멸시하거나 싫어하지 않으시며 그의 얼굴을 그에게서 숨기지 않으시고 그가 울부짖을 때에 들으신다."

시편 22:24에서 야훼는 다윗에게서 그의 얼굴을 가리지 않으셨지만 (פָּנָיו מִמֶּנּוּ וּבְשַׁוְּעוֹ אֵלָיו, MT 22:25), 이사야서의 사람들은 종에게서 그들의 얼굴을 가렸다(וּכְמַסְתֵּר פָּנִים מִמֶּנּוּ, 사 53:3).

사무엘하 15:30에서 다윗은 아들에 의해 배반당하고 예루살렘에서 쫓겨났을 때 특히 "간고를 겪은 자"(a man of sorrows), "질고를 아는 자"(acquainted with grief)처럼 보였다(사 53:3).

그러나 다윗이 감람산으로 올라갈 때에 그의 머리를 가리고 맨발로 울며 갔다. 그리고 그와 함께 가는 모든 백성들도 각각 자기의 머리를 가리

고 울며 올라갔다. (ESV)

이스라엘의 참 왕은 다윗과 같이 예루살렘을 떠나 기드론 골짜기를 건너 감람산으로 올라가서 그에게 충성하는 자들과 함께 울었다(마 26:30-46; 막 14:32-42; 눅 22:39-46).[38]

이사야는 53:4에 기록하기 시작한 통찰을 어디에서 얻었을까? 이 질문의 답을 찾기 위해 이사야 53장에 나오는 다음과 같은 문장들을 생각해 보자(여기 모든 본문은 ESV를 따랐다).

- 53:4, "그는 실로 우리의 질고를 지고 우리의 슬픔을 당했다. …"
- 53:5, "그가 찔림은 우리의 허물 때문이요, 그가 상함은 우리의 죄악 때문이다. 그가 징계를 받으므로 우리는 평화를 누리고 그가 채찍에 맞으므로 우리는 나음을 받았다."
- 53:6, "주님이 우리 모두의 죄악을 그에게 담당시키셨다."
- 53:8, "… 그가 살아 있는 자들의 땅에서 끊어짐은 마땅히 형벌받을 내 백성의 허물 때문이라고 누가 생각했는가?"
- 53:10, "주님이 그에게 상함을 받게 하시기를 원하셨다. 그는 그가 질고를 당하게 하셨고, 그의 영혼을 속건제물로 드릴 때, 그가 자손을 보게 되며, 그의 날은 길 것이며 …"
- 53:11, "그가 자기 영혼의 수고한 것을 보고 만족하게 여길 것이다. 나의 의로운 종이 자기 지식으로 많은 사람을 의롭게 하며 또 그들의 죄악을 친히 담당할 것이다."
- 53:12, "… 이는 그가 자기 영혼을 버려 사망에 이르게 하며 범죄자 중 하

---

38 마찬가지로, Ahearne-Kroll, *The Psalms of Lament in Mark's Passion*, 167.

나로 헤아림을 받았기 때문이다. 그러나 그가 많은 사람의 죄를 담당하며 범죄자를 위하여 기도했다."

이 모든 진술은 야훼의 의로운 종(53:11)이 사람들의 죄를 위해 고난받게 될 일을 나타낸다. 이사야가 예언자였고, 성령의 영감을 받았으며, 하나님으로부터 진리를 계시받았다는 사실을 모두 받아들인 채, 나는 다음을 질문해 보고 싶다. 더 앞서 기록된 성경을 이해하여 이사야의 통찰로 나아가는 일이 가능할까? 그리하여 이사야가 이해했던 대로 우리가 앞서 기록된 성경을 이해한다면, 이사야가 내린 결론이 자연스럽다는 것을 알 수 있을까? 수목학자(나무를 연구하는 사람!)가 도토리를 가지고 도토리 나무를 역설계해 낼 수 있다면, 우리는 이사야 53장을 역설계하여 그것이 발생한 사고 세계를 이해할 수 있을까?

이사야서에서 사람들의 죄악이 용서되는 방식, 곧 그들의 모든 죄에 대해 두 배의 벌을 받게 되는 방식(사 40:1-2)은 바로 종이 그들 대신 진노의 잔을 마시는 것임을 말하고 있는 것 같다(참조, 51:17, 22). 우리는 또한 이사야 본문의 강조, 곧 종의 무죄함과 의로운 행동에 주목할 필요가 있다.

- 52:13, "내 종은 지혜롭게 행할 것이다."
- 53:9, "그가 폭력을 행하지 않고, 그의 입에 거짓이 없었지만"
- 53:10, "주님의 뜻은 그의 손에서 실현될 것이다."
- 53:11, "의로운 자, 나의 종이 그의 지식으로 많은 사람을 의롭게 했다."

이사야는 어떻게 이런 결론에 이르렀을까? 나는 이사야가 바울의 로마서 5:12-21에 밝혀진 많은 부분을 예상하고 있었다고 제안하고자 한다.

우리는 핵심 사항을 몇 개의 간단한 문장으로 나누어 제시할 수 있는데, 각각의 사항은 구약성경 자체의 내적 논리에서 나온다.

- 이사야는 모든 사람이 아담의 죄로 인해 에덴 밖에서 태어났고, 하나님을 대적한 범죄자였으며, 하나님이 "아버지의 죄악을 자녀와 자녀의 자녀에게" 보응하시기 때문에(출 34:7; 참조, 20:5) 아담의 죄악이 그들에게 임했음을 이해했다.
- 이사야는 아담이 하나님의 아들이라는 사실, 이스라엘 민족이 하나님의 아들로서 새 아담이라는 사실(출 4:22-23), 그리고 다윗 혈통의 왕이 하나님의 아들인 이스라엘을 대표하는 새 아담이라는 사실을 이해했다.
- 이사야는 죄와 사망이 극복되려면 의로운 생명이 필요하고 죄에 대해 완전한 형벌이 필요하다는 것을 이해했다.

유다가 자신을 담보로 제공하고 베냐민을 대리한 방식과 더불어(창 43:8-9; 44:32-34), 요셉 이야기에서 관찰할 수 있는 패턴은 이사야의 사고방식에 영향을 미쳤을 수 있다. 요셉이 노예로 팔린 고난(37:28; 42:21-22)은 이사야 53:8에서 "압제와 심판으로 그는 끌려갔고 …"라는 말로 회상되는 것처럼 보인다. 창세기 내러티브에서 "암양"(ewe)을 의미하는, 요셉의 어머니 라헬(רָחֵל)의 이름과 미묘한 연관성도 나타나는데, 이는 "털 깎는 자 앞에서 잠잠한 양과 같다[וּכְרָחֵל]"(사 53:7, ESV)라는 문장에 등장한다. 이사야는 53:8a에서 그가 압제에 의해 그리고 정의가 없음으로 인해 끌려갔음을 언급한 후, 요셉의 형들이 무심히 삶을 이어 가다가 요셉 앞에 섰을 때에야 비로소 요셉에게 행한 죄를 깨달은 장면을 연상시키는 진술을 내어놓는다(창 37:31-36; 42:21-22; 45:3). 그 내러티브에서 요셉은 자신이 하나님에 의해 애굽으로 보내져서 남은 자들의 생명을 보존하게 했다고 설명한다(45:5-9; 창 45:7의 "남은 자", שְׁאֵרִית를 보라). 이사야는 다음과 같은 말로 이 모든 것의 실현을 요약적으로 제시한다. "그리고 그 세대 중에, 그가 살아 있는 자들의 땅에서 끊어짐은 마땅히 형벌받을 내 백성의 허물 때문이라고 누가 생각했는가"(사 53:8b, ESV). 요셉의 고난이 남아 있는 아브라함의 씨에게 생명을 주었던 것처럼, 이사야 53장의 종의 고난은 그의 씨에게 생명과 의로움을 준다(53:10-11).[39]

이 본문의 여러 가지 표식은 이사야가 전달하고자 했던 바를 이해하는 데 도움을 준다. 이 중 첫 번째는 사무엘하 7:14(ESV)과의 접촉점과 관련된다. "나는 그에게 아버지가 되고 그는 나에게 아들이 될 것이다. 그가 죄를 지으면 나는 사람의 막대기와 사람의 아들의 매로 그를 징계할 것이다." 나단의 신탁은 다윗의 집(삼하 7:11)—그의 후손에서 나오는 왕들의 계보—과 다윗의 씨(7:13)—야훼가 영원한 왕좌를 약속하신 그 한 왕—모두와 관련이 있다. 징계에 관한 진술을 다윗의 집에 적용하면서, 야훼는 죄를 지은 다윗계 왕들을 "사람의 막대기로"(7:14) 징계하겠다 약속하신다.

하지만 이사야 53장의 종은 자신의 죄악이 아니라 그의 백성의 죄악으로 인해 고난받는다(사 53:6). 사무엘하 7:14은 "그가 죄악을 행할 때"(בְּהַעֲוֺתוֹ)라는 문구에서 부정사 연계형 동사를 사용한다. 이사야는 그에 대한 동족 명사인 "죄악"(עָוֺן)을 세 차례 사용하여 그 종이 짊어지게 될 백성의 죄를 표현한다(여기 본문은 ESV를 따랐다).

- 사 53:5, "그는 우리의 죄악으로 인해 짓밟혔다."

---

39 그래서 또한, Emadi, "The Story of Joseph," 82-102을 보라.

- 사 53:6, "주님이 우리 모두의 죄악을 그에게 얹으셨다."
- 사 53:11, "그는 그들의 죄악을 짊어질 것이다."

이사야 53장의 종은 거짓을 말하지도 행하지도 않았으며(53:9) 의로웠다(53:11). 그는 백성의 죄를 위해 고난받게 될 것인데, 이사야는 그 고난이 사무엘하 7:14에 나오는 고난임을 표시하기 위해 7:14에서 "매/채찍"으로 번역된 단어(נֶגַע)를 이사야 53장에서 두 번 사용했다. 즉, 53:4에서 "우리는 그를 매를 맞은 자로 여겼다"와 53:8에서 "내 백성의 허물을 위해 매를 맞는다"라고 말한다. 사무엘하 7:14은 주님이 그의 아들에 대한 "징계"(동사 יָכַח)로서 그 형벌을 내리심에 대해 말한다. 이사야는 이 단어를 사용하지는 않지만, 그와 동의어 개념인 "징벌"(사 53:5, מוּסָר)을 언급한다.

53:5에서 이사야는 또한 다윗이 시편 69편과 109편에서 자신의 고통을 묘사하는 데 사용한 "찔렸다"(חָלַל)라는 단어를 사용한다. 이 진술들을 살펴보자.

- 시 69:26(MT 69:27), "그들이 당신이 치신 자를 핍박합니다. 그들은 당신에 의해 찔린 자의 상처를 이야기합니다."
- 시 109:22, "나는 가난하고 궁핍하여 나의 중심이 찔립니다."
- 사 53:5, "그러나 그는 우리의 허물을 위하여 찔린다."

시편 69:26(MT 69:27)과 이사야 53:4 사이의 또 다른 접점은 이사야 53:4의 "하나님에게 치심을 받았다"라는 어구와 시편 69:26(MT 69:27)의 "당신이 치신 자"에 존재한다. 두 곳 모두에서 하나님은 치는 일을 하시는데, 이사야는 다윗이 사용한 것과 동일한 동사(נָכָה)를 사용한다.

이사야는 이사야 53장의 고난받는 종을 이사야 11장의 다윗에게서 나올 미래의 왕과 동일시했다. 이사야는 다윗이 시편 22, 69, 109편(이 시편들은 모두 신약에서 인용됐다)에서 사용한 용어를 가지고 그를 고난받는 자로 표현했다. 그리고 내가 제안하는 바는 이렇다. 곧, 이사야는 다윗의 혈통에서 나올 미래의 왕이 새 아담, 하나님의 아들이 되어, 아담이 범죄한 곳에서 의를 행할 것이며, 죽음에 이르는 고난으로 백성의 죗값을 치를 것이라는 사실을 이해했다. 아담이 언약의 머리로서 사람들을 죄에 빠뜨렸던 것처럼, 고난받는 종도 언약의 머리로서 사람들의 죄를 짊어지고 그들을 대신하여 고난받게 될 것이다. 그는 죄를 짓지 않았기 때문에 죽음으로 귀결되지 않았고 따라서 죽음이 그를 붙잡아 둘 수 없었다.

이사야의 예언에 대한 통찰을 제공해 주는 두 번째 표시는 이사야가 이 본문, 곧 이사야 52-54장과 창세기 21-22장의 아브라함 및 이삭 이야기 사이를 형성하는 연결 고리와 관련이 있다. 창세기 22장에서 "내가 여기 있습니다"(הִנֵּנִי)라는 진술은 3회 나오는데, 이는 모두 아브라함의 입에서 나왔다.

- 창 22:1, 하나님이 아브라함을 부르자, 그가 "내가 여기 있습니다"라고 대답한다.
- 창 22:7, 이삭이 아브라함을 부르자, 그가 "내가 여기 있다"라고 대답한다.
- 창 22:11, 주님의 천사가 아브라함을 부르자, 그가 "내가 여기 있습니다"라고 대답한다.

하나님이 아버지 아브라함을 불러 사랑하는 외아들 이삭을 모리아산 가운데 한 곳에 가서 번제로 바치라며 그를 시험하셨을 때(22:1-2), 아브라함은 "내가 여기 있습니다"라고 대답한다(22:1, 7, 11). 이사야 52:13-53:12 직전에, 하나님 아버지가 다윗의 혈통에서 미래의 왕으로 나타날 의로운 종을 높이 바치시고, 이로써 그가 하나님의 아들이 되는 것을 보게 되는데, 이사야 52:6에서 주님은 이렇게 말씀하신다. "그러므로 내 백성은 내 이름을 알 것이다. 따라서 그날에는 '내가 여기에 있다'[הִנֵּנִי]라고 말하는 자가 나인 줄을 [그들이 알게 될 것이다]." 근접 문맥에 있는 아브라함과 이삭 내러티브에 대한 다른 표지들과 결합해서 고려해 볼 때, 저 진술은 아브라함이 "내가 여기 있습니다"라고 말했던 것처럼, 야훼가 그의 백성에게 창세기 22장 내러티브 안에서의 아버지 역할을 하시겠다는 것처럼 보인다.

아브라함의 "내가 여기 있습니다"라는 진술이 이사야 52:13-53:12 직전, 곧 52:6에 등장한다고 본다면, 이삭의 탄생을 기뻐하는 사라의 노래는 그 직후인 54:1(ESV)에 나온다고 말할 수 있다. "잉태하지 못하며 출산하지 못한 너는 노래하라. 산고를 겪지 못한 너는 외쳐 노래하라!" 불임이었던 어머니의 출산의 기쁨(사 54:1)에 나타나는 이삭 이야기 인유를 확증해 주는 것은 이사야 54:3에 나타난 창세기 22:17 인유인데, 거기에는 아브라함이 이삭을 제물로 바친 후 하나님이 그에게 말씀하시는 장면이 나온다. "그리고 네 자손이 민족들을 얻게 될 것이다."

- 창 22:17, וְיִרַשׁ זַרְעֲךָ אֵת שַׁעַר אֹיְבָיו
  "그리고 네 씨가 그를 미워하는 자의 문을 얻게 될 것이다."

- 사 54:3, וְזַרְעֵךְ גּוֹיִם יִירָשׁ
  "그리고 네 씨가 민족들을 얻게 될 것이다."

이삭의 탄생과 희생 제사 내러티브 인유(사 52:6; 54:1-3)는 52:13-53:12에 나오는 종에 대한 묘사를 앞뒤로 감싼다. 이는 기적의 탄생, 약속의 실현, 죽음을 대면하는 믿음, 심지어 사랑하는 약속의 자녀를 기꺼이 바치려는 의지, 그가 도살된 후 살아 돌아올 것(창 22:5, "우리가 돌아올 것이다"), **한** 씨로부터 하늘의 별과 같이 **많은** 자가 나올 것에 대한 믿음(참조, 사 54:1)과 배음(overtones)을 울리면서 그 본문을 채색한다.

아브라함은 이삭을 데리고 "산들 중 한 곳에서" 바치라는 지시를 받았다(הֶהָרִים, 창 22:2). 이사야 52:7(ESV)에서 예언자는 이렇게 선포한다. "산들[הֶהָרִים] 위에서 좋은 소식을 전하는 자의 발이 얼마나 아름다운가." 창세기 22장에 나오는 그 산에서 아브라함은 자녀 이삭을 해치지 말고 그 대신 숫양을 대리하여 바치고 그곳의 이름을 "하나님이 보실 것이다"로 짓는 기쁜 소식을 경험했다(창 22:11-14). 산으로 올라가는 길에 이삭은 아버지에게, "'보세요. 불과 나무는 있는데 번제로 드릴 어린양은 어디 있나요?'라고 물었다. 그러자 아브라함이 말했다. '번제로 드릴 어린양을 하나님이 보이실 것이다. 내 아들아.' 그리고 두 사람이 함께 갔다"(창 22:7b-8). 두 구절에서 두 차례 "어린양"으로 번역된 용어(창 22:7, 8, שֶׂה)는 이사야가 종을 "어린양"에 비유할 때 사용한 용어와 같다(사 53:7). 이삭이 창세기 22장에서 어린양에 대해 물었을 때, 희생 제사에 필요한 다른 것들은 모두 있지만 도살할 짐승이 없다는 것을 번뜩 알아차렸다. 그의 아버지의 대답은 "번제로 드릴 어린양"과 "내 아들"이라는 단어를 나란히 놓는다. 표현은 모호하다. 아브라함은 아들에게 단순히 하나님이 어린양을 보이실 것이라는 뜻으로 말했을 수 있고, 하나님이 그의(아브라함의) 아들을 번제로 드릴 어린양으로 공급하실 것을 뜻했을 수도 있다.

두 사람은 함께 간다. 그리고 이삭이 도살당할 때 더 많은 질문을 했다거나 다른 식의 반대를 표명했다는 기사는 나오지 않는다. 이삭은 산으로 올라가는 길에서 침묵했다(22:8b-9a). 그는 아버지에 의해 묶일 때 침묵했다(22:9b). 그는 아버지에 의해 제단에 눕혀질 때 침묵했다(22:9c). 그리고 그는 아버지가 "손을 뻗어 칼을 잡고 아들을 죽이려 할 때"(22:10) 침묵했다. 바로 그 순간 주님의 천사가 개입했지만, 이삭이 아버지에게 복종하고 자신의 운명을 받아들인 일은 아마도 이사야 53:7b(ESV)에서 종이 실현할 모형론 패턴을 제공했을 수 있다. "그의 입을 열지 않았다. 마치 도수장으로 끌려가는 어린양[שֶׂה]과 털 깎는 자 앞에서 잠잠한 양[רָחֵל]같이 그의 입을 열지 않았다." 앞서 언급했지만, 창세기 29장에서 야곱은 라헬과 결혼하게 되는데, 이때 라헬이라는 이름은 이사야 53:7에서 "양"으로 번역된 단어다.

이삭은 물론 아브라함의 씨였고, 하나님의 씨 약속 이후 이삭을 오랫동안 기다리는 이야기는 창세기 12:1-3의 약속 이후로 21:1-3의 약속 실현 때까지 긴장의 중심점이다. 약속이 실현되자마자 아브라함은 이삭을 제물로 바치라는 부름을 받는다(22:1-2). 잉태하지 못하는 여인이 아이를 낳는 것은 죽음에서의 부활과 같고, 아브라함이 이삭을 희생 제물로 드리기 위해 산으로 데려간 후 살아서 다시 되돌아오게 한 것(22:5)도 죽음에서의 부활과 같다(참조, 히 11:19). 그 씨는 희생 제물로 바쳐져야 했지만, 그는 살았다. 그리고 그 하나의 씨, 이삭을 통해 아브라함의 나머지 씨가 나왔으며, 그들은 생육하고 번성하여 땅을 채웠다(출 1:7). 이사야는 "그의 영혼을 속건제물로 드릴 때, 그가 그의 씨를 보게 되며, 그의 날은 길 것이다"(사 53:10, ESV)라고 말할 때, 그런 패턴—하나의 씨가 죽음으로부터 생명을 받고 이로써 나머지 씨에게 생명을 주는 것—에 대해 말하는 듯하다.

이사야는 종의 죽음에 대해 말한다(아래 성경 구절은 ESV를 따른다).

- 사 53:8, "그가 살아 있는 자들의 땅에서 끊어졌다."
- 사 53:9, "그들이 그의 무덤을 악인들과 함께 있게 했으며 그가 죽은 후에 부자와 함께 있게 했다."
- 사 53:10, "그의 영혼을 속건제물[אָשָׁם]로 드릴 때."
- 사 53:12, "그가 자기 영혼을 버려 사망에 이르게 했기 때문이다."

그 종은 끊어졌고, 무덤에 놓였으며, 그의 죽음은 **아샴(אָשָׁם)**, 곧 속건제물이 됐다. 그는 희생 제물로서 도살당했다. 그러면 이사야는 어떻게 "그의 영혼을 속건제물로 드릴 때"라는 어구 직후에 "그가 그의 씨를 보게 되며, 그의 날은 길 것이다"(사 53:10)라고 말할 수 있었을까? 그 답은 창세기 22장의 부활 논리에서 찾을 수 있다. 또다시 반복하자면, 이삭의 출생은 죽은 몸에서 나오는 생명과도 같다—이때 죽은 몸은 두 개(아브라함과 사라)였다. 바울은 아브라함과 사라가 모두 죽은 것과 다름이 없었다고 말했다(롬 4:17-19; 참조, 삼상 2:5b-6). 마찬가지로 아브라함은 이삭을 죽이고자 산으로 데려갔다가 산 채로 데려왔으며, 바로 다음 장인 창세기 23장에서의 죽은 자를 위한 매장지에 대한 관심은 하나님이 약속하신 땅에 대한 믿음을 암시하는 듯하다. 따라서 살아 있는 동안 그 땅을 받지 못했다 하더라도, 그 땅을 누릴 부활이 있을 것이다(창 23장; 참조, 25:8-10; 35:29; 49:29-33; 50:24-26; 히 11:22).[40]

이사야 53:10에 나오는 "그가 그의 씨를 보게 될 것이다"라는 어구는 창세기 50:23, "그리고 요셉은 에브라임의 자손 삼대를 보았으며, 므낫

---

40 Chase, "Genesis of Resurrection Hope," 477-80.

세의 아들 마길의 아들들도 요셉의 자녀로 간주됐다"라는 문장을 연상시킨다. 요셉—죽었다고 간주됐지만 실제로는 살아 있었던(창 37:33; 45:26-28)—은 그의 씨를 보았고, 죽임을 당했지만 살아 있는 종도 그의 씨를 보게 될 것이다.

이사야 53:10의 그다음 문장, "그의 날은 길 것이다"는 이스라엘의 왕이 항상 토라를 직접 자기 손으로 필사하며 공부해야 하는 이유에 대해 설명하는 신명기 17:20의 목적 진술(יַאֲרִיךְ יָמִים)과 정확히 일치한다. 신명기 17:14-20에서 모세는 왕이 이를 어떻게 행해야 하는지 이스라엘 백성에게 지시했는데, 17:20도 왕의 아들들(그의 씨)에 대해 말하고 있다는 점에서 주목할 만하다. 이 문장, "그의 날은 길 것이다"(직역하자면, "그는 그의 날을 길게 할 것이다")는 구약에 단 4회만 등장하는데(신 17:20; 사 53:10; 잠 28:16; 전 8:13), 모든 경우가 신명기 17:20에 나오는 왕에 대한 지시를 암시하는 것 같다.

백성의 죄를 위한 속건제물로 죽었음에도 불구하고, 다윗의 혈통에서 나올 미래의 왕, 야훼의 의로운 종은 죽음에서 부활하여 그 생명으로 무수한 씨를 약속받은 이삭, 곧 맏아들이자 독생자(only begotten seed)와 같을 것이다. 이사야 52:13에서 그가 "지혜롭게 행한다"(개역개정에서는 "형통하다"로 번역—역주)라는 어구는 "주님의 뜻이 그의 손에서 형통할 것이다"라는 53:10(ESV)의 마지막 문장에 의해 토라에 순종하는 리더십을 가리키는 것으로 확인된다. "야훼의 뜻"에 대한 언급은 불순종으로 야훼의 심기를 불편하게 했던 사울과 같은 왕이 아니라 토라를 사랑하고 야훼를 찬양하는 노래를 불렀던 다윗과 같은 왕을 가리킨다(참조, 호 13:11; 행 13:21-22). 야훼의 기뻐하시는 뜻이 "그의 손에서 형통할 것"이라는 이사야 53:10의 진술에서는 52:13에서 "지혜롭게 행하다"로 번역된 단어

(שָׂכַל)와 자매 관계의 단어(צָלֵחַ)를 사용한다. 이 단어들은 리더십, 지도자가 하나님의 말씀을 고집해야 할 필요성, 그렇게 함으로써 얻는 지혜와 성공을 함께 다루는 다음과 같은 맥락에 등장한다.

- 창 39:2, "그리고 야훼가 요셉과 함께하셨고, 그는 성공한 자(צָלֵחַ)가 됐다"(참조, 39:3, 23).
- 수 1:8, "이 토라 두루마리를 네 입에서 떠나지 말게 하며 주야로 묵상하여 그 안에 기록된 대로 다 행하라. 그러면 네 길이 형통할 것이며(צָלֵחַ), 네가 성공할 것이다(שָׂכַל)."
- 왕상 2:3, "모세의 토라에 기록된 바와 같이 네가 형통할 것이다(שָׂכַל)."
- 왕하 18:6-7, "[히스기야는] 야훼에게 견고히 붙었다. 그는 그를 떠나지 않고 야훼가 모세에게 명하신 계명을 지켰다. 그리고 야훼는 그와 함께 계셨다. 그는 어디를 가든지 형통했다(שָׂכַל)."
- 시 1:2-3, "그의 기쁨은 야훼의 토라에 있으며, 그는 야훼의 토라를 주야로 묵상한다. … 그가 행하는 모든 일에 그는 형통한다(צָלֵחַ)."
- 시 2:10, "그리고 이제, 왕들이여, 지혜로워라(שָׂכַל)."

이사야는 다윗의 혈통에서 나올 미래의 왕이 의롭고 그 손에는 폭력이 없으며 입에는 거짓이 없을 것이라고 예언한다. 이 왕은 자신의 죄악 때문에 사무엘하 7:14b이 말하는 징계를 받는 것이 아니라 그의 백성의 죄악 때문에 그 징계를 받게 될 것이다. 다윗처럼 그는 세상의 기준에 따라 생각하는 사람들에게 예상할 수 없는 놀라움을 선사하는 사람이 될 것이며, 다윗처럼 그는 배척당하고 멸시받으며 찔리게 될 것이다. 요셉처럼 그는 압제를 받고 끌려가, 죽은 것으로 여겨지지만 실제로는 이방인들을 다스리고 이스라엘에게 생명을 주게 될 것이다. 이삭처럼 그는 사랑하는 외아들로서 희생 제물로 바쳐지고 도살당하는 어린양처럼 침묵할 것이며, 그의 죽음을 통해 많은 사람을 의롭게 만들 것이고(사 53:11), 죽음과 부활을 통해 그의 씨가 번성하게 될 것이다(53:10). 이 미래의 왕은 토라에 명시된 대로 야훼의 뜻에 온전히 헌신할 것이기 때문에(53:10) 지혜롭게 행동하고(52:13), 형통하며(53:10), 그의 날은 길 것이다(53:10; 참조, 신 17:20).

이사야 53장의 고난받는 종을 통해 하나님은 구원을 이루실 것이다.

§6 배척당한 후 높여지는 예수

주 예수는 고난받는 종의 역할을 실현하신다. 요셉, 모세, 다윗에게서 반복되는 동일 형태 사건은 이사야 53장의 패턴화된 예언과 결합하여 **바로 그** 고난받는 종을 가리키게 된다. 그리스도의 고난은 감추어졌지만 지금은 드러났으며, 그 고난은 구원하는 것이자 궁극적인 것이다. 이 단락에서는 그리스도가 영광에 들어가기 전에 먼저 고난을 겪으신 방식(눅 24:26과 벧전 1:10-11)에 대해 말하는 본문으로 시작하고 마무리 지음으로써 고난받는 종으로서의 그리스도에 대한 신약성경의 묘사를 요약하고자 한다. 그다음 우리는 요한복음에서 그리스도가 어떻게 배척당하시고 들어 올려지시며 십자가의 영광스러운 패배에서 승리를 거두셨는지에 대한 본문을 다룰 것이다(요 1:10-11과 3:14; 8:28; 12:32, 38). 누가는 사도행전 7장의 스데반의 설교에 나오는 요셉과 모세와 같은 사람들의 패턴과 사도행전 8:32-33의 이사야 53장 패턴에서 비롯한 예언을 나란히 놓았다.

이 모든 것은 악한 소작인 비유 가운데 이 모든 주제를 한데 모은 예수의 가르침에서 비롯됐다(막 12:1-12). 본 단락의 키아스무스 구조는 그리스도 자신의 해석적 천재성, 겸손한 주권, 상실을 통한 성취를 중심에 두고 신약의 가르침을 요약한다.

§6.1 누가복음 24:26, 먼저 고난을 당하고 영광을 받음
 §6.2 요한복음 1:10-11, 그들이 그를 영접하지 않음
  §6.3 사도행전 7장, 스데반의 설교
   §6.4 마가복음 12:1-12, 악한 소작인 비유
  §6.5 사도행전 8:32-33, 이사야 53장 인용
 §6.6 요한복음 3:14; 8:28; 12:32, 38, 이사야의 종이 들어 올려짐
§6.7 베드로전서 1:10-11; 2:22-25, 먼저 고난을 당하고 영광을 받음

§6.1 누가복음 24:26, 먼저 고난을 당하고 영광을 받음

누가는 예수가 엠마오로 가는 길 위의 두 사람에게 "어리석은 자들이여, 예언자들이 말한 모든 것을 믿는 데 마음이 둔한 자들이여! 그리스도가 이런 고난을 받고 그의 영광에 들어가야 할 것이 아니냐?"(눅 24:25-26)라고 말씀하신 것을 기록하고 있다. 예수의 제자들은 그가 죽임당할 일을 거듭 말씀하셨음에도 불구하고 십자가에 못 박힐 것이라고는 상상하지 못했다(눅 9:22-27, 43-45; 18:31-34). 복음서의 저자들은 이 이야기를 사실처럼 들리도록 전한다.[41] 제자들은 예수가 정복하시기를 기대했는데, 이는 이해할 만하다. 그가 죽은 자를 살리고 물 위를 걸을 수 있으셨다면 어떻

---

41 이에 관해서는 Peter J. Williams, *Can We Trust the Gospels?* (Wheaton, IL: Crossway, 2018)[=『복음서를 신뢰할 수 있는가?』, 감은사, 2022]을 보라.

게 그러지 않으실 수 있겠는가? 그리고 그들은 누가복음 18:31-33에서 말하는 것처럼 예수가 죽임을 당하겠지만 3일 만에 죽은 자들 가운데서 부활하실 것에 관한 분명한 말씀을 우리에게 전해 준다. 그때 누가는 이렇게 썼다. "그러나 그들은 이런 것들을 하나도 이해하지 못했다. 이 말씀이 그들에게 감추어져 있었고 그들은 말씀을 깨닫지 못했다"(눅 18:34, ESV).

누가복음 24:25에서 예수는 예언자들의 말을 믿지 않는 두 사람을 꾸짖으시며, 어리석고 마음이 둔하여 믿지 못한다고 말씀하셨다. 그리고 나서 메시아가 먼저 고난을 받고 영광에 들어가는 일이 **반드시 필요하다**고 말씀하시면서 구약성경이 그런 주제를 가르치고 있음을 암시하셨다. 아마도 예수는 따르미들이 예언들과 패턴들, 고난받는 종들, 구원의 약속들을 보고, 이를 모두 합하여 그가 이룬 일들에 도달하기를 기대하셨을 수 있다. 누가가 시므온을 소개한 일은 이스라엘 중 얼마는 올바른 방향으로 생각하고 있었음을 보여 준다(눅 2:34-35).

엠마오로 가는 길 위에 있었던 두 따르미의 유익을 위해, 그들의 이해를 돕기 위해, 예수는 "모세와 모든 예언자의 글로 시작하여 모든 성경 가운데 자기에 관한 것을 그들에게 해석하여 주셨다"(눅 24:27). 이 장 말미에서 누가는 이렇게 덧붙인다.

> 그때 그가 그들에게 말씀하셨다. "이는 내가 너희와 함께 있을 당시에 너희에게 했던 말인데, 모세의 율법과 예언자의 글과 시편에 나에 관하여 기록된 모든 것이 반드시 실행되어야 한다." 그러자 그는 그들의 마음을 열어 성경을 이해하게 하시고, 그들에게 말씀하셨다. "이처럼 그리스도가 고난을 받고 3일 만에 죽은 자들 가운데서 부활하실 것이며, 그의 이

름으로 회개와 죄 사함이 예루살렘에서 시작하여 모든 민족에게 전파될 것이다." (24:44-47, ESV)

§6.2 요한복음 1:10-11, 그들이 그를 영접하지 않음

의로운 고난자에 대한 주제는 항상 놀랍기도 하고 혼란스럽기도 한 의로운 자에 대한 배척과 결부되어 있다. 어떻게 이스라엘 백성이 메시아를 배척할 수 있는가? 이 신비는 네 복음서와 사도행전 모두에서 인용된 (그리고 로마서에서는 인유된) 이사야 6:9-10로 거슬러 올라가며, 더 나아가 신명기의 모세의 가르침(예, 신 29:4)으로 거슬러 올라간다. 요한은 예수가 거부당하시는 모습을 보여 주고(예, 요 5:1-18), 왜 거부당하셨는지에 대한 가르침을 제시한다(예, 3:19-21). 요한은 복음서 서문에서 이야기를 시작하면서, "그가 세상에 계셨고, 세상이 그를 통하여 지음을 받았으나, 세상은 그를 알지 못했다. 그가 자기 백성에게 왔고, 그의 백성은 그를 영접하지 않았다"라고 처음부터 명확히 서술한다.

§6.3 사도행전 7장, 스데반의 설교

사도행전 7장에서 누가는 사도행전 6:8-14의 고발에 대한 스데반의 대답을 보여 준다. "그들은 사람들을 매수하여 말하게 했다. '이 사람이 모세와 하나님을 모독하는 말을 하는 것을 우리가 들었다.' … 그리고 그들은 거짓 증인들을 세워 말하게 했다. '이 사람이 이 거룩한 곳과 율법을 거슬러 말하기를 멈추지 않았다. 그의 말에 이 나사렛 예수가 이곳을 헐고 또 모세가 우리에게 전하여 준 관습을 고치겠다 함을 우리가 들었다'"(행 6:11, 13-14, ESV).

스데반은 하나님이 **이스라엘 땅 밖에서** 족장들과 모세를 통해 일하셨음을 보여 줌으로써 그 고발에 답한다(행 7:2-6, 9-15, 17-22). 심지어 그들이 땅을 받고 성전을 지은 이후에도, 솔로몬은 그런 것이 살아 계신 하나님을 담을 수 없다고 고백했다(행 7:45-50). 그런 와중에 스데반은 이스라엘 백성이 요셉을 배척했고(7:9), 애굽(7:25-29)과 광야에서(7:35, 39-41) 모세를 배척했음을 보여 주는데, 이는 그의 모형론적 주장으로 이어진다. 이스라엘 백성과 그 조상들은 모세와 예언자들의 편에 서 있던 자들이 아니라 그들을 배척하고 그들에게 불순종했던 자들이었다. 사실, 모세와 예언자들의 상속자들은 바로 예수와 그의 따르미들이었다. 이스라엘 백성은 요셉, 모세, 예언자들을 배척함으로써 하나님과 그의 영의 역사를 거부했고, 구약의 패턴들은 이제 그리스도 안에서 실현됐다. 그리하여 스데반은 다음과 같이 결론짓는다.

> 목이 곧고 마음과 귀에 할례를 받지 못한 사람들아, 너희도 너희 조상과 같이 항상 성령에 저항한다. 너희 조상들이 예언자들 중 누군가를 박해하지 않았는가? 그리고 의로우신 분이 오시리라 예고한 자들을 그들이 죽였고, 이제 너희는 그를 배반하고 죽인 자들이다. 너희는 천사가 전한 율법을 받고도 지키지 않았다. (행 7:51-53, ESV)

그들은 뱀의 씨가 요셉, 모세, 예언자들을 거부함으로써 모형화했던 바를 예수에게 행함으로써 실현했고, 예수를 따르는 자들에게도 동일한 일을 계속하고 있다. 이는 스데반의 죽음과 예수의 죽음 사이의 유사성에서 증명된다(행 7:54-60).

§6.4 마가복음 12:1-12, 악한 소작인 비유

마가복음 12장에서는 사랑하는 자의 포도원을 향한 이사야의 사랑 노래(사 5:1-7)를 자아내는 예수의 모습을 보여 준다. 예수가 "비유"(막 12:1)로 말씀하기 시작하시면서 이사야 5장과의 공통된 어휘와 주제가 금세 분명해진다. 두 본문 모두 "포도원"(ἀμπελών, 막 12:1; 사 5:1-2)에 대해 말하고 있으며, 두 본문 모두 "심긴"(ὑτεύω, 막 12:1; 사 5:2) 포도원, 둘러싸인 울타리(ψραγμὸν περιέθηκα, 사 5:2; περιέθηκεν ψραγμὸν, 막 12:1)와 파서 만든 포도틀(προλήνιον ὤρυξα, 사 5:2; ὤρυξεν ὑπολήνιον, 막 12:1), 세워진 망대(ᾠκοδόμησα πύργον, 사 5:2; ᾠκοδόμησεν πύργον, 막 12:1)에 대해 묘사하고 있다. 두 경우 모두 포도원은 이스라엘을 가리킨다(사 5:7; 막 12:12). 하지만 예수는 유대 종교 지도자들을 소작인들로, 포도원 주인에 의해 보내진 종들을 예언자들로 추가 설정함으로써 비유를 전개하신다. 이사야는 단순히 사랑 노래를 사용하여 야훼가 이스라엘로 하여금 맺기 원했던 열매에 관해 말하는 반면, 예수는 이를 가지고 이스라엘의 역사를 요약한다.

이 역사 이야기에서 소작인, 즉 하나님의 백성은 포도원 주인인 주님이 보낸 사람들에게 잘 반응하지 않는다. 첫 번째 사절에 관해, 그들은 "그를 때리고 빈손으로 돌려보냈다"(막 12:3, ESV). 이는 예레미야 37:15(ESV)을 인유하는 것일 수 있다. "고관들이 예레미야에게 격노하여 그를 때리고 감옥에 가두었다." 이 구절의 그리스어 번역에서는 그들이 그를 감옥에 "보냈다"라고 말하는데, 이는 마가복음 12:3에서 종을 빈손으로 돌려보낸다고 말할 때 사용된 것과 같은 동사다(ἀποστέλλω, LXX 렘 44:15[37:15]).

포도원 주인이 보낸 두 번째 종이 도착했을 때, "그들은 그의 머리를 치고 그를 모욕했다"(막 12:4, ESV). 세 번째 종에 관해, 그들은 "죽이고, 또한 그 외 많은 종들도 몇몇은 때리고 몇몇은 죽였다"(12:5). 열왕기상 18:4에 따르면 이세벨은 "야훼의 예언자들을 죽였고" 오바댜는 100명의 예언자를 숨겼다. 열왕기상 19:10에서 엘리야는 예언자들이 칼로 죽임을 당했다고 언급한다. 예레미야 26:20-23에는 스마야의 아들인 예언자 우리야가 살해된 일이 기록되어 있다. 역대하 24:20-22에는 여호야다의 아들 스가랴가 돌에 맞아 죽는다. 느헤미야 9:5-38에서 레위인들이 이스라엘의 죄를 고백할 때 그들이 예언자들을 어떻게 대했는지에 대한 요약은 예수가 말씀하셨던 것과 같다. "그들은 순종하지 않고 주를 거역하며 주님의 율법을 등지고 주님에게로 돌이오라고 권면하는 예언자들을 죽여 주님을 심히 모독했다"(느 9:26, ESV). 또 다른 이들을 학대하고 살해한 일은 히브리서 11:36-37에도 나온다.

마가복음 12:6(ESV)에서 예수가 "이제 한 사람이 남았으니 곧 그가 사랑하는 아들이다"라고 말씀하셨을 때, "사랑하는"(ἀγαπητόν)으로 번역된 단어는 창세기 22:2에서 아브라함의 사랑하는 아들 이삭을 가리킬 때 그리스어 번역에서 사용된 단어와 같다. 이 단어는 또한 스가랴 12:10에서 외아들이자 맏아들의 죽음을 슬퍼하는 모습을 담은 그리스어 번역에도 나타난다(이 어구는 요 19:37과 계 1:7에서 인용됐다). 그 어구는 마가복음에서 예수의 세례 시 하늘에서 울린 "너는 내 사랑하는 아들이며, 내가 너를 기뻐한다"라는 음성과도 연결된다(막 1:11). 마가복음 12:6에서 마가는 "사랑하는 아들"이라는 어구를 통해 예수가 자신을 이삭 및 스가랴 12:10에서 죽임당한 맏아들과 동일시하는 모습으로 제시하고, 더 나아가 그 비유에서 예수는 자신을 야훼가 이스라엘에 보낸 자들 가운데 정점으로 제시한다.

예수가 들려주신 이야기에서 소작인들이 그 사랑하는 아들을 보고 보였던 반응은 "자, 그를 죽이자"는 것이었다(막 12:7). 이 그리스어 어구(δεῦτε ἀποκτείνωμεν αὐτόν)는 창세기 37:20에서 요셉의 형들이 요셉을 보고 보였던 반응을 번역하는 데 사용됐고, 그곳을 제외하면 성경에서 이 표현이 나오는 곳은 오직 이 악한 소작인 비유(막 12:7; 마 21:38)뿐이다. 이 어구를 가지고 마가는 예수가 자신을 요셉과 동일시하고 이스라엘 백성이 야곱의 아들들의 역할로 형제 요셉에게 반응했듯 자신에게 반응하고 있음을 암시한다. 이 패턴은 예수에게서 절정에 이른다.

예수는 악한 소작인들의 마음의 동기(막 12:7)와 사랑하는 아들을 살해한 일(12:8)을 설명하신 후, 포도원 주인이 그들을 심판하기 위해 올 것이라고 경고하신다(12:9). 그다음 그는 그 이야기의 주제 요약으로 시편 118:22-23을 인용하시는데, 종교 지도자들은 그 의미를 정확히 알고 있었다(막 12:12).

마가는 "아벨로부터 사가랴까지"라는 말을 포함하지 않았지만, 마태는 마태복음 21:33-46에서 악한 소작인 비유를 제시하고 얼마 지나지 않아, 23:29-36(ESV)에서 예수의 말씀을 다음과 같이 전한다.

> "화 있을 것이다, 외식하는 서기관들과 바리새인들아! 너희는 예언자들의 무덤을 만들고 의인들의 비석을 꾸미며 이렇게 말한다. '만일 우리가 조상 때에 살았더라면 우리는 그들이 예언자들의 피를 흘리는 데 참여하지 않았을 것이다.' 그렇게 너희는 예언자를 죽인 자의 자손임을 스스로 증명한다. 너희가 너희 조상의 분량을 채우라. 뱀들아, 독사의 새끼들아, 너희가 어떻게 지옥의 판결을 피하겠느냐? 그러므로 내가 너희에게 예언자들과 지혜 있는 자들과 서기관들을 보냈는데, 너희가 그중에서 더러는 죽이거나 십자가에 못 박고 그중 더러는 너희 회당에서 채찍질

하고 이 동네에서 저 동네로 따라다니며 박해할 것이다. 그러므로 의인 아벨의 피로부터 성전과 제단 사이에서 너희가 죽인 바라갸의 아들 사가랴의 피까지 땅 위에서 흘린 의로운 피가 다 너희에게 돌아갈 것이다. 내가 진실로 너희에게 말한다. 이것이 다 이 세대에 돌아갈 것이다."

§6.5 사도행전 8:32-33, 이사야 53장 인용

앞에서 나는, 이사야 52:13-53:12에 나오는 예언은 부분적으로 이사야가 앞서 기록된 성경의 패턴을 묵상한 데에서 비롯됐다고 주장했다. 이런 이해는 사도행전 8:26-40에 나오는 누가의 기록에서 확인되는 것 같다. 저 본문에서 주님의 천사는 빌립에게 에디오피아 환관의 병거에 접근하라고 지시한다(행 8:26-29). 빌립은 그 환관이 읽는 이사야서를 듣고 그를 찾아가 말을 걸었고 그는 빌립에게 자신 옆에 앉으라고 권했다(8:30-31). 그다음 누가는 낭독된 구절이 이사야 53:7-8임을 언급하는데, 이때 누가가 제시한 본문은 구약 그리스어 번역본과 일치한다(행 8:32-33).

환관은 그 예언자가 자기 자신에 대해 말하는지, 아니면 다른 사람에 대해 말하는지 묻고, 누가는 빌립이 그 구절을 설명해 준 것을 "빌립이 입을 열어, 그 성경 본문에서 시작하여 예수에 관한 복음을 전했다"(행 8:35)라는 말로 요약한다. 예수의 복음이 이사야의 예언을 어떻게 실현하는지에 대한 빌립의 설명은 꽤나 설득력이 있었던 모양인지 환관은 다음과 같이 이야기했다.

그들이 길을 가다가 물이 있는 곳에 이르렀을 때, 환관이 이렇게 말했다. "보십시오. 여기에 물이 있습니다! 제가 세례를 받지 못할 이유가 있을까요?" 그리고 그는 병거를 멈추도록 명했고, 빌립과 환관이 모두 물 안

으로 들어가, 빌립이 환관에게 세례를 주었다. (행 8:36-38)

§6.6 요한복음 3:14; 8:28; 12:32, 38, 이사야서의 종이 들어 올려짐

우리는 위에서 요한복음 3장 속 예수와 니고데모 사이의 대화 양상을 요한복음 3:13에 나타난 잠언 30:4 인유와 관련하여 살펴보았다(제5장 §2.1-2.2을 보라). 예수가 자신이 하나님의 왕국을 가져온다는 것에 대한 표적이 어떠한지 니고데모로 하여금 깨우치게끔 하실 때(요 3:2-5), 놋뱀이 들어 올려진 것을 언급하며, "그렇게 사람의 아들도 들어 올려져야 한다"(3:14)고 말씀하신다.

민수기 21:8-9에서 놋뱀을 들어 올리는 것과 이사야 11:10(ESV)에서 "이새의 뿌리에서 한 싹이 나서 만민의 기치로 설 것"이라는 어구 사이에는 문자적 관련성이 있다. 민수기 21:8-9에서 놋뱀이 "장대" 위에 있다고 묘사할 때, 장대(pole, נֵס)라는 용어는 이사야 11:10(또한 사 11:12에도 있음)에서 "기치"(signal)로 번역된 것과 같은 단어다. 아마도 이사야 11장에서 새 출애굽을 예언할 때 이사야는 이새의 뿌리를 놋뱀의 역할에 놓으려 했을 것이다. 즉, 민족들은 그를 바라보고 구원을 받게 될 것이다(참조, 45:22).

앞에서 또한 우리는 이사야 11장과 52:13-53:12 사이에 수많은 접촉점이 있다는 것을 확인했다. 그렇다면 예수가 민수기 21장의 놋뱀의 들어 올려짐을 이사야 53장의 고난받는 종의 들어 올려짐과 연결 지으셨다고 보는 것은 놀라운 일이 아니다. 요한복음 3:14에서 이사야 52:13과 연결되는 지점은 "그렇게 사람의 아들도 들어 올려져야 한다"는 어구에 있다. 이때 "들어 올려진다"는 동사는 이사야 52:13의 그리스어 번역에 사용됐다(ὑψόω). ESV에서 "해야 한다"(must)로 번역된 요한복음 3:14의 "필연적이다/필요하다"(δεῖ)는 구약에서 사람의 아들이 들어 올려질 것이라고 말했기 때문에 그 일이 발생하는 것이 필연적임을 가리키는 듯하다.

놋뱀, 이사야 11:10에서의 이새의 뿌리, 요한복음 3:14에서의 사람의 아들의 들어 올려짐(ὑψόω) 사이의 관련성은 요한복음 8:28에서 반복된다. 거기서 예수는 "너희가 사람의 아들을 들어 올린 후에야 내가 그인 줄 알게 될 것이다"라고 선언하신다. 요한과 이사야 사이의 더욱 밀접한 연관성은 요한복음 12장에 나타난다. 헬라인들이 예수를 만나고자 했을 때 예수는 빌립에게 "사람의 아들이 영광을 받을 때가 왔다"(12:20-23)라고 선언하신다. 이때 "영광을 받다"로 번역된 단어는 이사야 52:13의 그리스어 번역(δοξάζω의 수동태)에도 나타난다. 그다음 예수는 자신의 죽음에 대해 말씀하시고(12:24-31), "그리고 내가 땅에서 들어 올려질 때 모든 사람을 내게로 이끌 것이다"(12:32, ESV)라는 말씀으로 맺으신다. 이 말씀으로 예수는 자신을 이사야 11:10의 "만민의 기치로 서게 될 이새의 뿌리"로 제시하고, 사람의 아들이 장대 위의 놋뱀과 같이 "들어 올려지는 것"은 이사야 52:13-53:12의 실현으로서 죽음을 통해 "영광을 받으심"으로써 현실화될 것이라고 선언하신다.

마치 독자들이 이사야서와의 그런 연관성을 놓치지 않게끔 하려는 듯이, 요한은 요한복음 12:38-40에서 이사야 53:1과 6:10을 인용할 때, "예언자 이사야의 말씀이 실현되게 하기 위함이다"(요 12:38a)라는 말로 시작한다. 이사야 53:1 인용문은 누가 믿었는지, 누구에게 계시가 주어졌는지를 묻고(요 12:38b), 이사야 6:10 인용문은 "그들이 믿을 수 없었던" 이유로서 "이사야가 다음과 같이 말했기 때문"이라고 설명한다. 즉, 그들의 눈이 멀고 마음이 완고하게 됐기 때문이다(12:39-40). 요한은 유대인들이 메시아를 거부함으로써 어떻게 그가 고난받는 종의 모형론 패턴을 실현하게 됐는지 설명하기 위해 그 본문을 제시한 듯하다. 그래서 요한은 12:41(ESV)에서 "이사야가 이렇게 말한 것은 그의 영광을 보고 그를 가리켜 말한 것이다"라고 말할 수 있었던 것이다.

§6.7 베드로전서 1:10-11; 2:22-25, 먼저 고난을 당하고 영광을 받음

베드로는 구약 저자들의 활동에 대해 다음과 같이 언급하면서 의로운 고난자 주제를 간명하게 설명한다.

> 구원에 관하여, 여러분에게 있을 은혜에 대하여 예언한 예언자들은 주의 깊게 살피고 탐구했으며, 그리스도의 영이 그들 안에 계셔서 그리스도의 고난과 그에 따른 영광을 예언할 때 어떤 사람이나 때를 가리키셨는지 탐구했습니다. (벧전 1:10-11, ESV)

신비로운 섭리로, 하나님은 역사 가운데서 주권적으로 행동하셔서, 구원을 이루기 위해 그가 일으키신 자들이 그의 백성에 의해 배척당하도록 두셨다. 이 배척을 통해—요셉이 애굽에 노예로 팔려가는 것을 통해, 모세가 광야에서 보낸 40년을 통해, 박해로 다윗이 주님을 신뢰하는 방법을 배운 것을 통해, 절정에 이른 메시아의 십자가형을 통해—하나님은 그의 백성의 구원을 실현하셨다. 배반당하고, 배척당하며, 믿음으로 인내하신 주님의 종 예수는 요셉같이 통치하도록 높여지셨고, 모세와 다윗같이 성품이 연단되셨으며, 죽음으로부터 부활하여 권능의 오른편에 앉으셨다.

제2부
사건

제2부에서 다룰 두 가지 사건은 창조(제7장)와 출애굽(제8장)인데, 이 각각에 대해서는 이미 살짝 언급한 바 있다. 시편 136편과 히브리서 11장(그리고 여러 곳)에서 하나님의 창조와 구원 사역이 나란히 등장하는 것은 눈에 띈다. 창조와 출애굽 사건은 모두 예측 패러다임과 해석 체계가 된다. 첫 창조는 새 창조의 패턴을 제공하고(예, 고후 5:17), 창조 시 일하시고 말씀으로 그 일을 이루신 방식은 하나님이 어떻게 구원하시며(예, 고후 4:6), 어떻게 새롭게 하시는지(참조, παλιγγενεσία, "갱생"[regeneration], 마 19:28, 딛 3:5)를 이해하기 위한 패러다임을 제공한다. 이와 마찬가지로 출애굽도 예측 패러다임이 된다. 즉, 하나님이 과거에 하셨던 것처럼 미래에도 그렇게 구원하실 것이다. 그리고 이는 해석 체계이기도 하다. 예컨대, 시편 18편과 34편에서 다윗은 출애굽 사건 이미지를 사용하여 하나님이 구원하신 방식을 묘사하고 있으며, 신약성경은 출애굽 사건에서 얻은 개념과 용어를 사용하여, 예수가 죽음과 부활을 통해 이룬 구원을 설명하고 새 창조로 가는 길을 닦았다.

제7장
창조

> 그와 대조적으로 구약은 본질적으로 다른 형태의 모형론적 사고, 즉 시작과 끝(*Urzeit und Endzeit*) 사이의 종말론적 대응에 의해 지배된다.
>
> —게르하르트 폰 라트(GERHARD VON RAD)[1]

창조는 하나님에 의해 이루어진 **사건**이기 때문에, 이 장은 사건들을 다루는 본서의 제2부에 속한다. 동시에 하나님이 세상을 창조하신 후에 세상은 우주적 드라마의 배경, 즉 그가 자신의 이야기를 전하는 무대가 된다. 본서 프로젝트의 키아스무스 구조에서 창조를 다루는 이 장은 왕들을 다루는 제5장과 짝을 이루는데, 그 이유는 하나님이 아담을 창조의 왕으로 삼으셨기 때문이며, 하나님이 모든 대적을 그의 발 아래 두실 때 새 아담이 이 역할을 수행하게 될 것이다(참조, 고전 15:25-28).

이 장의 주장은 첫 창조가 새 창조를 모형화하고 있다는 것이며, 따

1　Gerhard von Rad, "Typological Interpretation of the Old Testament," in *Essays on Old Testament Interpretation*, 19.

라서 창조와 새 창조는 본 장을 이루고 있는 삼각 모양 구조(pedimental structure: 중앙에 주요 강조점이 있는 인물이나 그룹을 배치하는 구조—편주)의 바깥쪽 단위가 된다. 하나님이 처음 창조하신 세상은 마지막에 새로운 세상을 예고하기 때문이다. 앞에서 두 번째 단위에서는 성막과 성전이 다루어지고, 뒤에서 두 번째 단위에서는 새 성전인 교회가 다루어진다. 이 장의 구조의 중심에는 성전의 실현으로서의 그리스도가 놓여 있다.[2]

§1 우주적 성전의 창조
　§2 소우주로서의 성막과 성전
　　§3 성전의 실현인 그리스도
　§4 성령의 성전으로서의 교회
§5 새 창조의 우주적 성전

창조물이 하나님을 예배하고, 기뻐하며, 존중하고, 섬기도록, 하나님은 세상을, 창조물들에게 자신을 알리시고 그들과 함께 거하는 장소로 만드셨다. 우리는 하나님이 거하시는 곳, 즉 그가 함께 계시고 알려지시는 장소이자 그를 섬기고 예배하는 장소를 가리키는 단어를 가지고 있다. 우리는 그러한 장소를 바로, **성전**이라고 부른다.

2　본래의 집필 계획에 따르면, 창조의 역(de-creation)으로서 심판에 대한 장이 창조를 다루는 이 장 뒤에 나오게 하려고 했다. 시간과 지면의 제약으로 인해, 그러한 장과 키아스무스 구조에서 그 장과 짝을 이루는바 거짓 예언자들이 적그리스도(예언자와 왕을 다루는 장 사이에 있었을)를 모형화하고 그 형태를 빚어 가는 방식에 관한 장은 쓸 수 없었다. 따라서 심판에 관한 장은 심판받을 자들을 다루는 장과 짝을 이루고, 창조의 역으로서 심판을 다루는 장에서는 다른 무엇보다도 베드로의 설명(벧후 3:6), 곧 홍수 시 세상이 물로 심판된 것과 그 짝이 되는바 새 하늘과 새 땅을 만들기 위해 세상이 불로 심판될 것에 대한 설명을 다루었을 것이다.

하나님은 세상을 우주적 성전으로 창조하셨고, 하나님의 창조물들의 반역은 거룩한 장소를 오염시켰다. 이 장에서 우리의 초점은 성경 이야기의 배경이 되는, 우주적 성전으로서의 창조에 있다. 창세기 1-2장에서 서술되는 원형적 창조에서부터, 이스라엘의 성막과 진영에 먼저 나타나고 이어서 성전과 약속의 땅에 나타나는 모사형 조각들을 거쳐, 우주적 성전의 창조는 하나님이 사람과 동행하실 수 있고 사람이 하나님과 동행할 수 있는 배경을 만든다(창 3:8; 레 26:11-12; 신 23:14).

에덴동산에는 하나님이 계셨고 죄는 없었다. 사람이 죄를 지으면 하나님이 계실 수 있도록 속죄가 이루어져야 했다. 이것이 바로 구약의 성막과 성전을 통제하는 실체다: (1) 하나님이 거기에 계신다; (2) 죄를 해결하기 위한 희생 제사가 이루어진다. 그래서 그리스도는 성육신을 통해 성막과 성전을 실현하셨다. 그 **자체가** 하나님이 계시는 장소이자 사람과 동행하시는 장소**이다**. 그리고 십자가에서 죄를 해결하기 위한 희생이 이루어진다. 예수가 제자들에게 영을 주실 때(요 20:22), 죄를 용서하는 권세를 주시면서, 그들을 성령이 거하는 새 성전으로 형성하셨다(고전 3:16). 일단 모든 것이 성취되면, 하나님은 새 창조물을 우주적 성전으로 만드실 것이고, 사람은 하나님의 거처가 될 것이다(계 21:3).

이 장에서는 "성경 저자들은 성경의 큰 이야기의 **무대**를 어떻게 이해하고 묘사하는가?"라는 질문에 대답하기 위한 모형론적 이해를 모색한다. 앞선 질문에 간단하게 대답하자면 이렇다. 우주적 성전에서부터 시작하여, 문자적 성막/성전을 거쳐, 성전의 실현으로서의 그리스도, 그리고 이어서 이미 성전이면서도 아직 성전이 아닌(already/not yet temple) 교회, 마지막으로 새 창조 세계가 지성소인 예루살렘과 더불어 성전이 됨으로써 완성되는 곳까지가 그 무대다. 하나님은 이야기를 시작하면서 마

지막을 모형화하셨다.[3]

§1 우주적 성전의 창조

하나님은 말씀으로 세상을 창조하심으로 자신의 우주적 거처를 존재하게 하셨다. 내 견해에 따르면, 창세기의 저자 모세는 또한 출애굽기에 나오는 성막 규정과 성막 건축에 관한 내러티브를 썼으며, 그 내러티브 안에서 우리가 확인하는바 창조와 성막 사이의 대응 관계를 전하려고 했다. 이후의 성경 저자들은 그런 대응 관계를 인지하고 창조를 우주적 성전이라고 말했다. 예컨대, 시편 78:69(ESV)에서 아삽은 주님에 대해, "그의 성소를 산의 높음 같이, 영원히 두신 땅같이 지으셨다"고 말한다. 성소(성전)를 하늘 및 땅과 비교하는 것은 (성막을 모델로 삼아 성막을 대체한) 성전이 우주의 작은 복제품, 곧 소우주라는 견해를 반영한다. 마찬가지로 이사야는 "야훼가 말씀하신다. 하늘은 나의 보좌요 땅은 나의 발판이니 너희가 나를 위하여 무슨 집을 짓겠으며, 내가 안식할 처소는 무엇이겠느냐?"(사 66:1)고 기록할 때 마치 온 땅이 지성소에 있는 언약궤인 것처럼 말한다.[4]

---

[3] 이와 유사하게 Michael Morales는 이렇게 말했다: "하나님의 집에서 하나님과 함께하는 삶, 이것이 우주 창조의 본래 목표다(우리가 보게 되겠지만, 이는 집으로 간주될 수 있을 것이다). 그리고 그 후에 그것은 구원의 목표, 새 창조의 목표가 됐다." *Who Shall Ascend the Mountain of the Lord?*, 17.

[4] 야훼의 발판으로서의 법궤에 대해서는, 시 99:5; 132:7; 애 2:1; 대상 28:2(참조, 대하 9:18)을 보라. 지성소에 있는 법궤/시은좌를 덮고 있는 그룹들에 대해서는 출 25:20, 22; 37:9; 대상 28:18; 대하 5:8; 히 9:5을 보라. 야훼가 그룹들 위에 좌정하셨다는 것에 대해서는, 민 7:89; 삼상 4:4; 삼하 6:2(//대하 13:6); 왕하 19:15; 사

여기서 이사야 66:1은 우리 주제와 관련 있는 세 가지 요점을 제시한다. 첫째, 거기서 주님은 자신을 위해 백성이 어떤 **집**(בית, 즉 성전; 참조, 삼하 7:1-7)을 지을 것인지 물으시는데, 그 질문은 야훼가 창조 세계를 그의 성전으로 지었음을 가정하고 있다. 둘째, 그의 백성이 야훼를 위해 지을 **집**에 대한 질문은 그의 **안식처**에 관한 질문과 평행하게 주어지는데, 이는 창세기 2:1-4에서 정확히 발견할 수 있는 개념으로서 하나님의 우주적 성전이 그의 안식처임을 나타낸다.[5] 우주적 궁전을 완성한 왕이신 야훼는 그의 **안식처**에서 안식을 누린다.[6] 셋째, 야훼의 발판으로서 땅에 대한 언급은 지성소에 있는 언약궤와 연관되는데, 이는 야훼의 창조 **목적**과 그의 임재 안에서 정결한 거룩성을 유지하기 위한 **요구 사항들**과 관련한 질문을 고려할 때 함의하는 바가 매우 크다. 그런 질문들은 성경 저자가 이야기의 무대에 관한 진술에서 염두에 두고 있는 가정을 드러낸다. 성경 저자들은 하나님이 시작 때에 하신 일을 이해하고서 그가 마지막 때에 이루실 일을 알렸다.

§1.1 끝을 미리 내다보는 시작

하나님은 우주적 성전인 세상을 생명의 영역으로 창조하셨다. 존재하지 않던, 형태가 없던, 비어 있던 것을 만들고, 형성하고, 채우신 후(창 1:2,

---

37:16; 시 80:1; 99:1을 보라.

5 G. K. Beale, *The Temple and the Church's Mission: A Biblical Theology of the Dwelling Place of God*, New Studies in Biblical Theology 17 (Downers Grove, IL: InterVarsity, 2004), 60-66[=『성전 신학: 하나님의 임재와 교회의 선교적 사명』, 새물결플러스, 2014]에서는 성경과 고대 근동 문학에서의 안식처로서의 성전에 대해 설명한다.

6 동일한 개념—왕이 통치권을 확립한 후 안식처에 거하는 것과 동일한 개념—은 사 11:10(ESV)의 "… 그의 안식처는 영광스러울 것이다"에서 찾아볼 수 있다.

3-31) 성전(창조 세계)은 살아 있는 것들로 가득 차게 됐다(1:20-21, 24-25). 이 모든 것은 하나님의 복을 받고 생육하고 번성하라는 명령을 받았다(1:22, 28). 모든 것이 매우 좋았다(1:31). 그리고 전개되는 양상을 볼 때, 모든 것이 매우 좋았다는 것은 하나님의 우주적 성전에는 거룩한 창조주에 대한 범법, 반역, 죄가 없었음을 구체적으로 암시한다. 그리고 죄가 없다면 죽음도 없다. 모든 부정함은 죽음으로부터 흘러오며 **죽음과의 접촉**과 관련이 있다. 죄가 없는 곳에는 죽음이 없고, 죽음이 없는 곳에는 부정함이 없다. 하나님은 정결한 생명의 영역을 창조하셨다.

정결하고 거룩한 생명의 성전에 하나님은 자신의 형상과 모양을 두셨다(1:26-28). 이 하나님의 형상은 금지된 형상이 그 거짓된 신들을 숭배하기 위한 신전들에서 수행하는 것과 동일한 목적을 우주적 성전에서 수행한다. 곧, 형상은 보이지 않는 신의 성품, 임재, 권위, 통치를 나타낸다. 하나님은 사람을 우주적 성전의 대리 통치자로 두셨다. "당신이 당신의 손으로 만드신 것을 다스리게 하셨고, 모든 것을 그의 발 아래 두셨다"(시 8:6). 남자는 여자와 더불어 "생육하고 번성하여 땅을 채우고 정복하며 지배권을 가져야" 한다(창 1:28). 인간은 에덴동산에 놓였는데(2:15), "땅을 채우고 정복하라"(1:28)는 명령은 그가 모든 마른 땅을 에덴동산과 같이, 곧 하나님이 시원한 날에(in the cool of the day) 그의 형상을 지닌 자들과 함께 거니실 정결한 생명의 영역으로 만들 것을 암시한다(3:8). 하나님의 명령에 순종하는 일은 창조 세계를 하나님의 형상과 모습으로 채워, 하나님의 성품, 임재, 권위, 통치를 우주적 성전 전체에 이르게끔 한다. 그렇게 하나님의 영광이 물이 바다를 덮듯이 마른 땅을 덮게 될 것이다(합 2:14).

§1.2 에덴과 성막/성전의 대응 관계

에덴동산은 지성소와 흡사하다. 이 동산은 에덴이라는 더 넓은 지역 안에 있는 것처럼 보이는데, "강이 에덴에서 흘러나와 동산을 적셨다"(창 2:10)라고 묘사되기 때문이다. 이스라엘 진영은 지성소를 중심으로 하는데, 마치 누군가가 그 거룩한 곳에 들어갔다가 또 거기서 밖으로 나와 진영으로 가게 되면 거룩성에 대한 요구 사항이 (지성소에 있을 때보다도) 적어지듯이, 창조의 중심에는 지성소, 곧 에덴이라는 거룩한 장소와 에덴 지역 밖의 모든 마른 땅이 있다.[7] 금과 값진 돌들이 풍성했던 성막과 성전처럼, 좋은 금과 값진 돌들은 에덴을 특징짓는다(2:11-12). 성막과 성전의 등잔대는 에덴의 신성한 나무를 상징화하는 듯하고(2:8-9), 진설병은 아담이 자유롭게 먹을 수 있었던 풍부한 음식을 가리킨다(2:16). 에덴동산에서 아담의 일은 성막에서 레위인에게 주어진 일과 같다. 즉, 일하고 지키는 것이다(2:15; 참조, 민 3:8). 그리고 야훼가 사람들이 성막을 갖게 되면 그들 가운데 걷겠다 약속하신 것처럼(레 26:11-12; 신 23:14: 개역개정에서는 "걷다"는 동사가 "행하다"로 번역됨—역주), 동산에서 걸으셨다(창 3:8).[8]

그러나 경고 사항과 함께 금지 사항이 있다. "그러나 선악을 알게 하는 나무의 열매는 먹지 말라. 네가 그것을 먹는 날에는 반드시 죽게 될 것이다"(창 2:17, ESV). 금지 사항은 바로, '그 나무의 열매를 먹지 말라'는 것이고 경고 사항은 '먹으면 죽게 될 것이다'는 것이다. 인간의 죄는 세상에 죽음을 가져오게 될 것이다. 인간은 죄를 짓고 죽음을 초래한다. 남자와 여자는 범죄할 때, 하나님과 서로에게서 숨는 것으로 입증되듯이(창 3:7-8), 영적으로 죽는다. 하나님은 그들을 판결하실 때, 소망의 약속을 주

---

7   Beale, *The Temple and the Church's Mission*, 74-75.
8   Wenham, "Sanctuary Symbolism."

셨지만(3:15), 또한 그들이 죽을 것이라 말씀하시면서(3:19) 정결한 생명의 영역인 에덴동산으로부터 죽음의 부정한 영역으로 몰아내셨다(3:22-23).

창세기 3:24에서 생명나무로 가는 길을 지키는 그룹들(cherubim)과 불타는 칼은, 성막의 직물 위에 수놓아져 있고 언약궤를 덮고 있는(overshadowing) 그룹들을 내다본다. 마찬가지로 발람은 칼을 뽑아 든 천사를 만났고, 여호수아는 야훼 군대의 대장을 만났다. 각각의 경우에 그룹 또는 천사를 만난 사람은 동쪽에서부터 야훼의 안식처로 향한다.

앞으로 보게 될 '하나님의 산'에 관한 내용 때문에, 우리는 또한 에스겔이 두로 왕에 대해 말한 것에 주목할 필요가 있다(겔 28:11-19). 거기서 에스겔은 두로의 인간 왕을 가리키면서, "마귀라고도 하고, 사탄이라고도 하는 옛 뱀"(계 12:9, ESV)에게 적용되는 이미지와 용어를 사용한다. 에스겔은 하늘의 존재(그룹) 및 최초의 동산(에덴)과 관련된 이미지를 사용하여 두로 왕을 그 최초 상황에 유혹을 초래한 하늘의 반역자와 동일시한다. 이 이미지는 두로 왕을 뱀의 씨, 마귀를 아버지로 둔 후손으로 특징 짓는다(참조, 요 8:44). 에스겔 28:13-14(ESV)에서 예언자는 다음과 같이 단언한다.

> 네가 하나님의 동산 에덴에 있었다. 모든 귀한 돌들이 너를 덮고 있다. 곧 홍보석, 황보석, 금강석, 황옥, 홍마노, 창옥, 청보석, 남보석, 홍옥이다. 그리고 너의 주변과 너의 조각이 금으로 장식됐다. 그리고 네가 지음을 받던 날에 너를 위하여 그것들이 준비됐다. 너는 기름 부음을 받고 지키는 그룹이다. 내가 너를 세웠고, 네가 하나님의 거룩한 산 위에서 불타는 돌들 가운데 걸었다.

에스겔이 두로 왕에게 했던 말은 그가 이전에 기록된 성경에서 에덴 동산과 사탄에 대해 배운 것을 반영하며, 그 사탄 이미지를 두로 왕에게 적용한 것은 모형론적 사고방식을 반영한다. 두로 왕은 사탄과 같은 **모형**의 인물이다.

에스겔이 두로 왕에게 했던 말은 두로 왕의 아버지인 마귀에 대해 무엇을 보여 주는가? 이 "기름 부음 받고 지키는 그룹"(28:14)은 "에덴에" 있었다. 그룹이 에덴을 지켜야 했던 것처럼, 아담과 제사장들은 에덴, 성막, 성전을 지켜야 했다. 둘째, 제사장들이 성막과 성전에서의 직무를 위해 "기름 부음"(예, 출 28:41, מָשַׁח)을 받았듯이, 이 그룹은 에덴에서의 직무를 위해 "기름 부음"(מִמְשַׁח)을 받았다. 셋째, 이 "그룹"을 "덮은" 돌들의 목록(겔 28:13-14)은 제사장들의 의복을 만드는 데 사용됐던 돌들과 동일하다(출 28장).

겔 28:13(ESV)	출 28:17-20(ESV)
곧 홍보석(sardius), 황보석(topaz), 금강석(diamond), 황옥(beryl), 홍마노(onyx), 창옥(jasper), 청보석(sapphire), 남보석(emerald), 홍옥(carbuncle)이다. 그리고 너의 주변과 너의 조각이 금으로 장식됐다.	… 홍보석(sardius), 황보석(topaz), 황옥(carbuncle) … 남보석(emerald), … 호박(jacinth), 백마노(agate), 자수정(amethyst), … 황옥(beryl), 홍마노(onyx), 창옥(jasper)이다. 그것들은 금테에 물릴 것이다.

넷째, 이 장에서 가장 중요한 것은 이 그룹이 "하나님의 동산 에덴에서"(겔 28:13) "하나님의 거룩한 산 위에"(28:14)에 있었다는 사실이다. 이는 에스겔이 접근 가능했던 성경의 정보에 기초하여 에덴동산에 대해 생각할 때, 하나님의 산에 대해 생각했음을 의미한다.

§2 소우주로서의 성막과 성전

에덴동산은 새 창조를 가리키고 있지만, 그 과정에 우리는 모사형 조각을 패턴으로 가지고 있다. 여기서 우리는 성막과 성전이 뒤로는 에덴을, 앞으로는 새 창조를 가리키는 방식을, 사람이 하나님의 정결한 생명의 영역에서 쫓겨났을 때 잃어버린 것을 복원하려는 시도로 간주한다.

§2.1 성막과 창조

범죄 이전에 인간은 정결하고 거룩했으며, 따라서 생명의 성전, 곧 에덴동산이라는 지성소에서 하나님의 현존 안에 거할 수 있었다. 범죄 이후에 인간은 하나님의 성품이 아닌 폭력으로 땅을 채웠다(창 6:11). 하나님은 세상을 파괴하시거나 자신의 계획을 포기하시지 않으시고, 이스라엘을 자신의 소유로 선택하셨다. 창세기 12:7에서 아브라함과 그의 씨에게 땅을 주겠다는 하나님의 약속(참조, 12:1-3)은 그가 죄로 저주받은 땅(3:17)을 아브라함의 복을 통해 되찾겠다 선언하신 것이다. 하나님은 자신의 백성을 자신의 장소에 두시고 그들이 거기서 그의 법에 따라 살면서 그와 교제할 수 있도록 하셨다. 노르망디 상륙 작전이 연합군의 '포트리스 유럽'(Fortress Europe) 점령의 시발점이었던 것처럼, 아브라함에게 주어진 땅 약속은 하나님의 '포트리스 땅'(Fortress Earth) 탈환의 시발점이며, 그는 이를 공중 권세 잡은 군주로부터 되찾으실 것이다.

이스라엘이 하나님의 임재 안에 거할 수 있도록 그는 그들에게 성막과 레위 제의(Levitical cult)를 주셨는데, 그 기능에 대해서는 본서 제3부(제9장)에서 더 자세히 살펴볼 것이다. 여기서는 하나님이 주신 성막과 희생 제도를 통해 이스라엘 진영이 어떻게 하나님이 거하시는 지성소와 같은 생명의 영역이 되는지에 초점을 둔다.

에스겔 28:13-14에서 에덴을 거룩한 산으로 간주한 것에 비추어, 야훼의 천사가 "하나님의 산 호렙"의 불타는 떨기나무 속에서 모세에게 나타난 것에 주목해 볼 수 있다(출 3:1-2). 이와 같은 노선에서, 이스라엘 백성은 출애굽하고 홍해를 건너 애굽에 대한 야훼의 승리를 기념하고(15:1-12), 가나안 정복으로 주의를 돌린다(15:13-18). 출애굽기 15:13(ESV)에서 그 땅은 주님의 "거룩한 처소"로 언급되고, 15:17은 그곳을 새 에덴동산인 것처럼 일컫는다.

> 당신이 백성을 인도하시고, 그들을 당신 소유의 산, 그 장소에 심으실 것이다. 이는 주님이 자신의 처소를 삼고자 만드신 것이며, 당신의 손으로 세우신 성소다. (출 15:17, ESV)

출애굽기 15:17은 야훼가 창조하신 것과 같은 방식으로 약속의 땅도 만드셨음을 나타낸다. 즉, 그의 산의 성소, 그의 처소, 그의 손으로 만든 곳으로서 그의 백성을 심고 그들과 함께하는 집을 만들 곳이었다.[9]

야훼는 이스라엘을 시내산/호렙에서 만나고(출 19장), 모세는 산에 올라가 언약 규정과 성막에 대한 지시를 받는다. 성막이 건설되자 야훼는 그 안에 거하신다. 세상 창조와 성막 건설에 대한 내러티브 사이의 표현법상 유사성은 내러티브 저자가 청중에게 두 만듦 프로젝트를 서로 연관시키고자 했음을 보여 준다.[10] 모세는 성막 건설에 대한 주님의 지시가 청

---

9 마찬가지로 또한 Dempster, *Dominion and Dynasty*, 100을 보라.
10 이와 동일한 지점들을 독립적으로 많이 다루고 있는 유사한 논의를 위해서는, Morales, *Who Shall Ascend the Mountain of the Lord?*, 40-42, 100-103을 보라.

중으로 하여금 창조 시 주님의 말씀을 상기하게끔 구성했다. ⟨표 7.1⟩에서 볼 수 있듯이 창조 사건 기록에서 **하나님이 있으라 말씀하신** 일곱 가지 진술은 성막 지시 기록에서 **주님이 모세에게 말씀하신** 일곱 번의 경우와 일치한다(⟨표 7.1⟩과 ⟨표 7.2⟩의 성경 구절은 ESV를 따랐다).

⟨표 7.1: 하나님이 창조와 성막 지시를 말씀하시다⟩

창세기, 창조	출애굽기, 성막
1. 창 1:3, "그리고 하나님이 말씀하셨다. '… 있으라.'"	출 25:1, "주님이 모세에게 말씀하셨다." וַיְדַבֵּר יְהוָה אֶל מֹשֶׁה לֵּאמֹר
2. 창 1:6, "그리고 하나님이 말씀하셨다. '… 있으라.'"	출 30:11, "주님이 모세에게 말씀하셨디." וַיְדַבֵּר יְהוָה אֶל מֹשֶׁה לֵּאמֹר
3. 창 1:9, "그리고 하나님이 말씀하셨다. '물이 있으라.'"	출 30:17, "주님이 모세에게 말씀하셨다." וַיְדַבֵּר יְהוָה אֶל מֹשֶׁה לֵּאמֹר
4. 창 1:11, "그리고 하나님이 말씀하셨다. '땅은 … 내라.'"	출 30:22, "주님이 모세에게 말씀하셨다." וַיְדַבֵּר יְהוָה אֶל מֹשֶׁה לֵּאמֹר
5. 창 1:14, "그리고 하나님이 말씀하셨다. '… 있으라.'"	출 30:34, "주님이 모세에게 말씀하셨다." וַיֹּאמֶר יְהוָה אֶל מֹשֶׁה
6. 창 1:20, "그리고 하나님이 말씀하셨다. '물은 … 번성하게 하라.'"	출 31:1, "주님이 모세에게 말씀하셨다." וַיְדַבֵּר יְהוָה אֶל מֹשֶׁה לֵּאמֹר
7. 창 1:24, "그리고 하나님이 말씀하셨다. '땅은 … 내라.'"[11]	출 31:12, "주님이 모세에게 말씀하셨다." וַיֹּאמֶר יְהוָה אֶל מֹשֶׁה לֵּאמֹר

마찬가지로 ⟨표 7.2⟩에서 볼 수 있듯이, 모세는 성막 건설 프로젝트의

---

11 "그리고 하나님이 말씀하셨다"라는 문구는 창 1장에 10회 등장한다. 위 표에서 첫 7회만 나오는 이유는 이 7회에 같은 종류의 진술이 뒤따라 나오고, 마지막 3회(창 1:26, 28, 29) 뒤에는 다른 종류의 문구가 나오기 때문이다. 더구나 이 마지막 3회는 모두 하나님의 인간 창조와 관련이 있다. 위 표에 있는 "그리고 하나님이 말씀하셨다"의 7회의 경우에서 뒤따라 나오는 문구는 지시형(jussive) 단수다("있으라"[Let there be]). 이 패턴은 1:26에서 하나님이 처음으로 1인칭 복수 청유형("만들자")으로 말씀하실 때 깨진다.

완성을 설명함으로써 청중에게 창조의 완성을 상기시킨다.

<표 7.2: 창조와 성막의 완성>

창세기, 창조	출애굽기, 성막
창 1:31, "그리고 하나님이 그가 **지으신 그 모든 것을 보시니, 보시기에 매우 좋았다.** 그리고 저녁이 되고 아침이 되니 여섯째 날이다." וַיַּרְא אֱלֹהִים אֶת כָּל אֲשֶׁר עָשָׂה וְהִנֵּה טוֹב מְאֹד	출 39:43, "그리고 모세가 그들이 **행한 그 모든 것을 보니, 보기에 주님이 명령하신 대로 됐다.** 그러자 모세가 그들을 위해 복을 빌었다." וַיַּרְא מֹשֶׁה אֶת כָּל הַמְּלָאכָה וְהִנֵּה עָשׂוּ אֹתָהּ
창 2:1, "**이렇게 하늘과 땅이 완성됐다.** 그리고 모든 만물도." וַיְכֻלּוּ הַשָּׁמַיִם וְהָאָרֶץ וְכָל צְבָאָם	출 39:32, "**이렇게 성막 곧 회막의 모든 일이 완성됐다.** 이스라엘 자손이 주님이 모세에게 명하신 대로 모두 행했다." וַתֵּכֶל כָּל עֲבֹדַת מִשְׁכַּן אֹהֶל מוֹעֵד
창 2:2, "그리고 **하나님이 그의 일을** 일곱째 날에 **마치셨다.** 그리고 그가 하시던 모든 일을 그치고 일곱째 날에 안식하셨다." וַיְכַל אֱלֹהִים בַּיּוֹם הַשְּׁבִיעִי מְלַאכְתּוֹ	출 40:33, "그리고 그는 또 성막과 제단 주위 뜰에 포장을 치고, 뜰 문에 휘장을 달았다. 그래서 **모세는 그 일을 마쳤다.**" וַיְכַל מֹשֶׁה אֶת הַמְּלָאכָה
창 2:3, "그래서 **하나님이 그 일곱째 날에 복을 주시고,** 거룩하게 하셨다. 이는 하나님이 그 창조하시며 만드시던 모든 일을 마치시고 그날에 안식하셨기 때문이다." וַיְבָרֶךְ אֱלֹהִים אֶת יוֹם הַשְּׁבִיעִי	출 39:43, "그리고 모세가 그들이 행한 그 모든 것을 보니, 보기에 주님이 명령하신 대로 됐다. 그러자 모세가 **그들을 위해 복을 빌었다.**" וַיְבָרֶךְ אֹתָם מֹשֶׁה

성막에 관한 지시에서 가장 눈에 띄는 에덴의 상징들은 아마도, 에덴동산의 풍성한 먹을거리에 해당하는 진설병(출 25:30), 에덴동산의 생명나무와 선악을 알게 하는 나무를 상기시키는 꽃 핀 나무 형상의 등잔대(25:31-40), 그리고 당연히 도처에 등장하는 그룹도 거기에 포함된다(예, 26:1).[12]

---

12 참조, Dempster, *Dominion and Dynasty*, 102-3.

성막이 세워졌을 때 야훼는 그 안에 거하시며(출 40:34-35) 새 창조 세계의 우주적 성전을 어떻게 자신의 영광으로 채우실지 미리 보여 주셨다 (예, 민 14:21; 합 2:14). 레위기 11:44-45에서 분명히 말하는 것처럼, 야훼의 임재는 백성의 거룩함을 요구하며, 이스라엘이 거룩해야 하는 이유로 그의 거룩함이 제시된다.

> 나는 주 너희의 하나님이다. 너희는 몸을 구별하여 거룩하게 하라. 이는 내가 거룩하기 때문이다. 너희는 땅에 기는 길짐승으로 말미암아 스스로 더럽히지 말라. 나는 너희의 하나님이 되려고 너희를 애굽 땅에서 인도하여 낸 주다. 그러므로 너희는 거룩하라. 이는 내가 거룩하기 때문이다. (레 11:44-45)

야훼는 거룩하고 정결한 생명의 영역을 만드시고 그곳에 사람을 두어 대리 통치자로 삼으셨다. 사람은 죄를 짓고 거룩한 곳을 더럽혔으며 부정한 죽음을 하나님의 영역으로 가져왔다. 하나님은 사람을 에덴에서 추방하시고, 더럽혀진 자를 깨끗하게 하시며, 불결한 자를 거룩하게 하시고, 죽은 자를 살리실 계획을 시작하셨다. 우리는 제9장에서 레위 제의와 시내산 언약의 기능을 다룰 것이다. 여기서는 그런 고려 사항이 성막을 어떻게 특징짓는지에서부터 시작하여 그것이 이스라엘 진영에 어떻게 빛을 비추는지를 살필 것이다.

§2.2 새 에덴으로서의 이스라엘 진영

여기서 논의하고 있는 개념—즉 성막과 이스라엘 진영이 새 에덴동산이라는 개념—과 모세가 서술한 바 사이의 의미 관계를 살펴보자면, 모세는 그런 개념을 당연하게 여겼고, 성막이나 성전이 우주를 소규모로 표현하는 것이라는 발상이 모세 시대에는 너무 흔해서 자세히 설명할 필요가 없었던 것 같다. 그는 청중 모두가 그런 발상을 이해하리라 가정할 수 있었고, 공유된 이해를 당연하게 여기고서 자신의 내러티브를 써 내려갈 수 있었다.[13]

발람은 동쪽에서부터 이스라엘 진영에 접근한다(민 22:5). 그리고 그 길에서 그는 "손에 칼을 빼어 든 주님의 천사가 길에 서 있는 것을 보았다"(22:23, 31, ESV). 이 천사는 창세기 3:24에서 생명나무로 가는 길을 지키기 위해 에덴 동쪽에 놓인 그룹들과 불타는 칼을 생각나게 한다. 민수기 24:5-6에서 발람이 이스라엘 진영을 묘사한 것도 그와 유사한 에덴-성막 이미지 노선을 따라간다. 5절에서 발람은 "야곱아, 네 장막들이, 이스라엘아, 네 야영지들이 어찌 그리 아름다운가!"라고 외친다. 그리고 6절에서 발람은 이러한 천막과 야영지를 야훼가 심으신 정원에 비유한다. "멀리 펼쳐진 종려나무와 같고, 강 옆의 동산과 같으며, 주님이 심으신 침향목 같고, 물가의 백향목 같다." 민수기 24:6의 단어들은 창세기 2:8-10의 단어들을 떠올리게 한다.

창세기 2:8, 10	민수기 24:6
"그리고 주 하나님이 동쪽에 있는 에덴에 동산을 **심으시고**(נָטַע), … **강**(נָהָר)이 에덴에서 흘러나와 **동산**(גַּן)을 적시고, 거기서부터 갈라져 네 근원이 됐다."	"멀리 펼쳐진 종려나무와 같고, **강**(נָהָר) 옆의 **동산**(גַּנָּה)과 같으며, 주님이 **심으신**(נָטַע) 침향목 같고, 물가의 백향목 같다."

13　Beale, *The Temple and the Church's Mission*, 50-60에 나오는 고대 근동의 성전에 관한 상징주의 논의를 보라.

야훼가 성막을 거처로 삼으셨을 때, 마치 처음에 에덴이 그랬던 것처럼, 이스라엘 진영을 생명의 영역으로 만드셨다. 이러한 이해는 레위기 26:11-12과 신명기 23:14에 반영되어 있는데, 두 본문 모두에서 야훼가 동산에서 걸으셨던 것처럼 이스라엘 진영에서 걸으셨다고 묘사된다("걷다"는 뜻의 동사 הלך에 **히트파엘** 형태가 사용됐다["걷다"는 개역개정에서 "행하다"로 번역됐다—편주]. 아래 성경 구절들은 ESV이다).

- 창 3:8, "그리고 그들은 주 하나님이 동산에서 걸으시는[מִתְהַלֵּךְ] 소리를 들었다."
- 레 26:12, "그리고 내가 너희 가운데 걸을 것이다[וְהִתְהַלַּכְתִּי]."
- 신 23:14(MT 23:15), "주 너희 하나님이 너희 진영 가운데 걸으시기 [מִתְהַלֵּךְ] 때문이다."

주님이 백성 가운데 걸으신다는 발상은 사무엘하 7:6-7(ESV)에서 다윗이 성전을 짓고자 할 때 다시 등장한다(또다시 הלך의 **히트파엘** 형태의 동사). 거기서 주님은 이렇게 말씀하신다. "내가 … 나의 거처를 위해 장막 안에서 다녔다[מִתְהַלֵּךְ]. 이스라엘 백성과 함께 다니는[הִתְהַלַּכְתִּי] 모든 곳에서 …." 사무엘하 7장의 이런 참조점은 하나님이 성막에 거하시는 동안(심지어 백성이 그 땅을 정복한 후에도) 그의 백성과 관계를 맺으신 방식을 보여 준다. 또한 우리는 성전이 건축됐을 때 백성 가운데 그의 임재하심과 관련하여 그와 유사한 참조점을 발견할 수 있다.

§2.3 새 에덴으로서의 이스라엘 땅

모세는 에덴동산과 이스라엘 진영에 대해서뿐 아니라 약속의 땅에 대해서도 야훼가 거하시는 생명의 땅으로 말한다. 성경 이야기에서 땅에 대한 약속은 어떻게 기능할까? 아브라함에게 약속된 영토는 하나님이 언약을 맺은 자들과 교제를 재개하시고 그들 가운데 거하시며 인류가 에덴동산에서 쫓겨났을 때 잃었던 것을 되찾는 과정을 시작하시는 곳이다. 아브라함에게 땅을 주심으로써 하나님은 에덴에서 추방되어 생명의 땅에서 쫓겨난 자신의 형상을 지닌 존재들의 문제를 해결하려 하셨다—이는 그 땅 자체를 넘어 온 세상의 수복을 가리키는 작은 땅 조각이었다(참조, 롬 4:13).

출애굽기 15장 바다의 노래에서 모세는 약속의 땅과 야훼의 다른 산성을 연결하는 진술을 한다. "주님이 백성을 인도하사 그들을 당신 소유의 산에 심으실 것입니다. 오, 주님, 이는 당신이 당신의 처소를 삼고자 예비하신 것입니다. 오, 주님, 이것은 당신의 손으로 세우신 성소입니다"(출 15:17). 에덴동산은 산의 성소였다(겔 28:13-14). 제단, 지구라트, 그리고 (창 11장의 바벨탑과 같은) 구조의 여러 '탑'은 아마도 하나님의 산을 통해 하나님에게 접근하려는 새로운 시도였을 것이다. 야곱은 하나님의 천사들이 "사다리"(ESV, NIV. "계단")를 타고 야훼가 계신 곳을 오르락내리락하는 것을 보았을 때 이와 비슷한 경험을 한 것 같다(창 28:12). 이에 반응하여 야곱은 "야훼가 과연 이곳에 계시는구나. … 이곳이 얼마나 두려운가! 이는 다름 아닌 하나님의 집이자 하늘의 문이구나" 하고 외쳤다(창 28:16-17). 모세와 이스라엘 민족은 호렙, 곧 하나님의 산에서 야훼를 만났다(출 3, 19장). 출애굽기 15:17은 약속의 땅을 야훼의 "소유의 산"으로 규정하며, 성전은 그들이 그 땅에 들어갔을 때 시온산 위에 세워졌다.

모세가 십계명과 성막 건축 지침, 레위기의 가르침을 받았을 때(참조, 출 19:1-2; 민 10:11-12), 야훼는 특별히 시내산—이는 하나님의 산이었다—에 계셨다. 이스라엘이 그 땅에 들어갔을 때 아라우나의 타작마당이 성전을 지을 장소로 결정되자(삼하 24:15-25), 그 장소는 야훼가 특별히 현존하기 위한 장소가 됐다. 모세의 토라 및 아마도 점차로 늘어났던 거룩한 문서들의 모음이 성전에 보관됐을 가능성이 높기 때문에,[14] 마치 주님의 말씀이 시내산에서 나온 것처럼(참조, 출 19-20장) 시온산에서도 나왔다(참조, 사 2:3). 이는 시내산이 상징했던 바가 시온으로 옮겨졌음을 의미하며, 따라서 다윗은 시편 68:17(ESV)에서 "시내산이 이제 성소 안에 있다"(Sinai is now in the sanctuary)라고 주장할 수 있었던 것이다. 시내산에 대한 가장 중요한 깃―즉, 하나님의 백성이 그를 만났던 장소이자 그가 백성에게 토라를 선포했던 장소라는 사실―은 이제 시온산과 거기에 세워질 성전에 속하게 된다. 68:17에서 "시내산이 이제 성소 안에 있다"라고 주장한 후, 다윗은 모세가 이스라엘을 애굽에서 시내산으로 인도했을 때, 자발적인 헌물로 성막을 지은 일을 떠올리는 말을 한다. "당신이 높은 곳으로 오르시며, 사로잡은 무리를 당신의 행렬로 인도하여 사람들에게서 선물들을 받으시며, 심지어 반역자들로부터도 받으시니, 주 하나님이 거기에 거하시기 위함이다"(시 68:18, ESV).

이때 사로잡은 무리란 이스라엘 민족인 듯하며, 그들을 인도하고 높은 곳으로 올라가 선물들을 받는 인물은 야훼나 야훼의 대리자인 모세일 수 있다. 선물을 받는 것은 "주 하나님이 거기에 거하시기 위함"인데, 이는 애굽에서 나올 때의 약탈물로 하나님의 거처인 성막을 지은 것을 가리키는 듯하다.

14　Milton C. Fisher, "The Canon of the Old Testament," in *The Expositor's Bible Commentary*, ed. Frank E. Gaebelein, 12 vols. (Grand Rapids: Zondervan, 1979), 1:387; Roger T. Beckwith, *The Old Testament Canon of the New Testament Church and Its Background in Early Judaism* (Grand Rapids: Eerdmans, 1985), 80–86.

다윗이 시편 68:17과 68:18을 나란히 놓은 이유는 무엇일까? 우리는 다윗이 성전 건축을 위해 어떻게 준비했는지 그리고 이스라엘에게 자원하는 헌물을 요구하고 모은 내용을 자세히 설명하는 역대상 29:1-6에서 그에 대한 대답을 얻을 수 있다.

> 그리고 다윗왕이 온 회중에게 말했다. "내 아들 솔로몬이 유일하게 하나님이 택하신 바 됐으나 아직 어리고 미숙하며 이 일은 거대하다. 이 성전은 사람을 위한 것이 아니라 주 하나님을 위한 것이다. 내가 이미 내 하나님의 성전을 위하여 할 수 있는 한 힘을 다하여 준비했다. 즉, 기구를 만들 금과 은과 놋과 철과 나무와 또 마노와 가공할 검은 보석과 채석과 온갖 종류의 보석과 옥돌이 매우 많다. 게다가 거룩한 집을 위해 준비한 이 모든 것 외에도 내 마음이 내 하나님의 집에 대한 나의 헌신 때문에 내가 가진 금과 은을 내 하나님의 집을 위해 드렸다. 곧, 오빌의 금 3,000달란트와 순은 7,000달란트를 모든 그 집의 벽에 입히며, 금과 은 그릇을 만들며 장인의 손으로 하는 모든 일에 쓰게 했다. 오늘 누가 즐거이 자신을 구별하여 주님에게 드리겠는가?" 이때 모든 가문의 지도자들과 이스라엘 모든 지파의 지도자들과 천부장과 백부장과 왕의 사무관이 다 즐거이 드렸다. (대상 29:1-6, ESV)

다윗은 이 모든 부를 어디서 축적했을까? 적어도 일부는 대적들을 약탈해서 얻었다(참조, 예, 삼상 30:26). 역대기의 이 본문은 이스라엘이 출애굽시 애굽을 약탈하여 얻은 물품을 성막 짓는 데 자발적인 헌물로 바쳤던 것처럼, 다윗도 대적들을 약탈하여 모아 놓았던 부를 솔로몬이 성전을 짓는 데 사용하게 했음을 보여 준다. 따라서 다윗은 시편 68:17에서 "시내산이 이제 성소 안에 있다"고 말하고 나서, 68:18에서 애굽의 약탈물을 자원하여 바친 것을 암시하는데, 이는 자신 역시 대적들을 약탈하고 이를 성전을 짓는 데 사용했기 때문이다. 하나님이 에덴에 있는 산 위의 정원(동산)에서 사람과 함께 걸으셨듯이, 이스라엘을 시내산에서 만나신 후, 그들을 자신 소유의 산인 시온으로 데려오셔서, 그들 자체가 마치 그의 거룩한 보호 구역에 있는 나무인 것처럼, 그 땅에 자기 백성을 심으셨다.

바울은 에베소서 4:8에서 시편 68:18을 인용하는데, 시편 68:18은 선물을 "받는 것"에 대해 말하고 있는 반면, 에베소서 4:8은 선물을 "주는 것"에 대해 말한다. 이 불일치는 중요하지 않다. 말하자면, 모세는 야훼를 대신하여 선물을 받았고, 장인들은 성막을 지었으며, 그것은 이스라엘에게 위탁됐다. 즉, 그들에게 주어진 셈이다. 에베소서 4:8에서 시편 68:18을 인용할 때 성막과 성전과 교회의 접점은 다음과 같다.

- 이스라엘은 애굽을 약탈했고, 백성은 시내산에서 성전을 짓기 위해 대적의 약탈품을 자원하여 헌물로 바쳤다.
- 이와 비슷한 노선에서 다윗은 주변의 모든 대적에게서 승리를 거두고 대적을 약탈하여 거대한 부를 축적한 뒤 솔로몬이 성전을 건축하는 데 사용하게 했다.
- 예수 그리스도는 모세, 다윗, 솔로몬의 모형론적 실현을 위해 오셨고, 죽음과 부활로 강한 자를 결박하고 그의 집을 약탈함으로써 새롭고 더 큰 출애굽을 이루셨다. 그리스도가 대적으로부터 취하신 약탈물은 **백성**이었고, 그 백성은 그의 권능의 날에 자기 자신을 자원하는 헌물로 바쳤다(참조, 시 110:3). 그리스도는 그들에게 선물을 주시고—또한 그들을 선물로 주신다(엡 4:8, 11)—그리고 그들은 자신을 바치며, 대적으로부터 얻은 약탈물

은 성령의 성전인 교회를 짓는 데 사용된다(4:12, 16).

§2.4 성전과 창조

이스라엘의 성전과 창조의 대응이라는 방대한 주제는 현 논의를 위해 다섯 가지 요점으로 단순화될 수 있다. 첫째, 우리는 열왕기상 6-8장의 성전 건축 기록에서 창조 이미지를 본다. 둘째, 시편 29편과 같은 본문에서 주님의 "성전"은 모든 창조 세계인 것처럼 보인다. 셋째, 새 창조에 대해 말하는 구절과 야훼의 "집"에 영원히 거하는 것에 대해 말하는 구절이 있는데(시 23:6), 창조 세계가 주님의 집이라는 발상은 그런 진술을 이해하게 해 준다. 넷째, 창조 세계에 대한 "천막"과 "방" 이미지(시 104:2-3)는 그런 사고방식과 일치한다. 다섯째, 다시 말해, 새 창조에 대한 약속은 야훼가 성전을 영광으로 채울 것이라는 구약의 암시와 일치한다(학 2:7). 이 다섯 가지 요점은 키아스무스 구조를 형성한다.

§2.4.1 열왕기상 6-8장에 나오는 창조 이미지와 영광으로 가득 찬 성전
§2.4.2 시편 29편에 나오는 모든 창조물, 하나님의 성전
§2.4.3 시편 23편에 나오는 하나님의 집에 영원히 거하는 것
§2.4.4 시편 104편에 나오는 창조 세계에 대한 천막과 방 이미지
§2.4.5 학개 2:7에 나오는 "나는 이 집을 영광으로 채울 것이다"

이하는 각 항목에 대한 간략한 설명이다.

§2.4.1 열왕기상 6-8장에 나오는 창조 이미지와 영광으로 가득 찬 성전

성전 건축 내러티브에서 우리는 그룹(예, 왕상 6:23-28), 종려나무와 활

짝 핀 꽃들(6:29, 32, 35), 석류와 백합화(7:18-19, 20, 22, 42), 거대한 "바다"(7:23-25), 박(7:24), 백합꽃(7:26), 사자와 소(7:25, 29, 36, 44), 더 많은 종려나무(7:36), 더 많은 꽃들(7:49), 또한 나무같이 생긴 등잔대들(7:49)에 대해 읽을 수 있다. 이 모든 창조 이미지에 더하여, 솔로몬은 성전을 짓는 데 정확히 7년이 걸린다(6:37-38). 성막과 마찬가지로 성전도 지어지고 나서 야훼의 영광이 성전을 가득 채웠기 때문에 제사장들이 서서 섬길 수 없었다(8:10-11).[15]

§2.4.2 시편 29편에 나오는 모든 창조물, 하나님의 성전

물 위에 야훼의 음성이 울려 퍼지고(시 29:3) 야훼가 홍수 위에 좌정하셨다는(29:10) 시편 29편은 노아의 홍수를 통한 하나님의 세상 심판을 묘사하는 것처럼 읽힌다. 야훼의 장엄한 음성(29:4)이 백향목을 꺾고(29:5), 레바논의 백향목의 부러진 줄기를 송아지처럼 뛰게 하며(29:6), 광야를 진동시키고(29:8), 사슴을 놀라게 하여 산통을 주고 출산하게 할 때(29:9a), 다윗은 야훼의 강력한 음성에 대한 모든 창조물의 반응을 "그리고 그의 성전에서 모두 '영광!'을 외친다"라는 말로 요약한다(29:9b, ESV). 문맥상, "그의 성전에서" "영광"을 외치는 "모두"란 물, 백향목, 송아지와 사슴이다—이들은 모두 야훼의 전능한 정의의 홍수에 영향을 받는다.

---

15 Gary Millar는 이 이미지에 대해 다음과 같이 썼다. "이것은 단지 성전 전체에 있는 더 광범위한 에덴 상징주의의 일부일 수 있지만, 이에 대해 독단적(dogmatic)이어서는 안 된다." 몇 쪽 이후에 그는 "다시 말하지만, 장식적인 요소들은 … 자연 세계를 모델로 했다. … 이는 에덴과 성전 사이의 연결을 가리키는 듯하다"라고 언급했다. Millar, "1-2 Kings," 560, 562.

§2.4.3 시편 23편에 나오는 하나님의 집에 영원히 거하는 것

시편에서 우리는 야훼가 새 창조를 이룰 것이라는 표식을 발견한다. 예컨대, 102:25에서 그는 땅의 기초를 놓고 그의 손으로 하늘이 만들어진다. 그다음 102:26에서는 하늘과 땅이 없어지겠지만 야훼는 남을 것이라 말한다. 이 시편은 계속해서 창조 세계가 겉옷처럼 낡아지고 의복처럼 바뀌게 될 것이라고 말한다. 이는 옛 옷이 낡아지면 새 옷으로 교체하듯이, 창조 세계도 낡아져 새롭게 될 것을 암시하는 듯하다. 시편 102:25-26에 있는 새 창조의 표식과 시편 23:6(ESV)에 있는 다윗의 말 "내가 영원히 주님의 집에 거할 것이다"를 합치면 '새 창조는 새 성전이 될 것이다'로 들리게 된다.

§2.4.4 시편 104편에 나오는 창조 세계에 대한 천막과 방 이미지

시편 104편은 야훼의 세상 창조를 시적으로 다시 표현하면서, 그가 옷 입듯이 빛으로 입는 것을 말하고(104:2a), 하늘은 야훼가 하늘들을 가로질러 펼친 장막의 휘장으로 묘사된다(104:2b). 땅은 집으로 표현되고, 그 집의 방들은 야훼가 물 위에 놓은 들보 위에 지어진다(104:3a). 이 이미지는 창조 세계가 집, 궁전, 말하자면 야훼가 자신의 안식처로 지으신 우주적 성전이라는 생각으로부터 영향을 받은 것 같다.

§2.4.5 학개 2:7에 나오는 "나는 이 집을 영광으로 채울 것이다"

야훼는 성막과 성전을 그의 영광으로 채우셨고(출 40:34-35; 왕상 8:10-11), 여러 곳에서 새 성전을 영광으로 채우겠다 약속하셨다.

- 사 60:7, "그리고 내가 내 아름다운 집을 아름답게 할 것이다."

- 학 2:7, "내가 이 집을 영광으로 채울 것이다."
- 슥 2:5, "내가 그 사방에 불로 된 성벽이 되고, 내가 그중에서 영광이 될 것이다. 야훼가 선언하신다."

그날에 이스라엘 대제사장의 머리에 붙인 "야훼에게 거룩"이라는 글이 "말들(horses)의 방울에까지" 붙을 것이며, 그 도성에 있는 모든 것이 거룩할 것이다(슥 14:20-21). 이 이미지는 모든 것이 지성소에 합당하게 될 것을 시사하는데, 야훼가 예전에 성전에 거하셨던 것처럼 그 도시에 거하실 것이기 때문이다.

성전이 창조 세계에 대응한다는 이 다섯 가지 사항은 그리스도가 성전을 실현하시는 양상에 대한 다섯 가지 사항으로 보완될 수 있다.

§3 성전의 실현인 그리스도

인물이 어떻게 **건물**의 실현이 될 수 있는가? 그리고 **사건**을 다루는 본서 부분에서 이 질문을 다루고 있는 이유는 무엇인가? 하나님이 세상을 창조하신 일은 사건이었고, 성전 관련 사안의 핵심은 성전이 하나님의 임재 장소이자 속죄가 이루어지는 장소라는 것이다. 그리스도가 성전의 실현인 이유는 그가 하나님의 임재 장소이자 속죄가 이루어지는 장소이기 때문이며, 그 일은 십자가 처형 사건에서 이루어졌다. 성전과 창조를 다룬 앞의 단락(§2.4)에는 다섯 개의 하위 단락이 있었는데, 성전의 실현으로서의 그리스도에 대한 다섯 개의 하위 단락은 다음과 같다.

§3.1 말씀이 (성막을 치고) 거하심

§3.2 천사들이 오르락내리락함

§3.3 이 성전을 헐어라

§3.4 내 아버지의 집에는 많은 방들이 있다

§3.5 나는 그들 안에서 영광을 받는다

말씀이 육신이 되어 사람들 가운데 (성막을 치고) 거하고(tabernacled: "성막"을 뜻하는 tabernacle의 동사형은 "[성막을 치고] 거하다"로 옮겼다—역주), 그와 함께 걷던 자들은 그의 영광을 보았다(요 1:14). 그는 아버지의 영광을 나타내시고, 그 영광을 그의 백성에게 주셨으며(17:22), 그들 안에서 영광을 받으셨다(17:10). 그리스도 안에 거하는 하나님의 영광, 그의 따르미들 안에 보이는 하나님의 영광은 하나님이 성막과 성전을 영광으로 채우시고 새 성전에서도 그렇게 하시기를 약속하신 것과 일치한다.

하나님은 세상을 자신의 우주적 성전으로 지으셨는데, 이 성전 이미지는 야곱이 "벧엘"이라고 부른 곳, 즉 하나님의 집, 하늘의 문(창 28:10-22; 요 1:51)에서 "사다리"를 보았을 때처럼 천사들이 오르락내리락할 것이라는 예수의 말씀을 이해하게끔 해 준다. 이와 동일한 이미지는 예수가 제자들을 위한 장소를 준비하러 가실 것이고(요 14:2) 거기 아버지의 집에 많은 방이 있을 것이라고 말씀하실 때에도 적용된다. 이 모든 중심에는 그리스도의 십자가 죽음이 있다. 말하자면 죄인들이 야훼의 집에 영원히 거할 수 있도록, 성전은 야훼의 언약적 진노 아래 파괴됐다(참조, 요 2:19-22).

§3.1 말씀이 (성막을 치고) 거하심

요한은 그의 복음서의 서두에서 하나님과 함께 계셨고 하나님이신 말씀을 소개한 후(요 1:1-2), "말씀이 육신이 되어 우리 가운데 (성막을 치고) 거하셨다(tabernacled). 그리고 우리가 그 영광을 보니, 아버지의 독생자의 영광이며 은혜와 진리가 충만했다"(요 1:14)라고 선포한다.[16] 예수에게 있어서 "은혜와 진리가 충만하다"(πλήρης χάριτος καὶ ἀληθείας)라는 요한의 진술은 "자비와 진리가 풍성하다"(וְרַב־חֶסֶד וֶאֱמֶת, 출 34:6)라는 야훼 자신의 주장과 제법 어울린다. 우리가 히브리어 명사 "성막"(מִשְׁכָּן)과 그와 동족 관계인 동사(שָׁכַן)가 사용된 구약 본문을 살펴보면 종종 "거함", "거하다"로 번역된다. 우리는 야훼가 영광 가운데 백성 중에 거하신다는 수많은 진술을 발견할 수 있다.

예컨대, 성막 건설 시 야훼의 영광이 그 성막을 채웠다. "그러자 구름이 회막을 덮었고, 주님의 영광이 성막을 채웠다. 그리고 모세는 회막에 들어갈 수 없었다. 구름이 그 위에 머물렀고, 주님의 영광이 성막을 채웠기 때문이다"(출 40:34-35, ESV). 후대의 성경 저자들은 자연스럽게 시편 26:8(ESV)과 같은 내용을 말한다. "오, 주님, 나는 당신 집의 거처와 당신의 영광이 거하는 곳(מִשְׁכָּן, "당신의 영광의 성막이 있는 곳")을 사랑합니다."

히브리어 동사 '샤한'(שָׁכַן)은 야훼가 이스라엘 가운데 거한다는 수많은 진술에 나타난다(아래 본문들은 ESV를 따랐다).

---

16 요한복음에 나오는 성전을 다루고 있는 책에 대해서는, Mary L. Coloe, *God Dwells with Us: Temple Symbolism in the Fourth Gospel* (Collegeville, MN: Glazier, 2001); Paul M. Hoskins, *Jesus as the Fulfillment of the Temple in the Gospel of John*, Paternoster Biblical Monographs (Waynesboro, GA:Paternoster, 2006); Alan R. Kerr, *The Temple of Jesus' Body: The Temple Theme in the Gospel of John* (London: Sheffield Academic Press, 2002)을 보라.

- 출 25:8, "그리고 그들이 나를 위하여 성소를 짓게 하여, 내가 그들 가운데 거할 것이다."
- 출 29:45, "나는 이스라엘 자손 가운데 거하고 그들의 하나님이 될 것이다."
- 출 29:46, "그리고 그들은 내가 주, 그들의 하나님, 곧 내가 그들 가운데 거하기 위해 그들을 애굽 땅에서 인도하여 낸 자인 줄을 알 것이다. 나는 주, 그들의 하나님이다."

같은 동사(שָׁכַן)가 신명기에서 "그의 이름이 거기에 거하도록 하겠다"(לְשַׁכֵּן שְׁמוֹ שָׁם, 신 12:11; 14:23; 16:2, 11; 참조, 또한 12:5)라는 야훼의 진술에 사용됐다. 신명기 33:16에서 이 동사는 야훼가 모세에게 나타나셨을 때 "떨기나무", 곧 불타는 떨기나무(참조, CSB, NIV, "불타는 떨기나무")에 "거하시는 분"을 가리키는 데 사용됐으며, 이스라엘이 실로에 회막을 세운 것을 묘사하는 데 사용됐다(수 18:1).

야훼는 성막에 거하셨고, 그 이후에는 성전에 거하셨다. 백성 가운데 거하심으로 인해 그들은 성전의 영광을 경험할 기회를 얻었는데, 시편 85:9(ESV[MT 85:10])에서는 하나님의 그런 구원의 임재와 영광을 다음과 같이 찬양한다. "진실로 그의 구원이 그를 경외하는 자에게 가까워서, 영광이 우리 땅에 머무를 것이다." "짙은 어둠 속에"(왕상 8:12), "지극히 거룩한 곳에 그리고 통회하고 마음이 겸손한 자와 함께"(사 57:15, ESV) 거하시는 분은 또한 "영원히 그들 가운데 거하실 것"(겔 43:9, ESV)이라고 약속하셨는데, 이 약속은 야훼의 영광이 종말론적 성전에 들어가신 후에 주어진다(43:4; 참조, 욜 3:17[MT 4:17]).

요한은 "말씀이 육신이 되어 우리 가운데 (성막을 치고) 거하셨다. 그리고 우리가 그 영광을 보았다"(요 1:14)라고 말하면서 그 배경에 구약성경을 불러일으킨다. 구약에서 하나님의 영광은 성전이 영광의 구름으로 채워졌을 때 드러났다. 성육신에서, 예수는 "그의 몸의 성전"(요 2:21)을 취하시고, "아버지의 독생자로서"(1:14) 그 몸을 하나님의 영광으로 채우시며, 하나님의 **רַב חֶסֶד וֶאֱמֶת**("자비와 진리가 풍성하다", 출 34:6)라는 성품으로 가득하게 하셨고, "은혜와 진리로 충만"(요 1:14)하셨다. 요한은 말씀이 우리 가운데 (성막을 치고) **거하시는**(tabernacling) 것으로 묘사함으로써, 구약 시대에 하나님이 성전에서 이스라엘 가운데 거하셨던 것과 같은 방식으로, 성육신하신 동안에도 하나님이 예수의 인간 몸이라는 성전에서 백성 가운데 거하셨음을 나타낸다.

§3.2 천사들이 오르락내리락함

요한복음 1:14에서 하나님이 성전에 거하듯 예수 안에서 백성 가운데 거하신다고 선포한 직후, 요한은 예수가 나다나엘에게 "하늘이 열리고 하나님의 천사들이 사람의 아들 위에 오르락내리락하는 것을 볼 것이다"라고 말씀하시는 장면을 기록한다. 이 말씀에서 요한은 창세기 28장에서 하나님이 야곱에게 자신을 드러내신 이야기를 암시하면서 예수를 제시한다. 야곱이 에서에게서 도망하여(창 27:41-43) 아내를 얻기 위해 라반에게로 갈 때(27:46; 28:1-2), 이삭은 아브라함의 복을 그에게 승계했다(28:3-5). 야곱은 길 위에서 꿈을 꾸었는데, 이때 야훼가 사다리 위에(또는 아마도 "~에 의해"[by] 28:13, **עָלָיו**) 자신을 드러내셨고, 천사들은 그 사다리 위를 오르락내리락했다(28:12-13). 그때 주님은 야곱에게 아브라함의 복을 되풀이하여 말씀하시면서 그를 그 땅으로 다시 데려오겠다고 약속하셨다(28:13-15). 잠에서 깨어났을 때 야곱은 야훼가 함께 계셨던 것을 인지하지 못했다고 외쳤다. 그는 그 장소에서 경외감을 느끼고 그곳을 "하나님의 집"(בֵּית אֱלֹהִים)이자 "하늘의 문"(28:17)이라고 불렀다.

요한복음 1:51에서 예수는 간결한 진술로 그 장면 전체를 불러일으키면서, 자신을 사다리 또는 "계단"(창 28:12, HALOT, s.v. סֻלָּם)의 자리에 두셨다(창세기에는 "사다리 위에"라고 나오고, 요한복음에는 "사람의 아들 위에"라고 나온다—역주). 야곱이 보았던 사다리/계단은 거룩한 산으로 올라가는 장면을 구성한 것으로 보이며, 추정되는 상징주의에 따르면, 그 꼭대기에 하나님의 집 또는 성전이 있었을 것이고, 이로써 야곱은 하나님의 집에 대해 언급하며 그 장소를 "벧엘"(בֵּית־אֵל, 창 28:17, 19)이라고 이름 짓게 됐다. 천사들이 "사람의 아들 위에 오르락내리락할 것"(요 1:51)을 말씀하심으로써 예수는 자신을 참 벧엘, 곧 하나님의 집으로 밝히신다(참조, 요 2:21).

요한복음 서론 장의 문학적 구조에서 시작(1:1-18)과 끝(1:43-51) 단락은 예수를 하나님이 거주하는 장소와 동일시한다. 그는 1:14이 말하는바 참된 성막이고, 1:51에서 말하는바 참된 하나님의 집이다. 요한복음 1장의 키아스무스 구조는 다음과 같이 묘사될 수 있다.

> 요 1:1-18, 영광 가운데 (성막을 치고) 거하시는 말씀
>   요 1:19-28, 광야에서 외치는 소리
>   요 1:29-34, 영이 내려와 예수 위에 머무름
>   요 1:35-42, 세례 요한의 제자들이 예수를 따름
> 요 1:43-51, 모세와 예언자들이 기록한 참된 벧엘

이러한 키아스무스 구조에서는 시작과 끝이 서로 대응할 뿐 아니라, 종종 가운데 단락에 있는 전환 지점이 시작을 상기시키고 끝을 예상하게

한다. 이 경우, 이 장의 중간 지점에서 영이 내려와 예수 위에 머무르는 것은 1:14에서 성막으로서의 예수를 상기시키고, 1:51에서 하나님의 집으로서의 예수를 예상하게 한다. 창조 때 하나님의 영이 물 위를 떠다니듯이, 그리고 주님이 자신의 영광으로 성막과 성전을 채우셨듯이, 영이 예수 위에 내려와 그 위에 머물렀다(1:32).

§3.3 이 성전을 헐어라

요한은 자신의 복음서에서 어째서 예수를 성전의 실현으로 제시했을까? 그리고 그는 어떻게 그런 발상을 가지게 됐을까? 요한의 증언에 따르면 그 개념은 예수 자체로부터 나왔다. 요한은 예수가 성전을 정화하신 것을 제시하고(요 2:13-17), 그렇게 할 수 있는 권위를 증명하는 표적을 보여 달라고 요청받았을 때(2:18), 자신의 십자가형과 부활을 성전의 파괴와 재건의 상징으로 언급했다(2:19-21). 요한에 따르면, 그의 제자들은 그가 부활하신 후에야 성경과 예수의 말씀을 기억하고 믿었다(2:22).

요한은 예수로부터 그가 성전의 실현으로서 오셨다는 것을 배웠던 것 같다(1:51; 2:19-21). 이로써 요한은 예수를 그렇게 소개할 수 있었다. 예수는 어째서 그런 생각을 가르치셨을까?

우리는 이미 사무엘하 7장에서 다윗이 짓고 싶어 하는 야훼의 집(삼하 7:1-7)과 야훼가 짓겠다고 약속한 다윗의 집(7:11, 16) 사이의 역학 관계를 보았다. 야훼는 또한 그의 이름을 위해 집을 지을 다윗의 씨를 일으키겠다 약속하셨는데(7:13), 그 씨의 고난 역시 암시된다(7:14; 본서 제6장을 보라). 그리스도는 야훼가 세운 다윗의 집의 상속자로 오셨으며, 동시에 다윗이 세우고자 했던 야훼의 집의 실현이시기도 하다.

성전의 파괴와 예수의 십자가 처형 사이의 연결은 언약적·구원사적 지점을 모두 만들어 낸다. 희생 제의와 대속죄일에 성전 자체를 정결하게 해야 한다는 것은 희생 제물의 피를 뿌림으로써 야훼가 친히 자기 백성의 죄를 짊어지셨음을 암시한다.[17] 그리스도는 야훼의 성육신으로서 오셨고, 백성의 죄를 짊어지셨으며, 그의 죽음은 백성의 죄를 하나님의 집으로 옮기는 제사를 끝내셨다. 더 나아가 성전 파괴는 언약의 저주가 궁극적으로 내려지는 순간을 표시한다. 그 "주님의 날"은 그리스도가 십자가에서 죽으실 때 하늘이 검게 변하고 산이 흔들리며 휘장이 둘로 찢어지면서 실현된다.

이 모든 것은 예수가 성전 정화에 권위를 부여하는 표식으로서, "이 성전을 헐라. 내가 3일 만에 일으킬 것이다"(요 2:19)라고 말씀하실 때 암시된다. 요한복음에서 흔히 그렇듯이, 예수는 상징적인 진술을 내어놓는데, 이는 처음에는 문자적 의미로 오해되곤 하지만 내러티브가 계속 진행되면서 명료해진다.[18] 요한은, 성전이 46년 동안 공사 중이었다며 반박

---

[17] Roy Gane, *Cult and Character: Purification Offerings, Day of Atonement, and Theodicy* (Winona Lake, IN: Eisenbrauns, 2005), 99-105, 334-37. 또한 야훼가 출 34:6-7에서 자신을 "죄악과 허물과 죄를 용서하는"(34:7) 분으로 밝히실 때 "용서하다"로 번역된 단어(נשא)는 "짊어지다" 또는 "나르다"로 번역될 수도 있다. 이는 마치 그가 희생 제도를 통해 직접 죄를 **짊어지시기** 때문에 죄를 **용서하실** 수 있는 것과 같다. 참조, 레 10:17과 16:22에 있는 "죄악을 짊어지다"에 대한 평행 표현과 Gane, ibid., 100 n. 35, 104, 262-63, 그리고 특히 299-300에 나오는 논의. 거기서 Gane은 "용서를 베푸실 때 도덕적 악을 짊어지시는 야훼"(출 34:7 인용)에 대해 썼다. 또한 ibid., 322을 보라: "죄책이 있는 사람을 용서하는 재판관은 그런 판결에 책임을 져야 한다. 그러나 YHWH[야훼]는 정확히 그렇게 하신다. 즉, 그는 죄를 지은 자들을 용서하시고, 그에 따라 사법적 책임을 지신다. 그것이 그가 짊어지시기로 (נשא) 선택한 자비의 대가다. 이것이 그가 용서하실 때(출 34:7) 죄를 짊어지시는 (נשא) 이유를 설명하는 데 도움이 된다. 이는 제의 체계에서 성소와 제사장직이 그의 실행을 대표할 때 חטאת, 곧 속죄할 수 있는 죄(expiable sin, 레 16:16)와 עון, 곧 죄책(culpability, 10:17)을 지고 간다는 사실로 표현된다." 참조, ibid., 334-35, 343.

[18] 참조, 예컨대, 거듭남(요 3:3-8), 생수(4:13-26), 생명의 떡(6:32-40) 이야기를 보라.

하고 3일 만에 성전을 일으키겠다는 예수의 주장을 믿기 어려워하는 유대인들의 모습을 보여 준다(2:20). 그러고 나서 요한은 "그러나 그는 자기 몸의 성전을 가리켜 말씀하신 것이다"(2:21)고 부연한다. 부활은 제자들이 "성경과 예수의 말씀"(2:22)을 상기하고 믿게끔 해 주는 열쇠가 된다.

§3.4 내 아버지 집에는 많은 방들이 있다

예수는 제자들 중 하나가 배반할 것이라 선언하시고, 유다를 내보내 그 일을 하게 하신 후(요 13:21-30), 사람의 아들이 영광을 받을 때가 왔다고 신포하시며, 제자들에게 서로 사랑하라 명령하시고, 베드로가 세 번 부인할 것을 예언하셨다(13:31-38). 그다음 예수는 제자들에게 마음에 근심하지 말고 자신과 하나님을 신뢰하라고 권면하셨다(14:1). 14:2(ESV)에서는 "내 아버지 집에 방이 많다. 그렇지 않다면 내가 너희에게 가서 너희를 위하여 거처를 예비하겠다고 말했겠는가?"라고 말씀하신다. 14:2의 "내 아버지의 집"이라는 표현은 2:16의 표현과 일치하지만, 서로 다른 문장에 등장하기 때문에 격(case)은 거기에 맞게 조정될 필요가 있었다.

- 요 2:16, "내 아버지의 집으로"

  τὸν οἶκον τοῦ πατρός μου

- 요 14:2, "내 아버지의 집에"

  τῇ οἰκίᾳ τοῦ πατρός μου

요한복음 2:16이 말하는 아버지의 집은 예루살렘에 있는 물리적 성전이다. 반면 14:2이 말하는 아버지의 집은 예루살렘에 있는 물리적 성전이 아니라 예수가 십자가에서 준비하신 집이다.

그때까지 예수는 예루살렘 성전의 정당성을 확증해 오셨다(2:16). 그러나 사마리아 여인에게 "우리는 우리가 아는 것을 경배한다. 구원은 유대인에게서 나온다"라고 확증하셨지만(4:22, ESV), 그는 또한 이렇게도 말씀하신다. "너희가 아버지를 이 산에서도, 예루살렘에서도 경배하지 않을 때가 온다"(4:21). 그는 계속해서 말씀하신다. "참으로 경배하는 자들이 영과 진리로 아버지를 경배할 때가 오고 있는데, 곧 지금이다. 아버지는 자기를 경배할 자들을 찾으신다. 하나님은 영이시니 그를 경배하는 자는 영과 진리로 경배해야 한다"(4:23-24). 이런 진술들은 예루살렘 성전에서 경배하는 시간이 끝났음을 나타낸다("그때가 오고 있는데, 곧 지금이다" 4:23). 이제 예수가 성전을 대체하고 실현하기 위해 오셨다.

요한은 16:7에서 예수가 제자들에게, 자신이 떠나지 않으면 보혜사 곧 성령이 오지 않겠지만, 떠나가면 성령을 보내시겠다 말씀하시는 장면을 보여 준다. 이때까지 하나님은 예루살렘 성전에 거하셨고, 레위 제의와 관련한 희생 제사 덕분에 거룩하신 하나님이 죄 많은 사람들 가운데 거하실 수 있었다. 예수는 십자가에서 죽으심으로써 성전을 속죄의 장소이자 하나님의 존재 장소로 실현해 내신다.

제자들에게 임한 영은 예수의 따르미들을 하나님이 존재하시는 장소이자 죄 용서를 찾을 수 있는 장소로 만드실 것이다(아래 §4을 보라). 요한복음 16:7은 만일 예수의 십자가 죽음으로 제사 제도가 끝나지 않는다면, 영이 죄 사함을 위한 희생 제사가 이루어지지 않는 성전(신자들)에 거할 수 없음을 나타낸다.

요한복음 14:2에서 예수가 제자들의 장소를 준비하러 가신 집은 14:3이 말하는바 제자들에게 돌아오실 때 그들을 데려갈 집이다. 이는 곧 예수가 돌아오실 때 제자들을 그 집으로 데려가실 것임을 시사하는 듯하며, 여기서 말하는 되돌아옴이란 죽음에서의 부활을 뜻하는 것은 아닌 듯하다(참조, 16:19-22). 요한복음 14:2이 말하는, 여러 방이 있다는 아버지의 집은 새롭게 창조된 우주적 성전인 듯하며, 예수의 부활 이후 교회는 그 새 창조를 처음으로 경험하게 된다.

§3.5 나는 그들 안에서 영광을 받는다

그리스도는 육신 안에 (성막을 치고) 거하시고, 제자들에게 자신을 내어 주는 사랑의 영광을 보이셨다(요 1:14). 또한 아버지에 대한 헌신의 영광, 아버지의 정의를 만족시킬 수 있는 능력의 영광, 성전을 실현할 수 있는 능력의 영광, 그리고 제자들을 하나님의 영광이 나타나는 새 성전으로 만들어 낼 수 있는 능력을 보이셨다. 예수는 요한복음 17:10(ESV)에서 아버지에게 기도하신다. "내 모든 것이 당신의 것이고, 당신의 것은 내 것이며, 나는 그들 안에서 영광을 받습니다." 그다음 그는 17:22에서 기도하신다. "당신이 내게 주신 영광을 내가 그들에게 주어서, 우리가 하나인 것같이 그들도 하나가 되게 하기 위함입니다."

예수가 제자들을 위해 간구하시는 하나 됨은 그들에게 영을 주시고 그들 안에 두심으로써 가능하다(요 14:17). 영은 예수의 가르침을 그들에게 가르치고(14:26), 그리스도에 관해 증거하며(15:26), 죄, 의, 심판에 관해 확신을 가져다주며(16:8-11), 제자들을 진리로 인도하고, 예수를 칭송할 것이다(16:13-14). 16:14b과 17:10a(ESV)의 유사점에 주목해 보자.

- 요 16:14b, "그는 내 것을 가지고 너희에게 알리실 것이다."
- 요 17:10a, "내 모든 것이 당신의 것이고, 당신의 것은 내 것입니다."

성부, 성자, 성령이라는 신격의 구성원들 사이에서 상호 간에 자기를 내어 주는 관계는 예수의 제자들에게까지 확대되어, 예수가 사랑하시듯이 그들이 사랑하게 된다. 영이 제자들을 진리와 공동의 목적 안에서 연합시킬 때, 제자들은 연합될 것이다. 영이 제자들 안에서 자기를 내어 주는 그리스도의 것과 같은 사랑을 일으키실 때, 그들은 그리스도가 그들을 사랑하신 것같이 서로를 사랑할 것이며(13:34), 모든 사람은 그들이 예수의 제자임을 알게 될 것이고(13:35), 그를 영화롭게 할 것이다(12:28; 13:31-32; 16:14).

예수는 십자가로 가셔서, 죄를 짊어지시고, 죄로 인한 하나님의 언약적 진노의 최고점을 겪으시며, 희생 제도와 성전 직무를 실현하셨다. 부활의 때에(요 20:1, 19) 예수는 제자들에게 내주하는 영을 나누어 주셔서, 그들을 성령의 새 성전, 곧 하나님의 임재 장소로 만드셨고, 그들에게 죄를 사하거나 그대로 둘 수 있는 권세를 주셨다. "그들을 향해 숨을 내쉬며 말씀하셨다. '성령을 받으라. 너희가 누구의 죄든지 사하면 사하여질 것이며, 누구의 죄든지 그대로 두면 그대로 있을 것이다'"(20:22-23, ESV).[19]

예수는 그들에게 내주하는 성령을 주심으로써 교회를 하나님이 현존하시는 장소로 만드셨고, 천국의 열쇠를 주심으로써 죄에 대한 용서가 주어질 수 있는 장소로 만드셨다(참조, 마 16:19). 바로 이 교회 안에서 그리스도는 영광을 받으신다(요 17:10, 22).

---

19 더 자세한 것은, James M. Hamilton Jr., *God's Indwelling Presence: The Holy Spirit in the Old and New Testaments*, NAC Studies in Bible and Theology 1 (Nashville: Broadman & Holman, 2006)을 보라.

§4 성령의 성전으로서의 교회

창조를 다루는 이 장에서, 성전에 이렇게 오래 초점을 두고 있는 이유는 무엇일까? 또다시 말하지만, 하나님이 세상을 창조하셨을 때 우주적 성전을 지으셨기 때문이다. 어떻게 교회가 그 우주적 성전에 부합할 수 있는가? 옛 언약에서 하나님은 성막에 거하셨지만, 새 언약에서 하나님은 영으로 백성 안에 거하심으로써 그들을 성전으로 삼으셨다. 이에 따른 당연한 귀결점은 그리스도 안에 있는 자들은 지금도 새 창조의 일부라는 것이다(고후 5:17; 갈 6:15). 온 세상은, 하나님이 백성과 함께 계시고, 백성을 통해 형상을 드러내시며, 백성에 의해 알려지시고, 섬김을 받으시고, 경배를 받으시기 위해 만들어졌다. 그와 같은 현실은 새 하늘과 새 땅에서 온전히 누리게 될 것이며, 갱생시키고 내주하는 영을 통해 교회는 새 창조의 시작을 경험하게 된다.

교회는 편재하신 하나님이 언약적으로 임재하시는 장소이자, 죄 사함에 대한 확신을 줄 권위를 가진 백성의 장소이며, 하나님을 알고 섬기는 장소이자, 새 창조의 시작을 살아가는 백성의 장소다. 다음과 같은 하위 단위의 사고의 흐름은 앞선 두 경우와 일치한다. 즉, 영광으로 시작하여 영광으로 끝나며, 그다음 백성과 함께하는 하나님의 임재로 이동하고, 백성의 죄를 위한 그리스도의 죽음과 그로 인해 누리게 되는 용서에 초점이 맞추어질 것이다.

§4.1 오순절, 사도행전 2:1-4

§4.2 성령의 성전, 고린도전서 3:16

§4.3 죄의 용서, 요한복음 20:22-23

§4.4 영적 집의 살아 있는 돌, 베드로전서 2:5

§4.5 영광을 위한 거처, 에베소서 2:19-22; 3:10

§4.1 오순절, 사도행전 2:1-4

건설과 건축이 완성된 후 성막과 성전은 하나님의 영광으로 가득 찼다(출 40장; 왕상 8장). 세례 요한은 예수가 성령과 불로 세례를 베푸실 것이라고 말했다(눅 3:16). 예수가 세례를 받으실 때, "하늘이 열리고 성령이 비둘기와 같은 형체로 그에게 내려왔다. 그리고 음성이 하늘로부터 들려왔다. '너는 내 사랑하는 아들이다. 내가 너를 기뻐한다'"(눅 3:21-22). 부활하신 후 예수는 제자들에게 이렇게 말씀하셨다. "예루살렘을 떠나지 말고 아버지의 약속을 기다려라. 이는 너희가 내게서 들은 것이다. 요한은 물로 세례를 주었지만, 너희는 얼마 지나지 않아 성령으로 세례를 받게 될 것이다"(행 1:4-5).

예수는 부활의 날에 제자들에게 내주하는 성령을 주셨고(요 20:22), 오순절에는 보이고 들리는 영의 강림의 증거와 더불어 하나님의 승인을 공개적으로 드러내시면서 성령으로 세례를 베푸셨다(행 2:1-4).[20] 성경신학 관점에서 볼 때, 오순절에 교회에 주어진 성령 세례는 성막과 성전을 가득 채우는 하나님의 영광 및 세례 시 예수에게 임했던 영과 같은 기능을 한다.[21]

---

20 사도행전에서 영의 강림을 묘사하는 데 사용된 다양한 동사들에 관해서는, James M. Hamilton Jr., "Rushing Wind and Organ Music: Toward Luke's Theology of the Spirit in Acts," *Reformed Theological Review* 65, no. 1 (2006): 15-33을 보라. 이는 또한 Hamilton, *God's Indwelling Presence*, 183-203의 부록 3에도 수록되어 있다.

21 더 자세한 것은, G. K. Beale, "The Descent of the Eschatological Temple in the Form of the Spirit at Pentecost: Part 1: The Clearest Evidence," *Tyndale Bulletin* 56 (2005): 73-102을 보라.

§4.2 성령의 성전, 고린도전서 3:16

다음의 단수 표현들이 시사하듯, 예수를 믿는 사람들에게는 성령이 개별적으로 내주하신다. 바울은 로마서 8:9b(ESV)에서 "그리스도의 영이 없는 자[단수]는 그리스도의 사람이 아니다"라고 썼고, 고린도전서 6:19(ESV)에서는 "너희 몸[단수]이 너희 안에 계신 성령의 성전인 줄을 알지 못하는가? 이 성령은 너희가 하나님으로부터 받은 것이다"라고 썼다. 또한 교회 전체가 하나님의 성전이라고 주장하는 복수형의 진술도 있다. "너희[복수]가 하나님의 성전인 줄을 알지 못하는가? 하나님의 영이 너희 안에 거하심을 알지 못하는가?"(고전 3:16).

바울은 거짓 교사들을 용납하지 말라고 고린도 교회에 호소하면서 교회가 하나님의 성전이라는 생각을 구체화한다. 그는 그들에게 믿지 않는 자들과 멍에를 같이 메지 말라고 요구하고(고후 6:14, ESV), "우리는 살아 계신 하나님의 성전인데, 하나님의 성전과 우상이 어떻게 조화되겠느냐?"라고 수사학적으로 질문한다. 그리고 나서 그는 레위기 26:12을 인용하는데, 이는 주님이 이스라엘 진영 가운데 성막에 거하셨던 것이 영이 내주하는 교회 안에서 모형론적으로 실현되기 때문이다.

이 적용은 고린도전서 3장에 나온 것과 같다. 거기서 바울이 교회에 놓은 복음의 터에 따라 가르치는 일은 금, 은, 보석으로 건축하는 것—성령의 성전을 합당하게 장식하는 것—과 같다고 말한다(고전 3:10-12a). 반면 사람들이 참된 복음에 대한 바울의 가르침에서 떠나면, 심판의 불로 타 버릴 나무, 건초, 짚으로 건축한 것과 같다. 이들이 참된 신자라 할지라도 말이다(3:12b-15). 바울은 로마서 8장에서 영의 일을 생각해야 할 필요성에 대해 자세히 가르치고(롬 8:5-11), 믿는 자들을 위한 아들과 영의 중보를 묘사하면서(8:26, 34) 성전 이미지를 사용한다.

§4.3 죄의 용서, 요한복음 20:22-23

하나님은 옛 언약하에 성전에서 수행되는 제사 제도를 통해 죄를 해결하기 위한 조치를 취하셨다. 하나님은 그곳에 계셨고, 그들은 죄 사함을 위한 제사를 드릴 수 있었다.[22] 요한복음 20:22에서 예수가 제자들에게 숨을 불어 넣으셨을 때(창 2:7을 배음[overtones]으로 울림; 새 창조 안의 새 인류를 위한 새 생명) 그들 안에 거할 성령을 주셨고, 20:23(ESV)에서는 이렇게 말씀하신다. "너희가 누구의 죄든지 사하면 사해질 것이며, 누구의 죄든지 그대로 두면 그대로 있을 것이다." 이 진술은 마태복음에 나오는바 베드로가 예수를 그리스도라고 고백했을 때 예수가 말씀하신 내용을 떠올리게 한다. "내가 천국 열쇠를 네게 주리니, 네가 땅에서 무엇이든지 매면 하늘에서도 매일 것이요, 네가 땅에서 무엇이든지 풀면 하늘에서도 풀릴 것이다"(마 16:19).

요한복음 20:23에서 용서를 베푸는 것과 용서를 철회하는 것은 마태복음 16:19에서 땅과 하늘에서 매고 푸는 것을 설명하는 또 다른 방식이다. 이것이 무슨 뜻인가? 이는 교회가, 죄를 회개하고 그리스도를 믿어 죄 사함을 받은 사람들을 확증해 줄 권한이 있고, 또한 회개하지 않고 믿지 않는 사람들에 대해 그들이 교회에 속하지 않았으며 그들의 죄가 사해졌다고 생각할 이유가 없다고 말할 권한이 있다는 뜻이다(참조, 마 18:15-20; 요 3:16-21, 36). 교회는 영이 예수를 믿고 회개하는 자들 안에 거하며 따라서 그들이 하나님의 성전의 일부임을 확증해 줄 능력이 있다. 마찬가지로 교회는 회개하지 않고 성전의 일부가 아니며 영도 없고 세상에서 하나님이 없이 사는 자들에게 경고한다(엡 2:12).

---

22 참조, Gane, *Cult and Character*, 335-37, 343.

§4.4 영적 집의 살아 있는 돌, 베드로전서 2:5

교회가 성령이 거하는 하나님의 성전이라는 생각은 신약 전반에 걸쳐 반복적으로 나타나며 이는 건축 이미지로 특징지어진다. 예컨대, 마태는 예수를 사무엘하 7:13-14의 약속에 따라 성전("내 이름을 위한 집")을 건축할 다윗의 씨로 제시하며, 예수는 자신의 교회를 "건축"하실 것이라고 말한다(마 16:18).

마가복음 14장에서 예수에 대한 거짓 고발에는 "우리는 그가 '내가 손으로 지은 이 성전을 헐고 3일 만에 손으로 짓지 아니한 다른 성전을 지을 것이다'고 말하는 것을 들었다"라는 주장이 포함되어 있다(막 14:58). 스데반에 대해서도 비슷한 고발이 제기됐는데, 곧 그가 성전을 거스르는 말을 했다고 주장하며, "우리는 그[스데반]가 '나사렛 예수가 이곳을 헐어버릴 것이다'고 말하는 것을 들었다"라는 주장이 포함된다(행 6:14). 이러한 비난은 "이 성전을 헐어라. 그러면 내가 3일 안에 그것을 일으킬 것이다"라는 요한복음 2:19에 나오는 예수의 말씀과 같은 가르침에서 비롯된 것 같다.

불법의 사람이 "하나님의 성전에서 자리"를 차지할 것에 대한 데살로니가후서 2:4(ESV)의 경고는 아마도 이 인물이 교회에 침투한 양의 탈을 쓴 늑대라는 사실을 시사하는 것 같다. 바울은 교회를 "하나님의 집"이라고 말하며 "진리의 기둥과 터"(딤전 3:15)라고 부른다. 히브리서 저자는 3:6에서 "그리스도가 아들로서 하나님의 집을 위해 신실하시니 우리가 만일 굳게 붙잡고 있으면 우리는 그의 집이다"라고 말했을 때, 성막/성전이 교회 안에서 실현되는 일을 언급한 것 같다. 요한계시록은 이기는 자가 "내 하나님의 성전의 기둥이 될 것"이라고 약속하는 예수를 제시한다(계 3:12).

이 이미지는 하나님의 임재를 전달하며, 또한 하나님의 백성이 기꺼이 그를 알고, 그와 함께 걷고, 그를 섬기고, 그를 경배하기 위해 만들어졌음을 전달한다. 베드로는 그리스도를 살아 있는 돌(벧전 2:4)이라고 설명하는데, 따라서 믿는 자들은 그리스도처럼 살아 있는 돌들로서 그리스도를 통해 하나님이 받아들이실 만한 영적 제사를 드리기 위해 영적 성전으로 지어진다(2:5). 이 집에서 반석인 베드로(마 16:18)는 그리스도가 모퉁잇돌(벧전 2:6)이며, 건축자들이 버린 돌(2:7)이자, 불순종하는 자들이 걸려 넘어지는 돌(2:8)이라고 단언한다. 이와 달리 신자들은 하나님의 거처―성막, 성전, 거룩하신 이의 임재―를 받는 데 있어서 이스라엘과 같다. 이에 그들은 택함받은 족속, 왕족, 제사장, 거룩한 나라, 하나님의 소유가 되어 그를 찬양하고(2:9) 그 앞에서 거룩함 가운데 걷는 백성이 된다(1:15-16).

그리스도가 성전을 실현하신 성육신과 그 자체로서 우주적 성전이 될 새 창조 세계 사이에서, 교회는 성전의 모형론적 실현으로서 시작됐다(이미/아직). 교회는 내주하는 영을 통해 하나님의 임재를 누리고, 복음을 통해 죄 사함을 베풀며, 생명을 주는 영에 의해 갱생된(마 19:28; 딛 3:5) 새 창조물(고후 5:17; 갈 6:15)이 되어 다가올 시대를 미리 맛보게 된다.

§4.5 영광을 위한 거처, 에베소서 2:19-22; 3:10

하나님은 새 창조의 우주적 성전을 영광으로 채우실 것이며, 그 목적을 위해 교회는 모든 민족을 제자로 삼는 대위임명령을 추구한다(마 28:18-20). 이 위대한 노력을 위해 예수는 사로잡혔던 자들을 사로잡으셨고, 과거의 모세와 다윗처럼, 사로잡혔던 자들을 이끌고 높은 곳으로 올라가 선물들을 주셨다(엡 4:8). 만물을 영광으로 충만하게 하기 위해(4:10), 그는 교회를 세우도록 사도들, 예언자들, 복음 전하는 자들을 주셨으며, 신자들을 사역자로 지속적으로 준비시키기 위해 목사들과 교사들을 선물로 주셨다(4:11-12). 이는 예수에 대한 믿음과 지식 안에서 하나가 되게 하고, 모든 사람을 그리스도의 충만함으로 이끌며(4:13), 모든 사람을 모든 면에서 그리스도에게로 자라나도록 하기 위한 것이다(4:15).

에베소서 4:8-16에서 바울은 그리스도가 모퉁잇돌로 기초가 되시는, "하나님의 가족[household]"(2:19)에 속한다는 것이 무슨 의미인지 설명한다. 그와 더불어 사도들과 예언자들은 교회를 위한 계시의 기초 토대를 제공하는데(2:20; 3:5), 그 기초 위에 "주님 안에 있는 성전"이 있다(2:21). 교회가 세워질 때 그들은 하나님의 성전, 곧 "영에 의한 하나님의 거처"(2:22)로 함께 지어져 간다.

오순절에 성전이 성령으로 세례를 받았을 때, 곧 교회의 시작에 하나님의 영광이 나타났던 것처럼 교회의 마지막도 영광이다. "이는 이제 교회로 말미암아 하늘에 있는 통치자들과 권세들에게 하나님의 각종 지혜를 알게 하려 하심이다"(엡 3:10, ESV).

§5 새 창조의 우주적 성전

이사야는 주님이 새 하늘과 새 땅과 더불어 새 예루살렘을 만드실 것을 보여 주고(사 65:17-18), 그 근접 문맥에서는 하늘을 그의 보좌로, 땅을 그의 발판으로 말하면서, 사람이 그를 위해 무슨 집을 지을 수 있는지 묻는다(66:1). 이는 새 창조 세계가 그의 성전이라는 것을 암시한다. 에스겔의 새 성전(겔 40-48장)은 이런 문맥에서 이해되어야 한다. 곧, 예루살렘에 지어질 문자적 의미의 건물이 아니라, 요한계시록 21-22장에서 해석한 것처럼 새 하늘과 새 땅에 대한 환상적 상징으로 이해되어야 한다.[23]

§5.1 시작의 실현인 마지막

하나님은 창세기 1-2장에서 정결한 삶의 영역을 창조하셨고, 모든 것이 실현됐을 때 요한은 요한계시록 21-22장에서 정결한 삶의 영역을 묘사한다. 죄가 있기 전 창세기 3장에서 하나님의 우주적 성전에 죽음이 없었던 것처럼, 첫 하늘과 땅이 사라지고 바다가 없어진 후의 우주적 성전에도 죽음이 없을 것이다(계 21:1, 4). 창세기 1-2장에 범법자가 없었던 것처럼, 새 예루살렘에도 범법자가 없을 것이다(계 21:8). 죄도 없고 죽음도 없다는 것은 태초에 그랬던 것처럼 부정함이 없다는 것을 의미한다(21:27). 아담이 하나님의 아들로서, 대리 통치자로서 하나님의 영역에 대한 지배권을 수여받았듯이, 이기는 자들은 아들 지위를 수여받아, 새 아담 이스라엘과 다윗의 후손인 새 이스라엘 왕에게 주어진 것을 실현하고, 그 결과 하나님의 성전을 섬기는 하나님의 왕적 제사장이 될 것이다. "이기는 자는 이것들을 상속으로 받을 것이다. 그리고 나는 그의 하나님이 되고 그는 내 아들이 될 것이다"(21:7, ESV).

§5.2 에덴과 새 창조 사이의 대응

요한이 묘사한 새 예루살렘은 새롭고 더 나은 에덴 도성으로서, 창조와 구속에 대한 하나님의 목적을 실현하는 곳이다. "하나님의 거처가 사람들과 함께 있다. 하나님이 그들과 함께 계실 것이며, 그들은 하나님의 백성이 되고 하나님은 그들의 하나님으로서 친히 그들과 함께 계실 것이

---

23 Beale, *The Temple and the Church's Mission*, 335-64을 보라.

다"(계 21:3, ESV). 요한은 요한계시록 22장에서 사료적 대응점과 중요한 의미의 확대 지점을 보여 줌으로써 새 창조 안에 있는 새롭고 더 나은 에덴, 곧 우주적 성전을 묘사한다.

- 창세기 2:10에서는 에덴에서 강이 흘러나와 동산을 적셨고, 요한계시록 22:1에서는 생명수의 강이 "하나님과 어린양의 보좌에서" 흘러나온다.
- 창세기 2:9에서 생명나무는 에덴동산에 있었지만, 새 에덴에서는 이 나무가 강 양쪽에 있기 때문에, 민족을 치유하기 위해(계 22:2), 그리고 문들을 통해 도성에 들어가는 사람들을 위해(22:14) 더 좋다.
- 부정한 뱀이 에덴동산에 침투하여 하나님의 백성을 죄짓도록 할 수 있었지만(창 3:1-7), 도성에는 저주받을 것이 없다(계 22:3). 모든 악한 자들은 그 밖에 있을 것이다(22:15).
- 아담은 동산에서 일하고 지켜야 했지만 실패한 반면(창 2:15; 3:6), 새롭고 더 나은 미래에 하나님의 제사장인 종들은 그를 경험하고 그를 섬길 것이다. "하나님과 그 어린양의 보좌가 그 가운데에 있을 것이며, 그의 종들이 그를 섬길 것이다"(계 22:3).
- 하나님은 시원한 날에(in the cool of the day) 에덴동산을 거니셨다(창 3:8). 그러나 새 예루살렘에서 "전능하신 주 하나님과 어린양이 바로 성전이다"(계 21:22, ESV). 거기서 하나님은 왕좌에 앉으실 것이며(22:3), 그의 광채가 있기에 해나 달이나 등잔이 필요 없을 것이다(22:5).

하나님은 세상을 우주적 성전으로 만드셨고, 그가 자신의 목적을 이루실 때 바로 그렇게 될 것이다.

제8장
출애굽

내가 요르단 강변을 걸을 때,

걱정스러운 두려움이 가라앉기를 기도한다.

죽음의 죽음, 그리고 지옥의 파괴,

나를 가나안 쪽에 안전하게 내려 주소서.

—윌리엄 윌리엄스(WILLIAM WILLIAMS)[1]

하나님은 출애굽 시 백성을 구원하셨는데, 우리는 모세가 아브라함과 야곱에 대한 기사에서 출애굽을 미리 보고, 출애굽 사건 자체를 서술하며, 출애굽의 방식으로 하나님이 백성을 미래에 구원하실 일을 암시한 것에서 그가 출애굽을 얼마나 중시했는지를 보게 된다. 모세가 출애굽을 해석 체계와 예측 패러다임으로 제시하고자 했음을 이후의 성경 저자들이 이해했다는 증거는 그들이 출애굽 모티프를 전개하는 방식에서 확인할

---

[1] "Guide Me, O Thou Great Jehovah." 이 찬송의 모형론적 진리를 알려 준 Matt Damico에게 감사의 마음을 전한다.

수 있다. 여호수아는 약속의 땅 정복과 라합의 구원을 출애굽 패턴의 조각으로 제시한다(아래를 보라). 예언자들은 하나님이 새롭고 더 위대한 출애굽을 행하실 미래의 날을 예고했는데, 이는 중요성에 있어서 옛 출애굽을 능가한다(예, 사 11:15-16; 렘 16:14-15; 23:5-8). 시편은 출애굽을 기념하고(예, 시 74:12-15; 78편; 136편), 예언서들과 더불어 새 출애굽과 정복을 내다본다(예, 시 106:47-107:3; 108편; 110편; 135:14; 137:7-9). 복음서 저자들은 이스라엘의 역사를 요약하면서, 예수의 삶, 죽음, 부활이 출애굽 패턴과 유월절을 실현하는 것으로 제시한다. 바울과 베드로는 출애굽 사건 패턴을 기독교 경험을 이해하고 기독교 정체성을 형성하기 위한 해석 체계로 사용한다. 또한 요한은 요한계시록에서 만물의 마지막에 출애굽 구원 패턴이 또다시 재현되고 실현될 것임을 암시한다.

이 장에서 성경의 모든 출애굽 모티프를 설명할 수는 없다.[2] 이하에서는 패턴의 조각들을 살펴보면서, 모세가 이를 미리 보았고, 그 후에는 실제로 일어났으며, 나중에 구약 저자들이 그 패턴에 대한 추가적인 조각들을 만들어 냈음을 보이고, 따라서 모세가 이 패턴을 가르치고자 했음을 제시할 것이다. 그다음에 예수는 삶과 죽음에서 출애굽을 실현하셨고, 요한계시록에서 미래의 출애굽을 예언하기도 전에 바울은 그리스도가 백성을 위해 행하신 일을 그리스도인들에게 가르치기 위해 출애굽 패턴을 사용했다. 이어지는 논의에서 모든 것을 논의할 수 없기에, 불가피한 제약을 두는 것을 아쉬워하면서(그러나 본서의 프로젝트에 속하는 것들은 당연히 다룬다), 우리는 다음과 같은 출애굽 모형론을 표본으로 추구하고자 한다.

---

2 이를 다루고 있는 책들에 대해서는, Morales, *Exodus Old and New*; Rikki E. Watts, *Isaiah's New Exodus in Mark* (Grand Rapids: Baker, 2000) [=『ESBT 출애굽 성경신학』, 부흥과개혁사, 2021]; David W. Pao, *Acts and the Isaianic New Exodus* (Grand Rapids: Baker, 2002)를 보라.

§1 토라의 출애굽

§2 여호수아서의 출애굽

§3 복음서의 출애굽

§4 바울서신의 출애굽

§5 요한계시록의 출애굽

이 장에서는 모세로부터 시작하여 이후의 성경 저자들이 이스라엘의 출애굽 시 행해진 하나님의 일을 하나님의 백성 구원 방식으로 제시하고 있음을 제시할 것이다.[3] 다음 세 가지 요점은 이 장의 논점을 보여 준다.

1. 모세는 아브라함과 야곱의 삶에서 출애굽 사건을 미리 봄으로써 역사 속 출애굽 사건이 **모형**임을 확립한다.
2. 그러고 나서 모세는 역사 속 출애굽 사건 자체를 기록하고, 반복되는 점을 제시함으로써 그 패턴을 확립한다.
3. 출애굽기 자체 내에도, 출애굽 사건이 기록된 이후에, 그 패턴이 미래에도 반복될 것이라는 표식들이 있다.

이처럼 모세는 출애굽 사건을 하나의 모형으로 확립했고, 이후의 성경 저자들은 출애굽 사건이 **해석 체계**이자 **예측 패러다임**이라는 점을 모세에게 배웠음을 그들의 저술에서 드러낸다.

---

3 마찬가지로, Francis Foulkes, "The Acts of God: A Study of the Basis of Typology," in *The Right Doctrine from the Wrong Texts? Essays on the Use of the Old Testament in the New*, ed. G. K. Beale (Grand Rapids: Baker, 1994), 343, 352.

§1 토라의 출애굽

이 단락에서는 출애굽과 아브라함/야곱 내러티브에 나오는 주요 사건 사이에 저자가 의도한 평행점이 있고, 이를 통해 족장들이 출애굽 사건을 미리 보았음을 보여 주고자 한다. 출애굽 시 일어난 일이 정복 사건 때 반복될 것을 암시하는 진술도 있다. 이는 실제 그러한데, 이에 대한 나의 해석은 다음과 같다. 곧, 모세는 하나님이 역사의 흐름 가운데 주권적으로 구축하신 평행들을 인지했고, 이를 성령의 영감을 통해 이해했으며, 아브라함과 야곱의 삶에서 출애굽 패턴을 모형화하도록 서술했다. 그 이후에 하나님이 이스라엘을 애굽에서 인도해 내셨을 때, 출애굽 사건 자체가 일어났고, 모세는 하나님이 미래에도 같은 방식으로 계속 행동하실 것을 청중에게 암시하여 그들이 기대할 수 있게끔 했다.

§1.1 아브라함

아브람의 삶에 출애굽에 대한 미리 보기가 존재한다. 모세가 이런 평행점을 확립하려 했음은 두 내러티브에서 동일한 단어와 심지어는 동일한 전체 문장이 사용되고, 동일 형태 사건이 제시되며, 이 모든 것이 하나님과 맺은 언약의 맥락 안에서 동일한 구원사를 전개해 나가는 인물들과 함께 등장한다는 것에서 알 수 있다. 후자인 언약의 맥락에서의 구원사를 먼저 살펴보면, 하나님은 아브라함에게 씨를 약속하시고 그와 언약을 맺으셨다. 이스라엘 민족은 아브라함의 집단적 씨인데, 하나님이 아브라함에게 행하시겠다 약속하신 일을 그들에게 행하신 후에(창 15:13-16), 그 민족과 언약을 맺으셨다. 모세는 야훼가 창세기 15:7에서 "나는 너를 … 인도해 낸 야훼다"라고 말씀하심으로써 아브람의 삶에서 출애굽 미리 보기에 대한 신호를 준다.[4] 모세는 나중에 출애굽기 20:2에서 "나는 너를 … 인도해 낸 너희 하나님 야훼다"라는 이스라엘에게 하신 야훼의 말씀을 보여 준다. 우리는 창세기 12:17에서 하나님이 사라를 해방하기 위해 파라오에게 행하신 일과 출애굽기 11:1에서 이스라엘에게 행하신 일이 "역병"(נגע)이라는 단어로 설명될 때, 비슷한 사건을 묘사하는 공통 용어를 보게 된다. 아브라함과 이스라엘의 출애굽 사이의 평행한 동일 형태 사건은 〈표 8.1〉에 정리되어 있다.

〈표 8.1: 아브라함의 출애굽과 이스라엘의 출애굽 사이에 평행하는 동일 형태 사건〉[5]

아브라함	이스라엘
창 12:10, 기근 때문에 애굽으로 내려감	창 46장, 기근 때문에 애굽으로 내려감
창 12:15, 파라오에게 사로잡힌 사라	출 1장, 파라오의 노예가 된 이스라엘
창 12:16, 파라오가 아브라함을 부유하게 함	출 12:35-36, 이스라엘이 애굽을 탈취함
창 12:17-20, 야훼가 역병으로 사라를 해방함	출 7-12장, 야훼가 역병으로 이스라엘을 해방함
창 14장, 롯을 구출하기 위해 왕들을 패배시킴	민 21장, 시혼과 옥의 패배
창 14:17-24, 멜기세덱, 살렘의 제사장-왕	출 18장, 이드로, 미디안의 제사장

---

4 야곱과 호세아가 그 이야기를 해석하는 방식에 관해 우리가 아래에서 보게 될 것과 관련하여 새 출애굽에 대한 미리 보기가 있을 수 있다. 창 15:7(ESV)의 진술은 "이 땅을 네게 주어 소유를 삼게 하려고"라는 구절로 끝난다. 출애굽에서 야훼는 이스라엘을 애굽에서 인도해 낸 후 가나안 땅을 주셨다. 바벨론 포로로부터의 새 출애굽 시 야훼는 백성을 갈대아인의 땅에서 인도해 낸 후 가나안 땅을 주었다.

5 이 표는 James M. Hamilton Jr., "The Exodus Motif in Biblical Theology," in *The Law, The Prophets, and the Writings: Studies in Evangelical Old Testament Hermeneutics in Honor of Duane A. Garrett*, ed. Andrew M. King, William R. Osborne, and Joshua M. Philpot (Nashville: Broadman & Holman, 2021), 80에 수록된 것을 보완한 것이다.

창 15:7, "나는 너를 … 인도해 낸 야훼다."	출 20:2, "나는 너를 … 인도해 낸 야훼다."
창 15:12-17, 신현: 연기, 불, 어둠	출 19:16-18, 신현: 두꺼운 구름, 연기, 불
창 15:13-14, 출애굽 예언	출 15:5, 16, 그 땅에 대한 출애굽 같은 정복 예언

아브라함이 애굽으로 내려간 것을 다루는 내러티브는 미래를 내다보는 것 외에 과거를 가리키기도 한다. 매튜스(Mathews)는 창세기 3장의 유혹 내러티브와 창세기 12장의 아브람의 출애굽 미리 보기 사이에 인상적인 수의 언어상·순서상 평행점을 나열하는데, 그가 요약한 것은 그 사안을 잘 설명해 준다.

두 이야기 모두 음식 관련 배경(풍요 또는 기근)을 포함하고, 속임수 개념에 의존하며, 아내의 역할을 중차대한 것으로 묘사한다. 속임수가 발각된 후, 원고의 심문(하나님/파라오), 행위의 인정(아담/아브람), 피고의 추방(에덴에서/애굽에서)이 나온다. 또한 이어지는 이야기에서는 가족의 분열(가인-아벨/롯-아브람)을 다룬다.[6]

앞서 우리는 아브라함이 남매라고 속인 사건이 창세기 12:10-20과 20:1-18에서 반복되고, 이삭이 26:6-11에서 같은 일을 하는 것을 보았다. 창세기 12장에서의 아브라함의 죄와 창세기 3장에서의 아담의 죄 사이의 연관성은 야곱의 죄와 아담의 죄 사이의 연관성을 예상하게 한다.

---

6   Mathews, *Genesis 11:27-50:26*, 123.

§1.2 야곱

야곱 내러티브가 출애굽을 예고하는 방식을 살펴보기 전에, 그 이야기가 아담의 죄와 어떻게 관련되는지에서부터 시작해 보려 한다. 이를 통해 우리는 아브라함과 야곱이 모두 아담을 가리키고, 아담, 아브라함, 야곱이 모두 하나님의 임재로부터 추방된 경험 가운데 구원과 되돌아옴을 기대했다는 점에서 모세가 창세기 안에서 형성한 연관성을 볼 수 있다.

야곱이 에서에 대한 축복을 훔치기 위해 이삭을 속인 이야기는 창세기 3장과 두드러지게 평행한 형태의 사건들을 담고 있는데, 우리는 이를 탐구하면서 모세가 언어를 어떻게 재사용하는지 확인하게 될 것이다.

- 뱀이 여자를 속였고(창 3:1-5), 여자는 금단의 열매를 취하여 먹었으며, "그리고 그녀도 자기와 함께 있는 남편에게 주었고, 그도 먹었다"(3:6). 창세기 3장에서 여자가 남자에게 열매를 주어 범법하기 시작한 것처럼, 27:5-6에서 리브가는 이삭을 속일 계획을 시작한다.

- 창세기 3:17에서 주님은 심판의 말씀을 이렇게 시작한다. "네가 네 아내의 음성을 들었기 때문이다." 27:13에서 리브가는 야곱에게 자신의 음성을 들으라고 말한다(שָׁמַע "듣다, 귀를 기울이다, 순종하다" + קוֹל "음성").

- 창세기 3:6에서 여자는 "열매"를 "취했고", 27:14에서 야곱은 염소를 "취했고" 그의 어머니는 "음식"을 준비했다.

- 아담은 하나님이 책임을 물었을 때 진실하게 대답하지 않았고(3:8-11), 야곱은 이삭에게 재차 거짓말했다(27:19-20, 24).

- 하나님은 창세기 3:14-19에서 뱀을 저주하시고 여자와 남자에게 심판의 말씀을 내리셨다. 리브가는 27:13에서 야곱에게 "너의 저주는 내게 있을 것이다"라고 말한다(עָלַי קִלְלָתְךָ).

- 범죄 이후 창세기 3:21에서 하나님은 남자와 여자에게 "가죽"(עוֹר)의 "옷"(כְּתֹנֶת)을 "입히셨다"(לָבַשׁ). 27:15-16에서 리브가는 속임수의 일환으로 야곱에게 에서의 옷(בֶּגֶד)을 "입혔고"(לָבַשׁ), 그의 손과 목의 매끈한 부분을 "가죽"(עוֹר)으로 "입혔다"(לָבַשׁ).

- 창세기 3장의 범죄 이후, 하나님은 뱀에게 심판을 선포하신다(3:14-15). 창세기 27장의 범죄 이후, 이삭은 에서에게 심판을 선포한다(27:39-40).

- 하나님은 남자와 여자에게 소망의 말씀으로 복 주셨고(3:15), 그 소망은 이삭이 야곱을 축복함으로써 확장됐다(27:27-29; 28:1-4).

- 또한 주님은 뱀이 여자의 씨의 발꿈치(עָקֵב)를 상하게 할 것이라고 말씀하신 반면(3:15), 야곱의 이름은 태어날 때 형의 발꿈치를 붙잡았던 것으로 인해 "발꿈치"라는 단어에서 유래한, "발꿈치를 잡는 자"(יַעֲקֹב)가 됐다는 점도 흥미롭다(25:26).

- 창세기 3장 이후, 가인은 아벨을 살해했고(4:8), 야곱이 에서의 축복을 훔친 후, 에서는 그를 죽이려고 했다(27:41-42).

- 남자와 여자의 죄 때문에 그들은 동산에서 쫓겨난다(3:22-24). 야곱의 죄 때문에(그리고 가나안 사람들과의 결혼을 멀리하기 위해), 그는 약속의 땅에서 쫓겨난다(27:43-46; 28:1-2).

이러한 접촉점들은 야곱을 새 아담으로 제시한다. 야곱은 약속의 땅 밖에서 20년간 포로와 같은 생활을 한 후(31:41), 그 포로 상태에서 탈출하여 약속의 땅으로 돌아왔는데(33:18), 이는 에덴 밖에서의 포로 같은 생활도 그 상태에서 탈출하여 정결한 삶의 영역으로 되돌아가는 것으로 해결될 것임을 암시한다.

모세가 청중에게 야곱의 밧단아람 탈출과 이스라엘의 출애굽을 연결하도록 의도한 증거에는 어휘상 접촉점, 어구 인용, 동일 형태 사건의 유사성, 유사한 언약적·구속사적 의미가 포함된다. 창세기 28:3-4에서 이삭은 아브라함의 복을 야곱에게 전수하고, 야곱의 이름은 이스라엘로 바뀌는데, 그것은 그의 씨, 곧 민족의 이름이 된다. 이것은 언약적/구속사적 의미의 유사성을 확립한다. 언어의 재사용, 인용구, 동일 형태 사건의 유사성은 다음과 같다.[7]

- 야곱이 라반에게 갔을 때 그는 처음에 환대받는다(창 29:13-14). 마찬가지로 야곱이 애굽에 갔을 때, 파라오는 그를 존경의 마음으로 환영했다(47:5-12).
- 라반은 야곱에게 힘든 노동을 시켰다(29:15, 27; 31:38-41). 이는 요셉을 알지 못했던 파라오가 이스라엘 사람들에게 행한 일과 동일하다(출 1:8-14).
- 밧단아람에서 야곱은 생육하고 번성했다(창 28:3; 참조, 1:28). 그는 "심히 번성했다"(창 30:30, 43, ESV, פָּרַץ). 애굽에서도 이스라엘은 생육하고 번성하여 수가 늘어났고(출 1:7, 10, 12) "널리 퍼져 나갔다"(1:12, ESV, פָּרַץ).
- 라반은 야곱의 소유의 가축들을 제거함으로써 야곱의 양 떼가 번성하는 것을 막으려고 했다(창 30:35). 그리고 파라오는 이스라엘 백성이 번성하는 것을 막으려고 했다(출 1:15-22).
- 두 경우 모두 하나님은 자신을 이렇게 밝히신다. "나는 벧엘의 하나님이다"(창 31:13); "나는 네 아버지의 하나님이다"(출 3:6, אָנֹכִי אֱלֹהֵי אָבִיךָ).

---

[7] 이에 대한 나의 관심은 Jeffrey Timmons, "New Exodus," in Old Testament Colloquium at Southern Seminary on November 4, 2020의 발제에서 촉발됐다. Timmons은 David Daube, *The Exodus Pattern in the Bible* (London: Faber & Faber, 1983); 그리고 Yair Zakovitch, *"And You Shall Tell Your Son—": The Concept of the Exodus in the Bible* (Jerusalem: Magnes, 1991)을 인용했다.

- 그다음 하나님은 어떻게 자신의 백성이 학대받는지를 "보셨는지" 설명하고, 탈출을 부추기신다. "나는 라반이 너에게 행하는 모든 일을 보았다. … 이제 일어나 이 땅을 떠나 네 족속의 땅으로 돌아가라"(창 31:12-13, ESV, רָאִיתִי אֵת כָּל אֲשֶׁר לָבָן עֹשֶׂה לָּךְ … קוּם צֵא מִן הָאָרֶץ הַזֹּאת וְשׁוּב אֶל אֶרֶץ מוֹלַדְתֶּךָ); "나는 확실히 내 백성의 고난을 보고 … 그리고 내려와서 그들을 구출하고 … 그리고 그들을 그 땅에서 데리고 나와 젖과 꿀이 흐르는 좋고 넓은 땅으로 데려갈 것이다"(출 3:7-8, ESV, רָאֹה רָאִיתִי אֶת עֳנִי עַמִּי).
- 두 경우 모두 히브리인들은 자신들의 해방을 요청한다(창 30:25; 출 5:1 등).
- 각 내러티브에서 하나님의 백성은 대적을 약탈하고 그들의 전리품을 "벗겨 낸다"(창 31:9과 출 3:22에 있는 נָצַל의 피엘 형태).
- 야곱은 탈출하고(창 31:20-21), 이스라엘 사람들도 그렇게 한다(출 14:5).
- 이스라엘이 도망쳤다는 사실을 동일한 언어를 사용하여 라반과 파라오에게 알린다. "3일 만에 야곱이 도망한 것이 라반에게 들렸다"(창 31:22, ESV, וַיֻּגַּד לְלָבָן … כִּי בָרַח יַעֲקֹב); "그 백성이 도망한 것이 애굽의 왕에게 들렸다"(출 14:5, ESV, וַיֻּגַּד לְמֶלֶךְ … כִּי בָרַח הָעָם).
- 라반과 파라오는 모두 이스라엘을 추격한다. "그는 그의 친족들을 취하여 그를 추격했다"(창 31:23, ESV, וַיִּקַּח אֶת אֶחָיו עִמּוֹ וַיִּרְדֹּף); "그는 선택된 병거 600대를 취하여 … 그는 이스라엘 백성을 추격했다"(출 14:7-8, ESV, וַיִּקַּח שֵׁשׁ מֵאוֹת רֶכֶב בָּחוּר … וַיִּרְדֹּף).
- "그리고 라반이 야곱을 따라잡았다"(창 31:25, וַיַּשֵּׂג לָבָן אֶת יַעֲקֹב). 그리고 파라오는 이렇게 말했다. "내가 추격하여 따라잡을 것이다"(출 15:9, אֶרְדֹּף אַשִּׂיג).
- 야훼가 라반에게 나타나서 야곱을 공격하지 말라고 경고하신 반면(창 31:24, 29, 31, 42), 그는 파라오와 그의 군대를 바다에 던지셨다(출 14:27;

260-261

15:4; 참조, 14:23-29).

야곱이 그 땅으로 되돌아왔을 때, 야곱은 약속의 땅으로 가는 아브라함의 발자취를 따랐다. 아브라함은 바벨론 근처의 갈대아 우르에서 출발하여 하란으로 갔다(창 11:28, 31; 15:7). 그다음 그는 하란에서(11:31; 12:4) 세겜으로 갔다(12:6). 거기서 그는 제단을 쌓고, 벧엘/아이로 갔다(12:8). 그곳에서 그는 다시 제단을 쌓았다. 이러한 과정은 이후에 아내를 찾기 위해, 부모에 의해 하란으로 보내진 야곱의 길과 일치한다(27:43; 28:10; 29:4). 하란에서 야곱은 세겜으로 돌아와서 제단을 쌓았고(33:18-20), 그 후에 벧엘로 가서 제단을 쌓았다(35:14-15, 27).[8]

이렇게 모세는 아담과 아브라함, 야곱과 아담, 야곱과 아브라함, 그리고 아브라함, 야곱, 출애굽 사이에 연관성을 만들어 냈다. 호세아는 야곱이 아내를 얻기 위해 라반에게 가는 장면에 이어서 모세가 이스라엘을 애굽에서 이끌어 낸 장면을 묘사했는데, 이는 모세가 형성한 야곱과 출애굽 사이의 관계를 이해했음을 보여 준다. "야곱이 아람의 땅으로 도망했고, 이스라엘이 아내를 얻기 위해 섬기며, 아내를 얻기 위하여 양을 쳤다. 주님은 한 예언자로 이스라엘을 애굽에서 인도하여 내셨고, 이스라엘은 한 예언자로 보호받았다"(호 12:12-13, ESV[MT 12:13-14]).

§1.3 출애굽

모세가 자신이 제시한 내용에 어떻게 도달했는지에 대한 추측은 다음과 같다. 출애굽을 경험한 모세는 아브라함에게 일어난 일이 출애굽을 어떻게 모형화하는지를 곰곰이 생각했고 이를 표현하고자 했다. 물론 모세는

---

8 이 평행들은 Mathews, *Genesis 1–11:26*, 52에 의해 주목하게 됐다.

새 출애굽을 경험하고 포로기에서 돌아온 것은 아니지만, 그에 대해 반복해서 언급한 바 있다(레 26장; 신 4:25-31; 신 28-32장). 예언자 호세아는 야곱의 아람 땅으로의 추방과 출애굽을 연결하는 듯하다(특히 호 12:12-13을 보라. 참조, 12:2-14).[9] 아브람과 야곱의 경험이 출애굽과 새 출애굽 모두를 모형화한다는 발상은 호세아에게 영향을 미칠 수 있었다. 우리는 한 족장 아브라함이 출애굽을 예상하며 애굽에서 나왔고, 다른 족장 야곱은 새 출애굽을 예상하며 밧단아람에서 집으로 돌아왔다고 말할 수 있다.

성경의 모든 세부 사항은 중요한데, 성경 저자들은 여러 본문들을 우리가 인지할 수 있는 것보다 훨씬 많이 연결해 왔다. 다음의 내용은 이후의 본문들에서 반복될 출애굽 내러티브의 특징들을 강조한다.

- 모세의 아들들은 애굽으로 가는 길에 할례를 받고(출 4:24-26), 광야 세대는 가나안으로 가는 길에 할례를 받았다(수 5:2-9). (그 땅으로) 되돌아왔을 때에 마음의 할례가 약속된다(신 30:6; 참조, 골 2:11, 13).
- 파라오의 마음은 완악해졌다(출 4:21; 7:3). 가나안 왕들의 마음도 완악해졌다(신 2:30; 수 11:20).
- 하나님이 아브라함에게 말씀하신 대로, 압제하는 대적에게 심판이 내려졌다(창 15:14; 출 7:4).
- 하나님이 아브라함에게 말씀하신 대로, 야곱이 라반에게 말한 대로, 이스라엘이 대적을 약탈했다(창 15:14; 31:9; 출 3:22; 11:2; 12:35-36).
- 이스라엘이 광야에서 불기둥과 구름 기둥을 따라갔다(출 13:21-22; 참조, 사

---

9   더 자세한 것은, 특히 Derek Drummond Bass, "Hosea's Use of Scripture: An Analysis of His Hermeneutic" (PhD diss., Louisville, The Southern Baptist Theological Seminary, 2008), 236-42을 보라.

52:12).

- 여호수아가 백성을 인도하여 요단강을 건너게 했듯이(수 4:23; 참조, 왕하 2:8, 14), 이스라엘 백성은 바다를 마른 땅으로 건넜다(출 14:16).
- 주님이 밤에 개입하셔서 라반이 야곱을 공격하지 못하도록 막으셨다(창 31:24, 29, 42). 또한 이스라엘이 애굽에서 나올 때에도 주님의 천사가 그를 경외하는 자들을 둘러싸고 그들을 구원하셨다(출 14:19-20; 참조, 시 34:7 [ET 34:8]).
- 야훼는 그의 백성의 힘, 노래, 구원이 되셨고(출 15:2), 이사야와 시편 저자는 동일한 노래를 불렀다(사 12:2; 시 118:14; 둘 다 출 15:2을 인용함).
- 야훼가 콧김을 불자 백성을 위한 홍해가 갈라졌고(출 15:8), 다윗을 모든 원수와 사울의 손에서 구출하셨을 때에도 표상적으로 같은 일을 하셨다(시 18:15[MT 18:16]; 참조, 18:ss[MT 18:1]).
- 야훼는 하늘에서 만나를 내려 백성을 먹이셨는데(출 16장), 이는 엘리사(왕하 4:42-44)와 예수(예, 요 6:4-13)와 같은 후대의 예언자들이 무리를 먹이시는 일을 내다보고 있으며, 예수가 자기 자신을 생명의 빵으로 내어 주신 것에서 절정에 이른다.
- 주님은 반석에서 물을 두 번이나 주셨다(출 17:6; 민 20:11). 그리고 주님이 오셨을 때는 목마른 자들을 불러 마시게 하시고, 물보다 더 좋은 것, 곧 성령을 받게 하셨다(요 7:37-39).
- 이스라엘은 시내산에서 야훼를 만나 셋째 날 그와 언약을 맺었다(출 19-20장). 그리고 [가나안 입성이 예고된 지] 3일 후에 요단강을 건넜다(수 1:11; 3:2).
- 언약은 개시됐는데, 피 없이는 불가능했다(출 24장; 히 9:18).
- 시내산에서 모세는 산 위에 있는 성막의 패턴을 보았고, 시내산에서 이

스라엘 백성은 성막을 세워 야훼가 자신의 영광으로 가득 채우실 수 있게 했다(출 25-31장; 35-40장).
- 또한 이스라엘은 시내산에서 금송아지를 만들어 언약을 어겼고, 이는 생명을 줄 수 있는 율법이 주어진 것이 아님을 보여 준다(출 32-34장; 갈 3:21; 참조, 출 32:4, 8; 왕상 12:28).
- 오직 모세의 중재로 인해 주님이 그들을 멸하실 수 없었고, 그가 모세를 바라보셨을 때 그에게서 빛이 났다(출 32:11-14; 33:12-23; 34:29-35; 참조, 시 34:5[MT 34:6]).
- 가나안으로 가는 길에 모세는 백성을 구원하기 위해, 민족 구원에 대한 표식으로서 놋뱀을 들어 올렸다. 그들이 놋뱀을 바라보았을 때 구원을 받았다(민 21:4-9; 사 11:10, 12에서 사용된 "표식/기치"[signal]를 가리키는 동일한 용어[נֵס]; 참조, 사 45:22; 요 3:14; 12:32).

모세는 아브라함과 야곱의 삶에 드러난 사건 패턴을 반복함으로써 중요성을 더하고, 이스라엘이 가나안 땅을 정복하러 들어갈 때 그 출애굽의 패턴을 따를 것을 암시한다. 즉, 정복은 새로운 출애굽 사건이 될 것이다.

§1.4 출애굽과 정복

홍해에서 파라오의 패배를 기념할 때 모세는 파라오의 병거와 군대가 "돌처럼 깊은 곳으로 내려갔다"(출 15:5, ESV)라고 이야기한다. 나중에 15:16에 나오는 승리의 노래에서 그는 그와 동일한 이미지를 사용하여 이스라엘이 "건너갈 때" 정복하게 될 가나안 왕들을 묘사한다. "오 주님, 당신의 백성이 지나갈(עָבַר) 때까지, 당신이 사신(purchased) 당신의 백성이 지나갈(עָבַר) 때까지, 그들은 돌과 같이 침묵했습니다"(15:16, ESV). 여호수아서가 이를 이해하고 땅 정복을 출애굽 형태의 사건 패턴의 조각으로 제시했음은 다음 단락에서 명확해질 것이다.

§2 여호수아서의 출애굽

우리는 위의 제4장 §6에서 여호수아가 모세와 같은 예언자로 제시된 것을 확인했다. 여기서는 여호수아서가 땅 정복을 출애굽 형태의 사건 패턴의 조각으로 제시하려 했음을 제안하고자 한다. 출애굽/탈출 패턴은 아브라함(창 12-15장)과 야곱(27-32장)의 내러티브 안에서 미리 보였고, 이스라엘이 애굽에서 나와 광야를 지날 때(출애굽기-민수기) 실제로 발생했으며, 모세는 가나안 땅 정복이 바다의 노래(출 15장)에 나오는 출애굽과 같을 것이라고 제안하면서, 출애굽기 15:5에서 파라오의 군대를 "돌"에 비유하고, 15:16에서 가나안 주민들을 "돌"에 빗대어 둘 사이의 연관성을 확립했다.

토라 전체에 걸쳐 출애굽/탈출 패턴이 반복되면서 그 중요성이 **확대됐고**, 이는 여호수아서 내러티브의 더욱 많은 이미지 묘사가 쌓일수록 더욱 커진다. 우리는 라합의 구출 이야기를 다루기 전에 먼저 가나안 정복에 대해 전반적으로 살펴볼 것이다.

§2.1 이스라엘의 새 출애굽인 가나안 정복
여호수아서에는 출애굽과 정복 사이의 사료적 대응을 확립할 수 있는 기준들이 풍성하게 나온다: 언어학적 접점, 이전 자료의 인용 및 참조, 동일 형태 사건의 유사성, 언약적 의미의 연속성. 여기서 나열한 것들 중 마지막 기준은 해당 사안에서 가장 쉽게 확인해 볼 수 있다. 즉, 야훼가 출애굽 시 구원하시고 시내산에서 그와 언약을 맺은 사람들은 가나안 정복 시 약속의 땅을 받은 사람들이고, 이들은 여호수아 5:2-9에서 할례에 대한 아브라함 언약을 갱신하며, 5:10에서는 유월절을 기념하고, 8:30-35에서는 그리심산과 에발산에서 모세 언약을 갱신한 사람들이다. 이렇게 출애굽과 관련된 정복의 구속사적·언약적 의미는 쉽게 발견될 수 있다.

출애굽과 정복 이야기 사이의 사료적 대응도 마찬가지로 풍성하다. 여호수아는 새 모세와 같다(수 1장). 라합의 구원은 유월절을 재연하는 특징을 가지고 있다(수 2장, 이하 "라합의 유월절"이라는 표제를 가진 단락에서 다루는 논의를 보라). 그리고 이스라엘이 "마른 땅 위로" 요단강을 건널 때 홍해를 건너는 장면이 재연된다(수 3장, 특히 3:17; 4:23).

출애굽이 미래 세대를 위한 교육이 된다는 점을 연상시키는 맥락에서, 여호수아 4:21-24(ESV)에서는 요단강 도하와 홍해 도하 장면을 직접 비교한다.

> 후일에 너희의 자손들이 그들의 아버지에게, "이 돌들은 무슨 뜻입니까?"라고 물으면, 너희는 너희의 자손들에게 "이스라엘이 마른 땅을 밟고 이 요단을 지나갔다"는 것을 알게 하라. 너희의 주 하나님이 요단 물을 너희 앞에서 마르게 하시고 너희를 지나가게 하신 것이, 너희의 주 하나님이 우리 앞에 홍해를 말리시고 우리를 지나가게 하심과 같았다. 이는 땅의 모든 백성에게 주님의 손이 강하신 것을 알게 하며 너희가 너희의 주 하나님을 항상 경외하게 하기 위함이다.

"그리고 너희 자녀들이 너희에게, '이 예식이 무슨 뜻입니까?'라고 물으면"이라는 출애굽기 12:26(ESV)에 나타난, 앞서 일어난(rehearsal) 사건의 유사한 설정과 비교해 보자. 출애굽기 12장의 맥락은 유월절 밤의 사건들을 앞서서 보여 준다. 앞의 인용문에서 여호수아 4:23이 요단강과 홍해 도하를 직접 비교하고 있다는 점에 주목하자. 우리는 또한 이 인용문에서 "지나가다"(עָבַר, "passed over", 4:22에서 한 번, 4:23에서 두 번)라는 어구의 반복을 관찰해야 하는데, 이는 유월절 밤을 가리킬 때 사용된 것과 동일한 히브리어 동사다(עָבַר, 출 12:12, 23). 이 동사는 여호수아서의 초기 장들에 매우 빈번하게 나타나기 때문에, '유월절'(Passover)이라는 음표는 내러티브 멜로디를 위한 확고한 베이스라인이라고 할 수 있다(수 1:2, 11, 14, 15; 2:10, 23; 3:1, 2, 6, 11, 14, 16, 17; 4:1, 3, 5, 7, 8, 10, 11, 12, 13, 22, 23 등).

또한 여호수아 4:24(ESV)에 명시된바 요단강을 건너는 목적은 "땅의 모든 백성에게 주님의 손이 강함을 알게 하여, 너희가 영원토록 주 너희 하나님을 경외하게 하려 함"이며, 이는 예컨대 출애굽기 9:14, 16과 14:4, 17-18에 명시된 출애굽의 목적과 같다.

이러한 대응 사항 중 일부는 앞에서 (•을 사용한) 요점으로 표시했지만 여기에서 다른 요점들과 더불어 반복할 만하다.

- 모세가 애굽으로 돌아가는 길에 아들들에게 할례를 시행한 것처럼(출 4:24-26), 여호수아는 가나안 땅을 정복하러 가는 길에 광야 세대에게 할례를 시행한다(수 5:2-9).
- 모세가 불타는 떨기나무에서 주님의 천사를 만나고서 땅이 거룩하기에 신발을 벗으라는 말을 들었던 것처럼(출 3:1-6), 여호수아는 주님의 군대 사령관을 만나고서 땅이 거룩하기에 신발을 벗으라는 말을 듣는다(수

5:13-15).
- 이스라엘은 애굽을 약탈했고(출 3:21-22; 11:3; 12:36), 이스라엘은 여리고를 약탈했다(수 6:19, 24).
- 야훼가 출애굽 시 파라오의 마음을 완악하게 하셨듯이(출 4:21; 7:3; 9:12; 10:1 등), 여호수아 11:20(ESV)에서도 가나안 왕들과 그 백성에 대해 이렇게 기록한다. "이는 그들의 마음이 완악하여 이스라엘을 대적하여 싸우러 온 것은 주님이 그리하게 하신 것이다. 그들이 진멸되어 은혜를 입지 못하게 하시고 주님이 모세에게 명령하신 대로 그들을 멸하려 하심이다"(참조, 신 2:30).
- 야훼가 창세기 2:2-3에서 창조의 일을 완성하고 쉬셨던 것처럼, 약속이 실현되고 정복이 완성됐을 때 그 땅도 안식을 얻었다(수 11:23).
- 창세기 1:28에서 아담이 땅(אֶרֶץ)을 통치하고 정복(כָּבַשׁ)해야 했던 것처럼, 그렇게 하나님의 아들(출 4:22-23)인 새 아담, 곧 이스라엘 민족이 실로에 회막을 세웠고, "그 땅(אֶרֶץ)은 그들 앞에 정복당했다(כָּבַשׁ)"(수 18:1, ESV).

우리가 아브라함의 삶 속에 있었던 출애굽에 대한 미리 보기에서 보았듯이, 같은 사건들이 반복된다. 그리고 광범위하게는 상응하지만 동일 형태의 사건들이 항상 정확하게 일치하는 것은 아니다. 여기서 또다시 그런 현상은 기록의 역사적 진실성을 입증해 준다. 성경 저자들은 서로 일치하는 이야기를 만들어 내기보다 유사점을 인지하고서 청중으로 하여금 이를 알아차릴 수 있도록 제시한다.

이스라엘의 구원사적·언약적 의미가 출애굽에서 정복까지 연속성을 가지는 것은 분명하며, 동일 형태 사건의 유사성도 명확하고, 그리고 정복 내러티브에는 출애굽 시 일어난 일들에 대한 어휘상의 접점과 참조점이 많이 포함되어 있다. 출애굽과 정복 사이의 **사료적 대응**은 풍성하다. 그렇기에 나는 여호수아서가 가나안 정복을 출애굽 패턴의 한 조각으로 제시하려 했다고 생각한다. 패턴의 반복은 중요성의 **확대**를 만들어 내며, 출애굽 시 하나님이 행하신 일은 그가 백성을 구원하기 위해 개입하시고 행하시는 일의 **모형**이라는 결론을 강화한다. 이것이 정복 기사에서 우리가 보았던 **모형**이고, 모세와 그를 따르는 예언자들, 그중 첫 번째인 여호수아가 이스라엘로 하여금 하나님이 그들을 위해 미래에 행하실 일을 기대하게끔 했던 **모형**이다.

§2.2 라합의 유월절

라합의 구원은 교회의 구원을 모형화하는가? 진홍색 줄은 때때로 모형론적·알레고리적 과대 공상의 행진 사례로 등장한다. 줄은 빨간색이었고, 그리스도의 피도 빨간색이었다. 자, 보라! 라합의 구출은 십자가를 통한 그리스도의 이방인 신부의 구출을 가리킨다.

이 제안—라합에게 일어난 일이 그리스도 안에서의 구원을 가리킨다—은 전적으로 잘못된 추론인가? 그 판정의 타당성은 이를 확립하는 데 사용된 증거, 그 증거를 해석하는 방법, 증거 해석에 근거하여 제기된 주장이 얼마나 우수한지에 달려 있다.

제1장에서 논의한, **사료적 대응 관계**를 확립하기 위한 기준을 사용하여, 이 단락에서는 여호수아서의 저자가 라합의 구출을 유월절과 유사한 사건 패턴의 한 조각으로 제시하려 했다고 제안한다. 따라서 나의 첫 번째 가정은 그 성경 저자가 라합의 구출을 묘사할 때 청중으로 하여금 유월절과 출애굽을 생각하기를 바랐다는 것이다. 두 번째 가정은 유월절과

출애굽이 그리스도 안에서 실현될 구원을 가리키고, 이 사건 패턴이 라합의 구출 기사에서 반복될 때, 청중이 패턴의 중요성을 인식함에 있어 그 중요성이 **확대**되도록 저자가 의도한 바가 있다는 것이다. 따라서 유월절-출애굽 패턴의 한 조각으로서의 라합 구출은 하나님이 그리스도 안에서 백성을 구원하시는 방식을 모형화한다.

이런 주장이 성립하기 위해서는 나의 전제가 타당해야 하는데, 첫 번째 전제는 라합의 구원과 유월절 사이의 사료적 대응을 요구한다. 그 사료적 대응을 확립하기 위해서는 동일 형태 사건의 유사성, 어휘상 접촉점, 앞선 자료의 인용, 구속사적 의미에 있어서의 유사성이 필요하다. 여호수아서는 우리가 필요한 것을 정확히 제공해 준다.

"하나님을 두려워하며, 애굽 왕이 명령한 대로 행하지 않고서 남자아이들을 살려 둔"(출 1:17, ESV) 산파들처럼 라합은 야훼를 두려워하고(수 2:9-11) 이스라엘에서 정탐꾼들을 잡으려는 여리고 왕의 시도에 협조하지 않았다(2:2-7). 이 행동은 라합과 산파들 사이에 동일 형태 사건**과** 구원사적 의미의 대응 모두를 형성한다. 두 경우 모두, 여자는 뱀의 씨에게 충성하는 것은 여자의 씨에 대한 **불**충성이 되고, 왕의 눈에 옳은 것은 하나님의 눈에 옳지 **않다**는 것을 인지했다. 파라오에게 심문을 당할 때 명민하게 대답한 산파들(출 1:18-19)처럼 라합은 여리고 왕에게 명민하게 말한다(수 2:3-7). 구원하는 예언자인 모세가 태어났을 때 활동했던 산파들처럼(출 2:1-2), 라합은 구원하실 **그** 예언자의 혈통의 일부가 됐다(마 1:5).

출애굽 사건을 떠올리게 하는 기사에서(이 장의 §2.1을 보라), 여호수아서는 출애굽 시 야훼가 이스라엘을 위해 행한 일에 대한 라합의 설명을 삽입한다. "너희가 애굽에서 나올 때에 주님이 너희 앞에서 홍해 물을 마르게 하신 일을 우리가 들었다"(수 2:10, ESV). 이는 출애굽 때에 일어난 일을 단순히 되풀이하는 것일 뿐 아니라, 출애굽 사건들이 끝자락에 이르러, 파라오에게 주어진 예언이 실현된 것이기도 하다. "내가 너를 세운 이유는 나의 능력을 네게 보이고 내 이름이 온 천하에 전파되게 하기 위함이다"(출 9:16). 여기서도 우리는 약속과 패턴 사이의 역학 관계를 본다. 야훼는 출애굽 사건의 결과로 그의 이름이 온 땅에 전파될 것이라고 약속하셨는데, 여호수아서는 여리고 성벽에 사는 창녀조차 야훼의 위대한 이름을 듣게 됐음을 알고서 그 약속을 상기시켰다. 라합에게 일어난 일에 대한 여호수아서의 해석은 그의 내러티브에 반영되어 있으며, 이전의 성경에서 정보를 얻었고 그것에 의해 형성됐다.

    라합은 모세가 창세기 1-2장에서 가르친 것, 즉 야훼만이 홀로 하나님이시라는 사실을 알았다. "주 너희 하나님은 위로는 하늘에서도, 아래로는 땅에서도 하나님이시다"(수 2:11). 라합은 창조주로서의 야훼의 독특함(uniqueness)뿐 아니라 야훼의 독특한 성품, 즉 그의 "자비하심"(חֶסֶד)을 알고 있었으며, 그녀는 그것에 따라 행동했다고 주장하고, 여호수아 2:12에서는 이스라엘의 정탐꾼들에게 그들이 하나님의 성품에 따라 자신을 대우할 것에 대한 확실한 표징을 보여 달라고 요청한다.

    정탐꾼들이 라합에게 그 집안이 어떻게 구원될지 계획을 제시한 일도 그런 해석에 중요한 요소로 작용한다. 여호수아서의 청중은 유월절 사건에 완전히 익숙했을 것이고, 따라서 정탐꾼들이 라합에게 창문—그들이 그 거처를 떠날 때 빠져나간 창문(수 2:18)—에 진홍색 줄을 묶어 두라고 지시할 때, 여호수아서는 청중이 유월절에 문설주에 발린 어린양의 피를 생각하기를 바랐던 것 같다(출 12:7). 주님이 "문 인방과 좌우 문설주의 피를 보실 경우" 그 집들을 지나가시고 "멸하는 자"가 이스라엘 백성의 가정을 치러 들어가지 못하게 하신 것처럼(출 12:23), 이스라엘이 여리고를 공격했을 때 진홍색 줄을 보고 그 집을 지나갔다(수 2:19). 이스라엘이 유월절 밤에 "아침까지 아무도 자기 집 문밖으로 나가지 말라"라는 지시를 받은 것처럼(출 12:22), 라합도 다음과 같은 지시를 받는다.

> 네 부모와 형제와 네 아버지의 가족을 다 네 집에 모으라. 누구든지 네 집 문을 나가서 거리로 가면, 그의 피가 그의 머리로 돌아갈 것이며, 우리는 허물이 없을 것이다. 그러나 누구든지 너와 함께 집에 있는 자에게 손을 대면 그의 피는 우리의 머리로 돌아올 것이다. (수 2:18-19, ESV)

마치 이스라엘이 문설주에 발린 어린양의 피로 구원받은 것처럼, 라합과 그 가족은 창문에 매단 진홍색 줄로 구원받았다(수 6:22-23, 25).

라합과 진홍색 줄이 그리스도 안에서의 구출을 미리 가리킨다는 주장은 그 논증 방식 때문에 설득력이 없어 보인다. 이를 제안한 일부 학자들은 라합에게서 곧바로 그리스도로 연결 짓는다. 하지만 반대로, 라합에게서 그리스도로 바로 나아가는 것이 아니라, 먼저 라합에게서 출애굽 모티프를 거치고, 그러고 나서 그리스도로 향한다면, 우리는 모세와 여호수아 두 사람의 의도에 부합할 만한 해석에 도달하게 된다. 모세는 출애굽을 하나의 '모형'으로 의도했고, 그것이 실현되기 전에 그 모형론 패턴의 조각들이 더더욱 나타나리라 기대했다. 여호수아서 역시 출애굽을 모형으로 이해하고, 일반적으로는 정복 사건 그리고 특별히 라합의 구원을 그 모형론 패턴의 조각들로 제시했다. 따라서 라합의 구원은 뒤쪽으로는 출애굽을 가리키면서, 앞쪽으로는 삶과 죽음 안에서 출애굽을 실현하신 그리스도를 가리킨다.

§3 복음서의 출애굽

출애굽 모형론의 실현에 대한 복음서의 제시를 매우 선별적으로 다루는 이 논의는 마태와 요한의 기록에 나오는 몇 가지 사례에 초점을 둘 것이다. 각각의 저자는 예수가 삶의 과정 안에서 그리고 유월절을 실현하는 죽음 안에서 출애굽/탈출을 실현하신 것으로 제시한다.

§3.1 예수의 삶

마태와 요한은 각자의 이야기를 다르면서도 상호 보완적인 방식으로 전한다. 이를 정경 순서에 따라 다루고자 한다.

마태는 족보를 통해 예수를 오래전에 약속된 씨로 제시한다(마 1:1-17). 이때 이스라엘의 역사를 재현하고, 약속을 실현하며, 패턴을 반복하는 예수의 초기 생애를 전한다. 이는 예수의 아버지, 곧 이름이 요셉이고, 그 아버지의 이름이 야곱인 자로 시작하는데, 아들에게 특별한 옷을 준 아버지(창 37:3)와 특별한 꿈을 꾼 그 아들(37:5-11)을 상기시킨다. 야곱의 아들이자 예수의 아버지인 요셉도 특별한 꿈을 꾸는데(마 1:20), 이 꿈에서 마리아가 이사야 7:14의 실현으로서 아들을 낳을 것이며 그가 구원자가 될 것을 알려 준다(마 1:21-25).[10] 이사야 7:14 예언의 맥락은 약속의 땅을 떠나 포로가 되는 백성, 거룩한 씨를 보존하신다는 하나님의 약속, 그리고 태어날 아이, 곧 이새의 그루터기에서 나오는 싹이 출애굽을 실현하고 그것을 뛰어넘어 새롭고 더 큰 출애굽을 이루리라는 소망을 다룬다(사 6:11-13; 8:16-9:7; 11:1-16).

마태는 동방박사들이 떠오르는 별을 보고 경배하러 왔음을 이야기하

---

10 이 평행점은 Mathews, *Genesis 1–11:26*, 52으로 인해 주목하게 됐다.

면서(마 2:2) 민수기 24:17의 "별"에 대한 예언을 미묘하게 불러일으키고, 예수가 베들레헴에서 태어난 것이 미가의 예언(미 5:2)과 일치함을 서술한다. 이사야 7:14의 맥락처럼, 미가 5:2의 맥락은 백성이 포로로 잡혀가고 미래에 다윗의 혈통에서 왕이 태어날 때 그 땅으로 되돌아오게 될 것을 다룬다. 미가는 이스라엘 왕가의 포로와 실패를 산고와 산통으로 인한 여성의 신음으로 묘사한다(미 4:9-10). 백성은 "바벨론으로 갈 것"(4:10)인데, "산고를 겪는 여인이 아이를 낳을 때까지"(5:3, ESV) 그럴 것이다. 베들레헴에서 통치자가 태어나면(5:2) 백성은 구출되고 구원될 것이다(4:10).

야곱의 아들 요셉은 꿈 덕분에 가족을 애굽으로 데려가게 된다(마 2:12, 13). 이스라엘의 족장들이 애굽으로 내려간 것을 재현한 후(참조, 창 37-50장), 마태는 헤롯의 죽음 후 이스라엘의 출애굽의 실현으로서 호세아 11:1을 인용한다. "내가 내 아들을 애굽에서 불러냈다"(마 2:15). 이사야와 미가처럼 호세아는 이스라엘이 포로가 되어 바벨론/앗수르로 잡혀갈 것이며, 이는 그 백성이 애굽으로 내려갔던 것과 유사할 것이라고 예언했다. "그들은 애굽 땅으로 되돌아가지 못할 것이다. 그러나 내게 돌아오기를 싫어하기 때문에 앗수르 사람이 그들의 왕이 될 것이다"(호 11:5). 이사야와 미가처럼 호세아는 하나님이 출애굽과 같은 구원 행위로 그 백성을 포로에서 돌아오게 하실 것이라고 예언했다. "그가 애굽 땅에서 나올 때와 같이"(호 2:15, ESV; 참조, 2:14-23). 호세아는 이 패러다임을 확립하고서, 그 출애굽 언급이 맥락 안에서 암묵적으로 새 출애굽을 지칭하게끔 했다. 호세아 11:1에서 하나님의 "아들"은 이스라엘 민족을 가리킨다(참조, 출 4:22-23). 따라서 민족의 포로 됨과 이스라엘 왕의 끊어짐에 대해 말한 후(호 10:13-15), 11:1에서의 출애굽에 대한 언급은 또한 새 출애굽을 가리키며, 이는 11:5-11에 나타난다.

그다음 마태는 예수의 탄생과 모세의 탄생 사이의 대응점을 설명한다. 파라오는 이스라엘에서 태어난 모든 남자아이를 죽이라고 산파들에게 명령하여 여자의 씨를 없애려 했지만, 실패하자 남자아이들을 나일강에 던지라고 명령했다(출 1:15-22). 헤롯은 베들레헴에서 태어난 남자아이들을 학살했다(마 2:16). 파라오가 모세를 죽이는 데 실패한 것처럼, 헤롯도 예수를 죽이는 데 실패했다. 주님은 그의 대적들을 물리칠 것에 대한 찬양을 아기들의 입에 주셨다(참조, 시 8:2). 마태가 예레미야 31:15을 인용한 것은 적절하다(마 2:17-18). 예레미야는 아들들이 전쟁에서 죽고 포로로 사로잡혀 갈 때 백성이 느낄 고통에 대해 말했지만, 이 포로 됨은 새 출애굽과 새 언약으로 이어질 것이기 때문이다(렘 31:31-34).

이렇게 마태는 예수가 사역을 시작하시기 전부터 예언과 패턴을 실현하는 모습을 보여 주며, 이러한 흐름은 예수의 사역이 본격적으로 전개되면서 더욱 확장되고 심화된다. 앞서 우리는 요단강 도하 사건이 어떻게 모세의 후계자인 여호수아의 행동의 일부를 차지하는지, 엘리사가 엘리야의 영을 두 배로 받고서, 어떻게 그 둘이 마른 땅 위에서 요단강을 건너가는지 살펴보았다. 새 엘리야로 등장한 요한(마 3:4; 11:14)은 이사야 40:3(마 3:3)에 예언된 새 출애굽과 포로 귀환을 선포한 다음, 요단강에서 예수에게 세례를 베푼다(3:13-17). 이스라엘이 홍해를 건너 광야로 들어가 유혹을 받고 거듭 실패했던 것처럼(출 14장-민 1장), 예수 역시 요단강에서 세례를 받으시고 광야로 들어가시지만, 유혹을 이겨 내신다(마 4:1-11).

마태는 예수가 갈릴리에서 사역을 시작하심으로써 새 출애굽과 포로 귀환에 관한 이사야 9:1-2의 예언을 실현하시고(마 4:14-16), 새 출애굽을 통해 모든 포로민을 집으로 돌아오게 하시겠다는 예레미야 16:9-16의 주님의 약속의 실현으로서 제자들을 사람을 낚는 어부가 되도록 부르셨다(마 4:19). 그다음 예수는 산에 올라 새 모세로서 산상 설교를 통해 백성에게 새 토라를 주셨는데(5-7장), 이를 토라 자체의 실현으로 보셨다(5:17). 주님이 모세를 통해 애굽에서 열 가지 재앙을 내리시고 시내산에서 율법을 주신 반면, 예수는 산상 설교를 하시고 마태복음 8-10장에서 열 가지 권능의 역사로 자신의 가르침을 확증하셨다. 더 많은 이야기를 할 수 있겠지만, 이것만으로도 마태가 예수의 삶에서 실현된 출애굽 패턴을 제시하고 있음을 보여 주기에 충분하다.

이와 동일하게 요한복음도 예수를 하늘에서 내려온 만나의 실현(요 6:32-35)이자 물이 흘러나온 반석의 실현(7:37-39)으로 묘사한다. 예수는 자신을 광야에서 생명을 주는 하나님의 공급과 동일시할 뿐 아니라, 이를 초월하여, 그를 믿는 사람은 결코 주리거나 목마르지 않을 것이라고 말씀하심으로써 확대된 의미를 제시하신다(6:35). 요한은 또한 물이 반석에서 흘러나온 반면, 성령은 맞을(be struck) 반석인 예수에게서 흐른다고 설명한다(7:39; 19:34). 그리고 이스라엘이 광야에서 불기둥에 인도됐던 것처럼, 예수는 자신을 따르는 사람은 누구든지 어둠 속을 걷지 않을 것이라고 말씀하신다. 그는 세상의 빛이었기 때문이다(8:12). 예수는 놋뱀이 들어 올려진 것을 실현하신다(3:14; 12:32). 그는 세상 죄를 지고 가는 하나님의 어린양이기 때문이다(1:29).

§3.2 예수의 죽음과 부활에서

복음서 저자들에 따르면, 예수는 자신의 죽음이 출애굽 안에서 모형화된 것을 실현하게 될 것이라고 가르치셨다. 예수가 이를 가르치신 두드러진 방식 중 하나는 자신이 배반당한 밤, 유월절 식사를 변형시킨 것을 통해

서였다. 제자들과 함께 유월절을 기념하면서(마 26:17-19) 예수는 기념 절기의 상징성을 변형시키셨다. 유월절은 이스라엘의 출애굽을 기념하기 위해 제정됐지만, 예레미야는 하나님의 백성이 더 이상 그 출애굽으로 하나님을 기억하지 않고, 새 출애굽으로 하나님을 알게 될 날이 온다고 예언한 바 있다(렘 16:14-15; 23:7-8). 예수는 그날이 왔음을 선언하시며 유월절 식사의 요소들을 새롭게 의미화하셨다. 본래 무교병은 서둘러 떠나야 했기 때문에 누룩이 빵에 작용할 시간을 기다릴 수 없었음을 상징했다. 예수는 그 빵을 집어 드시고, 쪼개시면서, 이것이 제자들을 대신하여 십자가에서 쪼개질 자신의 몸을 상징한다고 선언하셨다(마 26:26). 그러고 나서 예수는 옛 언약이 만들어졌을 때 하나님이 백성을 애굽에서 구출하신 것을 기념하는 잔을 들고 그날이 끝났음을 선언하셨다. 예수는 그 잔이 이제 죄 사함을 위해 십자가에서 쏟으신 자신의 피로 시작된 새 언약을 상징한다고 선포하셨다(26:27-28). 신약성경의 나머지 부분에서 우리는 교회가 유월절을 기념했다는 기록을 읽어 본 적이 없다. 하지만 우리는 사도행전에서 그들이 주의 만찬에 참여했다는 것을 읽을 수 있고(예, 행 2:42, 46; 20:7, 11), 바울은 고린도전서에서 주의 만찬에 대한 지시를 주기도 했다(고전 10:16; 11:17-34). 예수는 유월절 식사가 기념하는 바를 자신의 죽음으로 실현했다고 선언하셨다. 그의 제자들은 그에게서 그것을 배우고, 복음서에서 기록하며, 사도행전에서 실행하고, 서신서에서 설명했다.

이와 같은 노선에서, 예수가 십자가에 달리셨을 때 한 군사는 예수의 다리를 꺾지 않았다. 이는 예수가 이미 돌아가셨기 때문인데, 요한은 "이일이 일어난 것은 '그 뼈가 하나도 꺾이지 않을 것이다'라고 한 성경을 응하게 하려 함이다"(요 19:36)라고 기록했다. 요한은 출애굽기 12:46과 민수기 9:12과 같은 구절에서 메시아의 뼈가 꺾이지 않을 것이라고 예언한 적이 없다는 것을 잘 알고 있다. 오히려 그 구절들은 이스라엘이 유월절 양을 가지고 어떻게 해야 하는지를 설명하고 있다—즉, 그들은 절기를 위해 준비하면서 유월절 양을 죽이되, 그 뼈를 하나도 꺾어서는 안 됐다. 요한은 예수의 죽음 양상이 그런 점에서 성경을 실현한 것이라고 말한다. 예수가 삶과 죽음 가운데 이루신 일들이 출애굽 구원 패턴을 실현하기 때문이다. 예수가 죽음으로써 하신 역할은 바울이 가르친 것처럼 유월절 양이 한 역할과 같았다.

§4 바울서신의 출애굽

고린도전서에서 바울은 출애굽 모형론을 기독교의 정체성 형성과 기독교의 경험 이해에 거듭 적용한다. 바울이 출애굽을 언급할 때 나타나는 여러 특징을 보자면, 그는 고린도인들이 이스라엘의 출애굽 시 일어난 사건 **및** 이 사건이 그리스도인의 삶과 관련된다는 개념, **둘 모두**에 완전히 익숙하기를 바랐음을 알 수 있다. 바울이 출애굽 당시에 무슨 일이 일어났는지, 그것이 그리스도인에게 어떻게 적용되는지 정리하고 설명해야겠다고 생각했다면, 아마도 그 이야기를 전체적으로 재진술하거나 적어도 그 구성 요소를 실제 일어난 순서에 따라 언급할 필요를 느꼈을 것이다. 그리고 바울이 만일, 청중이 출애굽 이야기와 그 적용 방식을 몰랐다고 가정했다면, 아마도 이 이야기 사용의 정당성에 대해 공을 들였을 것이고, 그렇다면 그 정당성은 고린도전서 앞부분에 등장할 것이다. 고린도전서에 나오는 출애굽 사건들의 순서와 관련해 내가 의미하고자 하는 바를 설명하기 위해, 〈표 8.2〉를 보자. 왼쪽에는 출애굽 모티프를 구약성경의 사건 순서에 따라, 오른쪽에는 고린도전서의 언급 순서에 따라 배열했다.

<표 8.2: 구약성경과 고린도전서의 출애굽>

구약성경의 출애굽 순서		고린도전서의 출애굽 순서	
유월절	고전 5:7; 11:23-26	고전 3:16	성막/성전
구속/구원	고전 6:20; 7:23	고전 5:7; 11:23-26	유월절
홍해	고전 10:2	고전 6:20; 7:23	구속/구원
시내산	고전 9:21	고전 9:21	새 율법(시내산)
만나/물	고전 10:3-4	고전 10:2	홍해
시내산 율법	고전 11:25	고전 10:3-4	만나/물
성막/성전	고전 3:16	고전 11:25	새 언약

그리고 이런 사건들을 그리스도인의 정체성과 삶의 현실에 어떻게 적용하는지에 대한 설명과 관련하여, 바울이 그 정당성을 확보하려는 듯한 움직임은 고린도전서 10장에서만 나타난다. 이어지는 논의에서, 고린도 교인들이 자신을 어떻게 이해해야 하는지, 그리고 그들이 어떻게 살아야 하는지를 설명하기 위해 바울이 출애굽 모형론을 사용하는 방식을 간략히 다루고자 한다.

바울이 사용한바, 출애굽에 뿌리를 둔 범주와 개념은 그리스도인들이 자신들에 대해 어떻게 생각해야 하는지를 가르쳐 준다. 교회는 내주하는 영으로 인해 하나님의 새로운 거처가 되기 때문에(고전 3:16), 바울은 교회를 "건축물"(3:9)로 지칭하고, 또한 자신을 예수 그리스도라는 터를 놓은 숙련된 건축가로 묘사한다(3:10). 성전과 어울리는 건축 방식과 그렇지 않은 건축 방식이 있다. 바울은 교회 안에서 그리스도와 그의 십자가만을 전하는 사역 방식을 "금, 은, 보석"으로 세우는 것이라고 표현한다(3:12). 이와 반대로, 사역자를 높이고 당파를 가르는 사역 방식(1:12-13; 2:1, 5; 3:5-7)은 나무, 건초, 짚으로 건축하는 것과 같다(3:12). 성전은 심판의 불 속에서 살아남게 되겠지만(3:13-15), 영이 거하는 자들로 구성된(3:16) 그 성전을 파괴하는 자들은 하나님에 의해 멸하게 될 것이다(3:17). 사역은 인간 사역자가 아닌 그리스도와 복음을 높이는 방식으로 행해져야 한다.

바울은 고린도전서 5:1-6a에서 교회 내의 성적 부도덕을 다룰 때 회개하지 않는 범죄자는 교회 구성원 자격을 박탈해야 한다고 주장하면서, 유월절 이미지를 사용한다.

> 적은 누룩이 온 덩어리에 퍼지는 것을 알지 못하는가? 너희는 누룩 없는 자로서, 새 덩어리가 되기 위하여 묵은 누룩을 내버려라. 우리의 유월절 양, 곧 그리스도가 희생되셨기 때문이다. 따라서 우리가 절기를 지키되, 묵은 누룩으로도 말고, 악하고 악의에 찬 누룩으로도 말고, 누룩 없이 오직 순전함과 진실함의 빵으로 하자. … 그런 자와는 함께 먹지도 말라. (고전 5:6b-8, 11b)

바울의 주장은 그리스도가 유월절 어린양의 실현으로 죽으셨기 때문에 교회는 누룩, 곧 회개하지 않는 죄인을 그 가운데서 제거해야 한다는 것이다. 출애굽 시 어린양은 이스라엘을 문자 그대로 노예 상태에서 해방하기 위해 죽었다. 그리스도가 새 출애굽을 성취하셨을 때, 그는 백성을 죄에서 자유롭게 하고 그 누룩의 권세에서 해방시키기 위해 죽으셨다. 바울이 8절에서 언급한 절기는 유월절이 아니라 주님의 만찬이며, 교회는 자신의 죄를 회개하고 그를 신뢰함으로써 예수 안에 속했음을 보이는 사람들 하고만 이를 공유해야 한다(참조, 고전 11:27). 바울이 5:11에서 그리스도 안에서 형제라고 주장하더라도 회개하지 않는 자와는 함께 먹지 말라고 교회에 요구한 것은, 회개하지 않는 자를 주님의 만찬에 받아들이지 말라는 뜻이다. 교회는 죄의 권세에서 해방됐기에, 거룩함을 추구하면서 회개 안에서 행해야 한다. 이스라엘이 그들을 노예 상태로 붙잡아 두려 했던 파라오와 함께 유월절을 기념하지 않았던 것과 마찬가지로, 교회도 여전히 죄의 노예 상태를 유지하고 회개를 거부하는 자들과 함께 주의 만찬을 기념해서는 안 된다.

이와 동일한 역학은 고린도 교회의 일부 남성들이 매춘을 행하고 이를 정당화하려 한 사실에 바울이 출애굽 모형론을 적용했을 때에도 작용한다(6:12-20).[11] 그들의 주장을 다룬 후(6:12-18), 바울은 출애굽 내러티브를 따라가면서 그리스도인의 정체성을 형성하는 것을 두 가지로 정리하며 결론을 내린다. 이스라엘은 애굽에서 구출됐고, 노예 상태에서 해방됐으며, 성막을 받았다. 이 성막에서 행해지는 희생 제사 체제를 통해 그들은 정결하고 거룩한 상태를 유지—죄를 행함에도 불구하고—할 수 있었다. 이로써 하나님이 그들 중에 거하실 수 있었다. 마찬가지로 그리스도인들도 예수의 죽음과 부활을 통해 구원됐고, 죄에 대한 노예 상태에서 해방됐으며, 영의 거함을 받아 하나님의 성전이 됐다. 이스라엘 사람들이 진영 밖, 광야에서 혼자 살고자 해서는 안 됐던 것처럼—또한 애굽으로 돌아가 노예가 되기로 결정해서도 안 됐던 것처럼—그리스도인들도 '진영

---

11 특히, Denny Burk, "Discerning Corinthian Slogans through Paul's Use of the Diatribe in 1 Corinthians 6:12-20," *Bulletin for Biblical Research* 18 (2008): 99-121; 그리고 Jay E. Smith, "The Roots of a Libertine Slogan in 1 Corinthians 6:18," *Journal of Theological Studies* 59 (2008): 63-95을 보라.

안에' 머물러야 했다. 말하자면, 성경의 금지와 지시에 의해 정해진 경계 내에서 살면서, 범죄로 알려진 모든 행동을 회개해야 했다. 따라서 바울은 고린도의 그리스도인들이 매춘부를 계속 방문해서는 안 된다는 것을 수사학적 질문과 단언으로 마무리한다. "너희 몸이 너희 안에 계신 성령의 성전인 줄 알지 못하는가? 너희는 너희 자신의 것이 아니요, 값으로 산 것이 됐으니, 너희 몸으로 하나님에게 영광을 돌려라"(6:19-20).

바울은 고린도전서 7:17-24에서 그리스도인들이 어떤 상황에서도 그들의 정체성을 올바로 형성하도록 이 새로운 내러티브 이해에 따라 살아야 한다고 제안하는 듯하다. 할례는 분명 특유한 것이어서 어떤 유대인들은 그리스 문화에 더욱 자연스럽게 적응하기 위해 할례의 표시를 없애려고 했다(마카비1서 1:14-15; 고전 7:18). 바울은 그런 문화적 표식들은 아무런 의미가 없다고 일축해 버린다. 중요한 것은 하나님의 명령을 지키는 것이다(7:19; 참조, 아래 9:21에 대한 논의). 바울은 "너는 노예로 있을 때 부르심을 받았는가? 염려하지 말고, 자유로워질 수 있다면 오히려 그렇게 하라. 노예일 때 주님 안에서 부르심을 받은 자는 주님의 자유인이요, 마찬가지로 자유로울 때 부르심을 받은 자는 그리스도의 노예다"(7:22, NASB)라고 말하기까지 한다. 그리스도인은 (실제) 노예로 살 수 있겠지만, 그들은 죄의 노예 됨에서 해방되어 의를 위해 살도록 그리스도의 노예가 됐다는 내러티브 안에서 정체성을 찾아야 한다는 말이다. 이에 바울은 다시 한번 출애굽 모형론을 사용하여 그리스도가 백성을 위해 죽으셨을 때 무슨 일이 일어났는지 설명한다. 하나님이 유월절에 어린양의 죽음을 통해 이스라엘을 직접 구속하셨듯이, 하나님은 십자가에서 그리스도인들을 구속하셨다—그리스도의 핏값으로 그들을 사심으로써(bought) 말이다. "너희는 값으로 사신 바 됐으니 사람들의 노예가 되지 말라"(7:23). 바울은 그 백성의 자의식을 형성하고 그들의 행동을 안내하기 위해 이들이 그리스도의 구속을 통해 하나님의 것이 됐다고 가르친다.

자유를 설명하면서 바울은 그리스도에 대한 자신의 순종을 드러낸다. 자신이 비록 자유롭지만, 모든 사람을 그리스도에게로 이끌기 위해 모든 사람의 노예가 됐기 때문이다(고전 9:19; 참조, 고후 8:9). 그는 유대인들이 불편하고 거리낄 만한 것들을 피하고 이들이 복음에 경청하게 하도록 유대인처럼 살았고, 마찬가지로 이방인들에게도 모세의 율법을 언급하며 다음과 같이 말한다.

> 율법 아래 있는 사람들에게는 내가 (비록 율법 아래 있는 것은 아니지만) 율법 아래 있는 사람과 같이 되어, 율법 아래 있는 사람들을 얻고자 했다. 율법 밖에 있는 사람들에게는 내가 (하나님의 율법 밖에 있는 것이 아니라 그리스도의 율법 아래서) 율법 밖에 있는 사람과 같이 되어, 율법 밖에 있는 사람들을 얻고자 했다. (고전 9:20-21, ESV)

바울은 모세의 율법 아래에 있지 않았다. 이는 그리스도가 하나님과 그의 백성 사이에 영향을 미치던 협정이었던 옛 언약의 시대를 끝내셨기 때문이다(롬 10:4; 갈 3:19-4:7). 새 언약을 맺을 때, 옛 언약을 맺을 때와 마찬가지로 보증의 계시가 주어지는데, 바울은 이것을 "그리스도의 율법"(고전 9:21)이라고 부른다.[12] 출애굽 시 이루어진 구출이 언약과 율법을 동반했던 것처럼, 출애굽을 실현한 구출 역시도 언약과 율법을 수반한다. 바울은 옛 언약이 아닌 새 언약 아래 있다.

출애굽 모형론은 고린도전서 10장에서 두드러지는데, 여기서 바울

---

[12] 더욱 폭넓은 논의를 위해서는, Chester, *Messiah and Exaltation*, 537-601을 보라.

은 자신의 가르침에 대한 반대, 곧 그가 들어 봤던 반대 또는 예상했던 반대에 응답한다.[13] 바울은 고린도 교인들의 성적 부도덕(고전 5-7장)과 우상숭배(고전 8-10장)를 다루는데, 고린도의 어떤 사람들은 세례를 받고 주님의 만찬에 참여했기 때문에 바울의 우려를 무시할 수 있다고 생각한 것 같다. 새롭게 정의된 그리스도인의 정체성은 바울서신에서 분명히 드러난다—곧, 바울은 고린도의 그리스도인들을 "형제들"이라고 부르고, 이스라엘 민족을 "우리의 조상들"이라고 밝힌다(10:1). 바울은 홍해를 통과한 것을 세례의 모형으로 여기고, 하늘에서 내린 만나와 반석에서 나온 물을 주님의 만찬을 모형화한 것으로 여긴다.

바울은 이스라엘이 모세 안에서 세례받았다고 말하고(10:1-2), 그들이 하늘에서 내린 만나를 먹고 반석에서 나온 물을 마셨을 때 옛 언약의 모형인 주님의 만찬에 참여했다고 말한다(10:3-4). 이런 주장들은 요한복음 6-7장에 나오는 예수의 가르침에 근거했을 가능성이 있다. 예수는 마지막 만찬에서 자신이 무엇을 할지 예상하시고, 생명의 떡 담화에서 자신을 하늘에서 내려온 만나를 실현하는 생명의 떡이라고 밝히셨다(요 6:25-59). 그다음 예수는 자신을 물을 낸 반석의 실현이라고 밝히셨고, 요한은 예수가 물보다 더 좋은 것—성령—을 주실 것이라고 설명했다(7:37-39). 그러므로 사람들을 따라다녔던 반석이 그리스도였다는 바울의 언급은 여러 날줄과 씨줄을 함께 엮었을 수 있다.[14]

---

13 Contra Bell은 "나는 고전 10:1-13이 일종의 모형론적 의미를 가지고 있다고 생각하지만, 모든 모형론은 더욱 근본적인 것, 곧 신화의 부산물이다"라고 썼다. Bell, *The Irrevocable Call of God*, 186.
14 가이사랴의 바실레이오스: "반석은 모형론적으로 그리스도였다. … 만나(manna)는 하늘에서 내려온 살아 있는 빵에 대한 모형이었다." Basil, *On the Holy Spirit*, 53.

- 본래 물을 낸 반석의 경우, 야훼 자신이 반석 위에서 모세 앞에 서 계셨기에 모세가 반석을 친 것은 야훼를 치는 것을 필요로 하는 것처럼 보였고, 그 결과 물이 흘러나왔다(출 17:6).
- 야훼는 또한 반복적으로 그의 백성의 반석으로 확인된다(예, 신 32:4, 13, 18).
- 야훼는 주님의 천사와 불/구름 기둥으로 자신을 드러내셨다(예, 출 14:19).
- 신약성경의 다른 가르침은 야훼와 예수의 동일성을 명백히 주장하며, 예수가 그의 백성을 애굽에서 인도해 내셨다고 말한다(유 5절).
- 예수가 맞으셨을 때, 십자가에서 옆구리가 찔리셨을 때 그에게서 흘러나온 피와 물(요 19:34)은 광야에서 반석을 친 것의 모형론적 실현을 수행하는 것처럼 보인다.

이러한 점들이 마음속에서 서서히 함께 끓어오르면서, 우리는 또한 출애굽 사건 패턴이 신약성경의 내러티브 안에서 실현될 때의 주의 만찬의 기능을 주목하게 된다. 즉, 이스라엘이 약속의 땅으로 가는 길에서, 하늘로부터 내린 만나와 광야의 반석에서 나온 물로 유지됐던 것처럼, 그리스도인들은 약속의 땅이 실현되는, 새롭고 더 나은 예루살렘으로 가는 길에서, 주의 만찬으로 유지된다. 이스라엘이 경험했던 구원으로 들어가기 위해, 그리고 유월절-렌즈를 통해 세상과 그들의 삶을 바라볼 수 있기 위해 매년 유월절을 기념하듯이, 그리스도인들은 주간의 첫날에(행 20:7) 교회로 함께 모여서(고전 11:17, 18, 20, 33, 34), 예수의 몸이 그들의 구속을 위해 쪼개진다는 것을 기억하기 위해 빵을 먹고 잔을 마셨다.

바울은 고린도인들에게 세례의 모형들(홍해 도하)과 주님의 만찬(하늘에서 내려온 만나, 반석에서 나온 물)이 이스라엘이 광야에서 성적 부도덕과 우상 숭배를 범했을 때 하나님의 진노로부터 그들을 보호하지 못했다면서, 고린도전서 10:5(ESV)에서 "그러나 그들 중 대부분을 하나님이 기뻐하지 않으셨기에 그들이 광야에서 멸망했다"라고 말한다. 바울의 요점은 그리스도인이라고 주장하는 고린도의 어떤 교인들도 세례와 주님의 만찬이 우상 숭배와 성적 부도덕에 대한 하나님의 진노를 막아 준다고 생각하면 안 된다는 것이다. 바울은 고린도전서 10:6에서, 하나님이 이스라엘로 하여금 교회의 경험을 모형화하게 하신 것은 믿는 사람들에게 죄보다는 거룩함을 바라도록 가르치기 위해서라고 설명한다. "이런 일들은 우리에게 모형들[τύποι: 개역개정에서는 "본보기"로 번역—역주]로 일어났으니, 우리로 하여금 그들이 악을 즐겨 한 것같이 즐겨 하는 자가 되지 않게 하려 함이다." "우리로 하여금 악을 즐겨 하는 자가 되지 않게 하려 함이다"라는 진술로부터, 바울은 그리스도인이 행해서는 안 되는 네 가지 사항을 추가하고(이 네 가지는 모두 접속사 μηδὲ["-도 아닌/-도 말라]로 시작한다), 그 각각은 이스라엘의 어떤 사람들이 행한 그 일들과 비교하여 제시된다(첫 세 가지는 καθώς, 네 번째는 καθάπερ: 두 단어 모두, "-같이/-처럼").

> 그들 가운데 어떤 사람들과 같이
> 우상 숭배자가 되지도 말고 …
> 그들 가운데 어떤 사람들과 같이
> 우리는 음행하지도 말고 …
> 그들 가운데 어떤 사람들이 시험한 것같이
> 우리는 그리스도를 시험하지도 말고 …
> 그들 가운데 어떤 사람들이 원망한 것같이
> 너희는 원망하지 말라. (10:7-10)

이 나열된 것을 시작하는 말, 곧 "우리로 하여금 그들이 악을 즐겨 한 것같이 즐겨 하는 자가 되지 않게 하려 함이다"라는 말이, "되지도/하지도 말고"라는 네 가지 말로 나타나는 것 같다. 그렇다면 악을 즐겨 하는 것이란 우상 숭배, 부도덕, 그리스도에 대한 시험, 원망으로 이어지는 셈이다. 바울은 이 모든 것을 출애굽과 광야 방황을 다루는 구약성경 내러티브에 근거를 둔다. 곧, 10:1-5은 사람들을 애굽에서 광야로 나가게 하고, 10:7-11은 이스라엘의 광야 실패를 가리키면서 그리스도인이 해서는 안 되는 일들을 강조한다. 10:7에서는 이스라엘이 금송아지를 만든 죄를 언급하면서 출애굽기 32:6을 인용한다. 10:8에서는 민수기 25장과 26장을 함께 엮은 것처럼 보이며, 10:9에서는 민수기 21:5-9의 불뱀을 다루고, 10:10에서는 정탐꾼들의 보고에 대해 사람들이 불평하고 받게 된 민수기 14장의 멸망을 언급하면서 결론을 내린다(민 14:2, 36-37). 그다음 바울은 10:6에서 진술했던바 구약의 사건들이 그리스도인들이 거룩함을 바라는 법을 배우기 위한 모형들이라는 발상으로 되돌아간다. 10:11은 이렇게 말한다. "이런 일들은 모형론적으로[τυπικῶς] 그들에게 일어났지만, 세상 끝을 만난 우리를 깨우치기 위해 기록됐다."

고린도전서 10:6과 10:11에서 바울은 모든 그리스도인들이 자신을 이스라엘의 출애굽 모형화의 실현을 경험한 자들로 생각하게 하는 암시적인 근거를 명확히 제시한다. 바울의 견해에 따르면 하나님은 교회에서 일어날 일을 모형화하기 위해 그런 사건들을 야기하셨고, 이는 그리스도인들을 가르치기 위한 것이었다(고전 9:10, ESV, "그것은 우리를 위해 기록됐다"; 롬 15:4, ESV, "과거에 기록된 것은 무엇이든지 우리를 가르치기 위해 기록됐다").

고린도전서에서 바울은 그리스도인들이 이스라엘의 출애굽 경험의 실현을 모형론적으로 경험하는 것에 관해 말한다: 유월절을 통한 구속의 경험, 이를 기념하기 위한 절기의 제정, 구름과 바다에서의 세례, 영적 음식과 음료, 시내산에서 받은 율법, 성막, 언약, 그리고 광야에서의 수많은 실패. 바울은 이 모든 것이 모형론적으로 발생했고, 그리스도인들에게 그들이 누구인지, 무엇을 바라야 하는지, 어떻게 살아야 하는지 가르치기 위해 기록됐다고 주장한다.

§5 요한계시록의 출애굽

성경의 출애굽 모형론은 여러 가지 서로 다른 차원에서 작동한다. 가장 우선하는 이야기는 아담과 하와가 에덴에서 추방된 것이며, 새 출애굽과 포로 귀환을 통해, 하나님은 마침내 그의 백성을 자신에게로 데려오실 것이다. 모든 인류에 대한 이 광범위한 이야기 내에서, 구약성경은 이스라엘의 집과 관련한 민족 이야기에 초점을 둔다. 야곱과 그의 자녀들은 처음에 애굽에 머물렀고 결국 그곳에서 노예가 됐지만, 하나님은 출애굽 시 그들을 구출하여 약속의 땅으로 데려오셨다. 그러나 이스라엘은 언약을 어겼기 때문에 바벨론으로 추방됐고, 이스라엘의 예언자들은 하나님이 새 출애굽을 일으켜 그의 백성을 약속의 땅으로 데려오실 것이라고 선포했다. 예언자들이 언급한 전반적인 것에는 다윗의 혈통에서 나올 새로운 왕의 통치, 에덴의 상태로의 회복, 죽음의 제거, 하나님 백성의 마음이 완전히 바뀌어 순종하게 됨, 민족들이 야훼를 경배하기 위해 시온으로 몰려옴이 포함된다(예, 사 2:1-4; 11:1-16; 암 9:11-15; 미 5:2-4; 단 9:24; 슥 14:16-20).

기원전 539년, 바벨론이 바사(페르시아)에 함락됐을 때, 야훼는 "페르시아 왕 고레스의 마음을 감동시켜" 유대인들로 하여금 그들의 땅으로 돌아가 성전을 재건하도록 허락하는 포고령을 내리게 하셨다(스 1:1b, 2-4, ESV). 에스라는 이런 일들이 "예레미야 예언자의 입을 통해 하신 야훼의 말씀이 실현되게 하기 위해" 일어났다고 직접 언급한다(1:1a). 에스라는 바벨론을 떠난 사람들의 이야기를 들려주면서, 이를 출애굽 사건 패턴의 조각으로서 제시한다.[15] 에스라에게 있어서, 이스라엘은 예언된 새 출애굽과 포로에서의 귀환의 실현을 경험했지만 이는 실현의 완성이 아니라 실현의 시작이었다. 에스라는 예언이 실현됐다고 진술하긴 하지만, 저 스스로도 많은 예언들이 아직 실현되지 않았음을 보여 주기 때문이다. 오로지 적은 수의 하나님의 백성이 돌아왔을 뿐, 이스라엘의 집의 모든 잃어버린 양이 돌아온 것은 아니었다(참조, 렘 16:16). 시온의 광야는 에덴과 같이 변화되지 않았다(참조, 사 51:3; 겔 36:35). 메시아가 일어나지 않았고, 사자는 어린양을 먹는 대신 풀을 먹지 않았으며, 젖먹이 아이들이 독사 굴에서 놀지 않았고, 야훼의 영광이 물이 바다를 덮음같이 마른 땅을 덮지 않았다(사 11:1-9). 이와는 거리가 멀었다. 하나님의 백성은 마음의 전체적인 변화를 경험하지 못했으며, 우상 숭배자들을 너무 편히 대했고 그들과 결혼함으로써 포로기를 야기했던 죄를 다시 지었다(스 9-10장; 느 13장). 이스라엘은 포로 됐던 바벨론 땅에서 약속의 땅으로 되돌아왔지만, 하나님의 임재에서 추방됐던 그 에덴으로 되돌아온 것은 아니었다. 약속은 아직 실현되지 않은 채로 남아 있었다.

이런 상황에서, 하나님은 정한 때에 여자에게서 태어난, 율법 아래서 태어난 그의 아들을 보내셨다(갈 4:4). 주 예수는 삶과 죽음으로 이스라엘

---

15 더욱 자세한 내용은 James M. Hamilton Jr., *Ezra and Nehemiah, Christ-Centered Exposition Commentary* (Nashville: Broadman & Holman, 2014)를 보라.

의 역사를 요약하고 예언된 모든 것과 출애굽으로 모형화된 모든 것을 실현하셨다. 그리스도의 죽음은 에덴동산과 하나님의 임재로 가는 길을 열었다. 그러나 그리스도가 **이미** 이루신 일과 더불어, **아직** 온전하게 받지 못한 약속이 남아 있다. "이는 하나님이 우리를 위하여 더 좋은 것을 예비하셨은즉, 우리가 아니면 그들로 온전함을 이루지 못하게 하려 하심이다"(히 11:40).

요한계시록에서 제시하는 바에 따르면, 우리는 성경의 출애굽 모형론에 대해 다음과 같이 말할 수 있을 것이다. 곧, 에덴으로부터의 원형적 추방(exile)은 출애굽 모형론의 완성을 통해 성취될 추방/포로(exile)에서의 원형적 귀환을 고대한다. 출애굽 구원 패턴의 모사형 조각에는 아브라함과 야곱의 삶에서의 출애굽/탈출, 역사 속 실제 출애굽, 새 출애굽과 바벨론 포로에서의 귀환이 포함되며, 이 모든 것은 예루살렘에서 이루어진 예수의 출애굽 안에서 실현된다. 출애굽은 하나님의 백성을 약속의 땅으로 복원시켰다. 예루살렘에서 이루어진 예수의 출애굽은 그의 백성을 그들의 죄에서 해방시켰다. 요한계시록에서 묘사된 출애굽은 하나님의 백성을 타락의 속박으로부터 해방시킬 것이다. 하나님이 출애굽 시 백성을 구원하고 이를 십자가에서 실현하신 방식은 바로 그가 미래에 백성을 구원하실 방식이다.

요한계시록은 이를 어떻게 제시하는가?

이 질문에 답하기 위해 요한계시록이 구약에서 일어난 사건 순서대로 출애굽 모형론을 전개하는 방식을 살펴보자.[16] 우리가 발견하는 사건

---

16 참조, *The Theology of the Book of Revelation*, 70-72에 나타난 "종말론적 출애굽"에 관한 Bauckham의 논의.

순서대로, 요한이 배열한 데에는 자신만의 문학적 이유가 있다.[17]

요셉의 꿈 및 그가 애굽으로 내려가게 된 일이 출애굽의 배경을 제공하듯이, 요한은 독자들에게 창세기 37:9에서 해, 달, 열한 별이 요셉에게 절하는 꿈을 떠올리게 하는 '표식'을 제시한다. 요한은 예수의 어머니를 "해를 입고, 발 아래 달을 두고, 머리에는 열두 별의 관을 쓴"(계 12:1, ESV) 것으로 상징적으로 제시한다. 그리스도의 탄생이 출애굽 실현의 시동을 걸듯이, 요셉이 애굽으로 내려간 것은 출애굽을 예비한다.

출애굽 시 여러 일들이 발생했다. 하나님은 애굽에 재앙을 내리셨지만, 그 재앙이 그의 백성에게는 영향을 미치지 않았다(출 8:22; 9:20-21, 26; 10:23). 요한계시록에서, 나팔과 진노의 대접을 수반하는 재앙은 애굽의 재앙과 일치한다(참조, 계 8-9장; 15-16장). 그러나 그것들이 쏟아지기 전에 하나님은 그의 종들에게 인을 치셔서(7:1-4) 그 진노로부터 보호하신다 (9:4). 파라오의 마술사들이 모세를 따라 했지만 실패했던 것처럼, 짐승들은 하나님의 인을 따라 그의 표를 찍으려 한다(13:16-18). 짐승의 표는 그를 예배하는 자들을 하나님의 진노로부터 보호하지 못하지만, 하나님의 인은 그의 종들을 보호하고, 심지어 사탄이 자신의 표를 가지지 않은 자들을 죽였을 때 하나님은 그들을 죽은 자들로부터 살리신다(13:15; 20:3-4).

마지막 재앙, 장자의 죽음을 동반한 유월절을 통해 하나님은 그의 백성을 애굽의 노예 상태에서 해방하셨다. 십자가에서 그리스도는 자신의 피로 그의 백성을 그들의 죄에서 해방하셨다(계 1:5; 5장; 9장). 유월절 어

---

17 이를 밝히기 위한 나의 시도에 대해서는, Hamilton, *Revelation*을 보라. 특히 165쪽에서 제시하고 있는 책 전체의 키아스무스 구조에 주목하라. Bauckham이 다룬 요한계시록의 "구조와 구성"은 훌륭하다. Richard Bauckham, *The Climax of Prophecy: Studies on the Book of Revelation* (Edinburgh: T&T Clark, 1993), 1-37을 보라.

린양이 이스라엘을 위해 죽임을 당했듯이, 예수는 자기 백성을 위해 죽임을 당하셨지만, 살아 계신다(5:6, 12). 요한계시록 20-22장에 나오는 그의 백성의 부활과 새 예루살렘으로의 입성은 출애굽 구원 패턴의 마지막 조각이 구원을 완성할 것임을 보여 준다.

이스라엘이 출애굽기 15장에서 애굽을 떠나 홍해를 건넌 후 모세의 노래를 불렀던 것처럼, 하나님의 백성은 새 노래로 그의 구원을 기념하는데(계 14:1-3), 이는 동시에 옛 노래, 모세의 노래라고 지칭된다(15:3).

하나님은 모세를 불러 이스라엘에게 다음과 같이 말하라고 명하셨다. "내가 애굽 사람에게 어떻게 행했는지, 내가 어떻게 독수리 날개로 너희를 업어 내게로 인도했는지 너희가 보았다"(출 19:4). 이는 주님이 불과 구름 기둥으로 이스라엘을 광야에서 인도하시고, 홍해에서 시내산으로 가는 길에 하늘에서 내려온 만나와 반석에서 나온 물로 그들을 생존하게 하신 것에 대한 주님의 설명이다. 이사야는 야훼를 바라는 자들이 새 출애굽 시 동일한 일을 경험할 것을 예언한다. "야훼를 기다리는 자들은 새 힘을 얻고, 독수리같이 날개를 치며 올라갈 것이며, 달려도 지치지 않고 걸어도 피곤하지 않을 것이다"(사 40:31). 요한계시록에서도 마찬가지로 교회가 광야를 지나 새롭고 더 나은 약속의 땅으로 인도되는 것으로 묘사될 때, 한 천사가 요한에게 두루마리를 가져다주어 먹게 하고 하나님의 백성에게 예언하게 하는데(계 10:8-11), 이 천사는 "구름에 감싸여" 있고 "그의 다리는 불기둥과 같았다"(10:1). 이는 광야에서 이스라엘이 인도된 방식이 요한의 예언, 곧 사도적 말씀에 의해 교회가 인도되는 방식을 모형화하고 있음을 보여 준다. 이스라엘은 하늘에서 만나를, 반석에서 물을 얻었고, 교회는 상징적으로 광야에서 하나님으로부터 양식을 공급받고(12:6), "큰 독수리의 날개"로 사탄의 공격에서 구출된다(12:13-14).

이스라엘이 시내산에서 야훼를 만날 때 천둥, 번개, 연기, 지진을 동반했듯이(출 19:16-20), 요한은 보좌에 앉으신 이를 볼 때 그로부터 "번개와 요란한 소리와 천둥소리"(계 4:5, ESV)가 나왔고, 하나님의 심판의 임재 때에는 지진이 발생했다(8:5; 11:19; 16:18). 시내산에서 모세에게 주어진 계시는 요한에게 주어진 묵시 안에서 실현됐다.

하나님의 목적은 이스라엘을 "제사장 왕국과 거룩한 민족"으로 만드는 데 있었다(출 19:6). 예수는 이 목적을 하나님의 백성을 통해 실현하셨다. 그는 "그의 아버지 하나님을 위해 우리를 왕국과 제사장으로 삼으셨다"(계 1:6, ESV; 5:10). 시내산에서 이스라엘은 성막을 받았지만(출 25-40장), 이제 그리스도는 그의 백성 위에 성막을 치신다(계 7:15). 모세는 광야에서 백성을 인도했는데, 그 역할은 어린양이 그의 백성을 인도하고 그들을 더 이상 주리고 목마르지 않게끔 돌보심으로써 실현된다(7:16-17). 이스라엘은 출애굽 후 광야에서 발람의 가르침으로 인해 위험에 처했고(민 22-31장), 교회는 그러한 거짓 예언자들과 교사들을 마주하게 된다(계 2:14).

모세는 백성에게 젖과 꿀이 흐르는 땅을 약속했다. 이 좋은 땅을 실현하는 과정에서, 예수는 그의 백성에게 생명나무의 열매를 먹을 권리를 약속하신다(계 2:7). 그리고 요한이 보고 기록한 것은 예수가 그 약속을 지키실 수 있음을 보여 준다(22:2). 출애굽은 그리스도의 첫 번째 오심에서 실현됐고, 요한계시록 8-9장과 15-16장에 나오는 나팔과 대접을 수반한 재앙이 19장에 나오는 그의 재림에 앞선다는 사실은 하나님의 미래의 구원이 과거의 패턴을 따를 것임을 보여 준다. 예수는 마귀를 멸하시고 "죽음을 두려워하여 평생 노예가 된 모든 자들"을 구원하셨다(히 2:14-15, ESV). 출애굽은 죽은 자들의 부활 안에서 실현될 것이다. 그때 모든 창조 세계와 하나님의 백성이 "썩어짐의 속박"에서 해방되어 "하나님의 자녀들의 영광의 자유"를 누리게 될 것이다(참조, 롬 8:21, ESV; 계 18:2-4; 20:11-21:4).[18]

---

18 참조, Morales, *Exodus Old and New*, 50-54, "스올로서의 애굽"에 관한 논의.

제3부
제도

모형론이 사람, 사건, 제도 들을 다룬다면, 제도는 하나님이 그리스도 안에서 그의 백성을 위해 하시는 일을 어떻게 모형화할까? "제도"를 고찰하기 위해 우선 제도가 무엇인지를 명확히 하는 것이 좋을 것 같다. 옥스퍼드영어사전(Oxford English Dictionary)에서 "제도"(institution)를 다루는 항목, 6.a.는 다음과 같이 설명한다.

> 사람들의 정치적 또는 사회적 삶 가운데서 확립된 법률(law), 관습(custom), 관례(usage), 관행(practice), 조직(organization), 또는 기타 요소; 조직된 공동체의 필요나 문명 사회의 일반적인 목적에 종속된 규제 원칙(regulative principle) 또는 합의 사항(convention).[1]

이제 본서의 제3부를 다룰 텐데, 그 목표는 하나님이 그의 백성을 구

---

[1] "Institution, n.," in *OED Online* (Oxford University Press), http://www.oed.com/view/Entry/97110.

원하시고, 그들과 관계(즉, 언약)를 맺으시며, 자신과 그의 사랑하는 자들 사이에 친밀함을 지속해 나가시는 방식을 모형화하는 패턴을, 특정 제도가 어떻게 창출하고 그리고/또한 어떻게 그것에 기여하는지 탐구하고 해설하는 데 있다. 여기서는 결혼과 레위 제의를 다룰 것이다. 결혼과 레위 제의를 고려하면서, 우리는 그 제도 자체가 아니라 그와 관련한 **문서**를 다루고 있다는 점에 주목해야 한다. 메리 더글러스(Mary Douglas)가 쓴 것처럼, "문헌(Literature)은 제도하에 있으며(institutional), 제도들은 고정관념화된 행동 형태를 확립하고, 문헌 자체는 취사 선택 및 고정관념화 과정에 기여한다."[2]

이 두 제도의 매혹적인 특징은 종말론적이고 천상적인 현실이 역사를 통해 지상 위에 그림자를 드리우는 방식에 있다. 에베소서 5:31-32에서 바울은 하나님이 그리스도와 교회의 관계를 이해할 수 있는 인간 경험의 영역을 제공하기 위해 결혼을 창조하셨다고 주장하는 듯하다. 이 경우 하늘의 실체는 언약 백성에 대한 구원자의 사랑이며, 그 종말론적 완성은 어린양의 결혼 잔치에서 일어날 것이다. 그 위대한 날에 대한 그림자는 에베소서 5:31에 인용된 창세기 2:24까지 거슬러 올라가는데, 그 구절에 반응하여 바울은 "이 신비는 심오하며, 나는 그것이 그리스도와 교회에 관한 것이라고 말한다"(엡 5:32, ESV)라고 단언한다.

성막과 성전을 중심으로 하고 있는 레위 제의는 이와 비슷한 경우를 보여 주는데, 히브리서 저자는 하늘의 성막이 모세의 지도하에 제작되고(히 8:5) 그리스도 안에서 실현될 것에 대한 패턴을 제공한다고 언급한다(9:23-26).

---

2   Mary Douglas, *Thinking in Circles: An Essay on Ring Composition* (New Haven: Yale University Press, 2010), 17.

제9장
레위 제의

복음은 율법이 예표 아래 예시한 것을 손가락으로 가리킨다.

―장 칼뱅(JOHN CALVIN)[1]

하나님은 에덴동산의 가장 중요한 모습을 다시 정립하기 위해 이스라엘에게 레위 제의를 주셨다. 이는 곧 사람으로 하여금 하나님의 거룩함으로 인해 죽지 않게 하고 하나님과 교제할 수 있게끔 하는 하나님의 능력이다.[2] 이 장은 제의의 배경으로서 성막과 성전을 고찰하면서 시작하여, 제의의 목적인 하나님의 임재로 마무리된다. 하나님이 사람을 두신 우주

---

1 John Calvin, *Institutes of the Christian Religion*, ed. John T. McNeill, trans. Ford Lewis Battles (Philadelphia: Westminster John Knox, 1960), 2.9.3, 426.
2 Nobuyoshi Kiuchi는 레위기 주석 서문에서 이렇게 썼다: "창 3장과 관련된 여러 연결점이 주석 전반에 걸쳐 언급되는데, 이 모든 연결점은 최초의 남자와 여자가 타락 이전에 거룩함을 가지고 있었고, 레위기의 다양한 규칙이 이스라엘 사람들을 마치 그와 같은 실존적 상태로 되돌리려는 듯한 목적을 가지고 있었다는 메시지를 전한다." *Leviticus*, Apollos Old Testament Commentary (Downers Grove, IL: InterVarsity, 2007), 29.

적 성전 안에서, 그리고 범죄와 출애굽 이후에, 하나님은 이스라엘이 제사장 왕국이 되기를 바라셨다. 하나님은 출애굽 시에 구속하신 맏아들 대신(민 3:11-13) 레위인들을 자신의 것으로 삼아, 죄와 그 결과인 부정함을 위한 제사에 봉사하도록 제사장들을 아론의 혈통에서 세우셨다. 이 모든 것은 믿어야 할 필수 지시와 도래할 구속자-왕에 대한 표식들을 제공하는 모세의 토라에 정리되어 있다. 저 구속자에 대한 소망은 사람들로 하여금 그에 대해 말하는 토라의 지시를 지키도록 동기를 부여한다. 그리고 이 모든 것은 야훼가 시내산에서 이스라엘과 맺은 언약에 중심을 두고 있다. 앞에서 설명한 이 장의 키아스무스 구조는 다음과 같다.

§1 성전
　§2 제사장과 레위인
　　§3 모세의 토라
　　　§4 언약
　　§5 도래할 왕
　§6 죄, 제사, 절기
§7 하나님의 임재

이러한 일곱 가지 제의 양상의 기초는 에덴동산에 놓여 있으며,[3] 그

3　Morales는 다음과 같이 설명한다: "에덴 이야기는 의식을 포함한 이 제의의 상징성을 알려 주는 역할을 하므로, 정결함은 에덴에 입장하는 것으로 이해됐을 수 있고, 이스라엘 진영에서 추방되는 것은 아담과 하와가 에덴에서 추방됐을 때의 '타락의 재연'과 같은 것으로 보인다. … 아담과 하와가 에덴에서 추방됐을 때 살아 있는 채로 죽음을 경험했듯이, 부정하다고 진단받은 모든 사람은 비슷한 운명을 겪었다." Gordon J. Wenham, *The Book of Leviticus*, New International Commentary on the Old Testament (Grand Rapids: Eerdmans, 1979), 201, 213을 인용한 Morales, *Who*

리스도와 교회 안에서 실현될 것이고, 그다음 새 창조, 곧 새 하늘과 새 땅의 새롭고도 더 나은 에덴은 우주적 성전의 지성소인 예루살렘과 더불어 레위 제의 제도를 궁극적으로 실현하게 될 것이다. 교회는 이 장에서 논의된 제의의 모든 측면에서 시작된 실현을 경험한다. 이는 〈표 9.1: 레위 제의와 그 실현〉에서 확인할 수 있다.

<표 9.1: 레위 제의와 그 실현>

§1 성전	교회
§2 제사장과 레위인	신자의 제사장 됨
§3 모세의 토라	그리스도의 법
§4 언약	새 언약
§5 도래할 왕	왕 예수
§6 죄, 제사, 절기	세례와 만찬
§7 하나님의 임재	하나님의 임재

§1 성전

우리는 창조, 성막과 성전, 그리스도, 교회, 우주적 성전으로서의 새 창조 사이의 관계를 본서 제7장에서 살펴보았다. 이 지면에서는 성막과 성전이 레위 제의 제도와의 관계 안에서 어떻게 기능했는지에 초점을 둔다.

성전으로 흘러 확장되는 성막에 대한 지침에서, 거룩함은 하나님이 거하시는 지성소에서 시작하여, 진영의 정결한 영역으로 이동한 다음, 진영 밖 죽은 자들의 부정한 영역으로 이동한다. 대제사장만이 지성소에

Shall Ascendthe Mountain of the Lord?, 166.

들어갈 수 있었고, 속죄일(레 16:15, 34; 히 9:7), 곧 1년에 한 번만 그곳에 들어갈 수 있었다. 지성소에서 거룩함이 점점 흐려지는 바깥으로 나가면 성소가 있는데, 오직 제사장들만이 그곳에 들어갈 수 있었으며, 정해진 시간에만 들어갈 수 있었다(민 18:2-6; 28:3; 히 9:6).

성막이 세워졌을 때, 모세와 아론과 그의 아들들은 "성막 앞 동쪽, 곧 회막 앞 해 돋는 쪽에 진을 치고 … 이스라엘 백성을 보호하기 위해, 성소를 지켜야 한다. 그리고 외인이 가까이 하면 죽여야 한다"(민 3:38, ESV). 이 성막 보호자들은 레위기 10장에서 나답과 아비후가 허용되지 않은 불로 분향했을 때 야훼의 거룩함에 의해 죽임을 당했던 일을 막기 위해 존재한다(레 10:1-3). 레위 제의의 많은 부분이 다음과 같은 현실에 근거하고 있다. 즉, 하나님은 거룩하시고, 그 거룩하신 분이 부정함과 접촉하게 되면 죽음이 발생한다. 마이클 모랄레스(Michael Morales)는 이렇게 말했다.

> 올바르게 인식된 거룩함은 충만한 삶과 관련이 있다. 이런 관점은 우리가 … 지성소와 에덴동산 사이의 상응 관계를 고려할 때 더욱 분명해질 것이다. 여기서는 지성소가 땅 위의 하나님의 임재의 장소로부터, 따라서 하나님의 본성인 절대 생명, 생명의 원천—살아 계신 하나님—으로부터 그 지위를 부여받았다고 말하는 것으로 충분할 것 같다. 이런 식으로 이해할 때, **성막의 거룩함의 등급은 오히려 생명의 등급으로 보이며, 지성소는 생명의 충만함을 나타낸다.**[4]

부정함은 죽음에서 비롯된다. 죽음은 죄에서 비롯한다. 죄는 세상 안에 죽음을 가져 오고, 죽음과의 접촉은 부정함을 만든다. 거룩하신 하나

---

4 Morales, *Who Shall Ascend the Mountain of the Lord?*, 31.

님이 죄 많은 사람들 가운데 거하시기 위해서는 레위인들의 제의가 필요하다. 죄 많은 사람들이 야훼와 함께 지성소에 거하고도 살아 남기 위해서는, 모세, 아론, 엘르아살, 이다말이 백성을 하나님의 진노로부터 보호함으로써 하나님의 거처를 지키는 일이 필요했다. 성소에 접근하려는 비제사장(non-priest)을 죽이는 일은 매우 중요했다(민 3:38).

추가적인 보호책으로, 레위인들은 모세, 아론, 성막 입구에 있는 아론의 아들들과 이스라엘의 더 넓은 진영 사이, 곧 성막 주위에 진을 쳐야 했다. 레위인들은 성막과 사람들 사이에 일종의 보호 완충 지대 역할을 했다. 레위인들의 의무에 대한 묘사는 (앞서 언급한) 모세, 아론, 아론의 자손들의 의무에 대한 묘사와 매우 비슷하다. "레위인은 증거의 성막 사방에 진을 쳐서 이스라엘 자손의 회중에게 진노가 내리지 않게 해야 한다. 레위인은 증거의 성막에 대한 책임을 져야 한다"(민 1:53, ESV). 레위인들은 허용되지 않은 침입자를 막도록 하나님의 거처를 보호해서, 하나님의 거룩함이 사람들을 심판하지 않게끔 해야 했다. 아론과 그의 아들들은 장막 안에 있는 것들을 보호할 의무가 있었고, 레위인들은 제사장들이 안에서 봉사하는 동안 장막을 보호해야 했다(민 18:1-7). 제사장이 안에서 직무를 행하고 있을 때 합당하지 않은 침입자가 들어오면, 침입자, 레위인들, 제사장에게 죽음이 임할 수 있었다(18:3). 그러므로 침입자는 죽임을 당해야 했다(18:7).

이스라엘 지파들은 레위인들의 완충 지대 밖에서 성막 주위에 북쪽, 남쪽, 동쪽, 서쪽으로 세 지파씩 진을 쳤다(민 2:1-31). 진영 밖은 죽은 자들의 부정한 영역이었다.

성막과 성전이 범죄 이후 더럽혀지지 않은 창조물을 되찾으려는 이스라엘에게 생명의 정결한 영역이 됐듯이, 그렇게 교회도 거룩해진 공간이었다(참조, 고전 7:14). 제사장과 레위인이 성소를 지켜야 했듯이, 그렇게 모든 신자의 제사장직은 복음을 지켜야 한다(갈 1:1-2; 엡 5:6; 골 2:8; 딤후 1:14; 딛 1:9).

§2 제사장과 레위인

제사장을 다루는 본서 제3장에서 우리는 왕적 제사장인 아담, 왕-제사장인 멜기세덱, 왕적 제사장인 이스라엘, 아론의 제사장직, 신실한 제사장에 관한 구약의 약속들을 살펴보았다. 여기서는 레위 제의 내에서의 제사장직의 기능에 초점을 두고, 레위계 제사장직과 예수 사이의 상응점에 대해 상술하며, 이러한 점들의 의미가 "하나님의 집을 다스리는 큰 제사장"(히 10:21)에 의해 어떻게 초월되는지 언급하는 히브리서 저자의 단서를 따라가 볼 것이다. 이 장 앞부분에서는 제사장들이 성막과 성전을 보호하는 것이 어때야 하는지를 언급했고, 그런 보호자 역할 안에서 주 예수는 세상 끝날 때까지 항상 그의 백성과 함께하겠다고 약속하셨다(마 28:20). 여기서는 먼저 그리스도가 제사장직을 어떻게 실현하시는지 다루고, 그가 백성을 어떻게 제사장 삼으시는지 간략히 살펴보려 한다.

§2.1 그리스도가 제사장직을 실현하심

히브리서 저자는 레위계 제사장직과 예수의 멜기세덱계 대제사장직 사이에서 여러 가지 사료적 대응과 의미의 확대를 본다. 여기서 다루는 내용은 제사장직 임명, 제사장직 이행을 통해 달성되는 것, 제사장들에 의해 바쳐지는 제물들이 포함된다.

§2.1.1 제사장직 임명

히브리서 저자는 "모든 대제사장은 사람 가운데서 택함받은 자이므로, 하나님과 관련한 일에 사람을 위하여 예물과 속죄하는 희생 제사를 드린다"(히 5:1, ESV)라고 설명하고, 또한 "아무도 이 영광을 스스로 취하지 않고, 오직 아론이 부르심을 받은 때와 같이 하나님에게 부르심을 받았을 때에야 취한다"(5:4, ESV)라고 덧붙인다. 그는 대제사장과 예수 사이의 사료적 대응을 통해, 곧 시편 2:7을 인용하면서, 다음 구절에서 "그리스도 역시 대제사장이 되려고 자기를 높이지 않으시고, 오직 '너는 내 아들이라 오늘 내가 너를 낳았노라' 하신 이에 의해 임명됐다"(히 5:5, ESV)라고 말한다.

히브리서 저자는 메시아가 대제사장으로 임명되는 것을 시편 2:7로 확인한다. 그는 어떻게 그런 결론에 도달했을까? 바로 다음 구절에서 시편 110:4을 인용하는 것을 보자면 히브리서 저자는 시편 2편과 110편을 함께 읽은 것 같다. 이렇게 함으로써 그는 시편 2:7에서 사무엘하 7:13-14의 시적 재현과 다윗의 혈통에서 약속된 씨, 곧 다윗의 주님에 대한 시편 110:4의 선포 사이에 연관성을 형성했다.[5] 더 나아가 하나님의 아들로서의 **아담**과 하나님의 아들로서의 새 아담 **다윗** 사이의 연관성을 이해하는 것(본서 제2장 §4에서 다룸)도 이 현실을 확립하는 데 도움이 된다. 하나님의 아들인 아담은 제사장-왕이다. 새 아담이자 이스라엘의 대표자로서 다윗의 아들은 하나님의 아들이 될 것이다(삼하 7:14). 그리고 제사장-왕

---

5 이런 식의 연결은 시편을 **하나의 책으로** 읽는 것을 입증하고, 시편을 최종 정경 형태로 집대성한 사람들이 의도한 대로 시 2편과 110편 사이의 관계를 확증해 준다. 시 2편과 110편 사이의 관계에 대한 논의를 위해서는, Emadi, "The Royal Priest"를 보라. 전체 시편을 하나의 책으로 읽으려는 시도에 대해서는, Hamilton, *Psalms*를 보라.

으로서의 그의 역할은 멜기세덱에 의해 예표됐다(시 110:4; 창 14:18-20).

예수가 새 아담인 하나님의 아들로 임명되셨다는 것은 멜기세덱에 의해 구체화된 아담의 역할, 이스라엘에게 전달된 역할, 다윗의 혈통에서 나올 미래의 왕에게 전달된 역할을 예수가 맡으셨음을 의미한다. 곧, 그는 제사장과 왕의 역할을 맡으셨다.[6]

히브리서의 저자는 레위계 제사장들과 예수의 대제사장직 사이의 사료적 대응 관계를 확립한 후, 그리스도의 임명이 맹세로 이루어졌기 때문에 더욱 우월하다고 언급하며 의미의 확대를 덧붙인다.

> 이전에 제사장이 된 사람들은 맹세 없이 제사장이 됐지만, 이 사람은 그에게 "주님이 맹세하시고 마음을 바꾸지 않으실 것이다. '너는 영원한 제사장이다'"라고 말씀하신 분에 의해 맹세로 제사장이 됐다. 이는 예수를 더욱 좋은 언약의 보증인이 되게 한다. (히 7:20-22, ESV)

그리고 나서 히브리서 저자는 그리스도의 제사장직이 과거 제사장들의 직분을 초월하는 또 다른 방식을 언급한다. 레위계 제사장들이 매일 자신들의 죄를 위해 제사를 드려야 했다―그들의 연약함 때문에 발생한 필요(7:28a; 참조, 5:2)―는 사실을 설명하면서(7:27), 그는 시편 110:4에 나오는, 시편 2:7의 완전한 아들에 대한 맹세를 기념한다. "율법 이후에 온 맹세의 말씀은 영원히 온전하게 되신 아들을 임명했다"(히 7:28b, ESV).

히브리서 저자가 언급하지는 않지만, 이스라엘의 제사장들이 30세에 직무를 시작한 것처럼(민 4:3, 30), 예수도 그 나이 "무렵"에 사역을 시

---

[6] "아담의 역할을 맡았던 대제사장의 역할"에 대해서는 Morales, *Who Shall Ascend the Mountain of the Lord?*, 153을 보라.

작하셨다는 사실도 있다(눅 3:23).

§2.1.2 제사장직 이행을 통해 달성되는 것

히브리서는 아론계 대제사장직의 실패와 미래의 신실한 제사장에 대한 약속들이 예수의 멜기세덱계 대제사장직에서 해결점을 발견한다고 이해하는 듯하다.[7] 그 저자는 율법이 레위 계통에서 제사장을 임명했지만, 예수는 유다의 계통에서 나오셨다는 사실을 다루면서 그런 점들을 논한다(히 7:4-15). 그는 구약 자체가 모세 율법과 그 제사장직의 실패를 보여 주었다는 데 청중이 동의할 것이라고 생각한다.

> 레위 계통의 제사장직으로 인해 완전함을 얻을 수 있었다면 (백성이 그 아래에서 율법을 받았으니), 아론의 반차를 따르지 않고 멜기세덱의 반차를 따르는 또 다른 한 제사장을 임명할 필요가 있었겠는가? (히 7:11, ESV)

완전함은 논의 전반에 걸친 핵심 관심사이며, 완전함의 관점은 제사장과 예배자 모두와 관련된다. 히브리서 7:11에서 볼 수 있듯이, 그 저자는 레위계 제사장직이 완전함을 가져올 수 없으며, 7:19(ESV)에서 "율법은 아무것도 완전하게 할 수 없다"라고 말하듯이, 율법도 그럴 수 없다고 가정한다. 제사장들 자신은 완전하지 않았고 많은 죄를 가지고 있었으며 연약했다(5:2-3; 7:27-28). 반면에 그리스도는 유혹을 견디시고, 죽음에 이르기까지 신실하게 고난을 겪으셨으며, 자신에게 정해진 길을 완주하시고, "고난을 통해 완전하게 되심"(2:10; 5:8-9; 7:28)으로써 완전함을 드러내

---

7 이는 키아스무스 구조로 된 본서와 짝을 이루는 제3장에서 대제사장을 다룰 때 논한 내용이다.

셨다.

제사장들은 완전하지 않았고, 그들이 "드린" "예물과 제사"는 "예배자의 양심을 완전하게 할 수 없었다"(히 9:9). 그 저자는 레위 제사장들에 관해 이렇게 설명한다.

> [그들은] 율법을 따라 예물을 드리는 제사장이었다. 그들이 섬기는 것은 하늘에 있는 것의 모방(copy)이자 그림자였다. 모세가 장막을 지으려 할 때, 하나님에 의해 지시를 받은 것과 같다. "삼가 모든 것을 산에서 네게 보였던 본(pattern)을 따라 만들어라." (히 8:4-5, ESV)

그때 모세는 하늘의 성막을 보았고, 그것에 따라 지상의 성막을 지어야 했다. 그 지상의 성막과 예배는 "하늘에 있는 것들의 모방이자 그림자"였다(히 8:5). 율법에 의해 규정된바 "하늘에 있는 것들의 모방들"(9:23)은 "장차 올 좋은 것들의 그림자일 뿐이요 그 실체들에 대한 참 형상이 아니다"(10:1, ESV). 제이미슨(Jamieson)은 이렇게 관찰한다.

> [히브리서] 10:1의 요점은 율법의 부적당함을 주장하는 데 있지만, 놀라운 것은 율법이 **장차 올** 좋은 것들의 그림자라고 말함으로써 그렇게 하고 있다는 점이다. 이 경우에 그림자는 (8:5에서처럼) 하늘에서 땅으로 드리워지지 않고 미래에서 과거로 드리워진다. ⋯ 예수의 하늘의 종말론적 희생 제사는 지상의 레위 제의 안에서 예표된다. 그리스도-사건은 마치 그림자를 뒤로 드리우듯 첫 언약의 제의 형태를 결정했다.[8]

---

8   R. B. Jamieson, "Hebrews 9.23: Cult Inauguration, Yom Kippur and the Cleansing of the Heavenly Tabernacle," *New Testament Studies* 62 (2016): 583.

모세는 산 위에 있는 실체를 보았고, 그다음에 이스라엘에게 그 그림자를 만들라고 지시했는데, 이는 그리스도가 그 실체 안에서 무엇을 실현하실지 미리 보여 주는 것이었다.

따라서 모방과 그림자는 "육체의 정결함을 위하여 거룩하게" 하여 예배자가 하나님 앞에서 정결한 영역에 거할 수 있게 해 주지만(히 9:13), "매년 항상 드리는 같은 제사로는 가까이 오는 자들을 결코 완전하게 할 수 없다"(10:1). 희생 제사를 계속 드려야 한다는 것은 제사가 양심을 깨끗하게 만들 수 없음을 보여 준다. "그렇지 않으면, 예배하는 자들이 단번에 정결하게 되어 다시 죄를 깨닫는 일이 없을 것이니, 제사 드리는 일이 멈추게 됐을 것이다"(10:2, ESV; 참조 9:14). 히브리서 저자는 이를 분명히 말한다. "이는 황소와 염소의 피가 능히 죄를 없이하지 못하기 때문이다"(10:4, ESV); 그리고 또다시, "제사장마다 매일 서서 섬기며 자주 같은 제사를 드리지만, 이 제사는 결코 죄를 없앨 수 없다"(10:11, ESV).

지금까지 살펴본 것을 요약하자면, 레위계 제사장들은 완전하지 않았고, 그들의 제사도 완전하지 않았으며, 그들이 행했던 일은 예배자를 완전하게 할 수 없었다. 율법은 단지 그리스도가 하실 일의 그림자일 뿐이었기 때문에, "그것은 결코 … 가까이 오는 자들을 완전하게 할 수 없었다"(히 10:1, ESV).

히브리서 저자는 이 모든 것을 그리스도가 이루신 일의 영광을 강조하는 데 사용한다. 그는 참된 제사장에 대해, "그는 완전하게 되셨으므로 자기에게 순종하는 모든 자에게 영원한 구원의 근원이 되시고, 멜기세덱의 반차를 따른 대제사장으로 하나님에 의해 임명됐다"(5:9-10)라고 썼다. 옛 언약의 레위계 제사장들은 완전하지 않았지만(5:1-3; 7:27-28a), 예수는 완전하셨다(5:9; 7:28b). 레위계 제사장들은 죽었고, 또한 다른 사람들로 대체되어야 했지만(7:23), 예수는 불멸의 생명을 가지고 계시기에 제사장직을 영원토록 지속하신다(7:16, 24). 옛 언약의 레위계 대제사장은 "먼저는 자기 죄를 위하여, 그다음에는 백성의 죄를 위하여 매일 제사를 드려야 했다"(7:27; 9:6-7; 10:11). 하지만 예수는 자신을 단번에 드려 완전히 구원하셨다(7:25, 27, 28). 이와 같은 노선에서, 마찬가지로 옛 언약의 대제사장들은 "하늘에 있는 것들의 모방"인 지상의 지성소에 들어갔다(9:23-24). 반면에 예수는 하늘에 지성소에 들어가 단번에 자신을 영원히 드리셨다(8:2-5; 9:25-28).

제이미슨은, "예수는 참된 제사장이자 참된 희생 제물이시고, 레위의 제사는 그리스도의 종말론적 성취를 미리 본떠 만들어졌다"라고[9] 썼다. 옛 언약하에서 이룰 수 있었던 속죄는 기껏해야 임시적인 것이었다("이는 황소와 염소의 피가 능히 죄를 없이하지 못하기 때문이다", 히 10:4). 반면에 그리스도는 "거룩하게 된 자들을 한 번의 제사로 영원히 완전하게 하셨다"(10:14). 더욱이 이 완전함은 "살아 계신 하나님을 섬기도록 우리 양심을 죽은 행실에서" 정결하게 했다(9:14, ESV).

§2.1.3 바쳐진 제물

히브리서 저자는 대제사장이 속죄일에 해야 할 일을 배경으로, 그리스도가 자신의 희생과 제물로 이루신 일을 제시한다.[10] 그리스도가 미래에 하실 일을 본떠 만든 속죄일은 또한 그를 모형화하고 미래를 가리킨다. 마이클 모랄레스는 레위기가 오경 전체의 중심이며, 레위기 16장이

---

9 Ibid., 583.
10 R. B. Jamieson, *Jesus' Death and Heavenly Offering in Hebrews*, Society for New Testament Studies Monograph Series 172 (New York: Cambridge University Press, 2019), 35.

레위기 전체의 중심, 곧 대속죄일과 그에 대한 그리스도의 실현 모두의 의미를 강조하는 구조적 실체라고 제안했다.[11]

(유대력으로) 7월 10일에 이스라엘의 대제사장은 "자신을 위한 속죄제로 황소"를 드리고 "자신과 자신의 집을 위해 속죄"했다(레 16:6, 11). 주 예수는 이 행동을 필요로 하지 않으셨다(히 7:27). 그다음 두 마리의 염소를 "회막 입구"에 있는 야훼 앞에 두었고(레 16:7), 제비를 뽑되, 하나는 야훼를 위해, 다른 하나는 아사셀을 위해 뽑았다(16:8). 야훼를 위한 염소는 속죄제로 바쳐졌고(16:9), 다른 하나는 광야로 보내졌다(16:10).[12] 그 후에 대제사장은 "휘장 안으로 들어가서 분향하여" 야훼를 가리고 제사장을 살게 해 줄 구름을 만들어야 했다(16:12-13). 그다음 그는 황소의 피를 뿌렸다(16:14). 그러고 나서 야훼를 위해 염소를 죽이고 그 피를 "휘장 안에" 가지고 가서 마찬가지로 뿌렸다(16:15). 이 모든 것은 대제사장과 그의 집, 성소와 회막을 위해 속죄하기 위한 것이었으며(16:16), 아무도 그가 나와서 "자기와 그의 집과 온 이스라엘 회중을 위해 속죄"하기 전까지는 들어갈 수 없었다(16:17, ESV). 그리고 그는 제단을 위해 속죄해야 했다(16:18). 백성의 죄악이 살아 있는 염소 위에 고백된 후, 그 염소는 광야로 보내졌다(16:21-22).[13]

여기서 우리의 목적을 위해 주목해야 할 주요 사항은 희생 제사가 밖에서 거행되고, 그 피가 성소로 가져와 뿌려진다는 점이다. 제이미슨이

---

11 Morales, *Who Shall Ascend the Mountain of the Lord?*, 25, 29.
12 Morales는 이렇게 썼다: "십자가의 속죄의 죽음과 관련하여, 예수가 예루살렘 성문 밖으로 인도되어 그의 백성의 죄를 위해 하나님의 진노를 겪으셨다는 점에 주목하라. 부활하신 의로운 분으로서의 예수는 그 후에 하늘의 지성소에 들어가신다. 예수는 그런 방식으로 대속죄일에 두 염소의 패턴을 실현하신다." Ibid., 128 n. 35.
13 더 자세한 것은 Ibid., 167-84을 보라.

언급했듯이, "히브리서는 대제사장이 내부 성소에서 피 뿌리는 일을 '제물'로 묘사한다."[14] 이는 대제사장이 바친 것과 예수가 바치신 것 사이의 차이를 강조한다. 레위계 대제사장은 "자기 피가 아니라"(히 9:25) "황소와 염소"의 피를 바쳤으며, 그런 피는 "죄를 없앨 수 없다"(10:4). 이와 대조적으로 예수는 "염소와 송아지의 피가 아니라 자신의 피로 단번에 들어가 영원한 구속을 이루셨다"(9:12, ESV).

그리스도의 희생 제사는 십자가에서 죽으셨을 때 거행됐다. 피를 바치는 일은 그가 "더 크고 더 완전한 장막(손으로 만든 것이 아닌, 곧 이 창조에 속하지 않은 것)"(히 9:11, ESV)에 들어갔을 때 거행됐다. 히브리서의 저자는 예수가 하늘에 있는 참 성전에 들어가신 것을 이해한 듯하다. 그 하늘의 성전은 모세가 산에서 보았던 패턴을 가진 성전이며, 그 패턴에 따라 성막이 지어졌다(8:5). 그 지상의 성막은 하늘에 있는 성막의 모방이자 그림자였고, 그리스도가 십자가에서 희생되신 후 하늘의 지성소에 들어가 속죄를 위해 이루실 일을 모형화하고 예시했다. 옛 언약은 피로 시작됐기 때문에(9:18), 그리고 정화와 용서는 피를 흘림으로써 이루어지기 때문에(9:22),

> 하늘의 것들의 모방들은 그런 의식들로 정화되어야 했지만, 하늘의 것들 자체는 그런 것보다 더 나은 제물로 정화되어야 했다. 그리스도는 참된 것의 그림자인 손으로 만든 성소에 들어가지 않으시고, 바로 그 하늘에 들어가사 이제 우리를 위하여 하나님 앞에 나타나셨다. (9:23-24, ESV)

제이미슨은 이 구절에 대해 "대속죄일은 히브리서 저자가 예수의 자

---

14 Jamieson, *Jesus' Death and Heavenly Offering in Hebrews*, 39.

기-제물 됨에 조목조목 상응하는 형태를 따진 유일한 의식이다"라고 말한다.15 그리고 그는 히브리서가 (둘 사이에) 접촉점을 제시하는 방식을 깔끔하게 요약한다.

> 히브리서 저자는 대속죄일에 관한 서술을 9:6-10에서 신중하게 구성해서, 각각의 세부 사항이 주로 9:11-10:18에서 상술되는 그리스도의 사역 안에서 대비적으로 실현되고 있음을 볼 수 있게끔 했다. 대제사장은 지상의 지성소에 들어갔지만, 그리스도는 하늘에 있는 지성소에 들어갔다(6:20; 9:12, 24; 참조 10:12-13, 20). 대제사장은 일 년에 한 번 들어갔지만, 예수는 단 한 번만 들어가셨다(9:12, 25-26; 참조, 10:12, 14). 대제사장은 동물의 피로 들어갔지만, 그리스도는 자신의 피로 들어가셨다(9:12; 참조, 9:14, 25).16

구약성경 자체 내에도, 그리스도 안에서 꽃을 피우게 될 씨 형태로 발아하는 패턴들이 있다. 예컨대, 모랄레스는 레위기 16장과 창세기 3장에서 등장인물들이 향하는 방향이 다르다는 점에 대해 이렇게 말한다. "대속죄일에 아담이 에덴동산에서 동쪽으로 추방된 것은 대제사장, 곧 제의적 아담이 그룹들(cherubim)로 수놓아진 휘장을 통해 서쪽으로 가서 하나님의 제의적 산 정상에 올랐을 때 역전됐다."17

히브리서 저자는 "거룩하고, 악이 없으며, 오염이 없고, 죄인들과 구별되며, 하늘 위로 올려진"(히 7:26), "합당한" 대제사장의 성취를 설명한

15　Ibid., 36.
16　Ibid., 38.
17　Morales, *Who Shall Ascend the Mountain of the Lord?*, 177.

다. 예수는 자신이라는 제물을 통해 백성을 "거룩하게" 하셨고(10:10), "'[그의] 피로 거룩한 곳에 들어갈 담대함"을 주셨다(10:19, ESV). 제이미슨은 이를 다음과 같이 잘 표현했다.

> 히브리서는 다루기 쉬운 세부 사항만을 선별하는 것이 아니라, 전체 의례의 논리(the logic of the whole rite)를 사용하고 있다. 대제사장은 지성소에서 피를 바침으로써 성막과 백성을 깨끗하게 한다. … 히브리서의 예수도 정확히 같은 일을 하신다. … 히브리서는 지성소에서 피를 뿌림으로써 하나님의 백성과 장소를 정화하는 대속죄일의 의례 논리를 그대로 보존한다.[18]

§2.2 그리스도가 백성을 제사장으로 삼으신다

레위계 제사 제도를 성취하신 주 예수는 백성을 제사장 왕국으로 삼으심으로써(벧전 2:9; 계 1:6; 5:10) 새 아담인 제사장 인류, 새 이스라엘인 제사장 민족에 대한 하나님의 목적을 실현하신다. 그들이 따르는 위대한 대제사장 예수처럼, 예수의 제사장적 백성은 제사장이자 제물로 부름을 받아, 자신의 몸을 산 제사로 드리면서 살아 계신 하나님에게 성별된 예배의 삶을 추구한다(롬 12:1-2). 바울도 복음 전도 행동을 통해 하나님을 모르는 사람들, 곧 민족들 사이에서 중재 역할을 하는 것을 제사장적 활동으로 제시한다(롬 1:9; 15:16).

---

18 Jamieson, *Jesus' Death and Heavenly Offering in Hebrews*, 47.

§3 모세의 토라

하나님이 모세를 통해 시내산에서 이스라엘에게 자신을 드러내셨을 때, 백성은 하나님이 직접 그들에게 말씀하신다고 인지했다.

> 모세가 와서 주님의 모든 말씀과 모든 규칙을 백성에게 전했다. 그리고 모든 백성이 한목소리로 대답했다. "주님이 하신 모든 말씀을 우리가 행할 것입니다." 그리고 모세는 주님의 모든 말씀을 기록했다. (출 24:3-4a, ESV)

이 단락의 요점은 레위 제의가 작동하려면 백성이 모세를 통한 하나님의 말씀에 믿음으로 반응해야 한다는 것이다. 저들은 모세가 말한 바를 믿어야 했다. 레위 제의는 사람들이 천국에 가기 위해 행해야 하는 행위 기반의 율법주의적 사다리가 아니었다. 그런 것은 바벨탑에서 시도됐고 이미 거부됐다(창 11:1-9). 레위 제의는 구속된 백성에게 주시는 하나님의 은혜로운 선물이자, 오직 믿음으로 작동하는 것이었다.

레위 제의 세부 내용의 모든 근거가 지성소를 거처로 삼으시는 하나님의 위험한 거룩성이었기 때문에(히 12:29), 백성은 "그가 존재하신다는 것"(11:6)을 믿어야 했다. 그들은 야훼가 정말로 모세가 말한 그대로라는 점을 믿어야 했다. 예컨대, 모세가 창세기 1-2장에서 묘사한 대로 그는 말씀으로 세상을 만드셨고(히 11:3), 나답과 아비후에게 그랬던 것처럼(레 10장) 그의 거룩함은 범법자들을 덮칠 것이며, 사람들을 위험에 빠뜨리는 것은 그들의 죄와 그로 인한 부정함이라는 것을 믿어야 했다(참조, 창 2:17;

3:8).[19]

사람들은 야훼가 참으로 지성소에 계시다는 것을 믿어야 했고, 모세가 그들에게 준 지시가 참으로 유효하다는 것을 믿어야 했다. 그들은 모세가 하나님을 기쁘시게 하는 것과 불편하시게 하는 것, 정결한 것과 부정한 것, 죄와 죽음으로 오염된 것들이 어떻게 다시 정화되고, 다시 안전하게 진영 안으로 들어올 수 있는지에 대해 말한 것을 믿어야 했다. 그들은 하나님의 거룩함이 부정한 것과 접촉하면 죽음이 닥칠 것이라는 모세의 설명을 믿어야 했다.

야훼가 거기에 계시고, 그는 거룩하시며, 그가 죄라고 규정한 것이 실제로 거룩함에 대한 모욕이며, 모세가 지시한 행동이 효과가 있을 것이라고 믿음으로써만 그들은 요구된 것들을 행할 수 있었다. 고대 이스라엘의 경제는 오늘날처럼 작동하지 않았지만, 그들은 가치 있는 것들을 가지고 있었다. 희생 제물로 바치도록 요구된 동물들은 가치가 있는 것들이었고, 사람들은 희생 제물을 바칠 만한 가치가 있는지 여부를 판단할 수 있는 능력이 있었다.

누군가가 동물을 도살하여 희생 제물로 제단에 바치는 것이 다른 대안보다 낫다고 믿지 않았다면, 그렇게 행동했을까? 그렇게 행동하지 않았을 때 그 대안이란, 거룩하신 이와 부정한 상태로 가까이 있는 것, 곧 죽음의 위험 부담을 안는 것이었다. 야훼가 기쁘시도록 예배하는 사람은 모세가 가르친 모든 것을 믿어야 했고, 그의 판단에 따르면 희생 제물은 하나님의 면전에 있는 복된 삶을 위해 치르는 작은 대가일 뿐이었다.

---

19 Morales가 말한 바는 옳다: "YHWH가 인류가 그의 임재에 들어갈 수 있는 길을 열어 주셨지만, 위험을 피하는 유일한 방법은 그의 율법을 순종하며 그 길을 적극적으로 걸어가는 것이다." Morales, *Who Shall Ascend the Mountain of the Lord?*, 147.

§4 언약

우리가 다음 장에서 보게 되겠지만, 야훼와 이스라엘 사이의 언약은 결혼과 같다. 즉, 레위 제의의 지시는 남편과 아내가 서로 관계를 맺는 방식과 같다는 말이다. 결혼의 목표와 마찬가지로 제의의 목표는 친밀감, 교제, 관계, 생명, 기쁨, 사랑이다(참조, 호 2:19-20[MT 2:21-22]).

어떤 이들이 결혼을 단순한 거래, 즉 강압이나 억압의 수단으로 보기도 하듯이,[20] 몇몇 사람들은 야훼가 백성과 맺은 언약을 거래적, 강압적, 또는 억압적인 것으로 본다. 이러한 부정적인 관점 중 어느 것도 결혼 또는 이스라엘과의 언약에 대한 하나님의 의도를 전혀 이해할 수 없다.[21] 티모시 켈러(Timothy Keller)는 언약을 다음과 같이 설명했다.

> [언약에는] 율법과 사랑이 놀랍게 혼합되어 있다. 언약은 단순한 법적 계약으로 만들어 낼 수 있는 것보다 훨씬 더 친밀하고 사랑스러운 관계이지만, 개인적인 애정만으로 만들 수 있는 것보다는 더욱 지속적이고 구속적이다. 이는 법적이기 때문에, 더욱 친밀하고 견고하게 형성된 사랑의 유대 관계다. 언약은 소비자-판매자의 관계와는 반대된다. 소비자-판

---

20 마찬가지로 Karl Marx and Friedrich Engels, *The Communist Manifesto* (New York: Penguin, 2002), 240, 268 n. 38을 보라.

21 바울의 "그러나 율법은 믿음에서 난 것이 아니니"(갈 3:12)라는 진술에 대한 오독은 모세가 이스라엘에게 행위에 근거한 구원을 가르친 율법주의자라는 결론으로 인도했다. 바울의 언급은 옛 언약의 상황이 아니라 그리스도에 대한 믿음에 율법주의적 요구 사항을 추가하려는 유혹에 직면한 새 언약의 신자들에게 해당한다. James M. Hamilton Jr., "The One Who Does Them Shall Live by Them: Leviticus 18:5 in Galatians 3:12," Gospel Witness, August 2005, 10-14을 보라. 온라인 https://www.academia.edu/30691342/The_One_Who_Does_Them_Shall_Live_by_Them_Leviticus_18_5_in_Galatians_3_12에서 볼 수 있다.

매자 관계에서의 관계는 두 당사자의 자기 이익에 부합하는 경우에만 유지된다. 반대로 언약은 두 당사자가 진중하고도 오래도록, 자신 전체를 서로에게 바치는 것이다.[22]

하나님은 세상을 특정한 방식으로 만드셨다. 하나님의 거룩한 성품은 범죄하는 자에게 확실한 결과를 가져온다. 그리고 언약 안에서 하나님은 죽을 만한 죄 많은 백성이 그의 면전에서 소망과 삶을 가질 수 있는 길을 만드셨다. 이스라엘과 맺은 하나님의 언약은 자비에서 비롯하여, 은혜를 전달하며, 생명으로 가는 길을 제공했다(신 30:15-20).

이 언약은 지키면 복을 받고, 어기면 저주를 받는다는 약속과 함께 왔다(레 26장; 신 28장). 또한 언약은 실제로 깨질 날이 있을 것이라는 표식(신 30:1)과 함께 왔지만, 그럼에도 하나님은 족장들에게 하신 약속을 지키실 것이다(더 자세한 논의는 본서 제10장의 결혼에 대한 논의, 특히 §3을 보라). 시내 산에서 맺은 언약은 백성의 죄로 인해 끝나게 되겠지만, 그 뜻하신 바는 하나님이 아브라함 및 다윗과 맺은 언약을 지키실 메시아를 통해 실현될 것이다.

§5 도래할 왕

이 장의 키아스무스 구조에서, 왕에 대한 이 부분은 토라에 대한 부분과 짝을 이룬다. 왕은 레위 제의에서 침묵의 중심을 이루고 있기 때문이다.

---

[22] Timothy Keller, *Preaching: Communicating Faith in an Age of Skepticism* (New York: Viking, 2016), 104.

침묵의 부분은 다음과 같다. 즉, 레위 제의의 운영을 위한 지침에는 왕에 대한 명백한 언급이 없다. 하지만 내가 주장하는바, 언약의 제의 안에서 믿음으로 사는 사람들에게 암묵적인 소망을 준 것은 에덴으로 가는 길을 다시 열어 줄 왕이 일어날 것이라는 점이다. 하나님은 아브라함에게 그와 사라에게서 왕들이 나올 것이라고 약속하셨고(창 17:6, 16), 유다에 대한 축복은 그 왕이 에덴 땅에서 사는 것처럼 읽힌다(49:8-12). 뱀의 씨와 여자의 씨 사이의 적대감은 아브라함의 씨를 저주하려는 자들의 머리가 그 왕에 의해 깨질 때 해결될 것이며(민 24:17), 그 결과 모든 민족에게 복이 주어질 것이다(창 12:3; 22:17-18).

왕은 모범적인 이스라엘인, 곧 토라의 사람일 것이다(신 17:14-20).[23] 그는 백성의 아버지가 되어 그들에게 하나님의 말씀을 가르쳐야 한다(신 6:4-7). 이는 솔로몬이 잠언에서 아들에게 토라를 가르칠 때 보여 준 역할이다.[24] 실제로 왕은 복받은 사람일 것이며, 그의 삶은 에덴의 나무와 같을 것이다(시 1편). 그는 하나님이 주시는 지혜의 말씀의 완전하고도 영혼을 소생시키는 능력을 아는 자다(19:7-14). 이 왕은 하나님을 알고 또한 사랑할 것이기 때문에, 그리고 거룩함에 대한 하나님의 가르침이 생명의 충만함으로 가는 길을 알려 준다는 것을 이해할 것이기 때문에, 시편 119편의 저자처럼 성경을 사랑할 것이다.[25]

레위 제의는 주님의 산에 오를 분이 오실 때까지 하나님의 백성이 살 수 있는 방식을 제공했다(시 24:3). 정결한 손과 순수한 마음, 진정한 예배

---

23 Jamie A. Grant, *The King As Exemplar: The Function of Deuteronomy's Kingship Law in the Shaping of the Book of Psalms*, Academia Biblica 17 (Atlanta: Society of Biblical Literature, 2004).

24 Ansberry, *Be Wise, My Son*.

25 Grant, *The King as Exemplar*.

와 참된 말씀이 일어났을 때(24:4), 하나님의 복과 구원이 주어질 것이며 (24:5), 영광의 왕이 들어갈 수 있도록 금지된 문, 옛 문이 열릴 것이다(24:7). 야훼를 찾는 세대는 하나님의 임재를 향해 가는 길고도 막혀 있던 길이 열린 것을 기념할 것이다(24:6, 8-10). 그들은 "주님의 이름으로 오시는 자는 복이 있다"라고 말하는 왕을 위해 의의 문을 활짝 열어 그 문으로 들어오게끔 할 것이다(시 118:19, 26; 참조, 마 21:9; 23:39).

토라에 대한 사랑은 하나님에 대한 사랑에서 생겨난다(신 6:5-6). 그리고 하나님에 대한 사랑은 그의 성품에 대한 계시, 그의 선하심에 대한 경험(출 34:6-7), 그가 약속하신 것에 대한 소망(사 26:8)에서 생겨난다. 그가 약속하신 모든 것은 왕-제사장에게 달려 있는데, 그를 위해 문들이 머리를 들고, 그를 위해 옛 문들이 들어 올려져, 거기로 그가 들어가게 될 것이다(시 24:7).

§6 죄, 제사, 절기

우리가 앞서 §2에서 보았듯이, 레위 제의의 제도는 그리스도가 십자가와 하늘의 지성소에서 실현하실 일을 모형화할 뿐 아니라, 그리스도가 절기를 통해 그의 백성에게 무엇을 공급하실 것인지, 그리스도인들이 어떻게 하나님을 예배할 것인지, 그리고 그리스도인들이 하나님과의 관계에서 어떻게 죄에 대한 용서를 경험하게 될 것인지를 모형화하기도 한다.

§6.1 그리스도가 백성을 위해 절기를 실현하신다

신명기 16:16은 이렇게 말한다. "너희 가운데 모든 남자는 일 년에 세 번,

곧 무교절, 칠칠절, 초막절에 야훼 네 하나님이 선택하신 곳에 나타나야 한다. …"(ESV).

무교절은 유월절로도 불리며, 하나님이 그의 백성을 애굽에서 구출하신 일을 기념하는 절기로서, 그때 그들은 급히 애굽을 떠났기에, 빵을 발효시킬 시간조차 없었다. 우리는 본서 제8장 §3에서 그리스도가 자신의 죽음을 출애굽의 실현으로서 제시하고, 주의 만찬을 유월절의 실현으로서 제정하신 것을 확인했다.

칠칠절은 오순절로도 알려져 있으며, 하나님이 시내산에서 율법을 주신 것과 관련이 있다.[26] 사도행전 2장에서 교회가 성령으로 세례를 받았을 때 발생한 일의 관점에서 볼 때(참조, 본서 제7장 §4.1), 아마도 오순절은 새롭게 지어진 성막이 하나님의 영광으로 채워진 일을 기념한 것일 수도 있다. 그렇다면 이는 사도행전 2:33(ESV)에서 베드로가 말한 것처럼, 그리스도가 "하나님의 오른편에 높여지셨고 아버지에게서 성령의 약속을 받으셔서, 너희가 보고 듣는 이것을 부어 주셨을" 때 실현됐다.[27]

초막절은 장막절로도 불리며, 우리는 본서 제7장 §3.1에서 말씀이 육신이 되어 그의 백성 가운데 (성막을 치고) 거하신다는 것을 확인했다(요 1:14). 요한은 또한 요한계시록 7:15에서 예수가 구속받은 자들 위에 성막을 치고 거하신다고 묘사한다. 초막절은 이스라엘이 광야를 지날 때 장막이나 초막에 살면서 하나님이 이스라엘에게 공급하신 것을 기념하는

---

26 Jeffrey Tigay는 "적어도 제2성전기부터, 칠칠절은 토라의 수여를 기념하는 역할을 했으며, 이는 십계명이 시내산에서 계시된 것에서 시작된다. … 이 절기의 기능은 그 날짜가 출 19장에 암시된 그 계시의 날짜와 계산상 일치한다는 것에 근거한다"라고 썼다. Jeffrey H. Tigay, *The JPS Torah Commentary: Deuteronomy* (Philadelphia: Jewish Publication Society, 1996), 156.

27 Beale, "The Descent of the Eschatological Temple in the Form of the Spirit at Pentecost: Part 1"에서 논의된 바와 같이 말이다.

절기였다. 메노라에 불을 붙이고 물을 붓는 중요한 의식(미쉬나 쑤카 4:9-5:3)이 이 절기에 거행됐는데, 이는 불기둥과 반석에서 나온 물을 기념하기 위한 것으로 보인다. 예수는 자신을 세상의 빛으로 선포하시며, 그를 따르는 자들은 어둠 속을 걷지 않을 것이라고 말씀하셨다(요 8:12). 그는 물을 낸 반석의 실현으로서 자신을 제시하면서도, 성령이라는 더욱 나은 것을 공급해 주신다(7:37-39; 마찬가지로 바울은 고전 10:4에서 "반석은 그리스도였다"고 말한다). 그리고 예수는 세상에 생명을 주기 위해 하늘에서 내려온 생명의 빵이다(요 6:33, 35).[28]

§6.2 찬송의 제사

신약 저자들은 레위 제의의 희생 제사가 신실하게 예배드리며 세상에서 제사장으로 사는 그리스도인의 삶에서 실현된 것으로 본다(이 장의 §2.2을 보라). 히브리서 저자는 청중에게 그런 삶의 방식을 요구하면서, "그러므로 우리는 예수를 통해 항상 찬송의 제사를 하나님께 드리자. 이는 그 이름을 증언하는 입술의 열매다"(히 13:15, ESV)라고 말한다. 베드로는 그리스도인을 "산 돌같이 신령한 집으로 세워지고 예수 그리스도를 통해 하나님이 기쁘게 받으실 영적 제사를 드릴 거룩한 제사장"(벧전 2:5)이라고 말한다. 이런 진술들은 예배와 섬김의 삶을 통해 레위 제의를 모형론적으로 실현하는 신자들을 보여 준다(참조, 롬 12:1).

§6.3 용서와 정결하게 함

죄가 어떻게 오염시키고 부정하게 만드는지에 대한 레위기의 개념은 요한일서 1:9에 명백히 드러난다. 거기서 요한은 "만일 우리가 우리 죄를

---

28 이 점들에 대해 더 자세한 내용은, Hamilton, "John," 133-34, 155-56, 160-61을 보라.

자백하면, 그는 신실하고 의로우셔서, 우리 죄를 사하시고 우리를 모든 불의에서 깨끗하게 하실 것이다"(ESV)라고 선언한다. 레위기에서 속죄제를 바치는 사람은 "자신의 범죄했음을 깨달았을 때" 자신의 죄를 "알게" 되며, 그때 "범한 죄를 자백"하고 속죄를 위해 규정된 희생 제사를 드린다고 반복해서 기록하고 있다(레 5:4-6, ESV; 참조, 4:13-20; 5:17-18; 6:4, 6-7). 히브리서 저자는 이러한 제사들이 "육체의 정결함을 위하여 거룩하게 할 수 있다"(히 9:13)라고 말하지만, 그것들이 결코 "죄를 없앨 수는 없다"(10:4)라고 말한다. 하지만 그리스도 안에서 실현된 희생 제사는 "살아 계신 하나님을 섬기도록 우리 양심을 죽은 행실에서 정결하게 한다"(9:14, ESV). 자신의 범죄를 깨닫고, 죄를 알게 되며, 이를 고백하고, 용서받고 정결해지는 것, 이 모든 것은 옛 언약 아래에서 모세가 가르친 바를 믿는 사람들에게 일어났고, 새 언약 아래에서는 죄를 회개하고 신약성경의 가르침에 따라 그리스도를 믿는 사람들에게 완전하고 궁극적인 방식으로 일어난다.

§7 하나님의 임재

레위기의 맥락에서 기능했던 성막과 성전의 목적은 사람들이 하나님의 임재를 즐거워하도록 하는 것이었다. 시편의 많은 진술은 하나님의 백성이 이를 어느 정도 알고 있었음을 보여 준다(여기서는 ESV의 본문).

- 시 16:11, "당신은 생명의 길을 내게 보이십니다. 당신 임재 앞에는 충만한 기쁨이 있고 당신의 오른쪽에는 영원한 즐거움이 있습니다."

- 시 73:25, 28, "땅에서는 주밖에 내가 사모할 이 없습니다. … 하지만 나는 하나님에게 가까이 있는 것이 좋습니다."
- 시 84:4, "당신의 집에 사는 자들은 복이 있습니다. 그들이 항상 당신을 찬송할 것입니다!"
- 시 100:2, "기쁨으로 주님을 섬겨라! 노래하며 그 임재로 나아가라!"

예수를 믿는 자들은 레위 제의를 통해, 곧 지성소의 하나님의 임재를 통해 이스라엘에게 가능했던 것을, 저들을 하나님의 성전으로 지어 가는 내주하는 영을 통해 경험한다(본서 제7장 §4을 보라).

예수는 지상을 떠나시기 전에 제자들 안에 머무를 영을 주시겠다고 약속하셨다(요 14:17, 26; 15:26; 16:7). 마태가 전한 예수의 마지막 말씀은 이것이다. "그리고 보라, 내가 세상 끝날 때까지 항상 너희와 함께 있을 것이다"(마 28:20). 그리고 바울은 영을 통한 그리스도의 임재가 참된 신자의 표라고 단언한다. "그리스도의 영이 없는 자는 그에게 속하지 않았다"(롬 8:9). 옛 언약 아래서 하나님은 그의 백성이 그의 이름을 위하여 지은 집에 거하셨다. 새 언약에서는 다윗의 혈통에서 약속된 씨인 예수가 하나님의 이름을 위한 집, 성령의 성전인 교회를 세우신다.[29]

그리스도인의 경험 안에서, 교회는 하나님의 임재가 성령의 성전으로서 실현되기 시작한 것을 즐거워하며, 대제사장 예수가 제사장 왕국을 만들기 위해 가능하게 하신 죄 사함과 그것을 통한 절기와 제사의 실현을 맛보고, 그 왕이 의로움으로 통치할 날을 바라며 하나님의 말씀을 소중히 여기며, 새 언약 안에서 하나님과 아버지의 관계로 산다. 예수를 믿

---

29 참조, Hamilton, *God's Indwelling Presence; and* Beale, *The Temple and the Church's Mission*.

는 사람들은 그리스도를 통해 시편 25:14("주님의 친밀하심은 그를 경외하는 자들에게 있고, 그는 그들에게 언약을 알게 하신다"[ESV])의 현실을 경험한다. 그리스도는 그의 따르미들에게 "내가 너희를 친구라고 부른다. 이는 내가 아버지에게 들은 것을 모두 너희에게 알게 했기 때문이다"(요 15:15b, ESV)라고 말씀하신다.

제10장
결혼

교회의 유일한 기초는

그것의 주님이신 예수 그리스도다.

교회는 물과 말씀에 의한

그의 새로운 창조물이다.

그는 하늘에서 오셔서 교회를 찾아

거룩한 신부가 되게 하셨다.

그는 자신의 피로 교회를 사셨고,

교회의 생명을 위해 죽으셨다.

―사무엘 존 스톤(SAMUEL JOHN STONE)[1]

이 장은 결혼을 다루는 구절들을 정경적으로[2] 다루면서, 결혼 제도가 하

---

1 "The Church's One Foundation" (1866).
2 나는 이 용어를 히브리 정경에 있는 성경 책들의 배열 순서를 가리키는 데 사용한다. James M. Hamilton Jr., "Canonical Biblical Theology," in *God's Glory Revealed in Christ: Essays in Honor of Tom Schreiner*, ed. Denny Burk, James M. Hamilton

나님과 백성 사이의 언약 관계를 어떻게 모형화하는지를 보여 주려 시도한다. 이 경우, 결혼이라는 **제도**는 그리스도와 교회 사이의 관계에서 실현될 사건 패턴을 어떻게 예표하는가? 구약성경 저자들은 이를 전달하고자 의도했을까?

결혼이라는 언약적 창조 규례는 어린양의 결혼 잔치에서 실현되기 위해 존재한다. 언약적 결혼에 필요한 영적인 충실함은 신랑이 올 때 드러날 것이며, 성경 이야기는 이스라엘과 맺은 야훼의 결혼 언약, 곧 결혼이라는 연합 이야기로 전달되지만, 그 언약은 깨져서 결국 별거와 이혼으로 끝나기에 이른다. 그러나 하나님의 사랑 때문에 새 언약을 통한 재연합이 약속된다. 이 단락의 앞선 진술들은 키아스무스로 구성된 본 장의 내용을 미리 보여 준다.

§1 언약적 창조 규례로서의 결혼
　　§2 결혼과 영적인 충실함
　　　　§3 이혼과 재혼: 포로 귀환과 새 언약
　　§4 신랑의 오심
§5 어린양의 혼인 잔치에서의 결혼의 완성

§1 언약적 창조 규례로서의 결혼

이 이야기는 태초에 에덴동산에서 시작된다. 그곳에 죄가 있기 전, 심판이 있기 전, 본래의 매우 좋은 창조의 일부로서(창 1:31), 하나님은 결혼을

Jr., and Brian J. Vickers (Nashville: Broadman & Holman, 2019), 59-73을 보라.

제정하신다. 모세는 하나님이 남자의 좋지 않은 고독감을 해결하기 위해 적절한 돕는 배필을 창조하신 후(2:18-21), 창세기 2:22에서 여자를 남자에게 어떻게 데려오셨는지 서술하는데, 결혼은 처음부터 언약적이었다. 우리는 위에서(제2장 §2.3.2의 논의를 보라) 하나님이 아담과 아브라함 둘 모두에게 주신 "깊은 잠"(תַּרְדֵּמָה)이라는 단어에 주목함으로써(2:21; 15:12), 모세가 그 이야기와 창세기 15장에서의 하나님과 아브라함과의 언약 사이에 연관성을 형성했음을 관찰했다. 창세기 15:12에 있는 תַּרְדֵּמָה라는 단어에 익숙한 사람이라면 누구나 각 구절의 빛이 어떻게 다른 구절을 비추며, 창세기 2장의 빛나는 결혼 제도에 창세기 15장의 언약적 색채를 더하는지 직관적으로 인식하게 된다.

창세기 2:21과 15:12에서 이 핵심 용어 תַּרְדֵּמָה("깊은 잠")를 사용한 것을 근거로 모세는 청중이 창세기 2장에 묘사된 결혼 언약과 창세기 15장에 묘사된 야훼와 아브라함 사이의 언약을 연관시키도록 의도했던 것 같다.[3] 이하에서 논의하겠지만 이 결론은 모세가 야훼와 이스라엘의 언약과 관련하여 결혼 용어와 이미지를 사용하는 방식으로 검증된다. 모세를 따르고 그의 세계관을 받아들인 이스라엘의 예언자들과 후대의 성경 저자들도 (결혼 용어와 이미지를) 동일하게 사용한다.

우리는 창세기 2:24의 첫 남자와 여자 사이에서 일어난 일에 대한 결론에서 결혼이 (창조의 일부분으로서 하나님에 의해 제정된) '창조 규례'임을 알 수 있다. 이 결론은 모든 후손에게 적용된다. 아담과 그의 아내는 부모가 없었지만, 첫 남자와 여자 사이에서 일어난 일 때문에, 창세기 2:24은 남자—첫

---

[3] Gordon P. Hugenberger는 다른 근거들을 가지고 "아담과 하와의 전형적인 결혼을 '언약'으로서" 이해해야 한다고 주장한다. *Marriage as a Covenant: Biblical Law and Ethics as Developed from Malachi* (Leiden: Brill, 1994), 156-67, 인용은 156.

부부의 후손인 모든 남자—가 부모를 떠나 아내와 합하여 두 사람이 한 몸이 될 것이라고 말한다. 즉, 첫 남자와 여자의 결혼은 시대와 장소를 막론하고 모든 사람에게 영향을 미친다. 마태복음 19:4-5에서 예수는 창세기 2:24을 창조주의 말씀으로 여기신다. "그들을 창조하신 이가 태초에 그들을 남자와 여자로 만드셨다. 그리고 말씀하셨다. '그러므로 남자는 부모를 떠나 아내와 합하여 두 사람이 한 몸이 될 것이다'"(ESV).

따라서 결혼은 하나님이 에덴동산에서 매우 좋은 창조의 일부로서 제정하신 것이다. 모세는 하나님과 아브라함의 언약을 다루는 핵심 본문 및 어휘적 연결을 통해 청중에게 결혼의 언약적 특성을 가르친다(창 2:21; 15:12). 모세의 책들과 구약의 나머지 부분을 계속 읽어 가면서 우리는 성경 저자들이 결혼의 기초를 마련하고 결혼과 언약 개념을 적용함으로써 그리스도 안에서의 결혼의 실현을 모형화하는 것을 확인하게 된다.

§2 결혼과 영적인 충실함

첫 남자와 여자 사이의 최초의 결혼은 결혼의 원형이 됐다. 이후의 본문에서 모세는 결혼의 의미를 구체적인 기원에서 가져와서 메타포적으로 적용하여 확장한다. 특별히 모세는 인간의 결혼 이미지를 차용하여 야훼와 그의 백성 사이의 관계에 대해 표상적으로 말한다. 토라에서 그런 결혼 언어와 이미지의 사용은 주로 신실함에 대한 호소와 관련이 있다. 곧, 이스라엘은 야훼를 떠나 매춘—간음—을 해서는 안 된다.

구약성경을 차례로 보다가 후기 예언서로 들어가게 되면, 이사야, 예레미야, 호세아가 모두 결혼 언어를 더욱 확장하여 그 개념을 새로운 표상적 방향으로 가져가고 있음을 확인하게 된다.[4] 이 세 예언자는 모두 야훼가 이스라엘과 **이혼**했음을 직접 말하거나 상징적으로 묘사한다. 그런 식으로 말하면서(또는 호세아의 경우에는 행동하면서) 예언자들은 언약이 깨졌고 저주를 피할 수 없다고 경고한다.

이 예언자들은 야훼와 이스라엘의 **이혼**을 묘사할 뿐 아니라, **언약의 갱신**에 대해서도 말하며, 다양한 방식으로 아브라함 언약이 하나님과 백성 사이의 새롭고도 지속적인 결혼 관계로 실현됐음을 지적한다. 아마도 주님이 호세아를 통해 계시하신 바는 가장 큰 놀라움을 자아낼 것이다.

주님은 예언자로 하여금 야훼와 이스라엘의 관계를 그의 결혼을 통해 비유적으로 재현하게 하신다. 여기에는 호세아가 창녀와 결혼하고(호 1:1-3), 그녀가 간통하여 돌아섰을 때, 그녀와 헤어지고(1:8; 2:2), 결혼 언약을 갱신하기 위해 그녀를 노예 상태에서 사들이는 것이 포함된다(3:1-5).

호세아서에서 부정적인 묘사가 나타난다고 한다면, 아가서에서는 긍정적인 묘사가 나타난다. 나는 아가서에 나오는 왕이 야훼를, 신부가 이스라엘을 나타내고, 이 둘 사이의 결혼은 다윗의 혈통에서 나올 미래의 왕을 통해 시작될 새 언약을 가리킨다고 주장할 것이다.[5]

결혼 제도가 제공하는 패턴은 그리스도와 그의 신부인 교회 사이의 언약 안에서 실현될 것이다. 우리는 모세가 토라에서 결혼이라는 창조 규례를 메타포적으로 확장하여 그 범주를 하나님과 그의 백성의 관계에 적용하는 방식을 다룰 것이다.

---

4   이 논의에서 구약이 이 주제에 대해 말하는 내용을 철저히 고려하지는 않을 것이다. 예컨대, 겔 16장에서도 비슷한 요점들을 찾을 수 있다.
5   그러나 나는 아가서의 해석이 논쟁적이라는 점을 인정하고자 한다. 그리고 하나님과 백성 사이의 관계를 모형화하는 결혼 제도에 대한 이 장의 설명은 아가서를 어떻게 해석하든지 영향을 받지 않는다.

§2.1 토라가 말하는 영적 간음

출애굽기 34:14-16에서 우리는 모세가 시내산 언약을 결혼의 관점에서 이해하고 있다는 최초의 명백한 표식을 접하게 된다. 모세는 이스라엘에게 다음과 같이 경고한다.

> (… 너는 다른 신을 섬기지 말라. 주님은 질투라 이름하는 질투의 하나님이시다.) 너는 그 땅의 주민과 언약을 맺지 말라. 그들이 그들의 신들과 음행하고 [זָנָה] 그들의 신들에게 제사드리고, … 또 네가 그들의 딸들을 네 아들들의 아내로 삼음으로 그들의 딸들이 그늘의 신들을 음란하게 섬기며, 네 아들들에게 그들의 신들과 음행하지[זָנָה] 않도록 말이다. (ESV)

이스라엘 자손이 다른 신을 숭배하는 것은 야훼에 대한 영적 간음을 범하는 것이다. 이런 이미지는 야훼와 이스라엘 사이의 언약이 결혼 언약과 같다는 것을 전제로 한다.[6] 결혼한 배우자가 서로에게 충실해야 하듯이, 야훼와 이스라엘—언약의 파트너—도 서로에게 충실해야 한다. 야훼와 이스라엘은 서로에 대한 책임이 있으며, 서로와만 공유해야 하는 특권이 있다. 결혼에서와 같이, 언약의 당사자들이 공유하는 특권과 책임은 배타적이어야 한다. 그런 것들은 서로 사이에만 있고 다른 사람에게는 없다. 배우자가 아닌 다른 사람과 언약의 친밀함을 공유하는 것은 간음인 것처럼, 야훼를 위해서만 해야 할 일—이 경우 예배와 제사—을 다른 이를 위해 하는 것도 간음이다.

---

6   더 자세한 것은 Raymond C. Ortlund, *God's Unfaithful Wife: A Biblical Theology of Spiritual Adultery*, New Studies in Biblical Theology (Downers Grove, IL: InterVarsity, 2003).

언약적 결혼 개념 안에서 야훼는 남편이고 이스라엘은 신부다. 언약은 결혼과 같다. 간음한 배우자는 언약의 파트너가 아닌 다른 사람과 친밀한 행위를 나눈다. 그런데 친밀한 행위는 명시적이든 암묵적이든 미래의 바람들(hopes)과 관련한 기대와 의무, 그리고 친밀함들에 필연적으로 수반되는 헌신을 창출한다.[7] 그리고 이것은 다른 신들을 위한 예배 행위와 제사에 있어서도 마찬가지다. 우상을 숭배하는 자는 충족되지 않을 기대를 가지고 와서는, 피할 수 없는 노예의 의무를 받아서 떠난다. 이와 반대로, 야훼와 이스라엘은 서로에게 맹세하고, 엄숙한 말과 명시된 약속, 충분히 이해된 복과 저주로 언약을 맺었다.[8]

다른 신들에게 제사를 드림으로 숭배하는 것은 야훼가 제공하겠다 맹세하신 바를 그들에게 구하는 것과 같다. 우상 숭배라는 간음 행위는 언약의 파트너에 대한 불만을 의미한다.[9] 우상 숭배적인 간음은 야훼가 이스라엘에게 충분하지 않다는 모욕적인 선언이다. 그러나 간음한 아내는 남편을 모욕할 뿐 아니라, 간음은 아내 자신에게도 대가를 요구한다. 희생 제사 행위가 바로 그것이다. 이는 말 그대로 희생적이다. 예배자는

---

7   이와 비슷하게, Dempster, *Dominion and Dynasty*, 73.
8   Jonathan Gibson은 언약에 대한 Roger Beckwith의 정의를 인용한다: "인간과 인간 사이 또는 하나님과 인간 사이의 친밀한 연맹(a league of friendship)은, 말만으로 또는 말과 상징적인 의식들로, 엄숙하게 시작되며, 이때 의무들이 한쪽 또는 양쪽에 부과된다. 이 의무는 종종 맹세를 동반하며, 엄숙한 약속의 성격을 갖는다." Roger T. Beckwith, "The Unity and Diversity of God's Covenants," *Tyndale Bulletin* 38 (1987): 96을 인용한 Gibson, *Covenant Continuity and Fidelity*, 1 n. 1.
9   이러한 현실은 Vladimir Nabokov의 소설 *Lolita*에 생생하게 묘사되어 있다. 그 주인공은 자신을 만족시킬 만한 모든 것을 가지고 있지만, 끊임없이 더 많은 것을 갈구하는 욕망으로 도착(perversity)만을 바란다. Vladimir Nabokov, *Lolita*, ed. Alfred Appel Jr, Revised, Updated, Annotated Edition (New York: Vintage, 1991)을 보라.

종종 거대한 개인의 대가를 지불하고 가치 있는 무언가를 바치면서 희생된 제물보다 더 가치 있는 것을 받으리라는 희망을 품는다. 그러나 우상 숭배자들은 투자한 것에 대한 수익을 챙기기보다 갚아야 할 빚만 늘어날 뿐이다. 이스라엘은 야훼에게만 배타적인 충성, 의무, 특권, 책임을 맹세했다. 언약 밖으로 나가는 것은 간음을 범하는 것이자 야훼가 자신의 필요를 충족시키지 못한다고 선언하는 것이며 다른 연인에게서 충족을 구하는 것이고, 이는 심지어 매춘을 하는 것이다.

§2.2 토라에 나타난 영적 간음의 결과

모세는 출애굽기 34장의 근접 맥락에서 이스라엘의 영적 간음의 결과를 명확하게 표현하지 않는다. 하지만 더 넓은 토라의 맥락에서는 언약을 깨뜨리는 죄가 포로 됨으로 이어질 것이라고 분명히 말한다(레 26장; 신 4:25-31; 28-32장을 보라). 다른 신들과의 음행이라는 메타포는 영적 불신을 의미하며 언약의 깨짐으로 이어진다. 이는 결국 포로로 잡혀 국외로 추방되는 언약의 저주를 가져 온다.

§3 이혼과 재혼: 포로 귀환과 새 언약

연대순으로 볼 때 솔로몬은 이스라엘 역사에서 호세아, 이사야, 예레미야보다 앞선다. 솔로몬은 기원전 900년대에 활동했고, 호세아와 이사야는 기원전 700년대에, 예레미야는 기원전 600년대 후반과 500년대에 활동했다. 이 장에서는 구약성경을 히브리 정경 순서에 따라 살펴보고 있는데(히브리 성경의 책 순서는 한국어 번역 성경의 책 순서와 다르다—역주), 이는 우리가 역순, 곧 후기 예언서를 먼저, 성문서를 나중에 접하게 됨을 의미한다. 이제 이사야와 예레미야, 호세아, 아가서가 하나님과 그의 백성 사이의 언약으로서의 결혼 제도에 관한 모형론적 이해에 기여한 바를 히브리 정경 순서에 따라 살펴보려 한다.

§3.1 후기 예언서: 이사야, 예레미야, 호세아

이사야와 예레미야는 모두 이스라엘이 죄를 범하고 언약을 깨뜨려 "이혼 판결"(סֵפֶר כְּרִיתֻת, 사 50:1; 렘 3:8; 참조, 신 24:1)을 받았다고 말한다. 이사야는 북왕국이 멸망할 당시에 예언하면서 남유다에 회개하고 야훼에게로 돌아오라고 외친다. 이때 이혼에 대해 경고하고(사 50:1) 또한 아브라함의 결혼과 같이 불임인 아내가 자녀를 둔 어머니가 되는 미래의 결혼을 언급한다(사 54:1-3). 예레미야는 포로기 때 야훼가 그의 백성과 이혼했다고 선포하지만(렘 3:8), 또한 새 언약도 예언한다(31:31-34). 이사야와 예레미야에게 있어서 모세 언약의 저주인 포로 됨은 이혼과 같지만, 새 언약 가운데서 아브라함과의 언약을 지키면 야훼가, 신랑이 신부를 기뻐하듯이, 그의 백성을 기뻐하실 것이다(사 62:5).

§3.1.1 이사야

이사야는 적군이 다가와(사 8:7), 예루살렘 성벽을 무너뜨리고(22:5), 성전을 불태우며(64:11), 남자들을 죽이고(4:1), 여자들을 모욕하며(3:18-26), 백성이 땅에서 포로로 잡혀갈 때(5:13), 이스라엘이 남편에게 이혼당한 여자와 같으며(50:1), 자녀의 죽음을 애도할 것이라고 예언한다(49:20-21). 이러한 현실 중 일부는 이사야가 회복을 예언할 때 드러난다. 예컨대, 이사야 50:1(ESV)에서 예언자는 이렇게 선언한다. "주님이 이렇게 말씀하신다. '내가 네 어머니를 내보낼 때의 이혼 증서가 어디 있느냐?'" 이 구절에서 이스라엘이 실제로 자신의 범죄 때문에 쫓겨났음이 분명하지만, 이제 주님은 신부를 다시 자신에게 데려가시며 50:2-3에서 이렇게 말씀하신다.

> 어찌하여 내가 왔을 때 남자(개역개정은 "사람"—역주)가 없었는가? … 내 손이 짧아 구속하지 못하겠는가? … 보라, 내가 꾸짖어 바다를 마르게 하고, 강들을 사막이 되게 하며, 물이 없어졌으므로 그 물고기들이 악취를 내며 갈하여 죽을 것이다. 내가 흑암으로 하늘을 입히며 굵은 베로 덮을 것이다. (ESV)

주님의 손이 구원을 위해 뻗어진 모습은 이스라엘을 애굽에서 이끌어 내실 때의 강한 팔과 뻗은 손을 상기시킨다(출 3:19; 6:6; 시 136:12). 홍해와 요단강 도하에 관한 언급, 그리고 애굽의 재앙에 관한 언급은 마찬가지로 출애굽을 떠올리게 한다. 주님은 이사야를 통해, 비록 간음한 백성이 이혼당한 여자처럼 쫓겨났지만 이스라엘이 애굽에서 머문 후 거기서 구원된 것처럼, 포로가 된 이후에 그들을 구원하실 것이라고 말씀하신다. 야훼가 도착했을 때 어찌하여 남자가 없었는지에 대한 수사학적 물음은 이스라엘이 범한 간음의 대상인 신들이 이스라엘을 보호하기 위해 남아 있는 충실한 공급자가 아니라는 사실을 보여 준다.

주님이 이스라엘을 포로로 만드실 때 그들에게 내리실 절절한 고통을 전달하기 위해 이사야는 심판을 개인의 것으로 만든다. 그는 그 민족을 자녀를 잃고 애도하는 연약한 어머니로 의인화하여 다음과 같이 말한다. "나는 자녀들을 잃고, 잉태하지 못하며, 포로가 되고, 쫓겨났다"(사

49:21). 이 여인의 쫓겨남은 이스라엘이 언약을 어김으로 인해 땅에서 쫓겨난 것을 의미한다. 남자가 아내의 통렬한 불충실함 때문에 아내와 이혼하고 그녀를 내쫓을 때, 야훼는 언약이 깨졌다고 선언하시고 불순종한 백성을 내쫓으신다. 이 여인이 잃게 되는 자녀는 이스라엘 자손이 대적에 의해 그 땅에서 쫓겨나 사라지게 될 방식을 보여 준다.

이사야는 포로 됨 이후 미래의 구원을 죽음에서의 부활과 아브라함 언약의 실현과 연결 짓는다. 이 포로 됨은 시내산 언약의 파기로 인해 발생한다. 아브라함 언약이나 다윗 언약은 모두 포로 됨을 경고하는 저주와 거리가 멀기 때문이다. 시내산 언약이 깨지고 포로 될 날이 다가오면서 이사야가 예언한 미래의 언약은 마치 새로운 결혼인 듯 언급된다.

아브라함 언약, 모세 언약, 다윗 언약, 그리고 새 언약은 다음과 같이 서로 연관되어 있다. 즉, 야훼는 아브라함과 언약을 맺으셨고, 그 후에 바울이 갈라디아서 3-4장에서 설명하듯이 야훼는 그리스도가 오실 때까지 이스라엘을 보존하기 위해 모세 언약을 제정하여 이스라엘과 결혼 관계를 맺으셨다. 이스라엘은 모세 언약을 깨고 포로가 됐지만, 이사야는 야훼가 아브라함 언약을 지키실 것이라고 예언한다. 야훼가 아브라함 언약을 지키실 때, 마치 그가 백성과 재혼하신 것과 같을 것이다.

그 땅 밖에서의 포로 됨은 이혼에 빗대어지고, 또한 죽음에 빗대어진다. 결혼 관계의 회복은 죽은 사람들에게도 새 탄생과 같은 새로운 삶을 가져다줄 것이다. 이사야 49:19-21에서 우리는 포로 됨에서의 귀환이 죽음에서의 부활로 이어지리라는 표식들을 본다. 이사야는 하나님이 백성을 회복하실 방식을 예언하면서, 49:19(ESV)에서 "황폐한 곳"(שְׁמָמַיִךְ)이 "아주 좁아질 것"이라고 말한다. 마치 이 딜레마에 대한 응답인듯, 아주 작은 천막을 넓히고, 펼치고, 길게 하라는 요청이 54:2에 나오고, 54:3은 사람들이 "황폐한[שְׁמֵמ] 성읍"에 살게 될 것이라고 말한다.

이사야 49:19-21절의 사고의 흐름으로 돌아가서, 이사야는 20-21절(ESV)에서 이렇게 기록한다.

> 너의 상실의 자녀들은 후일에 네 귀에 말할 것이다.
> "이곳이 내게 좁습니다. 넓혀서 내가 거주하게 해 주십시오."
> 그때에 네가 네 마음에 말할 것이다.
> "누가 나를 위하여 이들을 낳았는가?
> 나는 자녀를 잃고, 잉태하지 못하며, 포로가 되고, 쫓겨났다.
> 이들을 누가 양육했는가?
> 보라, 나는 홀로 남았다.
> 이들은 어디서 났는가?"

49:20의 시작 부분에 나오는 어구, "너의 상실의 자녀들"(ESV, בְּנֵי שִׁכֻּלָיִךְ)이란 "네가 잃은 자녀들"(NASB, CSB)을 의미하는 듯하다.[10] 구약성경에서 여기에만 나오는 "근친자 상실"(bereavement)이라는 단어는 자녀를 잃은 것에 대한 어머니의 애도를 가리키는 듯하다. 어머니가 잃은 이 아이들은 다시 살아나서 어머니의 귀에 말할 것이다. 오스월트(Oswalt)가 이 비유적 표현을 "강조해서는 안 된다"고 말한 것이 옳다 하더라도,[11] 암

---

10 NIV와 KJV는 이 구절을 "네가 [자녀를] 잃은 동안 태어난 아이들"(개역개정은 이와 유사하게 "자식을 잃었을 때에 낳은 자녀"로 번역함—역주)로 해석한다. 이 번역은 어머니가 애도 기간 동안 아이들을 낳았음을 나타낸다. ESV의 직역은 어느 쪽으로든 이해할 수 있다. 나는 NASB와 CSB의 해석을 선호하지만, 이 구절은 어느 쪽으로 이해하든 죽은 이후의 새로운 삶을 기린다. 여기서의 논의의 초점은 어머니의 결혼 상태에 있다.

11 John N. Oswalt, *The Book of Isaiah, Chapters 40–66*, New International Com-

시적인 의미는 여전히 남아 있다. 이사야는 죽은 자가 살아날 것이라고 단언했는데(사 26:19), 어떤 면에서 죽은 자의 부활과 잉태하지 못하는 어머니의 출산 사이에는 밀접한 관련성이 있다(삼상 2:5-6; 롬 4:17-19을 보라).[12]

이사야 49장을 계속 읽어 가다 보면, 어머니가 자녀들을 "잃은" 것처럼 보이는데, 이는 그 자녀들이 포로가 되어 죽은 자의 부정한 영역으로 끌려갔기 때문이다. 여기에 바로 49:22(ESV)에서 말하는바 자녀들이 포로 됨에서 돌아왔다는 것의 의미가 들어 있는 듯하다. "그들은 네 아들들을 팔로 안아 데려오고, 네 딸들은 그들의 어깨 위에 업힐 것이다." 그런 다음 이사야가 49:24-25에서 "강한 자의 포로"와 "폭군의 먹이"에 대해 말할 때 그는 포로로 잡힌 자녀에 대해 말하는 듯하다. 주님이 49:25(ESV)의 끝에서 "내가 너를 대적하는 자를 대적하고, 네 자녀를 구원할 것이다"라고 단언하시기 때문이다. 주님이 포로 된 백성을 죽음의 부정한 영역에서 생명의 영역—그가 거하시는 곳—으로 다시 데려오실 때, 그들은 마치 죽음에서 부활한 것과 같을 것이다.

죽음 같은 포로 됨 이후에 새롭게 되고 생명이 풍성해지면서, 49:20이 말한바 아주 좁았던 장소가 더욱 넓어질 것이다(참조, 54:2). 그리고 49:21에서 "자녀들을 잃고, 잉태하지 못하며, 포로가 되고, 쫓겨난"(ESV) 자는 자녀를 가졌다는 것에 놀라게 될 것이다. 앞서 언급했듯이, 50:1에서 이혼이 언급되고, 이사야 53장에서 종이 고난을 받은 후, 54:1에서 불임인 여자가 자녀에 대해 노래하고 기뻐하라는 요구를 받는다. 이사야의 예언은 전략적으로 배열되어 있기에 우리는 이사야 53장의 고난받는 종과 54장의 아브

---

mentary on the Old Testament (Grand Rapids: Eerdmans, 1998), 308.
12 참조, 또한 창 30:1. Jon Levenson은 이렇게 썼다: "출생은 죽음의 역(reversal)이며, 따라서 기능적으로는 대략 부활과 동일하다." *Resurrection and the Restoration of Israel*, 116.

라함 언약 실현에 관한 상징적 묘사 사이의 관계에 주목하지 않을 수 없다. 새롭게 결혼하여 새롭게 임신한 이 어머니가 항상 그랬던 것이 아니라는 사실은 이사야 54:1(ESV) 하반절에서 볼 수 있다. "'황폐한[שׁוֹמֵמָה] 자의 자녀가 결혼한 여자의 자녀보다 많을 것이다.' 주님의 말씀이다."

이사야는 하나님의 백성을 이전에 자녀를 잃었던(사 49:20-21), 이전에 황폐했던, 이전에 이혼했던(50:1), 이전에 불임이었던 여자로 표상적으로 제시한다. 그리고 "황폐한 자의 자녀가 결혼한 여자의 자녀보다 많을 것"(54:1, ESV)이라는 이사야의 주장은 이제 그녀가 다시 남편을 갖게 됐음을 암시한다. 신부 이스라엘은 남편 야훼와 언약을 맺었지만 간음으로 인해 이혼당하고 쫓겨났다. 이제 이전에 부끄러움을 당했던 여자가 돌아오고 있다. 그녀는 다시 결혼하여 또 한 번 생육하고 번성하게 된다. 54:2에서 천막은 확장될 것이고, 그다음 이사야는 54:3에서 창세기 22:17의 언어를 사용하여 아브라함 언약의 실현을 알린다. "네 자손[씨]이 민족들을 얻게 될 것이다"(사 54:3, ESV). 이러한 말로 이사야는 창세기에서 주요했던 "씨" 주제를 불러일으키면서(참조, 창 3:15; 12:1-3; 18:18; 22:17; 24:60; 27:29; 28:14 등), 그의 의도가 아브라함 언약의 실현을 묘사하는 것이었음을 분명히 한다.[13]

이사야가 54:5에서 사용한 언어는 새 언약에서 아브라함 언약의 실현이 갖는 결혼의 중요성을 명확히 밝힌다. "너를 만드신 이는 네 남편이시라[כִּי בֹעֲלַיִךְ עֹשַׂיִךְ]. 그의 이름은 만군의 주님이시며, 네 구속자[גֹאֲלֵךְ]는 이스라엘의 거룩한 이시다. 그는 온 땅의 하나님이라 불리실 것이다"(ESV). 여기서 "남편"은 "구속자"와 평행이 되는데, "구속자"는 보아스가 룻과 결혼할 때 그녀를 "구속"한 방식 때문에 우리에게 익숙한 단

---

13 이와 비슷하게 Gentry and Wellum, *Kingdom through Covenant*, 495-97.

어다(룻 2:20; 3:9, 12-13; 4:1, 3-4, 6, 8, 14). 언약을 어긴 사람들이 죄로 인해 포로가 된 상황에 대해 이사야는 계속해서 "이혼"을 암시한다(사 54:6-8).

> 주님이 너를 부르시니
> 마치 버림을 받아 마음에 근심하는 아내와 같고
> 어릴 때에 아내가 됐다가 버림을 받은 아내와 같다.
> 너의 하나님의 말씀이다.
> 내가 잠시 너를 버렸으나
> 큰 긍휼로 너를 모을 것이며,
> 내가 넘치는 진노로 내 얼굴을 네게서 잠시 가렸지만,
> 영원한 자비로 너를 긍휼히 여길 것이다.
> 주님, 네 구속자의 말씀이다. (ESV)

이사야가 새 언약이라는 표현을 사용하지는 않았지만 새 언약이 실제로 암시되어 있다는 사실은 이사야 54:13에서 확인할 수 있다. 거기서 예언자는 "네 모든 자녀가 주님으로부터 가르침을 받을 것이다"라고 단언한다. 이 문장은 하나님의 백성이 마음에 율법을 두고 야훼를 알게 될 것이라는 예레미야의 말과 기능적으로 동등할 뿐 아니라(렘 31:33), 요한복음 6:45에서 아버지가 예수에게로 이끄시는 사람들에 대해 말할 때 예수에 의해 인용되기도 했다.

하나님이 시내산에서 이스라엘과 "결혼"하신 일은 새 언약에서 백성의 "남편"이 되실 때 모형론적으로 실현될 것이다(사 54:5, 13). 이사야는 주님이 백성을 회복하실 때에 관해 이렇게 선언한다.

> 나는 다시는 너를 버림받은 자라 부르지 않으며,
>
> 다시는 네 땅을 황폐한 곳이라 부르지 않을 것이나,
>
> 너는 '내가 그녀를 기뻐할 것이다'라고 불릴 것이며,
>
> 네 땅은 '결혼한 자'라 불릴 것이다.
>
> 이는 주님이 너를 기뻐하시며
>
> 네 땅이 결혼한 것처럼 될 것이기 때문이다.
>
> 마치 신랑이 신부를 기뻐하듯이
>
> 그렇게 네 하나님이 너를 기뻐하실 것이다. (사 62:4-5, ESV)

이사야는 결혼 제도를 사용하면서 하나님이 백성과 맺으신 언약에 관해 무엇을 전하는가? 이사야는 하나님이 아브라함과의 언약을 실현하실 때 마치 신랑이 신부를 기뻐하는 것과 같을 것이라고 가르친다. 그 신부는 이전에 이혼당했던, 불임이었던 여자와 같을 것이다. 그녀의 자녀들은 태어나지 못하고 죽었지만, 지금 그녀는, 죽음에서 일어나 그녀의 귀에 말하는 자녀들을 둔 기쁨에 가득 찬 어머니다(참조, 왕하 4:11-37).

결혼 생활의 성적 순결을 중시하는 문화권에서 우상을 숭배하는 불신을 간음에 빗대는 것은 강렬한 감정을 불러일으킨다. 이사야는 이스라엘의 불신과 야훼의 변함없는 사랑이라는 감정의 영향을 전하기 위해 결혼 개념을 사용할 뿐만 아니라, 이스라엘 역사 전반에 나타나는 **사건 패턴**도 전달한다. 곧, 언약이 맺어지고, 언약이 깨지며, 새 언약이 약속된다.

§3.1.2 예레미야

이사야가 말한바 하나님의 언약을 깨뜨린 신부의 이혼은 예레미야서에 더욱 자세히 등장하는데, 예레미야는 신명기 24:1-4의 이혼 법률을 사

용하여 야훼가 자기 백성을 얼마나 대단히 사랑하시는지 보여 준다. 신명기 24:1-4은 남자가 이혼 증서를 쥐어 주고 아내를 내쫓을 경우 아내는 재혼하더라도, 그 결혼 관계가 또다시 끝난다면 이혼한 아내는 첫 번째 남편에게 돌아갈 수 없다고 말한다. 그럴 경우 "주님 앞에 가증한 일"이 되기 때문이다(신 24:4, ESV).

예레미야가 예언한 것은 야훼의 사랑이 충격적이고, 대범히 법을 어긴 가증한 일이라는 것이다. 예레미야 3:1에서 예언자는 남왕국 유다로 하여금 야훼에게 돌아오라고 요구하는 과정에서 신명기 24:1-4 율법을 언급한다. 그다음 그는 북왕국 이스라엘의 포로 됨에 대한 주님의 말씀을 "내가 그녀를 내쫓고 이혼 증서를 주었다"라는 말로 표현한다. 자매인 유다는 이를 보았음에도 불구하고 "그녀 역시 가서 간음했다"(렘 3:8). 그녀가 죄를 지었음에도 야훼는 예레미야 3:12에서 신부를 향해 돌아오라 부르신다. "신실하지 못한 이스라엘아, 돌아오라. 주님의 말씀이다. 나의 분노한 얼굴을 너희에게로 향하지 않을 것이다. 나는 긍휼이 있는 자다. 주님의 말씀이다. 나는 한없이 분노하지는 않을 것이다"(ESV).[14]

이사야서와 마찬가지로 여기서도 결혼 제도는 예레미야의 청중으로 하여금 야훼와 이스라엘 사이의 관계를 이해하도록 돕는 데 사용된다. 이 경우 모세의 토라에서 규정한 결혼의 패턴과 규범이 사랑하는 이에 대한 야훼의 지속적인 사랑을 설명하기 위해 사용된다. 또다시 백성이 포로 될 때, 언약의 파트너를 언약의 장(place)에서 내쫓을 때 "이혼 증서"(렘 3:8)를 쥐어 주는데, 이는 언약이 끝났음에 대한 공식적인 선언이다.

하지만 사람들이 회개하고 죄, 반역, 믿음 없는 불순종을 인정하며(렘

14　Derek Kidner, *The Message of Jeremiah: Against Wind and Tide* (Leicester: Inter-Varsity, 1987), 35-36.

3:13) 야훼에게로 돌아온다면(렘 3:12, 14), 그는 그들에게 다윗과 같은 왕을 주실 것이고(3:15), 그들은 땅에서 생육하고 번성할 것이며(3:16), 야훼 자신도 예루살렘에서 왕으로 좌정하실 것이다(3:17). 예레미야 3:15에 나오는 미래의 다윗 같은 왕에 대한 약속은 사무엘하 7장에서 하나님이 다윗과 맺으신 언약에 기초한다(참조, 시 89편). 사람들이 땅에서 생육하고 번성하리라는 약속은 아담에 대한 하나님의 명령(창 1:28)이 성취될 것임을 나타낸다. 예레미야가 31장에서 예언한 바 역시 야훼와 백성 사이의 새 결혼 언약에 관한 약속이라는 사실을 보여 준다.

예레미야 31:31-32에서 예언자는 새 언약에 대해 직접 말한다.

> 주님의 말씀이다. 보라, 날이 이르리니 내가 이스라엘 집과 유다 집에 새 언약을 맺을 것이다. 이 언약은 내가 그들의 조상들의 손을 잡고 애굽 땅에서 인도하여 내던 날에 맺은 것과 같지 아니할 것은 내가 그들의 남편이 됐어도 그들이 내 언약을 깨뜨렸기 때문이다. 주님의 말씀이다.(ESV)

여기서 새 언약은 이스라엘이 출애굽했을 때 시내산에서 맺은 옛 언약과 대조된다. 야훼가 그들에게 남편 역할을 하셨지만 이스라엘은 그 언약을 어겼다. 다시 한번 야훼는 시내산 언약을 맺으면서 그의 백성과 결혼하셨지만, 백성이 언약을 어기면서 그 결혼은 끝이 난다. 주님은 이사야를 통해 신랑이 신부를 기뻐하듯이 그들을 다시 기뻐하실 것이라고 약속하셨고, 이에 그 땅은 결혼한 것으로 여겨질 것이다(사 62:4-5). 그리고 예레미야는 이사야가 암시했던 바를 분명하게 진술한다. 곧, 야훼는 자신과 백성 사이에 새 언약을 맺으실 것이다. 예레미야는 또한 하나님이 그의 백성과 새 언약을 맺을 때 아브라함에게 했던 약속을 실현하실 것을 나타내는 진술을 한다(특히 렘 33:25-26을 보라). 모세 언약은 깨졌지만 아브라함 언약은 야훼와 백성 사이의 새 결혼에서 실현될 것이다.

이사야와 마찬가지로 예레미야도 야훼와 백성 사이의 관계를 묘사하기 위해 결혼 제도를 사용한다. 이사야와 예레미야는 모두 결혼 제도를 하나의 **모형**으로 사용하는데, 깨지고 재결합되는 결혼 사건 패턴은 야훼의 백성이 언약을 깨뜨리고 야훼는 그럼에도 그들과의 친밀한 관계를 새롭게 하는 방식과 일치한다. 예레미야는 언약을 깨뜨린 사람들을 이혼한 아내로 제시하면서(렘 3:8), 하나님이 백성을 그 땅에서 추방시키는 언약의 저주를 내리신 후에(예, 16:11-13), 그들과 새로운 언약을 맺으실 것이라고 말한다. 그 깨진 언약은 야훼가 그 백성의 남편 역할을 했던 언약이었기에, 새 언약의 약속은 주님과 그 백성 사이의 새로운 결혼 언약, 관계의 갱신을 가리킨다.

이사야와 예레미야처럼 호세아 역시 결혼 용어와 범주를 사용하여 옛 언약의 종식과 새 언약의 약속을 말한다.

§3.1.3 호세아

호세아서에서 우리는 하나님과 그의 백성 사이의 관계를 이해하기 위한 모형론 패턴으로서 결혼 제도를 사용하는 알레고리를 볼 수 있다. "너는 가서, 음란한 아내를 취하여, 음란한 자식을 낳으라"라는 야훼의 명령에 대해, 호세아가 왜 그렇게 해야 하는지에 대한 설명은 하나님의 백성과 호세아의 아내 사이의 알레고리적 관계를 형성한다. "이는 이 땅이 주님을 버리고 크게 음행했기 때문이다"(호 1:2, ESV). 따라서 이 관계에서 호세아는 주님을 대표하고, 고멜은 이스라엘을 대표한다.

호세아와 고멜의 결혼 상황이 진행되면서, 야훼는 호세아에게 자녀들에게 불길한 이름을 지어 주라고 말씀하신다. 첫 번째 자녀는 '이스르엘'이라는 이름을 받는데(호 1:4-5), 이 이름은 이스라엘 역사에 있었던 끔찍한 학살의 장소를 가리키기도 한다(왕하 10:11). 두 번째 자녀의 이름인 '로루하마'는 "자비 없음"이라는 뜻으로 하나님이 이스라엘 집에 내리실 무자비한 정의를 가리킨다(호 1:6-7). 그다음 호세아는 아이를 낳고 '로암미', 곧 "내 백성이 아니다"라는 이름을 지어 주는데, 이는 하나님과 그 백성 사이의 언약이 끝났음을 나타낸다. "너희는 내 백성이 아니요 나는 너희 하나님이 아니다"(1:9).

호세아 2:2(MT 2:4)에서 결혼 생활이 끝나는 것에 대해 읽을 때 핵심은 언약이 끝났다는 것이다. "네 어머니에게 간청하고, 간청하라—그녀는 내 아내[אִשְׁתִּי]가 아니며, 나는 그녀의 남편[אִישָׁהּ]이 아니다"(ESV).

호세아는 다른 예언자들처럼 다가올 심판과 궁극의 회복 사이를 자유롭게 오간다. 호세아는 1:9에서 "내 백성이 아니다"라는 이름을 언급한 후, 1:10에서 즉각 창세기 22:17을 인용하여 시내산 언약은 끝나지만 하나님이 아브라함과 맺은 언약은 지키실 것이라고 주장한다. "그러나 이스라엘 자손의 수는 바닷가의 모래같이 되어서 헤아릴 수도 없고 셀 수도 없을 것이다. …"(호 1:10). 호세아 1:11(MT 2:2)에서 남편-예언자는 출애굽기 1:10을 언급하면서 하나님이 홍수 때 노아를 구원하신 후 그와 언약을 맺으셨고, 출애굽 때 이스라엘을 구원하신 후 그들과 언약을 맺으셨듯이, 새 출애굽 때 또다시 자기 백성을 구원하신 후에 그들과 언약을 맺으실 것이라고 말한다.

- 출 1:10, וְעָלָה מִן־הָאָרֶץ

    "그리고 그 땅에서 올라가라."

- 호 1:11[MT 2:2], וְעָלוּ מִן־הָאָרֶץ

    "그리고 그 땅에서 올라가라."

이스라엘 민족이 종종 간음한 아내, 곧 개인 여성으로 의인화되는 심판 묘사 이후에(2:2-13), 호세아는 2:14-23에서 새 출애굽과 포로 귀환을 새 결혼 관점에서 묘사하기 시작한다.[15] 호세아는 2:14(ESV)에서 야훼가 미래에 자기 백성을 구원하실 방식에 대해 서술하면서, 그가 이스라엘을 애굽에서 시내산으로 인도해 내셨던 방식을 회상한다. "그러므로 보라, 내가 그녀를 타일러 광야로 데리고 가서 부드럽게 말할 것이다." 호세아는 2:15a에서 그 땅의 새 정복에 대해 언급한 후,[16] 2:15b에서 시내산 가운데 백성들에게 부드럽게 말씀하셨을 때 무슨 일이 일어났는지에 대해 또 다른 언급을 계속한다. "그리고 거기서 그녀가 어린 시절과 같이 응답할 것이고, 애굽 땅에서 나왔을 때와 같이 응답할 것이다"(ESV).

주님은 2:14에서 이스라엘에게 부드럽게 말씀하시고 2:15b에서 그녀(이스라엘)가 긍정적으로 대답하는 것은 야훼가 출애굽기 20장에서 이스

---

[15] 나는 영어 성경의 호 2장의 구절 열거 방식을 사용하고 있다(한국어 성경의 장절 번호도 영어 성경의 것과 동일하다―역주). (영어 성경의) 1:10에서 히브리 성경 본문 2장이 시작하기에, 영어 성경의 2:1은 히브리어 본문에서는 2:3이 된다. 히브리 성경의 절 번호는 영어 성경 절 번호에서 2를 더하면 된다.

[16] 아골 골짜기는 아간이 금지된 물건을 취한 죄로 처형당한 장소다(수 7:24-26). 이스라엘은 그 땅에 들어가자마자 그곳을 지킬 마음이 없음을 보여 주었다(참조, 신 29:4[MT 29:3]). 이렇게 이해하자면, 아골 골짜기는 파멸의 표징으로서, 이스라엘이 언약을 깨고서 포로가 될 것을 증거했다. 호세아는 새 출애굽과 포로 귀환을 예언하면서 그 장소의 의미가 역전됐음을 알린다. 주님이 그의 백성의 마음을 바꾸셨기 때문에, 그들은 그 땅을 더럽히지 않을 것이고, 새 정복에서는 금지된 물건을 취하지 않을 것이다. 그 장소는 에덴동산과 같을 것이고, 사람들은 그곳을 일구고 지킬 수 있을 것이다. 그러므로 호세아 2:15a(ESV)에서는 이렇게 말한다: "거기서 내가 그녀[이스라엘]에게 포도원을 주고 아골 골짜기를 소망의 문으로 만들 것이다."

라엘에게 주신 열 가지 말씀(십계명)을 떠올리게 한다. 2:15b에 나오는 이스라엘의 긍정적인 대답은 신명기 5:22-29에서 백성들이 야훼의 모든 명령을 따를 것이라고 단언한 사건을 가리키는 듯하다(특히 신 5:27, ESV, "우리 하나님 주님이 당신에게 말씀하신 것을 모두 우리에게 전하십시오. 우리가 듣고 행할 것입니다").

호세아가 계속 보여 주듯이, 그런 진술의 근접 맥락과 더 넓은 맥락에서 울리는 결혼의 배음(overtones)은 마치 이스라엘이 시내산에서 결혼식 가운데 제단 앞에 서서 한 "내가 행할 것입니다"라는 신부의 말처럼 들린다. 옛 언약의 끝, 곧 이혼을 초래한 불충성은 새 출애굽과 포로 귀환이 새 언약의 시작을 알릴 때 사라지게 될 것이다. 호세아는 2:16(ESV)에서 "그리고 주님의 말씀이다. 그날에 너희가 나를 '내 남편'[אִישִׁי]이라 부르고 다시는 나를 '내 바알'[בַּעֲלִי]이라 부르지 않을 것이다"라고 쓴다.

호세아 1:10(MT 2:1)에서 창세기 22:17을 인용할 때, 아브라함 언약의 실현에 대한 공명음이 새 언약의 음악에 추가된다. 이와 유사한 방식으로 호세아 2:18의 언어는 새 언약이 마치 아담 언약인 것처럼 들리게 한다. "그리고 내가 그날에 들짐승과 하늘의 새와 땅에 기는 것과 언약을 맺을 것이다"(호 2:18a, ESV). 이 새 언약은 여자의 씨와 뱀의 씨 사이의 적대감을 끝낼 것이다(창 3:15). 이는 하나님이 사무엘하 7:10(ESV)에서 다윗에게 약속하셨듯이, "폭력적인 사람들이 다시는 이전과 같이 그들을 괴롭히지 못할 것"이기 때문이다. 호세아는 2:18b(ESV)에서 "그리고 내가 이 땅에서 활, 칼, 전쟁을 없애고, 너를 안전하게 눕게 할 것이다"라고 예언한다.

호세아가 예언한 새 결혼 언약은 아담, 아브라함, 다윗 언약을 실현할 것이며, 모세 언약의 실패 이후에 시작될 것이다. 말하자면, 야훼는 모세의 언약이 깨졌을 때 자기 백성과 이혼하셨다. 그러나 새 언약을 맺으시면서 주님은 자신과 그 사랑하는 사람들 사이에 새로운 결혼 언약을 맺으셨다. 호세아가 2:19-20에서 예언한 것처럼 말이다.

> 그리고 내가 네게 영원히 장가들 것이다. 나는 공의와 정의와 은총과 긍휼히 여김으로 네게 장가들 것이다. 나는 진실함으로 네게 장가들 것이다. 그리고 네가 주님을 알게 될 것이다. (ESV)

호세아의 자녀들의 이름은 2:21-23에 다시 언급된다. '자비가 없는 자'(로루하마)는 자비를 받고, '내 백성이 아닌 자'(로암미)는 "나의 백성"이라 불릴 것이다.

호세아 2장 끝에서 주님이 백성을 위해 행하겠다 약속하신 바의 결혼 관련 의미는 3장에서 호세아와 고멜 사이에 일어나는 일에서 다시 다루어진다. 고멜은 간음하고 노예가 됐지만(3:1), 호세아는 그녀를 다시 사들이고(3:2), 그들은 다윗의 왕좌가 회복되기를 바라는 민족의 오랜 기다림에 부합하는 기나긴 회복 과정을 시작한다(3:3-5). 호세아가 3장에서 예언한 내용은 이스라엘이 그 땅으로 돌아갈 수 있는 방식에 상응하는 듯하며, 그때 그들은 계속 모세 언약하에 있었고, 신약성경에서 서술되는 사건들이 일어날 때까지 그러했다.[17]

---

[17] 그 메타포는 직접적이지만 상황은 복잡하다. 호세아는 분명히 결혼(시내산 언약)의 실패를 지적하고 있으며, 아담 언약, 아브라함 언약, 다윗 언약의 실현을 분명히 언급한다. 이스라엘은 기원전 586년에 그 땅에서 추방됐지만, 기원전 539년에는 그 땅으로 되돌아갈 수 있었다. 그들은 기원전 516년에 성전을 재건했고, 그 후 에스라(기원전 458년)와 느헤미야(기원전 445년)가 그 땅으로 돌아왔을 때, 결국 모세 언약의 조항들을 지키기로 서로 언약을 맺었다(느 10장을 보라). 이것은 호 3:2에서 호세아가 노예 된 고멜을 사들인 후, 3:3-5(ESV)에서 그녀에게 다음과 같이 말했다. "너는 많은 날 동안 나와 함께 지내고, 음행하지 말며, 다른 남자를 따르지 말라. 나

창세기 2장에서, 하나님은 에덴동산에서 결혼을 제정하셨다. 그 후에 모세는 결혼 용어와 개념을 사용하여 이스라엘에게 시내산 언약에 충실할 것을 촉구했다. 그 언약이 깨졌을 때, 이사야, 예레미야, 호세아는 이혼 언어를 사용하여 결혼의 끝, 즉 이혼당한 아내를 내쫓는 것에 대해 말했는데, 이는 야훼가 백성을 포로로 추방하신 것과 일치한다. 그리고 그들은 미래를 언급하는데, 야훼가 그의 백성을 애굽에서 인도해 내셨을 때처럼 다시 구원하실 때, 광야에서 그들을 돌보셨을 때처럼 그들의 모든 필요를 채워 주실 때, 시내산에서 맺으신 것보다 새롭고 더 나은 언약을 다시 맺으실 때, 이사야, 예레미야, 호세아는 모두 야훼가 새 백성과 맺으실 새로운 결혼 언약에 대해 말한다. 결혼 제도는 야훼와 백성 사이의 관계를 모형화하는 개념과 패턴을 제공한다.

§3.2 성문서에서: 아가서

우리는 모세가 야훼와 이스라엘 사이의 언약에 대해 말하기 위해 결혼 언어와 이미지를 사용했음을 살펴보았다. 또한 우리는 예언자들, 특히 이사야, 예레미야, 호세아가 언약의 깨짐과 포로, 그리고 그 혼란을 넘어 새 결혼과 같은 새 언약을 가리키기 위해 그 이미지를 어떻게 발전시켰는지 보았다. 기원전 1400년경의 모세와 기원전 700년대의 이사야와 호세아 사

도 네게 그리할 것이다.' 이스라엘 자손들이 많은 날 동안 왕도 없고 지도자도 없고 제사도 없고 주상도 없고 에봇도 없고 드라빔도 없이 지내다가, 그 후에 이스라엘 자손이 돌아와서 그들의 주 하나님과 그들의 왕 다윗을 찾을 것이며, 훗날에는 주님을 경외하므로 주님과 그의 선하심을 향해 나아갈 것이다." 이 본문은 호세아와 고멜이 재회했지만 언약이 아직 갱신되지 않은 것과 같이, 이스라엘 백성도 돌아오겠지만 "그 후에" 그리고 "훗날에" 새 언약을 시작할 왕이 오기를 기다려야 함을 암시하는 듯하다(3:5).

이, 곧 기원전 900년대에 솔로몬은 이스라엘을 통치했다.[18] 나의 작업 가설은 솔로몬의 세계관이 모세의 토라에 의해 형성됐으며, 따라서 그는 다음의 것들을 구성할 수 있는 충분한 정보와 소양을 갖추고 있었다는 것이다.

첫째, 다윗의 혈통에서 나온 왕으로서 솔로몬은 아담에서 노아, 아브라함, 유다를 거쳐 다윗에 이르는, 여자의 씨에 속한 혈통에 서 있었기에, 나는 그가 사무엘하 7장에서 다윗의 씨에 관해, 다윗에게 주어진 놀라운 약속을 알고 있었을 것이라고 생각한다. 솔로몬은 기대됐던 **바로 그** 씨는 아

---

[18] 나는 솔로몬이 아가서의 저자이며, 이 노래에서 그는 자신에 대한 이상화된 모습을 보여 주는 것으로 가정한다. 말하자면, 내 생각에 아가서는 역사 관계를 묘사하기보다, 야훼와 이스라엘의 관계를 알레고리로 묘사하고 **또한** 청중들로 하여금 더욱 깊이 사랑하고 결혼 생활에서 더 큰 친밀함을 추구하게끔 영감을 주는 목가적인 풍경을 묘사한다. 더욱 자세한 내용은 James M. Hamilton Jr., "The Messianic Music of the Song of Songs: A Non-Allegorical Interpretation," *Westminster Theological Journal* 68 (2006): 331-45; James M. Hamilton Jr., *Song of Songs: A Biblical-Theological, Allegorical, Christological Interpretation, Focus on the Bible* (Fearn: Christian Focus, 2015)을 보라. Iain Duguid는 아가서를 나와는 매우 다르게 해석하고, 이 노래를 솔로몬이 썼다고 가정하지 않는다. 하지만 그 역시 다음과 같이 말할 수 있었다: "결혼은 하나님이 우리에게 단순히 만족과 즐거움을 주기 위한 것이 아니라, 하나님과의 관계를 더욱 충분하게 이해할 수 있는 언어와 경험을 주기 위해 고안하신 것이다. … 알레고리 해석이 직관적으로, 때로는 심지어 부적절하게, 만들어 내는 인간과 하나님의 사랑 사이의 연결을 놓치는 것은 심오하고도 중요한 것을 놓치는 것이다. … 이와 같은 친밀함은 궁극적으로 구원자에 의해 그리스도의 신부에게로 확장될 것이다. 그 결과, 그리스도와 교회의 관계에 대한 적용은 아가 서로부터, 하나님 자신에 의해 고안된 메타포 안에서(엡 5:22-33), 자연스럽게 흘러나온다." Iain M. Duguid, *The Song of Songs: An Introduction and Commentary*, Tyndale Old Testament Commentaries (Downers Grove, IL: InterVarsity, 2015), 48-49. 솔로몬의 저자 됨에 관한 설득력 있는 논증에 대해서는 Duane A. Garrett and Paul R. House, *Song of Songs, Lamentations*, Word Biblical Commentary (Nashville: Thomas Nelson, 2004) [=『아가·예레미야애가』, 솔로몬, 2010]; Duane A. Garrett, *Proverbs, Ecclesiastes, Song of Songs*, New American Commentary (Nashville: Broadman & Holman, 1993)을 보라.

니었지만, 그 혈통에 속하며 오실 이를 모형화한다(마 12:42; 그리고 왕들을 다루는 본서 제5장에서의 솔로몬에 대한 논의를 보라). 나는 솔로몬이 자신을 야훼의 대표자인 새 아담, 다윗의 혈통의 왕으로 이해했으며, **바로 그** 새 아담, 다윗의 혈통의 **바로 그** 왕, 야훼의 **바로 그** 지상의 대표자로서 그가 모형화했던 바를 독특하고 궁극적으로 실현할 자를 기대했다고 제안하고자 한다.

둘째, 솔로몬은 모세가 토라에서 사용한 결혼 이미지를 이해하고서, 야훼와 이스라엘 사이의 언약에 대한 알레고리적 표현을 인간의 결혼을 이해하기 위한 개념 범주로 삼았을 것이다. 호세아가 야훼와 이스라엘 사이의 결혼 언약을 불충실함으로 인한 비극으로 묘사할 수 있었다면, 솔로몬도 친밀함의 영광스러운 회복에 주목하여 결혼 언약을 묘사할 수 있었을 것이다.[19]

아가서가 더 나은 인간의 결혼을 기리고 고무하기 위한 지혜 문학으로 읽히는 것은 드문 일이 아니다. 그러나 아가서가 그런 방식으로 기능하려면, 그것은 결혼에 대한 특별한 이해를 가진 더 광범위한 성경의 세계관에서 자라나야 하고, 다시 그것에 영향을 미쳐야 한다. 나의 아가서 해석에서는 솔로몬이 다윗 혈통의 왕이자 아담의 후손인 여자의 씨로서의 지위를 이해했음을 주장하고, 또한 그가 아가서에서 다윗왕에 의해 이루어진 친밀함의 영광스러운 회복을, 새 언약으로 이루실 구원에 대한 상징적이고 알레고리적인 묘사로 제시함을 주장한다. 이런 해석만이 아가서가 묘

---

19 이와 유사하게 Christopher W. Mitchell, *The Song of Songs*, Concordia Commentary (Saint Louis:Concordia, 2003), 44-45. Mitchell의 1,300쪽(!)에 달하는 아가서 해설서에는 많은 지혜가 담겨 있는데, 그중 서론은 553쪽을 차지한다. 그가 쓴 아가서 해석사에 대해서는 451-510쪽을 보라. 하지만 나는 무엇보다도 그의 해석학적 접근 방식(14-66쪽)과 결혼을 알레고리, 모형론, 성례전적 고려 사항, 예언적 표징, 유비와 관련해서 논의하는 부분(67-97쪽)을 높이 평가하고 싶다.

사하는 바에 담긴 전형적인 힘을 증가시켜 줄 수 있다. 사람들은 결혼 생활 안에서 더 큰 조화와 친밀감을 추구하되, 그들 자체 안에 있는 소유물로서가 아니라 하나님의 사랑을 보여 주는 것으로서 그렇게 해야 한다(참조, 아 8:6, ESV, "사랑은 죽음과 같이 강하고 … 주님의 바로 그 불꽃과도 같다").

아가 3:11에서 솔로몬은 결혼을 위해 예루살렘에 온다. 그가 거룩한 땅의 거룩한 도시에 가까이 왔을 때, 그가 오는 것을 본 사람들은 "연기 기둥처럼 광야에서 올라오는 자는 누구인가?"(3:6a, ESV[한국어 성경은 3:6b—편주])라고 묻는다. 연기 기둥은 구름 기둥을 떠올리게 하며, 왕의 등장은 이스라엘이 광야에서 올라오는 모습을 연상시킨다. 아가 3:7에서는 "보라, 솔로몬의 들것(litter)이다!"라고 선언한다. 여기서 "들것"이란 중요한 사람이 앉는 "가마", 곧 긴 막대 위에 상자를 얹어 이동하는 탈것을 뜻한다. 솔로몬은 언약궤와 흡사한 것을 타고 예루살렘에 접근하고, 이 이스라엘의 왕은 야훼가 앉았던 자리에 앉아 용사들에게 둘러싸여 있다(3:7-8). 이는 마치 야훼가 이스라엘을 "전투 대열"로 배치하여 이끌고 광야를 통과하는 것과 같다(출 13:18, NASB). 솔로몬은 성전을 짓는 데 사용된 재료와 같은 재료로 가마를 만들었다고 묘사된다. "레바논 나무로"(아 3:9). 성막과 성전처럼 솔로몬의 가마는 은색, 금색, 자색으로 만들어졌다(3:10).

야훼의 대표자인 왕 솔로몬은 신부와 언약, 곧 결혼을 하기 위해 예루살렘에 도착한다(3:11). 그가 신부를 만났을 때, 마치 그 둘은 에덴동산에 있던 것처럼 시원한 날 벌거벗고도 부끄러워하지 않았다(4:1-6). 그리고 그 관계가 절정에 이르렀을 때, 마치 신부가 바로 그 동산 자체인 것 같았다(4:12-5:1).

아가서에서 다윗의 혈통의 이상화된 왕은 친밀함을 가로막는 장벽을 뛰어넘고, 적대감을 없애며, 신부를 사랑했다. 두 사람은 푸른 동산에서

뿐 아니라 위대한 왕의 도시인 예루살렘에서도 서로 언약을 맺고 약점을 부끄러워함 없이 신뢰하는 관계를 기뻐했다. 이 영광스러운 관계는 야훼가 그 왕을 통해 백성과 언약을 갱신하여 그들과 야훼의 관계를 가로막는 모든 것을 제거하실 때 기대될 수 있다. 영원한 사랑의 언약은 "주님의 바로 그 불꽃"(8:6, ESV)이다.

아가서(그리고 시 45편)와 같은 본문에 기념된 이스라엘 왕의 결혼식은 인간의 결혼을 넘어 주님이 그 백성과 맺으실 새 언약을 가리킨다. 구약의 다른 본문에서와 마찬가지로, 결혼 제도는 과거와 미래를 가리키는 모형론 패턴이다—과거로는 야훼가 그 백성과 맺으신 언약을 가리키고, 미래로는 그리스도와 교회의 언약을 가리킨다.

§4 신랑의 오심

지금까지 우리는 모세로 시작하여 구약의 저자들이 결혼 제도를 모형론적으로 사용하는 방식을 간략히 살펴보았다. 결혼에 대한 기대, 규범, 패턴, 개념, 용어는 모세가 토라 안에서 확립한 것이며, 거기서 우리는 관계의 언약적 특성과 순전한 충실함에 대한 기대를 보았다. 이스라엘이 야훼와 맺은 언약이 결혼이기 때문에 우상 숭배는 영적 간음을 범하는 것과 같다. 언약의 결혼적 특성은 이후 구약 저자들에게 확장됐는데, 그들은 시내산 언약의 끝을 이혼으로 표현했고, 새 언약에서 재혼을 기대했다.

하나님과 그의 백성 사이에 기대되는 새 결혼 언약과 더불어, 구약 저자들은 다윗의 혈통에서 나올 미래의 왕을 언급했고, 중요한 지점들에서 새로운 다윗왕과 새 결혼 언약이 교차하여 나타난다. 나는 이 일이 아가서에서 발생한다고 제안하고 싶지만, 이 주장이 받아들여지지 않는다 하더라도 호세아 3:5과 같은 곳에서 여전히 그런 현상을 확인할 수 있다. 또한 다윗계 왕이 통치할 "날들이 오고 있다"면(예, 렘 23:5-7), 그리고 새 언약이 그와 같은 시기에("날들이 오고 있다", 31:31), "그날에"(예, 호 2:16, 21) 시작된다면, 미래의 왕과 새 언약은 모두 "훗날"(3:5; 렘 30:24)에 속하는 셈이다. 이는 추방의 심판이 끝난 후, 야훼가 백성의 운명을 회복시킬 때다. 미래 구원에 대해 약속된 여러 가지, 곧 새 출애굽, 새 다윗, 새 에덴, 새 언약, 죽음으로부터의 새 생명을 한데 모으는 것은 자연스러운 일이다.

이렇게 구약에 제시된 기대의 연관성을 이해하면 신약에서 예수가 말씀하신 것과 예수에 대해 기록된 것을 파악하는 데 도움이 된다.

§4.1 신랑

나는 몇 년 전 교회에 앉아 설교를 듣고 있었을 때 설교자가 예수가 신랑으로 오신 것이 얼마나 중요한지 강조하던 것을 생생하게 기억한다. 안타깝게도 그때 나는 이 책에서 탐구하고 있는 구약의 가르침을 몰랐고, 당시에 설교자도 설명하지 않았다. 아마도 그는 그것을 알고 있었겠지만 당연하게 여겼던 것 같다. 나는 설교자가 예수의 신랑 됨의 중요성에 대해 설파한 것이 옳은지 의심하면서도, 그것이 **왜** 중요한지, 또는 그것이 의미하는 바가 정확히 **무엇인지** 알지 못했다.

하지만 복음서를 쓴 사람들은 구약의 기대에 푹 잠겨 있었다. 복음서의 청중들 중 많은 이들도 마찬가지였으며, 그들 중 그렇지 않은 사람들은 자연스럽게 스스로 성경을 찾아보도록 인도됐을 것이다(행 17:11). 신약성경의 저자들은 청중이 구약성경을 알고 있다고 예상했다.

구약에서 확인한 바에 비추어 볼 때, 우리는 마태복음에서 세례 요한의 제자들이 금식을 하지 않는 예수의 제자들에 관해 질문했을 때 예수의 주장을 이해할 수 있는 위치에 있다. 마태복음 9:15은 이렇게 말한다. "예수가 그들에게 말씀하셨다. '혼인집 손님들이 신랑과 함께 있을 동안에 슬퍼할 수 있느냐? 그러나 신랑을 빼앗길 날이 이를 것이다. 그때에는 금식할 것이다'"(ESV; 참조, 막 2:19과 눅 5:34의 평행 본문). 예수는 "**나는 메시아이고, 다윗의 혈통에서 나올 미래의 왕이며, 나의 제자들이 금식하지 않는 이유는 내가 야훼와 그의 백성 사이에 새 언약을 시작하기 위해 왔고, 지금은 금식하기보다는 축하할 때이기 때문이다. 그러나 나는 십자가에서 못 박히고 죽은 자들 가운데서 살아난 이후에 하늘에 올라갈 텐데, 그때 나의 제자들이 금식하게 될 것이다**"라고 직접적으로 말씀하지 않으셨다. 그러나 이 모든 것에 해당하는 예수의 말씀이 마태, 마가, 누가에 의해 기록된 것으로 보인다.

구약성경에서의 결혼 제도의 모형론적 발전을 이해하는 사람들에게 있어서, 예수가 자신을 신랑이라고 칭하신 일은 그가 예언됐던 새 언약을 시작하기 위해 오셨다는 암호화된 신호를 보내는 것이다. 예수가 떠나신 후 제자들이 금식한 것에 관해, 복음서 저자들은 독자들이 이야기를 끝까지 읽고, 그 끝에서 예수가 말씀하신 바의 의미를 이해하기를 기대한다(마 28:16-20을 보라; 참조, 눅 24:50-53; 행 1:9-11). 마태복음 25:1-13에 나오는 열 처녀의 비유도 마찬가지로 예수를 하늘의 왕국을 가져오는, 그 언약을 시작하는 신랑으로 제시한다.

요한복음에서 세례 요한이 예수에 대해 "신부를 취하는 자는 신랑이다. 신랑의 친구는 서서 그의 음성을 듣고 크게 기뻐한다. 그러므로 나는 이러한 기쁨으로 충만하다"(요 3:29, ESV)라고 말하는 것을 기록할 때 동일한 암호화된 주장이 작동한다. 세례 요한은 이미 "나는 그리스도가 아니다"(1:20)라고 주장했으며, 신랑의 친구라는 위 진술에서 그는 그리스도가 그의 신부, 곧 하나님의 백성과 언약의 결혼을 하기 위해 오셨음을 나타낸다.

예수를 신랑으로 간주하는 것은 구약의 저자들이 결혼 제도를 모형론적으로 사용한 방식으로 인해 타당성을 갖는다. 예수를 신랑으로 간주하는 것은 곧 다윗의 혈통에서 나올 왕으로 간주하는 것인데, 그를 통해 야훼는 호세아 2:19-20의 실현으로서 자기 백성과 약혼하고 새 언약을 맺겠다는 약속을 이행하실 것이다(렘 31:31-34).

예수를 공개적으로 신랑으로 간주하는 것과 암시적으로 제시된 열 처녀 비유의 이미지 외에도, 요한복음 4장에는 예수가 우물가에서 사마리아 여인을 만나시는 이야기가 나온다. 구약에서 반복되는 패턴은 의의를 모으고 기대감을 고조시키는 패턴을 확립한다. 즉, 아브라함의 종은 우물가에서 이삭의 아내 리브가를 만난다(창 24:11-15). 또한 야곱은 우물가에서 라헬을 만났다(29:2-9). 모세는 우물가에서 십보라를 만났다(출 2:15-21). 요한은 야곱에 대한 언급(요 4:5-6)을 통해 과거의 유사한 사건들이 떠오르게끔 예수와 사마리아 여인의 만남 이야기를 구성하는데, 그 과정에서 여인은 예수가 하나님의 백성의 조상 야곱보다 더 위대하신 인물인지를 묻는다(4:12). 대화는 남편에 대한 내용을 다루는데(4:16-18), 여인은 예수가 예언자임을 깨닫고, 예수는 자신을 메시아로 드러내신다(4:25-26). 요한은 예수가 이 특정 여인과 결혼하게 될 것이라고 암시하는 것이 아니라, 3:29에서 세례 요한이 예수를 식별했던 것처럼, 하나님의 백성의 신랑으로 오셔서 민족 이스라엘의 경계를 넘어 사마리아인과 이방인을 포함하는 언약을 시작하실 것을 뜻한다(참조, 10:16). 그 언약에 이스라엘 밖 사람을 포함시키는 일은 모세가 우물가에서 만난 미디안 제사장의 딸과 결혼했을 때 이미 암시됐을 수 있다.

§4.2 나는 그 말씀이 그리스도와 교회를 가리키고 있다고 말한다

바울은 에베소서 5:29의 끝에서 그리스도가 교회를 어떻게 사랑하셨는지 말하고, 5:30에서 우리[에베소 교회에 속한 사람들]가 그의 몸의 지체이기 때문에 그가 그렇게 하신다고 설명한 다음, 5:31에서 "이러므로 남자가 아버지와 어머니를 떠나 아내와 합하여 둘이 한 몸이 될 것이다"라고 창세기 2:24을 인용하면서, 5:32에서는 "이 신비가 크다. 나는 그 말씀이 그리스도와 교회를 가리키고 있다고 말한다"(ESV)라고 단언한다. 여기서 바울은 창세기 2:24의 인용에 의해 암시된 결혼의 신비가 그리스도와 교회를 가리키고 있음을 제안하는 듯하다. 이는 하나님이 사람들로 하여금 예수와 교회의 관계를 이해할 수 있도록 결혼을 만드셨음을 시사한다. 다른 말로 하자면, 하나님은 자신과 백성 사이의 관계를 묘사하는 언약 관계를 세상에 주기 위해 **결혼 제도**를 창조하셨다.

하나님은 이스라엘과 언약을 맺고 그들을 충실하게 인도하며, 보호하고, 돌보기 위해, 남편과 신부의 관계를 그들과 맺으셨다. 그 언약은 간음한 아내에 의해 깨졌지만, 하나님은 다윗의 혈통에서 나올 새 왕, 곧 새 모세에 의해 시작될 새 언약을 약속하셨다. 예수는 신랑으로 오셔서 그 새 언약을 개시하셨는데, 이 결혼의 가장 깊은 의미는 하나님의 백성의 결혼 생활을 풍성하게 만든다. 최고의 예술은 그 자체를 넘어 실체를 가리키는데, 이 경우 결혼한 부부가 함께 만들어 내는 예술이란 그 자체 너머에 있는 실체, 곧 신랑이신 그리스도가 교회와 공유하는 거룩한 친밀함을 가리킨다.

존 길(John Gill)은 이 영광스러운 실체에 대해 이렇게 썼다.

> … 아내에게 붙어 있는 남자는 교회에 대한 그리스도의 강한 애정과 그들 사이의 밀접한 교제를 매우 적절히 표현한다. 그리고 실제로 아담과

하와의 결혼은 그리스도와 교회에 대한 모형이었다. 이런 관점에서 첫 아담은 오실 분의 표상이자 그 후손의 언약의 머리였다.[20]

§4.3 바벨론의 음녀

요한계시록 17:1-3에서 요한은 바벨론의 음녀를 21:9-10에 있는 "어린양의 아내인 신부"에 대한 묘사와 매우 평행하게 제시한다.[21] 서로 일치하는 진술은 〈표 10.1〉에서 확인할 수 있다(ESV).

<표 10.1: 창녀와 신부>

요한계시록 17:1-3	요한계시록 21:9-11
또 일곱 대접을 가진 일곱 천사 중 하나가 와서 내게 말했다.	또 일곱 대접을 가지고 마지막 일곱 재앙을 담은 일곱 천사 중 하나가 나아와서 내게 말했다.
"오라, 내가 많은 물 위에 앉은 큰 음녀가 받을 심판을 네게 보일 것이다. 땅의 임금들도 그와 더불어 음행했고 땅에 사는 자들도 그 음행의 포도주에 취했다."	"오라, 내가 신부 곧 어린양의 아내를 네게 보여 줄 것이다."
그리고 그가 영으로 나를 데리고 광야로 갔다.	그리고 그가 영으로 나를 데리고 크고 높은 산으로 올라갔다.
그리고 나는 한 여자가 붉은 빛 짐승을 탄 것을 보았는데, 그 짐승의 몸에 하나님을 모독하는 이름들이 가득하고 일곱 머리와 열 뿔이 있었다.	그리고 내게 하나님으로부터 하늘에서 내려오는 거룩한 성 예루살렘을 보여 주었는데, 하나님의 영광이 있어 그 성의 빛이 지극히 귀한 보석 같고 벽옥과 수정같이 맑았다.

---

20 Matt Haste, "A Type of the Marriage of Christ: John Gill on Marriage," *Puritan Reformed Journal* 6 (2014): 296-97에서 인용한, John Gill, *Exposition of the Old and New Testaments*, 9:106.

21 Bauckham, *The Climax of Prophecy*, 4.

이러한 평행 진술들은 요한계시록에서 구조상 중요한 역할을 하지만, 여기서 나의 관심은 그리스도와 백성 사이의 결혼 언약에 관한 내용에 있다. 요한은 음녀를 이용하는 충실하지 못한 자들과 신부와 같이 순결한 처녀(계 14:4)인 충실한 자들을 묘사하는 데 사용한 메타포를, 청중이 숙고하기를 바라고 있다.

사람은 어째서 음녀를 의지하게 되는 것일까? 그렇게 하는 사람들은 언약의 특권—기쁨, 동반자 관계, 친밀함, 연합—을 그 언약의 의무 및 책임과는 별개로 추구한다. 매춘부가 어째서 돈에 그 특권을 팔려 할까? 그렇게 하는 사람들 중에는 육체적인 노예가 되어 강요받는 사람들도 있다. 또한 일부는 다른 선택의 여지가 없다고 믿을 정도로 감정의 조종을 당하기도 한다. 저들이 어떻게 그곳에 이르렀든지 간에, 매춘부는 금전 거래로는 진정하게 줄 수 없는 것을 돈을 받고 판다. 그들이 추구하던 실체는 값을 매길 수 없으며, 금전으로 바꾸어 속일 수 없다. 진정한 사랑, 진정한 동반자 관계, 진정한 친밀함은 한 남자와 한 여자 사이의 포괄적인 대인 관계인 결혼 언약의 맥락에서만 가능한데, 이는 배타적이고 일부일처제적이며 영구적이고 자녀를 낳는 생산적인 관계다.[22]

결혼의 특권을 얻기 위해서, 그리고 이 사랑에 들어가기 위해서 남자는 그리스도가 교회를 사랑하신 것처럼 아내를 사랑해야 하고 여자는 교회가 그리스도에게 복종하는 것처럼 남편에게 복종해야 한다. 전쟁 경험을 공유하는 군인들이 독특한 유대감을 갖듯이, 배우자들은 서로 헌신하고, 언약하고, 희생하고, 울고, 기뻐하고, 한마디로 말하자면 서로 사랑함으로써, 재물을 위해 거짓으로 행할 수 없는 연합 관계를 맺게 된다. 그리

---

22 Sherif Girgis, Robert George, and Ryan T. Anderson, "What Is Marriage?," *Harvard Journal of Law and Public Policy* 34 (2010): 245-87.

고 이것은 그리스도와 교회의 관계에 있어서도 마찬가지다.

세상이 돈을 받고 사람들에게 제공하는 것을 그리스도는 그에게 자신을 온전히 내어 맡기는 자들에게 아낌없이 주신다. 그러나 세상이 제공하는 것은 그리스도가 아낌없이 주시는 것과는 다르다. 사탄은 거짓의 방식을 제공하려 노력하지만, 그는 하나님이 아니며 살아서 통치하시는 이를 단지 모방할 수 있을 뿐이다. 사탄은 거짓의 삼위일체를 제시할 수 있지만(계 16:13), 그의 '신격'(godhead)은 용, 짐승, 거짓 예언자로 남아 있을 뿐이다. 그는 거짓 그리스도를 내세워 가짜 죽음과 부활을 행할 수 있지만(13:1-3), 그 짐승은 죽지 않았고 다른 이를 위한 자리에도 선 적이 없으므로 누군가를 위한 속죄를 이룰 수 없다. 그는 거짓 예언자를 보내 표적과 기사로 속일 수 있지만(13:11-14), 그는 어린양처럼 보임에도 불구하고 용처럼 말을 한다(13:11). 그리고 음녀도 마찬가지다. 그녀는 아내처럼 행동하는 척할 수 있겠지만, 언약도 없고 사랑도 없다. 오직 간을 꿰뚫는 화살의 필연성만 있을 뿐이다(잠 7:23).

§5 어린양의 혼인 잔치에서의 결혼의 완성

우리는 시대의 완성을 무엇에 빗댈 수 있을까? 주님이신 그리스도가 그의 백성을 위해 오실 때 어떤 모습일까? 무한한 부를 가지고 있고 아들을 한없이 사랑하는 왕이 마침내 약혼자와 결혼할 때가 된 사랑하는 아들을 위해 성대한 결혼식을 준비하는 것과 같을 것이다(마 22:2). 그것은 자신을 순결하게 준비하고 유지한 지혜로운 처녀가 "보라, 신랑이 온다"(25:6, KJV)라는 오랫동안 기다려 온 외침을 듣는 것과 같을 것이다. 그것은 물을 바꿔 만든 최고의 포도주와 같을 것이며(요 2:1-11), 하나님의 사랑을 받고 서로서로 사랑하는 신실한 백성과 같을 것이고, 어떤 면에서 그들이 행한 가장 훌륭하고 진실하며 가장 사랑스러운 일, 곧 의로운 행위를 묘사하는 곱고 흰 세마포를 입은 것과 같을 것이다(계 19:8). 그것은 남편이 신부를 기뻐하듯이 야훼가 그의 백성을 기뻐하는 것과 같을 것이다(사 62:4). 그것은 범죄 이전에 동산에 있던 아담과 하와와 같겠지만 그보다도 더 나을 것이다. 그것은 아가 4장과 같고, 해방된 노예들이 바다의 노래를 부르는 것과 같으며(출 15장; 계 15:3), 대제사장이 큰 날에 지성소에 들어가는 것과 같고, 결혼식 날 신부로 단장한 예루살렘과 같으며(21:2), 어머니가 씌운 왕관을 가진 솔로몬과 같을 것이다(아 3:11).

이를 위해 세상이 만들어졌다. 신부가 자신을 준비하기 위해서. 예수가 그 신부를 죽기까지 사랑하시고 부활하시기 위해서. 그가 아버지에게로 가서 새롭게 태어난 가족이 영원히 거할 방을 준비하시기 위해서. 그의 오심을 사모하고 갈망하던 이들을 위해 그가 오시기 위해서.

아멘. 마라나타(고전 16:22). "그 영과 신부가 말씀한다. '오라.' 그리고 듣는 사람에게도 '오라'고 말할 것이다. 목마른 사람도 오게 할 것이며, 원하는 사람은 값없이 생명수를 받게 하라"(계 22:17, ESV).

제11장
약속으로 형성된 패턴의 결론:
저자의 의도를 결정하기 위한 거시 차원의 지표

전 세계적으로 고리 구성(ring composition: 대칭을 통해 특정 문학 단위의 단일성을 나타내는 방법으로서, 첫 번째 요소는 마지막 요소에 대응하고, 두 번째 요소는 마지막에서 두 번째 요소에 대응한다—편주)이 실행되고 있는 이유는 무엇일까? 그것은 무엇을 위한 것인가? 그토록 많은 사람에 의해! 그토록 많은 시대에! 그들 모두가 이를 서로에게서 배웠을 수는 없다. 그것이 수천 년 동안 견고하다는 것은 무언가가 뇌에서 이를 지지하고 있다는 이론을 뒷받침해 주지만, 우리는 그것이 완전히 사라져서 새로운 독자들은 그것을 완전히 놓칠 수 있음을 알고 있다.

—메리 더글라스(MARY DOUGLAS)[1]

---

1 Douglas, *Thinking in Circles*, 12. 여기의 감탄사는 Douglas가 호메로스, 성경, 조로아스터 문헌, 기원전 11천년기의 중국 점성술, 중세 중국 소설, 13세기 페르시아 시인 루미(Rumi, 4-12)에 나오는 고리 구성 문서를 연구한 것에 대한 반응이다.

이 책의 서론 1장에서 우리는 성경 저자들이 모형론적 연결을 형성하려고 의도했음을 보여 주는 미시 차원 지표를 살펴보았다: 어휘상 접점(용어의 재사용), 어구나 문장의 인용, 동일 형태 사건의 유사성, 언약적·구원사적 의미의 일치. 본서의 이 결론부에서 우리는 성경 저자들이 모형론적 연결을 형성하려고 의도했음을 보여 주는 거시 차원의 지표를 살펴보려 한다. 창세기가 성경에 나오는 모든 것의 기초를 형성한다는 특성으로 인해, 이 장에서는 창세기를 주요 사례로 살펴볼 것이다. 나의 작업 가설은 후대의 성경 저자들이 모세의 문학적 전략을 배우고 그의 방법론을 모방했다는 것이다. 하지만 그것이 사실임을 승명하는 것은 이 장의 범위를 빗어난다.

이 장에서는 미시 차원의 지표가 거시 차원의 지표와 더불어 작용하여 저자의 의도된 메시지를 전달한다고 주장한다. 창세기에서 모세는 인물들과 사건들 사이의 유사점을 인식하도록 자신의 내러티브를 구성했고, 후대 성경 저자들은 이를 모형론 패턴으로 발전시키게 된다. 이 장은 다음과 같은 키아스무스 구조를 가지고 있다.

§1 키아스무스란 무엇이며 무엇을 하는가
  §2 창세기 전체의 키아스무스 구조
    §3 창세기 하위 단위의 키아스무스 구조
  §4 하위 단위의 비교로부터 파생된 주제
§5 키아스무스 구조와 모형론 구조

§1 키아스무스란 무엇이며 무엇을 하는가

키아스무스는 (1) 확대된 평행법이자 (5) 예술적 아름다움을 위한 수단을 제공하는 동시에 (2) 표현을 위한 구조와 경계를 제공하고 (4) 짝을 이루는 본문 단위 사이에 협력 효과(synergy)를 창출한다. 키아스무스 구조의 핵심으로서 (3) 이 구조는 청중의 기억을 돕는 데 기여한다.[2] 이 단락에서 열거된 진술들은 이 장의 하위 장의 키아스무스 구조와 상응한다.

§1.1 확대된 평행법
　§1.2 구조와 경계 제공
　　§1.3 기억을 돕기
　§1.4 협력 효과 창출
§1.5 예술적 아름다움을 위한 수단

§1.1 확대된 평행법

평행법은 잘 알려지고 널리 인지되고 있는 히브리 시의 특징이며, 키아스무스 문학 구조는 그 평행법을 단순히 다양한 길이의 본문 단위로 확장한 것이다. 메리 더글라스는 다음과 같이 썼다.

> 고리 구성은 단지 중동에서 비롯된 몇몇 지역에서만 발견되는 것이 아니라 전 세계에 걸쳐 발견되기에, 전 세계적인 작법이라 할 수 있다. 이는 주제를 시작하고, 주제를 발전시키며, 결론을 첫음 부분에서 찾아서

2　또한 Wayne Brouwer, "Understanding Chiasm and Assessing Macro-Chiasm as a Tool of Biblical Interpretation," *Calvin Theological Journal* 53 (2018): 99-127을 보라.

마무리하는 평행법 구조다.³

성경 저자들은 시편 2:10에서 볼 수 있듯이 히브리 시의 단일 행에 적용하는 문학 기교로서 키아스무스 평행법을 사용할 수 있었다.

그리고 이제 왕들아(וְעַתָּה מְלָכִים)
지혜를 얻으라(הַשְׂכִּילוּ)
교훈을 받으라(הִוָּסְרוּ)
땅의 재판관들아(שֹׁפְטֵי אָרֶץ)

우리는 이와 동일한 장치, 시편에서 아주 일반적으로 사용되는 장치를 시편 18:4(MT 18:5)에서 볼 수 있다.

나를 둘렀다(אֲפָפוּנִי)
사망의 줄이(חֶבְלֵי מָוֶת)
벨리알의 급류는(וְנַחֲלֵי בְלִיַּעַל)
나를 놀라게 했다(יְבַעֲתוּנִי)

내가 창세기에 대해 제안할 키아스무스 구조의 종류는 이렇게 문법적으로 평행한 키아스무스 구조를 단순히 내러티브 전체로 확장한 것이다.⁴ 더글라스는 히브리 시에 흔히 존재하는 평행법 안에서 작은 범위의

---

3 Douglas, *Thinking in Circles*, x.
4 이에 대해 더 자세한 내용은 Wilfred G. E. Watson, *Classical Hebrew Poetry: A Guide to Its Techniques* (New York: T&T Clark, 2001), 201-7을 보라.

키아스무스 구조를 논하면서, "고리 구성을 언급할 때 내가 염두에 두고 있는 것은 그와 동일한 구조의 넓은 범위, 확대된 구조다"라고 썼다.[5]

§1.2 구조와 경계 제공

키아스무스 구조는 표현을 구조화하고 저자가 작업하는 경계를 설정하는 다른 문학 형식들처럼 기능한다. 예컨대, 일부 시편과 애가는 아크로스틱 형식(acrostic format)을 사용하는데, 이는 시 작품의 각 행의 첫 글자를 히브리어 알파벳순으로 배열한다. 이것은 A-to-Z 효과를 창출한다. 곧, 시인은 알파벳 전체를 짚어 감으로써 해당 주제와 관련된 모든 것을 다룬다—한정된 문자를 가지고서는 결코 불가능한—는 인상을 줄 수 있다. 이와 마찬가지로 키아스무스 구조를 사용하는 저자는 자신의 작품이 완전한 순환을 이루게 함으로써 청중을 만족시키도록 일정 범위의 주제들을 다룰 수 있다. 왓슨(Watson)이 언급했듯이, "**메리스무스**(merismus: 전체 안에서 대조되는 두 부분을 가지고 전체를 대표하도록 표현하는 수사학—역주)나 전체성(totality)을 표현하는 아주 일반적인 방식은 키아스무스를 사용하는 것이다."[6]

당신이 지금 읽고 있는 이 논의가 하나의 예가 된다. 이 단락(§1.2)에서 키아스무스 구조가 하는 모든 역할을 설명하지 않지만, 이 장(§1)을 구성하고 있는 키아스무스 구조는 구조와 경계 제공에 관한 논의(§1.2)가 각 단락 사이에서 협력 효과를 창출하는 것에 관한 논의(§1.4)와 짝을 이루게 한다. 실제로 이런 형식은 각 부분의 합으로 설명할 수 있는 것보다 더 많은 의미를 만들어 낸다. 나는 또한 키아스무스란 무엇이고 무엇을 하는

---

5   Douglas, *Thinking in Circles*, 2.
6   Watson, *Classical Hebrew Poetry*, 205.

지에 대한 이 논의가 완전하기를 바란다. 물론 이것이 모든 것을 포괄할 수 없음에도 불구하고 말이다.

§1.3 기억을 돕기

조슈아 포어(Joshua Foer)는 자신의 재미있는 책, 『아인슈타인과 함께하는 문워킹: 모든 것을 기억하는 기술과 과학』에서 "기억의 궁전"(memory palace)에 대해 논한다. 기억의 궁전은 고대에뿐 아니라 여전히 널리 사용되는 기술로, 큰 궁전을 지나는 경로를 따라 기억할 것들을 서로 연관 짓는 방법이다. 그래서 기억한 목록을 떠올리고 싶을 때 단순히 궁전을 걸으며 방에서 방으로 이동하면서 기억할 항목을 메타포적으로 끄집어 내면 된다.[7] 키아스무스 구조도 이와 비슷하게 기능하는데, 이 구조를 인식하는 사람으로 하여금 주제들이 서로 어떤 관계에 있는지를 떠올리게 해 주는 건축학의 상부 구조를 제공하기 때문이다.[8] 빅터 윌슨(Victor Wilson)은 이렇게 설명한다.

> 기억술(*mnemonic*)의 이점이야말로 키아스무스의 오랜 사용과 그 사용의 보편성을 설명할 수 있는 가장 설득력 있는 근거일 것이다. 여기에는 회상 과정에서 기억을 안내해 주는 일반적인 참조 틀에 대한 청취자의 요구를 만족시켜 주는 메커니즘이 있다. 키아스무스는 스스로 학습하게 하여(self-tutoring), 균형 잡힌 짝들로 형식의 요소를 채우도록 기억을 자

---

[7] Joshua Foer, *Moonwalking with Einstein: The Art and Science of Remembering Everything* (New York: Penguin, 2011), 1-2, 89-105.

[8] 이 점에 대해서는 또한 다음을 보라. David M. Carr, *Writing on the Tablet of the Heart: Origins of Scripture and Literature* (New York: Oxford University Press, 2005), 98-99.

극한다.⁹

§1.4 협력 효과 창출

키아스무스 구조에서 대응하는 단위들을 통해 창출되는 협력 효과(synergy)는 이 구조 안에서 주해할 때 얻을 수 있는 가장 중요한 이익 중 하나다.¹⁰ 나는 협력 효과에 대한 논의를 구조와 경계에 대한 논의와 짝으로 설정함으로써 다음과 같이 말하기를 정당화할 수 있다. 곧, 키아스무스 구조에서는 가장 중요한 사항이 키아스무스 구조의 중심에 놓이곤 한다.¹¹ 이 기법으로 창출되는 협력 효과는 독자를 산 정상으로 데려가는 것과 관련이 있고, 그 정상에서부터 논의는 또한 반대편의 대응 단위로 내려간다. 나는 이 논의에서 키아스무스 구조의 핵심인 중심 사항에 대해 쉽게 언급할 수 있었지만, 나의 선호 사항—그리고 저자로서 결정할 수 있는 특권—은 구조와 경계 및 협력 효과 사이의 관계를 설명하는 데 있었다. 또다시 반복하자면, 협력 효과와 마찬가지로 구조와 경계에 있어서도, 키아스무스 형태를 이해하면 저자가 중심으로 제시한 바를 결정하는 데 도움이 되기에, 주해에 있어서 생산적이라는 사실이 드러난다. 그리고 여기서도 협력 효과와 구조가 함께 작용하여 포괄적인 논의의 인상을 만들어 낸다.

§1.5 예술적 아름다움을 위한 수단

키아스무스 구조는 이를 사용하는 사람들에게 균형, 비율, 조화, 대칭을

---

9   Victor M. Wilson, *Divine Symmetries: The Art of Biblical Rhetoric* (Lanham, MD: University Press of America, 1997), 51
10 Douglas, *Thinking in Circles*, 14.
11 또한 다음을 보라. Douglas, *Thinking in Circles*, 7; Wilson, *Divine Symmetries*, 49.

만들어 내는 형태, 그리고 예술가의 손에서 빛을[12] 발하는 형태를 제공한다. 윌슨은 이를 잘 표현했다.

> … 키아스무스의 **미학적** 매력에 주목하라. 그 패턴은 인지된 실체의 순환 질서를 전달한다. … 예술가가 구성에 있어서 시각적 균형을 추구하듯이, 키아스무스는 구전 세계(oral world)에 청각적 균형을 부여한다. 그래서 키아스무스에서 출발점으로 되돌아갈 때, 음악에서 본래 조성(opening key)으로 되돌아갈 때처럼, 해결(resolution)이 귀의 기대를 충족시킨다.[13]

나는 성경 본문을 면밀히 연구하면서 즐거움을 느낀 적이 많다. 성경 저자가 남겨 둔 단서를 수집하고 있다고, 말하자면 그의 흔적을 따라가고 있다고 느꼈고, 그가 의도한 것처럼 보이는 곳에 도착했을 때, 문학적 예술성의 아름다움에 경탄하며 등을 기대어 앉았다. 하지만 그것은 단순한 예술 그 이상이다. 형식은 의미를 전달하는 기능을 하며, 형식을 보지 못하면 저자가 제시하는 진실의 힘을 느낄 수 없다. 성경 본문의 아름다

---

12 James Joyce의 소설을 논평하면서 Stuart Gilbert는 이렇게 썼다: "『율리시스』(*Ulysses*)는 삶에 대한 일관되고 통합적인 해석, 아퀴나스의 정의(definition)에 따른 정적인(static) 아름다움을 이룬다(Joyce에 의해 요약된 것처럼 말이다): *ad pulchritudinem tria requiruntur: integritas, consonantia, claritas.*" 한 각주에서 Gilbert는 독자들에게 이렇게 알려 준다. "*A Portrait of the Artist as a Young Man*, 24쪽[=『젊은 예술가의 초상』, 민음사, 2001]; "미학적 관점을 토마스 아퀴나스의 관점과 일치시킨 Stephen(『젊은 예술가의 초상』의 주인공으로서, 본질적으로 작가 Joyce의 분신이다—편주)은 위의 말을 이렇게 번역했다. '아름다움에는 세 가지가 필요하다. 완전함, 조화, 빛이 그것이다.'" Stuart Gilbert, *James Joyce's Ulysses* (New York: Vintage Books, 1959), 9 n. 1.

13 Wilson, *Divine Symmetries*, 51.

운 키아스무스 구조를 인식하지 못하는 사람들은 진술들이 무계획적이고, 단절되어 있으며, 조직적이지 않고, 반복적인 방식으로 배열되어 있다고 추정하곤 한다.[14] 이러한 판단은 성경 저자들이 전달한 것을 말해 주기보다 독자의 이해 실패에 대해 더욱 많은 것을 말해 준다.

§2 창세기 전체의 키아스무스 구조

우리가 창세기를 하나의 전체적인 문학으로 고려할 때, 암시되어 있던 주제가 드러나기 시작한다. 키아스무스 방식으로 자료를 구성하는 한 가지 방법은 다음과 같다.

    창 1-11장, 창조에서 아브라함까지
        창 12-22장, 아브라함에서 이삭까지: 아브라함의 믿음
            창 23-25장, 사라의 죽음, 이삭의 아내, 아브라함의 죽음
        창 25-36장, 야곱에서 요셉까지: 야곱이 하나님과 씨름함
    창 37-50장, 요셉에서 유다까지: 형제를 용서함, 민족을 축복함, 사자(Lion)

---

14 Douglas(*Thinking in Circles*, 1)는 이렇게 쓴다: "의미를 파악하려는 노력 가운데, 훌륭하고 많은 고대 문서들이 폄하되고 무례하게 훼손됐다. 이 얼마나 부끄러운 일인가! 그리고 얼마나 부실하고도 변변찮은 해석들이 아무 대안 없이 경건한 것으로 받아들여졌는가! 그리고 주석가들은 그들이 인지한 [문서 속] 불일치의 원인을 글쓰기 능력 부족, 또는 심지어는 지능 부족 때문이라고 얼마나 쉽게 비난했는가! 준비되지 않은 독자들을 당황하게 하고 어리둥절하게 만들었던 글들을 올바르게 읽을 때 놀라울 정도로 통제되고 복잡한 구성을 가졌다는 것이 드러난다. 이들이 어떻게 구성됐는지 배우는 일은 계시와도 같으며, 감추어진 보물을 발견했을 때 흥분되는 것과도 같다. 지금은 다시 읽기(rereading)에 공들이기 좋은 순간이다."

이러한 구조에서 나오는 몇 가지 생각은 짝을 이루는 단위에 의해 통제된다. 첫 번째 단위는 문제, 곧 세상을 더럽힌 인간의 죄를 소개하고, 이는 형제(가인/아벨) 간 갈등을 초래하며, 세상을 폭력으로 채운다(창 6:11). 그리고 마지막 부분은 요셉을 해결책—형제들을 용서하고 민족들을 축복하는 여자의 씨—을 가져올 모형으로 제시한다. 두 번째와 마지막에서 두 번째 단위는 각각 아브라함과 야곱을 다루는데, 기꺼이 순종하는 아브라함의 믿음과 하나님과 씨름하는 야곱의 자기중심성을 대조하며, 중요한 점은 두 사람 모두 애굽에서의 탈출을 기대하고 있다는 것이다(본서 제8장의 §1.1과 §1.2을 보라). 창세기 전체의 중심에는 여자의 씨가 죽음을 이길 수 있다는 소망을 보여 주는 세 장이 있다. 23장의 바깥쪽 고리와 25장의 첫 부분에서 우리는 사라와 아브라함의 죽음에 대해 읽게 된다. 죽음을 다루는 이런 내러티브들은 이삭의 아내를 얻기 위해 종을 보내는 이야기를 앞뒤로 감싸고 있다. 여자의 씨의 혈통은 계속될 것이다. 죽음은 희망의 불씨를 꺼뜨리지 못할 것이다.

이러한 하위 단위들은 창세기 전체에서 키아스무스 구조를 창출할 뿐 아니라 그 자체로도 키아스무스 구조를 가지고 있다. 이어지는 논의에서 나는 먼저 창세기 23:1-25:11의 중심부를 둘러싼 네 개의 단위를 다룰 것인데, 이를 창조 키아스무스(1:1-11:26), 아브라함 키아스무스(11:27-22:24), 야곱 키아스무스(25:12-36:43), 요셉 키아스무스(37:1-50:26)라고 부를 것이다. 때로 나는 단위들을 대략적인 장으로 거론할 텐데, 예컨대 아브라함 키아스무스를 다루면서는 12-22장이라고 지칭할 것이다. 이 장의 마지막 부분에서는 창세기 키아스무스 구조의 중심부를 살펴보겠다.

§3 창세기 하위 단위의 키아스무스 구조

각각의 키아스무스 단위를 간략하게 제시하고 논의한 다음, 단위 간의 관계를 검토할 것이다. 다음에 나오는 키아스무스 구조는 창세기 전체를 포괄하며, 해당 단위는 서식으로 표현됐다. 전체를 제시한 후, 각 하위 단위를 차례로 논할 것이다.[15] 서식 표현 체계는 다음과 같다.

> **굵은 글씨체—축복**(1:28)
> 고딕체—여자의 혈통의 씨
> {중괄호}—{죄와 적대감}(3:15)
> [대괄호]—[가족의 갈등과 구원]
> 보통 글씨체—경계 및 중앙의 진술

여기서는 먼저 키아스무스 구조를 살피고, 아래 §4에서 더욱 자세히 다루기 전에, 서식 표현에 대해 몇 가지 의견을 제시하고자 한다.

<표 11.1 창세기의 키아스무스 구조>

> 1:1-2:3, **창조**
>   2:4-4:26, {하늘과 땅의 톨레도트(세대)}
>   5:1-6:8, 아담의 톨레도트
>   6:9-9:29, 노아의 톨레도트
>   10:1-11:9, {노아의 아들들의 톨레도트}

---

15 Mathews, *Genesis 11:27-50:26*, 90, 377, 680에 나오는 것으로부터, 나는 창 11:27-22:24, 25:12-36:43, 37:1-50:26의 키아스무스 구조를 적용했다.

11:10-26, 셈의 톨레도트

    11:27-32, 데라의 족보

        12:1-9, 아브라함의 복: 땅, 씨, 복

            12:10-20, {남매라고 속인 사건(출애굽 미리 보기)}

                13-14장, [롯]

                    15장, 엘리에셀, 믿음, 언약, 출애굽

                    16장, 하갈, 이스마엘

                    17장, 할례, 이삭과의 언약

                18-19장, [롯]

                20:1-18, {남매라고 속인 사건 2}

            21-22장, 이삭의 탄생과 희생 제물, 반복 진술되는 복

    22:20-24, 나홀의 족보

23장, 사라의 죽음

    24장, 이삭의 아내

        25:1-11, 아브라함의 죽음(35:27-29에 나오는 이삭의 죽음을 보라)

25:12-19, 이스마엘과 이삭의 톨레도트(25:12; 25:19)

    25:20-26:5, 리브가의 자녀들, 이삭에게 한 약속

        26:6-35, {이삭이 블레셋 사람들을 속이고 다툼}

            27:1-28:9, [복을 훔치고 밧단아람으로 도피함]

                28:10-22, [벧엘에서의 야곱의 꿈]

                    29:1-30, 라반이 야곱을 속이다

                        29:31-30:24, 야곱의 씨 출생

                            30:25-43, 야곱의 양 떼 출생

                      31장, 야곱이 라반을 속이다

32장, [야곱이 천사를 보고 하나님과 씨름하다]

33장, [야곱이 에서를 축복하고 밧단아람에서 돌아오다]

34장, {야곱의 아들들이 속이고 세겜과 다툼}

35장, **야곱에게 주어진 하나님의 약속, 라헬이 베냐민을 낳고 죽다**

36:1-43, 에서의 톨레도트(2x, 36:1; 36:9)

37:1-11, 요셉의 꿈

37:12-36, 야곱이 요셉의 '죽음'을 애도하다

38:1-30, 유다와 다말

39:1-23, {요셉이 애굽에 팔려 가다}

40-41장, [요셉, 애굽의 구원자]

42-43장, [형제들이 애굽으로 떠나다]

44장, 요셉이 형제들을 시험하다

45장, 요셉이 자신을 드러내다

46:1-27, [가족이 애굽으로 떠나다]

46:28-47:12, [요셉, 가족의 구원자]

47:13-31, {애굽 자체가 요셉에게 팔리다}

48:1-49:27, **요셉과 유다에 대한 축복**

49:28-50:14, 요셉이 야곱의 죽음을 애도함

50:15-26, 요셉의 공급

§3.1 창세기 1:1-11:26

창세기 1:1-11:26의 구조에 대한 위 제안은 ESV에서 "세대"(generations)로 번역된, 창세기 1-11장의 용어인 **톨레도트**(*toledot*)에서 단서를 얻었으며, 이 용어는 이어지는 단위 구조에서도 중요한 역할을 할 것이다.

> 1:1-2:3, **창조**
> 　2:4-4:26, {하늘과 땅의 톨레도트}
> 　　5:1-6:8, 아담의 톨레도트
> 　　　6:9-9:29, 노아의 톨레도트
> 　　10:1-11:9, {노아의 아들들의 톨레도트}
> 　11:10-26, 셈의 **톨레도트**

　처음에 하나님은 존재하게 된 세상에 복 주시고, 특히 인간에게 복을 내려 주신다(창 1:28). 이 단위의 마지막에서 우리는 셈에게서 유래하는 후손들을 보게 된다. 복과 씨에 대한 관심은 창세기의 첫 번째 키아스무스 구조를 감싼다. 이 안에서 우리는 창세기 3장의 타락과 4장의 아벨을 살해한 죄의 시작을 볼 수 있으며, 이는 창세기 10장에 그 기원이 묘사된 뱀의 씨에 대한 적대감과 11:1-9의 건축 프로젝트와 상응한다. 이 키아스무스 구조의 중심에는 아담에게서 유래한 후손들이 나오는데(5:1-6:8), 이는 아담에게 주어진 생육하고 번성하라는 1:28의 명령으로 거슬러 올라가고, 11:10-26에 나오는 셈의 후손들로 이어진다. 또한 중심부에서 홍수 때 노아의 구출을 보게 된다(6:9-9:29). 키아스무스 구조의 중심부는 종종 시작 및 끝과 연결되며, 9:1에 나오는 노아의 복은 1:28의 아담의 복을 떠올리게 하는 한편, 방주에서 구원된 노아의 아들 셈의 족보는 이 단위의 끝에 나온다. 창세기 6장의 시작부에서의 하나님의 아들들과 사람의 딸들 사이의 죄악인 통혼은 창세기의 나머지 부분에서, 키아스무스 구조의 중심부 근처에서 그와 유사한 부적절한 결혼을 예상하게 한다.

§3.2 창세기 11:27-22:24

창세기 11:27-22:24의 키아스무스 구조는 특히 명확하다. 11:27-32에서 데라의 족보로 시작하여, 22:20-24에서 데라의 아들(아브라함의 형제) 나홀의 족보로 끝난다. 창세기의 키아스무스 구조를 이해하면 나홀의 족보가 임의로 삽입된 것이라고 생각하지 않게 된다. 그와는 달리 이는 오히려 핵심적인 구조 표시 역할을 하고, 이어지는 내용에서 중요한 등장인물들을 소개하는 역할을 한다.

11:27-32, 데라의 족보
 12:1-9, **아브라함의 복: 땅, 씨, 복**
  12:10-20, {남매라고 속인 사건(출애굽 미리 보기)}
   13-14장, [롯]
    15장, 엘리에셀, 믿음, 언약, 출애굽
    16장, 하갈, 이스마엘
    17장, 할례, 이삭과의 언약
   18-19장, [롯]
  20:1-18, {남매라고 속인 사건 2}
 21-22장, 이삭의 탄생과 희생 제물, 반복 진술되는 복
22:20-24, 나홀의 족보

한편으로 창세기 12:1에서 하나님이 아브라함을 그의 본토와 친족과 그의 아버지의 집에서 떠나 그가 보여 주실 땅으로 가라는 부르심과, 다른 한편으로 22:1-2에서 하나님이 아브라함을 부르셔서 그가 사랑하는 외아들 이삭을 데리고 그가 말씀하실 모리아의 산들 중 한 곳으로 가라

는 부르심 사이에는 의미 있는 상응 관계가 있다. 이 두 가지 믿음의 큰 시험은 창세기의 아브라함 내러티브 본문을 감싸고, 하나님이 12:2에서 아브라함을 큰 민족으로 만드시겠다는 약속은 마침내 21:1-7에서 이삭이 태어나면서 실현되기 시작한다.

아담의 복(1:28)이 첫 번째 단위의 시작을 알리고, 씨의 혈통에 대한 관심(11:10-26)이 끝을 알리듯이, 여기에서도 마찬가지로, 12:1-3에서 하나님이 아브라함에게 복을 주시고, 21-22장에 씨에 대한 관심이 나타나는데, 아브라함에게 처음에 주어진 복은 22:17-18에서 다시 언급되면서 상당히 자세히 설명된다.

아브라함이 자신을 보호하기 위해 사라를 남매라고 속이는 두 개의 이야기가 있는 이유는 무엇일까? 하나는 창세기 12:10-20에 나오고, 다른 하나는 20:1-18에 나온다. 이는 모세가 문학적 키아스무스 구조를 사용하여 반복되는 사건을 평행하게 배치함으로써 모형론적 관계를 구축하고 있기 때문이다.[16] 이러한 이야기들은 의도적으로 평행하게 배열된 것으로서 저자가 사용하는 의사소통 전략의 일부라고 할 수 있다.

마찬가지로 창세기 13-14장과 18-19장에는 롯과 아브라함을 모두 다루는 두 가지 이야기가 나온다. 첫 번째 이야기에서는 롯과 아브라함이 결별하고(13장), 그 후 아브라함이 롯을 구출한다(14장). 두 번째 이야기에서는 이야기 순서가 뒤바뀌는데, 아브라함이 롯과 소돔을 위해 중재하고(18장), 그 후 롯이 소돔의 멸망 이전에 소돔과 결별한다(19장). 아브라함이 그의 친척 롯을 구출하고 중재하는 방식은 노아가 그의 가족을 구하기 위해 방주를 지은 방식을 떠올리게 하는데, 이는 이전의 키아스무스 구

---

16 참조, 아담이 무엇을 했어야 했는가에 대한 흥미로운 논의는 Morales, *Who Shall Ascend the Mountain of the Lord?*, 180-84에 나온다.

조에서 유사한 지점에 위치하고 있다. 마찬가지로, 다음 키아스무스 구조에서는 야곱과 그의 혈족인 에서 및 라반 사이의 상호 작용이 나오고, 그다음 구조에서는 비슷한 위치에 요셉과 그의 형제들 사이의 상호 작용이 나올 것이다. 모세는 청중이 그런 관계 각각을 서로 관련지어 생각하기를 의도하고 있다.

이 구조 중앙에는 인간의 죄가 하나님의 은혜로 둘러싸여 있다. 아브라함은 창세기 15:2-3에서 엘리에셀이 자신의 상속자가 될 것이라고 생각하지만, 하나님이 15:4-5에서 하늘의 별과 같은 후손을 약속하셨을 때, 아브라함은 이를 믿고 의롭다고 여겨지며, 15:7-21에서는 탈출을 예언하는 언약의 계시를 받는다. 이것은 은혜. 죄는 창세기 16장에 등장한다. 아담이 아내의 목소리를 들었던 것처럼(3:17), 아브라함도 아내의 목소리를 듣고 하갈에게로 들어간다. 아브라함의 아내가 두 배로 늘어나는 일은 야곱 내러티브의 문학 구조 속 동일한 지점에서 반복되지만, 하나님의 자비하심으로 그 뒤에는 17장에서 할례라는 언약의 표징의 은혜의 선물과 사라가 임신할 것이라는 약속이 이어진다.

§3.3 창세기 23:1–25:11

사라와 아브라함의 죽음은 죄가 세상에 들어온 데에서 비롯됐지만(창 3:19, 22; 롬 5:12), 그들이 그 땅에 장사된 것은 무덤 너머에 희망이 있음을 증명해 준다. 마찬가지로 이삭의 삶은 죽은 태가 살아날 수 있음을 보여 주고, 아브라함의 종이 이삭의 아내를 찾으러 가서 얻는 긴 이야기는 여자의 씨의 혈통을 이어 갈 결혼으로 귀착된다.

> 23장, 사라의 죽음
>
> 24장, 이삭의 아내
>
> 25:1-11, 아브라함의 죽음(35:27-29에 나오는 이삭의 죽음을 보라)

죽음의 문제와 생명의 약속은 창세기 속 문학 구조의 중심을 차지하고 있다. 생명의 희망에 대한 현실화는 아기들과 유아들의 입을 통해 들을 수 있는데, 이로써 하나님은 자신의 권능을 세우시고 대적과 복수하는 자를 잠잠하게 하신다(시 8:2). 이 장의 마지막 부분에서 창세기 24장으로 돌아갈 것이다.

§3.4 창세기 25:12-36:43

창세기 11:27에서 시작되는 키아스무스 구조는 "이것은 데라의 세대다" (וְאֵלֶּה תּוֹלְדֹת תֶּרַח)라는 어구로 시작하고 그의 아들 아브라함에 초점을 둔다. 25:12에서 시작하는 구조도 마찬가지로 "이것은 이스마엘의 세대다"(וְאֵלֶּה תֹּלְדֹת יִשְׁמָעֵאל)라는 어구로 시작하고, 곧바로 뒤이어 25:19에서 "이것은 이삭의 세대다"(וְאֵלֶּה תּוֹלְדֹת יִצְחָק)라는 문장이 따라 나온다. 표제는 이삭의 이름으로 되어 있지만 그 중심에는 그의 아들 야곱이 있다. 그 단위의 시작부에 있는 두 개의 **톨레도트**("세대들", 25:12, 19)는 마지막에 있는 두 **톨레도트**와 상응한다. 마지막에는 "이것은 에서의 세대다" (וְאֵלֶּה תֹּלְדוֹת עֵשָׂו)라는 문장이 처음에는 36:1에, 그리고 또다시 36:9에 나온다. 창세기 키아스무스 구조의 마지막 단위인 37:1-50:26도 마찬가지로 "이것은 야곱의 세대다"(אֵלֶּה תֹּלְדוֹת יַעֲקֹב, 창 37:2)로 시작하고, 그러고 나서 초점은 대개 요셉에게 맞춰진다. 우리가 여기서 볼 수 있듯이, 그리고 창세기 1-11장의 경우에서처럼, **톨레도트**에 이어지는 내러티브는 표제에서 명명된 조상의 후손을 다루는 경향이 있다(36:1과 36:9에 나오는 두 개의 에서 **톨레도트**는 이 패턴에서 예외의 경우다).

> 25:12-19, 이스마엘과 이삭의 톨레도트(25:12; 25:19)
> **25:20-26:5, 리브가의 자녀들, 이삭에게 한 약속**
> 26:6-35, {이삭이 블레셋 사람들을 속이고 다툼}
> 27:1-28:9, [복을 훔치고 밧단아람으로 도피함]
> 28:10-22, [벧엘에서의 야곱의 꿈]
> 29:1-30, 라반이 야곱을 속이다
> 29:31-30:24, 야곱의 씨 출생
> 30:25-43, 야곱의 양 떼 출생
> 31장, 야곱이 라반을 속이다
> 32장, [야곱이 천사를 보고 하나님과 씨름하다]
> 33장, [야곱이 에서를 축복하고 밧단아람에서 돌아오다]
> 34장, {야곱의 아들들이 속이고 세겜과 다툼}
> **35장, 야곱에게 주어진 하나님의 약속, 라헬이 베냐민을 낳고 죽다**
> 36:1-43, 에서의 톨레도트(2×, 36:1; 36:9)

바깥을 싸고 있는 **톨레도트**의 틀 안에서 다시 복과 씨에 초점을 맞추며, 25:20-26:5에서 야곱과 에서의 탄생과 야곱이 하나님의 택함을 받았다는 계시는 35장에서 반복되는 아브라함의 약속과 라헬의 죽음을 통한 베냐민의 탄생과 짝을 이룬다. 야곱 내러티브는 35:27-29에서 이삭의 죽음으로 구두점이 찍히고, 창세기 36장에는 에서의 세대가 나오는데, 이삭의 죽음 이야기는 이삭 내러티브의 끝과 야곱 이야기로의 전환을 표시하는 25:8-10의 아브라함의 죽음 이야기와 밀접히 상응한다.

아브라함은 두 번이나 남매라고 속였고(12:10-20; 20:1-18), 26:6-35에서 이삭도 똑같은 일을 행했으며 블레셋 사람들과 다툰다. 그것과 짝을 이루는 34장에서는 디나의 모욕과 세겜의 학살 이야기를 다룬다.

그리고 나서 주로 갈등을 다루는 일련의 고리가 시작된다. 즉, 야곱은 에서의 축복을 훔쳐 밧단아람으로 도망치고(27:1-28:9), 33장에서는 밧단아람에서 돌아온 후 에서가 복을 받도록 촉구한다. 창세기 28:10-22에서 하나님은 벧엘에서 야곱에게 천사들이 계단을 오르락내리락하는 것과 더불어 자신을 나타내시며, 32장에서 야곱은 천사들을 보고 하나님과 씨름하여 이름을 바꾸게 된다. 창세기 29:1-30에서는 라반이 야곱을 속이고, 31장에서는 야곱이 라반을 속인다. 이 구조의 중앙 부분에는 야곱이 생육하고 번성하여 자손(29:31-30:24)과 가축(30:25-43)을 늘려 가는 이야기가 나온다.

나는 이 단위, 곧 창세기 25-36장을 연구하면서 창세기의 키아스무스 구조들 사이의 평행들에 관심을 두었고, 이를 이전 단위인 창세기 12-22장과 비교했다. 서로 다른 서식(굵은 글씨체, 고딕체, {중괄호}, [대괄호])은 각 단위 사이의 유사점을 반영하고 있다. 위에서 언급했듯이, 창세기에는 네 가지의 광각 키아스무스 구조가 있다: 1-11, 12-22, 25-36, 37-50장(중심부인 23-25장은 뒤에서 별도로 다루기에 여기서는 제외됐다—편주). 각각의 경우 가장 바깥쪽 고리는 **굵은 글씨체**(복)와 **고딕체**(씨)로 되어 있다. 안쪽으로 이동하면, 다음 고리는 {중괄호}(적대감/죄)이고, 그 안의 고리는 [대괄호](가족 갈등/구원)이며, 가운데와 가장자리에는 서식이 적용되지 않은 글씨체가 있다.

아브라함 키아스무스(12-22장: 제2단위)와 야곱 키아스무스(25-36장: 제

3단위) 사이의 평행들을 각각의 중앙에서 시작하여 생각해 보자. 제2단위의 중심, 곧 창세기 16장에서 우리는 하갈과 불신앙적인 일부다처제의 죄를 지은 아브라함을 보게 되고, 15장과 17장에서 그가 믿음으로 의롭다고 여겨지며 언약을 받는 것을 발견한다. 제3단위 중심에서 우리는 야곱 역시 일부다처제의 죄를 지었지만, 그럼에도 불구하고 하나님이 그에게 풍성한 자녀와 가축으로 복 주신 것을 보게 된다.

아브라함과 야곱을 다루는 단위들의 중앙에서 각기 창세기 23-25장을 향하는 쪽으로 살펴보자. 이때 나는 18-19장과 27:1-28:22을 [대괄호]로 표시했다. 창세기 18장 초반에 주님이 아브라함에게 자신을 나타내시고, 아브라함이 소돔을 위해 중재하며, 그런 다음 주님은 19장에서 소돔을 멸망시키신다. 창세기 27장에서 야곱은 복을 훔쳐서 그의 가족을 멸망시키고, 그다음 28장에서 하나님이 그에게 자신을 나타내신다. 그 순서가 역전되어 있다.

각각의 단위 중앙에서 창세기 23-25장 쪽으로 계속 살펴보면, 아브라함이 남매라고 속인 두 번째 사건이 창세기 20장에, 이삭이 같은 죄를 지은 것이 창세기 26장에 나오는데, 둘 다 {중괄호}로 되어 있다. 그 후에 창세기 21-22장에서 아브라함에게 씨를 주시겠다는 약속이 이삭의 탄생에서 실현되고, 아브라함은 마지막 시험으로서 이삭을 바치며, 복이 반복 진술되는 것은, 25:20-26:5에서 오래 기다렸던(20년이나!) 야곱과 에서가 탄생하고 이삭에게 아브라함의 복이 반복 진술되는 것과 상응한다. 22:20-24에 나오는 나홀의 족보는 25:12-19에 나오는 이스마엘과 이삭의 **톨레도트**와 대응된다.

또한 우리는 각각의 중앙에서 시작하여, 아브라함 키아스무스의 경우 창세기의 시작 부분으로, 야곱 키아스무스의 경우 창세기의 끝부분으로 향해 살펴보면, 아브라함과 야곱의 키아스무스 사이에서 유사점을 발견할 수 있다. 따라서 창세기 14장에서 동쪽의 왕들에 대해 승리한 아브라함은 32장에서 동쪽에서 집으로 가는 길에 하나님과 씨름한 야곱과 상응하고,[17] 마찬가지로 13장에서 롯과 아브라함이 결별한 것은 33장에서 야곱과 에서의 재회/결별과 상응한다.[18] 창세기 12:10-20이 창세기의 문학 구조상 34장과 마주하고 있음을 알 때, 우리는 이 두 부분의 주제가 서로 밀접히 연관되어 있음을 알 수 있다. 하나님은 12:10-20에서 사라를 해방함으로써 출애굽을 예고하시고, 34장에서 세겜을 멸하도록 두심으로써 정복을 예고하신다(시므온과 레위가 행한 죄악을 조금도 부인하지 않으신다). 창세기 12:1-9에서 아브라함에게 주어진 약속은 35:9-15에서 야곱에게 주어진 동일한 약속과 광각 걸쇠(wide-angle latch) 차원에서 연결된다(참조, 1:28; 17:5, 6).

아브라함 내러티브(창 11:27-22:24)와 야곱 내러티브(25:12-36:43)의 키아스무스 구조는 서로 거꾸로 되어 있다.[19] 창세기 12장에서 아브라함은 동쪽 하란에서 약속의 땅으로 부름을 받았다(11:31; 12:4). 28장에서 야곱은 약속의 땅에서 동쪽 하란으로 보내졌다(28:10). 창세기 22장에서 하나님이 아브라함을 시험하신 반면, 야곱은 자신의 서원으로 하나님을 시험한다(28:20-22). 존 월튼(John Walton)은 이렇게 설명한다. "하나님이 아브

17　창 14:14에 따르면 아브라함은 318명을 가지고 있었다. 32:6에 따르면 에서는 400명을 가지고 있었다.

18　롯은 13:10에서 눈을 들어 올리고, 아브라함은 13:14에서 눈을 들어 올린다. 야곱은 33:1에서 눈을 들어 올리고, 에서는 33:5에서 눈을 들어 올린다. 또한 13:6에서 땅이 롯과 아브라함 둘 모두를 수용할 수 없었던 것과 36:6-7에서 야곱과 에서 둘 모두를 수용할 수 없었던 것을 비교해 보라.

19　Watson(*Classical Hebrew Poetry*, 206)은 이렇게 쓴다: "키아스무스는 또한 기존 상태의 반전을 표현한다. … 키아스무스는 **반제** 또는 대조를 표현할 수 있다."

라함에게 조건을 두고('네 땅을 떠나라' 등등) 약속이 실현되게 하신 것과는 달리, 야곱은 하나님이 야곱의 약속의 '수혜자'가 되시기 전에 하나님에게 조건을 둔다. … 여기서는 모든 것이 거꾸로 흐른다."[20] 그러나 야곱의 여정이 끝나면 그는 집으로 돌아오게 될 것이다. 주님은 그의 허벅지 관절을 치셔서 어긋나게 하셨다(32:25). 뎀스터(Dempster)는 야곱에 대해 이렇게 말했다. "그는 패배함으로써—즉 깨짐으로써—그리고 자기 정체성에 직면함으로써 싸움에서 승리한다. 결과적으로 그는 하나님에게 자신이 누구인지(속이는 자, 발꿈치를 잡는 자인 야곱) 알리고 그의 이름을 이스라엘(하나님의 전사[fighter])로 바꾸었다."[21] 매튜스(Mathews)가 언급한 것처럼, "가나안으로 돌아가는 길에서 야곱은 그의 할아버지 아브라함과 동일한 길을 걷게 될 것이다(12:6-7; 33:18; 35:1)."[22]

§3.5 창세기 37:1-50:26

요셉의 이야기는 요셉의 꿈(37:1-11)으로 시작하여 가족을 위해 공급하는 일(50:15-26)로 끝난다. 그다음 단위에서는 야곱이 요셉의 가장된 죽음을 애도하는데(37:12-36), 이는 뒷부분에서 요셉이 야곱의 실제 죽음을 애도하는 것에 상응한다(49:28-50:14). 놀랍게도 창세기 38장에서 유다와 다말을 통해 집안의 혈통을 다루는 **고딕체** 부분은 창세기 48-49장에서 축복을 다루는 **굵은 글씨체** 부분, 즉 야곱이 요셉과 그의 아들들, 특히 유다를 축복하는 부분과 키아스무스 구조상 대응된다. {중괄호} 부분은 창세기 39장에서 요셉이 애굽에 팔린 이야기로 시작하지만, 창세기 47장에서는 애굽

20　John H. Walton, *The NIV Application Commentary Genesis* (Grand Rapids: Zondervan, 2001), 573-74.
21　Dempster, *Dominion and Dynasty*, 87.
22　Mathews, *Genesis 11:27-50:26*, 439.

이 요셉에게 팔린 것으로 묘사된다. 요셉은 애굽을 구하고(40-41장) 그의 형제들은 그곳으로 이동하며(42장), 그 후 가족은 애굽으로 이주하고(창 46장), 요셉은 그들을 구한다(47장). 이 키아스무스 구조의 중심에서 요셉은 형제들을 시험해 본 후(44장) 그들에게 자신의 정체를 드러낸다(45장).

> 37:1-11, 요셉의 꿈
>   37:12-36, 야곱이 요셉의 '죽음'을 애도하다
>   38:1-30, 유다와 다말
>   39:1-23, {요셉이 애굽에 팔려 가다}
>   40-41장, [요셉, 애굽의 구원자]
>   42-43장, [형제들이 애굽으로 떠나다]
>   44장, 요셉이 형제들을 시험하다
>   45장, 요셉이 자신을 드러내다
>   46:1-27, [가족이 애굽으로 떠나다]
>   46:28-47:12, [요셉, 가족의 구원자]
>   47:13-31, {애굽 자체가 요셉에게 팔리다}
>   48:1-49:27, **요셉과 유다에 대한 축복**
>   49:28-50:14, 요셉이 야곱의 죽음을 애도함
> 50:15-26, 요셉의 공급

위에서 간략히 언급했듯이 키아스무스 구조 내에서, 서로 상응하는 주제는 항상 유사한 방식으로 표시된다.

각각의 키아스무스 구조를 서로 다른 구조 위에 놓으면, 바깥쪽 고리는 항상 복과 씨를 다루고, 그 안에는 죄와 적대감을 다루는 고리가 있으

며, 그 뒤에는 가족 갈등 및/또는 구원을 다루는 고리가 나오면서, 키아스무스 구조의 중심 특징에까지 이어진다. 이런 패턴을 다음과 같이 묘사할 수 있다.

축복
    {죄/적대감}
        [가족 갈등과 구원]
           중심 특징
        [가족 갈등과 구원]
    {죄/적대감}
씨

이제, 모세가 그런 주제들로 형성한 모형론적 연결에 대한 우리의 이해에, 문학 구조가 어떤 영향을 미치는지 살펴보려 한다.

§4 하위 단위의 비교로부터 파생된 주제

이 장의 주장은 모세가 청중으로 하여금 자신의 내러티브 안에 구축한 평행들 사이에서 모형론 패턴을 인지하도록 의도했다는 데 있다. 여기서는 앞서 살핀 세 가지 주제—복과 씨, 죄와 적대감, 가족 갈등과 구원—와 더불어, 각 키아스무스 구조의 중심 요소인, 믿음, 일부다처제, 속임, 계시를 결합한 네 번째 주제를 탐구한다. 이제 독자는 내가 키아스무스 구조를 제시하는 것에 놀라지 않을 것이라 생각한다.

§4.1 복과 씨

　　§4.2 죄와 적대감

　　§4.3 가족 갈등, 중재, 용서

§4.4 믿음, 일부다처제, 속임, 계시

이런 키아스무스 구조를 만들어 냄으로써 모세는 내러티브에 층을 구축하고, 끝이 맞닿게 하며, 중앙에 전환점을 만들고, 그 사이에 오는 단위들을 정렬했다. 이런 식으로 내러티브를 구부리면, 등장인물들과 사건들이 함께 모여 서로 연관되고, 비교·대조될 수 있으며, 유사한 사건들을 더 쉽게 종합하여 하나님의 도(ways)를 배울 수 있다. 이렇게 볼 때 어떤 특징들은 한데 모이게 되고 어떤 특징들은 서로 멀리 밀려나면서, 미묘한 차이임에도 불구하고 더 큰 의미를 산출하게 된다.

§4.1 복과 씨

앞서 언급했듯이, 창세기의 키아스무스 구조의 바깥쪽 고리, 즉 단위들 사이의 이음매 부분은 선택된 씨(고딕체)에 대한 하나님의 복(굵은 글씨체)을 전한다. 자신의 기쁘신 뜻에 따라 하나님은 사람을 자기 형상대로 만들고 복 주시며, 생육하고 번성하라고 명령하셨다(1:28). 심지어 사람이 죄를 범했을 때에도 하나님은 여자의 씨가 승리하게 될 것이라고 약속하셨다(3:15). 창조 키아스무스(1-11장)에서는 혈통에 대한 관심이 중앙 지점을 차지하고 또 끝마무리된다(5장과 11장의 족보). 하나님은 약속의 씨를 통해 세상을 구원하고 복 주실 것이다.

창세기 11:27-22:24인 아브라함 키아스무스에서, 족보는 시작(12:1-9)과 끝(22:17-18)에 있는 아브라함의 복을 감싸고 있다. 이 단위의 주요 관심은 씨를 낳을 것이라는 하나님의 약속을 받은 사람들의 생식 능력이 죽음에서 부활할 필요가 있다는 사실이다. 하나님은 아브라함과 사라에게 이삭의 복을 주심으로써 그렇게 하셨는데, 이삭은 21장에서 기적적으로 죽음에서 출생한 후에, 22장에서 주어진 대신할 것을 통해 죽음으로부터 다시 살게 됐다. 죽음 이야기는 이삭의 아내를 찾는 이야기를 감싸고 있다. 창세기 23장에서 사라가 죽고, 그다음 25장에서 아브라함이 죽는데, 그 전에 24장에서 아브라함이 이삭의 아내를 찾기 위해 종을 보내는 이야기가 나온다.

다시 한번, 세 번째 구조(정중앙에 있는 단위는 셈하지 않는다—역주)인 25:12-36:43에서 족보(25:12-19; 36:1-43)가 출생과 복 주제를 감싸고 있다. 내러티브에서 이를 다른 구조와 겹쳐 보았을 때 리브가의 불임(25:21)과 사라의 불임(11:30)이 동일한 내러티브 위치, 즉 둘 모두 단위의 시작 부분에 있는 족보의 요약 다음에 나오며,[23] 이삭과 리브가가 자녀의 복을 받기를 20년 동안 기다린 것(25:20, 26)은 아브라함과 사라가 이삭을 위해 25년 동안 기다린 것과 매우 유사하다(12:4; 21:5). 모세는 이런 점들에 대해 자세히 설명하지 않지만, 문학 구조상 저 언급들의 위치는 그 의미를 드러낸다. 단위의 시작 부분이 출생 이야기(25:21-26)를 다룰 때, 복 역시도 다룬다. 곧, 어린 자가 택함을 받은 자로 간주되고(25:23), 이삭에게는 하나님이 아브라함에게 맹세하신 바를 이루겠다 약속하신다(26:3; 참조, 26:1-5). 이 구조의 마지막에 나오는 복과 씨에 대한 관심은 하나님이 야곱에게 하신 약속을 확증할 때(35:9-15), 그리고 라헬이 베냐민을 낳다가 고통스러운 출산 과정(참조, 3:16) 가운데 죽을 때(35:17-18) 드러난다.

23　창 11:27-29에 나오는 족보의 요약, 11:30에 나오는 사라의 불임. 창 25:12-19에 나오는 족보의 요약, 25:21에 나오는 리브가의 불임.

마지막 구조(창 37:1-50:26)에서는 나이 든 이스라엘/야곱의 아들 요셉(37:3)과 이전에 나이 든 아브라함의 아들로 불렸던 이삭(21:2, 7)을 연관지으면서 시작한다.[24] 요셉이 노예로 팔린 후, 이야기는 창세기 38장에 나오는 유다와 다말의 이야기로 넘어간다. 우리는 창세기 마지막에서 요셉의 아들들에게 축복이 선포되지만(48:15-20) 유다의 씨는 더더욱 큰 축복을 받게 된다는 사실을 알게 될 것이다(49:8-12; 참조, 대상 5:1-2).

모세는 창세기에서 키아스무스 구조를 사용하여 복을 받는 인물들과 그들의 혈통이 계속되는 기적적이고 놀라운 방식 모두를 배열한다. 사라, 리브가, 라헬은 모두 불임이라고 불렸는데, 창조하시고 구원하시는 하나님의 변함없는 사랑만이 사라의 죽은 태에서 이삭을 살려 내고, 원한이 들끓는 야곱의 집안에서 가족의 화합을 이루어 내며, 다말을 종교 제의 매춘부(cult prostitute)로 삼은 유다에게서 약속의 씨를 낼 수 있었다.

§4.2 죄와 적대감

창세기 전반에 걸쳐 죄와 적대감이 등장하지만, 이 책의 모형론적이고 키아스무스적인 구조는 죄와 적대감 사이에 중요한 차이를 드러낸다. 나의 요지는 죄와 적대감이 서로 다른 범법 범주에 대한 전문 용어라는 말이 아니라 모세가 청중에게 보여 주는바, 온갖 죄에도 불구하고[25] 여자의 씨는 회개하고 용서와 의로움을 찾는 반면, 뱀의 씨는 주님과 그의 기름 부음 받은 자를 대적한다는 것이다(참조, 시 2:1-3). 하나님의 약속을 믿고 그를 기쁘시게 하려고 노력하지만, 무지, 연약함, 고집 때문에 죄에 빠지

---

24 창세기에서 유일하게 그렇게 묘사된 또 다른 인물은 44:20에 나오는 베냐민이다.
25 이 논의를 위해서는 James M. Hamilton Jr., "Original Sin in Biblical Theology," in *Adam, the Fall, and Original Sin: Theological, Biblical, and Scientific Perspectives*, ed. Hans Madueme and Michael Reeves (Grand Rapids: Baker, 2014), 189–208을 보라.

는 것(참조, 히 5:2)과 하나님의 금지와 명령을 거부하고 그의 백성을 대적하는 것은 전혀 다르다.[26] 모든 인간은 죄를 범하고, 하나님은 여자의 씨와 뱀의 씨 사이에 적대감을 두셨지만(창 3:15), 하나님의 백성은 자신이 할 수 있는 한 모든 사람과 평화롭게 살기를 노력한다(참조, 롬 12:18).

창세기 내러티브 속 서로 상응하는 키아스무스 단위에서 안쪽을 향하는 다음 고리는 죄와 적대감({중괄호}로 표시된 진술)을 다룬다. 창조 키아스무스에서 남자와 여자는 동산에서 범죄하고(3:1-7), 적대감이 소개되는데(3:15), 이는 즉각 아벨 살인으로 나타난다(4:8). 우리는 라멕의 자랑(4:23-24)에서 적대감과 관련해 무엇을 예상할 수 있는지, 그 단서를 얻게 되는데, 이는 니므롯의 능력, 바벨과 시날을 세운 것(10:8-11), 오만한 탑(11:1-9) 이야기에서 드러난다.

아브라함과 야곱의 키아스무스에서 죄와 적대감은 아브라함과 이삭이 만났던 남자들의 잔인함에서 나타난다. 그들의 무정한 비인간 됨은 세겜이 디나를 납치하여 동침할 때(34:2), 즉 이 구조의 네 번째 고리(아브라함과 야곱의 키아스무스 구조에서 '죄와 적대감'의 네 번째 {중괄호}를 가리킨다—편주)에서만 명료하게 드러난다. 이어지는 내러티브에서 세겜과 그의 아버지는 결혼을 흥정하려 하지만 그들이 행한 폭력에 대해 사과하거나 어떤 식으로든 뉘우친다는 태도를 결코 내보이지 않는다(34:3-12). 그런 행동이 가능했고, 족장들이 그런 행동이 용인되는 문화 속에서 활동했다는 사실이 그들이 처음 세 개의 고리 부분에서 행했던, 아내를 '자매라고 속인 일'을 촉발한 것 같다. 아브라함은 두 번이나 사라를 자신의 자매라고 속였고(12:10-20; 20:1-18), 이삭은 그 거짓말을 반복했다(26:6-11). 족

---

[26] "가나안은 저주를 받는다"(창 9:25); "너를 모욕하는 자를 내가 저주할 것이다"(12:3); "너를 저주하는 모든 이는 저주를 받을 것이다"(27:29).

장들은 죄를 범했고, 그 내러티브는 저들의 실패에 대해 변명하지 않는다. 그러나 그런 문화 속 탐욕스러운 남자들에 대한 적대감(34장)은 족장들이 그들의 아내를 보호하지 못했다는 맥락 위에 있다. 모세는 이 삽화들을 복과 씨를 다루는 바깥쪽 고리 바로 안쪽에 배치함으로써 청중으로 하여금 자매라고 속인 사건과 디나 성폭행 사건을 연결하여, 서로를 비추어 읽을 수 있도록 촉구한다.

이 고리들을 서로 비추어 숙고할 때 창세기의 청중은 여자의 씨와 뱀의 씨 사이의 적대감, 뱀의 씨가 행할 수 있는 잔인함, 거짓말을 한 아브라함과 이삭의 죄악된 비겁함을 보게 된다. 34장에 나오는 디나 빔행 때와 같이, 그들의 아내들은 실제로 위험 가운데 처해 있었지만, 모세는 청중에게 위험한 상황이 범죄를 허용하는 것은 아님을 가르친다. 추후의 성경 내러티브, 룻기에서 보아스는 여성들(룻과 나오미)의 신원에 대한 거짓말과 관계없이 자신의 보호 아래서 그들의 안전을 보장하는 모습을 보여 주고(룻 2:8-9), 그러한 보아스의 적극적인 보호는 "내가 그라고 너희에게 말했으니, 너희가 나를 찾는다면 이 사람들은 가게 하라"(요 18:8, ESV)라는 말로 자신의 백성과 위협하는 자들 사이에 선 사람에게서 실현될 것이다. 유다는 베냐민 대신 자신을 내바칠 때 자신의 혈통에서 나올 사람을 전조한다(창 43:8-9; 44:18-34; 특히 44:33).

요셉 키아스무스에서 요셉은 애굽에 팔려 갔음에도 불구하고, 유혹에 저항하는데(39:6-12), 처음에는 상황이 악화되면서 감옥에 갇히게 된다(39:13-20). 그러나 그의 신실함과 하나님의 복으로(39:21-23) 요셉은 결국 자유롭게 되고(41:14), 높여지며(41:38-46), 모든 상황은 역전된다. 즉, 애굽 전체는, 애굽에 팔려 온 자의 손에 팔리면서, "당신은 우리의 목숨을 구하셨습니다"라고 말하기에 이른다(47:25; 참조, 47:13-31). 이는 의심의 여지 없이 "자기를 비워 종의 형체를 가지셨고"(빌 2:7, ESV), 유혹에 신실하게 저항하고 죽음에 이르기까지 고난의 여정을 완수하신 분(2:8)이 높여지고 "모든 이름 위에 뛰어난 이름"(2:9)을 받으시며, 그래서 모든 사람이 그에게 절하고 그를 주님으로 시인하게 될 일을 내다보고 있다(2:10-11; 참조, 창 42:6).

§4.3 가족 갈등, 중재, 용서

창세기의 네 가지 주요 키아스무스 단위(창 1-11장, 12-22장, 25-36장, 37-50장)에서는 항상, 다음과 같은 현상이 동일하게 나타난다. 즉, 복과 씨를 다루는 바깥쪽 고리 바로 안쪽에 죄와 적대감을 다루는 고리가 나오고, 그 안쪽에는 가족 갈등과 구원을 보여 주는 고리가 있다. 항상 그렇다. 이는 의도된 것이 아니라고 할 수 없다.

창조 키아스무스의 중심은, 아브라함과 야곱 내러티브의 중앙부를 예상하게 하면서, 하나님의 아들들이 사람의 딸들을 아내로 취한, 결혼의 왜곡(6:1-4)을 동반한 가족 갈등이 나온다. 아브라함과 야곱은 각기 다른 방식으로 하나님의 결혼 설계에서 벗어나서, 한 명 이상의 아내를 취한다. 모세는 이렇게 탈선한 결혼을 자신의 내러티브 구조에 맞게 배치하여 각각 비판한다. 창조 키아스무스에서 가족의 구원은 창세기 5장의 혈통 및 노아와 그의 가족이 방주 안에서 구원받는 것에 초점을 두고 있다.

아브라함 키아스무스의 대응되는 고리에서, 먼저 창세기 13장에서는 가족 갈등이 롯과 아브라함의 결별을 초래하고, 그다음에 14장에서 아브라함은 롯을 포로에서 구출해 낸다. 이 고리의 반대편에서, 곧 창세기 18장에서 아브라함이 롯과 소돔을 위해 중재하고, 그다음 19장에서 하나님은 롯을 소돔의 멸망에서 구출함으로써 그 기도에 응답한다. 비극적이게도, 홍수 후에 노아는 술에 취해 죄를 범했는데, 그의 벌거벗은 몸이 부끄럽게 드러났고, 그의 아들 함에게 수치를 당했다(9:20-29). 롯은 그의 딸들에 의해 자행된 죄악적인 술 취함, 벌거벗음, 모욕스러운 부끄러움을 경험했다(19:30-38). 홍수 심판의 여파와 소돔 멸망의 여파, 노아와 롯이 모두 술에 취해 자식들에게 부끄러움을 당하는 것 사이의 평행은 이 고리들 사이의 연결을 강화한다.

야곱 키아스무스의 이 지점에서, 이삭의 작은 아들은 어머니의 도움을 받아 에서의 축복을 훔침으로써 가족을 와해하고, 그 결과 20년간 결별하게 된다(27-28장). 리브가는 가족 해체에 역할을 하고, 야곱을 내보낼 때 마지막으로 등장한 후(28:5), 이삭과 함께 묻혔다는 언급이 나올 때까지(49:31) 내러티브 안에 다시는 나오지 않는다. 마치 상처에 소금을 뿌리고 내러티브에서 그녀가 사라진 것에 주의를 끌려는 듯이, 리브가의 유모의 죽음이 언급되지만(35:8), 리브가의 죽음 장면은 나오지 않는다. 이 고리의 반대편에서 우리는 야곱이 에서로 하여금 축복을 받게 하고자 그 땅으로 돌아가는 것을 발견한다(32-33장; 특히 33:11).

창세기에서 가족 갈등과 구원을 보여 주는 절정의 사례는 요셉 키아스무스에 나온다. 이는 바로 요셉이 애굽을 구하는 과정에서(40-41장) 그의 형제들이 그 앞에 나타났을 때다(42-43장). 이 고리의 반대편에서 가족은 애굽으로 이동하고(46:1-27), 요셉이 그들을 위해 중재하며 그들의 구원자가 됐음을 증명해 낸다(46:28-47:12).

모세가 창세기에서 키아스무스 구조를 통해 배치한 가족 갈등에는 결혼의 왜곡과 탈선, 아버지에 대한 모욕, 형제 간의 갈등, 속임 등이 포함되며, 이 모든 것에는 고통스런 결별이 동반된다. 하지만 모세는 또한 이러한 키아스무스 구조를 통해 가족의 구원 이야기를 배치하는데, 여기에는 다음의 것들이 포함된다: 하나님의 심판 경고를 믿고 가족의 구원을 위해 방주를 만드는 사람, 친족을 포로에서 구출하기 위해 모든 것을 걸고 위험한 구조 임무에 참여하며, 나중에는 그 친족의 생명을 위해 중재하고 거룩하신 분의 자비를 구한 사람, 훔친 것을 돌려주고자 소원해진 형제에게 돌아갈 때 하나님에 의해 장애를 얻게 된 사람, 아버지가 사랑하는 아들을 대신하여 자신을 바친 형제, 구덩이에서 꺼내어져 노예로 팔려 가 뉘우치는 형제들을 용서한 사람. 이 모든 것을 실현하실 분이 일어나셔서, 성경이 "나에 대하여 증거한다"(요 5:39)라고, 그리고 "너희가 모세를 믿었더라면 나를 믿었을 것이다. 이는 그가 나에 대하여 기록했기 때문이다"(5:46, ESV)라고 주장할 것이다.

§4.4 믿음, 일부다처제, 속임, 계시

상황이 절망적일수록 희망을 기대하는 일은 더욱 놀랍다. 죄가 심각할수록 용서와 정화는 더욱 기적과 같다. 범죄자가 합당하지 않을수록 자비로운 구원에 대한 찬양은 더욱 깊어진다. 창세기에는 죄가 나온다. 하지만 또한 구원도 나온다.

앞서 언급했듯이, 창조 키아스무스의 중앙에 있는 6:1-4의 결혼의 죄는 아브라함과 야곱 키아스무스 중앙에 있는 결혼의 죄를 예상하게 한다. 아브라함은 하갈을 두 번째 아내로 취하고(16장) 이에 사라가 불만을 품은 일은 야곱과 그의 두 아내인 라헬과 레아 사이의 가족 불화와 다툼으로 반복된다(29:31-30:24). 그러나 이 키아스무스 구조의 중심에 결혼의 죄와 일부다처제만 있는 것은 아니다. 아브라함의 경우 그는 주님을 믿었고 그로 인해 의롭다고 여겨졌으며(15:6), 하나님은 그에게 출애굽과 언약과 할례에 대한 계시를 주셨다(15, 17장). 야곱 키아스무스에서 주님은 야곱의 죄와 어려운 상황에도 불구하고 그를 생육하고 번성—씨와 가축으로—하게 하셨다(29:31-30:43). 모든 부모는 죄인이지만, 아기들은 싱그러운 아침의 자비와 같이 새롭고 충만한 약속을 품고 세상에 나온다. 이 아기들은 유다처럼 자라나서, 자신의 형제를 노예로 팔고(37:26-28) 창녀를 이용할 수도 있겠지만(38:15-18), 하나님은 자신의 의를 나타내시고(38:26) 그리스도 같은 자기 희생을 보여 주실 수 있다(43:8-9; 44:33). 더욱이 배신당하여 팔려 간 억울한 형제는 주권자의 자리에 올라 하나님의 목적을 이해하고(45:5, 8), 형제들을 불러 가까이 오게 하며(45:4), 그들의 격정과 불안을 누그러뜨리고(45:5), 입 맞춤으로 용서하며(45:15a), 그에게 편안하게 말할 수 없었던 사람들(37:4)과 대화를 통해 교제할 수 있다(45:15b).[27]

이 족장들의 온갖 죄에도 불구하고 하나님은 아브라함에게 했던 약속에 충실하셨다. 요셉 키아스무스에서 우리는 창세기의 모든 형제 갈등에 대한 위대한 해결책을 볼 수 있다. 유다가 나서서 베냐민의 생명을 대신하여 자신의 생명을 바치고(44:18-34), 요셉은 형들에게 자신을 드러내며 그들을 용서하는 것이다(45:1-15). 유다의 자기희생적 사랑(44장)과 요셉의 용서(45장)는 창세기의 마지막 키아스무스 구조의 중앙에 위치한다.

모세는 "살려 두기 위해"라는 어구를 통해 키아스무스의 마지막 부분에 있는 가족 구원을 키아스무스의 시작하는 부분에 있는 가족 구원과 연결했다. 창조 키아스무스 구조의 중심에 있는 가족 구원에는 주님이 노아에게 동물들을 방주로 데려오라고 지시하신 것이 포함된다.

---

27 나는 이 내러티브의 이런 특징을 주목하게 해 준 Sam Emadi에게 감사의 마음을 전한다.

- 6:19, "그들을 너와 함께 살려 두기 위해(לְהַחֲיֹת)"
- 6:20, "그들을 살려 두기 위해(לְהַחֲיוֹת)"
- 7:3, "그들의 자손을 살려 두기 위해(לְחַיּוֹת)"

요셉도 마찬가지로 그의 형제들에게 주님이 그를 애굽으로 보내신 이유를 설명한다.

- 45:7, "당신들, 많은 생존자를 살리기 위해(וּלְהַחֲיוֹת)"
- 50:20, "많은 사람들을 살리기 위해(לְהַחֲיֹת)"

창세기에서 "살다"는 뜻의 동사, חָיָה에 접두사 **라메드**(לְ)가 붙은 부정사 연계형의 또 다른 유일한 사례는 19:19에 나오는데, 거기서 롯은 "당신이 큰 은혜를 내게 베푸셔서 내 생명을 구하셨습니다(לְהַחֲיֹת)"라고 말한다. 이는 홍수 내러티브와 소돔 내러티브 사이의 많은 연결 고리 중 하나다. 모세는 여기서 하나님이 구원하실 때 노아와 요셉과 같은 사람들을 통해 생존자들을 살려 두심을 알려 주고 있다. 이들은 더더욱 큰 구원을 가져올 더더욱 위대한 구원자를 모형화한다.

§5 키아스무스 구조와 모형론 구조

나이 든 아버지의 죽음에 대한 내레이션(창 25:1-11) 직전에, 모세는 이삭의 아내를 찾기 위해 종을 보내는 이야기를 창세기 내러티브 구조의 중심 전환점에 놓는다. 본서 서두에서 우리는 모세가 창세기 24장에서 패턴을 시작하는 것을 보여 주는 미시 차원의 지표를 확인했다. 여기서 우리는 그 동일한 것에 대한 거시 차원의 지표를 다룬다. 모세가 창세기 24장에서 창세기 내러티브를 어떻게 엮어 짜는지에 대해 고려한 후 그 장의 구조로 넘어가려 한다.

우리는 창세기 11:27-22:24에서 아브라함 이야기가 어떻게 키아스무스 구조를 형성하는지 보았다. 모세는 24장의 끝부분에서 아브라함 키아스무스 시작부의 어구를 인용하기 전에 먼저 이를 시작 부분에서 인용한다. 모세는 24:1에서 12:1-3의 아브라함의 복을 언급한 후, 24:7에서 12:1을 인유하고(alluding), 12:7을 인용한다(아래 ESV에서 굵은 글씨체는 저자의 강조다).

창세기 12장	창세기 24장
12:1, 주님이 아브람에게 말씀하셨다. "너는 너의 고향과 **친족**과 너의 **아버지의 집**을 떠나 내가 네게 보여 줄 **땅**으로 가라."	24:7a, 주님, 하늘의 하나님이 나를 내 **아버지의 집**과 내 **친족**의 **땅**에서 떠나게 하셨다. …
12:2, 그리고 내가 너로 큰 민족을 이루고 **내가 네게 복을 주어** 네 이름을 크게 하여, 너는 복이 될 것이다.	24:1, 아브라함이 나이가 많아 늙었다. 그리고 **주님이 모든 것으로 아브라함에게 복을 주셨다.**
12:7, 그때 주님이 아브람에게 나타나 말씀하셨다. "**네 자손에게 내가 이 땅을 줄 것이다.**" 그래서 그는 그에게 나타나신 주님에게 그곳에서 제단을 쌓았다.	24:7b, 그리고 내게 말씀하시며 내게 맹세하셨다. "**네 자손에게 내가 이 땅을 줄 것이다.**" 그가 그 사자를 너보다 앞서 보내실 것이며, 네가 거기서 내 아들을 위하여 아내를 택할 것이다.

모세는 24장 중간쯤인 24:35에서 다시 아브라함의 복을 언급한다. "주님이 나의 주인을 크게 복 주셨고, 그는 크게 됐습니다"(ESV; 참조, 특

제11장 약속으로 형성된 패턴의 결론   **545**

히 12:2). 창세기 24장을 시작하면서 아브라함 키아스무스의 시작 부분을 인용하듯이, 24장 끝에서는 아브라함 키아스무스의 마지막 부분을 인용한다. 즉, 24:60에서 리브가에게 주어진 말로서 22:17을 인용한다(아래 ESV에서 굵은 글씨체는 저자의 강조다).

창세기 22장	창세기 24장
22:17-18, 내가 반드시 **네 자손을 번성하게 하여** 하늘의 별과 같고 바닷가의 모래와 같게 할 것이다.	24:60, 그리고 그들이 리브가를 축복하며 말했다. "우리 누이여, **네가 천만인의 어머니가 되기를 바라며,**
그리고 **네 자손이 그 대적의 성문을 얻을 것이다.** 그리고 또 네 씨로 말미암아 천하 만민이 복을 받을 것인데, 이는 네가 나의 말에 순종했기 때문이다.	**네 자손이 그를 싫어하는 사람들의 성문을 얻기를 바란다!**"

모세는 창세기 24장의 시작과 끝에 아브라함 키아스무스의 시작 부분과 끝부분을 인용함으로써 그 장을 닫고 연다. 곧, 24장에서 모세는 핵심 약속을 이삭에게 연결하여 아브라함 이야기를 마무리하면서, 리브가와의 결혼을 통해 대가 이어질 것을 알린다. 그리고 그는 아브라함의 복이 그 혈통의 씨에게 어떻게 전달되는지 자세히 설명하는 다음 단위를 연다. 아브라함의 복에 대한 인유와 인용은 창세기 24장 전반에 걸쳐 키아스무스식으로 배치된다.

창 24:1, 야훼는 모든 것으로 아브라함에게 복 주셨다.
창 24:7, 네 씨에게 내가 이 땅을 줄 것이다.
창 24:35, 야훼는 아브라함에게 큰 복을 주시고 위대하게 만드셨다.
창 24:60, 네 씨가 그의 대적의 문을 얻게 되기를 바란다.

창세기 24장은 아브라함의 복을 되돌아보면서, 야곱과 요셉 키아스무스를 바라본다. 아브라함의 종이 리브가를 만난 기사와 야곱이 라헬을 만난 기사 사이에는 놀라운 유사점이 있다. 종이 우물에 도착했을 때 (24:11) 주님에게 기도한다(24:12-14). 그리고 우리는 창세기 24:15에서 "말을 마치기도 전에, 리브가가 물동이를 어깨에 메고 나오니 그는 아브라함의 동생 나홀의 아내 밀가의 아들 브두엘의 소생이다"(ESV)라는 묘사를 읽게 된다. 이와 비슷하게 야곱이 우물에 도착했을 때(29:2) 그는 목동들과 대화를 나누었으며(29:4-8), 우리는 창세기 29:9-10에서 "야곱이 그들과 말하는 동안, 라헬이 그의 아버지의 양과 함께 왔다. 이는 그녀가 양을 치는 자였기 때문이다. 야곱이 그의 외삼촌 라반의 딸 라헬과 그의 외삼촌의 양을 보자마자 …"(ESV)라는 묘사를 보게 된다.

두 이야기 모두 리브가와 라헬의 아름다움에 대해서도 말하고(창 24:16; 29:17), 이런 특징은 또한 이삭과 야곱의 이야기를 아브라함의 이야기와 연결 짓는데, 아브라함도 마찬가지로 아름다운 아내를 두었기 때문이다(12:11).[28] 창세기 24장에서 리브가가 종에게 했던 대답은 29장에서 라헬이 야곱에게 했던 대답과 유사하다. 그리고 두 여인 모두 집으로 달려갔다. 두 경우 모두 라반(리브가의 오빠, 라헬의 아버지)이 달려 나와 먼저는 종을, 그다음에는 야곱을 집으로 데려온다. 두 이야기 모두에서 라반

---

28 아브라함과 사라가 이삭을 기다린 25년(창 12:4; 21:5), 이삭과 리브가가 야곱과 에서를 기다린 20년(25:20, 26), 야곱이 라반을 섬긴 20년(31:38, 41), 요셉이 노예로 팔리고 형제들에게 자신을 드러낸 22년(37:2; 41:46, 53-54; 45:6)도 비교해 보라. 마찬가지로 야곱은 레아를 위해 라반을 7년 섬기고, 라헬을 위해 또 7년을 섬겼다(29:18, 27). 이는 마치 요셉이 7년간의 풍년을 예언한 다음, 7년간의 흉년이 뒤따를 것이라고 예언한 것과 같다(41:26-30). 라반은 이를 점/예지(divination)로 깨달았다고 주장한다(30:27). 요셉은 이를 하나의 책략으로서 계시적인 것으로 주장한다(44:5, 15).

이 질문을 던지는 장면이 나온다(다음 표의 번역은 ESV를 따랐다).

창세기 24장	창세기 29장
24:28-31, 그때 그 소녀가 달려가서 이 일들을 어머니 집에 알렸다. 리브가에게 오빠가 있었는데, 그의 이름은 라반이었다. 라반이 우물로 달려가 그 사람에게 이르렀다. 그의 누이의 코걸이와 팔찌를 보고, 또 "그 사람이 자기에게 이같이 말했다"라는 리브가의 말을 듣자마자, 그가 그 사람에게로 다가갔다. 그리고 그가 우물가 낙타 곁에 서 있었다. 그가 말했다. "주님의 복을 받은 자여, 들어오시지요. 어찌하여 밖에 서 있습니까? …"	29:12-15, 그리고 라헬이 달려가서 그 아버지에게 알렸다. 라반이 그의 생질 야곱의 소식을 듣고 달려와서 그를 만나고 안고 입 맞추며 자기 집으로 인도하여 들였다. 야곱이 이 모든 일들을 라반에게 말하자, 라반이 그에게 말했다. "너는 참으로 내 혈육이다!" 그리고 야곱이 한 달 동안 그와 함께 거했다. 그때 라반이 야곱에게 말했다. "네가 비록 내 생질이지만 어떻게 아무것도 없이 내 일을 하겠는가? 네 임금을 어떻게 할지 내게 말하라."

이러한 평행들은 먼저는 이삭에게, 그다음 야곱에게 약속의 씨의 혈통을 이어 가기 위해 아내가 필요하다는 구조적 중심성에서 비롯한다. 이 구조적 중심성은 또한 모형론적 발전, 즉 사료적 대응 차원에서의 반복을 강조하여, 청중이 더 많은 것을 기대할 수 있음을 암시한다.

창세기 24장에서 종의 임무는 또한 주님이 요셉의 모든 일에서 그를 "형통하게" 하실 방식을 내다보고 있다(39:2, 3, 23). 본문에서는 야훼가 종의 길을 "형통하게" 하셨다고 네 차례 말하고, 종은 야훼가 그를 "그 길"로 "인도"하셨다고 두 차례 말한다. 동사 "형통하다"(צָלַח)는 창세기 24장과 39장(24:21, 40, 42, 56; 39:2, 3, 23)에만 나타나기 때문에 아브라함의 종과 요셉 사이에 강력한 연관성을 형성한다. "형통하다"와 "길"이라는 단어는 시편 1편에서도 두드러지게 나타나며, 창세기 24장 전반에 걸쳐서는 키아스무스 방식으로 배열되어 있다.

> 창 24:21, 야훼가 그의 길을 형통하게 하셨는지 아닌지 알도록 …
> 　창 24:27, 야훼가 나를 그 길로 인도하셨다.
> 　　창 24:40, 야훼가 … 당신의 길을 형통하게 하실 것이다.
> 　　창 24:42, 오 야훼여, 만일 당신이 … 나의 길을 형통하게 하신다면
> 　창 24:48, 나를 그 길로 인도하신 이가 …
> 창 24:56, 야훼가 나의 길을 형통하게 하셨다!

　창세기 24장에서 이삭의 아내를 찾기 위해 보내진 종은 이스라엘이 애굽으로 내려갈 길을 예비하도록 보내진 종 요셉(시 105:17)과 같이 형통할 것인데, 먼저는 보디발의 집에서(창 39:2, 3), 그러고 나서는 감옥에서(39:23) 형통할 것이다. 이것이 여호수아가 성경을 묵상할 때 얻게 되는 형통의 종류이며(수 1:8), 시편 1:3이 말하는 형통의 종류다—주야로 토라를 묵상하는 복된 사람이 누리는 형통(1:2), "의로운 자들의 모임"(1:5)을 야훼가 알고 있는 "길"(1:6)로 인도하는 형통 말이다.

　창세기 24장의 패턴은 복 있는 사람, 곧 그리스도 안에서 완전한 공명이 드러날 때까지 성경 두루마리 가운데서 울려 퍼질 것이다. 그는 행하는 모든 일이 "형통"하다고 참으로 말할 수 있는 분이며, 야훼에게 알려진 "길"에서 결코 벗어나지 않으셨고, 신부를 찾으러 보내진 종의 역할을 맡은 사랑하는 아들이시다. 성경의 문학 구조를 통한 모형론의 발전은 우리의 주의를 패턴으로 인도하고 그 아름다움을 구축한다.

　창세기 24장 자체에서 모세는 서로 상응하는 문학 구조를 제시하는

데, 거기서 종은 아브라함이 요구한 맹세를 하고 하나님의 도움을 구하며 그 도움을 받은 후, 경배로 응답한다. 24장 전반부에서 그런 사건 순서를 경험한 종은, 후반부에서도 바로 그 사건을 동일한 순서로 재진술한다. 이는 그 장 내에서 반복되는 패턴을 만들어 내는데, 24:1에서 아브라함의 복이 선행되어 나타나고 24:59-67에서 이삭, 리브가, 그리고 그들의 씨를 위한 복으로 끝나는, 두 겹으로 된 키아스무스 구조다.[29] 창세기 24장의 문학 구조는 〈표 11.2〉에 묘사되어 있으며, 다음과 같은 서식이 적용됐다.

> **고딕체**는 단위의 주요 요약에 사용된다.
> **굵은 글씨체**는 아브라함의 복을 나타낸다.
> {중괄호}는 야훼가 종을 진리의 길로 인도함을 가리킨다.
> **굵은 고딕체**는 아브라함의 종에 대한 주요 언급을 표시한다.
> {**굵은 중괄호**}는 종이 경배하며 몸을 숙이는 것을 나타낸다.
> [고딕 대괄호]는 야훼가 길을 형통하게 함을 표시한다.
> {고딕 중괄호}는 종이 리브가에게 주는 선물과 그의 경배를 가리킨다.
> [대괄호]는 정복하고 통치할 여자의 씨를 나타낸다.

일반 글씨체는 야훼, 곧 아브라함의 하나님과 그의 인자하심에 관해

---

29 Douglas, *Thinking in Circles*, 9, 20, 23, 48, 110, 118에 나오는 "거북이 등껍질"과 "고리" 다이어그램을 보라. https://www.hogwartsprofessor.com에 있는 J. K. Rowling(과 그녀의 필명인 Robert Galbraith)의 소설에 관한 John Granger의 글에서 종종 이러한 구조를 "거북이 등"이라고 부른다. 그것이 의미하는 바는 〈표 11.2〉에서 볼 수 있는데, 다이어그램의 왼쪽을 따라 내려가면 거북이 등껍질의 측면이 나오고, 오른쪽으로 다시 거슬러 올라가면 고리가 완성된다.

말하는 요약 진술 및 사람들에 사용된다.

<표 11.2 창세기 24장의 문학 구조>

24:1, 야훼가 아브라함에게 복을 주셨다	
24:2-9, 맹세: 가나안인 아내는 안 됨, 친족 가운데서 아내를 찾아야 함 **24:2, 아브라함의 종** 24:7, 네 씨에게 내가 이 땅을 줄 것이다	24:49, 리브가의 가족은 인자와 진리를 행할 것인가 24:49-58, 그녀를 데리고 야훼의 말씀대로 가라 {24:52, 몸을 굽히고 경배함} [24:56, 야훼가 길을 형통하게 했다]
24:12, 야훼, 나의 주 아브라함의 하나님 24:10-21, 기도가 드려지고 응답됨 [24:42, 야훼가 길을 형통하게 하다]	[24:42, 야훼가 길을 형통하게 하다] 24:42-48, 기도가 드려지고 응답됨 {24:47, 리브가의 가족, 코걸이와 팔찌, 예배} {24:48, 몸을 굽히고 경배함} {진리의 길로 인도됨}
{24:22-32, 코걸이와 팔찌, 리브가의 가족, 경배} {24:26, 몸을 굽히고 경배함} 24:27, 야훼, 나의 주 아브라함의 하나님, 인자 그리고 {진리, 그 길로 인도함}	**24:34, 아브라함의 종** 24:35, 야훼는 아브라함을 크게 복을 주시고 위대하게 만드셨다 24:33-41, 또다시 맹세: 가나안 여인은 안 됨, 친족 가운데서 아내를 찾아야 함
24:59-67, 이삭과 리브가와 그들의 씨 **24:59-61, 리브가는 축복을 받고 보내짐/취해짐** [24:60, 네 씨가 그의 원수들의 문을 얻기를 바란다] 24:62-67, 이삭과 리브가	

앞서 언급했듯이, 아브라함의 종은 먼저 자신이 수행하기로 맹세한 임무를 추구하고(24:1-33), 그다음 바로 그 행동을 동일한 순서로 설명한다(24:34-49). 즉, 이 책의 서두에서 논의된 진술, 곧 "그는 그의 천사를 네 앞에 보낼 것이다"라는 창세기 24:7b은 출애굽기 23:20과 말라기 3:1 안

에서 반향되고, 종이 이야기를 재진술할 때 창세기 24:40에서 반복된다. "그러나 그가 내게 말했다. '내가 섬기는 주님이 그의 천사를 너와 함께 보내어 네게 형통한 길을 주실 것이다. …'"

창세기 24장의 키아스무스식 "거북이 등"(본서 제11장 각주 29을 보라) 구조는 모세로 하여금 이 장 안에서 반복을 형성하여 의미를 자아낼 기회를 제공한다. 반복되는 행과 동일 형태 사건이라는 미시 차원 지표는 거시 차원의 문학 구조와 결합되어, 모세가 청중으로 하여금 창세기 24장에서 언약의 파트너로 종을 보낸 일이 이스라엘을 위해 애굽으로 모세를 보낸 일을 모형화하고 있다는 사실을 이해하게끔 의도했음을 표시한다.[30] 말라기는 이 패턴을 이해했고, 동일한 전략을 사용하여 새 언약을 예언했다(말 3:1). 마가는 세례 요한을 예수에 앞서서 길을 준비하기 위해 보내진 사자로 제시한다(막 1:2). 거기서 실현이 시작된다. 실현의 완성을 기다리고 있지만, 하나님은 "그의 천사를 그 종 요한에게 보내심으로써 알게 하셨다. 요한은 하나님의 말씀과 예수 그리스도의 증거, 곧 자기가 본 것을 모두 증언했다"(계 1:1b-2, ESV).[31]

성경이 가리키는 이, 우리가 기다리고 있는 이는 참되고 더 나은 아담, 신랑, 사랑하는 자이다. 그는 하늘에 있는 하나님의 집을 관할하는 위대한 제사장으로서 우리에게 새로운 생명의 길을 주시며 우리가 그 길로 나아갈 수 있게끔 하셨다. 하나님이 출애굽의 실현을 이루신 통로인 모세, 그 모세와 같은 우리의 예언자이시다. 하나님의 창조 세계의 왕이신

---

30 BibleTalk 팟캐스트를 듣는 청취자라면 여기서 나의 친구 Sam Emadi가 나에게 권고한 요점을 내가 인정하고 있음을 인지할 것이다. 그는 옳았다! 그렇게 나는 확신했다.

31 LXX 말 3:1, ἰδοὺ ἐγὼ ἐξαποστέλλω τὸν ἄγγελόν μου …
계 1:1b, ἀποστείλας διὰ τοῦ ἀγγέλου αὐτοῦ τῷ δούλῳ αὐτοῦ Ἰωάννη …

그는 의로운 고난자로서 자기 몸으로 우리의 죄를 지고 나무에 달리셨다. 그에 대한 찬양은 한이 없으리라.

| 참고 문헌 |

Abernethy, Andrew T., and Gregory Goswell. *God's Messiah in the Old Testament: Expectations of a Coming King*. Grand Rapids: Baker, 2020.

AhearneKroll, Stephen. *The Psalms of Lament in Mark's Passion: Jesus' Davidic Suffering*. Society for New Testament Studies Monograph Series. New York: Cambridge University Press, 2007.

Allison, Dale C., Jr. *The New Moses: A Matthean Typology*. Minneapolis: Fortress, 1994.

Alter, Robert. *The Art of Biblical Narrative*. 2nd ed. New York: Basic, 2011.

Ansberry, Christopher B. *Be Wise, My Son, and Make My Heart Glad: An Exploration of the Courtly Nature of the Book of Proverbs*. Beihefte aur Zeitschrift für die alttestamentliche Wissenschaft. New York: De Gruyter, 2010.

Averbeck, R. E. "Tabernacle." Pages 807-27 in *Dictionary of the Old Testament: Pentateuch*. Edited by T. Desmond Alexander and David W. Baker, 807-27. Downers Grove, IL: InterVarsity, 2003.

Baker, David L. *Two Testaments, One Bible: The Theological Relationship Between the Old and New Testaments*. 3rd ed. Downers Grove, IL: InterVarsity, 2010.

Barber, Michael. *Singing in the Reign: The Psalms and the Liturgy of God's Kingdom*. Steubenville, OH: Emmaus Road, 2001.

Basil, Saint. *On the Holy Spirit*. Translated by David Anderson. Crestwood, N.Y: St Vladimir's Seminary Press, 1980.

Bass, Derek Drummond. "Hosea's Use of Scripture: An Analysis of His Hermeneutic." PhD diss., The Southern Baptist Theological Seminary, 2008.

Bates, Matthew W. *The Birth of the Trinity: Jesus, God, and Spirit in New Testament and Early Christian Interpretations of the Old Testament*. New York: Oxford University Press, 2015.

---. *The Hermeneutics of the Apostolic Proclamation: The Center of Paul's Method of Scriptural Interpretation.* Repr., Waco: Baylor University Press, 2019.

Bauckham, Richard. *The Climax of Prophecy: Studies on the Book of Revelation.* Edinburgh: T&T Clark, 1993.

---. *The Theology of the Book of Revelation.* New Testament Theology. New York: Cambridge University Press, 1993.

Bauer, Walter. *A GreekEnglish Lexicon of the New Testament and Other Early Christian Literature.* Edited by Frederick William Danker. Translated by W. F. Arndt and F. W. Gingrich. 3rd ed. Chicago: University Of Chicago Press, 2001.

Beale, G. K. "Did Jesus and His Followers Preach the Right Doctrine from the Wrong Texts? An Examination of the Presuppositions of Jesus' and the Apostles' Exegetical Method." Pages 387–404 in *The Right Doctrine from the Wrong Texts? Essays on the Use of the Old Testament in the New.* Edited by G. K. Beale. Grand Rapids: Baker, 1994.

---. "The Descent of the Eschatological Temple in the Form of the Spirit at Pentecost: Part 1: The Clearest Evidence." *Tyndale Bulletin* 56 (2005): 73–102.

---. *The Temple and the Church's Mission: A Biblical Theology of the Dwelling Place of God.* New Studies in Biblical Theology. Downers Grove, IL: InterVarsity, 2004.

Beckwith, Roger T. *The Old Testament Canon of the New Testament Church and Its Background in Early Judaism.* Grand Rapids: Eerdmans, 1985.

---. "The Unity and Diversity of God's Covenants." *Tyndale Bulletin* 38 (1987): 93–118.

Beetham, Christopher A. "From Creation to New Creation: The Biblical Epic of King, Human Vicegerency, and Kingdom." Pages 237–54 in *From Creation to New Creation: Essays in Honor of G. K. Beale.* Edited by Daniel M. Gurtner and Benjamin L. Gladd. Peabody: Hendrickson, 2013.

Bell, Richard H. *The Irrevocable Call of God: An Inquiry into Paul's Theology of Israel*. Wissenschaftliche Untersuchungen zum Neuen Testament 184. Tübingen: Mohr Siebeck, 2005.

Brouwer, Wayne. "Understanding Chiasm and Assessing Macro-Chiasm as a Tool of Biblical Interpretation." *Calvin Theological Journal* 53 (2018): 99-127.

Brown, William P. "The Pedagogy of Proverbs 10:1-31:9." Pages 150-82 in *Character and Scripture: Moral Formation, Community, and Biblical Interpretation*. Edited by William P. Brown. Grand Rapids: Eerdmans, 2002.

Brueggemann, Dale A. "The Evangelists and the Psalms." Pages 263-78 in *Interpreting the Psalms: Issues and Approaches*. Edited by David Firth and Philip S. Johnston. Downers Grove, IL: InterVarsity, 2005.

Burk, Denny. "Discerning Corinthian Slogans through Paul's Use of the Diatribe in 1 Corinthians 6:12-20." *Bulletin for Biblical Research* 18 (2008): 99-121.

Calvin, John. *Institutes of the Christian Religion*. Edited by John T. McNeill. Translated by Ford Lewis Battles. Philadelphia: Westminster John Knox, 1960.

Caragounis, Chrys. *The Son of Man: Vision and Interpretation*. Wissenschaftliche Untersuchungen zum Neuen Testament 38. Tübingen: Mohr Siebeck, 1986.

Carr, David M. *Writing on the Tablet of the Heart: Origins of Scripture and Literature*. New York: Oxford University Press, 2005.

Chapman, David W., and Eckhard J. Schnabel. *The Trial and Crucifixion of Jesus: Texts and Commentary*. Wissenschaftliche Untersuchungen zum Neuen Testament 344. Tübingen: Mohr Siebeck, 2015.

Chase, Mitchell L. *40 Questions About Typology and Allegory*. Grand Rapids: Kregel, 2020.

―――. "The Genesis of Resurrection Hope: Exploring Its Early Presence and Deep Roots." *Journal of the Evangelical Theological Society* 57 (2014): 467-80.

Chester, Andrew. *Messiah and Exaltation: Jewish Messianic and Visionary Traditions and New Testament Christology*. Wissenschaftliche Untersuchungen zum

Neuen Testament 207. Tübingen: Mohr Siebeck, 2007.

Cole, Robert L. *Psalms 1–2: Gateway to the Psalter*. Sheffield: Sheffield Phoenix, 2013.

Collins, Jack. "A Syntactical Note (Genesis 3:15): Is the Woman's Seed Singular or Plural?" *Tyndale Bulletin* 48 (1997): 139–48.

Collins, John J. *Daniel: A Commentary on the Book of Daniel*. Hermeneia. Minneapolis: Fortress, 1993.

Coloe, Mary L. *God Dwells with Us: Temple Symbolism in the Fourth Gospel*. Collegeville, MN: Glazier, 2001.

Crump, David. *Encountering Jesus, Encountering Scripture: Reading the Bible Critically in Faith*. Grand Rapids: Eerdmans, 2013.

Daniélou, Jean. *From Shadows to Reality: Studies in the Biblical Typology of the Fathers*. Translated by Wulstan Hibberd. London: Burns and Oates, 1960.

Daube, David. *The Exodus Pattern in the Bible*. London: Faber, 1983.

Davidson, Richard M. *Typology in Scripture: A Study of Hermeneutical Typos Structures*. Berrien Springs, MI: Andrews University Press, 1981.

Deenick, Karl. "Priest and King or PriestKing in 1 Samuel 2:35." *Westminster Theological Journal* 73 (2011): 325–39.

Dempster, Stephen G. *Dominion and Dynasty: A Biblical Theology of the Hebrew Bible*. New Studies in Biblical Theology 15. Downers Grove, IL: InterVarsity, 2003.

———. "The Servant of the Lord." Pages 128–78 in *Central Themes in Biblical Theology: Mapping Unity in Diversity*. Edited by Scott J Hafemann and Paul R House. Grand Rapids: Baker, 2007.

Douglas, Mary. *Thinking in Circles: An Essay on Ring Composition*. New Haven: Yale University Press, 2010.

Duguid, Iain M. *The Song of Songs: An Introduction and Commentary*. Tyndale Old Testament Commentaries. Downers Grove, IL: InterVarsity, 2015.

Eichrodt, Walther. "Is Typological Exegesis an Appropriate Method." Pages 224–45 in *Essays on Old Testament Interpretation*. Edited by Claus Westermann. Translated by James Barr. London: SCM, 1963.

Eller, Vernard. *The Language of Canaan and the Grammar of Feminism*. Grand Rapids: Eerdmans, 1982.

Ellis, E. Earle. Foreword to *Typos: The Typological Interpretation of the Old Testament in the New*, by Leonhard Goppelt. Translated by Donald H. Madvig. Grand Rapids: Eerdmans, 1982.

———. "Jesus' Use of the Old Testament and the Genesis of New Testament Theology." *Bulletin for Biblical Research* 3 (1993): 59–75.

———. *The Gospel of Luke*. New Century Bible Commentary. Grand Rapids: Eerdmans, 1981.

Emadi, Matthew. "You Are Priest Forever: Psalm 110 and the Melchizedekian Priesthood of Christ." *Southern Baptist Journal of Theology* 23 (2019): 57–84.

Emadi, Matthew Habib. "The Royal Priest: Psalm 110 in Biblical-Theological Perspective." PhD diss., The Southern Baptist Theological Seminary, 2015.

Emadi, Samuel Cyrus. "Covenant, Typology, and the Story of Joseph: A Literary-Canonical Examination of Genesis 37–50." PhD diss., The Southern Baptist Theological Seminary, 2016.

Fairbairn, Patrick. *Typology of Scripture*. 1845. Reprint, Grand Rapids, MI: Kregel, 1989.

Fisher, Milton C. "The Canon of the Old Testament." Pages 385–92 in vol. 1 of *The Expositor's Bible Commentary*. Edited by Frank E. Gaebelein. 12 vols. Grand Rapids: Zondervan, 1979.

Foer, Joshua. *Moonwalking with Einstein: The Art and Science of Remembering Everything*. New York: Penguin, 2011.

Foulkes, Francis. "The Acts of God: A Study of the Basis of Typology." Pages 342–71 in *The Right Doctrine from the Wrong Texts? Essays on the Use of the Old*

Testament in the New. Edited by G. K. Beale. Grand Rapids: Baker, 1994.

Gage, Warren Austin. *The Gospel of Genesis: Studies in Protology and Eschatology*. Winona Lake, IN: Eisenbrauns, 1984.

Gane, Roy. *Cult and Character: Purification Offerings, Day of Atonement, and Theodicy*. Winona Lake, IN: Eisenbrauns, 2005.

Garrett, Duane A. *A Commentary on Exodus*. Kregel Exegetical Library. Grand Rapids: Kregel, 2014.

―――. *Proverbs, Ecclesiastes, Song of Songs*. New American Commentary. Nashville: Broadman & Holman, 1993.

―――. *The Problem of the Old Testament: Hermeneutical, Schematic, and Theological Approaches*. Downers Grove, IL: InterVarsity, 2020.

Garrett, Duane A., and Paul R. House. *Song of Songs, Lamentations*. Word Biblical Commentary. Nashville: Thomas Nelson, 2004.

Gentry, Peter J. "A Preliminary Evaluation and Critique of Prosopological Exegesis." *Southern Baptist Journal of Theology* 23, no. 2 (2019): 105–22.

―――. "The Son of Man in Daniel 7: Individual or Corporate?" Pages 59–75 in *Acorns to Oaks: The Primacy and Practice of Biblical Theology*. Edited by Michael A. G. Haykin. Toronto: Joshua, 2003.

Gentry, Peter J., and Stephen J. Wellum. *Kingdom through Covenant: A Biblical-Theological Understanding of the Covenants*. Second Edition. Wheaton, IL: Crossway, 2018.

Gibson, Jonathan. *Covenant Continuity and Fidelity: A Study of Inner-Biblical Allusion and Exegesis in Malachi*. Library of Hebrew Bible/Old Testament Studies 625. Edinburgh: T&T Clark, 2019.

Gilbert, Stuart. *James Joyce's Ulysses*. New York: Vintage Books, 1959.

Girgis, Sherif, Robert George, and Ryan T. Anderson. "What Is Marriage?" *Harvard Journal of Law and Public Policy* 34 (2010): 245–87.

Goppelt, Leonhard. *Typos, the Typological Interpretation of the Old Testament in the

New. Grand Rapids: Eerdmans, 1982.

Grant, Jamie A. *The King As Exemplar: The Function of Deuteronomy's Kingship Law in the Shaping of the Book of Psalms*. Academia Biblica 17. Atlanta: Society of Biblical Literature, 2004.

Hahn, Scott W. *Kinship by Covenant: A Canonical Approach to the Fulfillment of God's Saving Promises*. New Haven: Yale University Press, 2009.

Hall, Stuart George, ed. *Melito of Sardis On Pascha and Fragments: Texts and Translations*. Oxford: Clarendon Press, 1979.

Hamilton, James M., Jr. "A Biblical Theology of Motherhood." *Journal of Discipleship and Family Ministry* 2, no. 2 (2012): 6-13.

———. "Canonical Biblical Theology." Pages 59–73 in *God's Glory Revealed in Christ: Essays in Honor of Tom Schreiner*. Edited by Denny Burk, James M. Hamilton Jr., and Brian J. Vickers. Nashville: Broadman & Holman, 2019.

———. "David's Biblical Theology and Typology in the Psalms: Authorial Intent and Patterns of the Seed of Promise." In *The Psalms: Exploring Theological Themes*. Edited by David M. Howard and Andrew J. Schmutzer. Bellingham, WA: Lexham, forthcoming.

———. *Ezra and Nehemiah*. ChristCentered Exposition Commentary. Nashville: Broadman & Holman, 2014.

———. *God's Glory in Salvation through Judgment: A Biblical Theology*. Wheaton, IL: Crossway, 2010.

———. *God's Indwelling Presence: The Holy Spirit in the Old and New Testaments*. NAC Studies in Bible and Theology 1. Nashville: Broadman & Holman, 2006.

———. "John." Pages 19–308 in *ESV Expository Commentary: JohnActs*. Edited by Iain M. Duguid, James M. Hamilton Jr., and Jay Sklar. Wheaton, IL: Crossway, 2019.

———. "Original Sin in Biblical Theology." Pages 189–208 in *Adam, the Fall, and Original Sin: Theological, Biblical, and Scientific Perspectives*. Edited by Hans

Madueme and Michael Reeves. Grand Rapids: Baker, 2014.

———. *Psalms*. 2 vols. Evangelical Biblical Theology Commentary. Bellingham, WA: Lexham, forthcoming.

———. *Revelation: The Spirit Speaks to the Churches*. Preaching the Word. Wheaton, IL: Crossway, 2012.

———. "Rushing Wind and Organ Music: Toward Luke's Theology of the Spirit in Acts." *Reformed Theological Review* 65, no. 1 (2006): 15–33.

———. *Song of Songs: A Biblical Theological, Allegorical, Christological Interpretation*. Focus on the Bible. Fearn: Christian Focus, 2015.

———. "Suffering in Revelation: The Fulfillment of the Messianic Woes." *Southern Baptist Journal of Theology* 17, no. 4 (2014): 34–47.

———. "The Exodus Motif in Biblical Theology." Pages 77–91 in *The Law, The Prophets, and the Writings: Studies in Evangelical Old Testament Hermeneutics in Honor of Duane A. Garrett*. Edited by Andrew M. King, William R. Osborne, and Joshua M. Philpot. Nashville: Broadman & Holman, 2021.

———. "The Lord's Supper in Paul: An IdentityForming Proclamation of the Gospel." Pages 68-102 in *The Lord's Supper: Remembering and Proclaiming Christ Until He Comes*. Edited by Thomas R. Schreiner and Matthew R. Crawford. Nashville: Broadman & Holman, 2010.

———. "The Messianic Music of the Song of Songs: A NonAllegorical Interpretation." *Westminster Theological Journal* 68 (2006): 331–45.

———. "The One Who Does Them Shall Live by Them: Leviticus 18:5 in Galatians 3:12." *Gospel Witness* (August 2005): 10–14.

———. "The Virgin Will Conceive: Typological Fulfillment in Matthew 1:18-23." Pages 228–47 in *Built upon the Rock: Studies in the Gospel of Matthew*. Edited by John Nolland and Daniel Gurtner. Grand Rapids: Eerdmans, 2008.

———. "Typology in Hebrews: A Response to Buist Fanning." *Southern Baptist Journal of Theology* 24, no. 1 (2020): 125–36.

----------. "Was Joseph a Type of the Messiah? Tracing the Typological Identification between Joseph, David, and Jesus." *Southern Baptist Journal of Theology* 12 (2008): 52-77.

----------. *What Is Biblical Theology?* Wheaton, IL: Crossway, 2014.

----------. *With the Clouds of Heaven: The Book of Daniel in Biblical Theology.* New Studies in Biblical Theology. Downers Grove, IL: InterVarsity, 2014.

----------. *Work and Our Labor in the Lord.* Short Studies in Biblical Theology. Wheaton, IL: Crossway, 2017.

Haste, Matt. "A Type of the Marriage of Christ: John Gill on Marriage." *Puritan Reformed Journal* 6 (2014): 289-302.

Hays, Richard B. *Echoes of Scripture in the Gospels.* Waco, TX: Baylor University Press, 2018.

----------. *The Conversion of the Imagination: Paul as Interpreter of Israel's Scripture.* Grand Rapids: Eerdmans, 2005.

Hensley, Adam D. *Covenant Relationships and the Editing of the Hebrew Psalter.* Library of Hebrew Bible/Old Testament Studies 666. New York: T&T Clark, 2018.

Hirsch, E. D. *Validity in Interpretation.* New Haven: Yale University Press, 1967.

Hoskins, Paul M. *Jesus as the Fulfillment of the Temple in the Gospel of John.* Paternoster Biblical Monographs. Waynesboro, GA: Paternoster, 2006.

Huey, F. B. *Jeremiah, Lamentations.* New American Commentary. Nashville: Broadman & Holman, 1993.

Hugenberger, Gordon P. *Marriage as a Covenant: Biblical Law and Ethics as Developed from Malachi.* Leiden: Brill, 1994.

"Institution, n." In *OED Online.* Oxford University Press. http://www.oed.com/view/Entry/97110.

Jamieson, R. B. "1 Corinthians 15.28 and the Grammar of Paul's Christology." *New Testament Studies* 66 (2020): 187-207.

———. "Hebrews 9.23: Cult Inauguration, Yom Kippur and the Cleansing of the Heavenly Tabernacle." *New Testament Studies* 62 (2016): 569-87.

———. *Jesus' Death and Heavenly Offering in Hebrews*. Society for New Testament Studies Monograph Series 172. New York: Cambridge University Press, 2019.

Johnson, S. Lewis. "A Response to Patrick Fairbairn and Biblical Hermeneutics as Related to the Quotations of the Old Testament in the New." Pages 791-99 in *Hermeneutics, Inerrancy, and the Bible: Papers from ICBI Summit II*. Edited by Earl D. Radmacher and Robert D. Preus. Grand Rapids: Zondervan, 1984.

Keller, Timothy. *Preaching: Communicating Faith in an Age of Skepticism*. New York: Viking, 2016.

Kerr, Alan R. *The Temple of Jesus' Body: The Temple Theme in the Gospel of John*. London: Sheffield Academic Press, 2002.

Kidner, Derek. *The Message of Jeremiah: Against Wind and Tide*. Leicester: InterVarsity, 1987.

Kiuchi, Nobuyoshi. *Leviticus*. Apollos Old Testament Commentary. Downers Grove, IL: InterVarsity, 2007.

Kynes, Will. *An Obituary for "Wisdom Literature": The Birth, Death, and Intertextual Reintegration of a Biblical Corpus*. Oxford: Oxford University Press, 2019.

Leithart, Peter J. *1 & 2 Kings*. Brazos Theological Commentary on the Bible. Grand Rapids: Brazos, 2006.

Levenson, Jon D. *Resurrection and the Restoration of Israel: The Ultimate Victory of the God of Life*. New Haven: Yale University Press, 2008.

Lindars, Barnabas. *New Testament Apologetic*. Philadelphia: Westminster, 1961.

Longenecker, Richard N. *Biblical Exegesis in the Apostolic Period*. 2nd ed. Grand Rapids: Eerdmans, 1999.

Lucas, Ernest C. *Daniel*. Apollos Old Testament Commentary. Downers Grove, IL: InterVarsity, 2002.

Marx, Karl, and Friedrich Engels. *The Communist Manifesto*. New York: Penguin,

2002.

Mathews, Kenneth A. *Genesis 1-11:26*. New American Commentary. Nashville: Broadman & Holman, 1996.

―――. *Genesis 11:27-50:26: An Exegetical and Theological Exposition of Holy Scripture*. New American Commentary. Nashville: Broadman & Holman, 2005.

Millar, J. Gary. "1-2 Kings." Pages 491-898 in vol. 1 of *ESV Expository Commentary*. Edited by Iain M. Duguid, James M. Hamilton Jr., and Jay Sklar. Wheaton, IL: Crossway, 2019.

Mitchell, Christopher W. *The Song of Songs*. Concordia Commentary. Saint Louis: Concordia, 2003.

Mitchell, David C. *The Message of the Psalter: An Eschatological Programme in the Book of Psalms*. Journal for the Study of the Old Testament Supplement Series 252. Sheffield: Sheffield Academic Press, 1997.

Moberly, R. W. L. *The God of the Old Testament: Encountering the Divine in Christian Scripture*. Grand Rapids: Baker, 2020.

―――. *The Theology of the Book of Genesis*. Old Testament Theology. New York: Cambridge University Press, 2009.

Montanari, Franco. *The Brill Dictionary of Ancient Greek*. Edited by Madeleine Goh and Chad Schroeder. Boston: Brill, 2015.

Moo, Douglas J. *The Old Testament in the Gospel Passion Narratives*. Sheffield: Almond Press, 1983.

Morales, L. Michael. *Exodus Old and New: A Biblical Theology of Redemption*. Essential Studies in Biblical Theology. Downers Grove, IL: InterVarsity, 2020.

―――. *Who Shall Ascend the Mountain of the Lord? A Biblical Theology of the Book of Leviticus*. New Studies in Biblical Theology 37. Downers Grove, IL: InterVarsity, 2015.

Nabokov, Vladimir. *Lolita*. Edited by Alfred Appel Jr. Revised, Updated, Annotated

Edition. New York: Vintage, 1991.

Ortlund, Raymond C. *God's Unfaithful Wife: A Biblical Theology of Spiritual Adultery*. New Studies in Biblical Theology 2. Downers Grove, IL: InterVarsity, 2003.

Oswalt, John N. *The Book of Isaiah, Chapters 40-66*. New International Commentary on the Old Testament. Grand Rapids: Eerdmans, 1998.

Ounsworth, Richard. *Joshua Typology in the New Testament*. Wissenschaftliche Untersuchungen zum Neuen Testament 2/328. Tübingen: Mohr Siebeck, 2012.

Pao, David W. *Acts and the Isaianic New Exodus*. Grand Rapids: Baker, 2002.

Petterson, Anthony R. "Zechariah." Pages 631-728 in *ESV Expository Commentary: DanielMalachi*. Edited by Iain M. Duguid, James M. Hamilton Jr., and Jay Sklar. Wheaton, IL: Crossway, 2018.

Philpot, Joshua M. "See the True and Better Adam: Typology and Human Origins." *Bulletin of Ecclesial Theology* 5, no. 2 (2018): 79-103.

———. "Was Joseph a Type of Daniel? Typological Correspondence in Genesis 37-50 and Daniel 1-6." *Journal of the Evangelical Theological Society* 61 (2018): 681-96.

Rad, Gerhard von. "Typological Interpretation of the Old Testament." Pages 17-39 in *Essays on Old Testament Interpretation*. Edited by Claus Westermann. Translated by John Bright. London: SCM, 1963.

Rendtorff, Rolf. *The Canonical Hebrew Bible: A Theology of the Old Testament*. Leiden: Deo, 2005.

Robar, Elizabeth. *The Verb and the Paragraph in Biblical Hebrew: A Cognitive-Linguistic Approach*. Studies in Semitic Languages and Linguistics. Boston: Brill, 2015.

Robertson, O. Palmer. *The Christ of the Prophets*. Phillipsburg: P & R, 2004.

Rose, Wolter. *Zemah and Zerubbabel: Messianic Expectations in the Early Postexilic*

Period. Library of Hebrew Bible/Old Testament Studies 304. Sheffield: Sheffield Academic Press, 2000.

Rowe, C. Kavin. *Early Narrative Christology: The Lord in the Gospel of Luke.* Grand Rapids: Baker, 2009.

Sailhamer, John H. "Genesis." Pages 1–284 in vol. 2 of *The Expositor's Bible Commentary.* Edited by Frank E. Gaebelein. 12 vols. Grand Rapids: Zondervan, 1990.

Schaper, Joachim. *Eschatology in the Greek Psalter.* Wissenschaftliche Untersuchungen zum Neuen Testament 2/76. Tübingen: J.C.B. Mohr Siebeck, 1995.

Schreiner, Thomas R. "Original Sin and Original Death: Romans 5:12-19." Pages 271–88 in *Adam, the Fall, and Original Sin: Theological, Biblical, and Scientific Perspectives.* Edited by Hans Madueme and Michael Reeves. Grand Rapids: Baker, 2014.

Sequeira, Aubrey, and Samuel C. Emadi. "BiblicalTheological Exegesis and the Nature of Typology." *Southern Baptist Journal of Theology* 21, no. 1 (2017): 11–34.

Sequeira, Aubrey Maria. "The Hermeneutics of Eschatological Fulfillment in Christ: BiblicalTheological Exegesis in the Epistle to the Hebrews." PhD diss., The Southern Baptist Theological Seminary, 2016.

Smith, Jay E. "The Roots of a Libertine Slogan in 1 Corinthians 6:18." *Journal of Theological Studies* 59 (2008): 63–95.

Steinmann, Andrew E. *Daniel.* Concordia Commentary. Saint Louis: Concordia, 2008.

———. *Proverbs.* Concordia Commentary. Saint Louis: Concordia, 2009.

Steinmetz, David C. "Uncovering a Second Narrative: Detective Fiction and the Construction of a Historical Method." Pages 54–65 in *The Art of Reading Scripture.* Edited by Ellen F. Davis and Richard B. Hays. Grand Rapids:

Eerdmans, 2003.

Thompson, J. A. *The Book of Jeremiah*. Grand Rapids: Eerdmans, 1980.

Tigay, Jeffrey H. *The JPS Torah Commentary: Deuteronomy*. Philadelphia: Jewish Publication Society, 1996.

Tolkien, J. R. R. *The Return of the King*. Boston: Houghton Mifflin, 1965.

Vanhoozer, Kevin J. *Is There a Meaning in This Text? The Bible, the Reader, and the Morality of Literary Knowledge*. Grand Rapids: Zondervan, 1998.

Waltke, Bruce K. *An Old Testament Theology: An Exegetical, Canonical, and Thematic Approach*. Grand Rapids: Zondervan, 2007.

―――. *The Book of Proverbs, Chapters 15–31*. New International Commentary on the Old Testament. Grand Rapids: Eerdmans, 2005.

Walton, John H. "Creation." Pages 155–68 in *Dictionary of the Old Testament: Pentateuch*. Edited by T. Desmond Alexander and David W. Baker. Downers Grove, IL: InterVarsity, 2003.

―――. *Genesis*. NIV Application Commentary. Grand Rapids: Zondervan, 2001.

Watson, Wilfred G. E. *Classical Hebrew Poetry: A Guide to Its Techniques*. New York: T&T Clark, 2001.

Watts, Rikki E. *Isaiah's New Exodus in Mark*. Grand Rapids: Baker, 2000.

Welch, John W., and Daniel B. McKinlay, eds. *Chiasmus Bibliography*. Provo, UT: Research, 1999.

Wenham, Gordon J. "Sanctuary Symbolism in the Garden of Eden Story." Pages 399–404 in *I Studied Inscriptions from Before the Flood: Ancient Near Eastern, Literary, and Linguistic Approaches to Genesis 1–11*. Edited by Richard Hess and David Toshio Tsumara. Winona Lake, IN: Eisenbrauns, 1994.

―――. *The Book of Leviticus*. New International Commentary on the Old Testament. Grand Rapids: Eerdmans, 1979.

Williams, Peter J. *Can We Trust the Gospels?* Wheaton, IL: Crossway, 2018.

Wilson, Victor M. *Divine Symmetries: The Art of Biblical Rhetoric*. Lanham, MD:

University Press of America, 1997.

Yarbrough, Robert W. "Adam in the New Testament." Pages 33-52 in *Adam, the Fall, and Original Sin: Theological, Biblical, and Scientific Perspectives*. Edited by Hans Madueme and Michael Reeves. Grand Rapids: Baker, 2014.

Zakovitch, Yair. *"And You Shall Tell Your Son——": The Concept of the Exodus in the Bible*. Jerusalem: Magnes, 1991.

| 성구 색인 |

구약성경
창세기
1장 4, 9, 162, 163, 230
1-2장 29, 39, 41, 64, 224, 252, 268, 298
1-3장 15
1-11장 336, 339, 342, 344, 348, 351
1:1-2:3 338, 339
1:1-11:26 337, 339
1:2 38, 226
1:3 162, 230
1:3-31 226
1:5 162
1:6 230
1:9 38, 230
1:11 230
1:14 230
1:16 150
1:20 230
1:20-21 226
1:22 42, 226
1:24 163, 230
1:24-25 7, 226
1:25 163
1:26 33, 39, 56, 66, 148, 151, 152, 154, 163, 230, 231
1:26-27 51
1:26-28 65, 226
1:27 39
1:28 10, 11, 22, 23, 33, 38, 39, 40, 42, 45, 46, 49, 50, 52, 56, 65, 66, 71, 103, 148, 151, 152, 154, 161, 163, 170, 172, 173, 226, 230, 260, 266, 317, 337, 339, 340, 341, 345, 348
1:29 230
1:30 163
1:31 226, 231, 306
2장 40, 48, 162, 306, 321
2-3장 94
2:1 231
2:1-4 224
2:2 231
2:2-3 54, 266
2:3 231
2:4-4:26 338, 339
2:5 40
2:7 39, 62, 249
2:8 40, 233
2:8-9 227
2:8-10 233
2:9 253
2:10 226, 233, 253
2:11-12 227
2:15 11, 49, 56, 65, 66, 67, 161, 226, 227, 253
2:16 61, 94, 227
2:17 8, 9, 47, 94, 96, 161, 227, 298
2:18-20 7
2:18-21 306
2:19-20 162
2:21 48, 50, 306, 307
2:22 306
2:23 39, 40, 163
2:24 286, 307, 327
2:25 9
3장 7, 9, 11, 12, 13, 14, 15, 252, 257, 258, 259, 287, 297, 339
3-4장 177
3:1 49, 66
3:1-5 8, 258
3:1-6 50
3:1-7 67, 253, 349
3:2-3 94
3:3 96
3:4 49
3:5 49
3:6 13, 15, 40, 253, 258
3:6b 49
3:7 9, 40
3:7-8 227
3:8 8, 9, 224, 226, 227, 233, 298
3:8-11 47, 258
3:8-13 67
3:9 13, 66
3:9-13 8, 13
3:10 13
3:13 13, 104
3:14 7, 8, 13, 14, 16, 21, 36, 37, 151, 177
3:14-15 6-7, 41, 259
3:14-19 10, 40, 41, 67, 259
3:15 6, 7, 8, 9, 10, 12, 14, 15, 16, 23, 36, 37, 40, 45, 47, 50, 51, 54, 55, 151, 175, 177, 179, 227, 259, 314, 320, 337, 348, 349
3:16 12, 348
3:16-19 14
3:16a 41
3:16b 41
3:17 12, 15, 229, 258, 341
3:17-19 10
3:18 12
3:19 9, 227, 342
3:20 9, 67, 163
3:21 67, 259
3:22 342

3:22-23　227
3:22-24　259
3:23　11, 12
3:24　11, 227, 233
4장　7, 10, 11, 12, 13, 14, 15, 175, 339
4:1　10, 14, 10
4:1-2　10
4:2　10, 11, 162
4:4-5　43
4:5　12
4:6　12
4:7　12
4:8　13, 259, 349
4:9　11, 13
4:9-10　13
4:10　13, 104
4:11　13, 14, 16, 21, 36, 177
4:12　12
4:23-24　44, 350
4:25　10, 14
4:25-26　50
4:26　43, 105
5장　10, 16, 37, 39, 40, 47, 52, 53, 94, 117, 348, 351
5:1　155
5:1-2　53
5:1-3　154
5:1-6:8　338, 339, 340
5:3　53, 155
5:21-24　10
5:24　132
5:29　10, 37
6장　340
6-9장　20, 39
6:1-4　351, 352
6:8　104, 113
6:9　104
6:9-9:29　338, 339, 340
6:11　229, 336
6:13-21　113

6:14　113
6:18　39, 42, 70
6:19　353
6:20　353
6:22　113
7장　18
7:2　104, 112, 113
7:3　353
7:4　112
7:10　112
7:10-12　38
7:12　112
7:17　112
8:1　38
8:5　38
8:6　112
8:6-12　18
8:10　112
8:11　18
8:12　112
8:17　42
8:20　105, 112
8:20-21　112
9:1　22, 23, 38, 39, 41, 42, 340
9:4　112
9:6-10　296
9:7　38, 42
9:8-11　114
9:8-17　70
9:9　23, 39, 42
9:11　23, 42
9:11-10:18　296
9:12　23
9:12-17　112
9:17　23
9:20　40
9:20-29　114, 351
9:21a　40
9:21b　40
9:25　16, 40, 44, 177, 349
10장　339

10:1-11:9　338, 339
10:6　40
10:6-15　44
10:8-11　44, 350
10:15-16　16
11장　16, 40, 47, 94, 117, 233, 348
11:1-9　298, 340, 350
11:10-26　338, 339, 340, 341
11:27　342
11:27-29　348
11:27-32　100, 338, 340
11:27-22:24　100, 337, 340, 345, 348, 354
11:27-50:26　100
11:28　261
11:30　41, 47, 105, 106, 345, 348
11:31　13, 261, 345
12장　94, 96, 99, 100, 101, 103, 104, 105, 166, 258, 345, 354
12-15장　264
12-22장　336, 337, 344, 351
12:1　2, 100, 340, 354
12:1-2　41
12:1-3　16, 40, 42, 49, 50, 95, 151, 157, 170, 179, 210, 229, 314, 341, 354
12:1-9　101, 338, 345, 340, 348
12:2　41, 47, 54, 102, 341, 354, 355
12:3　16, 41, 103, 149, 151, 177, 193, 300, 349
12:4　261, 345, 348, 356
12:6　261
12:6-7　345
12:7　2, 41, 69, 95, 101, 102, 105, 229, 354

12:7-8 91
12:8 105, 261
12:10 99, 257
12:10-13 99
12:10-16 49, 50
12:10-20 98, 101, 178, 258, 338, 340, 341, 343, 345, 350
12:11 104, 356
12:12 104
12:12-13 49
12:15 257
12:16 257
12:17 98, 257
12:17-20 257
12:18 104
12:19 104
12:21-22 101
13장 101, 341, 345, 351
13-14장 338, 340, 341
13:4 105
13:6 345
13:10 18, 345
13:14 345
13:15-18 41
13:16 45, 51
13:18 91, 105
14장 91, 101, 163, 164, 166, 168, 169, 170, 257, 341, 344, 351
14:1 166
14:1-9 164
14:1-16 164
14:5 167
14:7 166, 167, 168
14:9 166
14:10 165
14:10-12 165
14:11, 12 168
14:11-12 165
14:13 165, 167, 168
14:13-14 165
14:14 165, 167, 168, 345
14:14-15 167, 168
14:15 167, 168
14:15-16 165
14:16 165, 168
14:17 166
14:17-18 166
14:17-24 164, 169, 257
14:18 68, 69, 166, 167
14:18-20 291
14:19 69, 70
14:19-20 41, 166
14:20 70, 172
14:21 166, 168
14:22 69
14:22-23 166
14:22-24 166, 167
14:24 166
15장 48, 69, 94, 95, 101, 103, 166, 170, 306, 338, 340, 344, 353
15:1 95
15:2-3 341
15:4 54, 95
15:4-5 341
15:5 41, 45, 81, 95, 103, 150
15:6 104, 353
15:7 21, 22, 256, 257, 261
15:7-11 102
15:7-20 42, 341
15:9 18
15:12 48, 50, 95, 306, 307
15:12-17 257
15:13-14 257
15:13-16 48, 95, 256
15:14 262
15:16 16
15:17-18 48, 102
15:18 42
15:18-20 41
16장 15, 338, 340, 341, 344, 352
16:1-6 44, 106
16:2 15, 41
16:3 15
16:4-5 177
16:6 106
16:10 45
16:11 106
16:12 44, 45
16:13-14 106
17장 69, 94, 95, 101, 103, 338, 340, 342, 344, 353
17:2 45
17:4-8 41
17:5 345
17:6 45, 68, 95, 150, 163, 164, 300, 345
17:7 42
17:15-21 43
17:16 47, 50, 68, 95, 150, 163, 164, 300
17:16-21 50
17:18-21 50
17:19 42, 43
17:20 43, 45, 177
17:20-21 43
17:21 43, 47, 95, 109, 110, 177
18장 96, 101, 341, 344, 351
18-19장 338, 340, 341, 344
18:1 100, 166
18:2 109
18:10 47, 50, 95, 109, 110
18:11 47
18:14 47, 50, 95, 109, 110
18:15 110
18:17 96
18:18 41, 103, 314
18:18-19 41

18:22-23 96
19장 18, 101, 341, 344, 351
19:8 50
19:19 354
19:30-38 351
20장 50, 56, 96, 99, 104, 105, 344
20:1-2 99
20:1-7 50
20:1-18 98, 101, 178, 258, 337, 340, 341, 343, 350
20:2 104
20:3-7 98
20:5 104
20:6 97
20:7 94, 95, 96, 98, 105
20:11 104
21장 108, 110, 348
21-22장 101, 208, 338, 340, 341, 344
21-26장 177
21:1-3 41, 210
21:1-7 47, 50, 341
21:2 349
21:5 348, 356
21:7 349
21:9 177
21:20 44, 45
21:21 44, 66
21:33 105
22장 100, 101, 103, 108, 110, 208, 209, 210, 344, 348, 355
22:1 208
22:1-2 208, 209, 341
22:2 1, 100, 106, 209, 216
22:5 108, 209, 210
22:7 208, 209
22:7b-8 209
22:8 209
22:8b-9a 209
22:9b 209
22:9c 209
22:10 209
22:11 208
22:11-14 209
22:16 170
22:16-28 41
22:17 46, 81, 101, 103, 150, 208, 314, 318, 320, 355
22:17-18 16, 54, 103, 300, 341, 348, 355
22:18 41, 103
22:20-24 45, 100, 338, 340, 344
23장 102, 108, 210, 337, 338, 348
23-25장 336, 344
23:1-20 1
23:1-25:11 337, 342
24장 4, 101, 102, 209, 338, 342, 348, 354, 355, 356, 357, 358, 359-60
24:1 41, 354, 355, 358, 359
24:1-33 359
24:2 1, 359
24:2-9 359
24:3 1, 16, 66
24:4 1
24:5 2
24:6 2
24:7 2
24:7 2, 3, 41, 101, 102, 134, 354, 355, 359
24:7a 354
24:7b 354, 359
24:10-21 359
24:11 355
24:11-15 116, 326
24:12 359
24:12-14 355
24:15 355
24:16 356
24:21 357, 359
24:22-32 359
24:26 359
24:27 357, 359
24:28-31 356
24:33-41 359
24:34 359
24:34-49 359
24:35 41, 355
24:40 357
24:42 357, 359
24:42-48 359
24:47 359
24:48 357, 359
24:49 359
24:49-58 359
24:52 359
24:56 357, 359
24:59-61 359
24:59-67 358, 359
24:60 46, 101, 355, 359
24:62-67 359
25장 97, 337, 348
25-36장 336, 344, 351
25:1-11 102, 108, 338, 354
25:8-10 210, 343
25:12 338, 342, 343
25:12-17 45
25:12-19 338, 343, 344, 348
25:12-36:43 337, 342, 345, 348
25:18 45
25:19 338, 342, 343
25:20 348, 356
25:20-26:5 338, 343, 344
25:21 47, 348
25:21-26 348
25:22 105

25:23 43, 149, 177, 348
25:26 259, 348, 356
25:27 44
26장 96, 97, 99, 100, 101, 104, 105, 344
26:1 99, 100
26:1-5 97, 99, 104, 348
26:1-22 178
26:2 98, 99, 100, 105, 107
26:2-4 41
26:3 100, 102, 103, 348
26:3-4 46
26:3b 100
26:3c 100
26:4 41, 103, 105
26:4a 100
26:4b 100
26:4c 100
26:5 100, 103
26:6-11 50, 98, 99, 104, 258, 350
26:6-35 338, 343
26:7 104
26:9 104
26:10 104
26:11 96, 97
26:11-12 104
26:14-16, 20 104
26:22 46, 105
26:24 41, 46, 100, 103, 105, 107
26:34 44
26:34-35 16, 66
27장 150, 259, 244
27-28장 351
27-32장 264
27:1-28:9 338, 343
27:1-28:22 344
27:3 44
27:5-6 258
27:13 258, 259
27:14 258

27:15, 16 68
27:15-16 259
27:19-20, 24 258
27:27-29 259
27:28-29 151
27:29 149, 157, 349
27:29a 149
27:29b 149
27:39-40 259
27:41 177
27:41-42 259
27:41-43 242
27:43 261
27:43-46 259
27:46 66, 242
28장 242, 344, 345
28:1 16
28:1-2 242, 259
28:1-4 259
28:3 46, 260
28:3-4 41, 259
28:3-5 242
28:5 351
28:6-9 16, 66
28:9 44
28:10 261, 345
28:10-22 240, 338, 343
28:11-12 48
28:12 234, 242
28:12-13 242
28:13-15 41, 242
28:14 41, 103
28:16-17 234
28:17 242
28:19 242
28:20 68
28:20-22 345
29장 356, 357
29-35장 44
29:1-30 338, 343
29:2 356
29:2-9 326

29:4 261
29:4-8 356
29:8-9 116
29:9-10 356
29:12 143
29:12-15 356
29:13-14 260
29:15 143, 260
29:17 356
29:18 356
29:25 104, 105
29:27 260, 356
29:31 47
29:31-30:24 338, 343, 352
29:31-30:43 353
30:1 313
30:25 260
30:25-43 338, 343
30:27 356
30:30 260
30:35 260
30:43 260
31장 338, 343
31:3 102
31:9 260, 262
31:12-13 260
31:13 260
31:20-21 260
31:22 261
31:23 261
31:24 261, 262
31:25 261
31:29 98, 261, 262
31:31 261
31:38 356
31:38-41 260
31:41 259, 356
31:42 261, 262
32장 338, 343, 345
32-33장 352
32:6 345
32:28 52

33장 338, 343, 345
33:1 345
33:5 345
33:11 352
33:18 259, 345
33:18-20 261
34장 339, 343, 345, 350
34:2 350
34:3-12 350
35장 339, 343
35:1 345
35:8 352
35:9-15 345, 348
35:11 46
35:14-15 261
35:17-18 348
35:22 66
35:25 345
35:27 261
35:27-29 338, 342, 343
35:29 210
36장 343
36:1 339, 342, 343
36:1-43 339, 343, 348
36:6-7 345
36:9 339, 342, 343
37장 178
37-50장 271, 336, 344, 351
37:1-11 339, 346
37:1-50:26 337, 346, 348
37:2 162, 179, 342, 356
37:3 43, 67, 270, 348
37:4 353
37:5-11 270
37:8 154
37:9 150, 282
37:12-17 178
37:12-28 179
37:12-36 339, 346
37:18-28 116
37:20 217
37:23 67
37:24 180
37:26-28 353
37:28 180, 206
37:31 67
37:31-36 206
37:32 67
37:33 67, 211
37:33-35 41
38장 346, 349
38:1-30 339, 346
38:6-14 66
38:15-18 353
38:19 68
38:26 353
39장 178, 346, 357
39:1-23 339, 346
39:2 211, 357
39:3 211, 357
39:6-12 350
39:10 15
39:13-20 350
39:21-23 350
39:23 211, 357
40장 346
40-41장 339, 346, 352
41장 99, 346
41:14 350
41:25-32 126
41:26-30 356
41:27 99
41:33 41
41:38 121
41:38-46 350
41:39 41
41:46 356
41:52 46
41:53-54 356
41:57 41
42-43장 339, 346, 352
42:6 351
42:21-22 206
43:8-9 206, 350, 353
44장 339, 346, 353
44:5 356
44:15 356
44:18-34 350, 353
44:20 349
44:32-34 206
44:33 350, 353
45장 339, 346, 353
45:1-15 353
45:3 183, 206
45:3-15 41
45:4 353
45:5 353
45:5-9 206
45:6 356
45:7 206, 353
45:8 41, 353
45:15a 353
45:15b 353
45:26-28 211
46장 346
46:1-28 339, 346, 352
46:2 99
46:28-47:12 339, 346, 352
46:30 52
47장 346
47:4 99
47:5-12 260
47:13-31 339, 346, 350
47:25 350
47:27 52
48-49장 346
48:1-49:27 339, 346
48:4 46
48:13-20 43
48:15-20 349
48:28-50:14 339
49장 150
49:8 149
49:8-12 151, 154, 157, 179, 300, 349

49:9　149
49:9b　149
49:10　150, 151
49:22　46
49:28-50:14　346
49:29-33　108, 210
49:31　352
50:15-21　41
50:15-26　339, 346
50:20　353
50:23　210-11
50:24-26　210
50:25　108

출애굽기

1장　178, 257
1-2장　114
1:7　52, 53, 70, 210, 260
1:8-14　260
1:10　260, 319
1:12　52, 260
1:15-22　260, 271
1:17　268
1:18-19　268
1:22　113
2장　117
2:1-2　268
2:1-10　111, 178
2:2　113
2:3　20, 113
2:5　20
2:10　115, 116, 180
2:11-14　178
2:11-15　116
2:14　116
2:15　116, 178
2:15-21　326
2:15-22　116
3장　234
3-4장　113
3:1　162
3:1-2　229

3:1-6　121, 266
3:5　2
3:6　2, 260
3:7-8　260
3:12　112
3:13　159
3:19　311
3:21-22　266
3:22　260, 262
4:10　116
4:12　116
4:14-16　70
4:21　262, 266
4:22-23　53, 69, 70, 147,
　　　　 155, 205, 266, 271
4:24-26　262
5:1　260
6:6　311
6:14-27　117
6:23　74
6:30　117
7-12장　257
7:1　72
7:1-2　117
7:3　262, 266
7:4　262
7:14-25　129
7:25　112
8:22　282
9:1　72
9:12　266
9:13　72
9:14　266
9:16　266, 268
9:20-21, 26　282
10:1　266
10:17　244
10:23　282
10:28-29　72
11:1　257
11:2　262
11:3　266

12장　265
12:1-27　69
12:7　269
12:8　69
12:12　69, 265
12:15　112
12:22　269
12:23　265, 269
12:26　265
12:35-36　257, 262
12:36　266
12:46　195, 273
13:18　323
13:21-22　262
14장　133
14-15장　133
14장-민수기　271
14:4　266
14:5　260, 261
14:7-8　261
14:16　262
14:17-18　266
14:19　201, 278
14:19-20　262
14:21　131
14:23-29　261
14:24-26　266
14:27　261
15장　21, 22, 234, 264, 283,
　　　330
15:1-12　229
15:2　263
15:4　261
15:5　20, 257, 264
15:5b　21
15:8　116, 263
15:9　261
15:13　229
15:13-18　229
15:16　21, 257, 264
15:16b　21
15:17　229, 234

15:22 133
15:22-27 133
15:25 133
15:26 133
16장 129, 263
17장 129
17:6 263, 278
17:15 112
18장 257
18:13 72
19장 230, 234, 302
19-20장 234, 263
19:1-2 234
19:4 283
19:6 68, 69, 70, 78, 147, 284
19:16-18 257
19:16-20 283
20장 319
20:1 257
20:2 21, 22, 256
20:5 205
20:9-11 112
20:11 54
20:24-26 112
23:20 2, 3, 134, 135, 359
24장 263
24:3-4a 298
24:3-8 114
24:5 112
24:11 69
24:18 112, 129
25-31장 263
25-40장 64, 284
25:1 230
25:8 241
25:20, 22 225
25:30 231
25:31-40 232
26:1 232
27:20 18
27:21 74

28장 228
28:1 70, 74
28:4, 39, 40 67
28:17-20 228
28:39, 40 67
28:41 68, 72, 98, 228
29:5 67, 68
29:7 72
29:8 67, 68
29:9 74
29:18 25, 112
29:30 68
29:41 112
29:45 241
29:46 241
30:11 230
30:17 230
30:22 230
30:24-25 18
30:30 72, 98
30:34 230
31:1 230
31:12 230
32장 72, 76, 91, 114, 122
32-34장 263
32:4, 8 263
32:6 279
32:8 263
32:10 117
32:10-15 96
32:11-14 117, 263
32:13 150
32:19 72
33-34장 91
33:12 113
33:12-23 263
33:17 113
33:22 129
34장 310
34:6 240, 242
34:6-7 129, 244, 301
34:7 205, 244

34:14-16 308
34:28 112, 129
34:29-33 139
34:29-35 263
37:9 225
39:27 67
39:32 231
39:43 231
40장 248
40:13 68, 72
40:14 67, 68
40:15 72
40:16 113
40:33 231
40:34-35 232, 239, 241

레위기
1:9, 13, 17 112
4:11-12 67
4:13-20 303
5:4-6 303
5:17-18 303
6:4, 6-7 303
6:10, 11 68
7:8 67
8:7 67
8:13 67
8:17 67
8:30 72
10장 72, 74, 76, 91, 289, 298
10:1-3 289
10:2 72
10:5 67
10:17 244
11장 112
11:42-44 18, 49
11:44-45 232
11:47 112
12:6 18
14:4 112
16장 295, 297

성구 색인　577

16:4　67
16:6　295
16:7　295
16:8　295
16:9　295
16:10　295
16:11　295
16:12-13　57, 295
16:14　295
16:15　289, 295
16:16　244, 295
16:17　295
16:18　295
16:21-22　295
16:22　244
16:23　67
16:24　67
16:32　67
16:34　289
17:10-11　112
18:5　299
18:7-8　66
21:10　68
26장　262, 300, 310
26:11-12　224, 227, 233
26:12　233, 249
26:15　72
26:42　72

민수기
1:53　66, 290
2:1-31　290
3:5-13　78
3:8　65, 68, 161, 227
3:11-13　287
3:38　66, 289
4:3, 30　292
7:89　225
9:12　273
10:11-12　234
11:17　132
11:16-25　117

11:26-29　117
11:28　132
12장　93, 178
12:1-9　117
12:6　93, 95
12:6-8　93, 95
13장　117
14장　117, 122, 280
14:1-4　117
14:2　280
14:12　117
14:12-23　96
14:13-20　117
14:21　232
14:36-37　280
15:32-36　122
18:1-7　290
18:2-6　289
18:3　290
18:7　290
18:20　91, 127
20장　129
20:11　263
20:26, 28　68
21장　218, 257
21:4-9　263
21:5-9　280
21:8-9　218
22장　151
22-31장　284
22:5　232
22:23, 31　233
23:19　170
24:3　156
24:3-9　156
24:5　233
24:5-6　233
24:6　233
24:7　56, 151, 156
24:9　149, 151, 157
24:9a　149
24:9b　149

24:15　156
24:15-19　157
24:17　56, 150, 151, 154, 157, 179, 270, 300
24:17-19　152
24:17a　150
24:18　151
24:19　149, 150, 151, 157
25장　279
26장　279
27장　119, 132
27:12-14　120
27:12-23　118, 119
27:16　120
27:17　120, 121
27:18　121
28:3　289

신명기
2:30　262, 266
4:6　157
4:25-31　262, 310
4:31　72
5:22-29　319
5:27　320
6장　155
6:1-9　155
6:4-7　301
6:5-6　301
6:6-7　155
7:3-5　66
7:8　72
10:8-9　187
10:15　72
12:5　241
12:11　241
14:23　241
14:24-26　69
16:1-8　69
16:2, 11　241
16:16　301
17장　155

17:14-20 155, 211, 300
17:20 211, 212
18장 93, 118
18:9-14 118
18:10 118
18:10-14 118
18:15 118
18:15-19 93, 118
18:15-22 118
18:16-17 118
18:18 118
18:19 118
18:20-22 118
23:14 224, 227, 233
22:5 68
22:11 68
24:1 310
24:1-4 316
24:4 316
25:5-10 66
28장 300
28-32장 262, 310
28-33장 122
29:4 122, 214, 319
30:1 300
30:5 72
30:6 262
30:12-14 158
30:12 158, 172
30:15-20 300
31:3, 7-8 132
31:9 6
31:16-18 142
31:17-18 142
31:20 72
31:24 6
31:24-26 122
31:26 123
31:29 18
32:4, 13, 18 278
32:20 142
33:4 6

33:16 241
34:1-8 123
34:5-6 132
34:10 118
34:10-12 111

여호수아
1장 265
1:1-2 121, 132
1:2 265
1:5 121, 132
1:7 202
1:8 132, 202, 211, 357
1:11 263, 265
1:14 265
1:15 265
1:17 121, 132
2장 265
2:2-7 268
2:3-7 268
2:9-11 265
2:10 265, 268
2:11 268
2:12 269
2:18 269
2:18-19 269
2:19 269
2:23 265
3장 21, 265
3:1 265
3:2 263, 265
3:6 265
3:7 121
3:11 265
3:14 265
3:16 265
3:17 131, 265
4:11 3, 5, 7, 8, 10, 11, 12,
       13, 265
4:21-24 265
4:22 123, 265
4:23 262, 265

4:24 265
5:2-9 262, 265, 266
5:10 265
5:13-15 122, 266
6:19 266
6:22-23 269
6:24 266
6:25 269
7:6-15 122
7:16-26 122
7:24-26 319
8:30-35 265
8:31, 32 6
11:20 262, 266
11:23 266
14:11 120
18:1 241, 266
22:5 6
23-24장 122
23:6 6
24:22 123
24:26-27 122
24:29-30 123
24:29 2

사사기
2:8 2
6-8장 164, 167, 168, 169
6:3 166, 167, 168
6:8-10 166
6:11 166
6:16 167
7:2-8 167
7:4-8 167, 170
7:5-6 170
7:9 167
7:9-14 167
7:13 167
7:16 167
7:17-18 167
7:23, 25 167
8:4, 5 167

8:11　167
8:12　167
8:14　167
8:18　164
8:22-23　164
8:22-28　167
8:27　167
8:31　164
9:8　72, 90
13:2, 3　105
13:2-3　106
13:5　106
13:7　107
19:24-25　50

룻기
2:8-9　350
2:20; 3:9, 12-13; 4:1, 3-4, 6, 8, 14　314

사무엘상
1장　105
1:1-2　106
1:2　44
1:6　106
1:11　106, 107
1:19-20　44
2장　73, 89, 90
2:5-6　313
2:5b-6　105, 106, 210
2:12　73
2:12-25　75
2:13-17　73
2:18　90
2:22-23　73
2:23-25　74
2:25　73
2:27　74, 75, 76, 77, 84, 88
2:27-28　74
2:27-35　74, 75, 77, 80, 81-82, 83, 84, 85
2:28　74, 75, 84

2:28-29　84
2:29　74
2:30　75, 86
2:30-31　74
2:31　75, 76, 82, 83
2:32　75, 83
2:32-34　75
2:33　75, 75, 82, 83, 85
2:34　73, 75
2:35　73, 75, 76, 77, 83, 85, 86, 89, 90, 91
3:1, 3　90
3:10-18　117
4:4　225
4:11　73, 75
4:18　75
8:1-5　76
8:9　154
8:20　120, 148
9:2　203
9:16　72, 90
10:1　98
13장　76
13:8-15　76
13:14　76
14:3　74
16장　179
16:1-3　90
16:6-11　179
16:7　203
16:11　162, 203
16:12-13　185
16:13　98
17장　55, 147, 179
17-31장　116
17:12-18　178
17:12-30　179
17:28　178
18장-사무엘하 5장　185
18:5　202
18:12　190
18:13　120

18:14, 15, 30　202
22:1　143
22:1-2　192
22:11-19　75
22:11-23　75, 82
22:18　90, 91
22:20　74
23:6　74
24:6, 10, 12　185
24:19　122
26:8-9　185
26:9　185
26:10　185
26:11　185
26:12　48
26:23　185
30장　164, 168, 169, 170
30:1　168
30:2, 3, 5　168
30:8　168
30:9-10　168, 170
30:10　168
30:11　167
30:11-16　168
30:16　168
30:17　168
30:19　168
30:21　170
30:22　169
30:23　143
30:23-25　169
30:26　236
30:26-31　169

사무엘하
1:14　185
1:26　143
5장　179
5:4　154
6:2　225
6:14　90, 169
7장　54, 57, 76, 89, 157,

159, 179, 185-86, 185, 189, 234, 243, 317, 322	1:33 154	17-18장 139
	1:38 154	17-19장 124, 127
	1:38-40 153	17장-열왕기하 7장 124
7:1 54	1:39 98	17:1 125, 126, 128
7:1-7 76, 196, 225, 243	1:43-48 153	17:6 125
7:5 76	1:44 154	17:8-24 124
7:6-7 233-34	2:3 6, 202, 211	17:9 127
7:9 54, 102	2:4 83	17:12 127, 128
7:10 320	2:22 153	17:14 127, 128
7:11 76, 206, 243	2:26-27 75	17:14-16 125
7:12 54, 75, 89	2:27 75, 77	17:17-24 125
7:13 89, 206, 243	2:35 75	17:19 127
7:13-14 180, 250, 291	3:7 120	17:21 127
7:14 54, 69, 147, 155-56, 204, 205, 206, 207, 243, 291	3:16-28 72	17:23 127, 137
	4:21 152, 153, 154	17:24 127
	4:24 152, 153, 163	18:1 128
7:14b 212	4:25 152	18:4 216
7:16 76, 243	4:33 163	18:7 202
7:21 76	6-8장 237	18:7-14 128
8-10장 179	6:23-28 237	18:10 128
8:18 91	6:29, 32, 35 237	18:15 128, 130
11-12장 179	6:37-38 238	18:20-40 128
12:11 179	7:18-19, 20, 22 237	18:37 134
12:24 68	7:23-25 237	18:38 125
15장 179	7:24 237	18:41-45 128
15:13-17 192	7:25 237	18:41-46 125
15:30 204	7:26 237	18:46 130
15:40 204	7:29 237	19장-21:17 124
16:2 154	7:36 237	19:8 125, 129
22:17 115	7:42 237	19:9 129
22:31 159	7:44 237	19:9-18 117, 129
23:1 156	7:49 237	19:10 216
23:1-2 116	8장 248	19:16 72, 98
23:1-7 157	8:10-11 238, 239	20-21장 124
23:4 157	8:12 241	20:13 124
23:5 157	8:25 80, 83, 85, 86, 89, 90	20:22 124
24:15-25 235	9:5 83	20:28 124
	11:6-8 186	20:35 124
열왕기상	12장 123, 124	20:41 124
1-11장 123, 124	12:28 263	22장 124, 129, 130
1:5 153	13-16장 124	22:4 129
1:32-35 153	17장 126, 127	22:5 129

22:6 129
22:7 129, 130
22:8 130
22:9–28 130
22:14 128
22:17 120

열왕기하
1장 124, 131
1–2장 130
1:2 130, 131
1:3 130, 131
1:4 130
1:6 130, 131
1:8 130, 135
1:9 130
1:9–12 125
1:9–15 131
1:9–16 139
1:10 130
1:11 130
1:12 130
1:13 130
1:14 130
1:15 130
1:16 130, 131
1:17 131
2장 124, 131, 133
2:1–15 136
2:2 128
2:2–5 131
2:4 128
2:6 128
2:8 126, 131, 132, 262
2:9 131, 132
2:9–15 117
2:10 131
2:11 126, 132
2:11–13 131
2:13 132
2:14 125, 131, 132, 133, 262
2:15 131, 132

2:15-18 132
2:17 133
2:19–22 125, 133
2:21 133
2:23–25 125
3장 124, 127, 128, 129, 130
3:7 129
3:9 128, 129
3:10 130
3:11 130
3:13 130
3:14 128, 130
3:15 130
3:15–19 130
3:16–17 125
3:17 128
3:17–20 129
3:20 125
3:22 129
3:27 128
4장 105, 108, 124, 126, 127
4:1 127
4:1–7 125
4:2 127
4:3–6 127
4:8–11 109
4:10 127
4:11–13 109
4:11–17 105
4:11–37 316
4:14 109
4:15 109
4:16 109
4:16–17 125
4:17 109, 110
4:18–21 110
4:22–31 110
4:28 110
4:30 128
4:32–37 110, 125
4:34 127
4:36 127

4:37 127
4:38 125
4:42 138
4:42–44 126, 129, 263
4:43 138
5–7장 124
5:1–14 138
5:1–15 126
5:16, 20 128
5:25–27 138
5:26–27 126
6:6 126
6:9–10, 12 126
6:17 126
6:17–20 138
6:18 126
6:20 126
7:1 126
7:2 126
7:16 126
7:19 126
8–16장 124
8:1–6 126
8:7–15 126
10:11 318
13:14–19 126
13:20–21 126, 138
14:6 6
16:3 141
16:5–20 141
16:7–14 141
17장 123, 124
18:6–7 211
18–25장 123, 124
19:15 225
20:17 82
21:8; 23:25 6

역대상
5:1–2 349
6:1 90
6:1–15 74

6:28　90
6:31　91
6:50-53　74
13:6　225
17:8　102
24:2　74
24:3　74
28:2　225
28:18　225
29:1-6　235-36
29:2-5　169
29:6-9　169

역대하
1:10　120
5:8　225
6:16　83
7:18　83
9:18　225
12:7　95
23:18　6
24:20-22　216
24장　175
24:20-22　216

에스라
1:1a　281
1:1b, 2-4　281
3:2; 7:6　6
9-10장　281

느헤미야
8:1, 14　6
9:5-38　216
9:26　216
10장　321
10:29　6
13장　281

욥기
4:13; 33:15　48
38:5　158

시편
1　170, 185, 301, 357
1-41편　185
1:2　357
1:2-3　202, 212
1:3　357
1:5　357
1:6　357
2편　160, 170, 182, 183, 184, 185, 189, 291
2-3편　182
2-6편　183
2:1　182
2:1-3　349
2:5　183, 184
2:7　291, 292
2:8　71
2:10　183, 202, 212, 333
2:12　160, 183
3편　182, 183
3:3　170
4:4-12　174
4:27　182
4:13-24　182
4:29　182
6편　183, 184
6:1　183
6:2　183
6:3　183, 184
6:4　184
6:10　183, 184
7:15　200
8편　36, 55, 56, 62, 151, 171
8:1　55
8:2　55, 56, 271, 342
8:3　55
8:4　55
8:4/5　56
8:5　55, 56
8:6　56, 154, 171, 226
8:6-8　56

8:7　171
8:9　55
16편　185, 186, 187, 188, 189, 190, 191
16:1　186
16:4　186
16:5-6　91, 187
16:8　187, 191
16:8-9　190
16:8-11　185, 186
16:10　190
16:10a　190
16:11　186, 304
18편　xxiii, 115-16, 189, 221
18:ss　159, 185, 263
18:1　2, 160
18:4　333
18:4-5　190
18:7-14　116
18:15　116, 263
18:16　115, 116, 180
18:30　159, 160
18:31　159
18:50　160, 192
19:7-14　301
21편　180, 187
21:1-2, 4　187
22편　143, 145, 180, 181, 191, 192, 193, 194, 203, 207
22:1　192, 194
22:6　203
22:6-7　203
22:15　193
22:15c　192
22:21　193
22:21b　192
22:22　143, 144, 191, 192, 193
22:23　192
22:24　192, 203-4
22:25-31　192

22:27 193
23편 237, 238
23:6 237, 238
24:3 158, 172, 301
24:4 301
24:5 301
24:6 301
24:7 301
24:8-10 192, 301
25:14 304
26:8 241
29편 237, 238
29:3 238
29:4 238
29:5 238
29:6 238
29:8 238
29:9a 238
29:9b 238
29:10 238
31편 194, 195
31:1-5 194
31:2 195
31:3 195
31:4 195
31:5 194
34편 221
34-41편 195
34:5 263
34:7 262
34:20 195
35편 195
35:4 195
35:7-8 200
35:19 194, 195
35:21 195
35:25 195
35:26 195
36:1 2
40편 195
40:2 180
40:5 xxii

40:14 195
40:15 195
41편 174, 176
41:ss 174
41:9 174, 175
42-72편 185
45편 185, 324
68편 172
68:17 235, 236
68:18 172, 235, 236
69편 195, 196, 197, 198, 199, 207
69:1-12 195
69:4 195, 198
69:6 198
69:7 198
69:9 196-97
69:9a 196, 198
69:9b 197, 198, 199
69:20 199
69:20-21 200
69:21 199, 200
69:22 199, 200
69:25 200
69:26 207
72편 151
72:1 151
72:8 151, 153
72:20 151
73:25, 28 304
74:12-15 254
78편 160, 254
78:69 225
80:1 225
84:4 304
84:9 160
85:9 241
86편 160
88-89편 160
89편 317
91편 187
91:11 187

99:1 225
99:5 225
100:2 304
101편 160
102편 160
102-103편 160
102:25 238
102:25-26 238
102:26 238
102:27 2
104편 237, 238
104:2-3 237
104:2a 238
104:2b 238
104:3a 239
105편 97
105:9 98
105:11-12 98
105:12-15 98
105:14 98
105:15 98, 99, 105
105:17 357
105:23 98
106:47-107:3 254
108편 254
109편 191, 207
109:8 200
109:22 207
109:31 191
110편 69, 72, 90, 91, 160, 163, 164, 169, 170, 186, 191, 254, 291
110:1 57, 91, 169, 171, 186, 191
110:2 154, 169
110:3 169, 237
110:4 64, 78, 90, 91, 170, 291, 292
110:5 169
110:6 169
110:7 167, 169, 170
116:12 xxii

118편 160
118:14 263
118:19 301
118:22-23 217
118:26 301
119편 301
127:2 48
132:7 225
135:14 254
136편 221
136:12 311
137:7-9 254
143:12 160
145편 160
152편 152

잠언
1-9장 157
1:1 155, 156
3:1-10 155
3:11-12 155, 156
6:20-23 155
7:23 329
10:1 156
19:15 48
22:17 156
24:23 156
25:1 156
28:16 211
30장 155, 157
30:1 156, 157
30:1-2 160
30:2-3 158
30:4 156, 158, 159, 160, 161, 172, 218
30:5 159, 160
30:5b 160

전도서
1:18 xxi
8:13 211
12:12 xxi

아가
1:7-8 162
3:6a 323
3:7 323
3:7-8 323
3:9 323
3:10 323
3:11 323, 330
4장 330
4:1-6 323
4:12-5:1 323
8:6 323, 324

이사야
2:1-4 281
2:2 174
2:3 225
3:18-26 311
4:1 311
4:2 87
5장 26, 215
5:1-2 215
5:1-7 215
5:2 215
5:7 215
5:13 311
6:5 117
6:6-7 117
6:9-10 214
6:10 219
6:11-13 270
7장 142
7:1-2 141
7-8장 140, 144, 145, 191
7:3 140, 141
7:5-6 141
7:7-20 140
7:10-13 141
7:14 140, 270
8장 141, 143, 144, 145
8:1 141

8:2 87
8:3 140
8:3-10 140
8:7 311
8:11 142
8:11-16 142
8:12 142
8:13 142
8:14-15 142
8:16 142
8:16-18 142, 146
8:16-9:7 270
8:17 142, 146
8:17-18 140, 141, 143, 144, 191, 192, 193
8:18 88, 141, 143, 191
9:1-2 272
9:8 68
11장 202, 203, 207, 218
11:1 203
11:1-9 281
11:1-16 270, 281
11:8 203
11:10 202, 218, 219, 225, 263
11:12 202, 218, 263
11:15-16 254
24:2 87
22:5 311
26:4 103
26:8 301
26:19 313
28:7 87
29:10 48
30:20-21 xxii
37:2 87
37:16 225
39:6 82
40:1 201
40:3 134, 135, 271
40:12 205
40:31 283

42:19 xxi
45:22 218, 263
48:12 83
48:19 83
49장 313
49:6 71
49:13 201
49:19 312
49:19-21 312
49:20 313, 314
49:20-21 312, 314
49:21 312, 314
49:22 313
49:24-25 313
49:25 313
50:1 310, 311, 314
50:2 311
51:3 281
51:17, 22 205
52-54장 208
52:4 201
52:6 201, 208
52:7 201, 209
52:8 201
52:9 201
52:10 201, 202
52:11 201
52:12a 201
52:12b 201
52:13 203, 205, 211, 212, 218, 219
52:13-53:12 200, 208, 217, 218, 219
52:13a 201
52:13b 202
53장 201, 204, 205, 206, 207, 212, 213, 217, 218, 314
53:1 202, 219
53:2 203
53:2a 203
53:2b 203

53:3 203, 204
53:4 154, 204, 207
53:5 207
53:6 206, 207
53:7 154, 206, 207, 209
53:7-8 218
53:7b 209
53:8 206, 207, 210
53:8a 206
53:8b 206
53:9 205, 207, 210
53:10 205, 210-11, 212
53:10-11 206
53:11 205, 207, 212
53:12 210
54장 314
54:1 208, 209, 313, 314
54:1-3 208, 311
54:2 312, 313, 314
54:3 208, 312, 313, 314
54:5 314, 315
54:6-8 314-15
54:13 78, 315
55:13 83
56:4-5 83
57:15 241
60:7 239
61:1 146
62:4 330
62:4-5 315, 317
61:6 77, 78
62:5 311
64:11 311
65:17-18 252
66:1 225, 252
66:19 78
66:20-21 78
66:21 78, 87

예레미야
1:6 117
1:7-9 117

3:1 316
3:8 310, 311, 316, 317, 318
3:12 316, 317
3:13 317
3:14 317
3:15 317
3:16 317
3:17 317
7:16 117
7:32 80
9:25 80
11:14 117
14:1 95
14:11 117
16:9-16 272
16:14 80
16:14-15 78, 254, 272
16:16 281
19:6 80
23:5 80, 87, 89, 202
23:5-6 88, 89
23:5-7 324
23:5-8 254
23:7 80
23:7-8 27, 78
26:20-33 216
30-33장 80, 87
30:3 80
30:24 324
31장 317
31:14 87
31:15 271
31:27 80
31:31 80, 174
31:31-32 317
31:31-34 78, 81, 87, 271, 311, 326
31:32 2
31:33 315
31:36 83
31:38 80
32:39 83

33장 89, 90
33:14 80, 81, 82
33:14-18 80
33:14-26 78, 80, 81, 82,
    83, 84, 88
33:15 80, 81, 87, 89
33:16 80, 81
33:17 79, 80, 82, 84, 85,
    86, 87, 88, 89
33:17-18 78, 80, 85, 86,
    89, 90
33:17-18a 80
33:18 79, 80, 82, 83, 84,
    85, 86, 87, 102
33:19 81
33:19-21 81
33:19-22 81
33:19-26 80, 81
33:20 84, 88
33:20-21 81
33:21 80, 87
33:22 80, 87
33:23 81
33:23-26 81
33:24 81, 84
33:25 84, 88
33:25-26 81, 317
33:26 80, 81
35:19 83
37:15 216
44:15 216
46:1 95
47:1 95
48:12 80
49:2 80
49:34 95
51:47 82
51:52 80

예레미야애가
2:1 225

에스겔
1:3 95
16장 307
28:11-19 227
28:13 228
28:13-14 227, 228, 229,
    234
28:14 228
34장 162
34:5 120
36:35 281
40-48장 187, 252
40:2 187
43:4 241
43:9 241

다니엘
1-6장 121
3:26, 32 58
2:4-7:8 58
4:8 121
4:17 58
4:18 121
4:24, 25, 32, 34 58
5:11, 14 121
5:18, 21 58
7장 36, 57, 58, 62
7:1-8 57
7:1-14 57
7:9 58
7:9-14 57
7:10 57
7:11-14 57
7:13 57, 58, 95
7:13-14 58, 59, 60, 161,
    172
7:14 57, 59
7:15-28 57
7:16 57, 59
7:18 58, 59
7:22 58, 59
7:25 58, 59, 128

7:27 58, 59
7:57 59
8:14 128
9:2 95
9:11, 13 6
9:24 281
9:27 128
12:7 128
12:11 128
12:12 128

호세아
1:1-3 308
1:2 318
1:4-5 318
1:6-7 318
1:8 308
1:8-9 308
1:9 318
1:10 318, 319, 320
1:11 319
2장 319, 320
2:2 308, 318
2:2-13 319
2:14 319
2:14-23 271, 319
2:15 271
2:15a 319
2:15b 319
2:16 320, 324
2:18 320
2:18a 320
2:18b 320
2:19-20 299, 320, 326
2:21 324
2:21-23 320
3장 320, 321
3:1 320
3:1-5 308
3:2 321
3:3-5 321
3:5 321, 324

성구 색인

10:13-15 271
11:1 271
11:5 271
12:2-14 262
12:12-13 261, 262
13:11 211

요엘
2:28-29 117
3:17 241

아모스
4:2 82
8:11 82
9:11-15 281
9:13 80, 82

미가
4:4 152
4:9-10 270
4:10 270
5:2 270
5:2-4 281
5:3 270

하박국
2:14 226, 232

학개
2:7 237, 239
2:10 95

스가랴
1:1, 7 95
1:8 95
2:5 239
3:8 88, 91, 152
3:10 152
6장 88, 90
6:9-10 88
6:9-12 80
6:9-15 87, 90

6:9-15a 88
6:12 87, 88, 89
6:13 89, 91
6:15b 88
7:1 95
9-14장 154
9:9 153, 154
9:10 153, 154
9:10b 153
10:2 121
11장 162
11:4-14 162
12:10 216
14장 187
14:1 187
14:2 83
14:16-20 281
14:20-21 239

말라기
3:1 3, 134, 135, 136, 359, 360
3:1b 135
4:4 6
4:5 134, 136
4:5-6 134

신약성경
마태복음
1:1-17 270
1:5 268
1:18-23 141
1:20 270
1:21-25 270
1:22-23 141
2:2 270
2:12, 13 271
2:15 271
2:16 271
3:2 137
3:3 135, 271
3:4 135, 271

3:13-17 136, 271
3:14 272
4:1-11 271
4:14-16 272
4:17 137
4:19 272
5-7장 272
5:11 175
5:17 272
8-10장 272
8:2-4 138
9:15 325
9:36 121
10:25 175
11:11 136
11:14 134, 135, 136, 271
12:32 272
12:42 154, 322
12:48-49 143
13:10 18
14:13-21; 15:32-39 138
16:18 250, 251
16:19 247, 249
16:22 18
16:24 182
17:1-3 139
17:24-27 138
18:15-20 250
19:4-5 307
19:28 221, 251
21:1-5 154
21:9 301
21:33-36 217
21:38 217
22:2 329
23:8 143
23:29-36 217
23:34 175
23:34-36 175
23:39 301
24:9 175
25:1-13 326

25:6 330
26:15 162
26:17-19 272
26:26 273
26:27-28 273
26:27-29 69
26:30-46 204
26:64 60
27장 194
27:9, 10 162
27:34 199, 200
27:35 194
27:35-46 193
27:39 194
27:43 194
27:46 194
27:48 199, 200
27:51-53 138
28:6 138
28:10 143
28:16-20 326
28:18-20 251
28:20 290, 304

마가복음
1:2 3, 134, 135, 360
1:2-4 135
1:6 135
1:9-11 136
1:11 216
1:40-44 138
2:7-8 138
2:19 325
3:21, 31-35 179
6:30-44 138
6:34 121
8:1-10 138
8:22-26 138
10:45 60
12장 215
12:1 215
12:1-12 213, 215

12:3 216
12:4 216
12:5 216
12:6 216
12:7 216, 217
12:8 217
12:9 217
12:12 215, 217
12:26 6
14장 250
14:23-25 69
14:32-42 204
14:58 250
15:23 199, 200
15:24 194
15:34 194

누가복음
1:5-15 107
1:26-33 107
1:54-55, 72-73 94
2:34-35 214
3장 60
3:4-6 135
3:16 248
3:21-22 136, 248
3:23 292
3:38 53, 60, 147, 155
4장 60
4:3, 9 60
4:16-21 146
4:25 128
4:28-30 146
5:12-16 138
5:34 325
7:11-17 138
7:15 137, 138
8:2-3 109
9:10-17 138
8:22-27 213
9:31 139
9:35 134

9:43-45 213
11:49-51 175
18:31-33 213
18:31-34 213
18:34 213
20:13 107
22:20 69
22:39-46 204
23:34 194
23:36 199, 200
23:46 195
24:25 213
24:25-26 213
24:26 212, 213
24:27 214
24:44 6, 62
24:44-47 214
24:50-53 326
24:51 139

요한복음
1장 136, 242-43
1:1-12 240
1:1-18 242, 243
1:10-11 212, 213, 214
1:14 240, 242, 243, 246,
      302
1:19-28 243
1:20 326
1:21 136
1:23 135
1:29 272
1:29-34 243
1:32-34 136
1:33 243
1:35-42 243
1:43-51 242, 243
1:48 152
1:49 147, 153
1:51 240, 242, 243
2:1-11 133, 330
2:13-17 243

2:16 245	5:39 24, 62, 352	12:39-40 219
2:17 196	5:45-47 6	12:41 24, 219
2:17-22 196	5:46 62, 352	13장 176
2:18 243	6-7장 278	13:18 174, 175
2:19 244, 250	6:1-15 138	13:21-30 244
2:19-21 243	6:4-13 263	13:31-32 246
2:19-22 240	6:14 146	13:31-38 244
2:20 244	6:25-29 278	13:34 246
2:21 242, 244	6:32-35 272	13:35 246
2:22 243, 244	6:32-40 244	14:1 244
3장 218	6:33 263, 302	14:2 240, 244-45, 246
3:2-5 218	6:34 136	14:3 246
3:3-8 160, 244	6:35 272, 302	14:17 246, 304
3:4 136	6:45 315	14:26 246, 304
3:8 xxi	7:1-9 178	15:1 162
3:9 160	7:37-39 133, 263, 272, 278, 302	15:15b 304
3:10 160	7:39 272	15:20 175, 195
3:11 160	8:12 272, 302	15:25 195
3:12 160, 161	8:28 212, 213, 218, 219	15:26 246, 304
3:13 161, 218	8:44 227	16:2 176
3:13-14 60	8:44-47 14	16:7 245, 304
3:14 212, 213, 218, 219, 263	9장 138	16:8-11 246
3:16-21, 36 250	10:1-11 162	16:13-14 246
3:22-4:1 137	10:14-18 162	16:14 246
3:29 326	10:16 326	16:14b 246
3:30 137	10:36-38 162	16:19-22 246
3:31-33 161	11:38-44 138	17:6-9 146
3:34 136	12장 183, 219	17:10 240, 246, 247
4장 116, 326	12:20-23 219	17:10a 246
4:5-6 326	12:23 184	17:20 146
4:10-14 133	12:24 184	17:22 240, 246, 247
4:12 326	12:24-31 219	18:8 50, 146, 350
4:13-26 244	12:27 183, 184	19:24 194
4:15 136	12:28 246	19:29 199, 200
4:16-18 326	12:32 212, 213, 218, 219, 263	19:34 272, 278
4:19 326	12:32-33 184	19:36 195, 273
4:21 245	12:38 212, 213, 218	19:37 216
4:22 245	12:38-40 219	20:1 247
4:23 245	12:38a 219	20:15 162
4:23-24 245	12:38b 219	20:17 143
4:25-26 326		20:19 247
		20:22 224, 248, 249

20:22-23 247, 248, 249
20:23 249
20:30-31 197
21:25 136

사도행전
1:4-5 248
1:8-11 139
1:9-11 326
1:16-19 200
1:20 200
1:21-22 200
2장 185, 187, 302
2:1-4 248
2:16-21 117
2:25 187, 188
2:25-26 190
2:25-33 186
2:25a 187, 188
2:25b 187
2:26 188
2:27 188, 190
2:28 188
2:29 188, 190
2:29-33 188, 190
2:30 116
2:30-31 188
2:30a 188
2:30b 189
2:31 189, 190, 191
2:32 191
2:33 191, 302
2:42, 46 273
3:22 134
4장 182
4:24-25 189
4:24-30 182
4:25 182
4:25-26 182
6:8-14 214
6:11, 13-14 214
6:14 250

7장 176, 213, 214
7:2-6 215
7:9 215
7:9-15 215
7:9-16 178
7:17-22 178, 215
7:20 113
7:23-29 178
7:25-29 215
7:35 215
7:37 134
7:39-41 215
7:45-50 215
7:51-53 215
7:54-60 215
8:26-29 217
8:26-40 217
8:30-31 217
8:32-33 213, 217, 218
8:35 218
8:36-37 218
13:21-22 211
13:28-29 190
13:29 190
13:35 190
13:35-37 190
13:36 190
13:47 71
17:11 325
20:7 273, 278
20:11 273

로마서
1:9 71, 297
4장 94
4:13 234
4:17, 19 108
4:17-19 210, 313
5장 60, 61
5:12 61, 66, 342
5:12-19 61
5:12-21 205

5:14 15, 31, 33, 60, 61
5:15 61
5:16 61
5:17 61
5:17a 61
5:17b 61
5:18 61
5:19 61
6:4 115
8장 249
8:5-11 249
8:9 304
8:9b 248
8:20-21 9
8:21 284
8:26 249
8:32 111
8:34 146, 249
10:4 277
10:6-8 172
10:6-17 158
11:7-9 200
12:1 303
12:1-2 297
12:18 349
14:1-4 198
14:5 198
14:5-9 198
14:10-12 198
14:13-23 198
14:14-17, 20-21 198
15장 198
15:1 198
15:2 198
15:3 198, 199
15:4 199, 280
15:16 71, 297

고린도전서
1:12-13 275
2:1 275
2:2 274

3장 249
3:5-7 275
3:9 274
3:10 274
3:10-12a 249
3:12 274, 275
3:12b-17 249
3:13-15 275
3:16 224, 248, 249, 274, 275
3:17 275
5-7장 277
5:1-6a 275
5:6b-8 275
5:7 274
5:8 275
5:11 275
6:12-18 275
6:12-20 275
6:18 275
6:19 248
6:19-20 276
6:20 274
7:14 290
7:17-24 276
7:18 276
7:19 276
7:22 276
7:23 274, 276
8-10장 277
9:10 280
9:19 277
9:20-21 277
9:21 274, 276, 277
10장 274, 277
10:1 277
10:1-2 277
10:1-13 277
10:2 274
10:3-4 274, 278
10:4 302
10:5 279
10:6 15, 279, 280
10:7 279
10:7-10 279
10:7-11 279
10:8 279
10:9 280
10:10 280
10:11 15, 280
10:16 273
11:17-34 273
11:17 18, 20, 278
11:23-26 274
11:24 279
11:24-25 279
11:25 274
11:25-26 69
11:27 275
11:33, 34 278
15:21-22 62
15:22 60
15:25-28 223
15:27 56
15:28 56
15:45 31, 60, 62
16:22 330

고린도후서
1:20 62
3:16 146
3:18 146
4:4 146
4:6 146, 221
5:17 221, 247, 251
6:14 249
8:9 199, 277

갈라디아서
1:1-2 290
3-4장 312
3:12 299
3:14 94
3:19-4:7 277

3:21 263
4:4 281
6:15 247, 251

에베소서
1:3-14 171
1:10 62
1:15-20a 171
1:19-20a 171
1:20b 171
1:20b-23 171
1:21 171
1:22 171, 172
1:22a 171
1:23 172, 173
1:23b 172
2:12 250
2:19 251
2:19-22 248, 251
2:20 251
2:21 251
2:22 251
3:5 5, 23, 73, 251
3:10 248, 251
4장 172
4:8 164, 172, 236, 237, 251
4:8-16 251
4:9-10a 172
4:10 172, 251
4:10b 173
4:11 173, 237
4:11-12 251
4:12 173, 237, 251
4:13 173
4:15 251
4:16 173, 237
5:6 290
5:22-23 322
5:29 327
5:30 327
5:31 286, 327
5:31-32 286

5:32 286, 327

빌립보서
2:5-11 199
2:7 351
2:8 351
2:9 351
2:10-11 351

골로새서
2:8 290
2:11, 13 262
4:14 60

데살로니가후서
2:4 250

디모데전서
2:13-14 60
3:15 250

디모데후서
1:14 290
3:16 28
4:11 60

디도서
1:9 290
3:5 221, 251

히브리서
1:1-2a 146
2:3 62
2:8 56
2:9 193
2:10 193, 293
2:11 143, 193
2:11-13 146
2:11b 191
2:12 143, 144, 191, 192, 193
2:13 140, 141, 191, 192

2:14 193
2:14-15 193, 284
2:16 193
3:6 250
5장 163
5-7장 91
5:1 291
5:1-3 294
5:2 292, 349
5:2-3 293
5:4 291
5:5 291
5:8-9 293
5:9 294
5:9-10 294
6장 163
6:13-18 170
6:20 296
7장 64, 163
7-8장 64
7:2 68
7:3 70
7:4-10 70
7:4-15 292
7:6 70
7:11 292
7:11-21 78
7:12 64, 78
7:12-22 79
7:16 294
7:19 293
7:20-22 292
7:23 294
7:24 294
7:25 294
7:26 295, 297
7:27 292, 294
7:27-28 293
7:27-28a 294
7:28 293, 294
7:28a 292
7:28b 292, 294

8:2-5 294
8:4-5 293
8:5 293, 286, 296
9:5 225
9:6 289
9:6-7 294
9:7 289
9:9 293
9:11 296
9:12 296, 297
9:13 294, 303
9:14 294, 295, 297, 303
9:18 263, 296
9:22 296
9:23 293
9:23-24 294, 296
9:23-26 286
9:24 296
9:25 296, 297
9:25-26 297
9:25-28 294
10:1 293, 294
10:2 294
10:4 294, 296, 303
10:10 297
10:11 294
10:12 297
10:12-13 296
10:14 295
10:19 297
10:20 296
10:21 290
11장 221
11:6 298
11:13 298
11:17-19 108
11:19 108, 146, 210
11:22 108, 210
11:23 113
11:32-38 176
11:36-37 216
11:40 281

12:17　44
12:29　298
13:15　303

야고보서
5:17　128

베드로전서
1:10-11　212, 213, 219
1:10-12　5, 23, 219
1:11　73
1:15-16　251
2:4　250
2:5　248, 250, 251, 303
2:6　251
2:7　251
2:8　251
2:9　71, 251, 297
2:22-25　213, 219
3:20-21　115

베드로후서
1:20-21　5
1:21　28
2:5　94
5:5-13　224

요한일서
1:9　303
3:8-15　14
5:18　193

유다서
5장　278

요한계시록
1:1b　360
1:1b-2　360
1:5　283
1:5-6　71
1:6　284, 297
1:7　216

2:7　163, 284
2:14　284
2:17　163
2:26-27　148
3:12　250
4:5　283
5장　283
5:6　283
5:10　71, 148, 284, 297
5:12　283
6:11　175
7:1-4　282
7:15　284, 302
7:16-17　284
8-9장　282, 284
8:5　283
9장　283
9:4　282
10:1　284
10:8-11　284
11장　139
11:2　128
11:3　128
11:3-7　139
11:5　139
11:6a　139
11:6b　140
11:15-19　140
11:19　283
12:1　282
12:1-6　195
12:6　128, 283
12:9　227
12:13-14　284
12:13-17　195
12:14　128
13:1-3　329
13:5　128
13:11　329
13:11-14　329
13:15　283
13:16-18　282

14:1-3　283
14:4　328
15-16장　282, 284
15:3　284, 330
16:13　329
16:18　283
17:1-3　327, 328
18:2-4　284
19장　284
19:8　330
20-22장　283
20:3-4　284
20:11-21:4　284
21-22장　252
21:1　252
21:2　330
21:3　224, 252
21:4　252
21:7　252
21:8　252
21:9-10　327
21:9-11　328
21:22　253
21:27　252
22장　252
22:1　253
22:2　253, 284
22:3　253
22:5　253
22:14　253
22:15　253
22:17　330

| 주제 색인 |

Aaron and the priests, 72-73
Aaronic priesthood, 63, 64, 70, 72-73, 290, 292
Abel, 6, 10, 11, 12, 13, 14, 36, 43, 45, 117, 161-62, 175, 176, 177, 178, 179, 217, 258, 259, 336, 339, 349
Abimelech, 96-97, 98, 99, 101
Abraham. 또한 Abrahamic covenant를 보라
  the covenantal significance of Isaac, Jacob, and, 41-42
  exodus from Egypt, 256-58
  on his failure to protect Sarah, 49-50
  new-Adams Isaac, Jacob, and, 40-42, 45-51
  as a prophet, 94-97
  sister-fibs of, 96, 98-99, 101, 146, 258, 341, 343, 344, 350
Abrahamic covenant, 21, 42, 81, 91, 265, 307, 308, 311, 312, 314, 315, 317, 320, 321
Adam. 제2장, "아담" (35-62)을 보라. 또한 Adamic covenant; Adamic dominion; Adamic keeping and naming; Adamic sonship을 보라
  compared and contrasted with Jesus, 61
  four indicators that he is treated as a king, 148
  is God's son, 53
  on his failure to protect Eve, 49-50
  the (king) priest, 64-68
  as a prophet, 94
  as a "type of the one to come," 61-62
Adamic covenant, 39, 42, 320, 321
Adamic dominion, 148-53
Adamic keeping and naming, 161-63
Adamic sonship, 154-61
Agur (son of Jakeh), 156, 157-60
"ark," 20, 22, 23, 113
ark of the covenant, 122, 169, 225, 227, 323
author
  on the intent of the divine, 28
  on the intent of the human, 18-19

babies, innocence of, 353
backbone of Scripture's metanarrative, 51
Balaam (OT prophet), 149, 150-51, 156-57, 227, 232-33, 284
barrenness / barren mothers, 41, 45, 47-48, 55, 95, 105-7, 108, 111, 125, 127, 208, 210, 311, 312, 314, 314, 348, 349
"be fruitful and multiply" language, 38, 42-43, 45-47, 103, 226
Benjamin (son of Jacob), 105, 206, 343, 348, 349, 350, 353
biblical theology, the task of, 27
blessing and seed theme in Genesis, 348-39
Branch, 87-89, 132
bread of life, 244, 263, 278, 302
bread of the presence/showbread, 227, 231
bride, 3, 163, 267, 308, 309, 311, 314, 315-16, 317, 320, 322, 323, 324, 326, 327-28, 330, 358
  parallels between the whore of Baby-lon and the, 328t
bridegroom, 305, 311, 315, 317, 324-26, 327, 330, 360

Cain, 6, 10, 11-14, 16, 21, 36, 37, 43, 44, 45, 104, 117, 161-62, 177, 178, 258, 259, 336
Canaan, Israel's new-exodus conquest of, 264-67
Canaan (son of Ham), the cursing of, 6, 16, 40, 44, 177
Canaanites' identity as seed of the serpent, 40
cherubim, 11, 225, 227, 232, 233, 237, 297

chiasms
- one of the most important exegetical payoffs of a chiasm, 335
- what they are and do, 332-35

chiastic structure
- of Genesis, 336-47
- of John 1, 242-43
- summarizing the New Testament's teaching, 213
- *of Typology*, 30

chiasmus, the aesthetic attraction of the, 335

Christ. Jesus Christ를 보라

church, the
- the salvation of Rahab as a type of the salvation of, 267-69
- as the temple of the, 247-51, 특히. 248-49

circumcision
- flesh, 101, 265, 276, 342, 353
- heart, 262

"corporate personality," 52, 54, 147

Covenant
- Adamic, 39, 42, 320, 321
- Abrahamic, 21, 42, 81, 91, 265, 307, 308, 311, 312, 314, 315, 317, 320, 321
- Davidic, 81, 91, 116, 159, 312, 320, 321
- defined, 299-300
- and the Leviticult, 299-300
- new. new covenant를 보라
- Noahic, 23, 39, 42, 70, 112, 114, 115
- Sinai (or, Mosaic), 21, 64, 71, 72, 78, 81, 91, 112, 232, 308, 265, 311, 312, 317-18, 320, 321, 324

covenantal significance, 22
- of Abraham, Isaac, and Jacob, 41-42
- of Adam and Noah, 39

creation (act). 제7장, "창조" (223-53)를 보라. 또한 new creation을 보라
- completion of the tabernacle and, 231t
- God's spoken instructions for the tabernacle and, 230t
- new. new creation을 보라
- the tabernacle and, 229-32
- and temple and, 237-39
- tent and room imagery for creation in Psalm 104, 238-39

cross, the, 32, 115, 138, 146, 182, 184, 193, 194, 195, 212, 224, 240, 244, 245, 246, 267, 273, 276, 278, 282, 283, 295, 296, 301

cross dressing, 68

cursing of Canaan and those who dishonor Abraham, 16

Daniel, vision of (다니엘 7장), 57-59

David. Davidic covenant를 보라
- new-Adam, 54-56
- rejected then exalted, 179-200
- ways the experience of Jesus goes beyond and fulfills that of, 190-91

Davidic covenant, 81, 91, 116, 159, 312, 320, 321

Day of Atonement, 57, 244, 289, 295, 297

day of Pentecost, 248, 251, 302

death, promise of life overturning expected, 47-48

deep sleep in a covenantal context, 48-49

devil/Satan, 14, 57, 59, 60-61, 151, 227-28, 283, 284, 329

divorce, 305, 307-8
- and remarriage: exile and new covenant return, 310-24

dominion, Adamic, 148-53

drunkenness, 23, 114, 351

ectype(s)
- Adamic, 51
- defined, 28

Eden
- the camp of Israel as a new, 232-34
- correspondences between the tabernacle/ temple and, 226-28
- the land of Israel as a new, 234-37

주제 색인 **597**

Egypt
  the (Israelites') exodus from, 261-64
  parallel event sequences in the exo-duses of Abraham and Israel from, 257t
Egyptians, identity as seed of the serpent, 40
Eli (OT priest), 73-77, 82, 86, 117
Elijah
  and Elisha. Elijah and Elisha로 별도로 분리된 항목을 보라
  the Day of the Lord in Malachi, 134
  Jesus and, 137
  and John the Baptist, 135-36
Elijah and Elisha
  historical correspondence between, 124-131
  at the Jordan, 130-31
  the mighty works of 125t-126t
  in the New Testament, 134-37. 또한 Elijah: Jesus, and; Elisha: Jesus and를 보라
  points of contact between Moses-Joshua and, 131-33
  provision for a widow and resur-rection of son, 126-27
  water, idolaters, and Moses, points of contact with, 127-29
Elisha
  Elijah and. Elijah and Elisha로 별도로 분리된 항목을 보라
  Jesus and, 138
enmity in Genesis, sin and, 349-51
Enosh, 55, 56, 57, 60
Esau, 43, 44, 45, 66, 97, 105, 149, 177, 178, 242, 258, 259, 341, 342, 343, 344, 345, 351-52, 356
  escalation in significance, 19, 23-24, 25, 193
  evil, the results of desiring, 279
exodus. 제8장, "출애굽" (254-84)을 보라
  in the Old Testament and in 1 Corinthians, 274t
  parallels between the exodus of Abra-ham from Egypt and the Israelites' 22
  typology in the Gospels, 270-73
  in the death and resurrection of Jesus, 272-73
  in the life of Jesus, 270-72
  typology in the writings of Paul, 273-80
  typology in Revelation, 280-84
  typology in the Torah, 256-64
    Abraham's, 256-58
    from Egypt (the Israelites'), 261-64
    Jacob's, 258-61
    in Joshua, 264-69
  failure to protect, 49-50
  faith, polygamy, deception, and revelation in Genesis, 352-54
  family conflict, intercession, and forgive-ness in Genesis, 351-52
  Feast of Booths/Tabernacles, 301, 302
  Feast of Passover. Passover을 보라
  Feast of Unleavened Bread, 301-2. Passover을 보라
  Feast of Weeks, 301, 302. Pentecost를 보라
  firstborn son, 43, 52-53, 216
  first man, 56-57. Adam을 보라
  forgiveness
    and cleansing (in the Leviticult), 303
    of sins, 249-50
  friendship of the Lord, 304

Genesis
  chiastic structure of, 336-49
  the foundational nature of, 16-17
  the self-referential nature of, 7-10
Gideon, 164, 166-67, 169-70, 171, 172
glory
  the heavenly temple a dwelling place for, 251
  the temple (in Jerusalem) filled with God's, 239
God Most High, 69, 167
God's presence and the Levitical cult, 303-

4
golden calf, 114, 117, 263, 279
Gomer (wife of Hosea), 318, 320-21

Hagar (slave woman), 15, 41, 43, 44, 101, 106, 177, 341, 344, 352
Ham (son of Noah), 16, 40, 44, 114, 351
Hannah (mother of Samuel), 44-45, 105-7
historical correspondence between David and Jesus, 190, 196
   between Elijah and Elisha, 124-33
   between exodus and conquest, 265-67
   between the Levitical priesthood and the priesthood of Jesus, 291-92
   between Noah and Moses, 112-14
   between the salvation of Rahab and the Passover, 268-69
   the means for establishing, 21-23, 24
historical-grammatical interpretation (of a text), 18
holy of holies
   earthly (Israel's), 57, 64, 68, 225, 226, 229, 289, 294, 296, 297, 298, 304, 330
   of the garden of Eden, 65-66, 226, 229
   heavenly, 31, 224, 239, 288, 294, 295, 296, 301
Holy Spirit
   the church as the temple of the, 247-51, 특히. 248-49
Hophni and Phinehas (OT priests), 73-74
Horeb, 127, 129, 229, 230, 234. 또한 Mount Sinai를 보라
Hosea
   on marriage as a covenant between God and his people, 318-21
   the portentous names of his children, 318
   the renaming of his children, 320

idolatry, 122, 277, 279, 309, 324
idols, 249

Isaac
   the covenantal significance of Abra-ham, Jacob, and, 41-42
   new-Adams Abraham, Jacob, and, 40-42, 45-51
   the offering and resurrection of, 107-11
   as a prophet, 97-105
   the remarkable birth of, 105-7
   sister-fib of, 104, 105, 350
Isaiah
   on future priests and Levites, 77-78
   and his sons (as signs and portents), 140-42
   Jesus and his disciples typified by, 143-44
   Levites and priests in Jeremiah and, 87
   on marriage as a covenant between God and his people, 311-16
Ishmael, 43-45, 50, 66, 106, 177, 178, 342, 344
Israel
   God's purpose for, 283
   the (king) priest nation, 70-72
   the Lord's worldwide intention for the priestly role of the nation of, 71
New--Adam, 51-54

Jacob
   chiasm, 337, 350, 351, 352-53
   the covenantal significance of Abraham, Isaac, and, 41-42
   deceives Laban, 343
   ladder/angels dream, 234, 240, 242, 343
   exodus of, 258-61
   new-Adams Abraham, Isaac, and, 40-42, 45-51
   stealing of Esau's blessing, 44, 97, 259, 343, 344, 351
   wrestling with angel/God, 337, 343, 345
Jeremiah
   on future Levitical priests, 78-90
   Levites and priests in, 87
   on marriage as a covenant between God

주제 색인   599

and his people, 316-18
Jesus Christ
  answers Agur's question (Prov 30), 160-61
  arose from the line of Judah, 292
  compared and contrasted with Adam, 61
  and Elijah, 137
  exodus typology in the death and resurrection of, 272-73
  exodus typology in the life of, 270-72
  fulfills the priesthood, 291-97
  as the fulfillment king in Ephesians, 171-73
  as the fulfillment of the temple, 239-47
  and his disciples typified in Isaiah, 143-44
  and John the Baptist, 137
  makes his people priests, new-Adam, 56-62
  as a prophet, 146
  rejected then exalted, 212-20
John the Baptist
  Elijah and, 135-36
  Jesus and, 137
  at the Jordan, 136-37
Jordan River, 123, 125, 130-32, 136-37, 265-66, 271, 311
Joseph (son of Jacob)
  rejected then exalted, 177-78
  slavery of, 45, 177, 177, 206, 349, 352, 356
Joshua
  and Moses, points of contact between Elijah-Elisha and, 131-33
  as a prophet, 119-23
Judah (son of Jacob), 56, 66, 149, 150, 151, 157, 186, 206, 292, 300, 322, 346, 349, 350, 353

kingdom of priests and a holy nation, 70, 283
king of Tyre, 227-28

kings. 제5장, "왕" (147-73)을 보라
  Abraham's conquest of the, 163-71
  Adam as a "king," 148
  Christ as the fulfillment king in Ephesians, 171-73
  the king names, 162-63
  the king shepherds, 161-62
  patterned promises of a coming King, 147-52
  qualifications of a godly, 300-301
  of Tyre, 227-28

Laban, 98, 104, 143, 242, 260-61, 262, 341, 343, 356-57
Lamech (father of Noah), 10, 37
Lamech (of Cain's line), 44, 349 lampstand(s), 227, 232, 237
Latter Prophets, typological understandings of the institution of marriage in the, 310-21
  in Hosea, 318-21
  in Isaiah, 311-16
  in Jeremiah, 316-18
Leah (wife of Jacob), 44, 104, 352, 356
Levites
  Isaiah on future priests and, 77-78
  and priests in Jeremiah (and Isaiah), 87
  and priests in the Leviticult, 290-97
Levitical cult. 다음 항목을 보라
Leviticult, the. 제9장, "레위 제의" (287-304)를 보라
  author's use of the term, 29
  the centrality of the king to the, 300-301
  forgiveness and cleansing, 303
  the goal of, 299
  the goal of the tabernacle and temple in the, 303
  and its fulfillments, 288t
  priests and Levites, 290-97
  the sacrifice of praise, 303
  sin, sacrifices, and feasts, 301-3
  and the temple, 288-90

literary structure(s)
  in Genesis 14, 164-66
  of Kings, 123-24
  of Jeremiah 33:14-26, 80-81
living stones in a spiritual house, 250-51, 303
Lord's Supper, 69, 273, 275, 277-79, 302
Lot (nephew of Abraham), 50n, 69, 96, 101, 146, 164-68, 170, 171, 257, 258, 341, 345, 351, 354

"macro-level" indicators (explanation of term), 3
Maher-shalal-hash-baz (son of Isaiah), 140, 141-42, 145, 191
manna, 129, 263, 272, 274, 277-79, 283
marriage. 제10장 "결혼" (305-30)을 보라
  as a covenantal creation ordinance, 306-7
  consummation of Christ's (at the wedding feast of the Lamb), 329-30
  God's purpose for the institution of, 327
  and spiritual infidelity, 307-10
  typological understanding of
    in Hosea, 318-21
    in Isaiah, 311-16
    in Jeremiah, 316-18
    in the Song of Songs, 321-24
  meaning of a text, the most important criterion for determining the, 18
Melchizedek
  meaning of the name, 68
  the (king) priest, 68-70
  typified priesthood of Jesus, 64
"memory palace," 334
micro-level indicators for determining authorial intent. 제1장, "약속으로 형성된 모형론에 대한 서론" (1-32)을 보라
Mosaic (or, Sinai) covenant, 21, 64, 71, 72, 78, 81, 91, 112, 232, 308, 265, 311, 312, 317-18, 320, 321, 324
Moses
  Noah and (points of contract between), 111-15
  as a prophet, 111, 115-17
  points of contact between Elijah-Elisha and Joshua-, 131-33
  prophets like, 118-19, 137-40
  rejected then exalted, 178-79
  the Torah and the Leviticult, 298-99
"Most High," 58-60. 또한 God Most High를 보라
mountain of God, 227, 228, 299, 234, 297. Horeb를 보라; 또한 Mount Sinai를 보라
Mount Sinai, 22, 114, 158, 172, 230, 234-35, 236, 263, 302, 319
Mount Zion, 141, 142, 172, 234-35

new Adam(s)
  Abraham, Isaac, and Jacob as, 40-42, 45-51
  Christ as, 56-62
  David as, 54-56
  Israel as, 51-54
  Noah as, 36-40
new covenant, 37, 64, 78, 81, 82, 87, 114, 115, 187, 247, 271, 273, 277, 299, 303, 304, 306, 308, 311, 312, 314-18, 320, 321, 323, 324-25, 326, 327, 360
new creation, 29, 221, 233, 224, 225, 228, 229, 232, 237, 238, 246, 247, 249, 251, 252-53, 288
  correspondences between Eden and the, 252-53
  the cosmic temple of the, 252-53
new exodus, 21, 31, 121, 201, 218, 254, 256, 262, 271-72, 275, 280-83, 319, 320, 325
new Jerusalem, 31, 252-53, 283
Nicodemus (ruler of the Jews), 160-61, 218
Nimrod, 44, 350
Noah. 또한 Noahic covenant를 보라
new-Adam, 36-40
  as a prophet, 94

주제 색인 601

Noahic covenant, 23, 39, 42, 70, 112, 114, 115
normative hermeneutic, 25-26

parable of the ten virgins, 326
parable of the wicked tenants, 107, 213, 215-17
parallelism, 332-33
Passover, 69, 254, 265, 267-70, 272, 273, 275, 276, 278, 280, 283, 302
Passover lamb, 273, 275, 276, 283
Paul, exodus typology in the writings of, 273-80
Peninnah (wife of Elkanah), 44
Pentecost, 248, 251, 302
Philip, apostle, 152, 217-18
"poison for food," 199
polygamy, 43, 44, 344, 347, 352-53
Potiphar's wife, 15
presence of God
　the goal of the tabernacle/temple, 303
　through the indwelling Holy Spirit today, 304
priesthood, Christ fulfills the, 291-97
priests. 제3장, "제사장" (63-91)을 보라
　Aaron and the, 72-73
　Adam the (king) priest, 64-68
　Christ makes his people, 297
　Israel the (king) priest nation, 70-72
　Jeremiah on future Levitical, 78-90
　and Levites in the Leviticult, 290-97
　Melchizedek the (king) priest, 68-70
　patterns of the coming Priest (King), 90-91
　promises of a faithful priest, 73-91
"promise-shaped typology" (explanation of term), 4
promises
　of a faithful priest, 73-91
　Solomonic patterned, 152-54
prophets. 제4장, "예언자" (92-146)를 보라
　Abraham. Abraham을 보라

Adam. Adam을 보라
Elijah and Elisha. Elijah; Elisha를 보라
Isaac. Isaac을 보라
Isaiah. Isaiah를 보라
Jesus. Jesus; Christ를 보라
Joshua. Joshua를 보라
like Moses, 118-19, 137-40
Moses, 111, 115-17. 또한 Moses를 보라
Noah. Noah를 보라
prophet of Yahweh, 129-30
Samuel. Samuel (prophet)을 보라
prosopological exegesis, 144, 145, 175, 181, 194, 195
Proverbs (30)
　in light of Deuteronomy 6 and 17, 155
　in light of 2 Samuel 7:14, 155-56

quotations of phrases or lines (in establishing historical correspondence), 21-22

Rachel (wife of Jacob), 44, 45, 47, 104, 105, 116, 206, 209, 326, 343, 348, 349, 352, 355, 356
Rahab, 254, 264, 265, 267-69
Rebekah (wife of Isaac), 16, 42, 45, 46, 47, 50, 96, 98, 101, 105, 116, 149, 177, 258-59, 326, 348, 349, 351-52, 355-56, 358-59
Red Sea, 21, 114, 115, 116, 123, 131, 132, 133, 201, 229, 263, 264, 265, 268, 271, 274, 277, 279, 283, 311
rejection, then exaltation (pattern of the righteous sufferer), 174-76
"reproaches of those who reproached you," 197-99
Revelation, exodus typology in 280-84
ring composition, 331, 333

sacrifice of praise, 303
"saints of the Most High," 58-59
salvation of Rahab as a type of the salvation of the church, 267-69

Samson (judge), 105, 107
Samson's mother, 45, 106, 107
Samuel (prophet), 44-45, 72, 76, 90, 105, 106, 107, 179, 185, 189, 203
Sarah (or, Sarai, wife of Abraham), 15, 22, 41, 43, 44, 45, 47, 49-50, 95, 96, 98, 99, 101, 105, 106, 108, 109-10, 163, 164, 177, 208, 210, 257, 300, 337, 341, 342, 345, 348, 349, 350, 352, 356
Satan/the devil, 14, 57, 59, 60-61, 151, 227-28, 283, 284, 329
scepter, 150-51, 152, 157, 169
seed
  of the serpent, 7, 9-10, 14-15, 16, 36, 40, 41, 43, 44, 45, 104, 143, 151, 157, 175, 177, 178, 179, 182, 186, 196, 215, 227, 259, 268, 300, 320, 339, 349, 350
  of the woman, 8-10, 14, 16, 24, 36, 37, 39, 41, 43, 45, 47, 50, 51, 54, 55, 56, 104-5, 145, 151, 175, 176, 177, 178, 179, 182, 195, 268, 271, 300, 320, 322, 323, 336-37, 342, 348, 349, 350
Seth, 10, 39, 43, 53, 55, 56, 57, 60, 105, 155
sexual immorality, 275, 277, 279, 328
Shear Jashub (son of Isaiah), 140, 141-42, 145, 191
Shem, son of Noah, 39, 70, 339, 340
showbread/bread of the presence, 227, 231
sin(s)
  Adam as priest after, 67-68
  Adam as priest prior to, 65-66
  and enmity in Genesis, 349-51
  forgiveness of, 249-50
Sinai (or, Mosaic) covenant, 21, 64, 71, 72, 78, 81, 91, 112, 232, 265, 308, 311, 312, 317-18, 320, 321, 324
sister-fibs (of Abraham, Isaac), 96, 98-99, 101, 104, 146, 258, 341, 343, 344, 350
slavery, 45, 177, 178, 206, 275-76, 283, 284, 308, 321, 349, 352, 353, 356
sleep in a covenantal context, deep, 48-49
Solomon (king), 75, 83, 85, 86, 151, 152-57, 160, 162, 163, 170, 172, 202, 215, 235-37, 238, 301, 310, 322-23, 330
Solomonic promise-shaped patterns, 152
Song of Moses, 283
son of Adam in Luke and Romans, 60-62
son of Adam, the son of God, 60
son of man
  in Daniel 7, 57-60
  derivation of the term, 57
sonship, Adamic, 154-61
sour wine, 199-200
spiritual adultery in the Torah, 308-10
"star," usages of the term, 150-51, 270
Stephen's speech, 212-13, 214-15
suffering servant, 154, 175, 200-212, 213, 218, 219, 314, 전반적으로 제6장, "의로운 고난자" (174-220)를 보라
synergy in a chiastic structure, 335

tabernacle
  completion of creation and the, 231t
  and creation, 229-32
  the goal of the, 303
  God's spoken instructions for creation and the, 230t
  and temple, correspondences between Eden and the, 226-28
  and temple as microcosms, the, 228-39
temple
  all of creation is God's, 238
  Christ the fulfillment of the (Jerusalem), 239-47
  and creation, 237-39
  correspondences between Eden and the tabernacle, 226-28
  the cosmic temple of the new creation, 252-53
  the creation of the cosmic, 225-28
  creation imagery in the (Jerusalem), 237-38
  the goal of the, 303
  of the Holy Spirit, 248-49

and the Leviticult, 288-90
the tabernacle and temple as microcosms, 226-28
temptation narrative
  of Christ, 60-61
  of Genesis 3, 257-58
terms, reuse of significant, 20-21, 27, 39
Torah
  the exodus in the, 256-64
  of Moses and the Leviticult, 298-99
  spiritual adultery in the, 308-10
transfiguration, 138-39
tree of the knowledge of good and evil, 94, 227
type, derivation of the term, 15
typological interpretation: defining, 26-27
typology
  definition, 26
  features of, 19-25

unleavened bread, 272-73, 275

vision(s)
  of Abram and Zechariah, 95
  Daniel's (Dan 7), 57-59
  the manner of revelation to God's prophets, 93

water from the rock, 129, 263, 277, 278, 279, 283, 302
wedding feast of the Lamb, 29, 32, 286, 329
whore of Babylon, 327-29
whoring after other Gods, 310
wilderness wandering, 279
witnesses in Revelation 11, the two, 139-40
Writings, typological understandings of the institution of marriage in the, 321-24

"zeal for your house," 196-97

| 인명 색인 |

Abernethy, Andrew T., 141
Abrams, M. H., 25
Ahearne-Kroll, Stephen, 154, 181, 204
Alexander, T. Desmond, 46
Allison, Dale C., Jr., 18, 24, 119, 27, 129, 135, 137, 146, 202
Alter, Robert, 19
Anderson, David, 5
Anderson, Ryan T., 329
Ansberry, Christopher B., 156, 157, 301
Appel, Alfred, Jr., 309
Arndt, W. F., 15
Averbeck, R. E., 64

Baker, David L., 8, 23, 24
Baker, David W., 46
Barber, Michael, 49
Barr, James, 23
Barthélemy, Dominique, 77
Basil, Saint, 5, 278
Bass, Derek Drummond, 262
Bates, Matthew W., 144, 145, 175, 180, 181, 186, 187, 194, 195, 196
Battles, Ford Lewis, 287
Bauckham, Richard, 139, 282
Bauer, Walter, 15
Beale, G. K., 19, 225, 227, 232, 248, 252, 255, 302, 304
Beckwith, Roger T., 235, 309
Beetham, Christopher A., 29, 38, 47, 53, 57, 152, 155
Bell, Richard H., 19, 36, 277
Booth, Wayne C., 25
Brouwer, Wayne, 332
Brown, William P., 157
Brueggemann, Dale A., 200
Burk, Denny, 275, 305

Calvin, John, 287

Caragounis, Chrys, 58
Carr, David M., 334
Chapman, David W., 212
Chase, Mitchell L., 10, 26, 108, 210
Chester, Andrew, 57, 277
Chesterton, G. K., 73
Christie, Agatha, 73
Cole, Robert L., 182
Collins, Jack, 51
Collins, John J., 58
Coloe, Mary L., 240
Crawford, Matthew R., 69
Crump, David, 26

Daniélou, Jean, 35, 48, 62
Danker, Frederick William, 15
Daube, David, 260
Davidson, Richard M., 15
Davis, Ellen F., 73
Deenick, Karl, 77
Dempster, Stephen G., 2, 41, 151, 202, 229, 232, 309, 345
Douglas, Mary, 285-86, 331, 332-33, 335, 336, 358
Duguid, Iain M., 31, 90, 130, 322

Eichrodt, Walther, 23
Eller, Vernard, 27
Ellis, E. Earle, 19, 26, 35, 61, 194
Emadi, Matthew Habib, 91, 170, 174, 291
Emadi, Samuel Cyrus, 4-5, 28, 177, 206, 353, 360
Engels, Friedrich, 299

Fairbairn, Patrick, 24, 63
Firth, David, 200
Fisher, Milton C., 235
Foer, Joshua, 334
Foulkes, Francis, 255

Gaebelein, Frank E., 48, 235
Gage, Warren Austin, 8, 11
Gane, Roy, 244, 249
Garrett, Duane A., 20, 21, 127, 161, 322
Gentry, Peter J., 26, 39, 51, 58, 145, 181, 314
George, Robert, 329
Gibson, Jonathan, 5, 20, 135, 309
Gilbert, Stuart, 335
Gill, John, 327
Gingrich, F. W., 15
Girgis, Sherif, 329
Gladd, Benjamin L., 30
Goh, Madeleine, 15
Goppelt, Leonhard, 1, 15, 19
Goswell, Gregory, 141
Granger, John, 358
Grant, Jamie A., 300, 301
Gurtner, Daniel M., 30, 141

Hafemann, Scott J., 202
Hahn, Scott W., 70
Hall, Stuart George, 19-20
Hamilton, James M., Jr., 11, 21, 27, 31, 49, 55, 57, 58, 69, 90, 116, 128, 130, 140, 141, 151, 160, 170, 174, 178, 180, 183, 195, 197, 247, 248, 257, 281, 282, 291, 299, 302, 304, 305, 322, 349
Haste, Matt, 327
Haykin, M. A. G., 19, 58
Hays, Richard B., 4, 23, 73, 148, 184-85, 196-97
Hensley, Adam D., 91, 116, 151, 160
Hess, Richard, 66
Hibberd, Wulstan, 35
Hirsch, E. D., 4, 18
Hoskins, Paul M., 240
House, Paul R., 200, 322
Howard, David M., 55
Huey, F. B., 79
Hugenberger, Gordon P., 306

Jamieson, R. B., 56, 293, 294, 295-97
Johnson, S. Lewis, 24, 63
Johnston, Philip S., 200
Joyce, James, 335

Keller, Timothy, 299-300
Kerr, Alan R., 240
Kidner, Derek, 316
King, Andrew M., 257
Kiuchi, Nobuyoshi, 287
Kynes, Will, 155

Leithart, Peter J., 124, 125, 137, 152
Levenson, Jon D., 47, 105, 108, 111, 190, 313
Lindars, Barnabas, 189
Longenecker, Richard N., 25
Lucas, Ernest C., 58

Madueme, Hans, 60, 349
Madvig, Donald H., 19
Marx, Karl, 299
Mathews, Kenneth A. 40, 67, 92, 100, 105, 114, 166, 257-58, 261, 270, 337, 345
McKinlay, Daniel B., 31
McNeill, John T., 287
Melito of Sardis, 19-20
Millar, Gary, 130, 238
Mitchell, Christopher W., 322
Mitchell, David C., 174, 197
Moberly, R. W. L., 11, 18, 44
Moo, Douglas J., 181
Morales, L. Michael, 21, 31, 57, 114-15, 158, 224-25, 230, 255, 284, 288, 289, 291, 295, 297, 298, 341

Nabokov, Vladimir, 309
Nolland, John, 141

Ortlund, Raymond C., 309
Osborne, William R., 257
Oswalt, John N., 313
Ounsworth, Richard, 15

인명 색인

Pao, David W., 255
Petterson, Anthony R., 90, 154
Philpot, Joshua M., 19, 121, 257
Preus, Robert D., 24
Pulse, Jeffrey, 177

Radmacher, Earl D., 24
Reeves, Michael, 60, 349
Rendtorff, Rolf, 111
Robar, Elizabeth, 8, 18
Robertson, O. Palmer, 93
Rose, Wolter, 88
Rowe, C. Kavin, 60
Rowling, J. K., 358

Sailhamer, John H., 48
Sayers, Dorothy, 73
Schaper, Joachim, 56
Schmutzer, Andrew J., 55
Schnabel, Eckhard J., 212
Schreiner, Thomas R., 61. 69
Schroeder, Chad, 15
Sequeira, Aubrey Maria, 4-5, 28, 140
Sklar, Jay, 31, 90, 130
Smith, Jay E., 275
Steinmann, Andrew E., 58, 158
Steinmetz, David C., 73

Thompson, J. A., 79, 87
Tigay, Jeffrey, 302
Timmons, Jeffrey, 260
Tolkien, J. R. R., 147
Tsumara, David Toshio, 66

Vanhoozer, Kevin J., 4
Vickers, Brian J., 305
von Rad, Gerhard, 223

Waltke, Bruce K., 124, 157
Walton, John H., 46, 345
Watson, Wilfred G. E., 333, 334, 345
Watts, Rikki E., 255
Welch, John W., 31
Wellum, Stephen J., 26, 39, 51, 314
Wenham, Gordon J., 66, 227, 88
Westermann, Claus, 23
Williams, Peter J., 213
Williams, William, 254
Wilson, Victor M., 334, 335

Yarbrough, Robert W., 60

Zakovitch, Yair, 260